Philipp Stahlhacke

Suizidhilfe im Justizvollzug – Selbstbestimmung vor Lebensschutz?

Bonner Schriften
zu Medizin, Recht und Gesundheitsethik

herausgegeben von

Prof. Dr. Hartmut Kreß
Evangelisch-Theologische Fakultät,
Abteilung Sozialethik

Prof. Dr. Lukas Radbruch
Universitätsklinikum Bonn,
Klinik und Poliklinik für Palliativmedizin

Prof. Dr. Torsten Verrel
Fachbereich Rechtswissenschaft,
Kriminologisches Seminar

Band 4

LIT

Philipp Stahlhacke

Suizidhilfe im Justizvollzug – Selbstbestimmung vor Lebensschutz?

LIT

∞

Gedruckt auf alterungsbeständigem Werkdruckpapier entsprechend
ANSI Z3948 DIN ISO 9706

Bibliografische Information der Deutschen Nationalbibliothek
Die Deutsche Nationalbibliothek verzeichnet diese Publikation in der Deutschen Nationalbibliografie; detaillierte bibliografische Daten sind im Internet über https://dnb.dnb.de abrufbar.

ISBN 978-3-643-15704-1 (br.)
ISBN 978-3-643-35704-5 (PDF)
Zugl.: Bonn, Univ., Diss., 2025

Verlagskontakt:
Fresnostr. 2 D-48159 Münster
Tel. +49 (0) 2 51-62 03 20
E-Mail: lit@lit-verlag.de https://www.lit-verlag.de

Auslieferung:
Deutschland: LIT Verlag, Fresnostr. 2, D-48159 Münster
Tel. +49 (0) 2 51-620 32 22, E-Mail: vertrieb@lit-verlag.de

Vorwort

Im Wintersemester 2024/2025 wurde die vorliegende Arbeit von der Rechts- und Staatswissenschaftlichen Fakultät der Rheinischen Friedrich-Wilhelms-Universität Bonn als Dissertation angenommen. Literatur und Rechtsprechung wurden bis Anfang März 2025 berücksichtigt. Mein Dank gilt allen Personen, die mich bei der Erarbeitung dieses Werkes auf unterschiedliche Weise unterstützt haben. Zuallererst bedanke ich mich aufrichtig bei meinem Doktorvater, Herrn Prof. Dr. Torsten Verrel, der mich sowohl mit inhaltlichem Rat als auch bei organisatorischen Fragestellungen stets zuverlässig unterstützt hat. Seine Betreuung war äußerst angenehm und wertschätzend. Bei Herrn Prof. Dr. Martin Böse möchte ich mich sehr für die Erstellung des Zweitgutachtens bedanken. Mein weiterer Dank gilt den Landesjustizverwaltungen, die mich bei meiner an sie gerichteten Umfrage unterstützt haben. Auch Herr Prof. Dr. Jörn Patzak darf nicht unerwähnt bleiben, weil er mich als beruflicher Wegbegleiter in meinem Promotionswunsch sehr bestärkt hat. Schließlich möchte ich mich herzlich bei den Menschen aus meinem persönlichen Umfeld bedanken, welche mich während meines Promotionsvorhabens unterstützt haben. Als erstes möchte ich Véronique nennen, die mir immer geduldig und liebevoll zur Seite stand. Ohne ihre bedingungslose Unterstützung wäre diese Arbeit nicht möglich gewesen. Mein besonderer Dank gilt auch meinem Bruder Frederic, der mit seinem Rat immer ein offenes Ohr für mich hatte. Zuletzt möchte ich aber auch vor allem meinen Eltern danken, die mich während meines gesamten persönlichen und beruflichen Werdegangs stets unermüdlich gefördert und an mich geglaubt haben. Deshalb widme ich diese Arbeit meinen Eltern.

Hermeskeil, im Frühjahr 2025 *Philipp Stahlhacke*

Hinweis zur aktuellen Entwicklung

Die 1. Kammer des 2. Senats des Bundesverfassungsgerichts hat sich mit Nichtannahmebeschluss vom 31.01.2025 (2 BvR 1290/24) mit der Frage des Rechts auf selbstbestimmtes Sterben im Strafvollzug beschäftigt. Die Verfassungsbeschwerde eines Strafgefangenen, der die Verabreichung eines lebensbeendenden Medikaments durch einen Arzt begehrte, wurde als unzulässig abgewiesen, weil der Grundsatz der Subsidiarität nicht eingehalten wurde.

Das Bundesverfassungsgericht hat, genau wie vorher schon der Autor, festgestellt, dass dem Strafvollzug eine besondere staatliche Lebensschutzverpflichtung obliegt und er deshalb die Pflicht habe, sicherzustellen, dass Suizidentschlüsse auf einem freien Willen beruhen. Der Strafvollzug dürfte dabei zwar freiverantwortlich gebildete Sterbewünsche zu achten haben, habe aber auch suizidpräventive Maßnahmen zu treffen, weil die Gefahr unfreier Suizidentschlüsse im Strafvollzug besonders groß sei. Weiterhin sei, wie der Autor ebenfalls herausfand, auch eine hinreichende Konkretisierung des Selbsttötungsbegehrens notwendig, um die Ernsthaftigkeit und Autonomie des Suizidwunsches prüfen zu können.

Die vorliegende Arbeit wurde bereits vor der Entscheidung fertiggestellt und befand sich zum Zeitpunkt der Veröffentlichung in den üblichen juristischen Publikationsmedien bereits im Druck, sodass der Beschluss nicht eingearbeitet werden konnte.

Wie das Bundesverfassungsgericht über die Frage des Rechts auf selbstbestimmtes Sterben im Justizvollzug inhaltlich entscheiden würde – begründete Nichtannahmen entfalten keine materielle Rechtskraft und keine Bindungswirkung–, bleibt weiterhin offen. Nicht nur deshalb mangelt es den hier gewonnenen Erkenntnissen nicht an der nötigen Relevanz. Diese Arbeit untersucht nämlich nicht nur die rechtlichen Grundlagen selbstbestimmten Sterbens im Justizvollzug, sondern enthält auch einen Regulierungsvorschlag, der die aktuelle rechtpolitische Diskussion, praktische Erfahrungen und eine eigene empirische Erhebung berücksichtigt.

Inhaltsverzeichnis

Abkürzungsverzeichnis

a/A. A.	a/Andere Ansicht
Abb.	Abbildung
a. E.	am Ende
a. F.	*alte Fassung*
AE-StB	Alternativ-Entwurf Sterbebegleitung
Alt.	Alternative
AMG	Gesetz über den Verkehr mit Arzneimitteln (Arzneimittelgesetz) in der Fassung der Bekanntmachung vom 12. Dezember 2005 (BGBl. I, S. 3394), zuletzt geändert durch Artikel 7 des Gesetzes vom 27. März 2024 (BGBl. 2024 I Nr. 109)
AMHE-SterbehilfeG	Gesetz zur Gewährleistung selbstbestimmten Sterbens und zur Suizidprävention, Augsburg-Münchner-Hallescher-Entwurf
AMVV	Verordnung über die Verschreibung von Arzneimitteln (Arzneimittelverschreibungsverordnung) vom 21. Dezember 2005 (BGBl.I, S. 3632), zuletzt geändert durch Artikel 2 der Verordnung vom 19. Oktober 2022 (BGBl. I, S. 1810)
Anm.	Anmerkung
AöR	Archiv für öffentliches Recht
Arch Clin Neuropsychol.	Archives of Clinical Neuropsychology
Art.	Artikel (singular)
Artt.	Artikel (plural)
AVD	Allgemeiner Vollzugsdienst
AWMF	Arbeitsgemeinschaft der Wissenschaftlichen Medizinischen Fachgesellschaften e. V.
Az.	Aktenzeichen
BAnz	Bundesanzeiger

BayStVollzG	Gesetz über den Vollzug der Freiheitsstrafe und der Jugendstrafe (Bayerisches Strafvollzugsgesetz) vom 10. Dezember 2007 (GVBl. 2007, S. 866), zuletzt geändert durch § 10 G v. 23.12.2022, S. 718
BayUVollzG	Gesetz über den Vollzug der Untersuchungshaft (Bayerisches Untersuchungshaftvollzugsgesetz) vom 20. September 2011 (GVBl. 2011, S. 678), zuletzt geändert durch § 2 G v. 21.10.2022, S. 642
BbgJVollzG	Gesetz über den Vollzug der Freiheitsstrafe, der Jugendstrafe und der Untersuchungshaft im Land Brandenburg (Brandenburgisches Justizvollzugsgesetz) vom 24. April 2013 (GVBl. 2013, Nr. 14), zuletzt geändert durch Artikel 4 des Gesetzes vom 19. Juni 2019 (GVBl. I, Nr. 43)
BewHi	Bewährungshilfe – Soziales • Strafrecht • Kriminalpolitik
BGB	Bürgerliches Gesetzbuch in der Fassung der Bekanntmachung vom 2. Januar 2002 (BGBl. I, S. 42, 2909; 2003 I S. 738), zuletzt durch Artikel 34 Absatz 3 des Gesetzes vom 22. Dezember 2023 (BGBl. 2023 I Nr. 411)
BGBl.	Bundesgesetzblatt
BeckOK	Beck'scher Online-Kommentar
BeckRS	Beck-Rechtsprechung
Begr.	Begründer
Beitr.	Beitrag
Beschl.	Beschluss
BfArM	*Bundesinstitut für Arzneimittel und Medizinprodukte*
BMG	*Bundesministerium für Gesundheit*
BtPrax	Betreuungsrechtliche Praxis
BGH	Bundesgerichtshof
BGHSt	Entscheidungen des Bundesgerichtshofs in Strafsachen
BJP	The British Journal of Psychiatry

BremJStVollzG	Gesetz über den Vollzug der Jugendstrafe im Land Bremen (Bremisches Jugendstrafvollzugsgesetz) vom 27. März 2007 (Brem.GBl. 2007, S. 233), zuletzt geändert durch Artikel 3 des Gesetzes vom 12. Juli 2022 (Brem.GBl., S. 403, 405)
BremStVollzG	Gesetz zur Neuregelung des Vollzugs der Freiheitsstrafe in der Freien Hansestadt Bremen (Bremisches Strafvollzugsgesetz) vom 25. November 2014 (Brem.GBl. 2014, S. 639), zuletzt geändert durch Artikel 4 des Gesetzes vom 28.03.2023 (Brem.GBl., S. 305, 311)
BremUVollzG	Bremisches Gesetz über den Vollzug der Untersuchungshaft (Bremisches Untersuchungshaftvollzugsgesetz) vom 02. März 2010 (Brem.GBl. 2010, S. 191), zuletzt geändert durch Artikel 2 des Gesetzes vom 12. Juli 2022 (Brem.GBl., S. 403, 404)
BReg	*Bundesregierung*
BRJ	Bonner Rechtsjournal
BRZ	Berliner Rechtszeitschrift
bspw.	beispielsweise
BT-Drs.	Bundestagsdrucksache
BtMG	Betäubungsmittelgesetz in der Fassung der Bekanntmachung vom 01. März 1994 (BGBl. I, S. 358), zuletzt geändert durch Artikel 3 des Gesetzes vom 27. März 2024 (BGBl. 2024 I Nr. 109)
BtMVV	Betäubungsmittel-Verschreibungsverordnung vom 20. Januar 1998 (BGBl. I, S. 74, 80), zuletzt geändert durch Artikel 3 des Gesetzes vom 27. März 2024 (BGBl. 2024 I Nr. 109)
BVerfG	Bundesverfassungsgericht
BVerfGG	Bundesverfassungsgerichtsgesetz in der Fassung der Bekanntmachung vom 11. August 1993 (BGBl. I, S. 1473), zuletzt geändert durch Artikel 2 des Gesetzes vom 12. April 2024 (BGBl. 2024 I Nr. 121)
BVerfGE	Entscheidungen des Bundesverfassungsgerichts
BVerwG	Bundesverwaltungsgericht
BVerwGE	Entscheidungen des Bundesverwaltungsgerichts

bzgl.	bezüglich
bzw.	beziehungsweise
CDU	*Christlich Demokratische Union Deutschlands*
DÄ	Deutsches Ärzteblatt
dass.	dasselbe
DeGPT	Deutschsprachige Gesellschaft für Psychotraumatologie e. V.
dems.	demselben
ders.	derselbe
DGHS	*Deutsche Gesellschaft für Humanes Sterben e. V.*
DGP	*Deutsche Gesellschaft für Palliativmedizin e. V.*
DGS	*Deutsche Gesellschaft für Suizidprävention*
d. h.	das heißt
DJT	Deutscher Juristentag
DKH	*Deutsche Krebshilfe e. V.*
Dr.	Doktor
dt.	Deutsch
DVollzO	Dienst- und Vollzugsordnung vom 01.12.1961
DVBl.	Deutsches Verwaltungsblatt
DWDS	Digitales Wörterbuch der deutschen Sprache
EAPC	*European Association for Palliative Care*
engl.	englisch
et al.	*et alii/ae*
etc.	et cetera
Eth Med	Ethik in der Medizin
EUR	Euro
EPR	European Prison Rules
e. V.	eingetragener Verein
evtl.	eventuell
f.	folgende
FamFG	Gesetz über das Verfahren in Familiensachen und in den Angelegenheiten der freiwilligen Gerichtsbarkeit vom 17. Dezember 2008 (BGBl. I, S. 2586, 2587), zuletzt geändert durch Artikel 5 des Gesetzes vom 21. Februar 2024 (BGBl. 2024 I Nr. 54)
FamRZ	Zeitschrift für das gesamte Familienrecht
FAZ	Frankfurter Allgemeine Zeitung

FDP	*Freie Demokratische Partei*
FD-StrafR	Fachdienst Strafrecht
ff.	fortfolgende
FMH	*Verbindung der Schweizer Ärztinnen und Ärzte • Fédération des médecins suisse*
Fn.	Fußnote
FVNF	freiwilliger Verzicht auf Nahrung und Flüssigkeit
FPR	Familie, Partnerschaft und Recht
FS	Freiheitsstrafe/Festschrift
GA	Goltdammer's Archiv für Strafrecht
GesR	GesundheitsRecht
GG	Grundgesetz für die Bundesrepublik Deutschland in der im Bundesgesetzblatt Teil III, Gliederungsnummer 100–1, veröffentlichten bereinigten Fassung, das zuletzt durch Artikel 1 des Gesetzes vom 19. Dezember 2022 (BGBl. I S. 2478) geändert worden ist
ggf.	gegebenenfalls
GKV	Gesetzliche Krankenversicherung
grds.	Grundsätzlich
GS	Gedächtnisschrift
GuP	Gesundheit und Pflege
GVBl.	Gesetz- und Verordnungsblatt
GVG	Gerichtsverfassungsgesetz in der Fassung der Bekanntmachung vom 09. Mai 1975 (BGBl. I, S. 1077), zuletzt geändert durch Artikel 14a des Gesetzes vom 27. März 2024 (BGBl. 2024 I Nr. 109)
h	hour (engl. Stunde)
HessJStVollzG	Hessisches Jugendstrafvollzugsgesetz (HessJStVollzG) vom 19. November 2007 (GVBl. I 2007, S. 758), zuletzt geändert durch Artikel 1 des Gesetzes vom 12. November 2020 (GVBl., S. 778)
HmbJStVollzG	Gesetz über den Vollzug der Jugendstrafe (Hamburgisches Jugendstrafvollzugsgesetz) vom 14. Juli 2009 (HmbGVBl. 2009, S. 257, 280), zuletzt geändert durch Artikel 2 des Gesetzes vom 7. März 2023 (HmbGVBl. S. 94, 95)

HmbStVollzG	Gesetz über den Vollzug der Freiheitsstrafe (Hamburgisches Strafvollzugsgesetz) vom 14. Juli 2009 (HmbGVBl. 2009, S. 257), zuletzt geändert durch Artikel 1 des Gesetzes vom 7. März 2023 (HmbGVBl., S. 94)
HmbUVollzG	Gesetz über den Vollzug der Untersuchungshaft (Hamburgisches Untersuchungshaftvollzugsgesetz) vom 15.12.2009 (HmbGVBl. 2009, S. 473), zuletzt geändert durch Artikel 3 des Gesetzes vom 7. März 2023 (HmbGVBl., S. 94, 96)
Hrsg.	Herausgeber/in
HStVollzG	Hessisches Strafvollzugsgesetz vom 28. Juni 2010 (GVBl. I 2010, S. 185), zuletzt geändert durch Artikel 2 des Gesetzes vom 12. November 2020 (GVBl., S. 778)
HUVollzG	Hessisches Untersuchungshaftvollzugsgesetz vom 28. Juni 2010 (GVBl. I 2010, S. 185, 208), zuletzt geändert durch Artikel 3 des Gesetzes vom 12. November 2020 (GVBl., S. 778)
ICD	International Classification of Diseases (Internationale statistische Klassifikation der Krankheiten und verwandter Gesundheitsprobleme
i. d. F. v.	in der Fassung vom
i. d. R.	in der Regel
i. E.	im Ergebnis
IJCJ&SD	International Journal for Crime, Justice and Social Democracy
i. V. m.	in Verbindung mit
JA	Juristische Arbeitsblätter
Jg.	Jahrgang
JGG	Jugendgerichtsgesetz in der Fassung der Bekanntmachung vom 11. Dezember 1974 (BGBl. I, S. 3427), zuletzt geändert durch Artikel 21 des Gesetzes vom 25. Juni 2021 (BGBl. I, S. 2099)

JI-RL	Richtlinie (EU) 2016/680 des Europäischen Parlaments und des Rates vom 27. April 2016 zum Schutz natürlicher Personen bei der Verarbeitung personenbezogener Daten durch die zuständigen Behörden zum Zwecke der Verhütung, Ermittlung, Aufdeckung oder Verfolgung von Straftaten oder der Strafvollstreckung sowie zum freien Datenverkehr und zur Aufhebung des Rahmenbeschlusses 2008/977/JI des Rates
JM NRW	Justizministerium Nordrhein-Westfalen
JRE	Jahrbuch für Recht und Ethik
JStVollzG	NRW Gesetz zur Regelung des Jugendstrafvollzuges in Nordrhein-Westfalen (Jugendstrafvollzugsgesetz Nordrhein-Westfalen) vom 7. April 2017 (GV. NRW 2017, S. 511), mehrfach geändert, §§ 30 und 32 neu gefasst durch Artikel 2 des Gesetzes vom 13.04.2022 (GV. NRW. S. 543)
JStVollzG	SH Gesetz über den Vollzug der Jugendstrafe in Schleswig-Holstein (Jugendstrafvollzugsgesetz) vom 23. September 2021 (GVOBl. 2021, S. 1170)
JURA	Juristische Ausbildung
JuS	Juristische Schulung
JS	Jugendstrafe
JSt	Journal für Strafrecht
JVA	Justizvollzugsanstalt
JVollzDSG	NRW Gesetz zum Schutz personenbezogener Daten im Justizvollzug in Nordrhein-Westfalen (Justizvollzugsdatenschutzgesetz Nordrhein-Westfalen) vom 12. Oktober 2018 (GV. NRW, S. 555), zuletzt geändert durch Artikel 6 des Gesetzes vom 13. April 2022 (GV. NRW, S. 543)
JVollzGB	III BW Gesetzbuch über den Justizvollzug in Baden-Württemberg (Justizvollzugsgesetzbuch) Buch 3 – Strafvollzug vom 10. November 2009 (GBl. 2009, S. 545), zuletzt geändert durch Artikel 3 des Gesetzes vom 26. Juli 2022 (GBl., S. 410, 413)

JVollzGB	I LSA Erstes Buch Justizvollzugsgesetzbuch Sachsen-Anhalt – Vollzug der Freiheitsstrafe, der Jugendstrafe, der Untersuchungshaft und des Strafarrestes – (Erstes Buch Justizvollzugsgesetzbuch Sachsen-Anhalt) vom 18. Dezember 2015 (GVBl. LSA 2015, S. 666), zuletzt geändert durch Artikel 2 des Gesetzes vom 25. März 2021 (GVBl. S. 120, 121)
Kap.	Kapitel
KG	Kammergericht Berlin
KJ	Kritische Justiz
KrimOJ	Kriminologie – Das Online-Journal
KriPoZ	Kriminalpolitische Zeitschrift
krit.	kritisch
KritV	Kritische Vierteljahreszeitschrift für Gesetzgebung und Rechtswissenschaft
LandesR	Landesrecht
LG	Landgericht
LK	Leipziger Kommentar
L/N/N/V	Laubenthal/Nestler/Neubacher/Verrel
L/N/N/V/B	Laubenthal/Nestler/Neubacher/Verrel/Baier
LJVollzG RLP	Landesjustizvollzugsgesetz Rheinland-Pfalz vom 08. Mai 2013 (GVBl. 2013, S. 79), zuletzt geändert durch Artikel 1 des Gesetzes vom 15.10.2020 (GVBl., S. 571)
LStVollzG SH	Gesetz über den Vollzug der Freiheitsstrafe in Schleswig-Holstein (Landesstrafvollzugsgesetz Schleswig-Holstein) vom 21. Juli 2016 (GVOBl. 2016, S. 618), zuletzt geändert durch Art. 1 Ges. v. 23.09.2021 (GVOBl., S. 1170)
lt.	laut
LT-Drs.	Landtag-Drucksache
LT NRW	*Landtag Nordrhein-Westfalen*
LTO	Legal Tribune Online
MBO-Ä	Musterberufsordnung der in Deutschland tätigen Ärztinnen und Ärzte
ME	Musterentwurf

Med. Law Int.	Medical Law International
MedR	Zeitschrift für Medizinrecht
medstra	Zeitschrift für Medizinstrafrecht
mg	Milligramm
MQPL+	Measuring the Quality of Prison Life
MschrKrim	Monatszeitschrift für Kriminologie und Strafrechtsreform
m. w. N.	mit weiteren Nachweisen
N	Gesamtanzahl der Grundgesamtheit
n	Stichprobe einer Teilmenge einer definierten Grundgesamtheit
NaSPro	Nationales Suizidpräventionsprogramm
n. F.	neue Fassung
NJOZ	Neue Juristische Online-Zeitschrift
NJVollzG	Niedersächsisches Justizvollzugsgesetz vom 08. April 2014 (Nds. GVBl. 2014, S. 106), zuletzt geändert durch Artikel 6 des Gesetzes vom 22.09.2022 (Nds. GVBl., S. 593)
NJW	Neue Juristische Wochenschrift
NJW-RR	NJW-Rechtsprechungs-Report
NK Neue	Kriminalpolitik
NLMR	Newsletter Menschenrechte
Nr.	Nummer
NRWE	NRWEntscheidungen
NStZ	Neue Zeitschrift für Strafrecht
NStZ-RR	NStZ-Rechtsprechungs-Report Strafrecht
NVwZ	Neue Zeitschrift für Verwaltungsrecht
OLG	Oberlandesgericht
öStGB	österreichisches Strafgesetzbuch
OVG	Oberverwaltungsgericht
p.	page
pp.	pages
para	paragraph
POR	Polizei- und Ordnungsrecht
Prof.	Professor
RDG	Rechtsdepesche für das Gesundheitswesen
Rn.	Randnummer

Rspr.	Rechtsprechung
RuP	Recht und Politik
R & P	Recht & Psychiatrie
s. u.	siehe unten
s.	siehe/section
SächsStVollzG	Sächsisches Strafvollzugsgesetz vom 16. Mai 2013 (SächsGVBl. 2013, S. 250), mehrfach geändert, §§ 10 und 99 neu gefasst und § 63a eingefügt durch Artikel 1 des Gesetzes vom 29. Januar 2024 (SächsGVBl. S. 52)
SächsUVollzG	Gesetz über den Vollzug der Untersuchungshaft im Freistaat Sachsen vom 14. Dezember 2010 (SächsGVBl. 2010, S. 414), zuletzt geändert durch Artikel 2 des Gesetzes vom 29. Januar 2024 (SächsGVBl. S. 52)
SAMW	*Schweizerische Akademie der Medizinischen Wissenschaften*
S/B/J/L	Schwind/Böhm/Jehle/Laubenthal
SbStG-E	Entwurf eines Gesetzes zum Schutz des Rechts auf selbstbestimmtes Sterben (BT-Drs. 20/2293)
schwStGB	Schweizerisches Strafgesetzbuch vom 21. Dezember 1937 (Stand am 1. Januar 2024).
SGB V	Das Fünfte Buch Sozialgesetzbuch – Gesetzliche Krankenversicherung – (Artikel 1 des Gesetzes vom 20. Dezember 1988, BGBl. I, S. 2477, 2482), zuletzt geändert Artikel 33 u. Artikel 35 Absatz 10 des Gesetzes vom 27. März 2024 (BGBl. 2024 I Nr. 108)
ShG-E	Gesetz zum Schutz des Rechts auf selbstbestimmtes Sterben und zur Regelung der Hilfe zur Selbsttötung (Suizidhilfegesetz-Entwurf, BT-Drs. 20/7624)
SJStVollzG	Gesetz Nr. 1631 über den Vollzug der Jugendstrafe (Saarländisches Jugendstrafvollzugsgesetz) vom 30. Oktober 2007 (Amtsblatt 2007, S. 2370), zuletzt geändert durch Artikel 2 des Gesetzes vom 16./17. Juni 2021 (Amtsbl. I, S. 1822)
SK	Systematischer Kommentar

SKJV	*Schweizerisches Kompetenzzentrum für den Justizvollzug*
SLStVollzG	Gesetz über den Vollzug der Freiheitsstrafe im Saarland (Saarländisches Strafvollzugesetz) vom 24. April 2013 (Amtsblatt I 2013, S. 116), zuletzt geändert durch Artikel 1 des Gesetzes vom 16./17. Juni 2021 (Amtsbl. I, S. 1822)
SUVollzG	Gesetz über den Vollzug der Untersuchungshaft im Saarland (Untersuchungshaftvollzugsgesetz) vom 01. Juli 2009 (Amtsblatt 2009, S. 1219), zuletzt geändert durch Artikel 4 des Gesetzes vom 16./17. Juni 2021 (Amtsbl. I, S. 1822)
SN	*Sachsen*
Sog./sog	. S/sogenannte/r/s
SPD	*Sozialdemokratische Partei Deutschlands*
StA	Staatsanwaltschaft
StGB	Strafgesetzbuch in der Fassung der Bekanntmachung vom 13. November 1998 (BGBl. I, S. 3322), zuletzt geändert durch Artikel 12 des Gesetzes vom 27. März 2024 (BGBl. 2024 I Nr. 109)
StPO	Strafprozeßordnung in der Fassung der Bekanntmachung vom 7. April 1987 (BGBl. I, S. 1074, 1319), zuletzt geändert durch Artikel 13a des Gesetzes vom 27. März 2024 (BGBl. 2024 I Nr. 109)
StraFo	Strafverteidiger Forum
StrafRv	Strafrecht
StV	Strafverteidiger
StVollStrO	Strafvollstreckungsordnung vom 1. August 2011 geändert mit Wirkung vom 1. Oktober 2017 durch Bekanntmachung vom 10. August 2017 (BAnz AT 18.08.2017 B6)
StVollzG	Gesetz über den Vollzug der Freiheitsstrafe und der freiheitsentziehenden Maßregeln der Besserung und Sicherung (Strafvollzugsgesetz) vom Strafvollzugsgesetz vom 16. März 1976 (BGBl. I S. 581, 2088; 1977 I S. 436), zuletzt geändert durch Artikel 27 des Gesetzes vom 5. Oktober 2021 (BGBl. I S. 4607)

StVollzG Bln	Gesetzes zur Weiterentwicklung des Berliner Justizvollzugs (Strafvollzugsgesetz Berlin) vom 04. April 2016 (GVBl. 2016, S. 152), zuletzt geändert durch Artikel 2 des Gesetzes vom 27.09.2021 (GVBl., S. 1145)
StVollzG MV	Gesetz über den Vollzug der Freiheitsstrafe in Mecklenburg-Vorpommern (Strafvollzugsgesetz Mecklenburg-Vorpommern) vom 07. Mai 2013 (GVOBl. M-V 2013, S. 322), zuletzt geändert durch Artikel 2 des Gesetzes vom 21. November 2020 (GVOBl. M-V, S. 1254, 1283)
StVollzG NRW	Gesetz zur Regelung des Vollzuges der Freiheitsstrafe in Nordrhein-Westfalen (Strafvollzugsgesetz Nordrhein-Westfalen vom 13. Januar 2015 (GV. NRW. 2015, S. 76), zuletzt geändert durch Artikel 1 des Gesetzes vom 13.04.2022 (GV. NRW, S. 543)
SuizidhG-E	Entwurf eines Gesetzes zur Regelung der Suizidhilfe (Suizidhilfegesetz-Entwurf, BT-Drs. 20/2332)
SV	Sicherungsverwahrung
SZ	Süddeutsche Zeitung
SZ	Magazin Süddeutsche Zeitung Magazin
TAZ	Die Tageszeitung
TPG	Transplantationsgesetz in der Fassung der Bekanntmachung vom 04. September 2007 (BGBl. I, S. 2206), zuletzt geändert durch Artikel 8b des Gesetzes vom 22. März 2024 (BGBl. 2024 I Nr. 101)
ThürJVollzGB	Thüringer Justizvollzugsgesetzbuch vom 27. Februar 2014 (GVBl. 2014, S. 13), mehrfach geändert, §§ 15a, 15b, 71a und 72a neu eingefügt und §§ 119 und 144 neu gefasst durch Artikel 2 des Gesetzes vom 16. November 2023 (GVBl. S. 291, 319)
u. a.	unter anderem
u. Ä.	und Ähnliches
u. U.	unter Umständen
Urt.	Urteil
USA	United States of America

usw.	und so weiter
UVollzG Bln	Gesetz über den Vollzug der Untersuchungshaft in Berlin vom 03. Dezember 2009 (GVBl. S. 686), zuletzt geändert durch Gesetz zur Änderung von Berliner Justizvollzugsgesetzen vom 14. September 2021 (GVBl. S. 1079)
UVollzG MV	Gesetz über den Vollzug der Untersuchungshaft in Mecklenburg-Vorpommern (Untersuchungshaftvollzugsgesetz Mecklenburg-Vorpommern) vom 17. Dezember 2009 (GVOBl. M-V 2009, S. 763), zuletzt geändert durch Artikel 4 des Gesetzes vom 21. November 2020 (GVOBl. M-V, S. 1254, 1287)
UVollzG NRW	Gesetz zur Regelung des Vollzuges der Untersuchungshaft in Nordrhein-Westfalen (Untersuchungshaftvollzugsgesetz Nordrhein-Westfalen) vom 27. Oktober 2009 (GV. NRW. 2009, S. 540), zuletzt geändert durch Artikel 5 des Gesetzes vom 13.04.2022 (GV. NRW, S. 543)
UVollzO a. F.	*Untersuchungshaftvollzugsordnung vom 12. Februar 1953 in der Fassung vom 15. Dezember 1976* (außer Kraft)
v. a.	vor allem
v.	vom/von
Verf.	*Verfasser*
VerfBlog	Verfassungsblog
VersR	Versicherungsrecht
Vfg.	Verfügung
VfgH	Verfassungsgerichtshof
VG	Verwaltungsgericht
vgl.	vergleiche
vs.	versus
VV	StVollzG Verwaltungsvorschriften zum Strafvollzugsgesetz
VwV	Verwaltungsvorschrift
WD	Wissenschaftlicher Dienst
WDR	*Westdeutscher Rundfunk*
WHO	*Weltgesundheitsorganisation*

WZ	*Westdeutsche Zeitung*
ZfP	Zeitschrift für Politik
ZfStrVo	Zeitschrift für Strafvollzug und Straffälligenhilfe
ZiF	*Zentrum für interdisziplinäre Forschung, Universität Bielefeld*
ZME	Zeitschrift für medizinische Ethik
ZRP	Zeitschrift für Rechtspolitik
ZStW	Zeitschrift für die gesamte Strafrechtswissenschaft
z. T.	zum Teil

A. Einleitung

I. Anlass und Ziel der Arbeit

Wulf/Grube weisen im Kontext eines geläufigen Zitates auf Folgendes hin: „Es heißt: ‚Wenn man den Zustand eines Staates erkennen will, muss man in seine Gefängnisse gehen.‘ Dieses Wort lässt sich auf den Umgang mit sterbenden Gefangenen präzisieren. Ob und wie Gefangene im Gefängnis sterben, kennzeichnet die Sterbekultur in einem Land.“[1] Der Justizvollzug fungiert damit quasi als soziokulturelles Brennglas, durch das gesamtgesellschaftliche Herausforderungen besonders deutlich in den Fokus geraten. Dies ist bei der Suizidhilfe nicht anders. Das Grundsatzurteil des BVerfG[2] zur Verfassungswidrigkeit des *§ 217 StGB a. F.* über die geschäftsmäßige Förderung der Selbsttötung, das auch Anlass zu dieser Arbeit gegeben hat, hat zu einer intensiven und kontroversen Debatte über eine künftige allgemeine Neuregelung des assistierten Suizids geführt, die im Bundestag am 06.07.2023 jeweils in einer Abstimmung über zwei Gesetzentwürfe (BT-Drs. 20/7624) zur Suizidhilfe mündete, die jedoch beide nicht die nötige Mehrheit fanden. Umso kontroverser dürfte die gerade erst begonnene Diskussion im Justizvollzug ausfallen, dem Suizidhilfe wesensfremd ist. Der Justizvollzug ist prinzipiell auf das Leben ausgerichtet, indem er dem Vollzugsziel, vornehmlich in Gestalt der Resozialisierung, dient und schädlichen Folgen im Sinne des Fürsorgegrundsatzes auch verfassungsrechtlich entgegenzuwirken hat.

Dass die gesellschaftliche Entwicklung „vor den Mauern“ nicht Halt macht, zeigt eindrucksvoll der Fall von *Kurt Knickmeier*, der seit über 35 Jahren aufgrund von zwei lebenslangen Freiheitsstrafen inhaftiert ist, den assistierten Suizid beantragt und sogar beim BVerfG[3] Verfassungsbe-

---

1 *Wulf/Grube*, in: Anderheiden/Eckart, Handbuch Sterben und Menschwürde, S. 1571 (1591 m. w. N.).

2 BVerfG, Urt. v. 26.02.2020, 2 BvR 2347/15, BVerfGE 153, 182 ff.; dem folgte etwas später rechtsvergleichend auch der österreichische Verfassungsgerichtshof, indem er die Strafbarkeit der Suizidbeihilfe nach § 78 Halbs. 2 öStGB für verfassungswidrig erklärte (VfGH, Erkenntnis v. 11.12.2020, G 139/2019–71).

3 BVerfG, Beschl. v. 03.11.2021, 2 BvR 828/21, medstra 2022, S. 102 ff.

schwerde eingereicht hat. Weil auch die Presse dem Fall gesteigerte Aufmerksamkeit entgegenbrachte,[4] rückte die Thematik zeitweilig in den breiteren Blick der Öffentlichkeit. Das mit der Sache erneut und letztmalig befasste LG Kleve[5] entschied den Fall mittlerweile rechtskräftig dahingehend, dass dem Antragsteller die Beschaffung von Ballongas zum Zwecke der Selbsttötung versagt wurde. Vor der Grundsatzentscheidung des BVerfG vom 26.02.2020 war das juristische Fachinteresse in Deutschland marginal,[6] steigerte sich danach etwas[7] und mündete letztlich in einer interdisziplinären Arbeitstagung zu dem Thema „Lebensende und Lebensbeendigung im Strafvollzug“[8], an der sich Wissenschaft und Vollzugspraxis beteiligten.

Trotz der insoweit erfolgten Auseinandersetzung mit der Thematik ist die Diskussion damit noch lange nicht abgeschlossen, wie ein Beispiel[9] aus der Schweiz vom 28.02.2023 zeigt, bei dem ein Verwahrter im Kanton Zürich erstmals Suizidhilfe durch eine Sterbehilfeorganisation in Anspruch genommen hat. Auch in Deutschland ist es unter anderem aufgrund des demografischen Wandels und insbesondere bei langen Haftstrafen von aus Haftmüdigkeit empfundener Perspektivlosigkeit nicht ausgeschlossen, dass sich solche Fälle, bei denen die Selbsttötung als letzter Ausdruck von Selbstbestimmung gesehen werden könnte, auch hier ereignen und Antworten in einer „hochkomplexen Wirklichkeit“[10] erfordern, welche die Rechtsprechung und die Rechtswissenschaft bisher noch nicht abschließend geben konnten. Eigentlich dürften die Betroffenen in diesem Kontext auch häufig nicht sterben, sondern nur nicht mehr so leben wollen. Doch wie weit darf Suizidprävention in solchen Fällen gehen?

Suizidalität ist ein vielschichtiges Phänomen, das zwar auch im Justizvollzug allgemein bekannt ist, aber kaum in dem dort „neuen Gewand“ des

---

4 S. das ausführliche Personenportrait von *Stephan*, SZ-Magazin 2022, S. 11 ff.

5 LG Kleve, Beschl. v. 02.06.2022, 161 StVK 23/20, juris.

6 *Lindner*, StV 2015, S. 522 ff.; *Lindemann*, medstra 2021, S. 344 ff.

7 *Lindemann*, medstra 2022, S. 102 ff.; *Eisenberg*, MedR 2022, S. 402 ff.; *Muckel*, JA 2022, S. 262 (264), *Lindner*, ZfL 2022, 185 ff.; *Verrel*, FS Dölling, S. 467 ff., *Neumann*, in: Kindhäuser/Neumann/Paeffgen/Saliger, Strafgesetzbuch, Vor §§ 211217, Rn. 85a.

8 Zentrum für interdisziplinäre Forschung (ZiF), Universität Bielefeld, ZiF-Arbeitsgemeinschaft „Lebensende und Lebensbeendigung im Strafvollzug“ vom 15.–16. Juni 2023.

9 *Gerny*, Neue Zürcher Zeitung, Beitr. v. 09.03.2023.

10 Begriff nach *Lob-Hüdepohl*, BewHi 2019, S. 293 ff.

assistierten Suizids, sodass abstrakt-generelle Aussagen und Ebenen übergreifende Lösungen schwerfallen. Die ausgewertete Rechtsprechung, aber vor allem die einschlägige Fachliteratur und die Arbeitstagung konnten bereits erste wertvolle Impulse zu einem Umgang mit Suizidassistenz im Justizvollzug geben, aber naturgemäß noch keine detaillierte Problembehandlung für einen konkreten vollzuglichen Umgang aufzeigen. So treten nämlich Strafzwecke – insbesondere der Schuldausgleich –, wichtige Gestaltungsgrundsätze und staatliche Schutzaufgaben in ein Spannungsverhältnis zu den Grundrechten der Betroffenen, also auch dem möglichen Recht auf Suizid(-hilfe). Spannung besteht aber auch zu den Grundrechten Dritter, weil es sich bei einer Selbsttötung um ein „soziales Beziehungsereignis“[11] handelt, welches das Umfeld belastet. Diese Konfliktlage gilt es im Sinne praktischer Konkordanz aufzulösen. Allerdings ist dabei zu beachten, dass es sich bei der Entscheidung des Einzelnen, seinem „Leben entsprechend seinem Verständnis von Lebensqualität und Sinnhaftigkeit der eigenen Existenz ein Ende“ setzen zu wollen, um einen „Akt autonomer Selbstbestimmung“[12] handeln muss, woran in Unfreiheit durchaus Zweifel bestehen können. Auch wenn in den allermeisten Fällen die notwendigen Bedingungen für eine freie Suizidentscheidung im Justizvollzug nicht vorliegen dürften, bedeutet dies nicht, dass der Arbeit die nötige Relevanz fehlt. Auch Dinge, die nur sehr wenige angehen, können ethisch hochrelevant sein, gerade in einer „totalen Institution“[13], in der Autonomieverlusterfahrungen ohnehin schon vorherrschen. So entstand der Entschluss, eine umfangreiche Darstellung zur rechtlichen und praktischen Behandlung dieser hochkomplexen Thematik zu erarbeiten, die insbesondere für die Justizvollzugsverwaltungen eine Diskussionsgrundlage und Entscheidungshilfe darstellen soll.

II. Gang der Untersuchung

Die Arbeit lässt sich in drei Teile untergliedern: in einen Grundlagenteil mit Begriffsbestimmungen, einen zweiten Teil mit einer verfassungs- und einfachrechtlichen Einordnung des Rechts auf Suizid(-hilfe) und einer Behandlung der aktuellen rechtspolitischen Entwicklung sowie einen dritten

[11] Vgl. zu diesem Begriff *Lob-Hüdepohl*, BewHi 2019, S. 293 (305).

[12] BVerfG, Urt. v. 26.02.2020, 2 BvR 2347/15, BVerfGE 153, 182 (262 f., Rn. 210).

[13] Begriff nach *Goffman*, Asyle, S. 17.

Teil als Hauptteil, der sich mit rechtlichen und praktischen Umsetzungsfragen der Suizidhilfe im Justizvollzug auseinandersetzt.

Im ersten Teil werden zentrale Begriffe definiert und das übergeordnete Phänomen von Suizidalität näher beschrieben, wobei der Aspekt der Suizidprävention herausgestellt wird, weil Selbsttötungen häufig mit psychischen Erkrankungen assoziiert sind, welche die für eine Suizidhilfe nötige Freiverantwortlichkeit ausschließen können.

Der zweite Teil umfasst eine verfassungsrechtliche Einordnung des Rechts auf Suizid(-hilfe) nach Standort, Reichweite und Grenzen. Zusätzlich wird der assistierte Suizid auf einfachrechtlicher Ebene betrachtet. Nach einer Abgrenzung zur Sterbehilfe liegt der Fokus auf der Freiverantwortlichkeit als zentralem Aspekt einer straflosen Beteiligung sowie auf dem ärztlichen Umgang mit letal wirkenden Betäubungs- und Arzneimitteln. Abschließend werden die interfraktionellen Gruppenentwürfe für die Suizidhilfe und Suizidprävention vorgestellt, über die 2023 im Bundestag abgestimmt wurde.

Im dritten Teil wird nach Vorstellung des Meinungsstands zum Recht auf Suizidhilfe im Justizvollzug, einschlägiger Rechtsprechung und einer vom *Verfasser* durchgeführten Umfrage bei den Landesjustizverwaltungen eine Bewertung der Ergebnisse vorgenommen. Es wird dann untersucht, ob und inwiefern Strafzwecke sowie Sicherheits- und Ordnungsgründe einem freiverantwortlichen Selbsttötungsbegehren entgegenstehen können. Folgefragen betreffen die staatliche Fürsorgepflicht für das Leben, die Rolle des Vollzugspersonals bei der Suizidhilfe sowie die Regelung von Kostentragung und Totenfürsorge. Anschließend wird ein prozedurales Sicherungskonzept für Suizidhilfegesuche im Justizvollzug entwickelt, gefolgt von einem Regulierungsvorschlag zur Suizidprävention und Suizidhilfe an die Landes- und den Bundesgesetzgeber.

III. Begriffserklärungen

Bevor näher in die Untersuchung eingestiegen wird, bedarf es zum besseren Verständnis einer Klärung zentraler Begriffe.

1. Suizidalität

Der Suizid ist der Endpunkt von Suizidalität, welche die Neigung zum Suizid bezeichnet. Es gibt keine allgemeinverbindliche Definition von Suizidalität, die alle Aspekte dieses komplexen Phänomens umfasst.[14] In Deutschland wird Suizidalität häufig beschrieben als alle Gedanken, Gefühle und Handlungen, seien sie bewusst oder unbewusst, die auf Selbstzerstörung durch eine selbst herbeigeführte Beendigung des Lebens ausgerichtet sind.[15] Suizidalität wird auch „als Summe aller Denk-, Verhaltens- und Erlebnisweisen von Menschen [...], die in Gedanken durch aktives Handeln oder durch passives Unterlassen eines lebenserhaltenden Verhaltens (zum Beispiel Non-Compliance bezüglich lebensnotwendiger Medikation) den Tod anstreben“ definiert.[16] Die *Weltgesundheitsorganisation* (*WHO*) definiert Suizidalität als eine Reihe von Denk- und Verhaltensweisen, die Suizidgedanken oder -absichten, Suizidpläne, Suizidversuche und Suizide einschließen.[17] Der Begriff *Suizidalität*[18] soll in der zugrundeliegenden Arbeit suizidale Gedanken, Pläne, Handlungen, Versuche[19] sowie vollzogene Suizide umfassen.[20]

Suizidalität differenziert nach dem abstufbaren Handlungsdruck, Todeswünsche durch Handeln (einschließlich Unterlassen) in die Tat umzusetzen.[21] Todeswünsche können zu sehr unterschiedlichen Konsequenzen für die Betroffenen führen. Ein Todeswunsch kann ein Wunsch ohne weitere Handlungskonsequenzen bleiben. Aber er kann auch klare Handlungskonsequenzen intendieren: zum einen die Konsequenz, nichts mehr zu un-

14 Vgl. *Wolfersdorf*, Nervenarzt 2008, S. 1319 (1321).

15 *Voltz/Schneider*, in: Deutscher Ethikrat, Phänomenologie, S. 4 (10).

16 *Wolfersdorf/Etzersdorfer*, Suizid und Suizidprävention, S. 26; *Gerngroß*, in: Gerngroß, Suizidalität, S. 1 (14).

17 Zitiert nach *Voltz/Schneider*, in: Deutscher Ethikrat, Phänomenologie, S. 4 (10, Transkription).

18 Vgl. zur Begriffsbestimmung auch *Wolfersdorf*, Nervenarzt 2008, S. 1319 (1321, Tab. 1 u. 2).

19 Suizidalität ist individuell kein über die Zeit beständiges Phänomen. Von allen Personen, die einen Suizidversuch überlebten, unternehmen mindestens 70% keinen weiteren Suizidversuch. Nur 10% der Menschen nach einem Suizidversuch versterben in den folgenden Jahren durch Suizid (*Lindner et al.*, Zur möglichen Neuregelung der Suizidassistenz, S. 2).

20 Vgl. *Becker/Correl*, DÄ 117, S. 261 f. m. w. N.

21 Dort auch zum folgenden Text *DKH*, Erweiterte S3-Leitlinie Palliativmedizin für Patienten mit einer unheilbaren Krebserkrankung, S. 422, 424.

ternehmen, um das Sterben aufzuhalten (also Sterben zulassen, „passive Sterbehilfe"), zum anderen auch, sich selbst zu töten (Suizid), sich beim Suizid unterstützen zu lassen (assistierter Suizid), nach Tötung zu verlangen oder sich selbstschädigend zu verhalten.

Suizidalität kann sich zudem in zeitlich unterschiedlicher Weise zeigen. Es ist zwischen „akuter" und „anhaltender" (sog. chronischer) Suizidalität zu differenzieren, wobei *Wolfersdorf* vor der voreiligen Verwendung des Begriffes „chronische" Suizidalität aus forensisch-juristischer Sicht warnt. Eine entsprechende Diagnose könne, genau wie jene der „latenten" Suizidalität ein Einfallstor für staatsanwaltliche Ermittlungen sein.[22]

Um das Phänomen der Suizidalität aber noch besser einordnen zu können, werden nun noch abschließend die beiden klassischen Modelle[23] der Suizidentwicklung nach *Ringel* und *Pöldinger* dargestellt.

Das *präsuizidale Syndrom* nach *Ringel* ist wie folgt abgestuft:[24]

- zunehmende Einengung;
- gehemmte Aggression und Aggressionsumkehr;
- Suizidfantasien.

Mit dem auch für die Einschätzung von Suizidalität bedeutsamen Begriff der *Einengung* werden eine zunehmende Einschränkung von Verhaltens- und Erlebensmöglichkeiten und der Verlust an Ressourcen beschrieben. Ein weiteres Element des präsuizidalen Syndroms ist die *gehemmte Aggression.* Der Suizid erfordert ein hohes Maß an Aggression, die nach außen abgeführt werden kann. Schuldgefühle, Vorwürfe, Zurückweisungen, sich verlassen, angeklagt, im Stich gelassen fühlen, sind Themen, die besonders stark im Kontext von Suizidalität auftreten. Die Aggressionsumkehr richtet sich gegen die eigene Person. Die dritte Stufe betrifft *Suizidfantasien,* bei denen *Ringel* die Art der Fantasien (aktiv intendiert oder sich passiv aufdrängende) und die Inhalte derselben unterscheidet. Werden Suizidfantasien aktiv herbeigeführt, handelt es sich um ein Alarmsignal. Drängen sie sich jedoch passiv auf, sind sie kaum noch kontrollierbar und konkretisieren sich Art und Durchführung der Suizidhandlung, ist höchste Gefahr gegeben.

Pöldinger unterteilt die präsuizidale Entwicklung in drei Stadien:[25]

---

22 *Wolfersdorf*, Nervenarzt 2008, S. 1319 (1322 f.).

23 So die Einordnung von *Wolfersdorf*, Nervenarzt 2008, S. 1319 (1327).

24 Vgl. zur Vertiefung *Ringel*, Der Selbstmord, S. 104–153.

25 Das Folgende ist nach *Gerngroß*, in: Gerngroß, Suizidalität, S. 14 (32–34) zitiert.

- Erwägung;
- Ambivalenz;
- Entschluss.

Im Stadium der Erwägung treten erstmals Suizidgedanken und Todeswünsche auf. Ursachen dafür können krisenhafte Veränderungen im Leben sein. Häufig haben Suizidgedanken in dieser Phase noch einen stark entlastenden Charakter in dem Sinne, dass die Probleme ein Ende haben. Im zweiten Stadium findet ein innerer Kampf zwischen selbsterhaltenden und selbstzerstörerischen Tendenzen statt. Häufig werden direkte oder indirekte Suizidankündigungen ausgesprochen. Charakteristisch für das dritte Stadium ist die sog. „Ruhe vor dem Sturm". Durch die gefällte Entscheidung kommt es scheinbar zu einer Beruhigung, die vom Umfeld häufig als eine Besserung des Zustandes fehlinterpretiert wird. Der Suizid wird vorbereitet, letzte Dinge geregelt und dann wird der Suizid vollzogen. Auch in diesem Stadium ist eine Ambivalenz vorhanden.

Während das *präsuizidale Syndrom* nach *Ringel* mit dem Begriff „Einengung" die innerpsychische Situation eines Menschen mit zunehmendem Verlust innerer und äußerer Freiheitsgrade wiedergibt, stellt das Modell von *Pöldinger* auf den kurzfristigen Zeitraum vor einer suizidalen Handlung, welcher durch Appelle und Ankündigungen sowie die „Ruhe vor dem Sturm" beschrieben ist, ab.[26]

2. Suizidgefährdung – Risiko- und Schutzfaktoren

Als *suizidgefährdet* gelten Menschen, deren Risiko zur Suizidalität höher ist als bei der sog. Normalpopulation.[27] Suizidideen und -gedanken sind nach *Wolfersdorf/Etzersdorfer*[28] grundsätzlich jedem Menschen eigen. Suizidalität sei dabei immer ein komplexes Zusammenspiel von Risiko- und Schutzfaktoren, sodass die Existenz von Risikofaktoren isoliert keinen hinreichenden Rückschluss auf eine vorhandene Suizidalität zulasse. Folgende Risikogruppen lassen sich nach *Wolfersdorf* zusammenfassen:[29]

26 *Wolfersdorf*, Nervenarzt 2008, S. 1319 (1327).

27 Dort auch zum folgenden Text *Gerngroß*, in: Gerngroß, Suizidalität, S. 14 (36 f. m. w. N.).

28 *Wolfersdorf/Etzersdorfer*, Suizid und Suizidprävention, S. 64.

29 *Wolfersdorf*, Nervenarzt 2008, S. 1319 (1326, s. vertiefend auch dortige Tab. 7 auf S. 1325 und Tab. 13 sowie 14 auf S. 1331 f.).

- „Menschen mit psychischen Erkrankungen,[30] insbesondere mit depressiven Erkrankungen;
- Menschen mit bereits vorliegender Suizidalität und damit einer größeren Nähe zur ‚Konfliktlösung' Selbsttötung und
- Menschen in besonderen Lebenssituationen, sei es Vereinsamung im Alter, Drogenproblematik bei Jugendlichen, das Erleben von Traumasituationen und Veränderungskrisen oder schwere körperliche Erkrankungen."

Zu den Schutzfaktoren zählen laut *Gerngroß* vor allem Bindungen, also enge, förderliche, emotional positiv erlebte, unterstützende Beziehungen sowie das Vorhandensein von sozialen oder religiösen Werten und Normen. Auch indirekt wirkende Faktoren, wie Gesetze oder physische Sperren, die den Zugang erschweren, sollen einen protektiven Effekt haben.[31]

3. Grundzüge der Suizidprävention

Auch wenn der Weg zur Suizidhilfe beziehungsweise zu Suizidmitteln für freiverantwortliche Selbsttötungen „real eröffnet" sein muss,[32] bedarf es einer umfassenden Stärkung der „nicht-autonomieverletzenden"[33] Suizidprävention, so dass Menschen mit einem Suizidwunsch prinzipiell sowohl Hilfe zum Leben als auch Hilfe zum Sterben zur Verfügung stehen sollte.[34] Suizidprävention ist daher in diesem Begriffssinne ein wichtiger Beitrag zum

---

[30] Bis zu 90% der vollendeten Suizide erfolgen vor dem Hintergrund einer psychiatrischen Erkrankung; bei den Suizidversuchen ist dies weniger eindeutig belegt, ebenso wie bei Suizidgedanken; Studien über eine Freiverantwortlichkeit der verbliebenen 10% der Suizide sind nicht bekannt (*Lindner et al.*, Zur möglichen Neuregelung der Suizidassistenz, S. 1).

[31] Zum Ganzen *Gerngroß*, in: Gerngroß, Suizidalität, S. 14 (36 f.).

[32] BVerfG, Urt. v. 26.02.2020, 2 BvR 2347/15, BVerfGE 153, 182, Leitsatz 4, Rn. 284.

[33] *Schöne-Seifert*, Stellungnahme „Suizidprävention" zu BT-Drs. 20/1121, S. 3.

[34] *DGS*, Stellungnahme zur Neuregelung der Suizidassistenz. Diesen fürsorge- und lebensorientierten Ansatz greift auch *Rixen* unter Rekurs auf das BVerfG (Urt. v. 26.02.2020, 2 BvR 2347/15, BVerfGE 153, 182, Rn. 265), dass „Selbstbestimmung immer relational verfasst" sei, auf und postuliert, dass sich die Fähigkeit zu selbstbestimmtem Handeln auch in Kommunikation mit anderen entwickle und daher Beratungs- und Hilfsangebote unterbreitet werden dürften, die gerade zum bewusst nicht-suizidalen Verhalten ermutigten und auch dazu dienten die Ernsthaftigkeit des Suizidwunsches zu überprüfen (*Rixen*, in: Deutscher Ethikrat, Recht auf Selbsttötung?, S. 27 [30 f., Transkription]).

Leben, der nachfolgend näher dargestellt wird.[35] Zusammengefasst verfolgt Suizidprävention dabei drei Ziele: 1. Unfreie Suizide möglichst zu verhindern; 2. Freie Suizid- möglichst in freie Lebenswünsche zu verwandeln und 3. Freiverantwortliche Selbsttötungsvorhaben nicht zu „sabotieren".[36]

a) Arten

Effektive Suizidprävention setzt sich aus drei Bestandteilen zusammen: Vorbeugen, Erkennen, Helfen.[37] In der Suizidprävention lassen sich *generelle*, *direkte* und *indirekte* Präventionsansätze unterscheiden. *Generelle* Suizidprävention meint „die Beschäftigung mit dem Thema wie auch das aktive Arbeiten an Hilfsangeboten (was ebenso eine Art der indirekten Prävention darstellt), während das offen auf Betroffene Zugehen und das Anbieten von Hilfe der [*direkten*] Suizidprävention zugeordnet sind."

Ein anderer Zugriff ist die Differenzierung zwischen *universeller* (etwa barrierefreie und wohnortnahe Information/Aufklärung der Bevölkerung, Forschungsförderung, Reduzierung der Zugänglichkeit von Suizidmitteln und -orten[38] sowie Aus-, Fort- und Weiterbildungsangebote für Fachleute), *selektiver* (auf definierte Risikogruppen bezogene Maßnahmen, wie die Telefonseelsorge) und *indizierter*[39] Prävention (fallbezogene Maßnahmen zur Krisenintervention bei akuter Suizidalität).

---

35 Einen umfassenden, wenngleich auch kompakten Gesamtüberblick bieten *Schneider et al.*, Suizidprävention Deutschland. Aktueller Stand und Perspektiven, S. 1–261.

36 *Schöne-Seifert*, in: BT-Rechtsausschuss, Stenografisches Protokoll 20/32, S. 73.

37 Dort auch zum folgenden Text *Gerngroß*, in: Gerngroß, Suizidalität, S. 1 (3–5).

38 Die Einschränkung des Zugangs zu Suizidmitteln ist lt. *Lindner et al.* der am besten nachgewiesene suizidpräventive Effekt. Dazu gehören u. a. die Entgiftung des Haushaltsgases, die Einschränkung der Verfügbarkeit von Schusswaffen, die Absicherung des Zugangs zu sog. Suizid-Hotspots, die Absicherung von Bahngleisen, die Verblisterung und Beschränkung der Abgabemenge von Medikamenten, die in Überdosierung tödlich wirken. Die Einschränkung des Zugangs zu tödlich wirkenden Medikamenten zähle zu den wichtigsten Präventionsstrategien. Auch die Einschränkung der medialen Verbreitung von Suizidmethoden und -anleitungen habe nachweislich suizidpräventive Effekte. Nachgewiesen sei auch, dass die Einschränkung des Zugangs zu einer Suizidmethode nicht zu einem Anstieg bei anderen Suizidmethoden geführt hat. Die Einschränkung des Zugangs zu Suizidmitteln bewirke vor allem einen individuellen Zeitgewinn in der suizidalen Krise durch die Vermeidung einer unmittelbaren suizidalen Handlung. Der Hintergrund für den suizidpräventiven Effekt bestehe in der oben angeführten zeitlichen Begrenztheit akut suizidaler Zustände (s. zum Ganzen *Lindner et al.*, Zur möglichen Neuregelung der Suizidassistenz, S. 3).

39 Auch Suizidprävention *im engeren Sinne* genannt.

Postvention ist im weiteren Sinne auch eine Art von Suizidprävention. „*Postvention* bezeichnet alle notwendigen Maßnahmen zur Hilfestellung [bei] Betroffenen nach einem Suizid."[40] Idealerweise sollten innerhalb von 72 Stunden alle Suizidhinterbliebenen zur Vermeidung von deren eigener Selbsttötung professionelle Unterstützung bekommen, die präventive und intervenierende Anteile umfasst.

b) Interventionen

„Die Suizidprävention stellt eine Vielzahl von Interventionen bereit, die auf allen Ebenen der Gesellschaft – von der Ebene des Individuums bis hin zur politischen, gesamtgesellschaftlichen Ebene – ansetzen."[41] Diese sollen an dieser Stelle insgesamt jedoch nicht ausführlich dargestellt, sondern lediglich in der folgenden Übersicht beschrieben werden:

[40] Ausführlich *Karnholz*, in: Gerngroß, Suizidalität, S. 251–265 m. w. N.

[41] *Lindner et al.*, Zur möglichen Neuregelung der Suizidassistenz, S. 3; s. zur sog. *Multiakteursverantwortung* auf unterschiedlichen Handlungsebenen *Deutscher Ethikrat*, Suizid – Verantwortung, Prävention und Freiverantwortlichkeit, S. 21 f. (Ziff. 35 f.), 32 f., 114, 117 ff.

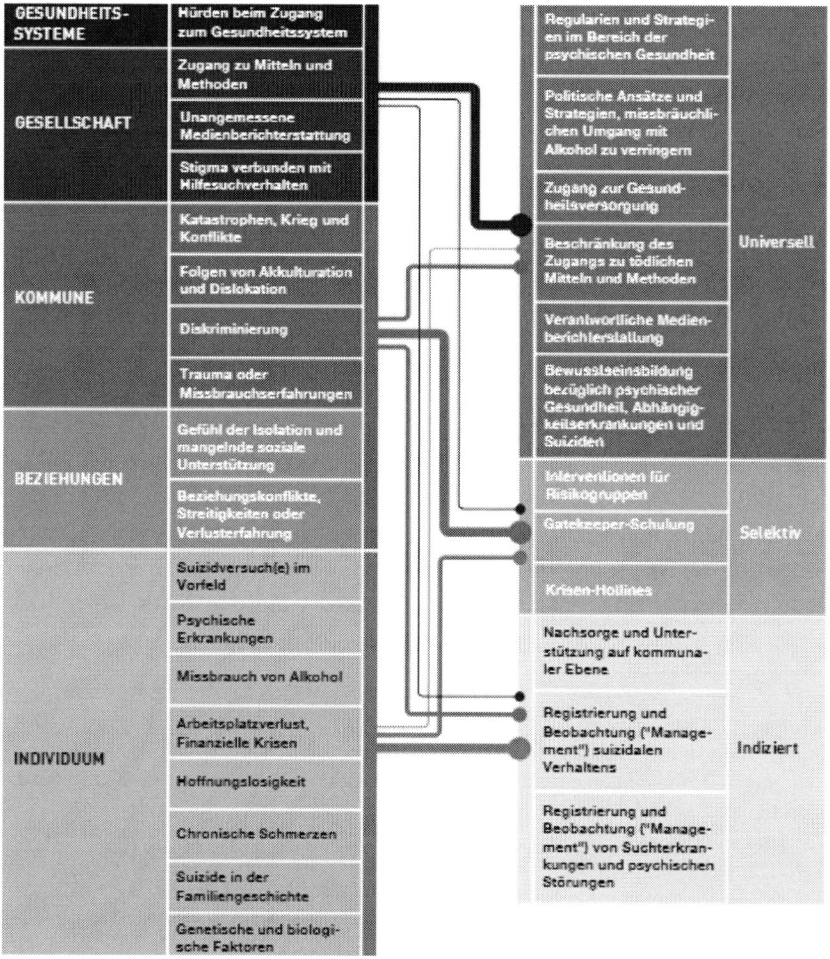

***Abb. 1**: Hauptrisikofaktoren bei Suizidalität und Interventionen (WHO, 2014)*

4. Suizid

Weder das Strafgesetzbuch (StGB) noch andere gesetzliche Regelungen enthalten zum Begriff des Suizids oder der gleichbedeutenden Selbsttötung eine Legaldefinition.[42] Unter dem Begriff des *Suizids* (lat. *suicidium*[43], von *sui caedere* = „sich töten“) versteht indes beispielsweise die *Weltge-*

sundheitsorganisation (*WHO*) einen „Akt der bewussten Selbsttötung“[44]. Nicht erfasst sind damit die fahrlässige Herbeiführung des eigenen Todes und das Führen eines riskanten Lebensstils.[45] Die insoweit erforderliche Wissenskomponente (der Suizident weiß im Augenblick seines Handelns, welche Folge sein Verhalten haben wird[46]) fungiert also als Ausschlusskriterium für eine irrtümliche Herbeiführung des eigenen Todes.[47] Das selbsttötende Verhalten, das den Tod vorzeitig herbeiführt, setzt neben einem kognitiven aber auch ein voluntatives Element voraus,[48] sodass unter Zwang vorgenommene Verhaltensweisen als Selbsttötungsakte ausscheiden.[49] Die Selbsttötung kann durch Tun und Unterlassen[50], etwa durch Behandlungsablehnung, wenn diese nicht aufgrund eines unheilbaren oder gar tödlich verlaufenden Krankheitsprozesses erfolgt,[51] des Suizidenten vollzogen werden.[52]

Suizide lassen sich weiterhin in unterschiedliche Kategorien einteilen:[53] So versteht man unter dem *Bilanzsuizid* „einen Suizid als rationale Konsequenz, wenn [Betroffene] ihre Lebenssituation als aussichtslos einschätzen.“ Jener erfolgt effizient und diskret. Dass es diese Art des freiverant-

---

42 *Huber/Lindner*, NJOZ 2019, S. 1489 (1491). Nach § 3 Abs. 2 S. 1 der Bayerischen Bestattungsverordnung (GVBl. 2001, S. 92, i. d. F. v. 27.10.2022) fällt der Begriff „Selbsttötung“ indes unter den Oberbegriff Herbeiführung des Todes durch sonstige Einwirkung von außen und ist damit ausdrücklich als „Nicht natürlicher Tod“ in der Todesbescheinigung zu bezeichnen.

43 *Hervorhebung* hier und folgend durch den *Verf.*

44 *WHO*, Suizidprävention, S. 14.

45 *Gavela*, Ärztlich assistierter Suizid und organisierte Sterbehilfe, S. 3.

46 *Durkheim*, Der Selbstmord, S. 27.

47 *Gavela*, Ärztlich assistierter Suizid und organisierte Sterbehilfe, S. 3.

48 Vgl. *Beckert*, Strafrechtliche Probleme um Suizidbeteiligung und Sterbehilfe, S. 8–13.

49 *Gavela*, Ärztlich assistierter Suizid und organisierte Sterbehilfe, S. 3.

50 Wie es neben der aktiven Tötung auch ein „Sterbenlassen“ durch Nichthandeln gibt, das unter bestimmten Bedingungen strafrechtlich als Tötung durch Unterlassen geahndet werden kann, kann es auch ein „Sich-selbst-sterben-Lassen“ als negative Form der aktiven Selbsttötung geben (s. *Birnbacher*, Eth Med 2015, S. 315 [319]); a. A. z. B. *Huber/Lindner*, NJOZ 2019, S. 1489 (1491), die einen funktionalen Suizidbegriff vorschlagen: „Suizid ist [danach] eine punktuelle Handlung, die die Todesfolge in einem absehbaren Zeitraum bzw. in unmittelbarem zeitlichem Zusammenhang in sich trägt.“ S. zum weiteren Streitstand B. II. 2, S. 45 ff.

51 S. Fn. 50.

52 *Spohrer*, in: Möllers, Wörterbuch der Polizei, Zum Begriff „Selbsttötung“.

53 Dort auch zum folgenden Text *Gerngroß*, in: Gerngroß, Suizidalität, S. 14 (30–32).

wortlichen Suizids aber tatsächlich gibt, kann, auch wenn man davon ausgeht, dass sich suizidale Menschen häufig in einem Ausnahmezustand extremer Einengung befinden, aber letztlich nicht mehr gänzlich bestritten werden.[54] Hiervon zu unterscheiden ist die Selbsttötung psychisch kranker Menschen,[55] die die häufigste Todesart bei dieser Personengruppe darstellt.

Im Falle des *sozialkonfliktären* Suizids stehen Probleme in zwischenmenschlichen Beziehungen im Zentrum. Dabei wird die Selbsttötung appellativ (auch sog. *Appell*suizid genannt) oft als eine Art Hilferuf an das soziale Umfeld betrachtet. In solchem Kontext geäußerte Suizidgedanken werden oft als manipulativ wahrgenommen und stellen eine erhebliche Belastung für die betroffenen Beziehungen dar.

Eine gängige Form der Selbsttötung stellt zudem der *salvatorische Suizid (-versuch)* dar, was dem lateinischen Wort „salvare", was soviel wie „retten" bedeutet, entlehnt ist. Hierbei ist weniger der Wunsch nach dem eigenen Tod im Fokus, sondern vielmehr der Wunsch nach Ruhe, Beruhigung und einer Auszeit von scheinbar unlösbaren Schwierigkeiten. Solche Suizide oder Suizidversuche werden häufig durch die Einnahme von Medikamenten oder Schlafmitteln herbeigeführt, wobei die Absicht zu suizidalem Verhalten oft wenig ausgeprägt ist. Nichtsdestotrotz dürfen solche Handlungen nicht unterschätzt werden.

Häufig werden auch die Begriffe Freitod und Selbstmord für Selbsttötungen verwendet, obwohl sie einen stark wertenden Charakter haben.[56] Diese Bezeichnungen werden daher in dieser Arbeit abgelehnt und nicht verwendet.

5. Suizidhilfe

Der im Titel der Arbeit verwendete Begriff *Suizidhilfe*[57] ist synonym mit den Begriffen des assistierten Suizids (engl. *assisted suicide*; franz. *assistance au suicide*) oder der Suizidassistenz zu verstehen. Der Terminus fußt auf einem Differenzierungsversuch, die Rolle Dritter beim Suizid eines an-

[54] Vgl. nur *Hambrecht*, in: Venzlaff et al., Psychiatrische Begutachtung, S. 793 (797).

[55] Nach *Wolfersdorf*, Nervenarzt 2008, S. 1319 (1322) ist eine psychische Erkrankung „der zentrale Risikofaktor" für Suizidalität.

[56] *Gavela*, Ärztlich assistierter Suizid und organisierte Sterbehilfe, S. 3 f. m. w. N.

[57] Der Begriff der Suizid*bei*hilfe wird abgelehnt, weil er eine nicht bestehende Strafbarkeit nach § 27 StGB oder zumindest eine moralische Verwerflichkeit suggerieren könnte.

deren zu klären.[58] Ergänzt wird der Begriff des assistierten Suizids häufig noch um die Termini ärztlich oder medizinisch, wobei darunter dann jede Handlung eines Arztes[59] oder Angehörigen eines Heilberufes verstanden wird, die in der Absicht erfolgt, die eigenverantwortliche Selbsttötung zu ermöglichen, indem dem Suizidenten eine Medikation verschrieben oder zur Einnahme beschafft wird.[60]

In der gegenwärtigen Strafrechtsordnung ist der Suizid nicht unter Strafe gestellt, weil die §§ 211 bis 216 und 222 StGB die Tötung eines anderen Menschen voraussetzen.[61] „Deshalb ist auch die Suizidhilfe als nicht tatherrschaftliche Beteiligung an einer eigenverantwortlichen[62] Selbsttötung grundsätzlich straffrei“[63]. Ob die Straflosigkeit der aktiven Teilnahme am freiverantwortlichen Suizid auch für das Untätigbleiben des Lebensschutzgaranten gilt, war lange umstritten, obwohl dies auf den ersten Blick seltsam anmutet, weil die Willensrichtung des Suizidenten gleich ist.[64] Die Frage war aber deshalb geboten, weil die Rechtsprechung die Suizidhilfe durch Unterlassen nach besonderen Kriterien beurteilte.[65] Die Fragestellung blieb aber nicht auf den Lebensschutzgaranten beschränkt, sondern erstreckte sich gemäß § 323c StGB auch auf jeden Dritten, der, wenn er mit einem Suizidversuch konfrontiert wurde und gegen die Selbsttötung nichts unternahm, möglicherweise damit rechnen musste wegen unterlassender Hilfeleistung sanktioniert zu werden.[66] Diese Rechtsprechung ist aber mitt-

58 *Paterson*, Assisted suicide and euthanasia, S. 9.

59 Die Verwendung des generischen Maskulinums erfolgt auch im Weiteren und soll dabei alle Geschlechter umfassen.

60 *Gavela*, Ärztlich assistierter Suizid und organisierte Sterbehilfe, S. 4 f.

61 BGH, Urt. v. 04.07.1984, 3 StR 96/84 (sog. Fall *Wittig*), juris Rn. 13, BGHSt 32, 367 (371).

62 Nach welchen Maßstäben die Freiverantwortlichkeit der Selbsttötung zu bestimmen ist, ist umstritten (*Schneider*, in: Erb/Schäfer, MüKoStGB, Vor § 211, Rn. 37 m. w. N.).

63 BVerfG, Urt. v. 26.02.2020, 2 BvR 2347/15, BVerfGE 153, 182, (199, Rn. 23 m. w. N.).

64 BVerfG, Urt. v. 26.02.2020, 2 BvR 2347/15, BVerfGE 153, 182, (207, Rn. 36).

65 S. BGH, Urt. v. 04.07.1984, 3 StR 96/84, juris Rn. 17–23, BGHSt 32, 367 (373–376); OLG Hamburg, Urt. v. 08.06.2016, 1 Ws 13/16, NStZ 2016, S. 530 (534?f.).

66 BGH, Beschl. v. 10.03.1954, 6 GSt 4/53, BGHSt 6, 147 (152–154); Überblick bei *Neumann*, in: Kindhäuser/Neumann/Paeffgen/Saliger, Strafgesetzbuch, Vor §§ 211217, Rn. 83 m. w. N.

lerweile überholt, weil sie der BGH zumindest im Ergebnis aufgegeben hat.[67]

Suizidhilfe erfolgt häufig in organisierter Form. Auch wenn in konsequenter Weise ganz überwiegend zwischen Suizid- und Sterbehilfe unterschieden wird, ist die Bezeichnung bei Organisationen, die ihren Mitgliedern beim Suizid helfen, nahezu einheitlich, indem diese als *Sterbehilfe*- und nicht als Suizidhilfe*vereine* benannt werden.[68]

6. Sterbehilfe

Von der Suizidhilfe ist insoweit die Sterbehilfe abzugrenzen.[69] Begrifflich umschreibt die *Sterbehilfe* alle Sachverhaltskonstellationen, denen im Unterschied zur Suizidhilfe ein von Dritten beherrschtes Verhalten gemeinsam ist, welches ursächlich eine Lebensverkürzung bewirkt oder diese auf andere Weise fördert.[70] Ausweislich der ausdrücklichen Bezeichnung als *Sterbe*hilfe setzt diese definitorisch zumindest einen pathologischen Leidenszustand voraus.[71] Terminologisch schließt Sterbe*hilfe* mit deren zweitem Wortbestandteil (Tötungs-)Handlungen aus, die entgegen dem ausdrückli-

---

67 BGH, Urt. v. 03.07.2019, 5 StR 132/18 (im Anschluss an den *Hamburger* Fall), NStZ 2019, S. 662 ff.; ders., Urt. v. 03.07.2019, 5 StR 393/18 (im Anschluss an den *Berliner* Fall), NStZ 2019, S. 666 ff.; ders., Beschl. v. 28.06.2022, 6 StR 68/21, sog. *Insulin*-Fall, BeckRS 2022, 19742, Leitsatz 2, Rn. 25 u. 29 mit nunmehr erstmals überzeugender Begründung einer abzulehnenden Garantenpflicht, auch nachdem der Betroffene das Bewusstsein verlor.

68 *Kusch/Hecker*, Handbuch der Sterbehilfe, S. 24; vorzugswürdig wäre nach *Gavela*, Ärztlich assistierter Suizid und organisierte Sterbehilfe, S. 5 der Begriff der „Suizidhilfeorganisation".

69 BVerfG, Urt. v. 26.02.2020, 2 BvR 2347/15, BVerfGE 153, 182, Rn. 23. Trotz bestehender begrifflicher Unschärfen und wertender Konnotationen hat sich der Terminus der *Sterbehilfe* als Arbeitsbegriff und Alternative zur in Deutschland historisch geächteten, im Ausland aber durchaus gebräuchlichen Bezeichnung *Euthanasie* durchgesetzt (*Verrel*, Gutachten C, 66. DJT, C 9).

70 Vgl. *Berghäuser*, ZStW 2016, S. 741 (743 ff.); a. A. *Saliger*, KritV 2001, S. 382 (432), der Fälle der Suizidteilnahme als Sterbehilfe bezeichnet, wenn diese, wie häufig, Elemente von Selbsttötung und nachgeschalteter Sterbehilfe enthalten; so i. E. auch *Hillenkamp*, JZ 2020, S. 618 (619), der die Suizidhilfe als Form der Sterbehilfe ansieht, wenn ein schwerer Leidenszustand vorliegt. Typische Merkmale eines Phänomens sind aber nicht notwendig jene, die für die Begriffsbildung konstitutiv sind.

71 *Gavela*, Ärztlich assistierter Suizid und organisierte Sterbehilfe, S. 3; BVerfG, Urt. v. 26.02.2020, 2 BvR 2347/15, BVerfGE 153, 182 (199, Rn. 23).

chen oder mutmaßlichen Willen des Sterbewilligen geschehen.[72] Die Judikatur differenziert zwischen verschiedenen Anwendungsfällen straffreier Sterbehilfe, nämlich der *indirekten* Sterbehilfe als Inkaufnahme eines früheren unbeabsichtigten Todeseintritts bei einem sterbenden oder todkranken Menschen infolge einer medizinisch indizierten schmerz- oder in sonstiger Weise leidensmindernden Therapie[73] und dem sog. *Behandlungsabbruch* als jede aktive oder passive Begrenzung oder Beendigung einer lebenserhaltenden oder -verlängernden medizinischen Maßnahme im Einklang mit dem tatsächlichen oder mutmaßlichen Patientenwillen[74]. Abseits dieser straffreien Fallgruppenbildung kommt die strafbare einverständliche Fremdtötung als Tötung auf Verlangen gemäß § 216 StGB zum Tragen.

7. Justizvollzug

Justizvollzug im Sinne dieser Arbeit ist der Vollzug der Freiheitsstrafe, der Jugendstrafe und der Untersuchungshaft in Justizvollzugsanstalten und Jugendstrafanstalten (Anstalten). Die Maßregeln der Besserung und Sicherung sind damit nicht erfasst, bei deren Vollzug stellen sich aber im Kontext der Suizidhilfe auch keine über den Justizvollzug hinausgehenden Rechtsfragen[75].

---

72 Vgl. *Kämpfer*, Die Selbstbestimmung Sterbewilliger, S. 35.
73 Vgl. BGH, Urt. v. 15.11.1996, 3 StR 79/96, juris Rn. 25, BGHSt 42, 301 (305).
74 Vgl. BGH, Urt. v. 25.06.2010, 2 StR 454/09, BGHSt 55, 191, Leitsätze 1 und 2.
75 Vgl. auch *Flaig*, in: Bange/Kirner, Mehr Fortschritt wagen, S. 217 (234).

B. Rechtlicher Rahmen

Das BVerfG hat in seinem Grundsatzurteil vom 26.02.2020 mit der ausdrücklichen Anerkennung eines Grundrechts auf selbstbestimmtes Sterben dem Recht auf Suizid(-hilfe) zu einer erheblichen rechtlichen Aufwertung verholfen. Damit wurden verfassungsrechtliche Maßstäbe gesetzt, die für die Auslegung des einfachen Rechts verbindlich sind. Dabei wird insbesondere das Strafrecht relevant, weil sich jede hilfswillige Person letztlich fragen wird, ob sie sich strafbar macht. Weil aber als handelnde Akteure auch oft Ärzte beteiligt sind, kann das Standesrecht, das deren Berufspflichten regelt, in der rechtlichen Betrachtung nicht ausgeblendet werden. Diese Regelungsmaterien werden daher im Folgenden neben dem Verfassungsrecht näher untersucht.

I. Verfassungsrecht

Im Kontext des Suizids stehen sich das Selbstbestimmungsrecht sowie die Menschenwürde des Suizidenten einerseits (subjektive Abwehrdimension)[76] und der Integritäts- und Autonomieschutz andererseits (objektive Schutzdimension)[77] gegenüber. Die Aufgabe besteht bei Selbstgefährdungen und -schädigungen vor allem darin, wie das Aufeinandertreffen von objektiv-rechtlicher Schutzpflicht bei Gefährdungen für das hohe Rechtsgut Leben und die Autonomie mit dem subjektiv-rechtlichen Gewährleistungsgehalt der eigenverantwortlichen Selbstbestimmung aufzulösen ist.[78] Aus dem objektiv-rechtlichen Gehalt der Grundrechte „folgt [...] die Pflicht der staatlichen Organe, sich schützend und fördernd vor die darin genannten

---

76 Die wichtigste Funktion der Grundrechte ist die Abwehrfunktion, die auf ein Unterlassen der Grundrechtsverpflichteten zielt und dazu dient, „„die Freiheitssphäre des Einzelnen vor Eingriffen der öffentlichen Gewalt zu sichern"" (*Jarass*, in: Jarass/Pieroth, GG, Vor Art. 1, Rn. 3 m. w. N.).

77 Die Eingriffe gehen hier nicht vom Staat aus und sind auch nicht von ihm zu verantworten oder ihm zuzurechnen (*Jarass*, in: Jarass/Pieroth, GG, Vor Art. 1, Rn. 5 m. w. N.).

78 BVerfG, Urt. v. 26.02.2020, 2 BvR 2347/15, BVerfGE 153, 182 (268, Rn. 223, 225); vgl. *Gavela*, Ärztlich assistierter Suizid und organisierte Sterbehilfe, S. 231.

Rechtsgüter zu stellen und sie insbesondere vor rechtswidrigen Eingriffen von Seiten anderer zu bewahren.“[79] Nach der Rechtsprechung des BVerfG kommt dem anzuerkennenden objektiv-rechtlichen Gehalt der Grundrechte damit die Funktion zu, den primär abwehrrechtlichen Geltungsgehalt der Grundrechte prinzipiell zu verstärken.[80] Eine verfassungsrechtliche Schutzpflicht muss hingegen den Ausnahmefall darstellen und ist an enge Voraussetzungen gebunden.[81] Damit stellt sich die Folgefrage, wie diese Pflicht zu erfüllen ist. [82] Nach neuerer Judikatur des BVerfG kann „[d]ie staatliche Schutzpflicht zugunsten der Selbstbestimmung und des Lebens [. . .] erst dort gegenüber dem Freiheitsrecht des Einzelnen den Vorrang erhalten, wo dieser Einflüssen ausgeliefert ist, die die Selbstbestimmung über das eigene Leben gefährden. Diesen Einflüssen darf die Rechtsordnung durch Vorsorge und durch Sicherungsinstrumente entgegentreten. Jenseits dessen ist die Entscheidung des Einzelnen, entsprechend seinem Verständnis von der Sinnhaftigkeit der eigenen Existenz dem Leben ein Ende zu setzen, hingegen als Akt autonomer Selbstbestimmung anzuerkennen.“[83] Jedoch kann niemand „verpflichtet werden, [in diesen Fällen] Suizidhilfe zu leisten.“[84]

---

79 BVerfG, Beschl. v. 20.12.1979, 1 BvR 385/77, sog. *Mühlheim-Kärlich*-Entscheidung, juris Rn. 53, BVerfGE 53, 30 (57).

80 BVerfG, Urt. v. 15.01.1958, 1 BvR 400/51, sog. *Lüth*-Urteil, juris Rn.25 f.,BVerfGE 7, 198 (204 f.): „Ohne Zweifel sind die Grundrechte in erster Linie dazu bestimmt, die Freiheitssphäre des einzelnen vor Eingriffen der öffentlichen Gewalt zu sichern; sie sind Abwehrrechte des Bürgers gegen den Staat. [. . .] Ebenso richtig ist aber, daß das Grundgesetz, das keine wertneutrale Ordnung sein will [. . .], in seinem Grundrechtsabschnitt auch eine objektive Wertordnung aufgerichtet hat und daß gerade hierin eine prinzipielle Verstärkung der Geltungskraft der Grundrechte zum Ausdruck kommt [. . .].“; BVerfG, Urt. v. 01.03.1979, 1 BvR 532/77, sog. *Mitbestimmungsurteil*, juris Rn. 119, BVerfGE 50, 290 (337): „Nach ihrer Geschichte und ihrem heutigen Inhalt sind sie in erster Linie individuelle Rechte, Menschen- und Bürgerrechte, die den Schutz konkreter, besonders gefährdeter Bereiche menschlicher Freiheit zum Gegenstand haben. Die Funktion der Grundrechte als objektiver Prinzipien besteht in der prinzipiellen Verstärkung ihrer Geltungskraft [. . .], hat jedoch ihre Wurzel in dieser primären Bedeutung [. . .]. Sie läßt sich deshalb nicht von dem eigentlichen Kern lösen und zu einem Gefüge objektiver Normen verselbständigen, in dem der ursprüngliche und bleibende Sinn der Grundrechte zurücktritt.“

81 *Reimer*, ZfL 2015, S. 66 (75).

82 *Reimer*, ZfL 2015, S. 66 (75).

83 BVerfG, Urt. v. 26.02.2020, 2 BvR 2347/15, BVerfGE 153, 182 (286, Rn. 275).

84 BVerfG, Urt. v. 26.02.2020, 2 BvR 2347/15, BVerfGE 153, 182 Leitsatz 6, vgl. auch (309, Rn. 342).

Zugleich sind aber auch Rechte von Ärzten und Pflegepersonal, Angehörigen und Suizidhelfern bei der beziehungsweise durch die Suizidhilfe, nämlich die Berufsfreiheit, das Recht auf Ehe und Familie, die Glaubens- und Gewissenfreiheit, die Vereinigungsfreiheit oder zumindest subsidiär die allgemeine Handlungsfreiheit, berührt,[85] je nachdem in welchen Formen die Suizidhilfe erfolgt (privat, organisiert-nichtkommerziell und kommerziell). Diese Grundrechte und deren Ausgleich im Wege praktischer Konkordanz bilden auch den Rahmen für die Regelungsoptionen des Gesetzgebers.[86]

Nur innerhalb dieser verfassungsmäßigen Grenzen kann sich ein Recht auf Selbsttötung bewegen. Dem Grundgesetz kommt insoweit im juristischen Diskurs eine rationalisierende und harmonisierende Rolle zu.[87] Dass es sich bei der Frage um den grundrechtlichen Schutz des Rechts auf Suizid nicht um eine rein akademische handelt, belegt die Debatte um Inhalt, Reichweite und Schranken des Rechts auf selbstbestimmtes Sterben, die ohne grundrechtsdogmatisch fundierte Argumentation nicht geführt werden kann, gerade im komplexen „multipolaren Verhältnis"[88] der unterschiedlichen Akteure.

1. Grundrechtliche Einordnung des Rechts auf selbstbestimmtes Sterben

Genauso wie das Recht auf selbstbestimmtes Sterben nicht ausdrücklich durch das Grundgesetz verboten wird, ist es dort auch nicht explizit verbürgt.[89] Schon vor der Entscheidung des BVerfG vom 26.02.2020 zum Recht auf selbstbestimmtes Sterben waren sich Verfassungsrechtler aber einig, dass die Selbstbestimmung über den eigenen Körper auch ein Recht auf selbstbestimmtes Sterben beinhaltet, welches das Recht auf Selbsttötung umfasst.[90] Dafür streitet auch, dass das Grundgesetz im Lichte des

---

85 Vgl. *Stiller*, Sterbehilfe und assistierter Suizid, S. 41, 46–48 m. w. N.

86 *Stiller*, Sterbehilfe und assistierter Suizid, S. 41, 46–48 m. w. N.; vgl. auch *Hillgruber*, Stellungnahme zu Gesetzentwürfen BT-Drs. 18/5373–5376, S. 3.

87 *Schuler-Harms*, in: Albers, Patientenverfügungen, S. 70.

88 *Reimer*, ZfL 2015, S. 66.

89 Wie dies geregelt werden könnte, zeigt *Lindner*, MedR 2020, S. 527 (529) auf.

90 Zum Meinungsstand s. *Di Fabio*, Rechtsgutachten zum Urt. des BVerwG v. 2.03.2017, 3 C 19/15, S. 10.

Rechts auf Privatleben nach Art. 8 Abs. 1 der Europäischen Menschenrechtkonvention (EMRK) und der Rechtsprechung des Europäischen Gerichtshofs für Menschenrechte (EGMR) konventionsfreundlich auszulegen ist[91] und es das Recht einer Person ist zu entscheiden, wie und zu welchem Zeitpunkt ihr Leben beendet werden soll – vorausgesetzt, sie kann ihren Willen frei bilden und entsprechend handeln.[92] Umstritten war nur, wo dieses Recht grundrechtsdogmatisch zu verorten ist. Teilweise wurde das Recht auf selbstbestimmtes Sterben in der Menschenwürdegarantie des Art. 1 Abs. 1 GG lokalisiert,[93] teilweise als negative Freiheit des Rechts auf Leben aus Art. 2 Abs. 2 S. 1 Alt 1 GG angesehen.[94] Ein Großteil der Autorenschaft sah das Recht auf selbstbestimmtes Sterben indes entweder in der allgemeinen Handlungsfreiheit[95] aus Art. 2 Abs. 1 GG oder dem allgemeinen Persönlichkeitsrecht[96] aus Art. 2 Abs. 1 i. V. m. Art. 1 Abs. 1 GG verortet.

So relevant der Bezug zur Menschenwürde ist, so ist dieser doch auch im allgemeinen Persönlichkeitsrecht hinreichend gewährleistet und damit auch einer Beschränkung zugänglich.[97] Die Verortung bei Art. 2 Abs. 2 S. 1 Alt 1 GG setzt eine negative Freiheit voraus, wobei es gerade nicht um die Verneinung des Grundrechts auf Leben, sondern nach dessen Wortlaut um dessen Betätigung geht[98] und die Selbstbestimmung

---

91 BVerfG, Beschl. v. 14.10.2004, 2 BvR 1481/04, sog. *Görgülü-Beschluss, Umgangsrecht des Kindesvaters*, juris Leitsatz 1, Rn. 30, 47, 53, BVerfGE 111, 307; dass., Urt. v. 04.05.2011, 2 BvR 2333/08, sog. *Sicherungsverwahrungsentscheidung*, juris Leitsätze 2 a)–c), Rn. 83, 86 f., 89, 91–94, BVerfGE 128, 326; *Lindner*, NJW 2013, S. 136.

92 EGMR, Urt. v. 29.04.2002, Nr. 2346/02 (*Pretty/Vereinigtes Königreich*), NJW 2002, S. 2851 (2853 f., Rn. 61, 67); ders., Urteile v. 20.01.2011, Nr. 31322/07 (*Haas/Schweiz*), NJW 2011, S. 3773 (3774, Rn. 50 f.); v. 19.07.2012, Nr. 497/09 (*Koch/Deutschland*), NJW 2013, S. 2953 (2955, Rn. 51 f.) und v. 14.05.2013, Nr. 67810/10 (*Gross/Schweiz*), Rn. 58 f.

93 Z. B. *Herdegen*, in: Dürig/Herzog/Scholz, Grundgesetz-Kommentar, Art. 1 Abs. 1, Rn. 89 m. w. N.

94 Z. B. *Höfling*, ZME 2020, S. 245 (249).

95 *Hufen*, NJW 2001, S. 849 (851); *Di Fabio*, in: Dürig/Herzog/Scholz, GG, Art. 2 Abs. 1, Rn. 50; so wohl auch *Rixen*, in: Sachs, GG, Art. 2, Rn. 211 f.

96 *Möller*, KritV 2005, S. 230 (233 f.); *Dreier*, JZ 2007, S. 317 (318); *Lindner*, NJW 2013, S. 136; wohl auch *Lindner/Huber*, medstra 2017, S. 236; *Hufen*, NJW 2018, S. 1524 (1525); *Kingreen/Poscher*, Grundrechte, Staatsrecht II, Rn. 443.

97 Vgl. *Hufen*, NJW 2018, S. 1524 (1525).

98 Zudem ist das Recht auf Leben nach *Müller-Terpitz*, in: Isensee/Kirchhof, Handbuch des Staatsrechts, Band VII, 3. Aufl., § 147, Rn. 39 ein Statusgrundrecht (Zustand: „Le-

im Mittelpunkt steht.[99] Eine alleinige Zuordnung zur allgemeinen Handlungsfreiheit wird wiederum der Nähe zum Kern der Persönlichkeit und zur Menschenwürde nicht gerecht.[100]

Das BVerfG hat in seinem Grundsatzurteil vom 26.02.2020 jüngst mit überzeugender Argumentation aufgrund der besonderen Persönlichkeitsrelevanz der Selbstbestimmung über das eigene Leben auch ausdrücklich festgestellt, dass als grundrechtlicher Gewährleistungsort das allgemeine Persönlichkeitsrecht als Ausdruck persönlicher Autonomie das Recht auf selbstbestimmtes Sterben einschließt.[101] Das BVerfG betont den spezifischen Bezug des allgemeinen Persönlichkeitsrechts zur Menschwürde nach Art. 1 Abs. 1 GG, der dessen „Schutzgehalt" präge.[102] Der Mensch in Freiheit bestimme und entfalte sich selbst und die Garantie der Menschenwürde umfasse insbesondere die Wahrung personaler Individualität, Identität und Integrität,[103] sodass der „in der Würde des Menschen wurzelnde Gedanke [...] autonomer Selbstbestimmung in den Gewährleistungsgehalten des allgemeinen Persönlichkeitsrechts näher konkretisiert"[104] werde. Dem-

bendigsein"), das anders als andere Freiheitsrechte (dort: „Freiheitsausübung oder Ausübungsverzicht") keine negativen Handlungsoptionen einräumt.

99 *Hufen*, NJW 2018, S. 1524 (1525).

100 *Hufen*, NJW 2018, S. 1524 (1525).

101 BVerfG, Urt. v. 26.02.2020, 2 BvR 2347/15, BVerfGE 153, 182, Leitsatz 1 a): „Das allgemeine Persönlichkeitsrecht (Art. 2 Abs. 1 i. V. m. Art. 1 Abs. 1 GG) umfasst als Ausdruck persönlicher Autonomie ein Recht auf selbstbestimmtes Sterben. Das Recht auf selbstbestimmtes Sterben schließt die Freiheit ein, sich das Leben zu nehmen. [...]."; die spezifische Kritik, die über eine Verortung in Art. 2 Abs. 2 S. 1 Alt 1 GG aufzulösen versucht wird, an der „unsicheren und deutungsoffenen Anreicherung des allgemeinen Persönlichkeitsrechts über Art. 1 I GG" (Stichwort: „Schutzbereichsaufladungen" [*Lang*, NJW 2020, S. 1562 {1563}]) und an der Reichweite der „normativen Direktionskraft [der] Menschenwürdegarantie" (*Höfling*, ZME 2020, S. 245 [249], die jedoch jedem „Kombinationsgrundrecht" [s. zur Begriffserklärung *Augsberg/Augsberg*, AöR 2007, S. 539 {542 f. mit erstmaligem Verwendungshinweis auf *Höfling*, JuS 1995, 857 {862}]) allgemein anhaftet (nach *Hillgruber*, in: Isensee/Kirchhoff, Handbuch des Staatsrechts, Band IX, 3. Aufl., § 200, Rn. 52 „[...] bewirkt die Kombinationsmethode [mit Hinweis auf *Höfling*] im Ergebnis das Gegenteil einer Grundrechtseffektuierung: Sie verunklart die spezifischen Maßstabsfunktionen der unterschiedlichen grundrechtlichen Gewährleistungen, führt zu einer problematischen Schrankenkonvergenz und relativiert insoweit die Positivität der Grundrechte'"), soll hier nicht näher beleuchtet werden.

102 BVerfG, Urt. v. 26.02.2020, 2 BvR 2347/15, BVerfGE 153, 182 (260 f., Rn. 206).

103 BVerfG, Urt. v. 26.02.2020, 2 BvR 2347/15, BVerfGE 153, 182 (260 f., Rn. 206).

104 BVerfG, Urt. v. 26.02.2020, 2 BvR 2347/15, BVerfGE 153, 182 (261, Rn. 207).

zufolge beinhalte das allgemeine Persönlichkeitsrecht auch ein Recht auf selbstbestimmtes Sterben, das gleichzeitig das Recht auf Selbsttötung einschließe. Die Entscheidung, das eigene Leben eigenhändig zu beenden, sei – so das BVerfG – von existenzieller Bedeutung für die Persönlichkeit eines Menschen. Welchen Sinn der Einzelne seinem Leben zubillige, unterliege höchstpersönlichen Vorstellungen. Der Entschluss, das eigene Leben zu beenden, betreffe „Grundfragen menschlichen Daseins und berührt wie keine andere Entscheidung Identität und Individualität des Menschen“[105].

2. Reichweite und Grenzen

Die positive Freiheit, selbstbestimmt über das Ende des eigenen Lebens durch Suizid zu entscheiden (das „Ob“), berechtigt als Ausfluss des allgemeinen Persönlichkeitsrechts frei über Todesart (das „Wie“), -zeitpunkt (das „Wann“) und den Sterbeort (das „Wo“) zu entscheiden.[106] Der Entschluss das eigene Leben zu beenden, umfasst aber auch, sofern er frei sowie in Kenntnis und unter Abwägung aller relevanten Umstände gefasst worden ist, im negativen Gewährleistungsgehalt die Entscheidung gegen bestehende Alternativen, wie vor allem eine palliativmedizinische Versorgung.[107] Die Richter des 2. Senats des BVerfG machten in ihrem Urteil vom 26.02.2020, anders als noch das BVerwG[108] 2017 auch deutlich, dass es sich verbiete, die Zulässigkeit einer Selbsttötung materiellen Kriterien zu unterwerfen, sie etwa vom Vorliegen einer unheilbaren oder tödlich verlaufenden Krankheit abhängig zu machen. Dies verhindere aber nicht, dass je nach Lebenssituation unterschiedliche Anforderungen an den Nachweis der Ernsthaftigkeit und Dauerhaftigkeit eines Selbsttötungswillens gestellt werden können. Es stehe dem Gesetzgeber frei, ein prozedurales Sicherungskonzept zu entwickeln,[109] nach dem der Suizidentschluss unter ande-

---

[105] BVerfG, Urt. v. 26.02.2020, 2 BvR 2347/15, BVerfGE 153, 182 (261 f., Rn. 209).

[106] Vgl. *Lindner*, NJW 2013, S. 136; *Lindner/Huber*, medstra 2017, S. 236; *Hufen*, NJW 2018, S. 1524 (1525, 1528); vgl. auch *Hillgruber*, Stellungnahme zu Gesetzentwürfen BT-Drs. 18/5373–5376, S. 10, der indes ausschließlich auf Art. 2 Abs. 1 GG rekurriert.

[107] BVerfG, Urt. v. 26.02.2020, 2 BvR 2347/15, BVerfGE 153, 182 (295 f., Rn. 299); vgl. bei existenziellen Notlagen auch schon VG Köln, Beschl. v. 19.11.2019, 7 K 8560/18, juris Rn. 113, 147, 149, 153–156 (m. w. N.), 222.

[108] BVerwG, Urt. v. 02.03.2017, 3 C 19.15, BVerwGE 158, 142 (153, Rn. 24).

[109] BVerfG, Urt. v. 26.02.2020, 2 BvR 2347/15, BVerfGE 153, 182 (309, Rn. 340). *Höfling*, ZME 2020, 249 (255) stellt indes in Frage, inwieweit ein prozedurales Schutzkonzept

rem „unbeeinflusst von einer akuten psychischen Störung“ sein müsse, aber auch nicht bloß Ausdruck einer „vorübergehende[n] Lebenskrise“ sein dürfe.[110]

„Die Freiheit, sich das Leben zu nehmen, umfasst [zudem] auch die Freiheit, hierfür bei Dritten Hilfe zu suchen und Hilfe, soweit sie angeboten wird, in Anspruch zu nehmen.“[111] „Das Grundgesetz gewährleistet die Entfaltung der Persönlichkeit im Austausch mit Dritten, die ihrerseits in Freiheit handeln. Zur grundrechtlich geschützten Freiheit gehört daher auch die Möglichkeit, auf Dritte zuzugehen, bei ihnen Unterstützung zu suchen und von ihnen im Rahmen ihrer Freiheit angebotene Hilfe anzunehmen. Das gilt insbesondere auch für denjenigen, der erwägt, sein Leben eigenhändig zu beenden. Gerade er sieht sich vielfach erst durch die fachkundige Hilfe kompetenter und bereitwilliger Dritter, insbesondere Ärzte, in der Lage, hierüber zu entscheiden und gegebenenfalls seinen Suizidentschluss in ei-

---

inhaltsneutral formuliert werden könne und *Rixen*, in: Deutscher Ethikrat, Recht auf Selbsttötung?, S. 27 (30, Transkription) fragt kritisch: „Was meint ‚prozedural‘? Also wann kippt gleichsam eine prozedurale Vorkehrung in materielle Vernünftigkeitskontrolle?“; vgl. zur Vertiefung m. w. N. zur verfahrens- und organisationsrechtlichen Dimension der Grundrechte, welche die anderen Dimensionen ergänzt *Schmidt-Aßmann*, in: Merten/Papier, Handbuch der Grundrechte, Band II, § 45 (vgl. insb. Rn. 1 [„Grundrechtsschutz *in* Organisationen und Verfahren“], 4 [„Grundrechtsschutz *durch* Organisation und Verfahren“ in Gestalt ungeschriebener Organisations- und Verfahrensregeln], 12 [Schutzdimension], 21 [„Prognoseentscheidungen des Gesetzgebers“], 23 f. [Grundrechtliches Behinderungsverbot und Gestaltungsgebot], 31 [Konkretisierungsprobleme], 32–34 [„Methodenfragen“], 42 [„Wertakzentuierung und Systematisierung“], 59 [„Ableitung aus dem Rechtsstaatsprinzip“], 74 [„Austarieren privater und behördlicher Prüfungsverantwortung“], 77–80[„Neutralitätssicherung“]).

110 BVerfG, Urt. v. 26.02.2020, 2 BvR 2347/15, BVerfGE 153, 182 (273 f., Rn. 241, 244, vgl. zur hohen Zahl psychischer Erkrankungen auch 274 f., Rn. 245).

111 BVerfG, Urt. v. 26.02.2020, 2 BvR 2347/15, BVerfGE 153, 182 Leitsatz 1 c) (vgl. auch 264 f., Rn. 212 f.); vgl. auch schon *Bethge*, Handbuch des Staatsrechts, Band IX, 3. Aufl., § 203, Rn. 41, 44; *Lindner*, NJW 2013, S. 136 (137); a. A. *Reimer*, ZfL 2015, S. 66 (71), nach dem die binäre Grenzziehung des Strafrechts zwischen Sterbe- und Suizidhilfe gemäß Täterschaft und Teilnahme verfassungsrechtlicher Reflexion und Modifikation bedürfe; ähnlich *Hillgruber*, Stellungnahme zu Gesetzentwürfen BT-Drs. 18/5373–5376, S. 12 f., 18, der ein allgemeines Verbot der Suizidhilfe aus der staatlichen Schutzpflicht für das Leben für geboten hielt; vgl. aber *ders.*, FAZ, 13.03.2020, S. 7, der mittlerweile grds. auch von einem Recht auf Freiheitsausübung mit Hilfe Dritter ausgeht.

ner für ihn[112] zumutbaren[113] Weise umzusetzen. Ist die Wahrnehmung eines Grundrechts von der Einbeziehung dritter Personen abhängig[114] und hängt die freie Persönlichkeitsentfaltung in dieser Weise an der Mitwirkung eines anderen […], schützt das Grundrecht auch davor, dass es nicht durch ein Verbot gegenüber Dritten, im Rahmen ihrer Freiheit Unterstützung anzubieten, beschränkt wird.“[115]

Damit können Sterbehilfeorganisationen zwar wieder ihre Tätigkeit aufnehmen, jedoch bedürfen diese notwendigerweise der Unterstützung durch Ärzte und Pharmazeuten, die medizinisch und pharmakologisch an der Selbsttötung mitwirken,[116] um durch eine Medikamentenverschreibung oder -überlassung einen schnellen, schmerzlosen und sicheren Tod[117] zu

---

[112] Im Gegensatz zu dieser subjektiven Zumutbarkeitsperspektive stellt das BVerfG, Urt. v. 26.02.2020, 2 BvR 2347/15, BVerfGE 153, 182 später in 266, Rn. 218 i. V. m. 288 ff., Rn. 280 ff. eher auf eine objektive „Verfügbarkeit anderer zumutbarer Möglichkeiten“ ab, sodass zunächst unklar bleibt, welcher Maßstab gelten soll (vgl. *Hillenkamp*, JZ 2020, S. 618 [622]).

[113] Das BVerfG, Urt. v. 26.02.2020, 2 BvR 2347/15, BVerfGE 153, 182 (288 f., Rn. 280, 289 f., Rn. 283) fordert nicht nur „verlässliche reale“ „tatsächlich geeignete“ Optionen, sondern in 266, Rn. 218 auch eine „schmerzfreie und sichere Selbsttötung“, ohne dies näher zu begründen (*Hillenkamp*, JZ 2020, S. 618 [622] mit Hinweis auf Vorbehalte des EGMR, Urt. v. 20.01.2011, Nr. 31322/07 (*Haas/Schweiz*), NJW 2011, S. 3773 [3774] zu einem Recht auf Schmerzfreiheit; vgl. dazu auch krit. *Hillgruber*, FAZ, 13.03.2020, S. 7, der zwar grds. auch von einem Recht auf Freiheitsausübung mit Hilfe Dritter ausgeht, aber nicht von einem „Recht auf Schmerzfreiheit“, weil Rahmenbedingungen, welche die Freiheitsausübung lediglich erleichterten, nicht „zu dem unbeschränkbaren Kernbereich einer aus dem Persönlichkeitsrecht abgeleiteten Freiheit zum Suizid“ gehörten – diese Hypothese mag noch bei schweren, nicht anders zu behebenden Leidenszuständen mit entsprechendem Hinweis auf BGH, Urt. v. 15.11.1996, 3 StR 79/96, sog. *Dolantin*-Fall, juris Rn. 25, BGHSt 42, 301 [305] widerlegbar sein, aber bei einer von jeglichen materiellen Kriterien unabhängigen Zulässigkeit der Hilfe zur Selbsttötung, also auch bei völlig gesunden Menschen, fällt die Annahme eines grenzenlosen Rechts auf Schmerzfreiheit nicht leicht [vgl. dazu ausführlich unten die Ausführungen zum Betäubungsmittelrecht [B. II. 3. f), S. 92 ff.]).

[114] Auch hier wird diese These vom BVerfG nicht konkret belegt, auch wenn Selbsttötungen in einer Vielzahl von Fällen ohne Beteiligung Dritter erfolgen, und dann meist in äußerst grausamer Art und Weise (s. *Hillenkamp*, JZ 2020, S. 618 [621 m. w. N.]).

[115] BVerfG, Urt. v. 26.02.2020, 2 BvR 2347/15, BVerfGE 153, 182 (264 f., Rn. 213).

[116] BVerfG, Urt. v. 26.02.2020, 2 BvR 2347/15, BVerfGE 153, 182 (295, Rn. 297).

[117] Diesem Zweck als geeignetes Suizidmittel wird am ehesten das Betäubungsmittel *Natrium-Pentobarbital* (vgl. §§ 1 Abs. 1, 2 Abs. 1 Nr. 2, Anlage III Betäubungsmittelgesetz) gerecht, welches früher in der Humanmedizin in Dosen von 100–200mg als Schlaf- und Beruhigungsmittel eingesetzt wurde und in der Schweiz mit letaler Dosis

gewährleisten. Durch die Rechtsordnung muss ein Zugang zu freiwillig bereitgestellter Suizidhilfe real eröffnet bleiben.[118]

Das Grundrecht auf Selbsttötung entfaltet jedoch keine – auch nicht in einer extremen Notlage – originär leistungsrechtliche Dimension[119] gegenüber dem Staat, etwa indem er dem Suizidenten aktiv ein tödlich wirkendes Betäubungsmittel zur Verfügung stellen, aushändigen oder sonst verschaffen muss.[120] „Niemand kann verpflichtet werden, Suizidhilfe zu leisten.“[121] Eine andere Interpretation wäre grundrechtsdogmatisch verfehlt und der Staat würde zum „Helfershelfer“[122] der Selbsttötung.[123] Der Staat ist lediglich dazu verpflichtet, Eingriffe zu unterlassen, die das Recht auf selbstbestimmtes Sterben notleidend werden ließen, indem dieses leerzulaufen drohte.[124] Dies ist schließlich auch nicht dadurch ausgeschlossen,

von 15g in Wasser aufgelöst getrunken wird (*Kusch/Hecker*, Handbuch der Sterbehilfe, S. 411). Die Nennung von Wirkstoff und Menge ist unschädlich, weil ohne Mitwirkung eines Arztes niemand in der Lage ist, sich *Natrium-Pentobarbital* zu verschaffen (a. a. O.).

118 Vgl. BVerfG, Urt. v. 26.02.2020, 2 BvR 2347/15, BVerfGE 153, 182 (290, Rn. 284, vgl. auch 282 f., Rn. 264).

119 Diese Dimension bezeichnet den Anspruch des Einzelnen auf positives staatliches *Handeln* (*Sachs*, in: Sachs, GG, Vor Art. 1, Rn. 46) und nicht auf Abwehr oder Unterlassen (*Rüfner*, in: Merten/Papier, Handbuch der Grundrechte, Band II, § 40, Rn. 1).

120 *Lindner*, NJW 2013, S. 136 (137); *Lindner/Huber*, medstra 2017, S. 236 (239).

121 BVerfG, Urt. v. 26.02.2020, 2 BvR 2347/15, BVerfGE 153, 182, Leitsatz 6 (vgl. auch 309 f., Rn. 342). An dieser Stelle kann in Bezug auf die Leistungsdimension noch offenbleiben, ob der Freiwilligkeitsvorbehalt auch für den Staat gilt (s. zum Meinungsstand bspw. *Huber/Ruf*, medstra 2021, S. 135 [136] oder *Höfling*, ZME 2020, S. 245, [254]: „Die Äußerung des Zweiten Senats zielt erkennbar auf private Grundrechtssubjekte.“).

122 So der ehemalige Bundesgesundheitsminister *Gröhe*, in: FAZ, 15.01.2018 in anderem Kontext.

123 *Lindner*, NJW 2013, S. 136 (137); *Lindner/Huber*, medstra 2017, S. 236 (239).

124 Vgl. v. a. BVerfG, Urt. v. 26.02.2020, 2 BvR 2347/15, BVerfGE 153, 182 (296, Rn. 301), wonach das Recht auf Selbsttötung nicht durch geltendes Recht faktisch entleert werden dürfe; *Lindner/Huber*, medstra 2017, S. 236 (239): „Der Staat [. . .] ist [. . .] lediglich verpflichtet, das grundsätzliche Verbot des Erwerbs entsprechender Betäubungsmittel zurückzustellen.“; *Gassner/Ruf*, GesR 2020, S. 485 (491 mit Hinweis auf die abwehrrechtliche Dimension): „Insofern ist dann aber nicht die Schutzpflichtdimension der Grundrechte, sondern ihre abwehrrechtliche Dimension betroffen. Denn der Staat selbst knüpft den Zugang zu Betäubungsmitteln an die Verschreibung.“; *Huber/Ruf*, medstra 2021, S. 135 (139, 141). Nach *Rüfner*, in: Merten/Papier, Handbuch der Grundrechte, Band II, § 40, Rn. 56 greifen Leistungsansprüche erst bei staatlicher Beherrschung der Mittel zur Verhinderung von Bedeutungsverlust von Grundrechten.

dass *niemand* verpflichtet werden kann, Suizidhilfe zu *leisten.*[125] Zunächst sind die den Staat verkörpernden Organwalter nämlich schon grundsätzlich keine *Dritte*,[126] weil sie im Außenverhältnis grundrechtsverpflichtet[127] sind und das BVerfG erkennbar grundrechtsberechtigte Helfer in Bezug nimmt, die ihre Hilfe aus Gewissensgründen versagen können, wie zum Beispiel Ärzte.[128] Auch wenn die Gewissenfreiheit von Amtsträgern in der Abwägung ausnahmsweise Vorrang vor der „Institution des Berufsbeamtentums als ein[es] mit Verfassungsrang[129] ausgestattete[n] Rechtswert[s]"[130] haben kann, wenn die zu erledigende konkrete Tätigkeit der gewählten Laufbahn und dem gewählten Berufsbild wesensfremd ist,[131] kommt es hierauf nicht entscheidungserheblich an. Es handelt sich beim Unterlassen von Eingriffen nämlich schon nicht um *Suizidhilfe.* Denn wenn der Staat zum Beispiel betäubungsmittelrechtliche Ausnahmetatbestände zum Verkehr mit letal wirkenden Betäubungsmitteln erließe, unterließe er damit lediglich einen rechtfertigungsbedürftigen Eingriff in das Recht auf selbstbestimmtes

---

[125] So aber *Spahn*, Pressekonferenz vom 26.02.2020, https://twitter.com/BMG_Bund/status/1232737260572991488?s=20 (abgerufen am 17.09.2023) der es als falsch bezeichnet, wenn Behörden über Leben und Tod entscheiden müssten.

[126] Dieser Begriff findet insbesondere bei BVerfG, Urt. v. 26.02.2020, 2 BvR 2347/15, BVerfGE 153, 182, Leitsatz 1 c) (264, Rn. 212, 292, Rn. 289) Verwendung.

[127] Vgl. BVerfG, Beschl. v. 22.05.1975, 2 BvL 13/73, NJW 1975, S. 1641 (1647); die Grundrechtsverpflichtung gilt jedenfalls dann, wenn es um die Amtsführung im Namen des Dienstherrn geht (*Masuch*, NVwZ 2021, 520, [521]).

[128] *Lemmert*, JuWissBlog Nr. 22/2020 v. 11.3.2020 (Anm. zu BVerfGE 153, 182), vgl. auch *Huber/Ruf*, medstra 2021, S. 135 (136); *Höfling*, ZME 2020 (Anm. zu BVerfGE 153, 182), S. 245, (254).

[129] Nach dem BVerfG müssen sich Einschränkungen der Gewissensfreiheit aus der Verfassung selbst ergeben, vgl. BVerfG, Urt. v. 24.09.2003, sog. *Kopftuch I* Entscheidung, 2 BvR 1436/02, juris Rn. 38, BVerfGE 108, 282 ff., wozu auch Art. 33 Abs. 5 GG und die konkreten Anforderungen des Amtes zählen (vgl. a. a. O., Rn. 94, 97)

[130] BVerwG, Beschl. v. 08.09.1978, 2 B 31/78, juris Rn. 18, BVerwGE 56, 227 (228). Der Entscheidung lag die Verweigerung einer Kriminalbeamtin unter Berufung auf ihr Gewissen zugrunde, weder eine Dienstwaffe tragen noch an Schießübungen teilnehmen zu wollen.

[131] Vgl. *Herdegen*, in: Merten/Papier, Handbuch der Grundrechte, Band IV, § 98, Rn. 50 f.; vgl. auch *Bodanowitz*, in: Schnellenbach/Bodanowitz, Beamtenrecht, § 7, Rn. 19. Ob und inwieweit sich Bedienstete im Justizvollzug auf die Gewissensfreiheit berufen können, ist Gegenstand der weiteren Untersuchung unten (D. III. 5., S. 277 ff.).

Sterben.[132] Ein rechtlich relevantes Unterlassen des Staates liegt darin mit *Lemmert* gerade nicht, weil diesen eine konkrete Garanten- beziehungsweise Schutzpflicht zur Abwendung des Suizids nur dann trifft, wenn jener nicht freiverantwortlich erfolgt.[133]

Damit ist aber noch nicht die brisantere Frage entschieden, ob der Staat selbst aktive Suizidassistenz in Form einer Medikamentenverschreibung/-Suizidmittelüberlassung leisten *dürfte*. Das BVerfG geht davon aus, dass „[die] Schutzpflicht des Staates [...] umfassend [ist]. Sie verbietet nicht nur – selbstverständlich – unmittelbare staatliche Eingriffe in das sich entwickelnde Leben, sondern gebietet dem Staat auch, sich nach diesem Schutzzweck zu richten. Die Schutzverpflichtung des Staates muss umso ernster genommen werden, je höher der Rang des infrage stehenden Rechtsgutes innerhalb der Wertordnung des Grundgesetzes anzusetzen ist. Das menschliche Leben stellt, wie nicht näher begründet werden muss, innerhalb der grundgesetzlichen Ordnung einen Höchstwert dar; es ist die vitale Basis der Menschenwürde und die Voraussetzung aller anderen Grundrechte.“[134] „Das Grundrecht auf Leben ist auch eine Wertentscheidung für das Leben, für eine lebensbejahende Gesellschaft, die hier entschieden Position bezieht.“[135] Es wäre paradox, wenn der Staat einerseits zum obersten Hüter des Rechtsguts Leben berufen ist, sich andererseits aber an Selbsttötungen aktiv beteiligen dürfte. Zwar könnte man sich auf den Standpunkt stellen, dass Gefahren für die Öffentlichkeit durch riskante Suizidmethoden und Missbrauchsgefahren für die Selbstbestimmung bei unregulierter privater Suizidhilfe[136] durch ein staatliches Suizidhilfeangebot, das gera-

[132] *Verrel*, (Anm. zu VG Köln, Urt. v. 13.5.2014, 7 K 254/13) medstra, 2015, S. 117 (119) spricht in dem Fall indes missverständlicherweise auch von „staatlicherseits geleisteter [...] Beihilfe zur Selbsttötung“.

[133] Zum Ganzen *Lemmert*, JuWissBlog Nr. 22/2020 v. 11.3.2020 (Anm. zu BVerfGE 153, 182), abrufbar unter https://www.juwiss.de/22--2020/ mit Verweis auf BVerfG, Urt. v. 26.02.2020, 2 BvR 2347/15, BVerfGE 153, 182, (263 f., Rn. 211, 270 f., Rn. 232), wonach der Staat lediglich Selbsttötungen entgegenzuwirken hat, die nicht von freier Selbstbestimmung und Eigenverantwortung getragen sind.

[134] BVerfG, Urt. v. 25.02.1975, 1 BvF 1/74, sog. Entscheidung *Schwangerschaftsabbruch I*, juris Rn. 153, BVerfGE, 39, 1 (42).

[135] *Di Fabio*, in: Dürig/Herzog/Scholz, GG, Art. 2 Abs. 2 S. 1, Rn. 48.

[136] Vgl. dazu *Lemmert*, JuWissBlog Nr. 22/2020 v. 11.3.2020 (Anm. zu BVerfGE 153, 182), abrufbar unter https://www.juwiss.de/22--2020/, welche diese Gefahren jedoch nicht i. R. e. Suizidhilfebefugnis des Staates thematisiert; vgl. auch BVerfG, Urt. v. 26.02.2020, 2 BvR 2347/15, BVerfGE 153, 182 (269, Rn. 227, 276, Rn. 249.

de die Selbstbestimmung schützen soll, effektiv begegnet werden könnte, jedoch ist das Grundgesetz ein Gegenprogramm zu den Euthanasie-Programmen des Nationalsozialismus[137] und der Staat darf deshalb nicht den geringsten Anschein erwecken, aktiver Veranlasser von Sterben zu sein, was niemals hinreichend sicher ausgeschlossen werden könnte, wenn sich der Staat an Suiziden beteiligen würde, bei denen sich nachher zum Beispiel herausstellt, dass diese unfrei erfolgten.[138] Auch wenn das Strafrecht mit der (limitierten) Akzessorietät der Teilnahme zur Täterschaft eine Beihilfe zum eigenverantwortlichen Suizid nicht als strafrechtliches Unrecht ansieht, ist dieser strafrechtliche Unterschied zwischen strafbarer Fremdtötung und strafloser Beteiligung an einer Selbsttötung verfassungsrechtlich nicht derart relevant, dass sich der Staat entgegen seiner Schutzpflicht für das Leben an einer freiverantwortlichen Selbsttötung beteiligen dürfte.[139] Staatliche Suizidhilfeangebote sind daher aufgrund dieses unauflösbaren Interessenkonflikts kategorisch abzulehnen. Selbst wenn man Suizidhilfe als staatliche Leistung als grundsätzlich zulässig ansähe, könnte diese Hilfe Eingriffsabwehrrechte aktivieren, wenn die Freiverantwortlichkeit des Suizidenten zweifelhaft wäre.[140] Wegen der erhöhten Grundrechtsrelevanz bei der Suizidhilfe greift zumindest bei der Suizidhilfe durch den Staat der Vorbehalt des Gesetzes, der eine gesetzliche Regelung fordert, welche die Freiverantwortlichkeit des Suizidenten zweifelsfrei aufklären muss.[141] Mangels einer entsprechenden gesetzlichen Regelung kommt schon aus diesem Grund jedenfalls derzeit keine staatliche Suizidhilfe in Betracht.

Wegen des Menschenwürdebezugs des allgemeinen Persönlichkeitsrechts sind unter die *verfassungsmäßige Ordnung* im Sinne des Art. 2 Abs. 1 GG aber nicht allgemein alle formell und materiell verfassungs-

---

137 *Reimer*, ZfL 2015, S. 66 (68). „Die absolute Höchstwertigkeit der Menschenwürde und der hohe Verfassungsrang des Rechtsguts Leben lassen sich in Anbetracht der Euthanasieaktionen der Nationalsozialisten als Vergangenheitsbewältigung begreifen." (*Stiller*, Sterbehilfe und assistierter Suizid, S. 40).

138 *Stiller*, Sterbehilfe und assistierter Suizid, S. 69.

139 Vgl. *Hillgruber*, Stellungnahme zu Gesetzentwürfen BT-Drs. 18/5373–5376, S. 12.

140 *Hillgruber*, Stellungnahme zu Gesetzentwürfen BT-Drs. 18/5373–5376, S. 12.

141 Vgl. *Hillgruber*, Stellungnahme zu Gesetzentwürfen BT-Drs. 18/5373–5376, S. 12.

gemäßen Normen,[142] sondern lediglich förmliche Parlamentsgesetze,[143] die Voraussetzungen und Umfang der Beschränkungen eindeutig festlegen[144] und streng verhältnismäßig[145] sind, zu subsumieren. Abweichend von der Schutzbereichsebene, wo eine Kumulation grundrechtlichen Schutzes für dieselbe Verhaltensweise nicht erlaubt ist, sondern der Zwang zur eindeutigen Zuordnung besteht, ist bei der Beantwortung von Rechtfertigungsfragen aufgrund der dort erforderlichen Abwägung mit kollidierendem Verfassungsrecht die Kumulation einzelner Belange zulässig und geboten.[146] Legitime Zwecke für einen staatlichen Eingriff in das Selbsttötungsgeschehen stellen vor allem der Schutz von Rechtsgütern der Allgemeinheit oder Rechte Dritter dar.[147] Der Staat ist zum Eingreifen verpflichtet, wenn durch den beabsichtigten Suizid Rechte unbeteiligter Dritter gefährdet werden, etwa durch einen Geisterfahrer.[148] Auch eine Gefahr für die öffentliche Sicherheit und Ordnung rechtfertigt unter Umständen, etwa weil die Selbsttötung in der Öffentlichkeit stattfinden soll, ein staatliches Eingreifen, um Nachahmungseffekte zu verhüten.[149] Die Schutzpflicht für das Leben aus Art. 2 Abs. 2 S. 1 Alt 1 GG verpflichtet den Staat auch dann zur Intervention, wenn der Suizident den Selbsttötungsversuch infolge von Zwang, Drohung oder Täuschung beziehungsweise einem Sinneswandel nicht (mehr) freiverantwortlich unternimmt[150] und überdies auch dann, wenn Zweifel an der Freiverantwortlichkeit bestehen.[151]

---

142 So das allgemeine Verständnis für Art. 2 Abs. 1 GG seit BVerfG, Urt. v. 16.01.1957, sog. *Elfes*-Entscheidung, 1 BvR 253/56, juris Rn. 33 f., BVerfGE 6, 32 (38 f.).

143 *Kunig/Kämmerer*, in: v. Münch/Kunig, Grundgesetz-Kommentar, Art. 2 Abs. 1, Rn. 87;*Barczak*, in: Dreier, Grundgesetz-Kommentar, Art. 2 Abs. 1, Rn. 105; *Kube*, in: Isensee/Kirchhof, Handbuch des Staatsrechts, Band VII, 3. Aufl., § 148, Rn. 84; zweifelnd *Rixen*, in: Sachs, GG, Art. 2, Rn. 107.

144 Vgl. BVerfG, Urt. v. 15.12.1983, 1 BvR 209/83, sog. *Volkszählungsurteil*, juris Rn. 173, BVerfGE 65, 1 (44).

145 BVerfG, Beschl. v. 26.02.2008, 2 BvR 392/07, sog. *Inzestverbot*-Entscheidung, NJW 2008, S. 1137 f.

146 *Reimer*, ZfL 2015, S. 66 (73).

147 Vgl. BVerfG, Beschl. v. 26.01.1982, sog. Entscheidung *Schutzhelmpflicht*, 1 BvR 1295/80, juris Rn. 20, BVerfGE 59, 275 (280); *Hufen*, NJW 2001, S. 849 (855).

148 *Gusy/Worms*, in: Möstl/Kugelmann, BeckOK POG NRW, § 1 PolG, Rn. 79.

149 Vgl. *Bottke*, GA 1982, S. 346 (359).

150 *Di Fabio*, in: Dürig/Herzog/Scholz, GG, Art. 2 Abs. 2 S. 1, Rn. 48; *Lindner*, NJW 2013, S. 136 (137).

151 *Hillgruber*, Stellungnahme zu Gesetzentwürfen BT-Drs. 18/5373–5376, S. 39; vgl. auch *Reimer*, ZfL 2015, S. 66 (75 f.). „Die Ermöglichung der Aufklärung bedingt zumin-

II. Strafrecht

Das Strafrecht pönalisiert bei der unzulässigen Sterbehilfe solche Handlungen, welche mit dem grundrechtlich verbürgten Lebensschutz in Widerspruch stehen und aus diesem Grund gegen das absolute Tötungsverbot der §§ 211 ff. StGB verstoßen. Davon abzugrenzen sind die straflose Suizidhilfe und die zulässigen Formen der Sterbehilfe.

1. Sterbehilfedogmatik

Das Strafgesetzbuch definiert den Begriff der Sterbehilfe nicht und hält nur eine rudimentäre Regelung der Sterbehilfematerie bereit.[152] Dies wurde mehrheitlich nicht für erforderlich gehalten und stattdessen wurde auf eine „weitere Klärung nur in Auslegung des geltenden Rechts“[153] vertraut.[154] Im Zusammenhang mit Sterbehilfe wird herkömmlich zwischen den drei Kategorien der (direkten) *aktiven*, *indirekten* (aktiven) und *passiven* Sterbehilfe unterschieden.

a) Aktive (direkte) Sterbehilfe

Aktive Sterbehilfe ist als vorsätzliche, zielgerichtete Beendigung des Lebens (von Sterbenden und Schwerkranken) unzulässig und strafbar.[155] Rein begrifflich kommt aktive Sterbehilfe aufgrund von ausdrücklichem, mutmaßlichem und sogar ohne ausdrückliches Verlangen des Getöteten in Betracht.[156] Das Verbot aktiver Sterbehilfe aufgrund ausdrücklichen Verlangens, das Gegenstand der weiteren Darstellung ist, lässt sich § 216 StGB entnehmen, der die „Tötung auf Verlangen“ unter Strafe stellt.[157] Danach

---

dest Maßnahmen zum Aufschub der angekündigten Selbsttötung“ (*Gusy/Worms*, in: Möstl/Kugelmann, BeckOK POG NRW, § 1 PolG, Rn. 79).

152 Dem Gesetz lässt sich allein das in § 216 StGB enthaltene Verbot der aktiven Sterbehilfe entnehmen.

153 *Ständige Deputation des DJT*, Sitzungsbericht M zum 56. DJT, M 193.

154 Vgl. zu den Motiven für die Zurückhaltung m. w. N. *Verrel*, Gutachten C, 66. DJT, C 14.

155 *Bioethik-Kommission Rheinland-Pfalz*, Sterbehilfe und -begleitung, S. 70.

156 *Bioethik-Kommission Rheinland-Pfalz*, Sterbehilfe und -begleitung, S. 70.

157 *Verrel*, Gutachten C, 66. DJT, C 13; ob die Tat auch durch Unterlassen begangen werden kann, ist umstritten, vgl. dazu ausführlich *Eser/Sternberg-Lieben*, in: Schönke/Schröder Strafgesetzbuch, § 216, Rn. 10 m. w. N.

ist auf Freiheitsstrafe von sechs Monaten bis zu fünf Jahren zu erkennen, wenn jemand durch das ausdrückliche und ernstliche Verlangen des Getöteten zur Tötung bestimmt worden ist. Der Tatbestand verlangt in Abgrenzung zur straflosen Suizidhilfe die Tötung einer anderen Person.[158] Die wohl *herrschende Meinung* stellt dabei darauf ab, wer über den Vollzug des Todeserfolgs als Letzter entschieden und die Schwelle des „*point of no return*" überschritten hat; wer zuletzt gehandelt habe, sei nicht maßgebend.[159] Wenn das Verlangen, durch das der Täter zur Tötung bestimmt worden ist, nicht ausdrücklich und ernstlich erfolgt ist, kommt eine Strafbarkeit nach den §§ 211 f. StGB in Betracht. Der Begriff des *Verlangens* beschreibt den Todeswunsch des Tatopfers, welches als Spezialfall der Einwilligung seinem Wortsinn nach mehr als ein einverständliches Hinnehmen oder Geschehenlassen einer Fremdtötung voraussetzt.[160] Erforderlich ist eine auf das Vorstellungsbild des Erklärungsadressaten abzielende Einwirkung in Form einer Willensäußerung des Opfers.[161] *Ausdrücklich* ist das Verlangen, wenn es eindeutig und unmissverständlich verbal (etwa auch in Frageform) oder gestisch (wichtig, wenn ein Sprechen nicht mehr möglich ist) gestellt worden ist.[162] Ein lediglich mutmaßliches Verlangen genügt somit nicht.[163]

---

[158] *Neumann/Saliger*, in: Kindhäuser/Neumann/Paeffgen/Saliger, Strafgesetzbuch, § 216, Rn. 5, § 212, Rn. 2.

[159] Vgl. statt aller nur *Roxin*, NStZ 1987, S. 345 (347); *Kühl*, JURA 2010, S. 81 (83); *Eser/Sternberg-Lieben*, in: Schönke/Schröder, Strafgesetzbuch, § 216 Rn. 11; *Neumann*, in: Kindhäuser/Neumann/Paeffgen/Saliger, Strafgesetzbuch, Vor §§ 211217, Rn. 51, *Saliger*, a. a. O., § 216, Rn. 5 f.; BGH, Urt. v. 14.08.1963, 2 StR 181/63, BGHSt 19, 135, (139 f.); ders., Urt. v. 04.07.2018, 2 StR 245/17, BGHSt 63, 161, (165 [Rn. 18]; ders., Urt. v. 3.7.2019, 5 StR 393/18, NStZ 2019, S. 666, (667, Rn. 13); ders., Beschl. v. 28.06.2022, 6 StR 68/21, sog. *Insulin*-Fall, BeckRS 2022, 19742, Rn. 14, (vgl. zur vertieften Darstellung des Streitstandes auch *Gavela*, Ärztlich assistierter Suizid und organisierte Sterbehilfe, S. 23 ff. m. w. N., insb. 30); ausführlich mit Hinweis auf die *ratio legis* des § 216 StGB, dass durch die Einschaltung eines Dritten nicht die natürliche Hemmschwelle zum Suizid umgangen werden soll, vorzugswürdig begründete Gegenansicht *Schneider*, in: Erb/Schäfer, MüKoStGB, § 216, Rn. 46 ff. (insb. 52).

[160] *Schneider*, in: Erb/Schäfer, MüKoStGB, § 216, Rn. 13 m. w. N.

[161] *Schneider*, in: Erb/Schäfer, MüKoStGB, § 216, Rn. 13 m. w. N.

[162] *Eser/Sternberg-Lieben*, in: Schönke/Schröder, StGB, § 216, Rn. 7.

[163] *RG*, Urt. v. 15.10.1923, II 495/23, RGSt 57, 379 (381). Geht der Täter allerdings irrtümlich davon aus, dass der Getötete seine Tötung ernstlich verlangt habe, dann greift § 16 Abs. 2 StGB ein, so dass die Privilegierung gemäß § 216 StGB im Ergebnis ebenfalls zu seinen Gunsten zur Anwendung kommen kann (BGH, Urt. v. 14.09.2011, 2 StR 145/11, juris Rn. 7, NStZ 2012, S. 85 [86]).

Außerdem muss das Verlangen *ernstlich*, also von einer inneren Festigkeit getragen und Ausdruck einer überlegten sowie freiverantwortlichen Entscheidung ohne Willensmängel sein.[164] Dies erfordert eine Einzelfallprüfung und kann nicht generell aus alters- (zum Beispiel bei Jugendlichen) und/oder krankheitsbedingten (etwa bei palliativmedizinisch nicht mehr beherrschbaren Schmerzen oder psychischen Ausnahmezuständen) Gründen ausgeschlossen werden, wenn die Willensentscheidung des Getöteten in der konkreten Situation von innerer Festigkeit und Zielstrebigkeit getragen war.[165] Dann muss der Täter auch durch das Verlangen zur Tötung bestimmt worden sein. Ähnlich wie bei der Anstiftung nach § 26 StGB ist dies ausgeschlossen, wenn er als sog. *omnimodo facturus* ohnehin bereits zur Tat entschlossen war[166] oder nicht durch das Verlangen, sondern durch andere Umstände zur Tat veranlasst wurde[167]. Dass das Tötungsverlangen das einzige Tatmotiv gewesen sein müsste, folgt daraus indes nach *herrschender Auffassung* nicht, soweit es zumindest „handlungsleitend" war.[168] Auf subjektiver Seite genügt Eventualvorsatz.

Neuerdings wird auch vertreten, dass die phänomenologisch-naturalistische Unterscheidung zwischen Suizidhilfe und aktiver Sterbehilfe auf Verlangen nicht mehr geeignet sei, die Grenze zwischen Selbst- und Fremdbestimmung zu sichern. *Hörnle* spricht sich zur Umsetzung einer konsequenten Selbstbestimmung dafür aus, dass die Vorgaben der Suizidhilfeentscheidung des BVerfG vom 26.02.2020 eigentlich auf das gesamte Sterbehilferecht übertragen werden müssten und das kategorische Verbot aktiver Sterbehilfe unter Schaffung eines einheitlichen prozeduralen Sicherungskonzeptes aufgehoben werden sollte.[169] Auch der 6. Strafsenat des BGH „neigt [in einem *obiter dictum* mittlerweile] zu der Auffassung", dass es naheliege, § 216 StGB in den Fällen verfassungskonform zu re-

---

164 *Orbach*, § 217 StGB und Palliativmedizin, S. 15 m. w. N.

165 BGH, Urt. v. 07.10.2010, 3 StR 168/10, juris Rn. 17, NStZ 2011, S. 340 (341); BGH, Urt. v. 14.09.2011, 2 StR 145/11, juris Rn. 6, NStZ 2012, S. 85 (86); *Schneider*, in: Erb/Schäfer, MüKoStGB, § 216, Rn. 20 f.

166 *RG*, Urt. v. 17.09.1934, 2 D 839/33, RGSt 68, 306 (307); *Schneider*, in: Erb/Schäfer. MüKoStGB, § 216, Rn. 25.

167 *Eser/Sternberg-Lieben*, in: Schönke/Schröder, StGB, § 216, Rn. 9.

168 BGH, Urt. v. 22.04.2005, 2 StR 310/04, juris Rn. 37 (sog. *Kannibalen*-Fall, bei dem ein bloßes Zugeständnis des Opfers in die Tötung vorlag), BGHSt 50, 80 (91 f. m. w. N.)

169 *Hörnle*, JZ 2020, S. 872 (876 f.).

duzieren, in denen es der sterbewilligen Person faktisch unmöglich[170] sei, ihren freiverantwortlich gefassten Sterbewillen selbst zu vollziehen und daher auf die Durchführung der unmittelbar tödlichen Handlung durch einen Dritten angewiesen sei.[171] Die *Deutsche Stiftung Patientenschutz* übte Kritik an der Entscheidung: „So ist der Damm zur aktiven Sterbehilfe gebrochen", sagte der Vorstand *Eugen Brysch*. „Überraschend unterstellt der BGH einer einwilligungs- und handlungsfähigen Person, dass sie ihren Willen selbst nicht umsetzen könne." Damit werde die Tötung durch jemand anderen gebilligt. „Der Bundesgerichtshof hat mit seiner Entscheidung das strafrechtliche Verbot der Tötung auf Verlangen de facto aufgehoben", so *Brysch*. Der Bundestag müsse „das Verbot der Euthanasie in voller Trennschärfe klarstellen". *Brysch* äußerte die Befürchtung, der gesellschaftliche Druck auf Alte, Pflegebedürftige, Schwerstkranke und Menschen mit Behinderung könne steigen.[172] Diese Kritik erscheint nicht unberechtigt. Eine verbleibende Rettungschance ist kein für die Begründung von Tatherrschaft hinreichend trennscharfes Abgrenzungskriterium. Mit *Gavela* kann es nämlich auf die Möglichkeit von Rettungs- und Vermeidungshandlungen nicht ankommen, weil es darauf auch in sonstigen Tatherrschaftsfällen nicht ankommt und eine Vermeidbarkeit aufgrund der delikttypischen Unterwerfung unter den Opferwillen bis zum todbringenden Moment ansonsten darüber hinaus stets gegeben wäre – der Gesetzgeber hat dies berücksichtigt und deshalb mit § 216 StGB gerade keine Straflosigkeit, sondern nur eine Strafmilderung normiert.[173] „Dass der Tod [im Insulinfall] ebenfalls durch die Medikamenteneinnahme eingetreten wäre, ist eine nicht zu berücksichtigende Ersatzursache. Der Tod ist früher eingetreten, was für

[170] Lt. *Kusch*, NStZ 2007, S. 436 (441) können Automaten zur Selbstinjektion den Anwendungsbereich des assistierten Suizids so ausweiten, dass die Strafbarkeit aktiver Sterbehilfe nur noch in extremen Ausnahmefällen zum Problem werde, dann nämlich, wenn der Sterbewillige völlig gelähmt ist und nicht einmal mehr den Lidschlag willentlich steuern kann; ähnlich *Schneider*, in: Erb/Schäfer, MüKoStGB, § 216, Rn. 60; vgl. vertiefend auch *Huber/Ruf*, medstra 2021, S. 135 (141)

[171] BGH, Beschl. v. 28.06.2022, 6 StR 68/21, sog. *Insulin*-Fall, BeckRS 2022, 19742, Rn. 21 ff.;

[172] Zitiert nach *tagesschau*, Beitr. v. 11.08.2022; vgl. zur Kritik an der Entscheidung auch nur *Walter*, LTO, Beitr. v. 19.08.2022 oder *Jansen*, medstra 2023, S. 4 ff.; z. T. a. A. *Franzke/Verrel*, JZ 2022, S. 1116 ff.

[173] *Gavela*, Ärztlich assistierter Suizid und organisierte Sterbehilfe, S. 23 ff. m. w. N., insb. 30).

eine Tötung ausreicht.“[174] Anders als bei Behandlungsbegrenzungen, bei denen dem Sterbeprozess sein Lauf gelassen wird, wird bei der Tötung auf Verlangen eine vom Krankheitsverlauf unabhängige Todesursache gesetzt, sodass hier der Lebensschutz weitreichender sein muss.

Ob es einer verfassungskonformen Reduktion bedarf, hängt aber auch mit der folgenden Fragestellung zusammen. Umstritten ist schlussendlich nämlich auch, ob die Tat ausnahmsweise gerechtfertigt sein kann, obwohl sie aufgrund der grundsätzlichen Indisponibiliät des Schutzguts Leben einer Einwilligungssperre unterliegt.[175] Gestritten wird insbesondere über das Eingreifen des rechtfertigenden Notstands nach § 34 StGB,[176] wenn es um die Tötung auf Verlangen eines Sterbenden geht, dessen Schmerzen auch mit Mitteln der modernen Palliativmedizin nicht effektiv zu beseitigen sind.[177] Vor allem *Merkel* hat energisch für die ausnahmsweise Möglichkeit der Rechtfertigung einer einverständlichen Fremdtötung nach Notstandsgesichtspunkten votiert.[178] *Verrel*, der diese Sichtweise im Ergebnis teilt(e?[179]), hält dafür auch keine gesetzlich fixierte Ausnahmeregelung für erforderlich, weil eine Einzelfallkorrektur durch die Judikatur erfolgen kön-

---

174 *Jansen*, medstra 2023, S. 4 (8); a. A. *Franzke/Verrel*, JZ 2022, 1116, (1119).

175 *Schneider*, in: Erb/Schäfer, MüKoStGB, § 216, Rn. 56.

176 Vgl. vertiefend zur dogmatischen Herleitung in Bezug auf die folgenden Problemfelder: 1. die interne Rechtsgüterkollision, 2. die Gefahrabwendung führt anders als sonst nicht zum Überleben des Opfers und 3. dem Dogma, dass im Falle einer vorsätzlichen Tötung niemals ein wesentlich überwiegendes Interesse vorliegen könne, *Mitsch*, in: Leipold/Tsambikakis/Zöller, Anwaltkommentar, § 216, Rn. 15.

177 *Eser/Sternberg-Lieben*, in: Schönke/Schröder, StGB, § 216, Rn. 15a; ders., GA 2021, S. 161 (171 f.); *Schneider*, in: Erb/Schäfer, MüKoStGB, § 216, Rn. 61.

178 Er schildert den (realen) Modellfall des nach einem Verkehrsunfall eingeklemmten Autofahrers, der in den Flammen seines Fahrzeugs binnen kurzer Zeit bei lebendigem Leib „ohne“ Rettungschance qualvoll zu verbrennen droht (*Merkel*, JZ 1996, S. 1145 [1151 f.]). Ablehnend dazu ehemals *Rissing-van Saan*, in: Laufhütte/Rissing-van Saan/Tiedemann, Strafgesetzbuch, § 216, Rn. 46, die den *ultima-ratio*-Charakter der verlangten Tötung mit der Behauptung hinterfragt, es könne jederzeit Hilfe eintreffen (nunmehr aber zustimmend *dieselbe*, in: Cirener/Radtke/Rissing-van Saan/Rönnau/Schluckebier, Rn. 60; ohne auf den Streitstand weiter eingehen zu können, sei zur Vertiefung auf die Ausführungen von *Schneider*, in: Erb/Schäfer, MüKoStGB, § 216, Rn. 56 ff. m. w. N. hingewiesen.

179 *Franzke/Verrel*, JZ 2022, S. 1116 (1117) formulieren (nunmehr) im Konjunktiv, dass es sich um einen Tatbestandsausschluss handeln „müsste“. „Denn die Tötung durch fremde Hand kann schwerlich strafbares, lediglich nicht bestraftes Unrecht sein, wenn sie die einzig verbleibende Möglichkeit ist, das Grundrecht auf selbstbestimmtes Sterben auszuüben.“

ne. Von der Kompetenz der Rechtsprechung zur „ausnahmsweisen“ Begrenzung des in § 216 StGB enthaltenen Tötungsverbots sei die Zumutung und Überforderung zu unterscheiden, die darin liege, dass der Gesetzgeber den Gerichten bisher auch die Umschreibung des weiten Bereichs „grundsätzlich zulässiger“ lebensverkürzender Behandlungsmaßnahmen überlassen habe.[180]

b) Indirekte (aktive) Sterbehilfe

Anders als die verbotene aktive (direkte) Sterbehilfe ist die mit unterschiedlicher dogmatischer Begründung[181] als allgemein[182] erlaubt[183] erachtete sog. indirekte (aktive) Sterbehilfe gesetzlich nicht geregelt. Unter indirekter Sterbehilfe ist die in Übereinstimmung mit dem (erklärten oder mutmaßlichen) Patientenwillen vorgenommene, medizinisch indizierte Behandlung mit Medikamenten zur Schmerz- (sog. Analgetika)[184] und zur Symptomlinderung bei sonstigen schweren Leidenszuständen, wie beispielsweise bei Atemnot mit Erstickungsängsten,[185] zu verstehen, „welche als unbeabsichtigte, aber in Kauf genommene unvermeidbare Nebenfolge den Todeseintritt beschleunigen kann.“[186]

---

180 Zum Ganzen *Verrel*, Gutachten C, 66. DJT, C 68 f.

181 Statt vieler *Eser/Sternberg-Lieben*, in: Schönke/Schröder, StGB, Vor § 211, Rn. 26.

182 *Eser/Sternberg-Lieben*, in: Schönke/Schröder, StGB, Vor § 211, Rn. 26 m. w. N.

183 BGH, Urt. v. 15.11.1996, 3 StR 79/96, juris Rn. 25, BGHSt 42, 301 (305), sog. *Dolantin*-Fall: „Denn die Ermöglichung eines Todes in Würde und Schmerzfreiheit gemäß dem erklärten oder mutmaßlichen Patientenwillen (BGHSt 37,376) ist ein höherwertiges Rechtsgut als die Aussicht, unter schwersten, insbesondere sog. Vernichtungsschmerzen noch kurze Zeit länger leben zu müssen.„

184 Vgl. BGH, Urt. v. 15.11.1996, 3 StR 79/96, juris Rn. 25, BGHSt 42, 301 (305), vgl. *Schneider*, in: Erb/Schäfer, MüKoStGB, Vor § 211, Rn.104; der Begriff der indirekten Sterbehilfe fällt auch unter Rekurs auf BGH, Urt. v. 25.06.2010, 2 StR 454/09, BGHSt 55, 191 (204, Rn. 34) nicht unter den Oberbegriff des Behandlungsabbruchs, wie *Wolfslast/Weinrich*, StV 2011, S. 284 (287) aus der Entscheidung zu deuten versuchen. Dieser ist insofern lediglich zu entnehmen, dass die indirekte Sterbehilfe auch unter den Begriff der Sterbehilfe zu subsumieren ist.

185 So etwa *Bioethik-Kommission Rheinland-Pfalz*, Sterbehilfe und -begleitung, S. 68 f.; *Bundesministerium der Justiz – Arbeitsgruppe*, Patientenautonomie, S. 13, 50 f.

186 BGH, Urt. v. 15.11.1996, 3 StR 79/96, BGHSt 42, 301 (Hs. 2 des 2. Leitsatzes); bestätigt durch

BGH, Urt. v. 07.02.2001, 5 StR 474/00, juris Rn. 8, BGHSt 46, 279 (284 f.).

Dieser Leitsatz dürfte, anders als es der Wortlaut glauben machen könnte,[187] nicht nur Sachverhalte, in denen der Arzt die Lebensverkürzung mit *dolus eventualis* als Möglichkeit erkennt, erfassen; erfasst sind vielmehr nach überwiegender Auffassung auch Konstellationen sicheren Wissens, mithin solche mit *dolus directus 2. Grades*.[188]

Im Gegensatz zum BGH, der die indirekte Sterbehilfe durch Ärzte ausdrücklich nur bei Sterbenden zuließ,[189] wird teilweise die Auffassung vertreten,[190] dass sie bei tödlich verlaufender Erkrankung schon vorher erfolgen könne. Letzterem ist zumindest bei *Dritten* nach neuester Rechtsprechung des BGH[191] indes nicht zuzustimmen, weil dem Patienten nur in der palliativ zu bewältigenden Sterbephase gleichgültig sein dürfte, wer das für ihn medizinisch Indizierte in seinem wohlverstandenen Interesse anordnet und durchführt.[192] Daher werden insoweit nicht nur die von Ärzten angeordneten Eingriffe, sondern auch die auf optimale Schmerzlinderung ausgerichteten Maßnahmen Dritter ungeachtet behandlungsspezifischer Kompetenzfragen von seiner mutmaßlichen Einwilligung gedeckt sein.

---

187 *Verrel*, Gutachten C, 66. DJT, C 31 m. w. N.

188 *Schöch/Verrel*, GA 2005, S. 575 (585); *Bioethik-Kommission Rheinland-Pfalz*, Sterbehilfe und -begleitung, S. 69; *Roxin/Schroth*, in: Roxin/Schroth, Handbuch des Medizinstrafrechts, S. 75 (90?f.); *Eser/Sternberg-Lieben*, in: Schönke/Schröder, StGB, Vor § 211, Rn. 26a; *Neumann*, in: Kindhäuser/Neumann/Paeffgen/Saliger, Strafgesetzbuch, Vor §§ 211217, Rn. 99; abweichend: *Schöch*, NStZ 1997, S. 409 (411), er erachtete lediglich bedingt vorsätzlich begangene Taten für straflos und begründete dies mit der Missbrauchsanfälligkeit der indirekten Sterbehilfe mangels forensischer Unterscheidbarkeit von *dolus directus* 1. und 2. Grades (aufgegeben in GA 2005, S. 575), ebenso im Ergebnis *Kutzer*, NStZ 1994, S. 110 (115); *Merkel*, FS Schroeder, S. 297 (315–319) will sogar Fälle absichtlicher Lebenszeitverkürzung in die Sachverhaltsgruppe strafloser indirekter Sterbehilfe integrieren; krit. hierzu *Verrel*, Gutachten C, 66. DJT, C 102, der den „rechtlich und ethisch bedeutsamen Unterschied zwischen der Tötung durch leidensmindernde Behandlung und Leidensminderung durch Tötung" mit dem Fokus auf das Motiv der Leidensminderung betont, was auch zuletzt beim sog. Behandlungsabbruch, mit dem auch erforderlichen subjektiven Behandlungsbezug bestätigt wurde, BGH, Urt. v. 25.06.2010, 2 StR 454/09, BGHSt 55, 191 (203, Rn. 31), vgl. dazu auch schon *Bioethikkommission RLP* a. a. O.

189 BGH, Urt. v. 15.11.1996, 3 StR 79/96, juris Rn. 25, BGHSt 42, 301 (305); zustimmend ohne nähere Begründung *Dölling*, JR 1998, S. 159 (162).

190 Z. B. *Bioethik-Kommission Rheinland-Pfalz*, Sterbehilfe und -begleitung, S. 68.

191 BGH, Urt. v. 30.1 2019, 2 StR 325/17, BGHSt 64, 69 (80, Rn. 33).

192 Dort auch zum folgenden Text *Schneider*, in: Erb/Schäfer, MüKoStGB, Vor § 211, Rn.104.

Demgegenüber kann im Übrigen eine unterlassene Schmerzbehandlung entgegen dem Patientenwillen bei entsprechender Garantenstellung nach §§ 223, 13 StGB und bei fehlender Garantenstellung nach § 323c StGB strafbar sein.[193]

Auch die sog. *palliative Sedierung*[194] wird überwiegend der indirekten Sterbehilfe zugeordnet.[195] Zwar ist es selten, dass weder durch eine kausale noch durch eine symptomatische Therapie beziehungsweise durch das Weglassen von Maßnahmen eine ausreichende Leidenslinderung bei Sterbenden erreicht werden,[196] als *Ultima Ratio* wird in derartigen Situationen dann aber eine *palliative Sedierung* erwogen.[197] Diese beinhaltet den überwachten Einsatz von Medikamenten für Patienten, die unter *therapierefraktären Symptomen*[198] leiden.[199] Als Indikationen in der Sterbephase[200] werden diesbezüglich häufig agitierte Verwirrtheit, Atemnot, Schmerz, epileptische Anfälle, massive Blutungen oder Asphyxie (Atemdepression, die bis zum -stillstand reichen kann) sowie nichtphysische Symptome[201], wie refraktäre depressive Zustände Angst, oder existentielles Leid genannt. Das Ziel der Sedierung ist die Linderung der Symptomlast in einer für den Patienten, die Angehörigen und Mitarbeiter ethisch akzeptablen Weise und nicht die

---

193 *Hoyer*, in: Igl/Welti, Gesundheitsrecht, § 53, S. 594, Rn. 4.

194 In vorliegender Arbeit soll dieser Begriff Anwendung finden, weil er im Gegensatz zum gebräuchlichen, aber missverständlichen Begriff der *terminalen Sedierung* die mögliche Gleichsetzung mit einer gezielten Tötung des Patienten nicht suggeriert bzw. impliziert und zugleich betont, dass eine Sedierung auch außerhalb der finalen Sterbephase indiziert sein kann, vgl. *Verrel*, Gutachten C, 66. DJT, C 105 m. w. N.

195 Statt vieler *Biermann*, in: Ulsenheimer/Gaede, Arztstrafrecht in der Praxis, Rn. 741; *Lipp*, in: Laufs/Katzenmeier/Lipp, Arztrecht, Rn. 102.

196 Dort auch zum folgenden Text *DKH*, Erweiterte S3-Leitlinie Palliativmedizin für Patienten mit einer nicht-heilbaren Krebserkrankung, S. 463–464.

197 Vgl. vertiefend auch *Alt-Epping et al.*, Der Schmerz 2010, S. 342–354. als deutsche Übersetzung von: *Cherny/Radbruch*, European Association for Palliative Care (EAPC) recommended framework for the use of sedation in palliative care, Palliative Medicin 2009, pp. 581–593.

198 „Refraktäre [...] Symptome sind solche, bei denen alle gezielten Behandlungsmethoden zur Linderung versagt haben oder bei denen gezielte palliative Maßnahmen innerhalb eines annehmbaren Zeitrahmens nicht eingesetzt werden konnten bzw. die unter Berücksichtigung der Lebenssituation und des Erkrankungszustands nur unter nicht zumutbaren Belastungen für die Betroffenen angewendet werden könnten„ (*Müller-Busch*, in: Kränzle/Schmid/Seeger, Palliative Care, S. 298 [299]).

vorzeitige Beendigung des Lebens.[202] Das Behandlungsziel und die eingesetzten Medikamente sind zu dokumentieren.[203] Als Folge der palliativen Sedierung kann eine Bewusstseinsminderung in unterschiedlicher Ausprägung resultieren.[204]

c) „Passive" Sterbehilfe – Begrenzung lebensverlängernder Maßnahmen

aa) Terminologie

Wie der BGH schon 1984 festgestellt hat (Fall *Wittig*), gibt „es keine Rechtsverpflichtung zur Erhaltung eines erlöschenden Lebens um jeden Preis"[205], weil Maßnahmen zur Lebensverlängerung nicht schon deswe-

---

199 *DKH*, Erweiterte S3-Leitlinie Palliativmedizin für Patienten mit einer nicht-heilbaren Krebserkrankung, S. 463–464 auch zum folgenden Text.

200 Die palliative Sedierung ist als Unterfall der indirekten Sterbehilfe auch im präfinalen Stadium, also auch vor unmittelbarer Todesnähe, bei tödlich Kranken zulässig, wenn sie alternativlos ist, vgl. Szenario 3 bei *Neitzke/Frewer*, Ethik Med 2004, S. 323 (324, 326 f.) Die palliative Sedierung kann auch mit einer Behandlungseinstellung kombiniert werden, um deren belastende Folgen zu mildern, a. a. O., S. 330. So auch *Verrel*, Gutachten C, 66. DJT, C 105 f. m. w. N.

201 Hierzu gibt es keinen übergreifenden fachlichen Konsens (vgl. *Alt-Epping et al.*, Der Schmerz 2010, S. 342 [346]).

202 *DKH*, Erweiterte S3-Leitlinie Palliativmedizin für Patienten mit einer nicht-heilbaren Krebserkrankung, S. 463–464. Wie allen Maßnahmen der indirekten Sterbehilfe ist auch der palliativen Sedierung ein nicht zu unterschätzendes Missbrauchspotential inhärent, worauf auch u. a. *Eierdanz*, RDG 2016, S. 274 (277) und *Alt-Epping et al.*, Der Schmerz 2010, S. 342 (344) hinweisen. In Abgrenzung zur aktiven Sterbehilfe fordert *Verrel*, Gutachten C, 66. DJT, C 106 f. daher auch zur Vornahme der palliativen Sedierung eine medizinische Indikation und die Einhaltung der *lex artis* als objektive Zulässigkeitsvoraussetzungen.

203 Auf der Internetseite der Palliativmedizin des *Universitätsklinikums Erlangen* können Dokumentationsvorlagen bzgl. der Entscheidung einer palliativen Sedierung und des Verlaufs heruntergeladen werden, https://www.palliativmedizin.uk-erlangen.de/forschung/downloads/dokumentationsvorlagen-palliative-sedierung/ (abgerufen am 17.09.2023).

204 Vgl. zur Tiefe und Art der Sedierung *Eierdanz*, RDG 2016, S. 274 (275 f.); Abgrenzungsschwierigkeiten werden bei der tiefen, kontinuierlichen Sedierung aufgrund von Erfahrungen in den Niederlanden gesehen, bei denen Ärzte häufig auch die Lebenszeit verkürzen wollten (*Müller-Busch*, in: Kränzle/Schmid/Seeger, Palliative Care, S. 298 [302]).

205 BGH, Urt. v. 04.07.1984, 3 StR 96/84, juris Rn. 32, BGHSt 32, 367 (379).

gen unerlässlich erscheinen, wenn sie technisch möglich sind.[206] Die vom BGH[207] inzwischen terminologisch suspendierte Fallgruppe der *passiven* Sterbehilfe beinhaltet daher entsprechend dem ausdrücklichen oder mutmaßlichen Patientenwillen den Verzicht auf die Vornahme lebensverlängernder Maßnahmen durch einen Arzt oder durch andere Betreuungspersonen eines todkranken Patienten. Hierunter fallen Konstellationen, in denen entweder schon zu Beginn der Behandlung von der Aufnahme lebensverlängernder Maßnahmen abgesehen wird, oder begonnene Maßnahmen nicht mehr fortgeführt werden.[208] Eine Strafbarkeit nach §§ 216, 13 StGB kommt dann wegen des Vorliegens zulässiger Sterbehilfe nicht mehr in Betracht. Handlungsbestimmend ist als „Dreh- und Angelpunkt"[209] dabei jedoch immer der Patientenwille als Ausfluss des Selbstbestimmungsrechts des Patienten, selbst wenn dessen Einhaltung entgegen medizinischer Indikation objektiv unvernünftig erscheint.[210] Wie bei jeder medizinischen Behandlung gilt auch hier der Grundsatz, dass auch jeder indizierte Heileingriff der Einwilligung bedarf, so dass nicht die Begrenzung, sondern die Aufnahme oder Fortführung lebensverlängernder Maßnahmen rechtfertigungsbedürftig ist.[211] Wenn von lebensverlängernden Maßnahmen abgesehen wird, heißt dies indes nicht, dass von allen Behandlungsmaßnahmen abgesehen werden darf. Eine Basispflege oder -versorgung muss weiterhin fortgeführt werden, auch wenn deren Umfang und Grenzen noch nicht abschließend definiert sind.[212]

---

[206] BGH, Urt. v. 04.07.1984, 3 StR 96/84, juris Rn. 32, BGHSt 32, 367 (379 f.).

[207] BGH, Urt. v. 25.06.2010, 2 StR 454/09, BGHSt 55, 191.

[208] Vgl. *Schneider*, in: Erb/Schäfer, MüKoStGB, Vor § 211, Rn. 114; *Eser/Sternberg-Lieben*, in: Schönke/Schröder, StGB, Vor § 211, Rn. 28b.

[209] *Schneider*, in: Erb/Schäfer, MüKoStGB, Vor § 211, Rn. 115.

[210] BGH, Urt. v. 28.11.1957, 4 StR 525/57, juris Rn. 9, BGHSt 11, 111 (113 f.); *Roxin/Schroth*, Handbuch des Medizinstrafrecht, S. 75 (92 f.); *Eser/Sternberg-Lieben*, in: Schönke/Schröder, StGB, Vor § 211, Rn. 28a; *Neumann*, in: Kindhäuser/Paeffgen/Neumann/Saliger, Strafgesetzbuch, Vor §§ 211217, Rn. 111. Dies gilt danach auch dann, wenn die Behandlungsverweigerung mit Sicherheit zum Tode führen wird.

[211] So schon beispielsweise zutreffend *Verrel*, Gutachten C, 66. DJT, C 92; nach *Schneider*, in: Erb/Schäfer, MüKoStGB, Vor § 211, Rn. 115 entfalle mit dem Veto des Patienten nicht nur die Pflicht, sondern auch das Recht zur Behandlung, dessen Missachtung sogar strafbewehrt sei.

[212] *Otto* zufolge gehört die künstliche Ernährung nicht dazu, *Otto*, NJW 2006, S. 2217, (2219 m. w. N.); *Verrel* stellt dazu jedoch übereinstimmend fest, dass trotz des Falls *Kempten*, der eine Gleichstellung künstlicher Ernährung mit sonstigen lebenserhalten-

Dass der Begriff der passiven Sterbehilfe präzisierungsbedürftig sein könnte,[213] zeigte der BGH schon 1991 im 2. Leitsatz von BGHSt 37, 376 (sog. Fall *Wuppertaler Todesengel*), indem er explizit darauf abstellte, dass „Sterbehilfe [...] nur entsprechend dem erklärten oder mutmaßlichen Patientenwillen durch die Nichteinleitung oder den Abbruch lebensverlängernder Maßnahmen geleistet werden [darf.]“[214] Auch danach wurde durch die *Literatur* dringender Regelungsbedarf formuliert und der Gesetzgeber um klarstellende Regelung gebeten.[215] Sowohl in einem Alternativentwurf von 1986[216] als auch in dessen Überarbeitung von 2005[217] wurde in diesem Kontext ein konkreter Regelungsvorschlag unterbreitet, der eine Auflösung der bekannten Kategorien von aktiver, indirekter und passiver Sterbehilfe enthielt. Der Gesetzgeber blieb jedoch dennoch untätig. Erst mit dem richtungsweisenden (Grundsatz?[218])Urteil[219] des BGH aus dem Jahr 2010 zum sog. *Behandlungsabbruch* in der Strafsache gegen den Medizinrechtler und Rechtsanwalt *Putz* (sog. *Fuldaer* Fall) wurden begriffliche Unschärfen bei der passiven Sterbehilfe terminologisch von der *Rechtsprechung* scheinbar aufgelöst. Der *Behandlungsabbruch* umfasst danach „Sterbehilfe durch Unterlassen, Begrenzen oder Beenden einer begonnenen medizinischen Behandlung“[220]. Der BGH macht zudem deutlich, dass der Behandlungsabbruch neben dem Unterlassen auch aktives Tun umfasst und bricht somit auch mit der ganz überwiegenden bisherigen Rechtsprechung zur passiven Sterbehilfe, die nur ein Unterlassen duldete.[221] Dies stellt einen Paradigmenwechsel dar und die Entscheidung wurde in der Strafrechts-

---

den Maßnahmen herbeigeführt hat, immer noch keine Ruhe in die emotional besetzte Frage eingekehrt sei, vgl. *Verrel*, Gutachten C, 66. DJT, C 26 ff. m. w. N.

213 So *Kutzer*, FPR 2004, S. 683 (685); *Verrel*, NStZ 2010, S. 671 (673).

214 BGH, Urt. v. 08.05.1991, 3 StR 467/90, BGHSt 37, 376.

215 *Verrel*, Gutachten C, 66. DJT, C 60–62, 118 f.; *Schreiber*, NStZ 2006, S. 473 (477).

216 *Baumann et al.*, AE-Sterbehilfe 1986, S. 4 f.

217 *Schöch/Verrel*, GA 2005, S. 553 (560 ff.).

218 Teilweise ablehnend *Schneider*, in Erb/Schäfer, MüKoStGB, Vor § 211, Rn. 98, der zwar begrifflich mehr Rechtssicherheit durch die Entscheidung gewährleistet sieht, jedoch in der Beurteilung von zulässiger Sterbehilfe keine wesentliche Änderungen zu erkennen vermag; dies offenlassend *Verrel*, NStZ 2010, S. 671 (675).

219 BGH, Urt. v. 25.06.2010, 2 StR 454/09, BGHSt 55, 191.

220 BGH, Urt. v. 25.06.2010, 2 StR 454/09, BGHSt 55, 191, Leitsatz 1; Entscheidung etwa besprochen v. *Verrel*, NStZ 2010, 671 ff.

221 BGH, Urt. v. 25.06.2010, 2 StR 454/09, BGHSt 55, 191 (201 f., Rn. 26 f., 202 f., Rn. 31).

wissenschaft mit den Bemühungen, eine Alternative für den Begriff der passiven Sterbehilfe zu finden, überwiegend positiv rezipiert,[222] weil sie zu mehr Rechtssicherheit geführt habe.[223] Kritik wurde indes nur insoweit geäußert, als der Terminus der „Behandlungs*begrenzung*" im Vergleich zum Behandlungsabbruch vorzugswürdig sei, da nicht die gesamte medizinische Behandlung suspendiert, sondern lediglich auf lebensverlängernde Maßnahmen verzichtet werde beziehungsweise diese abgebrochen würden.[224] Ob und inwieweit sich die begrifflichen Neuerungen in Praxis und Wissenschaft implementieren lassen, bleibt weiterhin abzuwarten.[225]

bb) Technischer Behandlungsabbruch

Zum sog. *technischen Behandlungsabbruch* als einer Untergruppe der passiven Sterbehilfe „zählen Sachverhalte, in denen der behandelnde Arzt oder ein Dritter Geräte abstellt, die ausgefallene Körperfunktionen des Kranken technisch dauerhaft ersetzen oder unterstützen."[226] Auch wenn schon früh festgestellt wurde, dass es keine Rolle spielen kann, ob die Behandlungseinstellung durch ein bloßes Unterlassen oder ein aktives Tun erfolgt,[227] war lange Zeit umstritten, wie die Straflosigkeit in solchen Fällen dogmatisch widerspruchsfrei hergeleitet werden kann. Dreh- und Angelpunkt der Diskussion war, ob es sich bei dem Ausschalten der Geräte um schlichtes Unterlassen oder aktives Tun handelt.[228] Einige Stimmen in der *Literatur*

222 Statt vieler *Verrel*, NStZ 2010, S. 671 (673).

223 *Verrel*, NStZ 2010, S. 671 (673); *Gaede*, NJW 2010, S. 2925 (2926).

224 Den Begriff der *Behandlungsbegrenzung* hatte *Verrel* bereits in seinem Gutachten C, 66. DJT, C 60 f. vorgeschlagen.

225 Soweit im Fragebogen (s. Anhang) die Termini der geläufigen Fallgruppen von aktiver, indirekt aktiver und passiver Sterbehilfe verwendet wurden, ist dies dem Umstand geschuldet, dass der *Verf.* auch den Eindruck hat, dass diese Begriffe nicht nur in der Praxis, sondern auch in der Wissenschaft immer noch durchaus gebräuchlich sind: vgl. dazu auch dortige Gliederungen bei *Eser/Sternberg-Lieben,* in:. Schönke/Schröder, StGB, Vor § 211, III, 3 a) und c) sowie 4., *Schneider*, in: Erb/Schäfer, MüKoStGB, Vor § 211, D. II. und III.

226 *Schneider*, in: Erb/Schäfer, MüKoStGB, Vor § 211, Rn. 118.

227 LG Ravensburg, Urt. v. 03.12.1986, 3 Kls 31/86, NStZ 1987, S. 229.

228 *Schneider*, in: Erb/Schäfer, MüKoStGB, Vor § 211, Rn. 118 m. w. N. Dass die Unterscheidung zwischen Tun und Unterlassen auch heute noch von Relevanz ist, zeigt *Schneider* für den Fall der fahrlässig fehlerhaften Beurteilung des Patientenwillens in Bezug auf die fakultative Strafmilderungsmöglichkeit der §§ 13 Abs. 2, 49 Abs. 1 StGB, so dass auch immer auf Tatbestandsebene zu prüfen ist, wie das Verhalten phänotypisch

beurteilten die einverständlich realisierte Behandlungseinstellung normativ als Unterlassen lebenserhaltender Maßnahmen, ohne dass es bei dem Abschalten des Gerätes auf die Umdeutung eines nach natürlicher Betrachtungsweise eindeutig aktiven Tuns ankäme.[229] Sie befürworteten dies jedenfalls in Bezug auf das medizinische Behandlungsteam in Beachtung des allein maßgeblichen Patientenwillens, weil es nicht von Zufälligkeiten der Behandlungsmethode abhängen könne,[230] ob Straflosigkeit eintrete oder nicht. Teilweise wurde sogar für die Anwendung dieser Unterlassungslösung auf unbeteiligte Dritte[231] votiert,[232] welche zwar nicht für die Behandlung des Patienten zuständig sind, jedoch mit dessen Einwilligung die Lebensverlängerung herbeiführenden Geräte abschalten und damit nach anerkannten Fallgruppenklassifizierungen eigentlich aktiv in bereits begonnene fremde[233] Rettungsbemühungen eingreifen. Diejenigen Autoren, welche in diesen Fällen aktives Tun annahmen,[234] kamen dennoch mit zum Teil erheblichem dogmatischem Begründungsaufwand zur Straflosigkeit dieser Dritten. Dieser Auffassung hat sich der BGH im *Fuldaer* Fall nun durch die Aufgabe des normativen „„Kunstgriff"“[s] der Umdeutung von Tun in Unterlassen angeschlossen und eine terminologische Neuausrichtung eingeleitet.[235] Dem Urteil lag ein Fall[236] passiver Sterbehilfe zugunsten einer Patientin im irreversiblen Wachkoma zugrunde, bei dem die Tochter auf

---

einzuordnen ist (a. a. O., Rn. 171); so auch etwa *Verrel*, NStZ 2010, S. 671 (674) oder *Eser/Sternberg-Lieben,* in: Schönke/Schröder, StGB, Vor § 211, Rn. 28b.

229 Statt vieler s. nur *Roxin/Schroth*, Handbuchs des Medizinstrafrechts, S. 74, (94 f.); *Geilen*, JZ 1968, S. 145 (151).; *Dreier*, JZ 2007, S. 317 (323);; *Neumann*, in: Kindhäuser/Neumann/Paeffgen/Saliger, Strafgesetzbuch, Vor §§ 211217, Rn. 126 f..

230 Apparatur quasi als „verlängerter Arm“ des Arztes.

231 Gemäß *Schneider* „sind Dritte [. . .] teamfremde Personen, denen die fortdauernde Behandlung organisatorisch nicht als eigene zugerechnet werden kann (*Schneider*, in: Erb/Schäfer, MüKoStGB, Vor § 211, Rn. 121); ähnlich auch BGH, Urt. v. 25.06.2010, 2 StR 454/09, BGHSt 55, 191 (205 f., Rn. 39), der darauf abstellt, dass eine Rechtfertigung auch das Handeln Dritter erfasse, „soweit sie als von dem Arzt, dem Betreuer oder dem Bevollmächtigten für die Behandlung und Betreuung hinzugezogene Hilfspersonen tätig werden“.

232 So z. B. *Roxin*, NStZ 1987, S. 345 (350).

233 Wann Rettungsbemühungen fremd sind: s. *Hörr*, Passive Sterbehilfe und betreuungsgerichtliche Kontrolle, S. 76 f.

234 *Brammsen*, NStZ 2000, S. 337 (341 f.); *Verrel*, NStZ 2010, S. 671 (672).

235 BGH, Urt. v. 25.06.2010, 2 StR 454/09, BGHSt 55, 191 (202, Rn. 30 m. w. N.).

236 Nachfolgende Darstellung nach *Schneider*, in: Erb/Schäfer, MüKoStGB, Vor § 211, Rn. 162.

Anraten des sie in dieser Sache beratenden Rechtsanwalts den Schlauch der Magensonde unmittelbar über der Bauchdecke durchschnitt, um so eine Wiederaufnahme der Ernährung endgültig zu verhindern.

Die später vor dem Landgericht angeklagte Tochter wurde freigesprochen, weil sie sich angesichts des Rechtsrats ihres Rechtsanwalts in einem unvermeidbaren Erlaubnisirrtum befunden und deshalb ohne Schuld gehandelt habe. Das Landgericht würdigte das Verhalten des Rechtsanwalts hingegen als gemeinschaftlich (aktiv) begangenen versuchten Totschlag in einem minder schweren Fall und verurteilte ihn zu einer Freiheitsstrafe von neun Monaten, deren Vollstreckung zur Bewährung ausgesetzt wurde.

Der BGH hob das Urteil auf und sprach den verurteilten Rechtsanwalt frei, indem er feststellte, dass allein der Einwilligung rechtfertigende Wirkung zugekommen sei. Neu war dabei, dass der BGH an der an äußeren Erscheinungsformen orientierten Unterscheidung zwischen Tun und Unterlassen für die Abgrenzung rechtswidriger und rechtmäßiger Herbeiführung des Todes mit (mutmaßlicher) Einwilligung des betroffenen Patienten nicht mehr festhielt.[237] Vielmehr kommt es primär auf den Patientenwillen an.[238] Deshalb führte der BGH auch den Terminus des „Behandlungsabbruchs“[239] ein, der gleichermaßen Tun und Unterlassen umfasst, um zu gewährleisten, dass der Patient fordern kann, dass die Behandlung nicht nur nicht aufgenommen, sondern eine begonnene Therapie als „actus contrarius“[240] auch abgebrochen werden kann.

„Sterbehilfe durch Behandlungsabbruch ist daher gerechtfertigt, wenn sie dem tatsächlichen oder mutmaßlichen Patientenwillen entspricht und dazu dient, einem ohne Behandlung zum Tode führenden Krankheitsprozess seinen Lauf zu lassen.“[241] „Der Begriff der Sterbehilfe durch Behandlungsunterlassung, -begrenzung oder -abbruch setzt voraus, dass die be-

[237] BGH, Urt. v. 25.06.2010, 2 StR 454/09, BGHSt 55, 191 (201 f., Rn. 28–30).

[238] *Rissing-van Saan*, ZIS 2011, S. 544 (545); *Neumann*, in: Kindhäuser/Neumann/Paeffgen/Saliger, Strafgesetzbuch, Vor §§ 211217, Rn. 129; *Eser/Sternberg-Lieben*, in: Schönke/Schröder, StGB, Vor § 211, Rn. 28b.

[239] Es wird, wie einführend erläutert, weiterhin der Begriff der passiven Sterbehilfe verwendet, weil die Passivität in Hinsicht auf das Grundleiden zu verstehen ist und damit neben passiven Elementen auch aktive in Bezug auf den Gesamtbehandlungskontext enthalten kann.

[240] *Hörr*, Passive Sterbehilfe und betreuungsgerichtliche Kontrolle, S. 77.

[241] BGH, Urt. v. 25.06.2010, 2 StR 454/09, BGHSt 55, 191.

troffene Person lebensbedrohlich erkrankt[242] ist und die betreffende Maßnahme medizinisch zur Erhaltung oder Verlängerung des Lebens geeignet ist."[243] Außerdem ist notwendig, dass der Eingriff objektiv unmittelbar behandlungsbezogen erfolgt und subjektiv auf die Verwirklichung des Patientenwillens gerichtet ist.[244] „Vorsätzliche lebensbeendende Handlungen, die außerhalb eines solchen Zusammenhangs mit einer medizinischen Behandlung einer Erkrankung vorgenommen werden, sind einer Rechtfertigung durch Einwilligung dagegen von vornherein nicht zugänglich"[245].

Schließlich geht der BGH in seinem Urteil auch noch auf die strafrechtliche Bedeutung der betreuungsrechtlichen Regelungen der *§§ 1901a ff. BGB a. F.* ein, die auch „für das Strafrecht Wirkung"[246] entfalten. Allerdings blieben die Regelungen der §§ 212, 216 StGB von den Vorschriften des Betreuungsrechts unberührt.[247] Dass die Frage einer strafrechtlichen Rechtfertigung von Tötungshandlungen nicht nur als zivilrechtsakzessorisches Problem behandelt werden könne, wird durch Hinweis auf die Gesetzesmaterialien des Dritten Betreuungsrechtsänderungsgesetzes gestützt.[248] „Die Rechtsordnung bildet [danach] in ihren Teilbereichen Zivil- und Strafrecht eine Einheit, bei der die Teilbereiche aufeinander einwirken. Deshalb kann der Patient vom Arzt [auch in einer Patientenverfügung] keine strafbare Handlung verlangen."[249] Die Beachtung des betreuungsrechtlichen Verfahrens kann nicht zur Voraussetzung für eine strafrechtliche Rechtfertigung des Behandlungsabbruchs erklärt werden, sondern setzt den Beteiligten „lediglich" dem Strafbarkeitsrisiko einer Fehleinschätzung insoweit aus, als eine Missachtung des (Nicht-)Behandlungswillens die Berufung auf einen unvermeidbaren Irrtum versperren dürfte.[250]

---

242 Damit kann Sterbehilfe entsprechend § 1827 Abs. 3 BGB auch schon vor Eintritt in den Sterbeprozess oder Todesnähe geleistet werden, wenn dies dem Patientenwillen entspricht (*Gaede*, NJW 2010, S. 2925 [2926]).

243 BGH, Urt. v. 25.06.2010, 2 StR 454/09, BGHSt 55, 191 (204, Rn. 33).

244 BGH, Urt. v. 25.06.2010, 2 StR 454/09, BGHSt 55, 191 (204, Rn. 34).

245 BGH, Urt. v. 25.06.2010, 2 StR 454/09, BGHSt 55, 191 (204, Rn. 33).

246 BGH, Urt. v. 25.06.2010, 2 StR 454/09, BGHSt 55, 191 (199, Rn. 25).

247 BGH, Urt. v. 25.06.2010, 2 StR 454/09, BGHSt 55, 191 (199, Rn. 25).

248 BGH, Urt. v. 25.06.2010, 2 StR 454/09, BGHSt 55, 191 (199 f., Rn. 25).

249 BT-Drs. 16/8442, S. 8.

250 Vgl. dazu schon *Verrel*, Gutachten C, 66. DJT, C 98 f.; *Gaede*, NJW 2010, S. 2925 (2927 f.); *Rissing-van Saan*, ZIS, 2011, S. 544 (548). Der in BGH, NStZ 2011, 274 (276, Rn. 12) verwendete Wortlaut, dass „die Voraussetzungen der §§ 1901a, 1901b BGB zu *beachten* sein werden" könnte von demjenigen in BGHSt 55, 191 (200, Rn. 25) („Diese

2. Suizid in Abgrenzung von Behandlungsablehnung?

Im Folgenden soll die freiverantwortliche Suizidhandlung von der freiverantwortlichen Behandlungsablehnung[251] abgegrenzt werden. Begeht der Patient, der die weitere mögliche Lebensverlängerung ablehnt, Suizid? Als Behandlungsablehnung kommen beispielsweise der freiwillige Verzicht auf Nahrung und Flüssigkeit (FVNF) des einsichts- und urteilsfähigen Patienten, die bewusste Verweigerung einer Dialysebehandlung oder einer Insulingabe und der Ausspruch eines Beatmungsverbots in Betracht.[252] Diese Fallgruppen der Behandlungsablehnung nehmen in der Praxis breiten Raum ein.[253]

Zunächst muss versucht werden, den Begriff des Suizids möglichst präzise zu bestimmen.[254] Wie der Begriff der Selbsttötung zu definieren ist, ist umstritten. Die kontroverse Debatte um dieses Definitionsproblem gewann an Relevanz, als das strafrechtliche Verbot zur geschäftsmäßigen Förderung der Selbsttötung mit *§ 217 StGB a. F.* eingeführt worden war. Durch die Nichtigerklärung dieser Vorschrift ist das Abgrenzungsproblem nur scheinbar gelöst, weil es erneut zu einer restriktiven Regelung kommen könnte. Die Unterscheidung ist unbeschadet dessen auch deshalb wichtig, weil der

---

Neuregelung [...] muss unter dem Gesichtspunkt der Einheitlichkeit der Rechtsordnung [...] bei der Bestimmung der Grenze einer möglichen Rechtfertigung von kausal lebensbeendenden Handlungen *berücksichtigt* werden.“) abweichend so interpretiert werden, dass die Umsetzung eines Behandlungsabbruchs unter Verstoß gegen die Verfahrensregeln der §§ 1827 und 1828 BGB selbst dann als Totschlag oder Tötung auf Verlangen strafbar ist, wenn der den sog. Behandlungsabbruch durchführende Täter sowohl objektiv als auch subjektiv in Übereinstimmung mit dem (mutmaßlichen) Patientenwillen handelt. So verstehen diese Entscheidungspassage beispielsweise *Verrel*, NStZ 2011, S. 274 (277); *Walter*, ZIS 2011, S. 76 (79, 81) und *Dölling*, ZIS 2011, S. 345 (348); abweichend aber *Rissing-van Saan*, ZIS 2011, S. 544 (548), die Berichterstatterin in dem Fall war. Unbeschadet dessen dürfte eine solch strenge (ungeschriebene!) Betreuungsrechtsakzessorietät des Strafrechts als strafbarkeitsbegründendes Merkmal aber schon in Konflikt mit dem Gesetzlichkeitsprinzip aus Art. 103 Abs. 2 GG in Gestalt des Analogieverbots geraten (eine akzessorische Ausgestaltung von Strafnormen im StGB findet sich z. B. im Umweltstrafrecht der §§ 324 ff.).

251 In Abgrenzung zur Therapiebegrenzung und zum Behandlungsabbruch, die auf das Handeln des Arztes als Behandler abstellen, findet hier der Begriff der Behandlungsablehnung Anwendung, weil er patientenzentriert ist.

252 Fallbeispiele nach *Putz*, in: Neumann, Suizidhilfe, S. 50 (60 ff.).

253 *Putz*, in: Neumann, Suizidhilfe, S. 50 (60).

254 S. bereits oben A. IV. 1., S. 11 ff.

Suizid ohne nähere Begründung nahezu einhellig[255] als unnatürliche Todesursache[256] angesehen wird und damit ein Todesermittlungsverfahren nach § 159 Strafprozessordnung (StPO) auslöst und bei einem Anfangsverdacht einer Straftat ein Ermittlungsverfahren nach § 160 StPO eingeleitet wird.[257]

Die bewusste und gewollte Selbsttötung als selbst vollzogene vorzeitige Lebensbeendigung kann durch Tun und Unterlassen[258] des Suizidenten erfolgen.[259] Zur Abgrenzung von Tötungen durch einen anderen, stellt die wohl *herrschende Meinung* darauf ab, wer über den Vollzug des Todeserfolgs als Letzter entschieden und die Schwelle des „*point of no return*" überschritten hat; wer zuletzt gehandelt habe, sei nicht maßgebend.[260]

Damit können die passive bei fehlender Einwilligungsfähigkeit und die indirekte Sterbehilfe von vornherein nicht unter den Begriff der Selbsttötung gefasst werden, weil die Tatherrschaft durch das Unterlassen weite-

---

255 *Oehmichen/Sternberg-Lieben*, MedR 2022, S. 383 (385 m. w. N.). Teilweise wird die Selbsttötung in den Bestattungsgesetzen der Länder ausdrücklich als unnatürlicher Tod bezeichnet (a. a. O., dortige Fn. 14): „So etwa in § 13 Abs. 3 S. 3 sächs. BestattG, wo daneben auch Todesfälle infolge Komplikationen medizinischer Behandlungen, durch einen Unfall oder eine äußere Einwirkung, bei der ein Verhalten eines Dritten ursächlich gewesen sein könnte, aufgeführt sind. Einstufung als unnatürlicher Tod auch in § 6 Abs. 3 S. 2 brand. BestattG, § 10 Abs. 1 S. 1 brem. LeichG, § 11 Abs. 1 hess. FBG, § 4 Abs. 3 S. 3 m-v. BestattG, § 4 Abs. 4 Nr. 1 nieders. BestattG, § 9 Abs. 5 nrw. BestattG, § 2 Nr. 6 sachs-anh. BestattG und § 2 Nr. 6 s-h. BestattG. In den übrigen Bundesländern findet sich die entsprechende Vorgabe in den zu den Bestattungsgesetzen erlassenen
Rechtsverordnungen (z. B. in § 3 Abs. 3 S. 1 bay.BestattVO zu § 2 bay. BestattG)."

256 Allgemein wird als nicht natürlich neben der Selbsttötung jeder durch äußere Einwirkung eingetretene Tod definiert, bei dem nicht von vornherein völlig auszuschließen ist, dass das Verhalten eines Dritten eine Ursache gesetzt hat (vgl. etwa *Weingarten*, in: Barthe/Gericke, Karlsruher Kommentar zur StPO, § 159, Rn. 2).

257 Vgl. ausführlich zum Todesermittlungsverfahren *Klauck*, NStZ 2022, S. 81 ff.

258 Wie es neben der aktiven Tötung auch ein „Sterbenlassen" durch Nichthandeln gibt, das unter bestimmten Bedingungen strafrechtlich als Tötung durch Unterlassen geahndet werden kann, kann es auch ein „Sich-selbst-sterben-Lassen" als negative Form der aktiven Selbsttötung geben (s. *Birnbacher*, Eth Med 2015, S. 315 [319]); *ders.*, in: Coors/Simon/Alt-Epping, FVNF, S. 106 (108 f.); *Riemer*, BRJ 2016, S. 96 (99); a. A. vgl. nur *Huber/Lindner*, NJOZ 2019, S. 1489 (1491), die einen funktionalen Suizidbegriff vorschlagen: „Suizid ist [danach] eine punktuelle Handlung, die die Todesfolge in einem absehbaren Zeitraum bzw. in unmittelbarem zeitlichem Zusammenhang in sich trägt." oder *Ohmichen/Sternberg-Lieben*, MedR 2022, S. 383 (385).

259 *Spohrer*, in: Möllers, Wörterbuch der Polizei, Zum Begriff „Selbsttötung"; so auch *Riemer*, BRJ 2016, S. 96 (99).

260 S. dazu m. w. N. bereits ausführlich Fn. 159.

rer kurativer Behandlung nunmehr beim Behandler liegt.[261] Der Betroffene kann das Geschehen in diesem Zustand nämlich nicht mehr steuern, so dass die Tatherrschaft spätestens in diesem Moment auf den Behandler übergeht. Etwas Anderes folgt auch nicht daraus, dass der Behandler an den Patientenwillen gebunden ist und behauptet werden könnte, dass die Tatherrschaft daher weiterhin beim Patienten liegen könnte; denn der Begriff der Tatherrschaft ist materiell-objektiv zu bestimmen.[262] Zudem ist eine tatherrschaftsbegründende Willensherrschaft kraft überlegenen Willens nur im Fall des entschuldigenden Nötigungsnotstands anerkannt,[263] der hier ersichtlich nicht vorliegt. Anders als bei der passiven Sterbehilfe, bei der dem Sterbeprozess sein Lauf gelassen wird, wird schließlich beim Suizid eine vom Krankheitsverlauf unabhängige Todesursache gesetzt, sodass es auch insoweit an der Vergleichbarkeit mangelt.[264]

Die Unterscheidung zwischen einem Suizid und dem zu achtenden Sterbenlassen auf natürlichem Wege gestaltet sich indes schwierig, wenn die Behandlungsablehnung nicht aufgrund eines unheilbaren oder gar tödlich verlaufenden Krankheitsprozesses[265] erfolgt oder aufgrund FVNF, der auch außerhalb eines medizinischen Behandlungssettings erfolgen kann[266].[267] Es stellt sich die Frage, ob eine unterschiedliche Betrachtung von Normal- und Suizidpatienten gerechtfertigt ist. *Verrel* stellt dazu folgende Fragen: „Worin soll aber der eine Ungleichbehandlung rechtfertigende Unterschied zwischen dem Selbstbestimmungsrecht des Normalpatienten und des todkranken Patienten einerseits und dem des (bewusstlosen) Suizidpatienten andererseits liegen? [. . .] Die Frage, ob der Tod willkürlich herbeigeführt oder die Folge eines ‚natürlichen‘ Krankheitsverlaufs ist, lässt sich jedoch keineswegs so klar beantworten, wie es zunächst den Anschein

---

261 Vgl. *Saliger*, in: Kindhäuser/Neumann/Paeffgen, Strafgesetzbuch, § 217, Rn. 10; *Orbach*, § 217 StGB und Palliativmedizin, S. 92; a. A. *Riemer*, BRJ 2016, S. 96 (99, 107), ohne dies näher zu begründen.

262 Vgl. dazu auch die jüngere Rspr. des BGH: Rechtssprechungsübersicht von *Joecks/Scheinfeld*, in: von Heintschel-Heinegg, MüKoStGB, § 25, Rn. 29 (dortige Fn. 95), aber neuerdings auch anders BGH, Beschl. v. 28.06.2022, 6 StR 68/21, BGHSt 67, 95 (98, Rn. 14).

263 *Joecks/Scheinfeld*, in: von Heintschel-Heinegg, MüKoStGB, § 25, Rn. 63 m. w. N.

264 Vgl. *Jansen*, GuP 2017, S. 161 (163).

265 Auch die Hilfe zur Selbsttötung unterliegt keinen materiellen Kriterien mehr (vgl. BVerfG, Urt. v. 26.02.2020, 2 BvR 2347/15, BVerfGE 153, 182, Rn. 340).

266 *Tolmein*, in: Coors/Simon/Alt-Epping, FVNF, S. 133 (140).

267 *Verrel*, GuP 2016, S. 45 (48).

hat. Wie ist beispielsweise der Fall des Normalpatienten zu beurteilen, der unbestrittenermaßen eine medizinisch gebotene Behandlung (zum Beispiel eine Bluttransfusion nach einem Verkehrsunfall) selbst aus unvernünftigen, seine Beurteilungsfähigkeit aber nicht infrage stellenden Gründen ablehnen darf und dadurch zu Tode kommt, obwohl er ohne weiteres und mit Erfolg zu therapieren gewesen wäre?“[268]

Der freiverantwortlichen Entscheidung des Suizidenten entspricht es, dass er dem Lebensschutzgaranten oder Dritten, genau wie bei einer Patientenverfügung verbietet, lebensrettende Maßnahmen zu ergreifen, so dass die rechtlichen Folgen gleich sind.[269] Phänomenologisch mag man aufgrund des gewöhnlichen zeitlichen von außen einwirkenden Ablaufs zwar zwischen sog. Normal- und Suizidpatienten unterscheiden[270], aber auf die Rechtsfolgen bezogen lässt sich daraus nichts wesentlich Unterschiedliches ableiten. Demzufolge kann man bei einer Behandlungsablehnung umso eher von einem Suizid sprechen,[271] auch wenn damit teilweise eine abzulehnende negative Fremdwertung verbunden sein dürfte, desto mehr die Lebensbeendigung von einem Krankheitsprozess abgekoppelt ist.

Ähnlich ist das beim freiwilligen Verzicht auf Nahrung und Flüssigkeit (auch „Sterbefasten“ genannt) zu sehen, unter dem man die bewusste Entscheidung einer einwilligungsfähigen[272] Person versteht, die Aufnah-

---

268 *Verrel*, JZ 1996, S. 224 (229 f. m. w. N.).

269 *Putz*, in: Neumann, Suizidhilfe, S. 50 (66); vgl. dazu auch die fehlende Reichweitenbegrenzung in § 1827 Abs. 3 BGB, nach der die Ursache der Erkrankung unerheblich ist.

270 So u. a. *Bickhardt/Hanke*, DÄ 2014, A 590 (A 592).

271 So auch *Lang*, NJW 2020, S. 1562 (1565); vgl. auch *Möller*, KritV 2005, S. 230 (239), der als verbindendes Element auf die „Beseitigung einer lebensgefährdenden Situation“ abstellt; a. A. *Höfling*, ZME 2020, S. 245 (252 f.) und *Huber/Lindner*, NJOZ 2019, S. 1489 (1491).

272 Dem gleichgestellt sind Situationen der Einwilligungsunfähigkeit im Zustand des während des Sterbefastens fluktuierend auftreten könnenden Delirs (s. zum Umgang mit deliranten Patienten beim Sterbefasten ausführlich *DGP*, Positionspapier zum freiwilligen Verzicht auf Essen und Trinken, S. 11 f. m. w. N. und allgemein *Deutsche Gesellschaft für Neurologie (DGN)*, S1-Leitlinie Delir und Verwirrtheitszustände inklusive Alkoholentzugsdelir, Stand: 20.01.2022, S. 10. ff., https://www.awmf.org/uploads/tx_szleitlinien/030--006l-S1_Delir-und-Verwirrthe itszustaende-Alkoholentzugsdelir_2022--01.pdf [abgerufen am 14.09.2023]), bzgl. derer der Betroffene zuvor vorrangig zu prüfende aktuelle Nichtbehandlungswünsche i. S. d. § 1827 Abs. 2 S. 1 Alt 1 BGB geäußert hat (Patientenverfügungen als antizipierte Entscheidungen und auch der mutmaßliche Wille können indes keine Berücksichtigung

me von Nahrung und Flüssigkeit einzustellen, in der Absicht den eigenen Tod herbeizuführen,[273] wobei die Begleitung häufig in einer professionellen Mundpflege und einer bedarfsgerechten palliativen Medikation liegt[274]. Die *DGP* bevorzugt den weiter zu verstehenden und nicht behandlungsbezogenen Begriff des „freiwilligen Verzichts auf Essen und Trinken" und unterscheidet ihn als Handlung *sui generis* vom Suizid, weil es an einem äußeren, auf die körperliche Integrität plötzlich einwirkenden Eingriff fehle.[275] *Duttge/Simon* wollten indes nach historisch-telelogischer Auslegung „medizinisch indizierte[...] Formen der Leidminderung" vom Anwendungsbereich des *§ 217 a. F. StGB* ausgenommen wissen,[276] wozu sie auch die Begleitung beim FVNF zählen. *Birnbacher* hingegen sieht im sog. Sterbefasten schlüssigerweise eine „passive" Form des Suizids, die sich vom aktiven Suizid allein darin unterscheide, als die Gestaltung die Form eines Unterlassens statt eines aktiven Tuns annehme. Merkmale des Suizids, wie die häufig vorkommende Impulsivität und damit verbundene Irreversibilität, seien zwar typisch aber nicht konstitutiv.[277] Gleichwohl klammerte er die palliative Begleitung des FVNF trotz möglicher Kausalität für den Suizidentschluss vom Begriff der Suizidhilfe aus, weil der Schwerpunkt auf der Leidminderung liege.[278] Nunmehr scheint *Birnbacher* aber von diesem Standpunkt abzurücken, indem er die starke normative Differenzierung in der Arzt-Patienten-Interaktion bei der Suizidhilfe und dem Sterbefasten aufgrund dreier wesentlich gemeinsamer Faktoren hinterfragt: 1. die Erkrankung des Patienten, 2. die Tatherrschaft des Patienten bei der Verwirklichung seines Sterbewillens, 3. die jeweils durch den Arzt gewährte Hilfe.[279] Das Argument, bei der palliativen Begleitung des FVNF handle es sich um Sterbebegleitung und nicht um Suizidhilfe, weil ansonsten entge-

---

finden, weil sich der Suizident beim Vollzug der Selbsttötung, der mit dem unumkehrbaren Beginn des Sterbens (die Sterbephase selbst kann übrigens Ursache des Delirs sein [*DKH*, Erweiterte S3-Leitlinie Palliativmedizin für Patienten mit einer nicht-heilbaren Krebserkrankung, S. 452]) zeitlich zusammenfällt, freiveranwortlich verhalten muss).

[273] *Duttge/Simon*, NStZ 2017, S. 512 f.; so auch *Augsberg*, ZME 2019, S. 315 (320).

[274] *Bickhardt/Hanke*, DÄ 2014, A 590 (A 591).

[275] *DGP*, Positionspapier zum freiwilligen Verzicht auf Essen und Trinken, S. 5.

[276] *Duttge/Simon*, NStZ 2017, S. 512 (516). Mit dem Wegfall des *§ 217 StGB a. F.* lässt sich ein gesetzgeberischer *telos* indes nicht mehr konstruieren.

[277] *Birnbacher*, Eth Med 2015, S. 315 (322); i. E. auch *Berghäuser*, ZStW 2016, S. 741 (762) und *Brunhöber*, in: Erb/Schäfer, MüKoStGB, *§ 217 a. F.*, Rn. 14.

[278] *Birnbacher*, Eth Med 2015, S. 315 (322 f.)

[279] *Birnbacher*, in: Coors/Simon/Alt-Epping, FVNF, S. 106 (116 ff.).

gen der Einheit der Rechtsordnung eine Zwangsbehandlung durchgeführt werden müsse,[280] trägt nicht, da diese Begleitung durchaus wesentlich für den Entschluss zur Lebensbeendigung sein dürfte und mithin kausal wäre.[281]

Nach alledem zeigt sich, dass der Begriff der Selbsttötung zumindest nach üblichem Sprachgebrauch sämtliche Verhaltensweisen einer Person umfasst, die auf die Herbeiführung des eigenen Todes gerichtet sind.[282] Anders als *Huber/Lindner* behaupten, kann kein „übliches Begriffsverständnis" im Sinne eines funktionalen Suizidbegriffs als „punktuelle Handlung, die die Todesfolge in einem absehbaren Zeitraum bzw. in unmittelbarem zeitlichem Zusammenhang in sich trägt", unterstellt werden,[283] weil es sich nicht um ein aus sich heraus eindeutiges, sondern um ein normatives Geschehen handelt.[284] Deshalb ist, sofern der Gesetzgeber keine klarstellende Regelung trifft, was unter dem Begriff der Selbsttötung zu verstehen ist, von einem weiten Begriffsverständnis auszugehen. Aus Gründen der Rechtssicherheit sollte bei einer etwaigen Neuregelung der Suizidhilfe, um Auslegungsschwierigkeiten zu vermeiden, terminologische Klarheit geschaffen werden.[285] Schon aktuell besteht dafür ein Bedürfnis, weil ansonsten bei einigen Formen der Unterstützung der vorzeitigen Lebensbeendigung ein Todesermittlungsverfahren mit etwaig belastendem Ermittlungsverfahren und damit ein gewisses Strafverfolgungsrisiko droht,[286] selbst wenn die Hilfeleistung primär von einer leidmindernden Intention getragen sein sollte. Die Gefahr eines solchen Todes- und Ermittlungsverfahrens dürfte desto stärker steigen, je mehr die vorzeitige Lebensbeendigung von einem Krankheitsverlauf abgekoppelt ist, weil dann nach allgemeiner Auffassung umso

---

280 *BÄK*, DÄ 2017, A334 (A335 f.); *DGP*, Positionspapier zum freiwilligen Verzicht auf Essen und Trinken, S. 3 f.

281 *Birnbacher*, in: Coors/Simon/Alt-Epping, FVNF, S. 106 (110).

282 *Rostalski*, ZME 2019, S. 331 (332).

283 *Lindner/Huber*, NJOZ 2019, S. 1489 (1491); dem folgend auch Oehmichen/Sternberg-Lieben, MedR 2022, S. 383 (S. 385).

284 *Tolmein*, in: Coors/Simon/Alt-Epping, FVNF, S. 133 (140).

285 Zumindest in der entsprechenden Gesetzesbegründung.

286 Vgl. *Duttge/Simon*, NStZ 2017, S. 512 (516). Wie uneinheitlich der Begriff der Selbsttötung von der Strafverfolgungspraxis ausgelegt wird, zeigte schon eindrücklich die empirische Untersuchung von *Orbach*, § 217 StGB und Palliativmedizin, S. 217 ff. m. w. N.

eher von einer unnatürlichen Todesursache ausgegangen werden könnte.[287] Schließlich stellt sich auch die Frage, ob beim Suizid, der durch Suizidhilfe bewirkt wird, welche den Anforderungen des BVerfG zur Wahrung der Autonomie und Freiwilligkeit von Suizidentscheidungen genügt, überhaupt noch von einem unnatürlichem Tod ausgegangen werden sollte,[288] um einer entsprechend teilweise vorgenommenen Pathologisierung entgegenzuwirken.[289] Der assistierte freiverantwortliche Suizid sollte daher gesetzlich als natürliche Todesursache klassifiziert werden.

3. Suizidhilfe

Die Sterbehilfe ist von der straflosen Suizidhilfe zu unterscheiden. Vor einer strafrechtlichen Einordnung sollen aber zunächst die handelnden Akteure, die in der Regel Suizidhilfe leisten, näher vorgestellt werden.

---

[287] Da es sich lt. BVerfG, Urt. v. 26.02.2020, 2 BvR 2347/15, BVerfGE 153, 182 (309, Rn. 340) verbietet, die Zulässigkeit der Suizidhilfe materiellen Kriterien zu unterwerfen, erscheint diese Annahme nicht lebensfremd. Vgl. auch *Kölbel*, in: Knauer/Kudlich/Schneider, MüKoStPO, Bd. 2, § 159, Rn. 2.

[288] In ähnliche Richtung auch *Oehmichen/Sternberg-Lieben*, MedR 2022, S. 383 (387, dortige Fn. 49).

[289] Vgl. dazu auch die aktuelle Debatte zum assistierten Suizid in Luxemburg, wenngleich dort dafür ein aussichtsloser Gesundheitszustand vorausgesetzt wird (vgl. *Gesundheitsministerium/Ministerium für Sozialversicherung*, Sterbehilfe und assistierter Suizid, 25 Fragen und Antworten zum Gesetz v. 16.03.2009, S. 13): Auf Vorschlag des ehemaligen stellvertretenden Premierministers und Gesundheitsministers *Étienne Schneider* verabschiedete der Regierungsrat in Luxemburg in seiner Sitzung vom 11.07.2019 einen Gesetzentwurf zur Änderung des Gesetzes vom 16.03.2009 über Euthanasie und begleitete Suizide und das geänderte Gesetz vom 24.07.2014 über die Rechte und Pflichten des Patienten, in dem vorgesehen ist, den Tod einer Person, die an den Folgen von Euthanasie oder begleitetem Suizid stirbt, als natürlichen Tod zu behandeln (*Interessen-Gemeinschaft Kritische Bioethik Deutschland*, 18.07.19: Luxemburg: Regierung will Tod durch Euthanasie oder assistierten Suizid künftig als natürlichen Tod klassifizieren; *Spittler*, vorgänge 2020, S. 93 (99) schlägt indes vor, im Totenschein neben der (un-)natürlichen Todesart eine dritte Kategorie für den assistierten Suizid einzuführen und dem Totenschein die erforderlichen Dokumente zum Nachweis der Eigenverantwortlichkeit beizufügen. Welche Auswirkungen dies auf die Leistungsfreiheit des Versicherers nach § 161 Versicherungsvertragsgesetz (VVG) i. d. F. v. 23.11.2007 (BGBl. I, 2007, S. 2631) hätte, wäre eine hier nicht weiter zu erörternde Folgefrage, die sich danach richten würde, ob der Versicherte auf dessen Kosten mit seinem Leben spekulieren würde (vgl. zum Behandlungsabbruch infolge Patientenverfügung m. w. N. aber schon *Krüger*, VersR 2012, 164 ff.).

a) Handelnde Akteure

Die Suizidhilfe lässt sich auch in Gestalt der handelnden Akteure konkretisieren.

aa) Sterbehilfeorganisationen

Sowohl rechtliche als auch ethische Aspekte erlangen eine neue Dimension, wenn Suizidassistenz nicht im Einzelfall durch Angehörige oder sonstige nahestehende Personen geleistet, sondern geschäftsmäßig[290] durch Sterbehilfeorganisationen angeboten und durchgeführt wird.[291] Suizidhilfe kann durch Rat und Tat erfolgen.[292] Ein Hilfeleisten liegt damit in jeder physischen Tathilfe.[293] Soweit der Tatentschluss dadurch bestärkt wird, ist auch eine psychische Rathilfe möglich.[294] Suizidhilfe kann konkret vor allem durch professionell agierende Sterbehilfeorganisationen geleistet werden, indem „neben der Vermittlung der Möglichkeit, im Ausland bereits vorhandene Strukturen" in Anspruch zu nehmen, letal „wirkende Substanzen und/oder Apparate bereitgestellt sowie gegebenenfalls auch Räume für die Durchführung des Suizids zur Verfügung gestellt werden."[295]

Die aktuelle Diskussion um organisierte Suizidhilfe ist nicht *ad hoc* entstanden, sondern hat ihren Ursprung in den 1980er-Jahren.[296] Einige Jahrzehnte später, vor dem Inkrafttreten des *§ 217 StGB a. F.*[297] am 10.12.2015, war *Sterbehilfe Deutschland e. V.* unter Vorsitz von *Roger Kusch* der einzige Verein, der organisierte Suizidhilfe in Deutschland seit 2009 anbot, auch wenn andere Organisationen und Vereine[298] beratend oder vermittelnd in diesem Bereich tätig waren.[299] Allerdings stellten alle Organisationen mit

---

290 D. h. auf Wiederholung angelegte Handlungen (BT-Drs. 18/5373, S. 2, 16 f.).

291 *Tag*, in: Anderheiden/Eckart, Handbuch Sterben und Menschenwürde, S. 1515 (1527).

292 Vgl. *Taupitz*, in: Borasio/Jox/Taupitz/Wiesing (Hrsg.), Kommentar zum Sterbehilfegesetz, S. 115 (131).

293 *Taupitz*, in: Borasio/Jox/Taupitz/Wiesing (Hrsg.), Kommentar zum Sterbehilfegesetz, S. 115 (131).

294 *Taupitz*, in: Borasio/Jox/Taupitz/Wiesing, Kommentar zum Sterbehilfegesetz, S. 115 (131).

295 Vgl. zu *§ 217 StGB a. F.*: BT-Drs. 18/5373, S. 11.

296 *Tag*, in: Anderheiden/Eckart, Handbuch Sterben und Menschenwürde, S. 1515 (1517).

297 S. zum Gesetzgebungsverfahren mit vier Entwürfen: BVerfG, Urt. v. 26.02.2020, 2 BvR 2347/15, BVerfGE 153, 182 (194–196, Rn. 10–14).

298 Zu nennen sind hier mit Tätigkeit in Deutschland: Deutsche Gesellschaft für Humanes Sterben (DGHS) e. V. und DIGNITAS-Deutschland.

299 Vgl. *Kusch/Hecker*, Handbuch der Sterbehilfe, S. 61.

Inkrafttreten von *§ 217 StGB a. F.* ihre Tätigkeit in Deutschland ein oder verlagerten diese in die Schweiz und warteten den Ausgang der dazu durchgeführten Verfassungsbeschwerdeverfahren vor dem BVerfG ab.[300]

Nach der Entscheidung des BVerfG, mit der *§ 217 StGB a. F.* für nichtig erklärt,[301] aber auch festgestellt wurde, dass „die bis zum Inkrafttreten von § 217 StGB bestehende Praxis geschäftsmäßiger Suizidhilfe in Deutschland“ teilweise in autonomiegefährdender kommerzialisierter Weise erfolgt sei,[302] haben der *Verein Sterbehilfe*[303], *DIGNITAS-Deutschland* und die *Deutsche Gesellschaft für Humanes Sterben e. V. (DGHS)* ihre Tätigkeit (wieder) aufgenommen.[304]

Auf Sterbehilfeorganisationen finden aktuell nur noch die allgemeinen Regelungen,[305] nämlich das Vereins-, Straf-, Arznei- und Betäubungsmittel- und bei Beteiligung von Ärzten das Standes- und Berufsrecht Anwendung; indes existieren keine spezifischen Kontroll- oder Aufsichtsgesetze.[306] „Zum Schutz der Selbstbestimmung über das eigene Leben [stünde] dem Gesetzgeber in Bezug auf das Phänomen organisierter Suizidhilfe ein breites Spektrum an Möglichkeiten offen. Sie reichen von der positiven Regulierung prozeduraler Sicherungsmechanismen, etwa gesetzlich festgeschriebener Aufklärungs- und Wartepflichten, über Erlaubnisvorbehalte, die die Zuverlässigkeit von Suizidhilfeangeboten sichern, bis zu Verboten besonders gefahrträchtiger Erscheinungsformen der Suizidhilfe ent-

---

300 *Lüders*, vorgänge 2020, S. 107.

301 Mithin gilt momentan die Rechtslage wie vor der Einführung des *§ 217 StGB a. F.* und zwar seit 1872 (vgl. dazu m. w. N. *Stiller*, Sterbehilfe und assistierter Suizid, S. 28 f., 40); damit ist bisher weder die einfache Hilfe zur Selbsttötung *de lege lata* pönalisiert noch die geschäftsmäßige.

302 BVerfG, Urt. v. 26.02.2020, 2 BvR 2347/15, BVerfGE 153, 182 (276, Rn. 249).

303 Früher: Sterbehilfe Deutschland e. V.

304 2021 halfen oder vermittelten deutsche Sterbehilfeorganisationen bei fast 350 Suiziden, *tagesschau*, Beitr. v. 21.02.2022; vgl. zur detaillierten Praxis nach der BVerfG-Entscheidung v. 26.02.2020 auch *Lüders*, vorgänge 2020, S. 107 ff.; vgl. für einen kurzen Abriss der damaligen Organisationen schon *Müller-Piepenkötter*, ZfL 2008, S. 66 (67 f.); weitere Informationen zur Suizidhilfepraxis und -historie in Deutschland und der Schweiz erteilt zudem *Kusch*, NStZ 2007, S. 436 ff.

305 Bestrebungen, die Suizidhilfe neu zu regeln, erteilten die in der vorherigen Fn. genannten Sterbehilfeorganisationen lt. *tagesschau* aber in der Pressekonferenz zur Vorstellung ihres sog. *Berliner Appels* am 21.02.2022 eine Absage (*tagesschau*, Beitr. v. 21.02.2022).

306 Vgl. schon *Tag*, in: Anderheiden/Eckart, Handbuch Sterben und Menschenwürde, S. 1515 (1527 f.).

sprechend dem Regelungsgedanken des § 217 StGB. Sie können mit Blick auf die Bedeutung der zu schützenden Rechtsgüter auch im Strafrecht verankert oder jedenfalls durch strafrechtliche Sanktionierung von Verstößen abgesichert werden [...].“[307] *Lindner* zeigt in einem Beitrag die möglichen Regelungsoptionen auf und unterbreitet einen frühen Reformvorschlag an den Gesetzgeber.[308] In der 1. Regelungsoption beschäftigt er sich zunächst mit dem „Festhalten am Verbot geschäftsmäßiger Suizidförderung“ unter Öffnung des ärztlichen Berufsrechts für die Suizidhilfe.[309] Eine weitere Variante kommt für den Autor nur theoretisch in Betracht, nämlich dass nur die ärztliche, aber nicht die organisierte Suizidhilfe (berufsrechtlich) verboten wäre.[310] Schließlich stellt er ein verwaltungsrechtliches Zulassungsmodell für Sterbehilfeorganisationen vor, das er mit einem konkreten Regelungsvorschlag veranschaulicht.[311]

bb) Ärzte

Die größte Gruppe der Suizidwilligen leidet an schweren somatischen Erkrankungen, sodass nach *Borasio et al.* Ärzte sinnvollerweise mit Suizidhilfe betraut werden sollten, einschließlich der Koordinierung des interdisziplinären Beratungs- und Betreuungsprozesses, zumal sie die nötigen Kenntnisse und Fertigkeiten für eine fürsorge- und lebensorientierte Durchführung dieser komplexen Aufgabe besäßen.[312] Diesen fürsorge- und lebensorientierten Ansatz greift auch *Rixen* unter Rekurs auf das BVerfG, dass „Selbstbestimmung immer relational verfasst“[313] sei, auf und postuliert, dass sich die Fähigkeit zu selbstbestimmtem Handeln auch in Kommunikation mit anderen entwickle und daher Beratungs- und Hilfsangebote unterbreitet werden dürften, die gerade zum bewusst nicht-suizidalen Verhalten ermutigten und auch dazu dienten, die Ernsthaftigkeit des Suizidwunsches zu überprüfen.[314] *Lindner* weist darauf hin, dass gerade das häufig bestehende Vertrauensverhältnis zwischen Arzt und Patient eher eine

---

307 BVerfG, Urt. v. 26.02.2020, 2 BvR 2347/15, BVerfGE 153, 182 (309, Rn. 339).

308 *Lindner*, ZRP 2020, S. 66 ff.

309 *Lindner*, ZRP 2020, S. 66 (67).

310 *Lindner*, ZRP 2020, S. 66 (68).

311 *Lindner*, ZRP 2020, S. 66 (68 f.).

312 *Borasio/Jox/Taupitz/Wiesing*, Selbstbestimmung im Sterben – Fürsorge zum Leben, S. 25 f.

313 BVerfG, Urt. v. 26.02.2020, 2 BvR 2347/15, BVerfGE 153, 182 (271 f., Rn. 235).

314 *Rixen*, in: Deutscher Ethikrat, Recht auf Selbsttötung?, S. 27 (30 f., Transkription).

Unterstützung beim Suizid nahelege als bei einer anonymen Sterbehilfeorganisation, zumal die ärztliche Beratungsmöglichkeit für die Selbstbestimmung suizidpräventiv wirke, die durch Kurzschlussentscheidungen gefährdet sein könne.[315] Gleichzeitig gibt *Lindner* aber kritisch unter Hinweis auf das BVerfG[316], das wiederrum auf eine Repräsentativumfrage[317] des *Instituts für Demoskopie Allensbach* aus dem Jahr 2009 im Auftrag der *BÄK* verweist, zu bedenken, dass ein Großteil der Ärzte zur Suizidhilfe nicht bereit wäre (das heißt 61% lehnten dies damals kategorisch ab, obwohl großes Verständnis für diesen Wunsch vorherrschte) und damit unsicher sei, ob mit einem erneuten Verbot organisierter Suizidhilfe durch Sterbehilfeorganisationen der Zugang zu freiwillig bereitgestellter Suizidhilfe real eröffnet wäre/bliebe.[318] Ob die These, dass Ärzte auch in Zukunft nicht in hinreichendem Umfang tatsächlich zur Suizidhilfe bereit wären, obwohl sie es dürften, weiterhin zutrifft, bleibt abzuwarten. Schon in der gerade genannten Repräsentativumfrage des *Instituts für Demoskopie Allensbach* gaben 30% der befragten Ärzte an, dass sie eine gesetzliche Regelung unterstützten, welche ihnen die ärztliche Suizidassistenz erlauben würde und auch das BVerfG konstatierte schon mit Beschluss vom 10.12.2020[319], dass ein (nicht näher bestimmter) Kreis medizinisch kundiger Personen existiere, der zur Suizidhilfe bereit und dazu nunmehr auch befugt wäre.

Das war nicht immer so, denn Ärzte und vor allem Sterbehilfeorganisationen waren durch *§ 217 StGB a. F.* nachteilig betroffen, weil ihre Tätigkeit bei der Suizidhilfe in großem Umfang kriminalisiert wurde. Die Regelung wurde in der Rechtswissenschaft heftig kritisiert und diese nicht unberechtigte Kritik sollte bei einer etwaigen zukünftigen Regelung auch Berücksichtigung finden, sodass die wesentlichen Inhalte der nichtigen Vorschrift im Folgenden näher erläutert werden.

[315] *Lindner*, ZRP 2020, S. 66 (68).

[316] BVerfG, Urt. v. 26.02.2020, 2 BvR 2347/15, BVerfGE 153, 182 (290 f., Rn. 285).

[317] *Simon*, DÄ 2010, A 1383; einen breiten Überblick über die z. T. uneinheitliche Studienlage zur Einstellung von Ärzten zur Suizidhilfe bietet m. w. N. *Orbach*, § 217 StGB und Palliativmedizin, S. 178–183, 194, 197.

[318] *Lindner*, ZRP 2020, S. 66 (67).

[319] BVerfG, Beschl. v. 10.12.2020, 1 BvR 1837/19, juris Rn. 7.

b) Früheres Verbot der geschäftsmäßigen Förderung der Selbsttötung

Die Suizidhilfe war trotz Freiverantwortlichkeit der Suizidentscheidung nicht immer straffrei, weil bis zur Grundsatzentscheidung des BVerfG am 26.02.2020 *§ 217 StGB a. F.* die geschäftsmäßige Förderung der Selbsttötung unter Strafe stellte.

Die Vorschrift lautete wie folgt:

> *§ 217 Geschäftsmäßige Förderung der Selbsttötung*
>
> *(1) Wer in der Absicht, die Selbsttötung eines anderen zu fördern, diesem hierzu geschäftsmäßig die Gelegenheit gewährt, verschafft oder vermittelt, wird mit Freiheitsstrafe bis zu drei Jahren oder mit Geldstrafe bestraft.*
>
> *(2) Als Teilnehmer bleibt straffrei, wer selbst nicht geschäftsmäßig handelt und entweder Angehöriger des in Absatz 1 genannten anderen ist oder diesem nahesteht.*

Die Vorschrift des *§ 217 StGB a. F.* über das Verbot der geschäftsmäßigen Förderung der Selbsttötung pönalisierte die auf Wiederholung angelegte Mitwirkung an einem freiverantwortlichen Suizid und Handlungen im Vorfeld einer Hilfe zu einem Suizid(versuch).[320]

Weil die Rechtsnorm neben Individual- auch indisponiblen Allgemeininteressen zu dienen bestimmt war, wirkte eine Einwilligung des Suizidwilligen nicht als Rechtfertigung.[321] Neben der individuellen Selbstbestimmung über das Leben sollte die Vorschrift, die ein zur Täterschaft hochgestuftes verselbstständigtes abstraktes Gefährdungsdelikt normierte,[322] auch den allgemeinen Respekt vor dem Leben („Tötungstabu“) schützen.[323]

Es war die gesetzgeberische Intention[324], jegliche Form der Suizidförderung zu kriminalisieren, welche nicht in einer schwierigen auf den Einzel-

---

[320] *Brunhöber*, in: Erb/Schäfer, MüKoStGB, *§ 217 a. F.*, Rn. 9.

[321] *Berghäuser*, ZStW 2016, S. 741 (772); *Eser/Sternberg-Lieben*, in: Schönke/Schröder Strafgesetzbuch, *§ 217 a. F.*, Rn. 22; *Taupitz*, in: Borasio/Jox/Taupitz/Wiesing, Kommentar zum Sterbehilfegesetz, S. 115 (125).

[322] BT-Drs. 18/5373, S. 14, 16; *Duttge*, NJW 2016, S. 120 (121); *Grünewald*, JZ 2016, S. 938 (940).

[323] *Roxin*, NStZ 2016, S. 185 (187); *Weigend/Hoven*, ZIS 2016, S. 681 (682?f.).

[324] Zur Berücksichtigung des gesetzgeberischen Willens bei der Auslegung s. *Saliger*, in: Kindhäuser/Neumann/Paeffgen/Albrecht, Strafgesetzbuch, § 217, Rn. 8 m. w. N., insb. auf BGH, NJW 1994, S. 457 (458): „Gibt die Entstehungsgeschichte eines Gesetzes, wie hier, eindeutige Auskunft über den Willen des Gesetzgebers, ist sie bei der Auslegung zu beachten. Ihr Gewicht ist umso größer, je weniger sich die Lebensverhältnisse seit Inkrafttreten des Gesetzes geändert haben. Bei der Auslegung [. . .] kommt den amtlichen Erläuterungen mithin zentrale Bedeutung zu.“

fall beschränkten Konfliktsituation erfolgte.[325] Die Entscheidung, das Unrecht der Suizidförderung allein damit zu begründen, wenn sie „geschäftsmäßig“[326] stattfand, und nicht an das Kriterium „gewerbsmäßig“ anzuknüpfen, bewirkte, dass eine Suizidförderung schon dann strafbar war, wenn sie auf wiederholte Begehung ausgerichtet war.[327]

Dies barg die Gefahr einer Kriminalisierung ärztlicher Suizidförderung. Die deshalb teilweise im Wege einer restriktiven Auslegung des *§ 217 StGB a. F.* geforderte generelle Straflosigkeit ärztlicher Suizidassistenz[328] ließ sich aber dogmatisch nicht begründen,[329] vor allem weil dies dem ausdrücklich geäußerten gesetzgeberischen Willen widersprach.[330] Ärzte durften nur ausnahmsweise in einer einmaligen Konfliktsituation Suizidförderung leisten, was noch bei einem langjährigen Hausarzt zutreffen mag, der situativ veranlasst einem Patienten in auswegloser Lage hilft.[331] Palliativmediziner dürften hingegen schon eher keinen so engen Patientenkontakt herstellen, als dass sie in einen vergleichbaren inneren Konflikt gerieten, da sie ihre Patienten meist erst kurz vor dem Tod kennenlernen und keine tiefere persönliche Bindung eingehen.[332] Im Gegenteil dürfte vielmehr der Hauptteil der Ärzte, die Suizide fördern, regelmäßig und nicht nur in seltenen Ausnahmefällen mit dem Selbsttötungsentschluss ihrer Pa-

---

[325] BT-Drs. 18/5373, S. 3.

[326] „Geschäftsmäßig im Sinne der Vorschrift handelt[e] daher, wer die Gewährung, Verschaffung oder Vermittlung der Gelegenheit zur Selbsttötung zu einem dauernden oder wiederkehrenden Bestandteil seiner Tätigkeit macht[e], unabhängig von einer Gewinnerzielungsabsicht und unabhängig von einem Zusammenhang mit einer wirtschaftlichen oder beruflichen Tätigkeit“ (BT-Drs. 18/5373, S. 17); vgl. zur Auslegungsproblematik dieses Tatbestandsmerkmals: *Wissenschaftliche Dienste*, WD 3–3000–188/15, S. 10 f.; *Grünewald*, JZ 2016, S. 938 (941); *Verrel*, GuP 2016, S. 45, (47 f.), *Duttge*, NJW 2016, S. 120 (124); *Berghäuser*, ZStW 2016, S. 741 (765 f.).

[327] BT-Drs. 18/5373, S. 2, 16 f.

[328] Z. B. über das Merkmal der „wiederholte[n] Suizidhilfe [als] Hauptaufgabe des Geschäfts“ (*Gaede*, medstra 2016, S. 65 (66); vgl. auch *Weigend/Hoven* ZIS 2016, S. 681 (689).

[329] *Grünewald*, JZ 2016, S. 938 (941); *Roxin*, NStZ 2016, S. 185 (190); *Verrel*, GuP 2016, S. 45 (47 f.) a. A. *Gaede*, medstra 2016, S. 65 und auch *Weigend/Hoven* ZIS 2016, S. 681 (689).

[330] BT-Drs. 18/5373, S. 18.

[331] *Brunhöber*, in: Erb/Schäfer, MüKoStGB, *§ 217 a. F.*, Rn. 12.

[332] *Hilgendorf*, JZ 2014, S. 545 (551); *Brunhöber*, in: Erb/Schäfer, MüKoStGB, *§ 217 a. F.*, Rn. 12.

tienten konfrontiert sein[333] – der eine Teil, weil sie in einem Bereich tätig sind, in dem nachvollziehbare Bitten um Suizidförderung nicht selten sind, und der andere Teil, weil sie zu dem Anteil derer gehören, die überhaupt bereit sind, Selbsttötungen zu fördern.[334]

§ 217 StGB a. F. stellte zudem bloße Förderbemühungen im Vorfeld einer Hilfe zum Suizid(versuch) unter Strafandrohung. Der Unrechtstatbestand war so konzipiert, dass die Tathandlung noch nicht einmal zu einem Selbsttötungsversuch führen und der Täter lediglich Eventualvorsatz hinsichtlich einer möglichen Umsetzung des Suizidentschlusses aufweisen musste. Zwar erforderte die Vorschrift die Absicht, die Selbsttötung eines anderen zu fördern. Diese Förderabsicht musste sich nach Gesetzeswortlaut und -begründung indes nicht auf die Vollendung des Suizids beziehen, vielmehr ausschließlich auf die suizidfördernde Wirkung der Tathandlung, so dass im Übrigen bedingter Vorsatz genügte.[335] Allein die Schaffung des Zugriffs zu Mitteln der nicht unmittelbar beabsichtigten eigenhändigen Lebensbeendigung, konnte damit trotz der suizidpräventiven Wirkung aufgrund der Gewissheit, selbst über den Todeszeitpunkt zu entscheiden,[336] mit Strafe bedroht sein. Da es die Gesetzesbegründung ausdrücklich betont und wie es der üblichen Vorsatzdogmatik zu eigen ist, stand es dem nötigen Vorsatz nicht entgegen, wenn der Hilfsperson die Umsetzung des Suizidentschlusses unangenehm war oder diese gar ablehnte.[337]

Die Tathandlungen waren zudem äußerst weit zu verstehen und machten die Norm damit zu einem abstrakten Gefährdungsdelikt, welches die Strafbarkeit weit ins Vorfeld einer Selbsttötung verlagern konnte.[338] Gewähren und Verschaffen lagen laut Gesetzesbegründung vor, wenn der Täter „äußere Umstände herbeiführt, die geeignet sind, die Selbsttötung zu ermöglichen oder wesentlich zu erleichtern."[339] Vermitteln lag vor, wenn der Täter den „konkreten Kontakt zwischen einer suizidwilligen Person und der Person, die die Gelegenheit zur Selbsttötung gewährt oder verschafft, er-

[333] Das gilt auch für auf die Beratung solcher Patienten spezialisierte Rechtsanwälte (s. *Verrel*, GuP, S. 45 (48 f.).

[334] Vgl. *Brunhöber*, in: Erb/Schäfer, MüKoStGB, *§ 217 a. F.*, Rn. 12.

[335] BT-Drs. 18/5373, S. 18; *Hilgendorf*, JZ 2014, S. 545 (548); *Gaede*, JuS 2016, S. 385 (390); *Weigend/Hoven*, ZIS 2016, S. 681 (690).

[336] *Borasio et al.*, Selbstbestimmung im Sterben – Fürsorge zum Leben, S. 26.

[337] BT-Drs. 18/5373, S. 18; *Brunhöber*, in: Erb/Schäfer, MüKoStGB, *§ 217 a. F.*, Rn. 13.

[338] *Gaede*, JuS 2016, S. 385 (389).

[339] BT-Drs. 18/5373, S. 18.

möglicht.“[340] Vertypte Tathandlungen waren die Zurverfügungstellung von Räumlichkeiten oder die Verschreibung von tödlichen Medikamenten sowie die Herstellung eines Kontakts zu einer Sterbehilfeorganisation oder einem Arzt, der bereit war, Suizidhilfe zu leisten.[341] Begrifflich waren aber auch der bloße Informationsaustausch über einen Suizid mit einem Betroffenen, die Erstellung eines Gutachtens über die Einsichtsfähigkeit eines Suizidwilligen, die Begleitung eines Sterbefastenden oder die Verschreibung von Medikamenten, die in hohen Dosen zur Selbsttötung verwendet werden können, sowie die behördliche Erlaubnis zum Erwerb eines Betäubungsmittels zum Zweck der Selbsttötung[342] umfasst.[343]

§ 217 StGB a. F. wurde auch schon vor der Entscheidung des BVerfG vom 26.02.2020 äußerst kontrovers diskutiert und weite Teile der Strafrechtswissenschaft lehnten diese Vorschrift entschieden ab.[344] Ein so sensibler sozialer Konflikt könne, so der Kern der kriminalpolitischen Kritik, nicht mit strafrechtlichen Mitteln, sondern nur mit denjenigen der Gesundheits- und Sozialpolitik gelöst werden, wie zum Beispiel mittels Suizidprävention oder dem Ausbau der Pflege und Palliativversorgung.[345] Wesentlicher Kritikpunkt war auch, dass die Verbotsvorschrift durch ihren weiten Wortlaut auch teilweise suizidpräventiv wirksame Maßnahmen nicht hinreichend deutlich straflos stellte, wie zum Beispiel Maßnahmen der Palliativ- und Hospizversorgung.[346]

Bereits an der Legitimität der Strafnorm zweifelnd wurde von *Grünewald* auch angeführt, dass durch die Pönalisierung von bloßen Förderbemühungen, die sogar dem Versuchsbereich vorgelagert sein können, die Straflosigkeit der versuchten Beihilfe umgangen werde. Die erfolglose Bei-

---

340 BT-Drs. 18/5373, S. 18.

341 BT-Drs. 18/5373, S. 18.

342 So jedenfalls *Weilert*, DVBl. 2017, S. 910 (913).

343 *Brunhöber*, in: Erb/Schäfer, MüKoStGB, *§ 217 a. F.*, Rn. 14.

344 *Schreiber*, NStZ 2006, S. 473 (478) auch schon in Vorschau zu einer künftigen Gesetzgebung (BR-Drs. 230/06 v. 27.03.2006); s. ansonsten nur *Berghäuser*, ZStW 2016, S. 741 (758); *Grünewald*, JZ 2016, 938; *Hillenkamp*, KriPoZ 2016, S. 3; *Roxin*, NStZ 2016, S. 185; *Taupitz*, medstra 2016, S. 323 (330); *Verrel*, GuP 2016, S. 45 (49); s. insb. auch die seinerzeitige ablehnende Resolution 144 (!) deutscher Strafrechtslehrerinnen und Strafrechtslehrer (*Hilgendorf/Rosenau*, medstra 2015, S. 129 ff.).

345 *Brunhöber*, in: Erb/Schäfer, MüKoStGB, *§ 217 a. F.*, Rn. 16; vgl. auch *Oğlakcıoğlu*, in: v. Heintschel-Heinegg, BeckOK StGB, *§ 217*, Rn. 6.1; *Roxin*, NStZ 2016, S. 185 (191).

346 *Oğlakcıoğlu*, in: v. Heintschel-Heinegg, BeckOK StGB, *§ 217*, Rn. 6; *Jäger*, JZ 2015, S. 875 (883).

hilfe zu einem Totschlag oder Mord war straflos, die erfolglose Suizidförderung indes in dogmatisch widersprüchlicher Weise nicht.[347] Dem Täter war bei erfolgloser Suizidförderung auch der strafbefreiende Rücktritt nach § 24 StGB verwehrt.[348] Normative Widersprüche folgten auch daraus, dass tatbestandlich zwar die Beihilfe, nicht aber die Anstiftung zur Selbsttötung erfasst war.[349]

Zudem bestanden vor allem in der Strafrechtswissenschaft erhebliche verfassungsrechtliche Bedenken gegen die Vorschrift; auch schon vor der Entscheidung des BVerfG.[350] Kritisiert wurde neben der Annahme eines legitimen Zwecks[351] die Geeignetheit und Erforderlichkeit.[352]

Trotz der Verfassungswidrigkeit von *§ 217 StGB a. F.* kommt zulässige Suizidhilfe nur in Betracht, wenn die Selbsttötung freiverantwortlich vollzogen wird. Wann das der Fall ist, wird im Folgenden beschrieben.

---

347 *Grünewald*, JZ 2016, S. 938 (943).

348 *Grünewald*, JZ 2016, S. 938 (943).

349 *Grünewald*, JZ 2016, S. 938 (942 f.).

350 Verfassungsrechtlich fragwürdig: z. B. *Grünewald*, JZ 2016, S. 938 (947); *Hilgendorf*, JZ 2014, S. 545 (552); *Taupitz*, medstra 2016, S. 323 (330). Verfassungswidrig: z. B. *Gaede*, JuS 2016, S 385 (387). Dagegen für ein verfassungsrechtlich gefordertes Verbot: *Hillgruber*, ZfL 2013, S. 70 (78); ders., Stellungnahme zu Gesetzentwürfen BT-Drs. 18/5373–5376, S. 18 f. spricht sich später indes für ein zwingendes strafrechtliches Verbot nur dann aus, wenn ohne Strafandrohung voraussehbar keine Verhaltenssteuerung eintritt.

351 Etwa *Gaede*, JuS 2016, S. 385 (387); *Eidam*, medstra 2016, S. 17 (19); *Rosenau/Sorge*, NK 2013, S. 108 (113–115); *Roxin*, NStZ 2016, S. 185 (186).

352 Z. B. *Roxin*, NStZ 2016, S. 185 (188 f.), das BVerfG, Urt. v. 26.02.2020, 2 BvR 2347/15, BVerfGE 153, 182 (269, Rn. 226, 282 f., Rn. 264) schweigt leider zur Erforderlichkeit, weil das Verbot „jedenfalls" nicht angemessen sei, obwohl es dem Gesetzgeber in Zukunft freistellt, „besonders gefahrträchtige [...] Erscheinungsformen der Suizidhilfe entsprechend dem Regelungsgedanken des § 217 StGB" mit Mitteln des Strafrechts zu verbieten (a. a. O., 309, Rn. 339). Dies wird auch von *Hillenkamp*, JZ 2020, S. 618, (625) im Hinblick auf die Strafwürdigkeit und Strafbedürftigkeit (s. vertiefend zu diesen Begriffen *Deckert*, ZIS 2013, S. 265 ff. m. w. N.) kritisiert und mit Hinweis auf *Landau*, NStZ 2015, S. 665, (668), dass „mit der ‚jahrzehntelangen Missachtung' des *Ultima-ratio*-Prinzips gerade im Blick auf § 217 StGB einmal Schluss zu machen [sei], weil sie zu einer ‚[nur] unerwünschte Verhaltensweisen ohne Not mit dem Unrechtsverdikt der Kriminalstrafen' belegenden ‚Vorverlagerung der Strafbarkeit und Schaffung immer abstrakterer Gefährdungsdelikte' führt." begründet.

c) Freiverantwortlichkeit des Suizids – Beurteilungskriterien

Wenn der Suizid nicht freiverantwortlich erfolgt und der Helfer erkennt beziehungsweise nimmt dies zumindest billigend in Kauf, so macht dieser sich wegen Totschlags in mittelbarer Täterschaft nach den §§ 212, 25 Abs. 1 Alt. 2 StGB strafbar.[353] Aufgrund eines Wissens- oder Verantwortlichkeitsdefizits wird das Opfer quasi als Werkzeug gegen sich selbst eingesetzt.[354] Sofern die Hilfsperson nicht erkennt, dass der Suizidentschluss nicht freiverantwortlich getroffen wurde, kann sich diese wegen fahrlässiger Tötung nach § 222 StGB strafbar machen.[355]

Maßgebliches Strafausschlusskriterium ist damit die Freiverantwortlichkeit der Suizidentscheidung.[356] Aufgrund der Irreversibilität des Vollzugs der Suizidentscheidung sind die Anforderungen an das Vorliegen der Freiverantwortlichkeit besonders hoch.[357] Der BGH hat sich zuletzt in zwei aktuellen Entscheidungen ausführlich mit diesem zentralen Erfordernis befasst. Danach ist ein Selbsttötungsentschluss freiverantwortlich, „ [...] wenn das Opfer[358] die natürliche Einsichts- und Urteilsfähigkeit für seine Entscheidung besitzt und Mangelfreiheit des Suizidwillens sowie innere Festigkeit des Entschlusses gegeben sind [...] Zum Ausschluss der Freiverantwortlichkeit müssen konkrete Umstände festgestellt werden. Als solche kommen insbesondere Minderjährigkeit des Opfers

---

353 *Schneider*, in: Erb/Schäfer, MüKoStGB, Vor § 211, Rn. 32; das LG Essen, Urt. v. 01.02.2024, 32 Ks 5/23, zitiert nach NRWE (rechtskräftig: BGH, Beschl. v. 29.01.2025, 4 StR 265/24), Presseerklärung v. 02.02.2024 (12 b E – 1. 336) verurteilte kürzlich den Psychiater *Dr. Johann Friedrich Spittler* u. das LG Berlin I, Urt. 08.04.2024, 540 Ks 2/23 (nicht rechtskräftig), Pressemitteilung v. 08.04.2024 (PM 16/2024) den pensionierten Hausarzt *Dr. Christoph Turowski* (dieser Fall wurde medial auch sorgfältig aufbereitet: *Krasa/Wohlers*, Podcast „Justitias Wille – Leben in der Waagschale", https://podcasts.apple.com/de/podcast/justitias-wille-leben-in-der-waagschale/id1730882282 [abgerufen am 14.04.2024]) deshalb jeweils wegen Totschlags in mittelbarer Täterschaft in einem minder schweren Fall zu einer Freiheitsstrafe von 3 Jahren, nachdem beide psychisch erkrankten Personen todbringende Medikamente zur Verfügung gestellt hatten.

354 BGH, Urt. v. 03.07.2019, 5 StR 132/18 (den sog. *Hamburger* Fall betreffend), BGHSt 64, 121 (125 f., Rn. 20).

355 *Gavela*, Ärztlich assistierter Suizid und organisierte Sterbehilfe, S. 31; *Schneider*, in: Erb/Schäfer, MüKoStGB, Vor § 211, Rn. 86.

356 *Huber/Ruf*, medstra 2021, S. 135 (139).

357 *Cording/Saß*, NJW 2020, S. 2695, Rn. 2 mit Hinweis auf BVerfG, Urt. v. 26.02.2020, 2 BvR 2347/15, BVerfGE 153, 182 (270 f., Rn. 232).

358 Darauf, dass der Begriff „Opfer" bei freiverantwortlichen Suiziden zumindest missverständlich ist, weisen *Kusch/Hecker*, Handbuch der Sterbehilfe, S. 237 hin.

oder krankheits-[[359]] sowie intoxikationsbedingte Defizite in Frage. [...] Der Selbsttötungsentschluss kann auch dann mangelbehaftet sein, wenn er auf Zwang, Drohung oder Täuschung durch den Täter beruht [...] Dasselbe gilt, wenn er einer bloßen depressiven Augenblicksstimmung entspringt, mithin nicht von innerer Festigkeit und Zielstrebigkeit getragen ist [...].“[360] „[K]onkretisiert“[361] hat diese Anforderungen jüngst das BVerfG in seiner Suizidhilfeentscheidung.[362] Ein freiverantwortlicher Suizid liegt danach vor, wenn die Entschließung auf dem freien Willen des Suizidenten fußt, welcher zur Eigenverantwortung und Selbstbestimmung befähigt ist, sowie bewusst und gewollt auf Basis „einer realitätsbezogenen, am eigenen Selbstbild ausgerichteten Abwägung des Für und Wider“ getroffen wird. „[N]euartig“[363] sind diese Aspekte nicht,[364] sondern wurden bereits in der Einwilligungsdogmatik bei der ärztlichen Heilbehandlung angedeutet.[365] Freiverantwortlichkeit als normative Kategorie kann nicht allein empirisch bestimmt werden.[366] Maßgebend sind die folgenden möglichst präzise[367] zu fassenden Kriterien, welche, wenn sie fehlen, was konkret festgestellt werden muss,[368] die Freiverantwortlichkeit ausschließen.

---

[359] Mit *Hillgruber*, Stellungnahme zu Gesetzentwürfen BT-Drs. 18/5373–5376, S. 6 schließt jedoch nicht jeglicher pathologische Zustand bereits die Entstehung eines „freien Willens im rechtlichen Sinne“ aus. Mit Verweis auf *Feldmann* sei „zwischen an sich krankhaften Willensentschlüssen“ einerseits „und auf Grund der Krankheit gebildeten Willensentschlüssen, die sich gegenüber den ersteren durch bilanzierende Momente auszeichnen“, anderseits zu unterscheiden. „Auch die in vermeintlich aussichtsloser Lage vorgenommene Verzweiflungstat [sei] aber grundsätzlich eine in einem grundrechtlichen Sinne ‚freie‘ Entscheidung, d. h. dem Grundrechtsträger als ‚seine‘ zurechenbar. Solange der Einzelne [wisse], was er will und tut, [sei] von einer Ausübung grundrechtlich prima facie geschützter Freiheitsausübung auszugehen.“

[360] BGH, Urt. v. 03.07.2019, 5 StR 132/18 (den sog. *Hamburger* Fall betreffend), BGHSt 64, 121 (126 f., Rn. 21); ders., Urt. v. 03.07.2019, 5 StR 393/18 (den *Berliner* Fall betreffend), BGHSt 64, 135 (139, Rn. 17).

[361] *Schnoor*, JuS 2021, S. 732.

[362] BVerfG, Urt. v. 26.02.2020, 2 BvR 2347/15, BVerfGE 153, 182 (273–275, Rn. 240–247).

[363] So aber *Cording/Saß*, NJW 2020, S. 2695, Rn. 2.

[364] *Grünewald*, JR 2021, S. 99 (103).

[365] BVerfG, Urt. v. 26.02.2020, 2 BvR 2347/15, BVerfGE 153, 182 (273 f., Rn. 242 f.).

[366] *Sternberg-Lieben*, GA 2021, S. 161 (168); *Deutscher Ethikrat*, Suizid – Verantwortung, Prävention und Freiverantwortlichkeit, S. 31.

aa) Natürliche Einsichts- und Urteilsfähigkeit

Die Einsichts- und Urteilsfähigkeit ist kein medizinischer, sondern ein unbestimmter Rechtsbegriff,[369] der auf ethisch-normativen Überlegungen beruht und in der ärztlichen Praxis als schwierig einzuschätzen gilt.[370] Begrifflich wird darunter die von der Geschäftsfähigkeit abzugrenzende und mit der Schuldfähigkeit nicht identische Befähigung einer Person verstanden, Wesen, Bedeutung und Tragweite eines körperlichen Eingriffs verstandesmäßig voll zu erfassen, das Für und Wider gegeneinander abzuwägen und das Verhalten danach auszurichten.[371] Starre Altersgrenzen lassen sich nicht ziehen.[372] Grundsätzlich ist bei Volljährigen von der natürlichen Einsichts- und Urteilsfähigkeit auszugehen[373] und diese kann nicht schon allein deshalb verneint werden, weil die Entscheidung offensichtlich unvernünftig erscheint.[374] Bei Minderjährigkeit kommt es auf den individuel-

---

[392] *Deutscher Ethikrat*, Suizid – Verantwortung, Prävention und Freiverantwortlichkeit, S. 31.

[368] BGH, Urt. v. 03.07.2019, 5 StR 132/18 (den sog. *Hamburger* Fall), BGHSt 64, 121 (126 f., Rn. 21); *Kusch/Hecker*, Handbuch der Sterbehilfe, S. 245 sehen in der dortigen (a. a. O., Rn. 21) Formulierung „zum Ausschluss der Freiverantwortlichkeit [müssten] konkrete Umstände festgestellt werden", dass in der Regel von Freiverantwortlichkeit auszugehen ist; *Cording/Saß*, NJW 2020, S. 2695 (2696, Rn. 6) stellen fest, dass es keinen „unwiderleglichen Generalverdacht" mangelnder Freiverantwortlichkeit geben könne.

[369] Vgl. *Cording/Saß*, NJW 2020, S. 2695, Rn. 2.

[370] *Thomas-Hund*, in: Böhning, Urteilsfähigkeit bei psychischen Erkrankungen, S. 167, 171; vgl. aus fachpsychiatrischer Perspektive auch *Spittler*, medstra, S. 89 (93).

[371] BGH, Urt. v. 07.10.2010, 3 StR 168/10, NStZ 2011, S. 340 (341); *Sternberg-Lieben*, in: Schönke/Schröder Strafgesetzbuch, Vor §§ 32 ff., Rn. 40 m. w. N.; vgl. zu den erforderlichen in Abhängigkeit an die Komplexität der Entscheidung abzustufenden mentalen Fähigkeiten auch die *SAMW*-Richtlinien, Urteilsfähigkeit in der medizinischen Praxis, S. 10: 1. „Erkenntnisfähigkeit: Fähigkeit, die für die Entscheidung relevanten Informationen zumindest in den Grundzügen zu erfassen"; 2. „Wertungsfähigkeit: Fähigkeit, der Entscheidungssituation vor dem Hintergrund der verschiedenen Handlungsoptionen eine persönliche Bedeutung beizumessen"; 3. „Willensbildungsfähigkeit: Fähigkeit, aufgrund der verfügbaren Informationen und eigener Erfahrungen, Motive und Wertvorstellungen einen Entscheid zu treffen"; 4. „Willensumsetzungsfähigkeit: Fähigkeit, diesen Entscheid zu kommunizieren und zu vertreten".

[372] *Biermann*, in: Ulsenheimer/Gaede, Arztstrafrecht in der Praxis, Rn. 435; vgl. allgemein zu rechtlichen Altersgrenzen im (auch tabellarischen) Überblick *Oğlakcıoğlu/Uzun*, ZJS 2022, S. 348 ff.

[373] Vgl. BT-Drs. 17/10488, S. 23.

[374] *Sternberg-Lieben*, in: Schönke/Schröder Strafgesetzbuch, Vor §§ 32 ff., Rn. 40 m. w. N.

len Reifegrad[375] und die Komplexität der zu treffenden Entscheidung an.[376] Die Einsichts- und Urteilsfähigkeit gilt stets bereichsspezifisch für eine bestimmte Entscheidung und zu einem bestimmten Zeitpunkt,[377] es existieren aber diverse Gründe, welche die Einsichts- und Urteilsfähigkeit bei gewichtiger Beeinträchtigung ausschließen können.[378]

Neben intoxikationsinduzierten[379] kommen insbesondere krankheitsbedingte Defizite[380] für einen Ausschluss der Einsichts- und Urteilsfähigkeit in Betracht. Krankheitsbedingte Defizite können dabei vor allem in Ge-

375 *§ 217 Abs. 2 Nr. 1 Alt 1 StGB-E* lehnt in dem Gesetzentwurf von *Castellucci et al.* in der BT-Drs. 20/904, S. 5, 14 indes eine Einbeziehung Minderjähriger u. a. im Interesse der „Einheit der Rechtsordnung" und aufgrund praktischer Probleme im Zusammenhang mit der Feststellbarkeit der Freiverantwortlichkeit kategorisch ab. Differenzierend, wenn auch einschränkend *Künast/Keul et al.* in ihrem Gesetzentwurf BT-Drs. 20/2293, S. 13, 14, die im Normallfall ein Zuwarten bis zum Erreichen der Volljährigkeit für zumutbar und Suizidhilfe nur bei schweren Leiden, aber ausdrücklich nicht bei einer Selbsttötungsbegehren unabhängig von den Gründen und Motiven, schon vorher bei Erfüllung besonderer Voraussetzungen (mind. „ein Mindestalter, die Untersuchung der Anforderungen des § 2 Absatz 1 (Einsichtsfähigkeit) durch ein gesondertes und hierzu geeignetes kinder-psychologisches oder kinder-psychiatrisches Gutachten, die angemessene Beteiligung der Eltern, strenge Kriterien für das Vorliegen einer gegenwärtigen medizinischen Notlage, Zustimmung des Familiengerichts") überhaupt für denkbar halten. Die *BÄK*, DÄ 2011, A 346 (A 348) hat in ihren Grundsätzen zur Sterbebegleitung bei sterbenden Minderjährigen auch Folgendes festgestellt: „Dabei ist anzuerkennen, dass schwerstkranke Kinder und Jugendliche oft einen frühen Reifungsprozess durchmachen [. . .] Soweit der Minderjährige aufgrund seines Entwicklungsstandes selbst in der Lage ist, Bedeutung und Tragweite der ärztlichen Maßnahme zu verstehen und zu beurteilen, steht ihm ein Vetorecht gegen ihre Durchführung zu, selbst wenn die Sorgeberechtigten einwilligen. Davon wird bei einem Alter von 16 Jahren regelmäßig ausgegangen."

376 *Sternberg-Lieben*, in: Schönke/Schröder Strafgesetzbuch, Vor §§ 32 ff., Rn. 40 m. w. N.

377 *Thomas-Hund*, in: Böhning, Urteilsfähigkeit bei psychischen Erkrankungen, S. 167 (171).

378 *Sternberg-Lieben*, in: Schönke/Schröder Strafgesetzbuch, Vor §§ 32 ff., Rn. 40 m. w. N.

379 BGH, Urt. v. 03.07.2019, 5 StR 132/18 (den sog. *Hamburger* und *Berliner* Fall betreffend), BGHSt 64, 121 (126 f., Rn. 21); *Kusch/Hecker*, Handbuch der Sterbehilfe, S. 237, 247; vgl. vertiefend auch *Schnoor*, JuS 2021, S. 732 (733).

380 Hierunter fallen auch organische Erkrankungen oder Verletzungen, die zu einer Störung der Gehirnfunktion führen, wie etwa verschiedene Formen der Demenz (ICD-10 F01-F03), die im fortgeschrittenen Stadium die Selbstbestimmungsfähigkeit ausschließen, bei einer beginnenden Demenz mit leichten Defiziten im Kurzzeitgedächnis und auch deutlichen Wortfindungsstörungen jedoch noch nicht zu einer derartigen Beeinträchtigung führen (*Deutscher Ethikrat*, Suizid – Verantwortung, Prävention und Freiverantwortlichkeit, S. 86 m. w. N.).

stalt von psychischen Störungen auftreten.[381] Suizidalität wird häufig mit psychischen Störungen assoziiert, weil die Neigung zum Suizid in einem signifikanten Zusammenhang zu psychischen Erkrankungen steht.[382] In Bezug auf unassistierte[383] Suizidversuche und Suizide ist bekannt, dass diese weit überwiegend unter Beeinflussung einer psychischen Störung, dabei größtenteils einer Depression[384], vorgenommen werden.[385] In der Medizin wird nach der ICD-10-Klassifizierung[386] ein weites, nach dem Schweregrad differenzierendes[387] Spektrum von depressiven Erscheinungsbildern gezogen.[388]. Der BGH erwähnte indes, dass der Suizidentschluss wegen einer „bloßen depressiven Augenblicksstimmung“ mangelbehaftet sein könne.[389] Vergleicht man diesen Begriff mit der ICD-10-Klassifizierung, kommt es weniger auf den Schweregrad der Depression als auf die Dauer der Episoden an.[390] Je flüchtiger und je schwankender die Depression, desto eher ist

381 BVerfG, Urt. v. 26.02.2020, 2 BvR 2347/15, BVerfGE 153, 182 (274 f., Rn. 245).

382 *Hegerl,* Suizidalität im Kontext von psychischen Erkrankungen, S. 27 (30, Transkription).

383 *Spittler*, NJOZ 2020, S. 97 f. m. w. N. verwendet hingegen die Begriffe „allgemeine ‚einsame‘ Suizide“ und stellt fest, dass allgemeine und assistierte Suizide verschieden seien (s. auch *ders.*, MedR 2020, S. 101 [103]) – diese begriffliche Unterscheidung erscheint dem *Verf.* zu unbestimmt, so dass er den präziseren und neutraleren Begriff „unassistiert“ bevorzugt; vgl. auch *Hecker*, StV 2023, S. 57 (62 m. w. N.), der zwischen häufig kurzschlussartigen „Do-it-yourself-Suiziden“ und Suizidhilfe als „eine[m] gereiften Entscheidungsprozess [...]“ differenziert.

384 Bei schweren (majoren) Depressionen wird häufig gar kein Lebenswunsch mehr empfunden (*Deutscher Ethikrat*, Suizid – Verantwortung, Prävention und Freiverantwortlichkeit, S. 44 m. w. N.)

385 *Spittler*, NJOZ 2020, S. 97; lt. BVerfG, Urt. v. 26.02.2020, 2 BvR 2347/15, BVerfGE 153, 182 (273 f., Rn. 245 m. w. N.) lagen nach „empirischen Untersuchungen in rund 90 % der tödlichen Suizidhandlungen psychische Störungen, insbesondere in Form einer Depression (in etwa 40 bis 60 % der Fälle), vor.“

386 Die von der *WHO* veröffentlichte ICD-10 beinhaltet in Kap. 5 die internationale Klassifikation für psychische Störungen.

387 Nach Code F32 (Version 2022) wird zwischen F32.0 (leichte depressive Episode), F32.1 (mittelgradige depressive Episode), F32.2 (schwere depressive Episode ohne psychotische Symptome), F32.3 (schwere depressive Episode mit psychotischen Symptomen) unterschieden.

388 *Spittler*, medstra 2021, S. 89 (92); *Kusch/Hecker*, Handbuch der Sterbehilfe, S. 239, *Schnoor*, JuS 2021, S. 732 (733).

389 BGH, Urt. v. 03.07.2019, 5 StR 132/18 (den sog. *Hamburger* Fall betreffend), BGHSt 64, 121 (126 f., Rn. 21).

390 *Kusch/Hecker*, Handbuch der Sterbehilfe, S. 239.

eine „bloße[...] depressive [...] Augenblicksstimmung“ anzunehmen.[391] Diese Argumentation wird auch zuletzt durch das BVerfG gestützt, indem die psychische Störung lediglich nicht „akut“ sein darf.[392] Im medizinischen Kontext bedeutet *akut*, dass eine Krankheit unvermittelt auftritt beziehungsweise schnell und heftig verläuft[393] und damit im Umkehrschluss eine chronische[394] psychische Störung der Einsichts- und Urteilsfähigkeit nicht entgegensteht.[395] Hätte das BVerfG das Vorliegen einer psychischen Störung für den Ausschluss der Einsichts- und Urteilsfähigkeit genügen lassen, hätte es auf das Adjektiv „akut“ ohne weiteres verzichten können.[396] Damit ist plausibel, dass Personen mit einer chronischen[397] psychischen Störung nicht generell die Möglichkeit verwehrt ist, ihr Recht auf selbstbestimmtes Sterben unter Inanspruchnahme der Unterstützung Dritter wahrzunehmen.[398] Wäre das anders und entsprechende Hilfe strafbar, wäre es solchen Hilfesuchenden faktisch unmöglich, Personen zu finden, die ihnen unter Strafandrohung Hilfe zum Suizid leisten würden.[399] *Spittler* hat im Rahmen repräsentativer fachpsychiatrischer Untersuchungen zudem bei Suizidhilfebegehren festgestellt, dass auch bei vorhandener psychischer Störung die Einsichts- und Urteilsfähigkeit in hinreichendem Maße überwiegend vorhanden war.[400] Es liegt nicht fern, dass bei der Beurteilung

391 *Kusch/Hecker*, Handbuch der Sterbehilfe, S. 239.

392 BVerfG, Urt. v. 26.02.2020, 2 BvR 2347/15, BVerfGE 153, 182 (273, Rn. 241).

393 *Duden*, Das große Wörterbuch der Sprache, https://www.duden.de/rechtschreibung/akut (abgerufen am 17.09.2023).

394 „Sich lange entwickelnd und lange dauernd“, *Duden*, Das große Wörterbuch der Sprache, https://www.duden.de/rechtschreibung/chronisch (abgerufen am 17.09.2023).

395 *Schnoor*, JuS 2021, S. 732 (734); a. A. *Cording/Saß*, NJW 2020, S. 2695 (2697, Rn. 15), die unter akut „aktuell vorhandene[...]“ psychische Störungen subsumieren.

396 *Schnoor*, JuS, 2021, S: 732 (734).

397 In diesem Fall schlägt *Spittler*, NJOZ 2020, S. 545 (546) aber bspw. die vorherige Einholung eines fachpsychiatrischen Gutachtens bzgl. des Vorliegens der Einsichts- und Urteilsfähigkeit vor oder fragt, ob die Störung vorab eine Therapie erfordert und ob diese „aussichtsreich und zumutbar“ ist.

398 *Schnoor*, JuS 2021, S. 732 (734); vgl. auch *BÄK*, DÄ 2019, A 1133 (A 1134).

399 *BÄK*, DÄ 2019, A 1133 (A 1134).

400 Von 494 untersuchten Patienten wiesen 206 eine psychische Störung auf (41,70%), wovon in 68,0% der Fälle die Suizidhilfe als überzeugend zu befürworten galt, in 15,0% zu rechtfertigen war und in 7,8% der Fälle als nicht vertretbar eingeschätzt wurde; in 9,2% wurde eine Therapie oder eine Wartezeit mit Nachuntersuchung gefordert (bezogen auf die Grundgesamtheit (n=494) wurden 71,7% der Suizidhilfebegehrenden als uneingeschränkt einsichts- und urteilsfähig beurteilt und schließlich wurden nur 3,2%

der Einsichts- und Urteilsfähigkeit zwischen unassistierten und assistierten Suiziden zu unterscheiden ist und die empirischen Befunde aus den unassistierten nicht unkritisch auf die assistierten Selbsttötungen übertragen werden dürfen, insbesondere weil Patienten mit häufig langjährigen psychischen Störungen und Therapieerfahrungen eine Beurteilungskompetenz hinsichtlich ihrer Erkrankung und den Therapieaussichten erlangt haben können.[401] Erhebliche Zweifel an der natürlichen Einsichts- und Urteilsfähigkeit sind indessen geboten, wenn das Betreuungsgericht einen Betreuer nach § 1814 Abs. 1 BGB aufgrund einer psychischen Krankheit (oder einer geistigen oder seelischen Behinderung) bestellt hat, weil die zu betreuende Person ihre Angelegenheiten aufgrund dessen ganz oder teilweise nicht mehr selbst besorgen kann.[402]

Suizidgedanken sind oftmals Resultat wiederkehrender oder dauerhafter Schmerzen, die als unerträglich empfunden werden.[403] Schmerzen als innerer höchstpersönlicher Vorgang sind aber ebenso keine hinreichende Bedingung für den Ausschluss der Einsichts- und Urteilsfähigkeit. Dieses Ergebnis wird durch die Überlegung bestätigt, dass ansonsten gerade in solchen Situationen, in denen eine Selbsttötung gut nachvollziehbar ist, ei-

---

der Gesuche endgültig abgelehnt, s. *Spittler*, Schweizerische Ärztezeitung 2016, S. 435 [436 m. w. N.], vgl. auch *ders.*, medstra 2021, S. 89 [90] und NJOZ 2020, S. 97). Dass *Spittler* mittlerweile erstinstanzlich in einem Einzelfall bei einem Patienten mit akuter paranoider Schizophrenie sowie einer mittelgradigen depressiven Episode durch das LG Essen, Urt. v. 01.02.2024, 32 Ks 5/23 (rechtskräftig: BGH, Beschl. v. 29.01.2025, 4 StR 265/24), Presseerklärung v. 02.02.2024 (12 b E – 1. 336) wegen Totschlags in mittelbarer Täterschaft verurteilt wurde, muss nicht bedeuten, dass seine vorherige Einschätzung zu den 206 untersuchten Patienten mit psychischen Störungen (a. a. O.) falsch oder unvertretbar gewesen wäre, auch wenn er in dem Einzelfall vor dem LG Essen lt. Pressemitteilung von „einer von ihm selbst entwickelten falschen Definition des Begriffs der Freiverantwortlichkeit" augegangen sein sollte (s. a. a. O. auch NRWE Rn. 290, 314, 332).

401 *Spittler*, NJOZ 2020, S. 97 (98); *ders.*, medstra 2021, S. 89 (90 m. w. N.); vgl. auch *Neumann*, in: Kindhäuser/Neumann/Paeffgen/Saliger, Strafgesetzbuch, Vor §§ 211217, Rn. 66; vgl. auch *Rengier*, in: Böhning, Assistierter Suizid für psychisch Erkrankte aus strafrechtlicher Perspektive, S. 207 (213 f.).

402 *Kusch/Hecker*, Handbuch der Sterbehilfe, S. 246, die auch auf das Strafverfolgungsrisiko hinweisen, wenn in solchen Fällen Suizidhilfe geleistet wird; s. a. *Schnoor*, JuS 2021, S. 732 (734).

403 *Kusch/Hecker*, Handbuch der Sterbehilfe, S. 243.

ne freiverantwortliche Suizidentscheidung nicht mehr möglich wäre.[404] Der BGH führt zudem überzeugend aus: „Die dem Entschluss zugrundeliegende Motivation, über viele Jahre hinweg erduldeten Schmerzen ein Ende zu setzen, ist – wenn sie nicht ihrerseits auf eine die Einsichts- und Urteilsfähigkeit ausschließende Erkrankung zurückzuführen ist – einer näheren Überprüfung schon deshalb nicht zugänglich, weil sich das Empfinden von Schmerzen als innerer, höchstpersönlicher Vorgang der für eine wertende Beurteilung erforderlichen Objektivierung entzieht."[405] Die Intensität des Schmerzes ist selbst für erfahrene Palliativmediziner schwierig einzuschätzen und entzieht sich damit einer Objektivierung.[406]

bb) Fehlerfrei gebildeter Suizidwille

Der Wille zur Selbsttötung muss außerdem mangelfrei sein. Dazu muss der Suizident Kenntnis[407] von sämtlichen entscheidungserheblichen[408] Gesichtspunkten haben und über Behandlungs- beziehungsweise Handlungs-

---

404 *Deutscher Ethikrat*, Suizid – Verantwortung, Prävention und Freiverantwortlichkeit, S. 107 f.

405 BGH, Urt. v. 03.07.2019, 5 StR 393/18 (im Anschluss an den sog. *Berliner* Fall), BGHSt 64, 135 (141, Rn. 21).

406 *Kusch/Hecker*, Handbuch der Sterbehilfe, S. 244 mit ergänzendem Hinweis auf von Patienten vorgenommene mit Vorsicht zu beurteilende Selbsteinschätzungen aufgrund entsprechender Schmerzskalen.

407 Bei gegebener Unkenntnis kommt es auch nicht auf die Gründe für diese an, etwa, weil sich die betroffene Person vermeidbar nicht um entscheidungserhebliche Gesichtspunkte bemüht hat oder sich gar der (medizinischen) Faktenlage verschließt (*Deutscher Ethikrat*, Suizid – Verantwortung, Prävention und Freiverantwortlichkeit, S. 76 f.).

408 Hier ist zwischen der Ebene der entscheidungsrelevanten Sachverhalte und ihrer subjektiven Bewertung zu unterscheiden, wobei nur die erste Ebene einer „intersubjektiven Überprüfung" zugänglich sein muss und nur die Bewertungsebene dem Selbstbestimmungsrecht der suizidwilligen Person überlassen ist (*Deutscher Ethikrat*, Suizid – Verantwortung, Prävention und Freiverantwortlichkeit, S. 15, 77).

alternativen[409] sowie deren jeweiligen Folgen aufgeklärt[410] und beraten werden.[411] Dazu gehört auch, dass der Betroffene über den genauen Ablauf des Suizids und die Wirkung des ausgewählten Suizidmittels informiert wird.[412] Zudem darf keinerlei Entscheidungsdruck von Seiten der Helfer auf die Suizidwilligen, zum Beispiel durch unaufgeforderte Suizidhilfe-Angebote oder Rechtfertigung für die Ablehnung eines Angebots ausgeübt werden.[413]. Das BVerfG nimmt damit Bezug auf soziale Pressionen, die unterhalb der Schwelle von Zwang, Drohung oder Täuschung ansetzen und vornehmlich von unregulierten Angeboten geschäftsmäßiger Suizidhilfe ausgehen sollen.[414] Das bedeutet umgekehrt, dass ein reguliertes Angebot zulässig ist, um solchen Gefahren entgegenzuwirken.[415] Das Erfordernis, dass der Betroffene keinen „unzulässigen Einflussnahmen“[416] ausgesetzt sein dür-

---

409 „Denn nicht nur die irrtümliche Vorstellung belastender Umstände, sondern auch die Unkenntnis bestehender Möglichkeiten zur Abwendung einer vorhandenen oder drohenden Belastung schließen die Freiverantwortlichkeit der Suizidentscheidung aus. Dies gilt nicht nur für eine durch schwerwiegende körperliche oder psychische Erkrankung motivierte Suizidentscheidung, sondern in gleicher Weise auch für Suizidentscheidungen, die auf anderen stark belastenden Lebenslagen, etwa auf Vereinsamung, Überforderung oder materieller Not beruhen. Auch in derartigen Fällen ist eine Suizidentscheidung nur dann freiverantwortlich, wenn die betroffene Person über die zur Abwendung oder Verminderung der jeweiligen Belastung bestehenden Möglichkeiten und die diesbezüglichen Hilfsangebote hinreichend informiert ist“ (*Deutscher Ethikrat*, Suizid – Verantwortung, Prävention und Freiverantwortlichkeit, S. 80).

410 Die Reichweite der Aufklärungspflichten Dritter ist umstr.: Teilweise wird diese individuell nach dem konkreten Wissensbedarf und Willen des Betroffenen bestimmt; teilweise wird angenommen, dass erst auf der Grundlage einer umfassenden an der (vermuteten) individuellen Motivkonstellation orientierten umfassenden Aufklärung und Pflichtberatung eröffnete Handlungsalternativen freiverantwortlich zugunsten eines Suizids abgelehnt werden können (s. zum Meinungsstand *Deutscher Ethikrat*, Suizid – Verantwortung, Prävention und Freiverantwortlichkeit, S. 81 f.).

411 BVerfG, Urt. v. 26.02.2020, 2 BvR 2347/15, BVerfGE 153, 182 (273 f., Rn. 242, 275, Rn. 246).

412 Vgl. BGH, Urt. v. 03.07.2019, 5 StR 132/18 (den sog. *Hamburger* Fall betreffend), BGHSt 64, 121 (127, Rn. 23).

413 BVerfG, Urt. v. 26.02.2020, 2 BvR 2347/15, BVerfGE 153, 182 (274, Rn. 243, 271 f., Rn. 235 „Entsprechend kann er Vorkehrungen treffen, dass Personen nicht in schweren Lebenslagen in die Situation gebracht werden, sich mit solchen Angeboten auch nur näher befassen oder sich hierzu explizit verhalten zu müssen.“).

414 BVerfG, Urt. v. 26.02.2020, 2 BvR 2347/15, BVerfGE 153, 182 (279 f., Rn. 257).

415 *Grünewald*, JR 2021, S. 99 (102 f.).

416 BVerfG, Urt. v. 26.02.2020, 2 BvR 2347/15, BVerfGE 153, 182 (274, Rn. 243).

fe, bleibt aus (straf-)rechtlicher Perspektive jedoch zu vage.[417] Dass das BVerfG diese Thematik unterhalb der Schwelle von Zwang, Drohung oder Täuschung bei möglichen Autonomie*gefährdungen* verortet,[418] könnte bedeuten, dass nur Einflussnahmen oberhalb dieser Schwelle die Selbstbestimmung ausschließen.[419] Laut *Brunhöber* wäre dann auch zu diskutieren, welche Autonomie*verletzungen* willensausschließend wirken.[420] In diesem Kontext wurden auch schon früher Normalisierungsgefahren erörtert, die insbesondere durch die geschäftsmäßige Ausübung von Suizidassistenz gefördert werden sollen (sog. *Slippery-Slope-Argument*, engl. etwa Dammbruchargument[421]).[422] Schon der Sprachgebrauch von Normalisierung oder ähnlichen Formulierungen ist indes nicht eindeutig. Dieser „changiert zwischen verschiedenen Bedeutungsnuancen, wobei sich idealtypisch drei unterschiedliche Verwendungsweisen gegen einander abgrenzen lassen: a) die deskriptive Feststellung eines statistischen Durchschnitts, b) die präskriptive Bezeichnung eines gesollten oder wünschenswerten Standards und c) das Gefühl eines für selbstverständlich erachteten Zustands, der keiner besonderen Begründung Bedarf."[423] Gleich, wie Entscheidungen zur Suizidassistenz beurteilt werden, ist eine Normalisierung des Respekts vor der

---

417 *Brunhöber*, NStZ 2020, S. 538 (540); *Grünewald*, JR 2021, S. 99 (102); *Hörnle*, JZ 2020, S. 872 (878) kritisiert den Begriff der sozialen Pressionen auch aus dem Gesichtspunkt heraus, dass dadurch subjektive Konformitätsbedürfnisse zum Ausschluss der Selbstbestimmung führen würden, wodurch das normative Bild vom selbstbestimmten Menschen unterminiert werde.

418 BVerfG, Urt. v. 26.02.2020, 2 BvR 2347/15, BVerfGE 153, 182 (269 f., Rn. 229 f., 270 f., Rn. 232 f.).

419 *Brunhöber*, NStZ 2020, S. 538 (540); ähnlich *Grünewald*, JR 2021, S. 99 (103), krit. auch *Hörnle*, JZ 2020, S. 872 (877 f.).

420 *Brunhöber*, NStZ 2020, S. 538 (540).

421 S. zur empirischen Plausibilität dieses Arguments auch die Ausführungen von *Hufen*, NJW 2018, S. 1524 (1526 m. w. N.), der jedoch auch Folgendes konzediert: „Soweit sich mit der ‚Dammbruch-Metapher' und mit dem Hinweis auf historische Belastungen reale Risiken und Gefahren für die Achtung des Lebens und andere Verfassungsgüter in dieser Gesellschaft ergeben, können diese im Rahmen der Verhältnismäßigkeitsprüfung ihr Gewicht erlangen" (*ders.*, NJW 2001, S. 849 [856]), vgl. ausführlich zum Meinungsstand mit zahlreichen Nachweisen *Orbach*, § 217 StGB und Palliativmedizin, S. 89 f.

422 Verhinderung der Entwicklung der Beihilfe zum Suizid zu einem „Dienstleistungsangebot der gesundheitlichen Versorgung" (s. BT-Drs. 18/5373, S. 2); es drohe eine „gesellschaftliche Normalisierung" des assistierten Suizids einzutreten (a. a. O.).

423 *Deutscher Ethikrat*, Suizid – Verantwortung, Prävention und Freiverantwortlichkeit, S. 116.

Letztverantwortung einer Person zunächst einmal zu begrüßen „– und zwar in jederlei Hinsicht: deskriptiv, präskriptiv und emotiv."[424] Fraglich sollen schleichende Normalisierungstendenzen aus juristischer und ethischer Sicht nach dem *Deutschen Ethikrat* jedoch schon dann werden, wenn mit ihnen „Risiken" für die Selbstbestimmung verbunden sind, etwa, „weil mit der angenommenen Normalität eines Verhaltens verbreitet die Auffassung verbunden ist, dass es sich dabei um das – im moralischen Sinne – *richtige* oder zumindest sozial erwünschte Verhalten handelt"[425]. Der Verweis auf abstrakte Risiken, wie er schon in den Gesetzesmaterialien zu *§ 217 StGB a. F.* mit sehr allgemeinen Erwägungen[426] erfolgt ist, genügt gemessen an der existentiellen Bedeutung des Rechts auf selbstbestimmtes Sterben und den hoffentlich bald vorhandenen weitergehenden wissenschaftlichen Erkenntnismöglichkeiten im Bereich der Suizidhilfe[427] zumindest mittelfristig nicht mehr den Begründungsanforderungen, die für einen solch schwerwiegenden Eingriff gelten müssen, sodass spätestens ab dann eine intensivierte inhaltliche Kontrolle[428] für Eingriffe in dieses Recht zu fordern ist.[429] Das BVerfG hat in seiner Entscheidung zur lebenslangen Frei-

424 *Deutscher Ethikrat*, Suizid – Verantwortung, Prävention und Freiverantwortlichkeit, S. 116.

425 Vgl. *Deutscher Ethikrat*, Suizid – Verantwortung, Prävention und Freiverantwortlichkeit, S. 117.

426 Z. B. Verhinderung der Entwicklung der Beihilfe zum Suizid zu einem „Dienstleistungsangebot der gesundheitlichen Versorgung" (BT-Drucks 18/5373, S. 2), es bestehe die Gefahr, dass durch Angebote geschäftsmäßiger Suizidhilfe und deren Verbreitung der „Anschein einer Normalität" erzeugt werde (a. a. O.) und es drohe eine „gesellschaftliche Normalisierung" des assistierten Suizids einzutreten (a. a. O.).

427 Da die Möglichkeiten des Gesetzgebers, sich im Bereich des noch wenig wissenschaftlich erforschten Phänomenbereichs des „assistierten Suizid[s]" ein hinreichend sicheres Urteil zu bilden, eingeschränkt waren, unterlag die Einschätzung und Prognose der dem Einzelnen oder der Allgemeinheit drohenden Gefahren bezüglich der Kontrolldichte des Gerichts lediglich einer Vertretbarkeitskontrolle (vgl. BVerfG, Urt. v. 26.02.2020, 2 BvR 2347/15, BVerfGE 153, 182 [268 f., Rn. 224 f, 272 f., Rn. 237 f.]).

428 S. dazu BVerfG, Urt. v. 01.03.1979, 1 BvR 532, 533/77, 419/78, 1 BvL 21/78, juris Rn. 110 m. w. N., BVerfGE 50, 290 (332 f. m. w. N.); *Ruf*, Die legislative Prognose, S. 151 konstatierte indes, dass die verfassungsgerichtliche Prognosekontrolle von *§ 217 StGB a. F.* „schon an der Grenze zu einer inhaltlichen intensivierten Kontrolle" stand, weil das BVerfG externe Daten durch Sachverständige bewerten ließ und die daraus gezogenen Schlussfolgerungen auf Plausibilität sowie Nachvollziehbarkeit überprüfte.

429 Vgl. *Hörnle*, JZ 2020, S. 872 (877 m. w. N.); im August 2021 wurde die Finanzierung einer evidenzbasierten und konsensorientierten *S3-Leitlinie Umgang mit Suizidalität im*

heitsstrafe schon selbst festgestellt, dass es bedenklich erscheine, „daß auch dann, wenn schwere Grundrechtseingriffe in Frage stehen, Unklarheiten in der Bewertung von Tatsachen zu Lasten des Grundrechtsträgers gehen sollen.“[430] *Hörnle* fordert deshalb, dass die Thesen zur abstrakten Gefahr für die Selbstbestimmung in anstehenden rechtspolitischen Debatten kritischer geprüft werden müssen, weil unter anderem Zweifel daran bestünden, dass durch die Zulassung selbstbestimmter Handlungen in großem Umfang fremdbestimmtes Verhalten drohe.[431] *Grünewald* weist in diesem Zusammenhang auch darauf hin, dass es maßgeblich darauf ankomme, ob eine spezifische, empirisch nachweisbare Verbindung zwischen der geschäftsmäßigen Suizidförderung und der Anzahl „unfreiwilliger“ Selbsttötungen bestehe und nicht allgemein von Selbsttötungen an sich, weil es nicht Ziel sein könne, autonome Suizide zu verhindern.[432]

cc) Innere Festigkeit und Dauerhaftigkeit des Suizidentschlusses

Entsprechend den anerkannten Regeln der strafrechtlichen Einwilligungslehre bei Heilbehandlungen[433] ist für die zeitliche Beurteilung des Selbsttötungsentschlusses auf den Willen des Suizidenten zum Zeitpunkt des Suizids abzustellen.[434] Für die Freiverantwortlichkeit muss nach dem BGH

Erwachsenenalter vom *Finanzierungsfonds des Gemeinsamen Bundesausschusses* bewilligt, die von der *Arbeitsgemeinschaft der Wissenschaftlichen Medizinischen Fachgesellschaften (AWMF)* bis zum 30.09.2024 fertiggestellt sein soll. In dieser Leitlinie wird auch der Frage nachgegangen, wie die ambulante und stationäre Versorgung mit dem Thema des assistierten Suizids umgehen sollte. Das Fertigstellungsdatum könnte mit einem angemessenen Reaktionszeitraum auch Orientierungsmaßstab für den Gesetzgeber im Rahmen seiner Beobachtungs- und Nachprüfungspflicht (s. dazu BVerfG, Urt. v. 28.05.1993, 2 BvF 2/90, sog. *Schwangerschaftsabbruch II*-Entscheidung, juris Rn. 202, BVerfGE 88, 203 [269]) sein, Anpassungen an den bis dahin vorhandenen Suizidhilferegelungen nach einem strengeren Maßstab vorzunehmen.

430 BVerfG, Urt. v. 21.06.1977, 1 BvL 14/76, juris Rn. 176, BVerfGE 45, 187 (238).

431 *Hörnle*, JZ 2020, S. 872 (877 m. w. N.).

432 *Grünewald*, JZ 2016, S. 938 (945 f.), die jedoch offenlässt, wie solche empirischen Untersuchungen erfolgen könnten. Das Problem besteht nämlich darin, dass es sich schwierig gestalten könnte, retrospektiv Korrelationen festzustellen, weil die Suizidenten ausschließlich bei einem Fehlschlag des Versuchs persönlich befragt werden könnten und ansonsten v. a. nur eine strukturierte Erfassung von Suiziden und eine psychologische Autopsie erfolgen könnten.

433 Darauf weist BVerfG, Urt. v. 26.02.2020, 2 BvR 2347/15, BVerfGE 153, 182 (273 f., Rn. 242) hin.

434 Vgl. nur *Sternberg-Lieben*, in: Schönke/Schröder Strafgesetzbuch, Vor §§ 32 ff., Rn. 44.

insbesondere die „innere Festigkeit des Entschlusses"[435] vorliegen, die jedenfalls im *Hamburger* Fall bejaht wurde, indem die beiden Frauen diesen bereits vor Eintritt in die Sterbehilfeorganisation[436] innerhalb eines längeren Zeitraums gebildet hatten und dieser auch zum Zeitpunkt der tödlichen Handlungen noch fortbestand.[437] Das BVerfG verlangt dann zusätzlich in Abgrenzung zu vorübergehenden Lebenskrisen,[438] dass der Suizidwunsch von einer „,gewissen Dauerhaftigkeit'" getragen sein muss und verweist dabei auf die empirisch nachgewiesene häufig vorhandene Ambivalenz[439] und Wechselhaftigkeit von Sterbewünschen (s. zur präsuizidalen Entwicklung auch A. III. 1., S. 6 f.).[440] Ab welchem Zeitraum von einer „gewissen ,Dauerhaftigkeit'" des Suizidentschlusses auszugehen ist, wird von der Rechtsprechung jedoch nicht näher bestimmt.

---

435 BGH, Urt. v. 03.07.2019, 5 StR 132/18 (den sog. *Hamburger* Fall betreffend), BGHSt 64, 121 (126 f., Rn. 21) – die dort in Bezug genommene Entscheidung des BGH, Urt. v. 07.10.2010, 3 StR 168/10, juris Rn. 13, NStZ 2011, S. 340 (341) lässt allerdings offen, was genau darunter zu verstehen ist und fügt dem Mindesterfordernis der inneren Festigkeit nur noch das der „Zielstrebigkeit" hinzu. Letztlich dürfte das auf eine Einzelfallentscheidung hinauslaufen (so auch *Schneider*, in: Erb/Schäfer, MüKoStGB, § 216, Rn. 20).

436 *Kusch/Hecker*, Handbuch der Sterbehilfe, S. 242 f. weisen indes zu Recht darauf hin, dass der Beitritt zu einer Sterbehilfeorganisation keine notwendige Bedingung für die innere Festigkeit des Suizidentschlusses ist.

437 BGH, Urt. v. 03.07.2019, 5 StR 132/18 (den sog. *Hamburger* Fall betreffend), BGHSt 64, 121 (126 f., Rn. 23).

438 „[. . .] der bloße Umstand, dass die sich suizidierende Person sich die Sache irgendwann noch einmal anders hätte überlegen können [. . .]" ist damit indessen nicht gleichzusetzen (*Deutscher Ethikrat*, Suizid – Verantwortung, Prävention und Freiverantwortlichkeit, S. 101).

439 Nach *Spittler*, medstra 2021, S. 89 (92) bewirken nur „ausgeprägtere Formen" der Ambivalenz eine Einschränkung der inneren Festigkeit.

440 BVerfG, Urt. v. 26.02.2020, 2 BvR 2347/15, BVerfGE 153, 182 (274, Rn. 244): „Empirische Daten belegen insoweit, dass ein kurzfristig gefasster Suizidentschluss – wenn die Selbsttötung misslingt – im Nachhinein von den Betroffenen selbst in etwa 80 bis 90 % der Fälle als Fehlentscheidung gewertet und revidiert wird. Suizidwünsche sind danach – selbst wenn sie sich von außen als plausible bilanzierende Entscheidung darstellen – ganz überwiegend von begrenzter Dauer und nicht anhaltend. Das Kriterium der Dauerhaftigkeit ist auch nach Ansicht der sachkundigen Dritten geeignet, die Ernsthaftigkeit eines Suizidwunsches nachzuvollziehen und sicherzustellen, dass er nicht etwa auf einer vorübergehenden Lebenskrise beruht"; vgl. auch *Spittler*, NJOZ 2020, S. 545 (546).

Für *Kusch/Hecker* ist die Dauer vorangegangener Suizidgedanken indes lediglich ein – wenn auch möglicherweise wichtiges – Indiz für die Festigkeit des Suizidentschlusses.[441] Ob die gewisse Dauerhaftigkeit des Suizidentschlusses damit eine notwendige Bedingung für die Straffreiheit ist, ist mithin umstritten. Jüngst wurde vor dem LG Berlin I ein pensionierter Hausarzt wegen Zurverfügungstellung von todbringenden Medikamenten wegen Totschlags in mittelbarer Täterschaft gegenüber und zulasten einer unter Depressionen leidenden Frau verurteilt, weil sie ständig zwischen dem Wunsch zu leben und zu sterben hin und her geschwankt habe.[442] *Zimmermann* ist aus Anlass dieses Falls der Auffassung, dass die Heranziehung der Dauerhaftigkeit im Kontext der Ernstlichkeit des Tötungsverlangens nach § 216 StGB richtig sei, dies aber nicht ohne Weiteres auf die Begründung von Tatherrschaft übertragen werden könne, wenn es an der nötigen Dauerhaftigkeit des Suizidentschlusses fehle.[443] Aufgrund des Selbstverfügungscharakters von Selbsttötung und Tötung auf Verlangen ist es aber durchaus sinnvoll, auch beim Suizid auf die Ernstlichkeit des Suizidbegehrens abzustellen.[444] Jedoch hat der BGH[445] entgegen dem BVerfG insoweit nicht festgestellt, dass es bei einer (depressiven) Augenblicksstimmung stets an der nötigen inneren Festigkeit fehlt. Das ist auch folgerichtig, weil es Ausnahmesituationen geben kann, bei denen ein hinreichend fester Suizidentschluss sehr schnell reifen kann.[446] Um hier hinreichende Rechtssicherheit zu gewinnen, sollte der Gesetzgeber diese Streitfrage verbindlich

---

441 *Kusch/Hecker*, Handbuch der Sterbehilfe, S. 243.

442 LG Berlin I, Urt. 08.04.2024, 540 Ks 2/23 (nicht rechtskräftig), Pressemitteilung v. 08.04.2024 (PM 16/2024).

443 *Zimmermann*, in: Rath/Zimmermann, LTO-Podcast „Rechtslage" v. 20.04.2024, 05:43–06:12min.

444 S. Ausführungen zu Fn. 454 u. 456.

445 BGH, Urt. v. 07.10.2010, 3 StR 168/10, juris Rn. 17 („Ein in einer depressiven Augenblicksstimmung frei von Willensmängeln geäußerter Todeswunsch kann jedenfalls dann nicht als ernstlich gelten, wenn es nicht von innerer Festigkeit und Zielstrebigkeit getragen wird."), NStZ 2011, S. 340 (341); ders., Urt. v. 14.09.2011, 2 StR 145/11, juris Rn. 6 („Unbeachtlich ist auch ein Tötungsverlangen in depressiver Augenblicksstimmung, zumindest wenn es nicht von innerer Festigkeit und Zielstrebigkeit getragen wird […]."), NStZ 2012, S. 85 (86); vgl. auch ders., Urt. v. 03.07.2019, 5 StR 132/18 (den sog. *Hamburger* Fall betreffend), BGHSt 64, 121 (127, Rn. 21).

446 S. Fallbsp. von *Kusch/Hecker*, Handbuch der Sterbehilfe, S. 243: „Es gibt 50-Jährige, die berichten, seit ihrer Jugend ständig Suizidgedanken zu haben, und es gibt ALS-Kranke mit starkem Lebenswillen, die erst unter dem Eindruck völliger Bewegungsunfähigkeit an Suizid denken und dann möglichst schnell sterben wollen."

entscheiden.[447] Dabei steht es ihm laut BVerfG frei, „[...] je nach Lebenssituation unterschiedliche Anforderungen an den Nachweis der Ernsthaftigkeit und Dauerhaftigkeit eines Selbsttötungswillens [...]“[448] zu stellen. Eine in jeder Hinsicht starre Festlegung könnte den Umständen des Einzelfalls – etwa bei einer terminalen Erkrankung, bei der rascheres Handeln erforderlich sein kann – jedenfalls nicht gerecht werden.[449] Die Rechtsprechung des BVerfG zur Suizidhilfe lässt aber vermuten, dass der Gesetzgeber keinen Spielraum hat, im Einzelfall gänzlich auf das Kriterium der Dauerhaftigkeit zu verzichten, weil nach dieser ausdrücklich Anforderungen an die Dauerhaftigkeit positiv gestellt werden müssen.

dd) Exkulpations- und Einwilligungslösung

Im strafrechtlichen *Schrifttum* war zumindest vor der Entscheidung des BVerfG zu *§ 217 StGB a. F.* mit seinen dezidierten Anforderungen zur freiverantwortlichen Suizidentscheidung heftig umstritten, nach welchen Maßstäben sich die Freiverantwortlichkeit zu bemessen hat.

Die sog. *Exkulpationslösung* beurteilt die Freiverantwortlichkeit der Willensbildung des Suizidenten anhand der Regelungen über die strafrechtliche Verantwortlichkeit (analog den §§ 19, 20 und 35 StGB sowie § 3 JGG) und böte somit Rechtssicherheit.[450] Demzufolge ist eine Beteiligung an der Selbsttötung nur unter Strafe gestellt, wenn der Suizident auf Grund jugendlicher Unreife, im Zustand geistiger Erkrankung, schwerer seelischer Störung oder in einer gravierenden Notstandslage den Suizid vollzieht, woraus eine weitreichende Straflosigkeit der Suizidteilnahme resultiert.[451]

Demgegenüber zieht die sog. *Einwilligungslösung* den Bereich strafloser Suizidbeteiligung auf der Basis psychiatrischer Erkenntnisse über die innere Befindlichkeit des Suizidenten vor der Selbsttötung mit Differen-

[447] *Krasa*, LTO Beitr. v. 13.04.2024 fordert nach der Verurteilung von *Dr. Turowski* (s. Fn. 353) dass der „Gesetzgeber oder die Rechtsprechung transparente und verlässliche Leitplanken aufstellt, die Risiken vorschneller Suizidassistenz Einhalt gebieten, aber auch deutlich machen, unter welchen Kriterien auch für depressive Menschen Suizidhilfe geleistet werden darf.“

[448] BVerfG, Urt. v. 26.02.2020, 2 BvR 2347/15, BVerfGE 153, 182 (309, Rn. 340).

[449] So auch *Spittler*, NJOZ 2020, S. 545 (546), *Cording/Saß*, NJW 2020, S. 2695 (2697, Rn. 15 m. w. N.) u. *Kusch/Hecker*, Handbuch der Sterbehilfe, S. 230.

[450] S. nur *Schneider*, in: Erb/Schäfer, MüKoStGB, Vor § 211, Rn. 38 m. w. N. und 55; *Roxin*, NStZ 1984, S. 71; *Roxin/Schroth*, Handbuch des Medizinstrafrechts, S. 105.

[451] *Schneider*, in: Erb/Schäfer, MüKoStGB, Vor § 211, Rn. 38.

zierungen im Detail deutlich enger und nimmt Freiverantwortlichkeit dann an, wenn die Voraussetzungen einer wirksamen Einwilligung beziehungsweise eines ernstlichen Tötungsverlangens vorliegen.[452] Gegründet auf die Erkenntnisse der Suizidologie wird vorgebracht, dass nahezu jeder Suizid Ausdruck eines pathologischen Zustandes sei.[453] Der auf Einwilligungskriterien abstellende Bewertungsmaßstab wird damit begründet, dass die Selbsttötung der in § 216 StGB normierten Situation insoweit entspreche, als in beiden Konstellationen der Rechtsgutsträger selbst über sein Leben disponiere und dabei besonders schutzbedürftig sei.[454] Maßgebliche Kriterien sind dabei die natürliche Einsichts- und Urteilsfähigkeit des Suizidenten sowie die Mangelfreiheit seiner Willensbildung.[455] Anhand des Ernstlichkeitskriteriums wird des Weiteren geprüft, ob der Suizidwunsch nicht bloß einer Augenblicksstimmung, einem vorübergehenden depressiven Zustand oder einer Kurzschlussreaktion entspringt.[456]

Zu unterschiedlichen Ergebnissen kommen die beiden Ansichten vor allem bei Defektzuständen unterhalb der Schwelle des § 20 StGB und im Falle eines nach der Exkulpationslehre unbeachtlichen Motivirrtums (etwa über die Bereitschaft des Helfers nach der Hilfe, ebenfalls Suizid zu begehen).[457]

Problematisch ist bei der Exkulpationslösung zunächst, dass die von ihr analog herangezogenen Regeln über die Schuldfähigkeit nicht nur bezüglich ihrer Anwendbarkeit, sondern auch in Bezug auf die Fähigkeit zur Unrechtseinsicht an die Rechtswidrigkeit des Handelns anknüpfen.[458] Bei einer rechtmäßigen Selbsttötung mangelt es an einem entsprechenden Bezugspunkt,[459] sodass die Exkulpationslösung dadurch entscheidend an Rechtssi-

---

[452] S. nur *Eser/Sternberg-Lieben*, in: Schönke/Schröder Strafgesetzbuch, Vor § 211, Rn. 36, 34; *Gavela*, Ärztlich assistierter Suizid und organisierte Sterbehilfe, S. 23; *Neumann*, in: Kindhäuser/Neumann/Paeffgen/Saliger, Strafgesetzbuch, Vor §§ 211217, Rn. 64 f.

[453] *Eser/Sternberg-Lieben*, in: Schönke/Schröder Strafgesetzbuch, Vor § 211, Rn. 34 m. w. N.; *Gavela*, Ärztlich assistierter Suizid und organisierte Sterbehilfe, S. 18 f.

[454] Vgl. *Heger*, in: Lackner/Kühl/Heger, StGB, Vor § 211, Rn. 13a; vgl. auch *Geilen*, JZ 1974, S. 145 (151), der bzgl. § 216 StGB sogar von einer „psychologischen Suizidsituation" spricht.

[455] *Wessels/Hettinger/Engländer*, StrafR/BT 1, Rn. 117.

[456] Statt vieler nur *Geilen*, JZ 1974, S. 145 (151).

[457] *Eser/Sternberg-Lieben*, in: Schönke/Schröder Strafgesetzbuch, Vor § 211, Rn. 36.

[458] *Krack*, KJ 1995, S. 60 (66).

[459] *Krack*, KJ 1995, S. 60 (67); vgl. a. a. O. auch die kritischen Ausführungen zur analogen Anwendung des § 35 StGB in Zweipersonenkonstellationen.

cherheit verliert.[460] Demgegenüber trägt die Einwilligungslösung dem Verfügungscharakter der Selbsttötung entsprechend der Tötung auf Verlangen besser Rechnung als die Exkulpationslösung, weil sie normativ zwischen erlaubter Selbst- und verbotener Fremdschädigung differenziert.[461] Der Einwand, die Einwilligungslösung sei zu unbestimmt,[462] kann ebenfalls nicht überzeugend durchgreifen. Einerseits erfasst diese Unbestimmtheit nämlich nicht nur Suizidfälle, sondern generell die strafrechtliche Einwilligungslehre, welche umgekehrt für die übrige Strafrechtsordnung allgemein anerkannt wird und andererseits ermöglicht gerade diese Abgrenzungsoffenheit eine Einzelfallbetrachtung, die der Komplexität von Suizidfällen und Selbsttötungsentschlüssen viel gerechter wird als die starre Exkulpationslösung.[463] Um suizidgefährdete Personen besser zu schützen, verdient die Einwilligungslösung daher den Vorzug.[464]

Auch das BVerfG scheint der Einwilligungslösung den Vorzug einzuräumen, indem es in seiner Suizidhilfeentscheidung zur Bestimmung der Freiverantwortlichkeit auch auf die Grundsätze der Einwilligung in eine Heilbehandlung verweist.[465] Um hier hinreichende Rechtssicherheit zu gewinnen, sollte der Gesetzgeber auch diese Streitfrage verbindlich entscheiden.[466]

ee) Verfahren zur Feststellung der Freiverantwortlichkeit

Das BVerfG hat es dem Gesetzgeber ausdrücklich freigestellt, „ein prozedurales Sicherungskonzept zu entwickeln".[467] „Zum Schutz der Selbstbe-

---

460 *Stiller*, Sterbehilfe und assistierter Suizid, S. 68.

461 Vgl. *Geilen*, JZ 1974, S. 145 (151); *Herzberg*, JA 1985, S. 336 ff.; *Krack*, KJ 1995, S. 60 (64 f.); *Neumann*, in: Kindhäuser/Neumann/Paeffgen, Strafgesetzbuch, Vor §§ 211217, Rn. 65.

462 So *Schneider*, in: Erb/Schäfer, MüKoStGB, Vor § 211, Rn. 55, 62 f.

463 *Stiller*, Sterbehilfe und assistierter Suizid, S. 69 f.

464 So auch *Gavela*, Ärztlich assistierter Suizid und organisierte Sterbehilfe, S. 23; vgl. vertiefend und ausführlich zum Streitstand *Schneider*, in: Erb/Schäfer, MüKoStGB, Vor § 211, Rn. 54 ff.

465 *BVerfG*, Urt. v. 26.02.2020, 2 BvR 2347/15, BVerfGE 153, 182 (273 f., Rn. 242 f.); a. A. *Schnoor*, JuS 2021, S. 732 (733), der behauptet, das Gericht habe sich sowohl gegen die Exkulpations- als auch die Einwilligungslösung entschieden; ähnlich auch *Cording/Saß*, NJW 2020, S. 2695; *Schneider*, in: Erb/Schäfer, MüKoStGB, Vor § 211, Rn. 37 ist indes zuzustimmen, dass das BVerfG nicht abschließend Stellung genommen hat.

466 So auch *Kommissariat der deutschen Bischöfe/Caritas*, Stellungnahme 2022, S. 4.

467 *BVerfG*, Urt. v. 26.02.2020, 2 BvR 2347/15, BVerfGE 153, 182 (309, Rn. 340).

stimmung über das eigene Leben steht dem Gesetzgeber [aber] in Bezug auf das Phänomen organisierter Suizidhilfe ein breites Spektrum an Möglichkeiten offen. Sie reichen von der positiven Regulierung prozeduraler Sicherungsmechanismen, etwa gesetzlich festgeschriebener Aufklärungs- und Wartepflichten, über Erlaubnisvorbehalte, die die Zuverlässigkeit von Suizidhilfeangeboten sichern, bis zu Verboten besonders gefahrträchtiger Erscheinungsformen der Suizidhilfe entsprechend dem Regelungsgedanken des § 217 StGB. Sie können mit Blick auf die Bedeutung der zu schützenden Rechtsgüter auch im Strafrecht verankert oder jedenfalls durch strafrechtliche Sanktionierung von Verstößen abgesichert werden [...]."[468] Der Gesetzgeber ist auch nicht gehindert, je nach Lebenssituation unterschiedliche Anforderungen an den Nachweis der Ernsthaftigkeit und Dauerhaftigkeit eines Selbsttötungswillens zu stellen.[469] Damit verbleibt dem Gesetzgeber ein großer Gestaltungsspielraum und er kann sowohl aus der Vergangenheit als auch gegenwärtig auf eine mittlerweile kaum mehr überschaubare Vielzahl von Vorschlägen zur Regelung der Suizidhilfe zurückgreifen.

Daher werden im Folgenden nur die Maßstäbe herausgearbeitet, die für eine gesetzliche Regelung relevant werden könnten: Nach *Spittler* müsse eine gesetzliche Regelung vor allem ein praktikables Verfahren vorsehen und gewährleisten, dass dieses Verfahren auch befolgt werde.[470] Konkret fordert er, dass der Missbrauchsschutz gesetzlich abgesichert sein und dieser behördlich kontrolliert werden müsse.[471] So betonen etwa auch *Cording/Saß*, dass über die Voraussetzungen der Freiverantwortlichkeit nur ein Gericht entscheiden könne und begründen dies mit der Grundrechtsrelevanz, die auch schon in anderen Bereichen, wie bei freiheitsentziehenden Maßnahmen nach *§ 1906 BGB a. F.* (§ 1831 BGB n. F.), eine richterliche Kontrolle auslöse.[472] Die Freiverantwortlichkeit solle dabei *ex ante* aufgrund des Antrags des Suizidwilligen in Anlehnung an das Betreuungsverfahren sachverständig beraten geprüft werden.[473] Aufgrund der Vulnerabilität von Suizidwilligen fordern die Verfasser dann auch unter Hinweis auf

468 BVerfG, Urt. v. 26.02.2020, 2 BvR 2347/15, BVerfGE 153, 182 (309, Rn. 339).

469 BVerfG, Urt. v. 26.02.2020, 2 BvR 2347/15, BVerfGE 153, 182 (309, Rn. 340).

470 *Spittler*, NJOZ 2020, S. 545 (546).

471 *Spittler*, NJOZ 2020, S. 97 (99).

472 *Cording/Saß*, NJW 2020, S. 2695, Rn. 3.

473 *Cording/Saß*, NJW 2020, S. 2695, Rn. 4 (2697, Rn. 16).

das BVerfG[474] grundsätzlich eine fachkompetente Begutachtung[475] der Freiverantwortlichkeit durch zwei[476] Fachärzte für Psychiatrie beziehungsweise Kinder- und Jugendpsychiatrie, weil das Vorliegen von Freiverantwortlichkeit durch psychiatrische Laien und auch Ärzte anderer Fachrichtungen nicht hinreichend sicher feststellbar sei;[477] zur Aufklärung und Beratung seien im Bedarfsfall dann auch noch weitere Fachpersonen hinzuziehen.[478] Bei der Klärung der Dauerhaftigkeit beziehungsweise inneren Festigkeit verböten sich indes „für alle Antragsteller einheitliche Fristen", weil die individuelle Situation der Betroffenen – empirisch belegt – unterschiedlich zu beurteilen sei.[479] Ob der Nichteinhaltung verfahrensmäßiger Voraussetzungen strafbare Wirkung zukommen wird, wird von der jeweiligen gesetzlichen Regelung abhängen.

ff) Bedeutung und Reichweite von Patientenverfügungen

Fraglich ist, wie der Stellenwert einer Vorausverfügung zu beurteilen ist, die eine selbstbestimmungsfähige Person für einen in der Zukunft liegenden Zustand fehlender Freiverantwortlichkeit abgefasst hat, um dann Suizidhilfe in Anspruch zu nehmen.[480]

---

474 BVerfG, Urt. v. 26.02.2020, 2 BvR 2347/15, BVerfGE 153, 182 (276, Rn. 249, 273 f., Rn. 242, 275, Rn. 246).

475 *Spittler*, medstra 2021, S. 89 (93 m. w. N.) weist indes auch auf die Subjektivität des Beurteilsungsaktes hin und stellt folgenden Prüfungskatalog auf: „Wird die Begründung der Lebensbeendigungsabsicht gedanklich folgerichtig, logisch konsistent vorgetragen? Ist die Begründung gegenüber den Beschwerden, Einschränkungen oder der Begrenztheit der Lebensperspektive verhältnismäßig und angemessen? Ist die Entscheidung mit den lebensgeschichtlich entwickelten Wertvorstellungen des Suizidärs kompatibel und für eine um Neutralität bemühte Einschätzung verstehend nachvollziehbar [. . .]?"

476 So wohl *Cording/Saß*, NJW 2020, S. 2695 (2696, Rn. 10), wobei bei terminal Erkrankten mit nur noch geringer Lebenserwartung von wenigen Wochen Ausnahmen zugelassen werden könnten (a. a. O., Rn 11).

477 *Cording/Saß*, NJW 2020, S. 2695 (2696, Rn. 12). Zusätzlich solle im Rahmen der Facharztqualifikation eine Qualifizierung in „*Suizidologie* und in *rechtlichen Fragestellungen*" angestrebt werden (a. a. O., [Rn. 13]).

478 *Cording/Saß*, NJW 2020, S. 2695 (2696, Rn. 13).

479 *Cording/Saß*, NJW 2020, S. 2695 (2697, Rn. 15).

480 S. ausführlich zum Meinungsstand *Deutscher Ethikrat*, Suizid – Verantwortung, Prävention und Freiverantwortlichkeit, S. 18, 95 ff.

Der Suizident muss, um die Ernstlichkeit des Suizidentschlusses zu bestätigen,[481] auch bei Vollziehung der Selbsttötung freiverantwortlich handeln. Daher kommt die vorherige Festlegung innerhalb einer Patientenverfügung, dass zum Beispiel der Betreuer im Zustand der Einwilligungsunfähigkeit des Betreuten Suizidhilfe leisten soll (vorausverfügtes Suizidhilfebegehren), als Grundlage für einen zulässigen assistierten Suizid nicht in Betracht.[482]

Dafür spricht schon, dass das BVerfG bei der Freiverantwortlichkeit auf die Einwilligungsdogmatik bei der ärztlichen Heilbehandlung abhebt und es damit auf den Zeitpunkt der Vornahme des Suizids ankommen muss.[483] Darüber hinaus streitet dafür auch der Wortlaut des § 1827 Abs. 1 S. 1 BGB, nach dem nur Festlegungen für „Untersuchungen seines Gesundheitszustands, Heilbehandlungen oder ärztliche Eingriffe" erfolgen können.[484] Dass ein Arzt, der tödlich wirkende Betäubungsmittel verschreibt, als Betreuer im Aufgabenkreis der Gesundheitsfürsorge tätig wird, erscheint angesichts des klaren Wortlauts „Heilbehandlung" gerade nicht „ohne weiteres" nachvollziehbar.[485]

Auch wenn der natürliche Wille seinen Ausdruck in Akten einfacher Selbstbestimmung finden und dessen Missachtung schwerwiegend in die Grundrechte der Betroffenen eingreifen kann,[486] rechtfertigt die staatliche Schutzpflicht insbesondere für das unwiederbringliche Leben und die körperliche Unversehrtheit, die rechtliche Bindung solcher Vorausverfügungen

---

481 Vgl. *Schneider*, in: Erb/Schäfer, MüKoStGB, Vor § 211, Rn. 32 m. w. N., insb. *Neumann*, in: Kindhäuser/Neumann/Paeffgen/Saliger, Strafgesetzbuch, Vor §§ 211217, Rn. 62 („Bei einem nicht freiverantwortlich unternommenen Suizid kommen die Regeln der mittelbaren Täterschaft zur Anwendung.").

482 *Henking*, BtPrax 2021, S. 92 (94); *Cording/Saß*, NJW 2020, S. 2695 (2697, Rn. 17); *Kusch/Hecker*, Handbuch der Sterbehilfe, S. 200; i. E. auch BT-Drs. 20/904, S. 14; a. A. *Dodegge*, FamRZ 2021, S. 5 (8 f.); *Schöch*, GA 2020, S. 423 (435 f.); *ders.*, GA 2021, S. 690 (697); wohl auch *Kudlich/Klautke*, GS Tröndle, S. 431 (435, 438–442).

483 Vgl. BVerfG, Urt. v. 26.02.2020, 2 BvR 2347/15, BVerfGE 153, 182, Rn. 242 f.

484 So zutreffend *Rengier*, in: Böhning, Assistierter Suizid für psychisch Erkrankte aus strafrechtlicher Perspektive, S. 207 (216–218), der jedoch weniger auf den zeitlichen Aspekt, als streng auf den Wortlaut von *§ 1901a Abs. 1 S. 1 BGB a. F.* abstellt (§ 1827 Abs. 1 S. 1 BGB n. F.) abstellt.

485 So aber *Dodegge*, FamRZ 2021, S. 5 (8 f.).

486 BVerfG, Beschl. v. 07.10.1981, 2 BvR 1194/80, BVerfGE 58, 208 ff., dass., Beschl. v. 23.03.2011, 2 BvR 882/09, BVerfGE 128, 282 ff.; s. vertiefend auch *Kudlich/Klautke*, GS Tröndle, S. 431 (435, 438–442).

auszuschließen. Anders als bei Behandlungsbegrenzungen, bei denen dem Sterbeprozess sein Lauf gelassen wird, wird beim Suizid eine vom Krankheitsverlauf unabhängige Todesursache gesetzt, sodass bei der Selbsttötung der Lebensschutz weitreichender sein muss.[487] Auch wenn dies entgegen dem Autonomieschutzgedanken dazu führen kann, dass Menschen, die später nicht mehr die nötige Selbstbestimmungsfähigkeit aufweisen, von der Suizidhilfe ausgeschlossen werden oder diese schon zu einem Zeitpunkt in Anspruch nehmen, zu dem sie eigentlich noch gar nicht sterben wollen, ist dies allein schon im Zweifel aufgrund der „epistemischen Unsicherheiten mit Blick auf den natürlichen Willen" vorzugswürdig.[488] Etwas anderes könnte allenfalls dann gelten, wenn der Gesetzgeber eine entsprechende Regelung, wie das zum Beispiel in den Niederlanden, Belgien und Luxemburg geschehen ist, treffen würde;[489] in diesem Fall sollte der Gesetzgeber die vorhandenen Zweifel bei der Bewertung des natürlichen Willens durch wissenschaftliche Begleitforschung vorab hinreichend ausräumen.

Eine gesetzliche Normierung ist auch nicht schon deshalb entbehrlich, weil „Ärzte" nach *Schöch* schon vor Inkrafttreten des *§ 1901a BGB a. F.* im Bereich der passiven Sterbehilfe und Palliativmedizin Patientenverfügungen beachtet haben sollen.[490] Bis zur Verabschiedung des Dritten Gesetzes zur Änderung des Betreuungsrechts[491], durch welches die Patientenverfügung in *§ 1901a BGB a. F.* ausdrücklich als verbindliches privates Vorsorgeinstrument etabliert wurde, war lange umstritten, ob und unter welchen Voraussetzungen Patientenverfügungen rechtsverbindlich sind.[492] Sowohl die strafrechtliche Judikatur des BGH[493] als auch die früher *herrschende Lehre* in der Strafrechtswissenschaft[494] maßen der Patientenver-

---

487 Vgl. *Jansen*, GuP 2017, S. 161 (163).

488 *Deutscher Ethikrat*, Suizid – Verantwortung, Prävention und Freiverantwortlichkeit, S. 99.

489 Vgl. *Cording/Saß*, NJW 2020, S. 2695 (2697, Rn. 17).

490 *Schöch*, GA 2021, S. S. 690 (697).

491 In Kraft seit dem 01.09.2009, BGBl. I 2009, S. 2286 f.; s. zum Gesetzgebungshintergrund *Klöpperpieper*, FPR 2010, S. 260 (264 f. m. w. N.).

492 *Neumann*, in: Kindhäuser/Neumann/Paeffgen/Saliger, Strafgesetzbuch, Vor § 211, Rn. 113;

493 BGH, Urt. v. 13.9.1994, 1 StR 357/94, sog. Fall *Kempten*, juris Rn. 21, BGHSt 40, 257, (263).

494 So etwa *Spann,* MedR 1983, S. 13; *Arzt*, JR 1986, S. 309 (311); *Dölling*, MedR 1987, S. 6 (9); *Baumann et al.*, AE-Sterbehilfe, S. 17 f.

fügung „lediglich“[495] eine widerlegliche Indizfunktion für die Ermittlung des mutmaßlichen Patientenwillens bei. Selbst als der XII. Zivilsenat des BGH im Jahr 2003 die Patientenverfügung mit dem Rechtsgedanken des § 130 Abs. 2 BGB anerkannte, beschränkte er in Missinterpretation der Rechtsprechung des 1. Strafsenats des BGH[496] die Bindungswirkung von Patientenverfügungen auf die Fälle, in denen das Grundleiden des Patienten einen irreversiblen tödlichen Verlauf angenommen hat,[497] sodass es erneut zu Irritationen um die Reichweite von derartigen Willensbekundungen kam.[498]

Bemerkenswert ist in diesem Zusammenhang aber der Vorschlag von *Schöch* selbst, der für den Fall fortgeschrittener Demenz mit Ausschluss der Freiverantwortlichkeit eine Novellierung des *§ 1901a BGB a. F.* (§ 1827 BGB n. F.) anregt, indem „der in einer Patientenverfügung zum Ausdruck gebrachte Wille, bei Verlust oder Beeinträchtigung der Entscheidungsfähigkeit durch ärztlich festgestellte Demenz Suizidhilfe in Anspruch zu nehmen, beachtlich bleiben soll, wenn der Freitodwunsch aufgrund seines ‚natürlichen Willens’[499] dann noch besteht.“[500] *Kusch/Hecker* sähen in einer derartigen Änderung jedoch entgegen der Einheit der Rechtsordnung eine höchstproblematische Auflockerung des in § 216 StGB geregelten Tötungsverbots auf Verlangen.[501] *Schöch* erwidert dem in seiner „Duplik“, dass Patientenverfügungen jedoch

495 Die Bedeutung des sog. Fall *Kempten* kann indes für die initiale Diskussion zur Etablierung der Patientenverfügung nicht gering geschätzt werden. So auch *Schneide*r, in: Erb/Schäfer, MüKoStGB, Vor § 211, Rn. 140; vgl. auch schon *Schöch*, NStZ 1995, S. 153 (155).

496 BGH, Urt. v. 13.9.1994, 1 StR 357/94, BGHSt 40, 257.

497 BGH, Beschl. v. 17.03.2003, XII ZB 2/03, juris Rn. 41 f., BGHZ 154, 205 (214–216).

498 Vgl. zu der Kritik statt vieler nur *Verrel*, Gutachten C, 66. DJT, C 45 f.

499 S. zu diesem Begriff vertiefend BT-Drs. 15/2494, S. 27 f., wonach bei fehlender Einsichts- und/oder Steuerungsfähigkeit nur noch ein natürlicher Wille gebildet werden kann, der von der natürlichen Einwilligungsfähigkeit bei medizinischen Heileingriffen zu unterscheiden ist.

500 *Schöch*, GA 2020, S. 423 (435 f.), der unter Hinweis auf BVerfG, Urt. v. 26.02.2020, 2 BvR 2347/15, BVerfGE 153, 182 (297 f., Rn. 304) betont, dass niemand gezwungen werden dürfe, bis ins hohe Alter oder im Zustand schweren körperlichen oder geistigen Verfalls weiterzuleben; ähnlich *Sternberg-Lieben*, GA 2021, S. 161 (169).

501 Vgl. *Kusch/Hecker*, Handbuch der Sterbehilfe, S. 200; ähnlich auch *Rengier*, in: Böhning, Assistierter Suizid für psychisch Erkrankte aus strafrechtlicher Perspektive, S. 207 (217 f.).

gerade dazu dienten, „eine selbstbestimmte Entscheidung über ärztliche Behandlungen im Zustand der Einsichtsunfähigkeit zu ermöglichen.“[502]

Da § 1827 Abs. 3 BGB aber keine Reichweitenbeschränkung nach „Art und Stadium der Erkrankung“ vorsieht, ist dem Regelungsbereich einer Patientenverfügung derzeit jedoch nicht die Behandlungssituation nach Durchführung einer freiverantwortlichen Suizidhandlung und eintretender Bewusstlosigkeit entzogen und könnte den Betreuer dann von einer Handlungspflicht entbinden.[503]

d) Fremdtötung durch Unterlassen eines Garanten

Die Verhinderung einer Selbsttötung oder Rettung nach einem Suizidversuch ist nur dann rechtlich geboten, wenn eine Verpflichtung zum Handeln besteht.

Das hängt von verschiedenen Faktoren ab. Mangelt es dem Suizidvorhaben insoweit bereits durchweg an der Freiverantwortlichkeit, steht außer Streit, dass nicht nur seine aktive Veranlassung oder Unterstützung, sondern auch sein bloßes Geschehenlassen strafbar ist, und zwar für Ärzte nach Behandlungsübernahme mit dann gegebener Garantenstellung gemäß §§ 212, 211, 13 respektive §§ 216, 13 StGB; ohne Garantenstellung aus § 323c StGB.[504] Ebenso verhält es sich in Fällen, bei denen nach Zulassen des freiverantwortlichen Selbsttötungsversuchs ein erkennbarer Sinneswandel beim Suizidenten eintritt und damit die nötige innere Festigkeit und Dauerhaftigkeit des Suizidentschlusses fehlt.[505] Eine Strafbarkeit kommt folgerichtig auch nach §§ 229, 13 oder §§ 223, 13 StGB in Betracht, wenn

---

502 *Schöch*, GA 2021, S. 690 (697).

503 *Henking*, BTPrax 2021, S. 92 (94, dortige Fn. 36); *Rengier*, in: Böhning, Assistierter Suizid für psychisch Erkrankte aus strafrechtlicher Perspektive, S. 207 (215 f.); vgl. auch *Spittler*, NJOZ 2020, S. 545 (547); *ders.*, MedR 2020, S. 101 (103). *Kusch/Hecker*, Handbuch der Sterbehilfe, S. 456 empfehlen aus Gründen der Rechtssicherheit auch ausdrücklich das frühzeitige Verfassen entsprechender Vorsorgedokumente.

504 *Eser/Sternberg-Lieben*, in: Schönke/Schröder, Strafgesetzbuch, Vor § 211, Rn. 40; *Schneider*, in: Erb/Schäfer, MüKoStGB, Vor § 211, Rn. 66. Bei fahrlässiger Verkennung der fehlenden Freiverantwortlichkeit kommt allenfalls über § 16 Abs. 1 S. 2 StGB eine Strafbarkeit nach §§ 222, 13 StGB wegen fahrlässiger Tötung durch Unterlassen in Betracht (vgl. a. a. O.).

505 *Eser/Sternberg-Lieben*, in: Schönke/Schröder Strafgesetzbuch, Vor § 211, Rn. 44; vgl. auch BGH, Urt. v. 08.05.1956, 5 StR 29/56, JR 1956, S. 347 (349 m. Anmerkung *Maurach*).

sich ein nicht voraussehbarer Fehlschlag des Suizids mit drohendem Gesundheitsschaden abzeichnet,[506] weil die neben der Suizidhilfe in der Regel übernommene Sterbebegleitung gerade auch vor Komplikationen schützen und einen sicheren, schnellen und schmerzfreien Sterbeprozess absichern soll.

Wenn es sich um eine freiverantwortlich durchgeführte Selbsttötung handelt, wurde die Strafbarkeit wegen Unterlassens früher kontrovers diskutiert: Nach der *herrschenden Meinung* lässt sich in diesem Fall weder für die Nichthinderung des Suizids noch für den Verzicht auf Rettungsmaßnahmen eine strafrechtliche Verantwortlichkeit begründen.[507] Demgegenüber sollte[508] es laut BGH aber unbeschadet der vorherigen Steuerung des Geschehens durch den Suizidenten im Ausführungsstadium dann zu einem das Eingreifen des Anwesenden gebietenden Tatherrschaftswechsel kommen, wenn der Suizident nach Beendigung seines Selbsttötungsversuchs das Bewusstsein verlor, handlungsunfähig wurde und erst geraume Zeit später[509] verstarb.[510] In dessen Hand lag es nunmehr, ob das Opfer, für

---

506 *Sternberg-Lieben*, GA 2021, S. 161 (172 m. w. N.); s. auch zur Beendigung von Garantenstellungen und -pflichten *Ceffinato*, NStZ 2021, S. 65 (68–70).

507 Umfassender Überblick m. w. N. bei *Eser/Sternberg-Lieben*, in: Schönke/Schröder, Strafgesetzbuch, Vor § 211, Rn. 41, die unter Hinweis u. a. auf *Verrel*, JZ 1996, S. 224 (229 f. m. w. N.), *Putz*, in: Neumann, Suizidhilfe, S. 50 (68), *Schneider*, in: Erb/Schäfer, MüKoStGB, Vor § 211, Rn. 74 eine Unterscheidung des Selbstbestimmungsrechts zwischen Normal- und Suizidpatienten ablehnen und sich darin auch durch BGH, Urt. v. 25.06.2010, 2 StR 454/09, BGHSt 55, 191 ff., wo das Recht zum selbstbestimmten Tod beim Behandlungsabbruch gestärkt wurde, bestärkt sehen. Dieses Ergebnis dürfte erst Recht durch BVerfG, Urt. v. 26.02.2020, 2 BvR 2347/15, BVerfGE 153, 182 (309, Rn. 340) bestätigt sein, weil es danach noch nicht einmal bei der Suizidhilfe auf materielle Kriterien bei der Zulässigkeit der Hilfe zur Selbsttötung ankommt, indem nach Art und Stadium einer Erkrankung nicht differenziert werden dürfe.

508 Neuerdings folgt der 6. Strafsenat des BGH, Beschl. v. 28.06.2022, 6 StR 68/21, sog. *Insulin*-Fall, BeckRS 2022, 19742, Leitsatz 2, Rn. 25 u. 29 auch der *h. M.*, indem er mit nunmehr erstmals überzeugender Begründung eine Garantenpflicht der Ehefrau ablehnte, auch nachdem ihr Ehemann das Bewusstsein verlor, s. dazu auch und zur Divergenzanfrage *Walter*, LTO, Beitr. v. 19.08.2022; ebenso auch *Jansen*, medstra 2023, S. 4 (8).

509 Aufgrund der länger eingeplanten Latenzperiode des Sterbeprozesses nahm der BGH an, dass der Todeswunsch oft nicht unerschütterlich sei (BGH, Urt. v. 04.07.1984, 3 StR 96/84, sog. Fall *Wittig*, juris Rn. 23, BGHSt 32, 367 (376).

510 BGH, Urt. v. 04.07.1984, 3 StR 96/84, juris Rn. 19, BGHSt 32, 367 (374). Bei gegebener Garantenstellung kommt danach eine Unterlassens-, ansonsten eine Strafbarkeit nach § 323c StGB in Betracht (letztgenannte Entscheidung nahm indes eine fehlende

dessen Leben er von Rechts wegen einzustehen habe, gerettet werde oder nicht.[511] Weil das Recht auf selbstbestimmtes Sterben vor allem durch die Strafinstanzgerichtsbarkeit gestärkt[512] und zuletzt auch durch das BVerfG mit Urteil vom 26.02.2020[513] ausdrücklich im Bereich der Suizidhilfe anerkannt wurde, ist diese Rechtsprechung des BGH insoweit spätestens ab dann als obsolet anzusehen.[514] Im Ergebnis hat der 5. Strafsenat des BGH zuletzt in einem verbundenen Revisionsverfahren[515] diese verfehlte Rechtsprechung auch schon vorher aufgegeben, ohne dies jedoch durchgehend überzeugend zu begründen,[516] obwohl er dazu erneut die Chance gehabt hätte.[517] Die Sachverhalte und Verfahren stellen sich wie folgt dar:[518]

Die LG Hamburg und Berlin haben jeweils einen angeklagten Arzt von dem Vorwurf freigesprochen, sich durch das Unterstützen von Selbsttötungen sowie das Unterlassen von

---

Zumutbarkeit im Sinne von § 323c StGB aus Gewissensgründen an, a. a. O., juris Rn. 37 [381]; bei der Annahme eines Unglücksfalles sind aber auch in der *Rspr.* noch viele Einzelheiten umstritten: Unglücksfalls verneint, soweit keine besonderen Umstände vorliegen: BGH, Urt. v. 12.02.1952, 1 StR 59/50, BGHSt 2, 150. Unglücksfall angenommen: BGH, Beschl. v. 10.03.1954, GSSt 4/53, BGHSt 6, 147; ders., Urt. v. 15.05.1959, 4 StR 475/58, BGHSt 13, 162; ders., Urt. v. 04.07.1984, 3 StR 96/84, BGHSt 32, 367).

511 BGH, Urt. v. 04.07.1984, 3 StR 96/84, juris Rn. 19, BGHSt 32, 367 (374).

512 OLG München, Beschl. v. 31.07.1987, 1 Ws 23//87, NJW 1987, S. 2940 ff. ; BGH, Urt. v. 25.06.2010, 2 StR 454/09, BGHSt 55, 191 ff.; StA München I, Vfg. v. 30.07.2010, 125 Js 11736/09, NStZ 2011, S. 345 ff.; LG Deggendorf, Beschl. v. 13.09.2013, 1 Ks 4 Js 7438/11, ZfL 2014, S. 95 ff.; LG Hamburg, Urt. v. 08.11.2017, 619 KLs 7/16 (sog. *Hamburger* Fall), NStZ 2018, S. 281 ff.; LG Berlin, Urt. v. 08.03.2018, 234 Js 339/13, 502 KLs 1/17 (sog. *Berliner* Fall), NStZ-RR 2018, S. 246 ff., BGH, Urt. v. 03.07.2019, 5 StR 132/18 (im Anschluss an den *Hamburger* Fall), NStZ 2019, S. 662 ff.; ders., Urt. v. 03.07.2019, 5 StR 393/18 (im Anschluss an den *Berliner* Fall), NStZ 2019, S. 666 ff.

513 BVerfG, Urt. v. 26.02.2020, 2 BvR 2347/15, BVerfGE 153, 182.

514 Zustimmend z. B. auch *Rosenau/Sorge*, NK 2013, S. 108, (112 f.); *Berghäuser*, ZStW 2016, S. 741 (748); *Rissing-van Saan/Verrel*, NStZ 2020, S. 121.

515 BGH, Urt. v. 03.07.2019, 5 StR 132/18 (im Anschluss an den *Hamburger* Fall), NStZ 2019, S. 662 ff.; ders., Urt. v. 03.07.2019, 5 StR 393/18 (im Anschluss an den *Berliner* Fall), NStZ 2019, S. 666 ff.

516 Schon *Gropp*, NStZ 1985, S. 97 (103) konstatierte im Fall *Wittig*, dass es sich bei dem dortigen Urteil des BGH „um eine bewußt nicht wahrgenommene [...], [...] verpaßte [...] Gelegenheit" gehandelt hätte.

517 *Sowada*, NStZ 2019, S. 670 (671); *Rissing-van Saan/Verrel*, NStZ 2020, S. 121.

518 Die folgende Darstellung beruht auf: LG Hamburg, Urt. v. 08.11.2017, 619 KLs 7/16, juris (vgl. auch NStZ 2018, S. 281 ff.); LG Berlin, Urt. v. 08.03.2018, 234 Js 339/13, 502 KLs 1/17, juris (vgl. auch NStZ-RR 2018, S. 246 ff.); BGH, Urt. v. 03.07.2019, 5 StR 132/18 (im Anschluss an den *Hamburger* Fall), NStZ 2019, S. 662 ff.; ders., Urt. v. 03.07.2019, 5 StR 393/18 (im Anschluss an den *Berliner* Fall), NStZ 2019, S. 666 ff.

Rettungsbemühungen zugunsten der bewusstlosen Suizidentinnen Tötungsdelikten und unterlassener Hilfeleistung schuldig gemacht zu haben.

Gemäß den Urteilsfeststellungen des LG Hamburg vom 08.11.2017 litten die beiden 81 und 85 Jahre alten suizidwilligen und miteinander befreundeten Frauen an mehreren nicht lebensbedrohlichen, aber ihre Lebensqualität immer mehr einschränkenden Erkrankungen und sahen sich durch die anstehende gegenseitige Pflege überfordert. Beide nahmen daher Kontakt zu einem Hamburger Sterbehilfeverein auf, welcher seine Unterstützung bei der Umsetzung des Selbsttötungsentschlusses von der vorherigen Erstattung eines neurologisch-psychiatrischen Gutachtens zu ihrer Einsichts- und Urteilsfähigkeit abhängig machte, dass der später Angeklagte als Facharzt für Neurologie und Psychiatrie erstattete. Gegen die Festigkeit und Wohlerwogenheit der Selbsttötungsabsicht hatte er keinerlei Bedenken. Auf ausdrückliches Verlangen verblieb der Angeklagte bei der eigenhändigen Einnahme des todesursächlich wirkenden Medikaments (Überdosis *Chloroquin*) bei beiden Frauen und verzichtete verabredungsgemäß darauf, nach Eintritt ihrer Handlungsunfähigkeit Rettungsmaßnahmen zu initiieren.

Das LG Hamburg sprach den Angeklagten aus tatsächlichen und rechtlichen Gründen vom Vorwurf der durch Unterlassen begangenen beziehungsweise versuchten Tötung auf Verlangen und auch der unterlassenen Hilfeleistung frei. Beide Frauen hätten die alleinige Tatherrschaft über die Herbeiführung ihres Todes innegehabt. Der Angeklagte sei aufgrund der ihm bekannten Freiverantwortlichkeit der Suizide auch nicht zu ihrer Rettung verpflichtet gewesen, so dass dahinstehen konnte, ob ihm als Gutachter überhaupt eine Garantenstellung zugekommen sei, da er nicht als behandelnder Arzt tätig war, sondern nur als Sterbebegleiter. Anzeichen für einen Sinneswandel der beiden Frauen nach Medikamenteneinnahme konnte das Landgericht nicht konstatieren. Diese Entscheidung wurde in der Lehre begrüßt und für rechtdogmatisch überzeugend befunden.[519]

Gemäß den Feststellungen im Urteil des LG Berlin vom 08.03.2018 hatte der Angeklagte als langjähriger Hausarzt seiner Patientin Zugang zu einem in hoher Dosierung letal wirkenden Medikament (*Luminal*, das auch unter dem Namen *Phenobarbital* bekannt ist) verschafft. Die 44-jährige Frau litt seit ihrem 16. Lebensjahr an einer nicht lebensbedrohlichen, aber starke krampfartige Schmerzen verursachenden Reizdarmerkrankung und hatte den Angeklagten – nachdem sie bereits mehrere Selbsttötungsversuche unternommen hatte und zuletzt reaktiv depressiv war[520] – um Unterstützung beim Suizid gebeten. Der Angeklagte betreute die nach Einnahme des Medikaments Bewusstlose – wie von ihr zuvor gewünscht – während ihres zweieinhalb Tage dauernden Sterbens und verabreichte ihr zu einem nicht feststellbaren Zeitpunkt, jedoch nachdem sie ins Koma gefallen war, mindestens einmal eine Ampulle des Medikaments *Metoclopramid*, das ein Erbrechen auch bei komatösen Patienten verhindert, und zusätzlich das krampflösende Medikament *Buscopan* in unbekannter Menge.[521] Nach den Feststellungen des Landgerichts sollen die – nach den

---

[519] S. nur *Hoven*, NStZ 2018, S. 283 (284)

[520] *Rissing-van Saan/Verrel*, NStZ 2020, S. 121 (125 f.) stellen später zu Recht die Frage, ob diese Feststellungen zur möglicherweise fehlenden Freiverantwortlichkeit nicht revisionsrechtlich unter den Gesichtspunkten einer fehlerhaften Beweiswürdigung oder des Darlegungsmangels hätten gewürdigt werden müssen.

[521] *Rissing-van Saan/Verrel*, NStZ 2020, S. 121, 126 f. gehen sogar davon aus, dass die neben diesen aktiven Handlungen vorgenommenen das Selbsttötungsgeschehen im Ein-

Urteilsausführungen hauptsächlich muskelentspannenden – Medikamente den Todeseintritt jedoch nicht beschleunigt haben. Rettungshandlungen nahm der Angeklagte zu keiner Zeit vor.

Das LG Berlin sprach den Angeklagten aus rechtlichen Gründen vom Vorwurf der durch Unterlassen begangenen Tötung auf Verlangen mangels Strafbarkeit frei. Die Bereitstellung der Medikamente stelle sich als straflose Beihilfe zur eigenverantwortlichen Selbsttötung dar. Zu lebensrettenden Interventionen nach Eintritt der Besinnungslosigkeit sei er nicht verpflichtet gewesen. Denn die freiverantwortliche Ausübung des Selbstbestimmungsrechts der Verstorbenen habe eine Garantenpflicht des Angeklagten zur Abwendung ihres Todes entfallen lassen. Auch diese Entscheidung fand Zustimmung und setzte die Instanzrechtsprechung zum Vorrang des Selbstbestimmungsrechts gegenüber der Garantenpflicht fort.[522]

Der 5. Strafsenat des BGH verwarf daraufhin die Revisionen der Staatsanwaltschaft und bestätigte damit im Ergebnis die beiden freisprechenden Urteile.

Eine Bestrafung der Angeklagten für ihre zuvor zu den Suiziden geleisteten Beiträgen hätte nach Ansicht des BGH vorausgesetzt, dass die Frauen unfähig gewesen wären, einen freiverantwortlichen Selbsttötungswillen zu bilden. In beiden Fällen hätten die Landgerichte ohne Rechtsfehler keine die Eigenverantwortlichkeit der Suizidentinnen ausschließenden Umstände feststellen können. Ihre Suizidwünsche beruhten vielmehr auf einer bilanzierenden Lebensmüdigkeit und wären nicht Ausfluss psychischer Störungen gewesen. Beide Angeklagte wären nach Eintritt der Handlungsunfähigkeit auch nicht zur Rettung der Leben der Suizidentinnen verpflichtet gewesen. Der angeklagte Arzt im *Hamburger* Fall hätte als Gutachter schon nicht die ärztliche Behandlung der beiden suizidwilligen Frauen übernommen, was ihn zu lebensrettenden Maßnahmen hätte verpflichten können. Der BGH verweigerte in diesem Verfahren eine Divergenzanfrage nach § 132 Abs. 3 S. 1 Gerichtsverfassungsgesetz (GVG), weil, genau wie im Fall *Wittig*, keine „schwersten Hirnschäden zu erwarten gewesen wären“[523]. Der angeklagte Arzt im *Berliner* Fall wäre zumindest durch die Wahrnehmung des Rechts auf selbstbestimmtes Sterben der später Verstorbenen von der aufgrund seiner Stellung als behandelnder Hausarzt grundsätzlich bestehenden Pflicht zur Rettung des Lebens seiner Patientin entbunden gewesen, indem er vereinbarungsgemäß Sterbebegleitung leistete. Auch hier lehnte der BGH eine Divergenzanfrage nach § 132 Abs. 3 S. 1 GVG ab, weil es, anders als im Fall *Wittig*, zur „Beendigung der Garantenstellung als Hausarzt und der Vereinbarung einer bloßen Sterbebegleitung“[524] gekommen ist.

---

zelnen verabredungsgemäß absichernden Verhaltensweisen in die Nähe von „(mit-)täterschaftlichen Tatbeiträge[n]“ rücken würden und damit „eine besondere Form von Nebentäterschaft“ begründen könnten.

[522] *Miebach*, NStZ-RR 2018, S. 248.

[523] BGH, NStZ 2019, S. 662 (666, Rn. 48).

[524] BGH, NStZ 2019, S. 666 (672, Rn. 36).

Die Urteile des 5. Strafsenats des BGH überzeugen im Ergebnis, aber nur teilweise in der Begründung. Die Entscheidungen wurden im *Schrifttum* heftig kritisiert. *Sowada* stellt beispielsweise resümierend fest, dass es dem Senat zwar gelungen sei, die Garantenproblematik angemessen fortzuentwickeln, es aber unterlassen habe, für Rechtssicherheit zu sorgen, indem er die Lehre vom Tatherrschaftswechsel nicht aufgegeben, eine grundsätzliche Rettungspflicht sogar auch für freiverantwortliche Suizide ausdrücklich bekräftigt habe und eine dortige Strafbarkeit nur aus Zumutbarkeitsgesichtspunkten entfallen ließ.[525] *Rissing-van Saan/Verrel* stellen dann auch fest, dass die fehlende Abkehr von „BGHSt 32, 367 nichts anderes als den Fortbestand des *Wittig*-Urteils für solche Ärzte [bedeute], die ohne eine vorherige ‚abschließende Abrede über Fortbestand und Art des Arzt- Patienten-Verhältnisses'[526] mit ihren Patienten getroffen zu haben, im Fall eines erkanntermaßen freiverantwortlich unternommenen Suizidversuchs ihrer Patienten untätig bleiben."[527] Zudem befremde auch die im *Hamburger* Verfahren festgestellte Gemeinsamkeit „schwerer Hirnschäden" und damit angeblich einhergehend fehlende Ergebnisdivergenz mit dem Fall *Wittig*, weil schon allein der freiverantwortlich gefasste Selbsttötungsentschluss Legitimationswirkung entfalte.[528]

Die geäußerte Kritik verdient uneingeschränkte Zustimmung und entspricht im Ergebnis auch schon der früher mit überzeugenden Argumenten vertretenen und zu folgenden *herrschenden Lehre*.

Eine ausdrückliche gesetzliche Straflosstellung der Nichthinderung eines freiverantwortlichen Suizidversuchs wird schon seit längerem[529] gefordert und nur der Gesetzgeber scheint hier, wie gezeigt, für mehr Klarheit als die Rechtsprechung sorgen zu können.[530] *§ 215 des Alternativ-Entwurfs Sterbebegleitung (AE-StB)* stellt deshalb beispielsweise ausdrücklich sowohl die Rechtmäßigkeit des Unterlassens der Verhinderung einer

---

525 *Sowada*, NStZ 2019, S. 670 (671 f.).

526 BGH, NStZ 2019, S. 666 (670, Rn. 36).

527 *Rissing-van Saan/Verrel*, NStZ 2020, S. 121 (124). Sie raten aus Beweisgründen aber auch stets zu solchen Abreden.

528 *Rissing-van Saan/Verrel*, NStZ 2020, S. 121 (124)

529 Schon die Autoren des Alternativ-Entwurfs Sterbehilfe 1986 wollten in einem § 215-E die Straflosigkeit der Nichthinderung einer Selbsttötung mit dem Kriterium „der freiverantwortlichen ausdrücklich erklärten oder aus den Umständen erkennbaren Entscheidung" gesetzlich festschreiben.

530 *Hilgendorf*, JRE 2007, S. 479 (483).

freiverantwortlichen Selbsttötung als auch des Unterlassens der Rettung nach einem freiverantwortlichen Suizidversuch klar. Der Suizidentschluss ist danach zu respektieren, „wenn er auf einer frei verantwortlichen und ernstlichen Entscheidung beruht (sog. Bilanz- und Abwägungssuizid), nicht aber bei Kindern und Jugendlichen, bei Geisteskranken oder bei Kurzschlusshandlungen (unfreier sowie Appell- oder Verzweiflungssuizid")[531].

e) Unterlassene Hilfeleistung

Im Unterschied zu den unechten Unterlassensdelikten, die eine Garantenstellung des Täters gemäß § 13 StGB voraussetzen, kann § 323c StGB als echtes Unterlassungsdelikt von jedem durch bloße Untätigkeit verwirklicht werden. Schon 1954 hat der Große Strafsenat des BGH im Kontext von Suiziden entschieden, dass die durch einen „Selbstmordversuch" geschaffene Gefahrenlage ein Unglücksfall im Sinne von § 330c StGB (entspricht § 323c StGB) sei.[532] Dieser Linie ist der BGH dann auch in der sog. *Wittig*-Entscheidung von 1984 treu geblieben.[533] Hieran hält der BGH auch noch seit 2019 fest,[534] denn die mit einem Suizid verbundene Zerstörung des grundrechtlich geschützten Rechtsguts Leben stelle bei natürlicher Betrachtung einen Unglücksfall im Rechtssinn dar: Die aus dem Selbstbestimmungsrecht fließende Einsichts- und Urteilsfähigkeit des Suizidenten schließe das der Vorschrift des § 323c StGB zugrundeliegende Erfordernis menschlicher Solidarität nicht aus. Deshalb stelle die Annahme eines Suizids als Unglücksfall auch keinen Widerspruch zur Straflosigkeit des Teilnehmers an einer Selbsttötung dar. Dennoch habe der Angeklagte nicht den Tatbestand des § 323c StGB erfüllt, weil ihm nicht zuzumuten gewesen sei, nach Eintritt der Bewusstlosigkeit der beiden Frauen Rettungsmaßnahmen zu ergreifen. Soweit Maßnahmen zur Lebensrettung der bewusstlosen Frauen in Betracht kamen, habe sich der Angeklagte in einem für ihn unauflöslichen Konflikt zwischen der allgemeinen Hilfspflicht aus

531 *Schöch/Verrel et al.*, GA 2005, S. 553 (558); i. E. auch *DJT*, Verhandlungen des 66. DJT, Bd. II/2, N 216 f. (Beschlüsse); vgl. auch *Schöch*, GA 2021, S. 690 (695 f.).

532 BGH, Beschl. v. 10.03.1954, GSSt 4/53, BGHSt 6, 147.

533 BGH, Urt. v. 04.07.1984, 3 StR 96/84, juris Rn. 22 f., BGHSt 32, 367 (375 f).

534 BGH, Urt. v. 03.07.2019, 5 StR 132/18 (den sog. *Hamburger* Fall betreffend), BGHSt 64, 121 (133 ff., Rn. 44 ff.), s. auch BGH, Beschl. v. 28.6.2022, 6 StR 68/21, sog. *Insulin*-Fall, BeckRS 2022, 19742, Rn. 37.

§ 323c Abs. 1 StGB und der Pflicht das Selbstbestimmungsrecht der Frauen zu achten, befunden. Die Frauen hatten durch schriftliche Erklärung unmissverständlich für den Angeklagten verbindlich zum Ausdruck gebracht, dass Rettungsmaßnahmen nach Einnahme der todbringenden Medikamente und dem Eintritt der Handlungsunfähigkeit untersagt waren. Zu einer dem erklärten Willen zuwiderlaufenden Hilfeleistung habe § 323c Abs. 1 StGB den Angeklagten nicht verpflichtet.

Hier kann auch wieder nur das Ergebnis, nicht aber die Begründung vollständig überzeugen. Zwar kann ein nicht freiverantwortlicher Suizid beziehungsweise dessen Versuch einen Unglücksfall im Sinne des § 323c StGB darstellen;[535] eine Rechtspflicht zum Handeln muss aber dort enden, wo aufgrund des Selbstbestimmungsrechts des Einzelnen keine allgemeine Solidarverpflichtung – etwa in akuten Notlagen[536] – mehr greifen kann.[537] Für ein neben dem Selbstbestimmungsrecht stehendes Solidaritätserfordernis kann kein Raum sein, wenn der BGH im Rahmen der Zumutbarkeit zu dem Ergebnis kommt, dass die Untersagung von Rettungsmaßnahmen durch die beiden Frauen „für den Angekl. [nach § 1827 Abs. 1 BGB] verbindlich [war]“.[538] Eine gegen den freiverantwortlichen Willen gerichtete „Rettungs“handlung wäre keine Hilfeleistung, sondern eine nach den §§ 223 ff. StGB strafbare Zwangsmaßnahme.[539]

535 *Gavela*, Ärztlich assistierter Suizid und organisierte Sterbehilfe, S. 44.

536 *Heger*, in: Lackner/Kühl/Heger, StGB, § 323c, Rn. 1 m. w. N.

537 Vgl. *Rissing-van Saan/Verrel*, NStZ 2020, S. 121 (129).

538 *Rissing-van Saan/Verrel*, NStZ 2020, S. 121 (129); auch *Sowada*, NStZ 2019, S. 670 (672) stellt hier zu Recht fest, dass anders als noch in der *Wittig*-Entscheidung angeführt, die Garantenhaftung nicht aufgrund eines Pflichtenwiderstreits, sondern aufgrund der autonomen Entscheidung des Sterbewilligen entfallen sei; *Freund*, in: Erb/Schäfer, MüKoStGB, § 323c, Rn. 59.

539 Vgl. *Hillenkamp*, JZ 2019, S. 1053 (1056).

Die Vollziehung eines freiverantwortlichen Suizids ist somit ein zu respektierender Akt der Selbstbestimmung und daher kein Unglücksfall.[540] „Eine Grundrechtsausübung kann schwerlich ein Unglücksfall sein.“[541]

f) Verkehr mit Betäubungs- und Arzneimitteln

Weniger im Fokus, aber mindestens genauso relevant wie die kernstrafrechtlichen Tötungsdelikte, sind die nebenstrafrechtlichen Tatbestände des Betäubungsmittelgesetzes (BtMG) und des Arzneimittelgesetzes (AMG).[542] Um nicht auf die gängigen, überwiegend grausamen Suizidmethoden zurückgreifen zu müssen, möchten viele Suizidwillige ihren Tod durch die Einnahme von schnell, sicher und schmerzlos wirkenden Suizidpräparaten hervorrufen.[543]

Bei Stoffen und Zubereitungen mit therapeutischer beziehungsweise pharmakologischer Wirkung, die für eine (freiverantwortliche) Selbsttötung verwendet werden können, kann sowohl das BtMG als auch das AMG zur Anwendung kommen.[544] Während § 2 AMG in Gestalt einer Legaldefinition eine einzelfallbezogene Subsumtion verlangt und damit einen materiellen Arzneimittelbegriff begründet, gebraucht das BtMG in Abgrenzung dazu eine Regelungssystematik mit abschließend „exklusive[r] Positivliste“[545].[546]

---

540 So auch die ganz *h. M.*: z. B. *Gavela*, Ärztlich assistierter Suizid und organisierte Sterbehilfe, S. 44; *Heger*, in: Lackner/Kühl/Heger, StGB, § 323c, Rn. 2; *Freund*, in: Erb/Schäfer, MüKoStGB, § 323c, Rn. 59; *Hecker*, in: Schönke/Schröder Strafgesetzbuch, § 323c, Rn. 8; *Sowada*, NStZ 2019, S. 670 (671 f.); *Hillenkamp*, JZ 2020, S. 618 (620); *Neumann*, in: Kindhäuser/Neumann/Paeffgen/Saliger, Strafgesetzbuch, Vor §§ 211217, Rn. 83 will indes zwischen einem Appell- und Bilanzsuizid unterscheiden, obwohl es einem Appellsuizid mangels Ernsthaftigkeit schon an der Freiverantwortlichkeit fehlen dürfte.

541 *Hillenkamp*, FS Dölling, S. 279 (286).

542 Vgl. *Oğlakcıoğlu*, MedR 2019, S. 450.

543 Vgl. *Kusch/Hecker*, Handbuch der Sterbehilfe, S. 73, 75.

544 *Oğlakcıoğlu*, MedR 2019, S. 450 (451).

545 *Exner*, in: Bohnen/Schmidt, BeckOK BtMG, § 1, Rn. 1.

546 *Exner*, in: Bohnen/Schmidt, BeckOK BtMG, § 1, Rn. 17. Eine Positivliste findet sich im Arzneimittelrecht lediglich in der Arzneimittelverschreibungsverordnung (AMVV), welche die verschreibungspflichtigen Arzneimittel ausdrücklich definiert. Das hat primär Auswirkungen auf die einzuhaltenden Vorschriften beim Vertrieb, wohingegen die Arzneimitteleigenschaft *per se* von dieser Liste unberührt bleibt (*Oğlakcıoğlu*, MedR 2019, S. 450 [456, dortige Fn. 21]).

Ob Ärzte Suizidmittel[547] verschreiben beziehungsweise zum unmittelbaren Verbrauch überlassen dürfen, ohne dabei gegen betäubungs- oder arzneimittelrechtliche Strafnormen zu verstoßen, soll an dieser Stelle vor dem Hintergrund des vom BVerfG entwickelten Rechts auf selbstbestimmtes Sterben untersucht werden.

aa) BtMG

(1) § 29 Abs. 1 Nr. 6a) und b) Alt. 2 BtMG

§ 29 Abs. 1 Nr. 6a) und b) Alt. 2 BtMG stellt als abstraktes Gefährdungsdelikt[548] beim assistierten Suizid die für die ärztliche Praxis relevanteste Vorschrift dar. Die weitere Prüfung soll sich daher auf diese Rechtsnorm konzentrieren. Ein Arzt macht sich nach dieser Vorschrift unter anderem[549] strafbar[550], wenn er einem anderen entgegen § 13 Abs. 1 S. 1 Var. 1 und 3 BtMG die in Anlage III bezeichneten Betäubungsmittel (zum Beispiel *Natrium-Pentobarbital* oder *Diazepam* in nicht

---

547 *Natrium-Pentobarbital* ist gemäß Anlage III zu § 1 Nr. 1 BtMG ein verkehrs- und verschreibungsfähiges im Suizidhilfekontext in der Schweiz häufig verwendetes Betäubungsmittel (*Kusch/Hecker*, Handbuch der Sterbehilfe, S. 411). Alle anderen Substanzen, die in diesem Kontext bisher relevant waren (z. B. *Metoclopramid, Chloroquin und Diazepam* bei LG Hamburg, Urt. v. 08.11.2017, 619 KLs 7/16 oder *Luminal, Metoclopramid* und *Buscopan* bei LG Berlin, Urt. v. 08.03.2018, 234 Js 339/13, 502 KLs 1/17), sind in Anlage I zu § 1 Nr. 1 und § 5 AMVV gelistet und somit gemäß § 1 Nr. 1 AMVV verschreibungspflichtige Arzneimittel (vgl. *Oğlakcıoğlu*, MedR 2019, S. 450 (451 m. w. N.). Allein hinsichtlich *Diazepam* (Handelsname: *Valium*), welches bei der Sterbehilfe gemeinsam mit Arzneimitteln verabreicht wird, um deren Wirkung zu verstärken (*Kusch/Hecker*, Handbuch der Sterbehilfe, S. 404, 406 f.), ist zu unterscheiden: Gemäß Anlage III zu § 1 Abs. 1 BtMG ist es grundsätzlich ein verschreibungsfähiges Betäubungsmittel; ausgenommen sind indes Zubereitungen, die ohne einen weiteren Stoff der Anlagen I bis III bis zu 1 vom Hundert als Sirup oder Tropflösung, jedoch nicht mehr als 250 mg je Packungseinheit, oder je abgeteilte Form bis zu 10 mg Diazepam enthalten. Diese sind wie Arzneimittel zu behandeln (*Patzak*, in: Patzak/Fabricius, BtMG, § 2, Rn. 49) und gemäß § 1 AMVV iVm Anlage I zu § 1 Abs. 1 und § 5 AMVV verschreibungspflichtig.

548 Alle Straftaten (außer die §§ 29 Abs. 3 S. 2 Nr. 2; 30 Abs. 1 Nr. 3 BtMG) des Betäubungsmittelstrafrechts sind abstrakte Gefährdungsdelikte (*Weber*, in: Weber/Kornprobst/Maier, BtMG, Vor §§ 29 ff., Rn. 165).

ausgenommener Zubereitung) verschreibt[551] oder zum unmittelbaren Verbrauch überlässt[552], ohne dass ihre Anwendung am oder im menschlichen Körper *begründet* ist. Maßgeblich für die Strafbarkeit ist demnach, ob die Verschreibung oder unmittelbare Überlassung eines Betäubungsmittels zur Selbsttötung als begründet[553] im Sinne dieser Vorschrift angesehen werden kann.

Dies wird in Rechtsprechung und *Lehre* sehr kontrovers diskutiert. Der 5. Strafsenat des BGH hat 2001 einen Suizidhelfer wegen Verstoßes gegen § 29 Abs. 1 Nr. 6b) Alt. 2 BtMG verurteilt, weil dieser Betäubungsmittel zur Selbsttötung zum unmittelbaren Verbrauch überlassen hatte.[554] Zwar wirft die neuere Rechtsprechung des BVerfG mittlerweile die Möglichkeit einer Verschreibung von Betäubungsmitteln zum Zwecke der Selbsttötung *de le-*

---

550 Eine Verabreichung, die auch vom Tatbestand (§ 29 Abs. 1 Nr. 6b) i. V. m. § 13 Abs. 1. S. 1 Var. 2 BtMG) erfasst ist, wird nicht geprüft, weil diese aufgrund der damit verbundenen Tatherrschaft verbotene aktive Sterbehilfe zumindest nach § 216 StGB darstellen würde (*Gassner/Ruf*, GesR 2020, S. 485 [493 m. w. N. auch zum Überlassen]).

550 Der dort inkriminierte Verkehr mit Betäubungsmitteln ist mit Freiheitsstrafe bis zu fünf Jahren oder Geldstrafe bedroht.

551 Die Legaldefinition für den Begriff der Verschreibung enthält § 1 Abs. 2 Betäubungsmittelverschreibungsverordnung (BtMVV) und es bedarf für die Verschreibung der Vorlage eines ausgefertigten Betäubungsmittelrezeptes nach §§ 8 f. BtMVV. „Unter Verschreiben eines Betäubungsmittels ist die schriftliche Anweisung auf einem Rezept an den Apotheker zu verstehen, an eine bestimmte Person oder ärztliche Einrichtung ein bestimmtes Betäubungsmittel zu bestimmten Bedingungen auszuhändigen" (*Patzak*, in: Patzak/Fabricius, BtMG, § 29, Rn. 1124). „Die nach [§13] Absatz 1 [BtMG] verschriebenen Betäubungsmittel dürfen nach [§ 13 Abs. 2 S. 1 BtMG] nur im Rahmen des Betriebs einer Apotheke und gegen Vorlage der Verschreibung abgegeben werden."

552 Der Empfänger erwirbt an dem Stoff keine Sachherrschaft (*Weber*, in: Weber/Kornprobst/Maier, BtMG, § 13, Rn. 17) und appliziert sich diesen selbst, was unmittelbar in den Praxisräumen geschehen muss, ohne dass eine „Abgabe an ihn zur Mitnahme und zum späteren Verbrauch vorliegt" (BT-Drs. 8/3551, S. 32). *Kampmann*, Die Pönalisierung der geschäftsmäßigen Förderung der Selbsttötung, S. 193 f. sieht hierbei indes die Gefahr, dass sich der Suizidwillige psychologisch unter Druck gesetzt fühlen könnte, das Suizidmittel entgegen dem Schutz der Selbstbestimmung voreilig einzunehmen (vgl. dazu auch *Gassner/Ruf*, GesR 2020, S. 485 [493]).

553 Auch wenn das Kriterium der *ärztlichen* Begründetheit in seiner seit 1981 geltenden Fassung entfallen ist, ist lt. *Gavela*, Ärztlich assistierter Suizid und organisierte Sterbehilfe, S. 57 f. m. w. N. „mangels erkennbar entgegenstehenden gesetzgeberischen Willens" davon auszugehen, dass an diesem Merkmal „grundsätzlich festgehalten wird".

554 BGH, Urt. v. 07.02.2001, 5 StR 474/00, juris Rn. 5, BGHSt 46, 279 (283).

ge lata[555] oder *de lege ferenda*[556] als Frage auf. In diesem Zusammenhang wird eine Entscheidung des BVerfG besonders relevant: Mit Beschluss vom 10.12.2020 hat die 2. Kammer des 1. Senats die Verfassungsbeschwerde eines Ehepaares zurückgewiesen, das vom *Bundesamt für Arzneimittel und Medizinprodukte* (*BfArM*) eine Erlaubnis zum Erwerb eines tödlichen Betäubungsmittels begehrte.[557] Denn nun, so die Kammer, sei der Weg durch die Entscheidung des BVerfG vom 26.02.2020 doch wieder offen für einen Betäubungsmittelsuizid. Zwar nicht mittels eines Erwerbs mit Erlaubnis des *BfArM*, womöglich aber doch über private Suizidhelfer, die nach der Entscheidung ihre Tätigkeit in Deutschland wiederaufgenommen haben. Das Gericht hielt sogar ausdrücklich Folgendes fest: „Unter strafrechtlichem Blickwinkel *dürfte*[558] eine solche Leistung vielmehr angeboten werden. Nicht zuletzt an dem Umstand, dass das Verfahren, das zur Aufhebung dieser Strafnorm führte, auch von mehreren Ärzten betrieben wurde, zeigt sich, dass ein Kreis medizinisch kundiger Personen existiert, der zu entsprechenden Verschreibungen und anderen Unterstützungshandlungen bereit und dazu – in strafrechtlicher und *betäubungsmittelrechtlicher*[559] Hinsicht – nunmehr auch *befugt*[560] wäre." Mit *Frister* ist diese Aussage aus der Suizidentscheidung des BVerfG jedoch kaum abzuleiten, weil dessen Hinweis, dass „möglicherweise auch Anpassungen des Betäubungsmittelrechts erforderlich"[561] seien, gerade offen lässt, ob ärztliche Verschreibungen zum Zwecke der Selbsttötung nach dem geltenden Betäubungsmittelrecht zulässig sind.[562]

---

555 BVerfG, Beschl. v. 20.05.2020, 1 BvL 2 bis 7/20, juris Rn. 15; so auch von *Schütz/Sitte*, NJW 2020, S. 2395 angedeutet.

556 BVerfG, Urt. v. 26.02.2020, 2 BvR 2347/15, BVerfGE 153, 182 (309, Rn. 341).

557 BVerfG, Beschl. v. 10.12.2020, 1 BvR 1837/19, juris Rn. 1–11. Die Besonderheit des Falls liegt auch darin, dass das Ehepaar keine besonderen Krankheiten aufwies und das Suizidmedikament rein vorsorglich für das, was noch im Rahmen des Älterwerdens kommen möge, erwerben wollte.

558 Hervorhebung durch den *Verf.* „dürfte" bedeutet indessen nicht „darf", gleichwohl formuliert das BVerfG im nächsten Satz konkretisierend in diesem eindeutigen Sinne in Bezug auf das Betäubungsmittelrecht.

559 Hervorhebung durch den *Verf.*

560 Hervorhebung durch den *Verf.*

561 BVerfG, Urt. v. 26.02.2020, 2 BvR 2347/15, BVerfGE 153, 182 (309, Rn. 341).

562 *Frister*, Stellungnahme zu BT-Drs. 20/904, 20/2332, 20/2293, S. 8.

Damit ist die Frage der Strafbarkeit weiterhin offen und weder das BtMG noch die BtMVV[563] enthalten eine Legaldefinition des in § 13 Abs. 1 S. 1 Var. 1 und 3 BtMG enthaltenen unbestimmten Rechtsbegriffs. Ab wann die Anwendung des Betäubungsmittels im Sinne dieser Vorschrift begründet ist, ist deshalb „im Wege der Auslegung zu ermitteln“[564].

(a) Wortlautinterpretation

Fraglich ist zunächst, ob die Anwendung eines Betäubungsmittels zur Selbsttötung noch nach dem Wortlaut, der im Strafrecht die äußerste Grenze der Auslegung nach Art. 103 Abs. 2 GG bildet, als am oder im menschlichen Körper begründet angesehen werden kann. Nach allgemeinem Sprachgebrauch bedeutet *begründen* „den Grund zu etwas legen“ oder „eine Grundlage für etwas schaffen“.[565] Anders ausgedrückt könnte die Ursache für die Einnahme einer letalen Dosis eines Betäubungsmittels dem Wortlaut der Vorschrift nach in der physischen Verfassung des Suizidwilligen liegen. Zumindest in einer extremen Notlage könnte die eigenhändige Lebensbeendigung durch ein tödlich wirkendes Betäubungsmittel noch unter den Wortlaut in seinem „Begriffshof“[566] subsumiert werden.[567] Eine *ex-*

[563] Dort soll nach *Gassner/Ruf*, GesR 2020, S. 585 (594) geregelt werden, welche Medikamente für die Selbsttötung zugelassen und ausgeschlossen werden sollen (vgl. auch *Spittler*, NJOZ, S. 545 [547]).

[564] BGH, Urt. v. 08.05.1979, 1 StR 118/79, juris Rn. 15, BGHSt 29, 6 (11).

[565] *Duden*, Das große Wörterbuch der Sprache, https://www.duden.de/rechtschreibung/begruenden (abgerufen am 17.09.2023).

[566] „Den Begriffshof [im Gegensatz zum Begriffskern] bilden die neutralen Kandidaten, für die nach der allgemeinen Bestimmung des Begriffs nicht eindeutig feststeht, ob sie dem Begriff unterfallen oder nicht. Aber die Klasse der neutralen Kandidaten ist gegen die der positiven und gegen die der negativen Kandidaten nicht scharf abgegrenzt.“ (*Puppe*, Kleine Schule des juristischen Denkens, S. 121).

[567] Vgl. auch *Jansen*, GuP 2017, S. 161 (167 f.). Dafür spricht, dass beispielsweise Tierarzneimittel mit dem Wirkstoff *Natrium-Pentobarbital*, die zum Einschläfern von Tieren bestimmt sind, von Tierärzten ausnahmsweise in einem besonders schweren Krankheitsfall für den Praxisbedarf oder den Bedarf einer Tierklinik auf Betäubungsmittelrezept nach § 4 Abs. 2 und 3 BtMVV verschrieben werden dürfen. Wenn diese Anwendung in dieser Form bei Tieren begründet ist, ist allein vom Wortsinn nicht einsichtig, warum das bei der Humananwendung anders sein soll; a. A. *Kampmann*, Die Pönalisierung der geschäftsmäßigen Förderung der Selbsttötung, S. 161, der es für schwer nachvollziehbar hält, wie aus dem körperlichen Zustand des Suizidenten der künstlich herbeigeführte Tod als Therapiezweck folgen sollte (dieses Argument wirkt allerdings zirkulär, weil entgegen dem Wortlaut „begründet“ ein Therapiezweck entsprechend dem

treme Notlage definierte das BVerwG durch drei Bedingungen: 1. Der Patient leidet an einer „schwere[n] und unheilbare[n] Erkrankung", die „mit gravierenden körperlichen Leiden, insbesondere starken Schmerzen verbunden ist, die bei dem Betroffenen zu einem unerträglichen Leidensdruck führen und nicht ausreichend gelindert werden können"; 2. „[D]er Betroffene [ist] entscheidungsfähig und [hat] sich frei und ernsthaft entschieden, sein Leben beenden zu wollen"; 3. „[E]ine andere zumutbare Möglichkeit zur Verwirklichung des Sterbewunsches [steht] nicht zur Verfügung."[568]

(b) Historische Auslegung

Etwas anderes könnte sich im Wege historischer Auslegung aber „aus der Aufgabe des Arztes"[569] ergeben. „Aufgabe des ärztlichen Wirkens ist es, Krankheiten zu heilen oder zu lindern. Voraussetzung der ärztlichen Begründetheit einer Betäubungsmittelverschreibung ist daher zunächst einmal, daß nach den allgemein oder weitaus überwiegend anerkannten[570] Regeln der ärztlichen Wissenschaft das Mittel für das Leiden des Patienten als Heilmittel geeignet ist"[571]. § 13 Abs. 1 S. 1 BtMG steht damit in einem Zusammenhang mit dem Heilungs- und Nichtschadensprinzip (lat. *bonum facere – nil nocere* = „Gutes tun – nicht schaden") und damit auch mit dem gesetzgeberischen Ziel des § 5 Abs. 1 Nr. 6 BtMG.[572] Nach § 5 Abs. 1 Nr. 6 BtMG bezweckt das BtMG primär, die notwendige medizinische Versorgung der Bevölkerung zu sichern und gleichzeitig den Missbrauch von Betäubungsmitteln sowie eine Betäubungsmittelabhängigkeit zu verhindern. Ausgehend davon lehnte die *Literatur* bislang teilweise unter Verweis auf den ärztlichen Heilauftrag und den Schutz-

---

Willen des historischen Gesetzgebers vorausgesetzt wird, was indes erst zu bestimmen wäre).

568 BVerwG, Urt. v. 02.03.2017, 3 C 19.15, LS 4, BVerwGE 158, 142 ff.; s. zu den Voraussetzungen auch ausführlich *Jansen*, GuP 2017, S. 161 (163–165).

569 BGH, Urt. v. 08.05.1979, 1 StR 118/79, juris Rn. 9, BGHSt 29, 6 (8).

570 Jedoch nicht mit denjenigen der Schulmedizin gleichzusetzen sind (BGH, Beschl. v. 17.05.1991, 3 StR 8/91, juris Rn. 3, BGHSt, 37, 383 [385]), weil ansonsten entgegen der Therapiefreiheit auch die Entwicklung neuer Therapieformen verhindert würden (vgl. dazu auch *Patzak*, in: Patzak/Fabricius, BtMG, § 13, Rn. 23).

571 BGH, Urt. v. 08.05.1979, 1 StR 118/79, juris Rn. 10, BGHSt 29, 6 (9).

572 Vgl. *Patzak*, in: Patzak/Fabricius, BtMG, § 13, Rn. 20; vgl. auch BT-Drs. 8/3551, S. 23 f.

zweck der Norm[573] die Anwendung von Betäubungsmitteln zu Suizidzwecken als unbegründet ab.[574] Demgegenüber wird teilweise auch vertreten, dass es widersprüchlich sei, den Suizid und die Hilfe dazu straffrei zu lassen, geeignete Suizidmethoden aber mit einem einer ganz anderen Schutzrichtung folgenden betäubungsmittelrechtlichen Totalverbot zu belegen.[575] Andere Stimmen halten die Schutzzwecke des Verbraucher- und Missbrauchsschutzes bei Überlassung zum unmittelbaren Verbrauch schon tatbestandsmäßig nicht für einschlägig, so dass eine Strafbarkeit nach § 29 Abs. 1 Nr. 6 b) Alt. 2 BtMG schon im Wege der üblichen Gesetzesauslegung ausscheide.[576] Nach alledem ist die historische Auslegung unergiebig.

(c) Systematische Auslegung

Einen wichtigen Anhalt zur systematischen Auslegung des Begründetheitserfordernisses könnte aber § 13 Abs. 1 S. 2 BtMG in Gestalt einer Negativabgrenzung bieten, indem die Anwendung insbesondere dann nicht begründet ist, wenn der beabsichtigte Zweck auf andere Weise [als durch die

---

[573] Zur Volksgesundheit als geschütztes Rechtsgut: BGH, Urt. v. 30.1.2019, 2 StR 325/17, NStZ 2020, S. 29 (31, Rn. 26).

[574] Z. B. *Gavela*, Ärztlich assistierter Suizid und organisierte Sterbehilfe, S. 57 f.; *Patzak*, in: Patzak/Fabricius, BtMG, § 29, Rn. 1137 mit Hinweis auf OLG Hamburg, Beschl. v. 08.06.2016, 1 Ws 13/16, NStZ 2016, S. 530 ff. (insb. 535 f), das die Strafbarkeit wiederrum mit Hinweis auf die Ausführungen des VG Köln, Urt. v. 01.12.2015, 7 – K 14/15, juris Rn 46 zum übergeordneten Schutzzweck des BtMG begründet; *Hochstein*, in: Bohnen/Schmidt, BeckOK BtMG, § 13, Rn. 14 und § 29, Rn. 619 und 619.1; *Weber*, in: Weber/Kornprobst/Maier, BtMG, § 13, Rn 24 und § 29, Rn. 1534.

[575] *Verrel*, (Anm. zu VG Köln, Urt. v. 13.05.2014, 7 K 254/13), medstra 2015, S. 117 (118); *Miebach*, (Anm. zu OLG Hamburg, Beschl. v. 08.06.2016, 1 Ws 13/16), NStZ 2016, S. 536 (538), der sogar von Tatbestandslosigkeit ausgeht und *Borasio et al.*, Selbstbestimmung im Sterben – Fürsorge zum Leben, S. 44 f.

[576] So sei nach *Schnoor*, NStZ 2021, S. 76 (77) der verbraucherschützende Charakter nicht berührt, weil sich das Verbot nicht auf den Herstellungs- oder Zulassungsprozess bezöge und durch den unmittelbaren Verbrauch auch kein Schwarzmarkt entstehen könne; *Verrel*, (Anm. zu VG Köln, Urt. v. 13.05.2014, 7 K 254/13), medstra 2015, S. 117 (119) geht zwar davon aus das eine Durchbrechung der betäubungsmittelrechtlichen Restriktionen aufgrund der Absolutheit des Schutzzwecks der Volksgesundheit nicht möglich sei, konzediert jedoch auch, dass bei freiem und gerechtfertigtem Suizidwunsch keine Gefahren für die Volksgesundheit entstehen könnten; *Rigizahn*, JR 2002, S. 430 plädierte deshalb schon früh für eine teleologische Reduktion des Tatbestandes; teilw. wird auch eine Rechtfertigung nach § 34 StGB vertreten (vgl. *Eser/Sternberg-Lieben*, in: Schönke/Schröder, StGB, Vor § 211, Rn. 35b).

Verschreibung oder Überlassung von Betäubungsmitteln an den Patienten] erreicht werden kann (sog. *ultima-ratio*-Regel[577]). Hier stellt sich die Frage, ob die suizidwillige Person auf eine Kombination verschreibungspflichtiger Arzneimittel als zumutbare Alternative zur Realisierung des Selbsttötungswunsches verwiesen werden könnte. Nach jüngster Entscheidung des BVerwG weise zum Beispiel *Thiopental* als verschreibungspflichtiges Arzneimittel „hinsichtlich Wirkweise und Risiken keine wesentlichen Unterschiede zu Natrium-Pentobarbital auf."[578] Die positive Freiheit, selbstbestimmt über das Ende des eigenen Lebens durch Suizid zu entscheiden (das „Ob"), berechtigt als Ausfluss des allgemeinen Persönlichkeitsrechts auch, frei über Todesart und -zeitpunkt zu entscheiden (das „Wie" und „Wann")[579]. „Mittel der Wahl ist (Natrium-)Pentobarbital."[580] Auch nach dem VG Köln sei *Natrium-Pentobarbital* das am besten geeignete Mittel, einen assistierten Suizid herbeizuführen. „Auch wenn es keine wissenschaftlichen Vergleichsuntersuchungen [gebe, spreche] sehr viel für diese Annahme. Denn im Unterschied zu einer anderen genannten Methode [sei] keine Kombination eines Tötungsmittels mit einem Schlafmittel durch Zufuhr zahlreicher Tabletten erforderlich. Vielmehr [genüge] die Einnahme eines einzigen Betäubungsmittels in einer relativ geringen Menge, um sowohl einen Tiefschlaf als auch nach einer relativ kurzen Zeit (30 Minuten) den Tod durch Atemstillstand herbeizuführen. Natrium-Pentobarbital [sei] ein Pulver, das gut in einem Glas Wasser aufgelöst werden [könne.] Die Komplikationsrate [scheine] gering zu sein. Vorteile dürfte Natrium-Pentobarbital insbesondere für Patienten bieten, die nicht mehr schlucken oder jedenfalls große Mengen von Tabletten nicht mehr einnehmen könn[t]en. In diesem Fall [könne] das Mittel durch eine Infusion zugeführt werden, die vom Patienten selbst gesteuert werden [könne]. Diese Methode [sei] bei einer Zufuhr ei-

577 Vgl. *Patzak*, in: Patzak/Fabricius, BtMG, § 13, Rn. 19 ff. m. w. N.

578 BVerwG, Urt. v. 07.11.2023, 3 C 8.22, Rn. 43.

579 *Lindner*, NJW 2013, S. 136; *Lindner/Huber*, medstra 2017, S. 236; *Hufen*, NJW 2018, S. 1524 (1525, 1528); VG Köln, Vorlagebeschl. v. 19.11.2019, 7 K 13803/17, juris Rn. 84; dass., Vorlagebeschl. v. 19.11.2019, 7 K 8461/18, juris Rn. 79.

580 *Gassner/Ruf*, GesR 2020, S. 485; *Lindner*, medstra 2023, S. 341 ff. meint sogar, dass der Gesetzgeber durch Änderung des Betäubungsmittelrechts dazu verpflichtet sei, einen Rechtsanspruch auf *Natrium-Pentobarbital* zu schaffen. Krit. aber OVG NRW, Urt. v. 02.02.2022, 9 A 146/21, BeckRS 2022, S. 1147, Rn. 73–75, 78; dass., Beschl. v. 08.08.2023, 9 B 194/23, juris Rn. 14–19 u. vorinstanzlich VG Köln, Beschl. v. 20.01.2023, 7 L141410/22, juris Rn. 71–81, 83 f.

ner Arzneimittelkombination nur schwer durchführbar, da bei einer parenteralen Verabreichung die Mittel sehr schnell wirken [würden] und damit nur schwer zu gewährleisten sei, dass der Patient bei Eintritt der tödlichen Wirkung bereits bewusstlos [wäre]. Die Vorteile von Natrium-Pentobarbital bei der Selbsttötung [würden] plausibel dadurch dokumentiert, dass dieses Mittel in allen Ländern, die eine Beihilfe zur Selbsttötung zulassen, als Mittel der Wahl zugelassen [sei] (Niederlande, Belgien, Schweiz, US-Bundesstaaten)".[581] Das BVerfG fordert im Zusammenhang mit zumutbaren Handlungsalternativen nicht nur „verlässliche[...] reale[...]", „tatsächlich geeignet[e]" Optionen,[582] sondern auch eine „schmerzfreie und sichere Selbsttötung"[583], ohne dies näher zu begründen[584]. Doch ob sich die Zumutbarkeit (auch?) an solchen objektiven Maßstäben zu bemessen hat, dürfte dahinstehen können. Denn „[d]ie Entscheidung für die Beendigung des eigenen Lebens umfasst, sofern sie frei sowie in Kenntnis und unter Abwägung aller relevanten Umstände gefasst worden ist, zugleich die Entscheidung gegen bestehende Alternativen. Auch in diesem negativen Teil ist sie als Akt autonomer Selbstbestimmung zu akzeptieren."[585] Das bedeutet, dass die Zumutbarkeit primär subjektiv zu bestimmen ist.[586] Dafür spricht auch, „dass der ärztliche Beruf immer stärker vom Selbstbestimmungsrecht des Patienten geprägt wird"[587], das als oberstes Ziel am Ende

---

581 S. zu Ganzen VG Köln, Urt. v. 24.11.2020, 7 K 14642/17, juris Rn. 93–95 m. w. N.; vgl. auch Wissenschaftliche Dienste, WD 9–3000–020/20, S. 9 f., insb. schläft die Person i. d. R. innerhalb von zwei bis fünf Minuten ein und wird bewusstlos.

582 BVerfG, Urt. v. 26.02.2020, 2 BvR 2347/15, BVerfGE 153, 182 (288 f., Rn. 280, 289 f., Rn. 283).

583 BVerfG, Urt. v. 26.02.2020, 2 BvR 2347/15, BVerfGE 153, 182 (266, Rn. 218).

584 *Hillenkamp*, JZ 2020, S. 618 (622) mit Hinweis auf Vorbehalte des EGMR, Urt. v. 20.01.2011, Nr. 31322/07 (*Haas/Schweiz*), NJW 2011, S. 3773 (3774) zu einem Recht auf Schmerzfreiheit; vgl. dazu auch krit. *Hillgruber*, FAZ, 13.03.2020, S. 7, der zwar grds. auch von einem Recht auf Freiheitsausübung mit Hilfe Dritter ausgeht, aber nicht von einem „Recht auf Schmerzfreiheit", weil Rahmenbedingungen, welche die Freiheitsausübung lediglich erleichterten, nicht „zu dem unbeschränkbaren Kernbereich einer aus dem Persönlichkeitsrecht abgeleiteten Freiheit zum Suizid" gehörten.

585 BVerfG, Urt. v. 26.02.2020, 2 BvR 2347/15, BVerfGE 153, 182 (295 f., Rn. 299); vgl. in diesem Sinne auch *Gassner/Ruf*, GesR 2020, S. 485 (488, 490).

586 In BVerfG, Urt. v. 26.02.2020, 2 BvR 2347/15, BVerfGE 153, 182 (264 f., Rn. 213 ist in eher subjektiver Art auch von einer „für ihn zumutbaren Weise" die Rede).

587 *Kampmann*, Die Pönalisierung der geschäftsmäßigen Förderung der Selbsttötung, S. 163 mit Hinweis auf die indirekte Sterbehilfe und die Vielzahl plastisch chirurgischer Eingriffe, denen auch keine Krankheit zugrunde liege. Die Ansicht des VG Köln,

des Lebens aufgrund seiner existentiellen und höchstpersönlichen Bedeutung gewährleistet und gestärkt werden muss.[588] Die Wortlautgrenze von § 13 Abs. 1 S. 1 Var. 1 und 3 BtMG wird damit nicht überschritten, weil die Notwendigkeit medizinischer Versorgung mangels anderer zumutbarer Alternativen eine ärztliche Beteiligung erfordert. „‚Medizinisch' ist nicht mit ‚heilend', ‚lindernd' oder ‚lebenserhaltend' gleichzusetzen."[589]

Eine andere Auffassung ließe sich nur im Einzelfall begründen, wenn durch den letalen Umgang mittels *Natrium-Pentobarbital* Rechtsgüter von Dritten oder wichtige Allgemeininteressen gefährdet würden. Das liegt bei den in § 13 Abs. 1 S. 1 Var. 1 und 3 BtMG genannten Umgangsformen fern.

In Bezug auf die Verschreibung nach § 13 Abs. 1 S. 1 Var. 1 BtMG sieht das BVerwG, wie beim Erwerb nach § 5 Abs. 1 Nr. 6 BtMG, eine Gefahr des Miss- und Fehlgebrauchs, weil der Suizident tatsächliche Sachherrschaft über die Betäubungsmittel erlange.[590]

Dies trifft in dieser Absolutheit jedoch nicht zu. Um etwaigen Missbrauch durch Dritte möglichst zu verhindern, sollte die Ausgabe des tödlichen Betäubungsmittels nur an einen ärztlichen (vgl. dazu § 2 Abs. 2 und 3 BtMVV) Suizidassistenten erfolgen, der das Mittel zum unmittelbaren Verbrauch überlässt.[591] Aber auch darin sieht das BVerwG eine Gefahrenlage, weil *Natrium-Pentobarbital* im Vergleich zu *Thiopental* nicht in jeder Hinsicht sachlich gleichwertig sei und auch ein zweiter Vertriebsweg neben zulässigen Einschläferungsmitteln bei Tieren eröffnet

---

Gerichtsbescheid v. 15.02.2019, 7 K 10927/17, juris Rn. 30 (betraf einen Strafgefangenen), das den erforderlichen Leidensdruck an objektiv feststellbare Kriterien knüpfte, da andernfalls die Erlaubnis zum Erwerb tödlicher Betäubungsmittel jedem Menschen erteilt werden müsste, der sich den Tod wünscht, ist zumindest bei der Auslegung des § 13 Abs. 1 S. 1 BtMG obsolet.

588 Vgl. dazu auch *Kampmann*, Die Pönalisierung der geschäftsmäßigen Förderung der Selbsttötung, S. 144.

589 *Jansen*, GuP 2017, S. 161 (163).

590 BVerwG, Urt. v. 07.11.2023, 3 C 8.22, Rn. 32.

591 Vgl. *Spittler*, NJOZ 2020, S. 545 (548); ähnlich auch *Scholz*, medstra 2021, S. 157 (162) zu § 10 Abs. 2 des Augsburg-Münchner-Halleschen-Entwurfs (s. dazu näher *Dorneck et al.*, AMHE-SterbehilfeG, S. 8, 71), vgl. auch mittlerweile OVG NRW, Beschl. v. 08.08.2023, 9 B 194/23, juris Rn. 53–60 u. Pressemitteilung v. 09.09.2023: „Ärzte sind nach der Konzeption des Gesetzes nicht berechtigt, ihren Patienten Betäubungsmittel abzugeben, d. h. ihnen Betäubungsmittel zur freien Verfügung zu überlassen."), wofür auch § 29 Abs. 1 Var. 7 BtMG spricht, der die Abgabe von Betäubungsmitteln unter Strafe stellt.

werde.[592] Durch die Überlassung von *Natrium-Pentobarbital* zum unmittelbaren Verbrauch besteht jedoch keine gegenüber *Thiopental* gesteigerte Gefahr des Miss- beziehungsweise Fehlgebrauchs, weil der Suizident in beiden Fällen keine Sachherrschaft über die Suizidpräparate erlangt und damit nicht frei über diese verfügen könnte. Die Eröffnung eines weiteren Vertriebsweges für *Natrium-Pentobarbital* mag zwar abstrakt betrachtet ein zusätzliches Risiko des Abhandenkommens zugunsten unbefugter Personen beinhalten, dieses Risiko ist aber durch die Ausgabe an ärztliche Suizidassistenten, welche mit Betäubungsmitteln besonders sorgfältig umzugehen haben, auf ein vertretbares Minimum reduziert. Außerdem stünde ein Totalverbot angesichts dieses geringen Verlustrisikos völlig außer Verhältnis zur Bedeutung der gewählten sanften Suizidmethode in Form der Anwendung von *Natrium-Pentobarbital.*

(d) Verfassungskonforme Auslegung

Nach alledem spricht viel dafür, dass § 29 Abs. 1 Nr. 6a) und b) Alt. 2 BtMG verfassungskonform[593] dahingehend ausgelegt werden kann, dass Ärzte auch unabhängig von einer extremen Notlage[594] bei einem freiverantwortlichen Suizidwunsch tödlich wirkende Betäubungsmittel verschreiben und zum unmittelbaren Verbrauch überlassen dürfen.[595]

---

[592] BVerwG, Urt. v. 07.11.2023, 3 C 8.22, Rn. 32, 22.

[593] Vgl. zu diesem Instrument der richterlichen Rechtsfortbildung die Ausführungen des BVerfG, Beschl. v. 31.10.2016, 1 BvR 1833/13, juris Rn. 18–23 (insb. Rn. 20: „Die Grenzen richterlicher Rechtsfortbildung sind weiter, soweit die vom Gericht im Wege der Rechtsfortbildung gewählte Lösung dazu dient, der Verfassung, insbesondere verfassungsmäßigen Rechten des Einzelnen, zum Durchbruch zu verhelfen, da insoweit eine auch den Gesetzgeber treffende Vorgabe der höherrangigen Verfassung konkretisiert wird"; Rn. 23: „Eine verfassungsrechtlich unzulässige richterliche Rechtsfortbildung ist dadurch gekennzeichnet, dass sie, ausgehend von einer teleologischen Interpretation, den klaren Wortlaut des Gesetzes hintanstellt, ihren Widerhall nicht im Gesetz findet und vom Gesetzgeber nicht ausdrücklich oder – bei Vorliegen einer erkennbar planwidrigen Gesetzeslücke – stillschweigend gebilligt wird"). Dass im Übrigen keine abstrakte Vorrangregel der unterschiedlichen Auslegungsmethoden existiert, stellt auch *Puppe*, Kleine Schule des juristischen Denkens, S. 170 mit überzeugenden Argumenten dar.

[594] So damals einschränkend BVerwG, Urt. v. 02.03.2017, 3 C 19.15, BVerwGE 158, 142 (153, Rn. 24).

Dafür, dass diese Vorschrift verfassungskonform ausgelegt werden kann, spricht, dass es sich bei der Anwendung von dem BtMG unterfallenden Suizidmitteln um eine im Gesetzgebungsverfahren planwidrig nicht bedachte Lücke handelt.[596] Aufgrund der durch das BVerfG erfolgten Aufwertung von Selbstbestimmung bei der Lebensbeendigung ist davon auszugehen, dass auch der Gesetzgeber die Schließung dieser planwidrigen Gesetzeslücke mittlerweile stillschweigend billigen würde.[597] Auch wenn dem Gesetzgeber „zum Schutz der Selbstbestimmung über das eigene Leben [. . .] in Bezug auf das Phänomen organisierter Suizidhilfe ein breites Spektrum an Möglichkeiten“ offensteht,[598] kann nicht angenommen werden, dass Betroffene aufgrund der im wahrsten Sinne des Wortes existentiellen Bedeutung ihres Rechts auf selbstbestimmtes Sterben[599] aufgrund der Untätigkeit der Legislative rechtslos gestellt sind,[600] auch wenn der

---

595 Vgl. schon *Hufen*, NJW 2018, S. 1524 (1527 f.); *Kusch/Hecker*, Handbuch der Sterbehilfe, S. 418; offengelassen durch OVG NRW, Urt. v. 02.02.2022, 9 A 146/21, BeckRS 2022, S. 1147, Rn. 26; krit. zu einer ausschließlichen Aufgabenzuweisung an die Ärzteschaft *BÄK*, Stellungnahme zu BT-Drs. 20/904, 20/2332, 20/2293, 20/1121, S. 12 f.

596 Der Verweis des VG Köln, Urt. v. 24.11.2020, 7 K 13803/17, juris Rn. 44 f. auf das VG Köln, Beschl. v. 19.11.2019, 7 K 13803/17, S. 14 und 44 ff. (gemeint sind wohl die Rn. 58 f.) geht fehl. Damals hatte das VG Köln festgestellt, dass der Gesetzgeber 2012, indem er in den §§ 4 Abs. 1 Nr. 1f), 13 Abs. 1a) BtMG lediglich die Bereitstellung von Betäubungsmitteln im Rahmen der palliativmedizinischen Versorgung durch Ärzte vereinfacht habe, bewusst keine Regelung für den Zugang zu Betäubungsmitteln für den Zweck des Suizides schaffen wollte. Mittlerweile sind indes seit dieser Gesetzesänderung mehr als zehn Jahre vergangen und auch das Urteil des BVerfG vom 26.02.2020 liegt schon einige Zeit zurück, so dass nunmehr von einer planwidrigen Gesetzeslücke auszugehen ist.

597 Vor den benannten Entscheidungen des BVerfG wurde dies aber teilweise mit Blick auf den historischen und aktuellen Willen des Gesetzgebers bei § 5 Abs. 1 Nr. 6 BtMG verneint (vgl. *Di Fabio*, Rechtsgutachten zum Urt. des BVerwG v. 02.03.2017, 3 C 19/15, S. 56, 60, *Hillgruber*, JZ 2017, S. 777 [782] und VG Köln, Beschl. v. 19.11.2019, 7 K 8560/18, Rn. 189–215 mit Hinweisen auf die richterliche Gesetzesbindung).

598 BVerfG, Urt. v. 26.02.2020, 2 BvR 2347/15, BVerfGE 153, 182 (309, Rn. 339).

599 *Hillenkamp*, JZ 2020, S. 618 (622) weist in anderem Kontext darauf hin, „dass es für die durch § 217 StGB mittelbar Betroffenen um eine existentielle Entscheidung in eng bemessener (Lebens-)Zeit und nach dem Ergebnis des Verfahrens um die Vorenthaltung einer Grundrechtsausübung ging.“

600 Ohne den legalen Zugang zu *Natrium-Pentobarbital*, als bestem Suizidmittel (*Kusch/Hecker*, Handbuch der Sterbehilfe, S. 418), wäre genau das der Fall; a. A. OVG NRW, Urt. v. 02.02.2022, 9 A 146/21, BeckRS 2022, S. 1147, Rn. 73–75, 78 (s. auch OVG NRW, Beschl. v. 08.08.2023, 9 B 194/23, juris Rn. 14–19 u. vorinstanzlich VG Köln, Beschl. v. 20.01.2023, 7 L141410/22, juris Rn. 71–81, 83 f.), das davon ausgeht,

Gesetzgeber grundsätzlich alle wesentlichen[601] Entscheidungen in grundrechtssensiblen Bereichen selbst zu treffen hat. „Wenn das BVerfG die Schutzpflicht des Staates für Leben und Selbstbestimmung als Eingriffsrechtfertigung heranzieht, muss eine staatliche Schutzpflicht konsequenterweise aber auch für das Recht auf selbstbestimmtes Sterben gelten. Der Staat darf dann also auch in diese Richtung das verfassungsrechtliche Untermaß[602] nicht unterschreiten. [. . .] Die Schutzpflicht des Staates in ihrer lebensschützenden Dimension kann sich also nur auf Fälle beziehen, in denen die Selbstbestimmung Einzelner nicht gewährleistet ist."[603] Zur Wahrung der Autonomie und Freiwilligkeit von Suizidentscheidungen hat das BVerfG zur Abwehr einer konkreten Gefährdungslage bereits strenge Anforderungen aufgestellt, die Ärzte aufgrund ihrer Kenntnisse und Fertigkeiten für eine fürsorge- und lebensorientierte Durchführung schon jetzt erfüllen können.[604] Es kann den Betroffenen nicht länger zugemutet werden zu warten, bis der einfache Gesetzgeber eine Entscheidung getroffen hat, auch wenn ein legislatives Schutzkonzept aufgrund der Unumkehrbarkeit

dass zumutbare Alternativen in Form von bereits eingesetzten Arzneimittelkombinationen bestünden (der Verweis in dortiger Rn. 74 bzgl. dem nicht unter Anlage III des BtMG fallenden *Thiopental* auf *Wissenschaftliche Dienste*, WD 9 – 3000–020/20, S. 8 geht jedoch fehl, weil sich die dortigen Ausführungen allein auf die Rechtslage zur aktiven Sterbehilfe in den Niederlanden beziehen; im Gegenteil wird auf S. 10 sogar ausdrücklich klargestellt, dass dieses Medikament für den assistierten Suizid nicht geeignet sei, da der Patient sich zumindest die zusätzlich erforderlichen Muskelrelaxantien nach dem Eintritt ins Koma naturgemäß nicht mehr selbst spritzen könne [*Rissing-van Saan/Verrel*, NStZ 2020, S. 121, 126 f. gehen in BGH, , Urt. v. 03.07.2019, 5 StR 393/18 davon aus, dass die neben diesen aktiven Handlungen vorgenommenen das Selbsttötungsgeschehen im Einzelnen verabredungsgemäß absichernden Verhaltensweisen in die Nähe von „(mit-)täterschaftlichen Tatbeiträge[n]" rücken würden und damit „eine besondere Form von Nebentäterschaft" begründen könnten]) und dies bestätigend BVerwG, Urt. v. 07.11.2023, 3 C 8.22, Pressemitteilung Nr. 81/2023 und Rn. 43.

601 S. zur Reichweite der Wesentlichkeitslehre im Überblick: *Wissenschaftliche Dienste*, WD 3–3000–043/15, S. 4 ff. m. w. N.

602 Vgl. dazu bereits *Reimer*, ZfL 2015, S. 66 (75), der in umgekehrtem Kontext (staatliches Suizidhilfeverbot) folgende Frage stellt: „Wo verläuft die Demarkationslinie zwischen dem Vertrauen auf parlamentarische Bewältigungsmechanismen, und ab wo verletzt das Parlament ein verfassungsrechtliches Untermaßverbot, so dass es zu verfassungsgerichtlichen Konsequenzen kommt?"

603 *Gassner/Ruf*, GesR 2020, S. 485 (490).

604 Vgl. *Borasio et al.*, Selbstbestimmung im Sterben – Fürsorge zum Leben, S. 25 f.

des Suizids mit dem nötigen Zeitaufwand[605] umfassend abgewogen werden sollte.[606] Einige Einstellungsverfügungen und freisprechende Strafurteile dokumentieren schließlich auch eindrücklich, dass die Annahme von Freiverantwortlichkeit einer Selbsttötung auch schon jetzt ohne ausdrückliche gesetzliche Regelung justiziabel ist,[607] auch wenn das BVerfG davon unbenommen klarstellte, „dass die bis zum Inkrafttreten von § 217 StGB bestehende Praxis geschäftsmäßiger Suizidhilfe in Deutschland nicht geeignet war, die Willens- und damit die Selbstbestimmungsfreiheit *in jedem Fall*[608] zu wahren“[609]. Dies lässt freilich unberührt, dass eine klarstellende gesetzliche Regelung im Betäubungsmittelrecht[610] mehr Rechtssicherheit böte als der aktuell völlig unregulierte Zustand.

Gegen das gefundene Ergebnis streitet auch nicht, dass das Grundgesetz im Lichte des Rechts auf Privatleben nach Art. 8 Abs. 1 EMRK und

605 Auf die Aufforderung des ehemaligen Bundesgesundheitsministers Spahn an verschiedene Verbände, Institutionen und Wissenschaftler gingen insgesamt 52 Stellungnahmen, davon schon 30 eigeninitiativ, im Bundesgesundheitsministerium ein, deren Auswertung intensive Diskussionen im Parlament und in der Bundesregierung erforderlich machte (BT-Drs. 19/21373, S. 1 f., 4); vgl. auch OVG NRW, Urt. v. 02.02.2022, 9 A 146/21, BeckRS 2022, S. 1147, Rn. 90, 92 m. w. N.

606 Das BVerfG, Urt. v. 26.02.2020, 2 BvR 2347/15, BVerfGE 153, 182 (309, Rn. 340) hat es dem Gesetzgeber ausdrücklich freigestellt, „ein prozedurales Sicherungskonzept zu entwickeln“, das nach *Gassner/Ruf*, GesR 2020, S. 485 (491 f.) die Einhaltung des Untermaßverbotes gegenüber der Selbstbestimmung gewährleisten kann; a. A. wohl OVG NRW, Urt. v. 02.02.2022, 9 A 146/21, BeckRS 2022, S. 1147, Rn. 55, das einen gesetzlichen Handlungsauftrag sieht; dies offen lassend *Höfling*, ZME 2020, S. 245 (253 f.) und *Grünewald*, JR 2021, S. 99 (104).

607 OLG München, Beschl. v. 31.07.1987, 1 Ws 23//87, NJW 1987, S. 2940 ff.; StA München I, Verfügung v. 30.07.2010, 125 Js 11736/09, NStZ 2011, S. 345 ff.; *LG Deggendorf*, Beschl. v. 13.09.2013, 1 Ks 4 Js 7438/11, ZfL 2014, S. 95 ff.; LG Hamburg, Urt. v. 08.11.2017, 619 KLs 7/16 (sog. *Hamburger* Fall), NStZ 2018, S. 281 ff.; LG Berlin, Urt. v. 08.03.2018, 234 Js 339/13, 502 KLs 1/17 (sog. *Berliner* Fall), NStZ-RR 2018, S. 246 ff., BGH, Urt. v. 03.07.2019, 5 StR 132/18 (im Anschluss an den *Hamburger* Fall), NStZ 2019, S. 662 ff.; ders., Urt. v. 03.07.2019, 5 StR 393/18 (im Anschluss an den *Berliner* Fall), NStZ 2019, S. 666 ff.

608 Hervorhebung durch den *Verf.* Das bedeutet umgekehrt aber auch, dass das in einigen Fällen gewährleistet gewesen sein müsste.

609 BVerfG, Urt. v. 26.02.2020, 2 BvR 2347/15, BVerfGE 153, 182 (276, Rn. 249).

610 Vgl. dazu z. B. die Reformvorschläge von *Kampmann*, Die Pönalisierung der geschäftsmäßigen Förderung der Selbsttötung, S. 176 (dort *§ 13a BtMG-E*) oder *Borasio et al.*, Selbstbestimmung im Sterben – Fürsorge zum Leben, S. 34 (dort *§ 13 Abs. 1 S. 2 BtMG-E*), 122.

der Rechtsprechung des EGMR konventionsfreundlich[611] auszulegen ist.[612] „Die [EMRK] gilt in der deutschen Rechtsordnung im Range eines Bundesgesetzes und ist bei der Interpretation des nationalen Rechts – auch der Grundrechte und rechtsstaatlichen Garantien – zu berücksichtigen."[613] „‚Berücksichtigen' bedeutet, die Konventionsbestimmung in der Auslegung des Gerichtshofs zur Kenntnis zu nehmen und auf den Fall anzuwenden, soweit die Anwendung nicht gegen höherrangiges Recht, insbesondere gegen Verfassungsrecht verstößt. Die Konventionsbestimmung muss in der Auslegung des Gerichtshofs jedenfalls in die Entscheidungsfindung einbezogen werden, das Gericht muss sich zumindest gebührend mit ihr auseinandersetzen. Bei einem zwischenzeitlich veränderten oder bei einem anderen Sachverhalt werden die Gerichte ermitteln müssen, worin der spezifische Konventionsverstoß nach Auffassung des Gerichtshofs gelegen hat und warum eine geänderte Tatsachenbasis eine Anwendung auf den Fall nicht erlaubt."[614] „Sind für die Beurteilung eines Sachverhalts Entscheidungen des Gerichtshofs einschlägig, so sind grundsätzlich die vom Gerichtshof in seiner Abwägung berücksichtigten Aspekte auch in die verfassungsrechtliche Würdigung, namentlich die Verhältnismäßigkeitsprüfung einzubeziehen, und es hat eine Auseinandersetzung mit den vom Gerichtshof gefundenen Abwägungsergebnissen stattzufinden."[615] „Grenzen der völkerrechtsfreundlichen Auslegung ergeben sich aus dem Grundgesetz. Sie darf zunächst nicht dazu führen, dass der Grundrechtsschutz nach dem Grund-

611 Näher dazu *Herdegen*, Völkerrecht, § 22, Rn. 8–10.

612 BVerfG, Beschl. v. 14.10.2004, 2 BvR 1481/04, sog. *Görgülü-Beschluss, Umgangsrecht des Kindesvaters*, juris Leitsatz 1, Rn. 30, 47, 53, BVerfGE 111, 307; dass., Urt. v. 04.05.2011, 2 BvR 2333/08, sog. *Sicherungsverwahrungsentscheidung*, juris Leitsätze 2 a)–c), Rn. 83, 86 f., 89, 91–94, BVerfGE 128, 326; *Lindner*, NJW 2013, 136.

613 BVerfG, Beschl. v. 14.10.2004, 2 BvR 1481/04, sog. *Görgülü-Beschluss, Umgangsrecht des Kindesvaters*, juris Rn. 30.

614 BVerfG, Beschl. v. 14.10.2004, 2 BvR 1481/04, juris Rn. 62.

615 BVerfG, Beschl. v. 14.10.2004, 2 BvR 1481/04, juris Rn. 49. „Im Rahmen der Heranziehung der Europäischen Menschenrechtskonvention als Auslegungshilfe berücksichtigt das Bundesverfassungsgericht Entscheidungen des Europäischen Gerichtshofs für Menschenrechte auch dann, wenn sie nicht denselben Streitgegenstand betreffen. Dies beruht auf der jedenfalls faktischen Orientierungs- und Leitfunktion, die der Rechtsprechung des Europäischen Gerichtshofs für Menschenrechte für die Auslegung der Europäischen Menschenrechtskonvention auch über den konkret entschiedenen Einzelfall hinaus zukommt" (BVerfG, Urt. v. 04.05.2011, 2 BvR 2333/08, sog. *Sicherungsverwahrungsentscheidung*, juris Rn. 89).

gesetz eingeschränkt wird; das schließt auch die Europäische Menschenrechtskonvention selbst aus (vgl. Art. 53 EMRK, [...]). Dieses Rezeptionshemmnis kann vor allem in mehrpoligen Grundrechtsverhältnissen relevant werden, in denen das ‚Mehr' an Freiheit für den einen Grundrechtsträger zugleich ein ‚Weniger' für einen anderen bedeutet [...]. Die Möglichkeiten einer konventionsfreundlichen Auslegung enden dort, wo diese nach den anerkannten Methoden der Gesetzesauslegung und Verfassungsinterpretation nicht mehr vertretbar erscheint."[616]

Diese Grenze wird bei einer konventionsfreundlichen Auslegung von § 29 Abs. 1 Nr. 6a) und 6b) Alt. 2 BtMG nicht verletzt. Hierzu sei zunächst auf die Ausführungen des EGMR in der Rechtssache *Haas/Schweiz* verwiesen: „Die von den Behörden getroffenen rechtlichen Regelungen, nämlich das zur Vermeidung von Missbräuchen vorgeschriebene Erfordernis einer ärztlichen Verschreibung, verfolgt aber das berechtigte Ziel, vor einer voreiligen Entscheidung zu schützen, Missbräuche zu verhindern und insbesondere, dass ein nicht urteilsfähiger Patient eine tödliche Dosis Natrium-Pento-Barbiturat erhält [...]. Das gilt umso mehr in einem Land wie der Schweiz, wo Gesetzgebung und Praxis eine Beihilfe zum Selbstmord ziemlich problemlos erlauben. Wenn ein Land eine liberale Lösung wählt, müssen geeignete Maßnahmen zur Durchführung einer solchen Gesetzgebung insbesondere zur Verhinderung von Missbrauch getroffen werden."[617] § 29 Abs. 1 Nr. 6a) und b) Alt. 2 BtMG sieht die Einbindung eines Arztes vor, so dass dem vom EGMR geforderten Missbrauchsschutz bereits Genüge getan sein dürfte und damit schon kein Konventionsverstoß in Betracht kommt. Wird der Entschluss, sich zu suizidieren, indes nicht freiverantwortlich und informiert gefasst, ordnet Art. 2 Abs. 1 S. 1 EMRK i. V. m. Art. 8 Abs. 2 EMRK gegenüber den staatlichen Behörden an, die Selbsttötung zu unterbinden. Art. 2 Abs. 1 S. 1 EMRK[618] verpflichtet durch das garantierte Recht auf Leben die Staaten, verletzliche Personen – auch vor sich selbst – zu schützen und verfahrensmäßig sicherzustellen, dass die Entscheidung, das Leben ei-

---

616 BVerfG, Urt. v. 04.05.2011, 2 BvR 2333/08, sog. *Sicherungsverwahrungsentscheidung*, juris Rn. 93 m. w. N.

617 EGMR, Urt. v. 20.01.2011, Nr. 31322/07 (*Haas/Schweiz*), NJW 2011, S. 3773 (3774, Rn. 56 f.).

618 Vgl. zur Bedeutung staatlicher Schutzpflichten für das Recht auf Leben nach Art. 2 EMRK weiterführend auch *Zöller*, FS Kühne, 2013, S. 629 ff.

genhändig zu beenden, auch wirklich dem freien Willen des Betroffenen entspringt.[619] Später stellte der EGMR in der Rechtssache *Gross/Schweiz* sogar noch konkretisierend fest, dass die in der Schweiz vorhandenen medizinischen Richtlinien zur Erlangung tödlich wirkender Betäubungsmittel angesichts ihrer fehlenden Rechtsqualität unzureichend seien und ihnen daher nicht entnommen werden könne, ob und unter welchen Umständen Ärzte zur Verschreibung von *Natrium-Pentobarbital* befugt seien.[620] Auch wenn § 29 Abs. 1 Nr. 6a) und b) Alt. 2 BtMG derzeit keine ausdrückliche Regelung zu entnehmen ist, wann von der allein vorauszusetzenden Freiverantwortlichkeit auszugehen ist, war und ist diese Rechtsfrage, wie bereits erörtert, hinreichend sicher zu beantworten. Unbeschadet dessen verdeutlicht der EGMR demgegenüber auch, dass die Befugnis, über Zeitpunkt und Art der Lebensbeendigung selbst zu bestimmen, nicht bloß theoretisch oder scheinbar bestehen dürfe.[621] Bei der Aufgabe, die Kollision von objektiv-rechtlicher Schutzpflicht bei Gefährdungen für das hohe Rechtsgut Leben und die Autonomie sowie dem subjektiv-rechtlichen Gewährleistungsgehalt der eigenverantwortlichen Selbstbestimmung in der Abwägung aufzulösen, kommt den Vertragsstaaten daher ein erheblicher Ermessenspielraum zu.[622] Daher *kann* der Staat den Einzelnen vor sich selbst schützen, *muss* es aber dann nicht, wenn er sich freiverantwortlich ausschließlich selbst gefährdet oder schädigt.[623]

---

619 EGMR, Urt. v. 20.01.2011, Nr. 31322/07, NJW 2011, S. 3773 (3774, Rn. 54, 58).

620 EGMR, Urt. v. 14.05.2013, 67810/10 (*Gross/Schweiz*), BeckRS 2013, 203360, Rn. 63 ff. (s. auch die deutsche Übersetzung von *Schöpfer*, NLMR 2013, S. 162 ff.); krit. zu der Forderung nach einer ausdrücklichen formalgesetzlichen Regelung *Koranyi/Verrel*, Forensische Psychiatrie, Psychologie, Kriminologie 2013, S. 273 (276 f.) unter Hinweis auf die durch Art. 11 Abs. 1 des Schweizerischen Bundesgesetzes über die Betäubungsmittel und die psychotropen Stoffe vorgeschriebene umfassende ärztliche Untersuchung vor Verschreibung tödlich wirkender Medikamente, wodurch in Verbindung mit den in Bezug genommenen medizinischen Richtlinien hinreichender Missbrauchsschutz gewährleistet sei.

621 EGMR, Urt. v. 20.01.2011, Nr. 31322/07 (*Haas/Schweiz*), NJW 2011, S. 3773 (3774, Rn. 59 f.).

622 EGMR, Urt. v. 20.01.2011, Nr. 31322/07, NJW 2011, S. 3773 (3774, Rn. 55); ders., Urt. v. 09.07.2012, 497/09 (*Koch/Deutschland*), NJW 2013, S. 2953 (2956, Rn. 70); so auch BVerfG, Urt. v. 26.02.2020, 2 BvR 2347/15, BVerfGE 153, 182 (298 f., Rn. 305).

623 Vgl. *Jacob*, vorgänge 2015, S. 79 (92).

(e) Kein Verweis auf § 5 Abs. 1 Nr. 6 BtMG

Die Suizidwilligen sollten schließlich auch nicht auf die Erteilung einer Erlaubnis durch das *BfArM* nach § 3 Abs. 1 Nr. 1 BtMG verwiesen werden,[624] weil der Erwerb[625] von schmerzfrei und sicher wirkenden Betäubungsmitteln durch die Erlangung von tatsächlicher Verfügungsgewalt eine erhöhte Gefahr der Betäubungsmittelverbreitung und damit eine Missbrauchsgefahr beinhalten könnte.[626] Zudem entfällt die Erlaubnispflicht nach § 4 Abs. 1 Nr. 3a) Var. 1 BtMG, wenn, wie gerade geprüft, ein Suizidpräparat betäubungsmittelrechtlich durch ärztliche Verschreibung zu erhalten ist.[627]

(2) § 30 Abs. 1 Nr. 3 Var. 1 und 3 BtMG

§ 30 Abs. 1 Nr. 3 Var. 1 und 3 BtMG, der als qualifiziertes Erfolgsdelikt eine Freiheitsstrafe nicht unter zwei Jahren vorsieht, wenn durch abgegebene oder zum unmittelbaren Verbrauch überlassene Betäubungsmittel leichtfer-

---

624 Das dürfte ohnehin durch die Verschreibungsbefugnis von Ärzten obsolet geworden sein (vgl. auch *Hillgruber*, JZ 2017, S. 777 [784], *Oğlakcıoğlu*, MedR 2019, S. 450 [454]; *Gassner/Ruf*, GesR 2020, S. 485 [490]; OVG NRW, Urt. v. 02.02.2022, 9 A 146/21, BeckRS 2022, S. 1147, Rn. 79).

625 „Erwerb von Betäubungsmitteln liegt vor, wenn der Täter die eigene tatsächliche Verfügungsgewalt über das Betäubungsmittel auf abgeleitetem Wege, das heißt im einverständlichen Zusammenwirken mit dem Vorbesitzer durch ein Rechtsgeschäft erlangt und die Verfügungsgewalt ausüben kann, ohne Rücksicht auf das Eigentum und den Zweck des Erwerbs" (*Patzak*, in: Patzak/Fabricius, BtMG, § 29, Rn. 887).

626 So auch BVerwG, Urt. v. 07.11.2023, 3 C 8.22, Rn. 22. Auch der Hinweis von *Kusch/Hecker*, Handbuch der Sterbehilfe, S. 417, dass eine Entscheidung des *BfArM* nach Aktenlage auf Antrag eines ihm persönlich unbekannten Menschen unpraktikabel sei, ist zutreffend; a. A. *Neumann*, in: Kindhäuser/Neumann/Paeffgen/Saliger, Strafgesetzbuch, Vor §§ 211217, Rn. 46a, krit. auch *Schlink*, ZRP 2024, S. 27, der Folgendes feststellt: „Es fällt schwer, die Darlegung des BVerwG, sich mit anderen Arzneimitteln das Leben zu nehmen, bringe zwar Belastungen, Beschwerden, Komplikationen mit sich, sei nun aber die Kehrseite der Vermeidung des Miss- und Fehlgebrauchs, nicht zynisch zu finden.".

627 A. A. *Kunze*, ZfL 2022, S. 173 (179 f.), der die tatsächliche Möglichkeit der ärztlichen Verschreibung wegen des Strafbarkeitsrisikos und der Kosten ausschließt (ähnlich, aber ohne abschließende Prüfung, auch BVerwG, Urt. v. 07.11.2023, 3 C 8.22, Rn. 40). Eine etwaige Strafbarkeit des Apothekers (vgl. zu seinen Prüfpflichten bei Abgabe eines Betäubungsmittels: *Patzak*, in: Patzak/Fabricius, BtMG, § 13, Rn. 46 ff.; *Weber*, in: Weber/Kornprobst/Maier, BtMG, § 4, Rn. 35 ff.) wegen Verstoßes gegen § 13 Abs. 2 S. 1 BtMG nach § 29 Abs. 1 Nr. 7a) Alt 1 BtMG scheidet i. Ü. mit derselben Begründung aus wie zu § 29 Abs. 1 Nr. 6 a) und b) Alt. 2 BtMG.

tig der Tod eines anderen verursacht wird, findet schon nach dem BGH keine Anwendung, wenn der Suizident freiverantwortlich handelt.[628]

[628] BGH, Urt. v. 07.02.2001, 5 StR 474/00, juris Rn. 18–24, BGHSt 46, 279 (287 ff.), der eine telelogische Reduktion des Straftatbestandes wegen Eingreifens des Prinzips der Eigenverantwortung, indem der „Vorwurf der Leichtfertigkeit – ausnahmsweise – nicht »erst recht« auch vorsätzliches Handeln" erfasse und wegen der Entstehungsgeschichte und des hohen Strafrahmens gelten ließ. *Gavela*, Ärztlich assistierter Suizid und organisierte Sterbehilfe, S. 50 f. m. w. N. hingegen sieht zwar das Merkmal der Leichtfertigkeit für gegeben, nicht aber die objektive Zurechenbarkeit der schweren Folge, weil die Vorschrift neben dem Universalrechtsgut der Volkgesundheit jedenfalls auch vor einer konkreten Verletzung des Individualrechtsgutes Leben schütze. So auch *Kampmann*, Die Pönalisierung der geschäftsmäßigen Förderung der Selbsttötung, S. 172 f.; a. A. *Duttge*, NStZ 2001, S. 546 (548 f), der zumindest eine Ahndung als minder schweren Fall nach § 30 Abs. 2 BtMG i. V. m. § 59 StGB für erforderlich hält, weil mit Verweis auf den ausdrücklich geäußerten Willen des Gesetzgebers insoweit „die objektive Zurechenbarkeit stets gegeben" sei, „wenn der sich selbst Gefährdende/Schädigende das Betäubungsmittel *unmittelbar* vom Täter erlangt" (BT-Dr 8/3551, S. 53; fraglich ist zumindest, ob die Selbstgefährdung mit der -schädigung gleichgesetzt werden kann, weil der Betroffene bei ersterer gerade auf einen „guten" Ausgang vertraut und sein Rechtsgut nicht bewusst preisgibt [vgl. *Puppe*, Kleine Schule des juristischen Denkens, S. 217]).

bb) AMG

Neben Betäubungsmitteln können auch Arzneimittel[629] in entsprechend tödlicher Dosierung als Suizidmittel angewendet werden und unterliegen als verschreibungspflichtige Medikamente dem AMG, sodass auch immer aufgrund des Verschreibungserfordernisses von einem „ärztlich assistierten Suizid" die Rede sein kann.[630] Nach § 1 AMG ist Zweck dieses Gesetzes, im Interesse einer ordnungsgemäßen Versorgung der Bevölkerung mit Arzneimitteln für die Sicherheit im Verkehr mit Arzneimitteln, insbesondere für die Qualität, Wirksamkeit und Unbedenklichkeit der Arzneimittel zu sorgen. Die Zweckerreichung wird auch durch die Strafvorschriften der §§ 95, 96 AMG abgesichert.[631]

Das Zurverfügungstellen eines Suizidpräparats könnte ein nach §§ 95 Abs. 1 Nr. 1; 5 Abs. 1 AMG verbotenes Inverkehrbringen oder Anwenden eines bedenklichen Arzneimittels darstellen. Ob derartige Suizidmittel taugliche Tatobjekte in Gestalt bedenklicher Arzneimittel im Sinne der Legaldefinition nach § 5 Abs. 2 AMG sind, ist fraglich. Bedenklich sind Arzneimittel, bei denen nach dem jeweiligen Stand der wissenschaftlichen Erkenntnisse der begründete Verdacht besteht, dass sie bei bestimmungsgemäßem Gebrauch schädliche Wirkungen haben, die über ein nach den Erkenntnissen der medizinischen Wissenschaft vertretbares Maß hinausgehen. Da es sich bei zur Selbsttötung geeigneten Mitteln, welche nicht dem BtMG unterfallen, um verschreibungspflichtige und somit zulassungsfähige Arzneimittel handelt, ist davon auszugehen, dass sie bei bestimmungsgemäßem Gebrauch, keine schädlichen unvertretbaren Wirkungen aufweisen.[632] Dass die Mittel zu suizidalen Zwecken geeignet oder bestimmt sind, ist unbeachtlich, weil jedes Medikament in zu hoher Dosierung zweckentfremdet werden und schädliche Wirkungen mit sich bringen kann.[633] Wenn sich indes eine geübte Praxis des Fehlgebrauchs entwickelt hat, erweist sich auch der „Missbrauch" als bestimmungsgemäßer Gebrauch.[634]

---

629 S. bereits Fn. 547.

630 *Kusch*, ZRP 2011, S. 124.

631 Neben diesen Vorschriften sieht § 97 AMG auch noch einen Bußgeldtatbestand vor. Die straf- und bußgeldrechtlichen Vorschriften gliedern sich dabei nach der Schwere des Verstoßes mithin in drei Gruppen, die nach den Sanktionsfolgen zu unterscheiden sind (*Raum*, in: Kügel/Müller/Hofmann, AMG, Vor §§ 9598a, Rn. 1).

632 *Schnoor*, NStZ 2021, S. 76 (78).

633 *Oğlakcıoğlu*, MedR 2019, S. 450 (455).

634 Vgl. nur BGH, Beschl. v. 11.8.1999, 2 StR 44–99, NStZ 1999, 625.

Momentan sind diese Suizidpräparate nicht hinreichend verbreitet, sodass noch kein bestimmungsgemäßer Gebrauch anzunehmen ist.[635] Das wäre anders zu beurteilen, soweit ein bestimmtes Arzneimittel regelmäßig zum Suizid eingesetzt würde.[636] Wie das BVerfG zuletzt am 10.12.2020 festgestellt hat, könnte dies jedoch in Zukunft der Fall sein, weil sich durch die Entscheidung des Zweiten Senats vom 26.02.2020 die Möglichkeit, selbstbestimmt zu sterben, wesentlich verbessert hat, indem die Suche nach verschreibungswilligen- und berechtigen Personen nicht mehr aussichtslos wäre.[637] Da auch die Verwendung von Arzneimitteln zur Selbsttötung Ausdruck des Rechts auf selbstbestimmtes Sterben ist,[638] kann die dadurch bewirkte Lebensbeendigung jedoch nicht als schädliche Wirkung im Sinne des § 5 Abs. 2 AMG angesehen werden.[639] Somit ist das Bereitstellen suizidgeeigneter Arzneimittel nicht strafbewehrt.[640]

Ebenso ist es nicht strafbar, suizidgeeignete Arzneimittel zu verschreiben, da es im AMG keine Norm gibt, die das unbegründete Verschreiben von Humanarzneimitteln unter Strafe stellt.[641] Ebenso ist die Missachtung der AMVV und damit die Nichteinhaltung der Formvorschriften für Rezepte über Arzneimittel im Unterschied zu einem Verstoß gegen die Formvorschriften der BtMVV nicht unter Strafe gestellt.[642] Damit lässt sich festhalten, dass die Strafvorschriften der §§ 95, 96 AMG angesichts der Zweckbestimmung des Arzneimittelgesetzes bei Ärzten grundsätzlich nicht einschlägig sind.[643]

---

635 *Oğlakcıoğlu*, MedR 2019, S. 450 (455).

636 *Schnoor*, NStZ 2021, S. 76 (78). In OVG NRW, Urt. v. 02.02.2022, 9 A 146/21, BeckRS 2022, S. 1147, Rn. 75 ist hingegen wiedergegeben, dass von mit der *DGHS* kooperierenden Ärzten das Fertigarzneimittel *Thiopental* schon 120fach zur Selbsttötung eingesetzt worden sein soll.

637 BVerfG, Beschl. v. 10.12.2020, 1 BvR 1837/19, juris Rn. 7; so i. E. auch *Schnoor*, NStZ 2021, S. 76 (78).

638 Vgl. BVerfG, Beschl. v. 10.12.2020, 1 BvR 1837/19, juris Rn. 7.

639 *Schnoor*, NStZ 2021, S. 76 (78); *Sternberg-Lieben*, GA 2021, S. 161 (175).

640 So auch *Schnoor*, NStZ 2021, S. 76 (78).

641 *Huth*, in: Patzak/Fabricius, AMG, § 96, Rn. 239; *Kusch/Hecker*, Handbuch der Sterbehilfe, S. 426.

642 *Schnoor*, NStZ 2021, S. 76 (78).

643 *Kusch*, ZRP 2011, S. 124. Vgl. ausführlich zur Strafbarkeit Dritter auch *Oğlakcıoğlu*, MedR 2019, S. 450 (455 f.).

cc) Zusammenfassung

Damit lässt sich zusammenfassend Folgendes feststellen: Ärzte machen sich keines Betäubungsmitteldelikts schuldig, indem sie sterbewilligen freiverantwortlich handelnden Personen ein Betäubungsmittel als Suizidpräparat verschreiben oder zum unmittelbaren Verbrauch überlassen. Auch gegen die suizidale Anwendung von Arzneimitteln bestehen keine strafrechtlichen Bedenken. Um für alle Betroffenen mehr Rechtssicherheit zu schaffen, wird jedoch eine baldige gesetzliche Regelung begrüßt, die Straffreiheit ausdrücklich garantiert.

III. Suizidassistenz – Keine ärztliche Aufgabe?

Im Folgenden soll ein Schwerpunkt auf die medizinethische und standesrechtliche Betrachtungsweise gelegt werden.

1. Medizinethik

„Ethik bedeutet Lehre vom sittlichen Handeln. ‚Sittliches Handeln ist das aus dem Gewissensanspruch erwachsende und vor diesem Anspruch auch verantwortete menschliche Verhalten in Gesinnung und Tat.‘“[644] Gerade unter dem Blickwinkel der rapide fortschreitenden medizinischen Wissenschaft und der sich stetig wandelnden Wertvorstellungen einer immer pluralistischeren[645] Gesellschaft stellen sich auch immer stärker ethische Fragen, ob die Medizin auch das, was sie kann, darf und wo im Einzelnen die Grenzen liegen.[646] Diese Fragen stellen sich vor allem insofern, als das Leben auch an seinem Ende im gewissen Rahmen immer mehr zur Disposition des individuell Betroffenen steht, wie die jüngste Rechtsprechung des BVerfG zum Recht auf selbstbestimmtes Sterben eindrücklich dokumentiert.

In dem durch ein besonderes Vertrauen geprägten Arzt-Patienten-Verhältnis hat auch die ärztliche Standesethik eine besondere das Recht mitprägende Stellung.[647] Daher rezipiert das Arztrecht auch die berufsethi-

---

644 *Katzenmeier/Lipp*, in: Laufs/Katzenmeier/Lipp, Arztrecht, I. A. II. 1., Rn. 5 m. w. N.

645 Vgl. zur „Pluralistische[n] Prägung medizinischer Ethik“ *Strätling*, in: Neumann, Suizidhilfe, S. 82 (97 ff. m. w. N.).

646 *Katzenmeier/Lipp*, in: Laufs/Katzenmeier/Lipp, Arztrecht, I. A. II. 1., Rn. 7 f.

647 BVerfG, Beschl. v. 25.07.1979, 2 BvR 878/74, juris Rn. 116, BVerfGE 52, 131; (169 f.); BGH, Urt. v. 04.07.1984, 3 StR 96/84, juris Rn. 30, BGHSt 32, 367 (378 f.).

schen Maximen und verleiht dem ärztlichen Gewissen ausdrücklich Geltung.[648] Die Wurzeln der ärztlichen Medizinethik liegen im sog. *Eid des Hippokrates*[649], der immer noch Bedeutung hat.[650] Dort heißt es als Kernsatz tabuisierend unter anderem: „Ich werde niemandem, auch auf eine Bitte nicht, ein tödlich wirkendes Gift geben und auch keinen Rat dazu erteilen".[651] Danach würde jede ärztlich assistierte Selbsttötung dem Berufsbild widersprechen.[652] Ob der Hippokratische Eid indes noch insgesamt zeitgemäß ist und universelle Gültigkeit beanspruchen kann, war umstritten[653] und deshalb wird dieser Eid mittlerweile auch nicht mehr geschworen, sondern durch jede medizinische Fakultät ein feierliches Gelöbnis für die Absolventen entwickelt.[654] Dem *Hippokratischen Eid* kann somit keine das Recht mitprägende Stellung mehr zukommen. Entgegen dem ausdrücklichen Wortlaut[655] praktizieren Ärzte jedoch schon etwa hunderttausendfach pro Jahr in Deutschland selbst den Schwangerschaftsabbruch, der sogar hilfloses „Leben" betrifft, ohne dass dies bisher zu einem Vertrauensverlust gegenüber der Ärzteschaft geführt hätte.[656] Eine fundamentale Aussage im *Hippokratischen Eid* hat aber immer noch eine dazu möglicherweise in Widerspruch stehende Relevanz, wie sie auch sinngemäß Eingang in § 1 Abs. 1 Bundesärzteordnung (BOÄ)[657] gefunden hat, nämlich: „Die Verordnungen werde ich treffen zum Nutzen der Kranken nach meinem Vermögen und Urteil, mich davon fernhalten, Verordnungen zu treffen zu

---

648 *Kern*, in: Laufs/Kern/Rehborn, Handbuch des Arztrechts, 1. Kap., § 3, Rn. 18.

649 Dieser ist über 2000 Jahre alt.

650 *Kern*, in: Laufs/Kern/Rehborn, Handbuch des Arztrechts, 1. Kap., § 3, Rn. 25; *Katzenmeier/Lipp*, in: Laufs/Katzenmeier/Lipp, Arztrecht, I. A. II. 1., Rn. 9.

651 Abgedruckt in *Katzenmeier/Lipp*, in: Laufs/Katzenmeier/Lipp, Arztrecht, Vor I.

652 So ausdrücklich *Klinkhammer*, DÄ 2012, A 781.

653 S. nur *Jäger*, JZ 2015, S. 875.

654 *Kern*, in: Laufs/Kern/Rehborn, Handbuch des Arztrechts, 1. Kap., § 4, Rn. 30 mit Hinweis auf das Leipziger Gelöbnis, das folgendermaßen offen formuliert ist: „Ich werde jedem Menschenleben von der Empfängnis an Ehrfurcht entgegenbringen und selbst unter Bedrohung meine ärztliche Kunst nicht in Widerspruch zu den Geboten der Menschlichkeit anwenden."

655 Im Hippokratischen Eid heißt es dazu: „gleicherweise werde ich keiner Frau ein fruchtabtreibendes Zäpfchen geben".

656 *Borasio et al.*, Selbstbestimmung im Sterben – Fürsorge zum Leben, S. 93.

657 Danach gilt: „Der Arzt dient der Gesundheit des einzelnen Menschen und des gesamten Volkes." (abgedruckt in *Katzenmeier/Lipp*, in: Laufs/Katzenmeier/Lipp, Arztrecht, Vor I.).

verderblichem Schaden und Unrecht."[658] Das daraus abgeleitete Heilungs- und Nichtschadensprinzip ist im Kontext der Suizidhilfe einer gegenläufigen Interpretation zugänglich, indem der Tod einerseits den größtmöglichen Schaden darstellen und andererseits, wenn er schmerzlos erfolgt, die Beendigung von Leid und damit Erlösung, mithin etwas „Gutes" bedeuten könnte.[659] Für Letzteres spricht auch eine modernde Interpretationshilfe in Gestalt des sog. *Genfer Gelöbnisses*[660], das als oberste Maxime ärztlichen Handelns die „Menschlichkeit" hervorhebt[661] und auch in der Präambel der (unverbindlichen) Musterberufsordnung für die in Deutschland tätigen Ärzte (MBO-Ä) Niederschlag gefunden hat. Zwar sollen Gesundheit und Wohlergehen oberstes Anliegen sein, gleichzeitig sind dabei aber auch die Autonomie und die Würde des Patienten zu respektieren.[662] Eine ausdrückliche Aussage zur Zulässigkeit des assistierten Suizids wird damit nicht getroffen. „Der Arzt [gilt] als Helfer, nicht als Beherrscher des Kranken"[663]. Unter ärztlicher Hilfe verstehen einige Unterschiedliches und zwar eben auch die Unterstützung beim Suizid.[664] Die Beendigung lebenserhaltender Therapien oder das Zulassen des Sterbens ist seit Jahren Alltag in Deutschland, weil nach dem Verständnis ärztlicher beziehungsweise

658 Abgedruckt in *Katzenmeier/Lipp*, in: Laufs/Katzenmeier/Lipp, Arztrecht, Vor I.

659 *Kampmann*, Die Pönalisierung der geschäftsmäßigen Förderung der Selbsttötung, S. 148.

660 Dabei handelt es sich um ein vom Weltärztebund 1948 in Genf beschlossene Deklaration in der von der deutschen Ärzteschaft 2017 modifizierten Neufassung ärztlicher Berufspflichten (https://www.bundesaerztekammer.de/fileadmin/user_upload/downloads/pdf-Ordner/International/bundersaaerztekammer_deklaration_von_genf_04.pdf [abgerufen am 17.09.2023]).

661 https://www.bundesaerztekammer.de/fileadmin/user_upload/downloads/pdf-Ordner/International/bundersaaerztekammer_deklaration_von_genf_04.pdf (abgerufen am 17.09.2023): „Als Mitglied der ärztlichen Profession gelobe ich feierlich, mein Leben in den Dienst der Menschlichkeit zu stellen."

662 https://www.bundesaerztekammer.de/fileadmin/user_upload/downloads/pdf-Ordner/International/bundersaaerztekammer_deklaration_von_genf_04.pdf (abgerufen am 17.09.2023): „Die Gesundheit und das Wohlergehen meiner Patientin oder meines Patienten werden mein oberstes Anliegen sein. Ich werde die Autonomie und Würde meiner Patientin oder meines Patienten respektieren. Ich werde den höchsten Respekt vor menschlichem Leben wahren."

663 *Laufs/Katzenmeier*, in: Laufs/Katzenmeier/Lipp, Arztrecht, I. A. II. 1., Rn. 7.

664 *Borasio et al.*, Selbstbestimmung im Sterben – Fürsorge zum Leben, S. 93.

medizinischer Ethik der Lebensschutz keine absolute Verpflichtung ist.[665] Die größte Gruppe der Suizidwilligen leidet an schweren somatischen Erkrankungen, sodass Ärzte sinnvollerweise mit Suizidhilfe betraut werden, einschließlich der Koordinierung des interdisziplinären Beratungs- und Betreuungsprozesses, zumal sie die nötigen Kenntnisse und Fertigkeiten für eine fürsorge- und lebensorientierte Durchführung dieser komplexen Aufgabe besitzen.[666] Das gilt indes auch für einen von einem Krankheitsprozess abgekoppelten Suizidwunsch eines Betroffenen, der sich in autonomer Entscheidung zum Suizid mit Hilfe eines dazu bereiten Arztes entschließt; denn auch hier ist die autonome Entscheidung als *ultima ratio* zu respektieren.[667] Die ärztliche Gewissensentscheidung zur Suizidhilfe ist auch dort als letzte Instanz ärztlicher Handlungsfreiheit anzuerkennen.[668]

2. Standes„recht“

Die *Bundesärztekammer* (*BÄK*) gibt seit 1979 Richtlinien, später Grundsätze genannt, zur ärztlichen Sterbebegleitung heraus, die gemäß den Entwicklungen in der Medizin und in der Judikatur in unregelmäßigen Abständen redigiert werden[669] und eine orientierende Entscheidungshilfe darstellen. Zuletzt wurden die Grundsätze 2011 aufgrund des Urteils des BGH vom 25.06.2010[670] zum sog. Behandlungsabbruch angepasst und seitdem heißt es in der Präambel: „Aufgabe des Arztes ist es, unter Achtung des Selbstbestimmungsrechtes des Patienten Leben zu erhalten, Gesundheit zu schützen und wiederherzustellen sowie Leiden zu lindern und Sterbenden bis zum Tod beizustehen. Die ärztliche Verpflichtung zur Lebenserhaltung besteht daher nicht unter allen Umständen. [...] Er muss dabei den Willen

665 *Borasio et al.*, Selbstbestimmung im Sterben – Fürsorge zum Leben, S. 93; so i. E. auch *Arnold*, in: Neumann, Suizidhilfe, S. 22 (45).

666 *Arnold*, in: Neumann, Suizidhilfe, S. 22 (25 f.).

667 Vgl. dazu auch *de Ridder*, in: Neumann, Suizidhilfe, S. 73 (74), der zumindest im palliativen Kontext darauf abstellt, dass das „Wohl des Patienten [...] letztlich vom Patienten definiert wird“.

668 Vgl. dazu auch BVerwG, Urt. v. 18.07.1967, 1 C 9.66, juris Rn. 20, BVerwGE 27, 303 (306), wonach die Freiheit der Gewissensentscheidung „als ein Kernstück der ärztlichen Ethik eine immanente und wesenseigene Beschränkung jeder berufsständischen Rechtsetzungsgewalt“ bilde.

669 *BÄK*, DÄ 2011, A 346 (Vorwort).

670 BGH, Urt. v. 25.06.2010, 2 StR 454/09, BGHSt 55, 191 ff.

des Patienten achten. [...] Die Mitwirkung des Arztes bei der Selbsttötung ist keine ärztliche Aufgabe. Diese Grundsätze sollen dem Arzt eine Orientierung geben, können ihm jedoch die eigene Verantwortung in der konkreten Situation nicht abnehmen. Alle Entscheidungen müssen unter Berücksichtigung der Umstände des Einzelfalls getroffen werden."[671] Wenngleich der ärztlich assistierte Suizid danach keine ärztliche Aufgabe darstellt, so ist doch der Patientenwille eine zentrale Richtschnur für das ärztliche Handeln und kann somit eine an den Umständen des Einzelfalls orientierte Entscheidung des Arztes legitimieren. Im Unterschied zur Version der Grundsätze zur Sterbebegleitung aus dem Jahr 2004 war dies ein deutlich liberalerer Ansatz, weil die ärztliche Mitwirkung am Suizid dem ärztlichen Ethos widersprechen sollte und strafbar gewesen sein könnte.[672] Die von der *BÄK* daraufhin erlassene Musterberufsordnung für die in Deutschland tätigen Ärztinnen und Ärzte (MBO-Ä) sah aufgrund Beschlusses des 114. Deutschen Ärztetags[673] 2011 in § 16 S. 3 in Widerspruch dazu dann jedoch ein ausdrückliches berufsrechtliches Verbot ärztlicher Suizidhilfe vor,[674] das als nicht unmittelbar bindender Normierungsvorschlag[675] teilweise als berufsordnungsrechtliche Regelung in das Satzungsrecht der Landesärztekammern übernommen wurde. Auch wenn das ärztliche Berufsrecht nicht Gegenstand der Verfassungsbeschwerde vor dem BVerfG war, stellte dieses dennoch fest, dass die in den meisten Berufsordnungen der Landesärztekammern verankerten berufsrechtlichen Verbote ärztlicher Suizidhilfe die Verwirklichung selbstbestimmten Sterbens nicht nur geografischen Zufälligkeiten unterstellten, sondern für die Ärzteschaft zumindest faktisch handlungsleitend wirkten, ohne dass es darauf ankomme, ob diese Verbo-

---

671 *BÄK*, DÄ 2011, A 346 f.

672 *BÄK*, DÄ 2004, A 1298; s. dazu auch *Gavela*, Ärztlich assistierter Suizid und organisierte Sterbehilfe, S. 60.

673 „Der Deutsche Ärztetag ist die Hauptversammlung der Bundesärztekammer, das »Parlament der Ärzteschaft«, und findet in der Regel einmal jährlich an wechselnden Orten statt. Die 17 deutschen Ärztekammern entsenden insgesamt 250 Abgeordnete zum Deutschen Ärztetag. Zu den Aufgaben des Deutschen Ärztetages gehört es, unter anderem Regelungen zum Berufsrecht (z. B. die Muster-Berufsordnung und die Muster-Weiterbildungsordnung) zu erarbeiten und zu verabschieden sowie die Positionen der Ärzteschaft zu aktuellen gesundheits- und sozialpolitischen Diskussionen der Gesellschaft zu artikulieren und sie der Öffentlichkeit zu vermitteln." (https://www.bundesaerztekammer.de/aerztetag/ [abgerufen am 17.09.2023]).

674 BVerfG, Urt. v. 26.02.2020, 2 BvR 2347/15, BVerfGE 153, 182 (293, Rn. 291).

675 *Lindner*, NJW 2013, S. 136 (138).

te rechtswirksam und gültig[676] seien.[677] Das ärztliche Berufsrecht steht der Suizidhilfe jedoch nicht mehr generell entgegen. Der 124. Deutsche Ärztetag hat am 4./5.05.2021 eine Änderung der Musterberufsordnung beschlossen und § 16 S. 3 MBO-Ä aufgehoben.[678] Sofern daraufhin noch nicht unverzüglich alle Berufsordnungen geändert wurden und weiterhin ausdrückliche Verbote von Hilfe zum Suizid enthielten, war davon auszugehen, dass dies nicht so bleiben würde.[679] Das berufsrechtliche Verbot der Suizidassistenz ist mittlerweile auch von allen 17 Landesärztekammern aufgehoben worden.[680] Nunmehr heißt es in den „Hinweise[n] der Bundesärztekammer zum ärztlichen Umgang mit Suizidalität und Todeswünschen nach dem Urteil des Bundesverfassungsgerichts zu § 217 StGB" auch ausdrücklich: „Es bleibt eine freie und individuelle Entscheidung, ob sich ein Arzt in einem konkreten Einzelfall dazu entschließt, Hilfe zur Selbsttötung zu leisten und an einem Suizid mitzuwirken."[681]

---

676 Für formell verfassungswidrig (wegen Verstoßes gegen den Vorbehalt des Gesetzes): z. B. VG Berlin, Urt. v. 30.03.2012, 9 K 63.09, juris, Rn. 54; *Lindner*, NJW 2013, S. 136 (137 f.); *Jäger*, JZ 2015, S. 875 (884); für sogar materiell verfassungswidrig (wegen Verstoßes gegen den Grundsatz der Verhältnismäßigkeit aufgrund der Ausnahmslosigkeit der Verbote): z. B. *Borasio et al.*, Selbstbestimmung im Sterben – Fürsorge zum Leben, S. 56 ff.

677 BVerfG, Urt. v. 26.02.2020, 2 BvR 2347/15, BVerfGE 153, 182 (292 f., Rn. 290 ff.).

678 *124. Deutscher Ärztetag*, Beschlussprotokoll, TOP IVb, S. 156.

679 So auch OVG NRW, Urt. v. 02.02.2022, 9 A 146/21, BeckRS 2022, S. 1147, Rn. 65; vgl. auch BVerfG, Urt. v. 26.02.2020, 2 BvR 2347/15, BVerfGE 153, 182 (309, Rn. 341), das „eine konsistente Ausgestaltung des Berufsrechts der Ärzte" für erforderlich hält.

680 Zuletzt in Brandenburg durch die achte Satzung zur Änderung der Berufsordnung vom 07.10.2022.

681 *BÄK*, DÄ 2021, A 1428 (A 1431).

C. Aktuelle Entwicklung zur Neuregelung der Suizidhilfe

In der nach wie vor äußerst kontrovers geführten Diskussion über eine Neuregelung der Suizidhilfe lagen zunächst drei, später teilweise zusammengefasst zwei interfraktionelle parlamentarische Gesetzesinitiativen sowie ein Antrag zur Stärkung der Suizidprävention zur Abstimmung vor. Keine der Gesetzesinitiativen erlangte die nötige Mehrheit, der Antrag zur Stärkung der Suizidprävention wurde hingegen nahezu einmütig angenommen. Zentral ist, dass alle Gesetzesvorschläge ausdrücklich einen legalen Zugang zu letal wirkenden Betäubungsmitteln schaffen wollten und zum Schutz der Selbstbestimmung eine Beratung vorsahen. Gemeinsam war allen Entwürfen auch, dass sie die Strafbarkeit der Tötung auf Verlangen in § 216 StGB unberührt ließen. Insoweit fand der Konsens aber auch schon seine Grenzen. Während der Gesetzentwurf um den Abgeordneten *Castellucci* die „geschäftsmäßige Förderung der Selbsttötung" erneut in einem *§ 217 StGB-E* grundsätzlich pönalisieren wollte, bezweckten die beiden anderen Entwürfe jeweils in einem Spezialgesetz in Umsetzung des Selbstbestimmungsrechts die Ermöglichung von Suizidassistenz. Der restriktive Entwurf um *Castellucci* folgte dabei einer Rechtfertigungslösung, indem Förderungshandlungen in engen Grenzen für rechtmäßig erklärt werden sollten, wenn der Suizidwillige volljährig und einsichtsfähig ist, im Mindestabstand von drei Monaten wenigstens zwei Mal fachpsychiatrisch untersucht wurde, dazwischen ein vom untersuchenden Facharzt für Psychiatrie und Psychotherapie koordiniertes bedarfsorientiertes Beratungsgespräch stattgefunden hat und danach eine Wartefrist von mindestens zwei und höchstens acht Wochen bis zum Vollzug der Selbsttötung eingehalten wurde. Eine Zwischenlösung verfolgte die Gruppe um *Künast/Keul*, deren Regulierungsvorschlag Selbsttötungswünsche in „gegenwärtigen medizinischen Notlagen" von sonstigen Suizidwünschen verfahrensmäßig abgrenzen, Verstöße gegen Dokumentationspflichten strafrechtlich ahnden wollte und eine Vielzahl von ordnungswidrigkeitenrechtlichen Sanktionen beinhaltete, welche unter anderem gewerblich handelnden „geschäftsmäßigen Hilfeanbietern" drohen sollte. Gänzlich auf Sanktionen verzichtete indes der liberalste Entwurf der Abgeordneten um *Helling-Plahr*. Dieser überantwortet ein Beratungsangebot an staatliche anerkannte Beratungsstellen. Einem Arzt wird nur dann eine Schlüsselposition zugeschrieben, wenn „Arzneimittel zum Zweck der Selbsttötung“ verschrieben werden sollen.

Am 06.07.2023 standen jedoch nunmehr nur noch zwei Gesetzentwürfe zur Suizidhilfe von fraktionsübergreifenden Gruppen zur 115. Sitzung des Bundestages in zweiter und dritter Beratung auf der Tagesordnung. Zwei der ursprünglich drei Entwürfe – den Entwurf der Gruppe um die Abgeordnete *Helling-Plahr* (BT-Drs. 20/2332) und den Entwurf der Gruppe um die Abgeordnete *Künast* (BT-Drs. 20/2293) – legte der federführende Rechtsausschuss auf Antrag der beiden Gruppen zusammen, die damit die Chancen auf eine Mehrheit erhöhen wollten. Der anfänglich dritte Entwurf einer Gruppe um den Abgeordneten *Castellucci* (BT-Drs. 20/904) passierte das Gremium in geänderter Fassung.[682]

Die Ausgestaltungsoptionen polarisierten und ähnelten dabei denjenigen früherer Gesetzentwürfe aus dem Jahre 2015.[683] Sie spiegeln den Grunddissens zwischen der Freiheits- und Schutzdimension beim Recht auf selbstbestimmtes Sterben wider. *Eberbach* stellt in diesem Zusammenhang deshalb auch fest, dass bei der Auswahl zwischen den Vorschlägen zwei „innere Vorgaben“ normativ handlungsleitend seien: „Vorverständnis und Methodenwahl in der Rechtsfindung“ und „Grundsatzfragen sind nicht kompromissfähig, sondern nur entscheidungsfähig“.[684] *Kubiciel* mahnt aus rechtsvergleichender Perspektive in der Auseinandersetzung mit den unterschiedlichen Regulierungsmodellen schließlich auch dazu, dass sich der Gesetzgeber Gewissheit über seine Ziele verschaffen müsse und eine rechtssichere Straffreistellung schlanker ausfallen könne als eine Regelung, die vor übereilten Suizidentschlüssen schützen wolle.[685]

I. Interfraktionelle Gesetzentwürfe in der 20. Wahlperiode des Bundestages

Dem Gesetzgeber steht ein großer Gestaltungsspielraum zu und er kann sowohl aus der Vergangenheit als auch gegenwärtig auf eine mittlerwei-

[682] S. zum Ganzen BT-Drs. 20/7624, S. 6 f.
[683] S. dazu ausführlicher *Eberbach*, MedR 2022, S. 455.
[684] *Eberbach*, MedR 2022, S. 455 (460 m. w. N.).
[685] *Kubiciel*, VerfBlog, Beitr. v. 28.06.2022.

le kaum mehr überschaubare Vielzahl von Vorschlägen[686] zur Neuregelung der Suizidhilfe zurückgreifen.[687] Um die aktuelle Debatte jedoch noch übersichtlich zu halten, findet im Folgenden eine Konzentration auf die aussichtsreichsten Anträge aus der Mitte des Bundestages statt, die im Folgenden näher dargestellt werden.

1. Entwurf zur Strafbarkeit der geschäftsmäßigen Hilfe zur Selbsttötung und zur Sicherstellung der Freiverantwortlichkeit der Entscheidung zur Selbsttötung

Mit der BT-Drs. 20/904 um die Abgeordneten *Lars Castellucci (SPD)*, *Ansgar Heveling (CDU)*, *Kirsten Kappert-Gonther (Bündnis 90/Die Grünen)*, *Benjamin Strasser (FDP)* und *Kathrin Vogler (Linke)* wurde ein Gesetzentwurf zur Strafbarkeit der geschäftsmäßigen Hilfe zur Selbsttötung und zur Sicherstellung der Freiverantwortlichkeit der Entscheidung zur Selbsttötung eingebracht. Mit *§ 217 StGB-E* sollte eine Vorschrift erlassen werden, die im 16. Abschnitt des StGB wie folgt lauten sollte:

> *„§ 217*
> *Geschäftsmäßige Förderung der Selbsttötung*
> *(1) Wer in der Absicht, die Selbsttötung eines anderen zu fördern, diesem hierzu geschäftsmäßig die Gelegenheit gewährt, verschafft oder vermittelt, wird mit Freiheitsstrafe bis zu drei Jahren oder mit Geldstrafe bestraft.*

686 Das *Bundesministerium für Gesundheit* (*BMG*) hatte am 15.04.2020 insgesamt 30 verschiedene Verbände, Institutionen und Wissenschaftler dazu aufgefordert, Vorschläge für Eckpunkte einer Neuregelung der Suizidhilfe abzugeben (BT-Drs. 19/21119, S. 1). Wie der Antwort der *Bundesregierung* vom 03.08.2020 auf die Kleine Anfrage von einigen Abgeordneten und der *FDP-Fraktion* (BT-Drs. 19/19053) zu entnehmen war, sind im *BMG* 52 Stellungnahmen (soweit eine Freigabe erfolgt ist, finden sich diese unter: https://www.bundesgesundheitsministerium.de/service/gesetze-und-verordnungen/guv-19-lp/stellungnahmen-refe/neuregelung-der-suizidassistenz.html [abgerufen am 17.09.2023]) eingegangen, davon 30 initiativ (BT-Drs. 19/21373, S. 4, Antwort zu den Fragen 11 bis 13). Unter Einbeziehung der eingegangenen Stellungnahmen hat das *BMG* außerdem einen Diskussionsentwurf (https://www.bundesgesundheitsministerium.de/fileadmin/Dateien/3_Downloads/Gesetze_und_Verordnungen/GuV/S/Diskussionsentwurf_Suizidhilfe_Gesetz.pdf (abgerufen am 17.09.2023) als Beitrag zur weiteren Diskussion der mit einer Neuregelung der Suizidassistenz verbundenen komplexen Fragen erstellt (BT-Drs. 19/32360, S. 2).

687 So auch *Grünewald*, JR 2021, S. 99 (104); vgl. nur die überblicksartige Darstellung von *Neumann*, NJOZ 2021, S. 385 ff. oder *Rostalski*, GA 2022, S. 209 ff.

(2) Die Förderungshandlung im Sinne des Absatzes 1 ist nicht rechtswidrig, wenn
1. die suizidwillige Person volljährig und einsichtsfähig ist,
2. die Untersuchung durch einen nicht an der Selbsttötung beteiligten Facharzt oder durch eine nicht an der Selbsttötung beteiligte Fachärztin für Psychiatrie und Psychotherapie ergibt, dass keine die autonome Entscheidungsfindung beeinträchtigende psychische Erkrankung vorliegt und nach fachlicher Überzeugung das Sterbeverlangen freiwilliger, ernsthafter und dauerhafter Natur ist; dies setzt in der Regel mindestens zwei Termine mit einem Mindestabstand von drei Monaten voraus,
3. mindestens ein individuell angepasstes, umfassendes und ergebnisoffenes Beratungsgespräch nach Maßgabe des untersuchenden Facharztes oder der untersuchenden Fachärztin für Psychiatrie und Psychotherapie gemäß Nummer 2 mit einem multiprofessionellen und interdisziplinären Ansatz bei einem weiteren Arzt oder einer weiteren Ärztin, einem Psychotherapeut oder einer Psychotherapeutin, einer psychosozialen Beratungsstelle, einer Suchtberatung oder einer Schuldenberatung stattgefunden hat, welches mindestens die folgenden Punkte umfasst:
a) Aufklärung über den mentalen und physischen Zustand,
b) Möglichkeiten der medizinischen Behandlung und Alternativen zur Selbsttötung,
c) Hinweis auf weitere Beratungsmöglichkeiten und
d) mögliche psychologische und physische Auswirkungen eines fehlgeschlagenen Selbsttötungsversuches sowie soziale Folgen einer durchgeführten Selbsttötung,
4. zwischen der letzten Untersuchung gemäß Nummer 2, die auf das letzte Beratungsgespräch gemäß Nummer 3 folgt, und der Selbsttötung eine Wartefrist von mindestens zwei Wochen liegt und die Selbsttötung höchstens zwei Monate nach der letzten psychiatrische Untersuchung nach Nummer 2 erfolgt.
In begründeten Ausnahmefällen, insbesondere dann, wenn die Durchführung von zwei Untersuchungsterminen für die zur Selbsttötung entschlossene Person nicht zumutbar ist, etwa bei Vorliegen einer nicht heilbaren, fortschreitenden und weit fortgeschrittenen Erkrankung bei einer zugleich begrenzten Lebenserwartung, und nach der fachlichen Überzeugung des untersuchenden Facharztes oder der untersuchenden Fachärztin für Psychiatrie und Psychotherapie gemäß Satz 1 Nummer 2

von einer weiteren Untersuchung offensichtlich keine weitere Erkenntnis zur Freiwilligkeit, Ernsthaftigkeit und Dauerhaftigkeit des Sterbeverlangens zu erwarten ist, kann die Feststellung nach Satz 1 Nummer 2 bereits nach einem Untersuchungstermin erfolgen. Alle benannten Punkte sind zu dokumentieren.
(3) Als Teilnehmer bleibt straffrei, wer selbst nicht geschäftsmäßig handelt und entweder Angehöriger des in Absatz 1 genannten anderen ist oder diesem nahesteht."

Der Gesetzentwurf sollte den für die Freiverantwortlichkeit besonders sensiblen Bereich der geschäftsmäßigen Hilfe zur Selbsttötung regeln und diese deshalb auch unabhängig von konkreten Einflussnahmen Dritter aus generalpräventiven Erwägungen grundsätzlich in *§ 217 Abs. 1 StGB-E* unter Strafe stellen, wenn zum Schutz der Selbstbestimmung und des Lebens nicht besondere prozessuale Ausnahmevoraussetzungen nach *Abs. 2* der Vorschrift erfüllt werden.[688] *§ 217 Abs. 3 StGB-E* sollte dann bei Vorliegen besonderer persönlicher Merkmale als persönlichen Strafausschließungsgrund normieren, dass straflos bleibe, wer selbst nicht geschäftsmäßig handele und entweder Angehöriger des Suizidwilligen sei oder diesem nahestehe (vgl. zu diesem Begriff zum Beispiel auch § 35 Abs. 1 StGB).

Zentral wäre damit, wie in *§ 217 StGB a. F.* auch schon, die Geschäftsmäßigkeit der suizidfördernden Handlung gewesen, also die auf Wiederholung angelegte Suizidhilfe[689]. Damit wollte sich der Gesetzentwurf klar gegen das Handeln unregulierter Suizidhilfeangebote positionieren, von denen eine abstrakte Gefährdung für die Selbstbestimmung ausgehen könne.[690] Bei geschäftsmäßiger Suizidhilfe stünden, wie das BVerfG als plausible Annahme bestätigt habe, Leistungen im Vordergrund, welche auf die Durchführung der Selbsttötung gerichtet seien und daher die freie Willensbildung und Entscheidungsfähigkeit gefährdeten.[691] Gerade bei alten und kranken Menschen könne sich die geschäftsmäßige Suizidhilfe mit Verweis auf das BVerfG aufgrund des ansteigenden Kostendrucks im Pflege-

[688] BT-Drs. 20/904 S. 2 f., 9.
[689] BT-Drs. 20/904, S. 9, 12.
[690] BT-Drs. 20/904, S. 12 f.
[691] BT-Drs. 20/904, S. 12 m. Hinweis auf BVerfG, Urt. v. 26.02.2020, 2 BvR 2347/15, BVerfGE 153, 182 (276, Rn. 249); krit. z. B. *Hecker*, StV 2023, S. 57 (61), nach dem das unrechtsneutrale Merkmal die besondere Gefahrenträchtigkeit des Verhaltens nicht zu kennzeichnen vermöge.

und Gesundheitswesen als „normale Form der Lebensbeendigung“ etablieren, was es zu verhindern gelte.[692] „Das abstrakte Gefährdungsdelikt [sei] ein idealtypisches Instrument für einen vorbeugenden Rechtsgüterschutz, [...] ohne dass ein konkretes Schutzgut in seiner Existenz oder Sicherheit effektiv betroffen zu sein braucht“.[693] Diese generalpräventive Wirkung werde dann durch ein verbindliches Konzept staatlicher Suizidprävention wirksam als zweite Säule ergänzt.[694]

Damit aber die Umsetzung einer freiverantwortlichen Suizidentscheidung und die Inanspruchnahme der Hilfe Dritter nicht vereitelt werde, sollte auch die geschäftsmäßige Suizidhilfe nicht unrechtmäßig sein, wenn klar sei, dass es sich um eine freiverantwortliche Selbsttötung handelt. § 217 *Abs. 2 StGB-E* sollte daher regeln, unter welchen Rechtmäßigkeitsvoraussetzungen die geschäftsmäßige Hilfe zur Selbsttötung nicht strafbewehrt sei. Diese Voraussetzungen seien „kumulativ und iterativ zu erfüllen“[695]. Minderjährige sollten dabei von der Suizidhilfe „im Interesse der Einheit der Rechtsordnung“ von vornherein ausgeschlossen sein (vgl. *S. 1 Nr. 1* der Vorschrift) und auch Vorausverfügungen, die eine selbstbestimmungsfähige Person für einen in der Zukunft liegenden Zustand fehlender Freiverantwortlichkeit abgefasst hat, um dann Suizidhilfe in Anspruch nehmen zu können.[696] Erforderlich nach *§ 217 Abs. 2 S. 1 Nr. 2 StGB- E* sollten dann in der Regel in mindestens zwei Terminen in einem Mindestabstand von drei Monaten erfolgende Untersuchungen durch einen Facharzt für Psychiatrie und Psychotherapie und mindestens ein den beiden Terminen zwischengeschaltetes, individuell angepasstes, umfassendes Beratungsgespräch nach *§ 217 Abs. 2 S. 1 Nr. 3 StGB-E* mit einem multiprofessionellen und interdisziplinären Ansatz sein. Dieses sollte bei einem weiteren Arzt, einem Psychotherapeuten, einer psychosozialen Beratungsstelle, einer Suchtberatung oder einer Schuldnerberatung stattfinden. Der Facharztvorbehalt war laut Gesetzesbegründung mit Verweis auf empirische Daten dem Umstand geschuldet, dass der Selbsttötungsentschluss

---

692 BT-Drs. 20/904, S. 12 m. Hinweis auf BVerfG, Urt. v. 26.02.2020, 2 BvR 2347/15, BVerfGE 153, 182 (276, Rn. 279f., 250, Rn. 257).

693 BT-Drs. 20/904, S. 13 m. Hinweis auf BVerfG, Urt. v. 26.02.2020, 2 BvR 2347/15, BVerfGE 153, 182 (284 f., Rn. 270).

694 BT-Drs. 20/904, S. 10.

695 BT-Drs. 20/904, S. 13.

696 BT-Drs. 20/904, S. 13 f.

in 20 bis 25% der Fälle von Depressionen, welche bei 40 bis 60% aller Suizide vorlägen, auf einer eingeschränkten Einwilligungsfähigkeit beruhe und diese von sonstigen Ärzten nur bedingt erkannt werden könnte.[697] Die Zeitspanne zwischen den Untersuchungsterminen sollte dabei der Feststellung von „Ernsthaftigkeit und Dauerhaftigkeit" des von im hohen Maße von „Volatilität und Ambivalenz" geprägten Selbsttötungsentschlusses dienen, was durch die hohe Fehlentscheidungsrate von 80 bis 90% nach überlebten Suizidversuchen belegt werde.[698] Dass in dem Entwurf indes in *§ 217 Abs. 2 S. 1 Nr. 2 StGB-E* zwei Untersuchungstermine in einem fixen Mindestabstand von drei[699] Monaten grundsätzlich vorgesehen waren, sei (noch) zulässig, weil der assistierte Suizid immer noch als wenig erforscht gelten müsse und entsprechende Regelungen lediglich einer Vertretbarkeitskontrolle unterlägen.[700] Wichtig wäre in diesem Zusammen-

---

697 BT-Drs. 20/904, S. 14 m. Hinweis auf BVerfG, Urt. v. 26.02.2020, 2 BvR 2347/15, BVerfGE 153, 182 (274 f., Rn. 245); krit. z. B. *Hecker*, StV 2023, S. 57 (62), der zwischen häufig kurzschlussartigen „Do-it-yourself-Suiziden" und Suizidhilfe als „eine[m] gereiften Entscheidungsprozess [...]" differenziert.

698 BT-Drs. 20/904, S. 14.

699 Diese konkrete zeitliche Streckung wird a. a. O. indes nur allgemein mit der „Volatilität und Ambivalenz" von Sterbewünschen und nicht mit konkreten wissenschaftlichen Erkenntnissen zu assistierten Suiziden begründet; dass diese noch fehlen, hätte zumindest deutlich gemacht werden müssen, weil der zeitliche Mindestabstand von drei Monaten zwischen Erst- und Zweituntersuchung ansonsten willkürlich erscheinen könnte. Krit. ist hier insb. in praktischer Hinsicht zu würdigen, dass die in *§ 217 Abs. 2 Nr. 4 S. 1 StGB-E* insgesamt grds. geforderte minimale Wartezeit von 14 Wochen zum Vollzug der Selbsttötung eine kürzere Wartezeit darstellt, als diejenige, die man üblicherweise in sonstigen Fällen auf einen Psychotherapieplatz aufgrund des Mangels an Kassensitzen durchschnittlich wartet, nämlich bundesweit 19,9 Wochen, also fast fünf Monate (*Jülich/Bräuniger*, WDR-Nachrichten [Stand: 20.07.2022, 15:46 Uhr]; d. h., dass einige Suizidwillige mit psychischen Problemen gar keine psychotherapeutische Behandlung mehr vor der Umsetzung ihres Suizidwunsches hätten erhalten können. „Unbeschadet dessen darf die Sicherstellung und Weiterentwicklung umfassender Suizidprävention keinesfalls von rechtssicheren Regelungen der Suizidassistenz verdrängt werden" (*Deutscher Ethikrat*, Suizid – Verantwortung, Prävention und Freiverantwortlichkeit, S. 148).

700 Da die Möglichkeiten des Gesetzgebers bei *§ 217 StGB a. F.*, sich im Bereich des noch wenig wissenschaftlich erforschten Phänomenbereichs des „assistierten Suizid[s]" ein hinreichend sicheres Urteil zu bilden, eingeschränkt waren, unterlag die Einschätzung und Prognose der dem Einzelnen oder der Allgemeinheit drohenden Gefahren bezüglich der Kontrolldichte des Gerichts lediglich einer Vertretbarkeitskontrolle (BVerfG, Urt. v. 26.02.2020, 2 BvR 2347/15, BVerfGE 153, 182 (268, Rn. 224 f, 272 f., Rn. 237 f.); a. A. z. B. *Hörnle*, JZ 2020, S. 872 (877 m. w. N.). Dies dürfte zumindest auch in näherer

hang jedoch gewesen, dass der Gesetzentwurf auch entsprechende wissenschaftliche Evaluationspflichten für die Zukunft vorgesehen hätte.[701] In *§ 217 Abs. 2 S. 2 StGB-E* wurde dann die Regelung aufgenommen, dass in besonderen Situationen begrenzter Lebenserwartung ausnahmsweise eine zeitliche Verkürzung des Verfahrens zur Feststellung der Freiverantwortlichkeit zugelassen wird.[702] Derartige am Einzelfall orientierte Ausnahmeregelungen erscheinen nämlich notwendig, weil eine starre „prozedurale" Fristenregelung ansonsten einer materiellen Vernünftigkeitskontrolle gleichkäme.[703]

Nach *§ 217 Abs. 2 S. 3 StGB-E* wären schließlich „[a]lle benannten Punkte [. . .] zu dokumentieren" gewesen, was laut Gesetzesbegründung der Rechtssicherheit der Suizidhilfe Leistenden diene,[704] wobei offen bleibt, welchen Dokumentierungsgrad die Aufzeichnungen erhalten sollten.

Zudem sollte zunächst auch die Werbung für Angebote geschäftsmäßiger Suizidhilfe im Gegensatz zur Sachaufklärung durch vor allem Ärzte unter bestimmten Voraussetzungen in einem neuen *§ 217a StGB-E*[705] strafbar sein. Die Strafbewehrung von bestimmten Formen der Werbung wurde anfänglich wegen der Neuausrichtung in *§ 217 StGB-E* für erforderlich angesehen.[706]

Schließlich enthielt der Gesetzentwurf auch noch eine Regelung für den Zugang zu Betäubungsmitteln, die in *§ 13 Abs. 1 S. 3 und 4 BtMG-E* wie folgt lautet:

Zukunft noch so der Fall bleiben, weil der Phänomenbereich des assistierten Suizids erst jetzt intensiver erforscht wird, beansprucht aber keine zeitlose Gültigkeit.

701 So in *§ 9* des Gesetzentwurfs BT-Drs. 20/2293, S. 7, 16 von *Künast/Keul et al.* geschehen, vgl. zur Notwendigkeit von wissenschaftlichen Begleituntersuchungen des Phänomenbereichs „assistierter Suizid" auch *Neumann*, NJOZ 2021, S. 385 (387).

702 BT-Drs. 20/904, S. 3, 6, 15 f.

703 Vgl. auch BVerfG, Urt. v. 26.02.2020, 2 BvR 2347/15, BVerfGE 153, 182 (309, Rn. 340). *Höfling*, ZME 2020, 249 (255) stellt in Frage, inwieweit ein prozedurales Schutzkonzept inhaltsneutral formuliert werden könne und *Rixen*, in: Deutscher Ethikrat, Recht auf Selbsttötung?, S. 27 (30, Transkription) fragt kritisch: „Was meint ‚prozedural'? Also wann kippt gleichsam eine prozedurale Vorkehrung in materielle Vernünftigkeitskontrolle?"

704 BT-Drs. 20/904, S. 16; krit. sieht *Hecker*, StV 2023, S. 57 (64) die fehlende Anwendbarkeit der Ausnahmevorschrift bei „beginnender Demenz", weil diese bei entsprechender Progredienz „nicht zugleich mit einer begrenzten Lebenserwartung verbunden" sei.

705 In BT-Drs. 18/5373, S. 13 wurde ein Werbeverbot noch als ein nicht zu rechtfertigender Eingriff in die Meinungsfreiheit erachtet.

706 BT-Drs. 20/904, S. 16.

„Die Anwendung ist begründet, wenn die Voraussetzungen des § 217 Absatz 2 des Strafgesetzbuches erfüllt sind. Satz 3 gilt nur für Ärzte.“

Damit sollte der Zugang zu tödlich wirkenden Betäubungsmitteln nach Anlage III des BtMG allein dem Aufgabenbereich von Ärzten zugeschrieben werden. Allerdings enthielt die Vorschrift keine Ausführungsbestimmungen oder eine Verordnungsermächtigung für die BtMVV zum sicheren Umgang und zur ordnungsgemäßen Aufbewahrung der letal wirkenden Betäubungsmittel.[707]

Ebenso fehlten entsprechende Regelungen im AMG und/oder der AMVV gänzlich. Um Missbrauch durch Dritte möglichst zu verhindern, sollte die Ausgabe nur an den ärztlichen Suizidassistenten erfolgen.[708]

Gegenüber dem ursprünglichen Entwurf nahm der Rechtsausschuss jedoch später auf Antrag der Gruppe *Castellucci* einige Änderungen an. Unter anderem sollte durch Ergänzungen im SGB XI (Soziale Pflegeversicherung) sowie im Wohn- und Betreuungsvertragsgesetz sichergestellt werden, dass „Einrichtungen des Gesundheits- und Sozialwesens grundsätzlich nicht verpflichtet sind, an einer Selbsttötung mitzuwirken oder die Durchführung von Förderungshandlungen zur Selbsttötung in ihren Räumlichkeiten zu dulden“, wie es in dem Änderungsantrag lautet.[709] Gestrichen wurde das ursprünglich in *§ 217a StGB-E* enthaltene Werbeverbot für die Hilfe zur Selbsttötung.[710] Gegenüber dem ursprünglichen Entwurf wurde mit dem Änderungsantrag auch der Kreis der Personen, welche die Ernsthaftigkeit des Suizidbegehrens untersuchen sollten, um Psychotherapeuten erweitert.[711] Insgesamt haben laut Drucksache 111 Abgeordnete aller Fraktionen mit Ausnahme der *AfD* den Entwurf mitgezeichnet.

2. Entwurf zum Schutz des Rechts auf selbstbestimmtes Sterben und zur Änderung weiterer Gesetze

Mit der BT-Drs. 20/2293 um die Abgeordneten *Renate Künast (Bündnis 90/Die Grünen)*, *Nina Scheer (SPD)*, *Katja Keul*, *Canan Bayram*,

[707] Vgl. dazu auch BVerfG, Urt. v. 26.02.2020, 2 BvR 2347/15, BVerfGE 153, 182 (309 f., Rn. 342).

[708] Vgl. *Spittler*, NJOZ 2020, S. 545 (548).

[709] BT-Drs. 20/7624, S. 9 f.

[710] BT-Drs. 20/7624, S. 6.

[711] BT-Drs. 20/7624, S. 8.

Lukas Benner, Dr. Franziska Brantner (alle Bündnis 90/Die Grünen), Prof. Dr. Edgar Franke (SPD) und *Cornelia Möhring (Linke)* zum Schutz des Rechts auf selbstbestimmtes Sterben und zur Änderung weiterer Gesetze wurde ein Entwurf vorgelegt, der den Betroffenen einen sicheren Zugang zu den von ihnen zur Verwirklichung ihres Suizidwunschs erstrebten Betäubungsmitteln eröffnen wollte,[712] wobei danach differenziert wurde, „ob die Betroffenen ihren Tod wegen einer schweren Krankheit anstreben oder aus anderen Gründen."[713] Allein das vorgeschlagene Gesetz zum Schutz des Rechts auf selbstbestimmtes Sterben (*SbStG-E*) sollte aus zwölf Paragrafen bestehen.[714] Die Entwurfsverfasser folgten dabei der mittlerweile klassischen Gesetzessystematik, welche mit einer Zweckfestlegung beginnt, Begriffsbestimmungen anschließt, inhaltliche Regelungen folgen lässt und mit abschließenden (Ausführungs-)Bestimmungen endet.

In *§ 1 Abs. 2 SbStG-E* wurde in Übereinstimmung mit dem BVerfG klargestellt, dass „[n]iemand verpflichtet werden [könne], Suizidhilfe zu leisten" und in der Gesetzesbegründung wird auch darauf hingewiesen, dass dies etwa auch für einen in einer Behörde tätigen Beamten oder Beschäftigten gelte, jedoch nicht für Behörden, die nach *§ 4 SbStG-E* alternativ den Zugang zu Betäubungsmitteln prüfen.[715] *§ 2 SbStG-E* lieferte zentrale Begriffsdefinitionen wie die des „Sterbewilligen" (*Abs. 1 S. 1*) oder des „freien Willens" (*Abs. 1 S. 2–4*).[716] Der Gesetzesvorschlag legte dabei zwingend fest, dass Sterbewillige nur volljährige Personen sein dürfen, versuchte dies aber später in seiner Gesetzesbegründung bei Vorliegen besonderer Umstände des Einzelfalls wieder zu relativieren.[717] Hätten sich Sterbewillige nach *§ 3 SbStG-E* in einer „gegenwärtigen medizinischen Notlage" befunden, die nicht näher definiert wurde und der ärztlichen Einschät-

---

712 Der Schwerpunkt der Regelung lag nach den Entwurfsverfassern im Betäubungsmittelrecht nach Art. 74 Abs. 1 Nr. 19 GG (BT-Drs. 20/2293, S. 11).

713 BT-Drs. 20/2293, S. 2.

714 Der Umfang lässt im Folgenden aus Platzgründen keine vollständige Darstellung zu.

715 BT-Drs. 20/2293, S. 3, 12 f.

716 BT-Drs. 20/2293, S. 3, 13.

717 BT-Drs. 20/2293, S. 3, 14 (etwa strengere Anforderungen an die gegenwärtige medizinische Notlage oder die Einholung eines kinderpsychiatrischen Gutachtens; *Künast*, in: BT-Rechtsausschuss, Stenografisches Protokoll 20/32, S. 29 konzediert mit Hinweis auf das BVerfG, Urt. v. 26.02.2020, 2 BvR 2347/15, BVerfGE 153, 182 [263, Rn. 210], das ein Recht auf selbstbestimmtes Sterben „in jeder Phase menschlicher Existenz" zubilligt, indes selbst, dass bei Minderjährigen „nicht 100 Prozent sauber" gearbeitet werde).

zung überlassen werden sollte, sollte der behandelnde Arzt geeignete Betäubungsmittel verschreiben können, wenn die Sterbewilligen auf alle in Frage kommenden medizinischen Alternativen hingewiesen worden seien (*Abs. 1 Nr. 3*) und die freie Willensbekundung schriftlich dokumentiert worden sei (*Abs. 2 S. 1*).[718] Wenn „geringe [...] Zweifel [...]" am freien Sterbewillen bestanden hätten, hätte zusätzlich ein Gutachten eingeholt werden müssen (*Abs. 1 Nr. 2*).[719] Als verfahrensmäßige Absicherung sollte ein ärztliches Vier-Augen-Prinzip festgelegt werden, das die erneute Überprüfung des Selbsttötungsentschlusses in einem Mindestabstand von zwei Wochen vorsah (*Abs. 1 Nr. 6*).[720] Von dem Erfordernis einer ärztlichen Zweitbestätigung hätte jedoch im Fall einer „außergewöhnlichen Härte" abgewichen werden können (*Abs. 4*).[721]

Sterbewillige, die sich nicht in einer gegenwärtigen medizinischen Notlage befunden hätten, hätten unabhängig von ihren Motiven in einem behördlichen Verfahren nach *§ 4 SbStG-E* längere Wartefristen und strengere Dokumentationsanforderungen hinnehmen müssen.[722] In diesem Verfahren, bei dem ein Antrag an eine nach Landesrecht zuständige Stelle[723] hätte gestellt werden müssen (*Abs. 1 und 2*), wäre der Ärzteschaft keine maßgebliche Rolle mehr zugeschrieben worden und wäre mit einer ein Jahr gültigen Bescheinigung mit Zugang zu einem geeigneten Betäubungsmittel abgeschlossen worden (*Abs. 4 S. 3*).[724] Die Bescheinigung hätte jedoch nur erhalten können, wer sich in einem Abstand von mindestens zwei und höchstens zwölf Monaten zweimal verpflichtend von einer unabhängigen Stelle ergebnisoffen und lebensorientiert hätte beraten lassen, ohne dass die Freiverantwortlichkeit in einem umfassenden Sinne positiv überprüft worden wäre (*Abs. 3 S. 1 und 2*).[725]

In *§ 5 Abs. 1 S. 1 SbStG-E* wäre dann erfreulicherweise klargestellt worden, dass die Selbsttötung „eigenhändig [hätte] vollzogen" werden müssen und damit die Strafbarkeit der Tötung auf Verlangen unberührt geblie-

718 BT-Drs. 20/2293, S. 4, 14.
719 BT-Drs. 20/2293, S. 4.
720 BT-Drs. 20/2293, S. 4, 14.
721 BT-Drs. 20/2293, S. 4.
722 BT-Drs. 20/2293, S. 10.
723 Welche Behörde das hätte sein können, konnte *Knauer*, in: BT-Rechtsausschuss, Stenografisches Protokoll, S. 46 f. als Sachverständiger auch nicht beantworten.
724 BT-Drs. 20/2293, S. 10, 5.
725 BT-Drs. 20/2293, S. 10, 5.

ben wäre.[726] Für geschäftsmäßige nicht-ärztliche Suizidhilfeanbieter wäre das Angebot jedoch an ein landesbehördliches Zulassungsverfahren gebunden gewesen *(§ 5 Abs. 2 S. 2, Abs. 3 SbStG-E)*.[727] Anders als die sonstigen Entwürfe sah allein das *SbStG-E in § 5 Abs. 4 und 5* Regularien für einen Missbrauchs- und Verbraucherschutz vor, indem Betäubungsmittel nur an den Sterbewilligen oder zugelassene/zuverlässige Personen hätten abgegeben und sicher aufbewahrt werden müssen; dies wäre auch durch den Ordnungswidrigkeitentatbestand des *§ 8 Abs. 2 Nr. 3 SbStG-E* flankierend abgesichert worden.[728] Ebenso wie der Entwurf um den Abgeordneten *Castellucci* sollte *§ 7 Abs. 2 SbStG-E* auch klarstellen, dass Selbsttötungshandlungen vom aktuellen freiverantwortlichen Willen des Sterbewilligen hätten getragen sein müssen und daher eine Patientenverfügung einen fehlenden entsprechenden Sterbewillen nicht hätte ersetzen können.[729]

§ 9 SbStG-E sah schließlich eine umfassende multiprofessionelle regelmäßige Evaluation durch die Bundesregierung vor, um für den Gesetzgeber überprüfbar zu machen, ob und inwieweit der beabsichtigte Gesetzeszweck erreicht werde.[730] In *§ 10 SbStG-E* sollten dann monetäre Grenzen für die Suizidhilfe gezogen werden.[731] Die Bundesregierung sollte in *§ 11 SbStG-E* noch die Möglichkeit erhalten, durch Rechtsverordnungen Einzelheiten im Betäubungsmittelrecht und bei der Dokumentation zu regeln.[732] Als zentralen suizidpräventiven Schlusspunkt enthielt *§ 12 SbStG-E* schließlich noch eine Übermittlungsbefugnis an zuständige Gefahrenabwehrstellen, um nicht freie Suizidentscheidungen zu verhindern.[733]

Zusammenfassend lässt sich festhalten, dass die Gesetzesinitiative das Spannungsverhältnis zwischen der Freiheits- und Schutzdimension des Rechts auf selbstbestimmtes Sterben vornehmlich außerstrafrechtlich lösen wollte, wofür es immer noch einen mehrheitlich formulierten rechtswissen-

---

726 BT-Drs. 20/2293, S. 5, 15; eine bedenkliche Aufweichung hat § 216 StGB jedoch zuletzt durch BGH, Beschl. v. 28.06.2022, 6 StR 68/21, sog. *Insulin*-Fall, BeckRS 2022, 19742, Rn. 21 ff. erfahren..

727 BT-Drs. 20/2293, S. 5 f., 15.

728 BT-Drs. 20/2293, S. 6, 15 f.

729 BT-Drs. 20/2293, S. 6, 16.

730 BT-Drs. 20/2293, S. 7, 16.

731 BT-Drs. 20/2293, S. 7, 16.

732 BT-Drs. 20/2293, S. 7 f., 16.

733 BT-Drs. 20/2293, S. 8, 10, 16 f.

schaftlichen Konsens geben dürfte[734]. Allerdings wurde der Entwurf auch teilweise als für zu voraussetzungsvoll und bürokratisch kritisiert,[735] was aber dem Umstand, wie es schon *Kubiciel* prognostiziert hat,[736] geschuldet sein dürfte, dass der Vorschlag gerade die Selbstbestimmung schützen will.

3. Entwurf zur Regelung der Suizidhilfe

Mit der BT-Drs. 20/2332 um die Abgeordneten *Katrin Helling-Plahr (FDP), Helge Lindh (SPD), Dr. Petra Sitte (Linke), Otto Fricke (FDP)* und *Till Steffen (Bündnis 90/Die Grünen)* zur Regelung der Suizidhilfe wurde ein Gesetzesvorschlag unterbreitet, welcher das Recht auf selbstbestimmtes Sterben vor allem dadurch absichern wollte, dass die Hilfe zur Selbsttötung straffrei gestellt und faktische Hürden beseitigt werden sollten.[737] Die Gesetzgebungskompetenz wurde auf Art. 74 Abs. 1 Nr. 1 und 19 GG gegründet.[738]

Das eigenständige Gesetz zur Wahrung und Durchsetzung des Selbstbestimmungsrechts am Lebensende (Suizidhilfegesetz [*SuizidhG*]) sollte aus sieben Paragrafen bestehen.[739] Spiegelbildlich zum Recht „auf" Hilfe zur Selbsttötung in *§ 1 SuizidhG-E* sollte in *§ 2* das Recht „zur" Hilfeleistung näher ausbuchstabiert werden.[740] Zentral sollte hierbei die Straffreistellung in *§ 2 Abs. 1 SuizidhG-E* sein.[741] In *Abs. 3* sollte dann unter anderem eine berufsrechtliche Regelung erfolgen, indem niemandem aufgrund seiner Berufszugehörigkeit untersagt werden dürfe, Suizidhilfe zu leisten.[742] Fraglich bleibt indes hierbei, ob sich diese Regelung abseits der kompetenzrechtlichen Implikationen systematisch widerspruchsfrei in die Rechtsordnung einfügt hätte, weil die Berufsordnungen der Landesärztekammern mittlerweile keine entsprechenden standrechtlichen Berufsausübungsverbote mehr enthalten und es daher eigentlich keiner Regelung bedurft hätte.

---

734 Vgl. *Hilgendorf/Rosenau*, medstra 2015, S. 129 ff.

735 So etwa *Eberbach*, MedR 2022, S. 455 (460), dessen Aufsatz mit „Suizidhilfe zwischen Selbstbestimmung und Bürokratie" überschrieben ist.

736 *Kubiciel*, VerfBlog, Beitr. v. 28.06.2022.

737 BT-Drs. 20/2332, S. 10.

738 BT-Drs. 20/2332, S. 12.

739 Der Umfang lässt aus Platzgründen im Folgenden nur eine kursorische Darstellung zu.

740 BT-Drs. 20/2332, S. 5.

741 BT-Drs. 20/2332, S. 5, 12 f.

742 BT-Drs. 20/2332, S. 5, 13.

Der Gesetzentwurf ging in *§ 3 Abs. 1 S. 2 SuizidhG-E* davon aus, dass eine Person regelmäßig erst mit Vollendung des 18. Lebensjahres die Bedeutung und Tragweite einer Suizidentscheidung erfassen könne.[743] In *§ 3 Abs. 4 SuizidhG-E* wurde, ohne auf die nähere zeitliche Konkretisierung in *§ 6 Abs. 4 SuizidhG-E*[744] zu verweisen, positiv definiert, dass der Entschluss zur Selbsttötung von einer gewissen Dauerhaftigkeit und inneren Festigkeit getragen sein müsse.[745] Ob diese Formulierung, die lediglich den Wortlaut der Entscheidung des BVerfG vom 26.02.2020 wiederholt,[746] dem Bestimmtheitsgebot gerecht wird, ist fraglich.

Der Gesetzesvorschlag wollte primär auf Freiwilligkeit setzen, indem in *§ 4 SuizidhG -E* nur ein „Recht" und keine Pflicht zur Beratung implementiert werden sollte (verpflichtend sollte die vorherige Beratung nach *§ 6 Abs. 3 SuizidhG-E* nur dann sein, wenn ein Arzneimittel zum Zwecke des Suizids verschrieben werden sollte[747]). Ob dies noch mit der Schutzpflicht des Staates in dem wenig erforschten Gebiet der Suizidhilfe vereinbar gewesen wäre, ist zu hinterfragen, weil eine Vielzahl von Suiziden nicht freiverantwortlich erfolgt. Die Beratung sollte gerade sicherstellen, wie die Gesetzesbegründung zu *§ 3 Abs. 2 SuizidhG-E* selbst ausdrücklich formuliert, „dass der Suizidwillige alle entscheidungserheblichen Tatsachen kennt"[748]. Dazu ist im Bereich der Suizidhilfe eine verpflichtende Beratung erforderlich, wie auch das BVerfG zuletzt ausdrücklich gefordert hat.[749] Weiterhin fällt dann auf, dass das Beratungsangebot entgegen seinem Wortlaut in *§ 4 Abs. 1 S 2 SuizidhG-E* nach der Gesetzesbegründung nicht „ergebnisoffen", sondern darauf ausgerichtet werden sollte, „das Recht auf selbstbestimmtes Sterben zu gewährleisten"; entsprechend dieser Zielvorgabe war dann auch später von „Suizidhilfeberatung" die Rede.[750] Der Einwand von *Helling-Plahr* auf einen entsprechenden Vorhalt in der Anhörung im Rechtsausschuss am 28.11.2022, dass es sich nicht um

743 BT-Drs. 20/2332, S. 5, 14.
744 Ob der dort angegebene Zeitraum von zehn Tagen seit der Beratung indes schon eine „gewisse Dauerhaftigkeit" des Suizidwunsches begründet, ist hingegen höchst fraglich.
745 BT-Drs. 20/2332, S. 5, 14.
746 BVerfG, Urt. v. 26.02.2020, 2 BvR 2347/15, BVerfGE 153, 182 (274, Rn. 244).
747 BT-Drs. 20/2332, S. 7, 17.
748 BT-Drs. 20/2332, S. 14.
749 S. dazu bereits ausführlicher Fn. 411.
750 BT-Drs. 20/2332, S. 6, 14.

„Suizidberatungsstellen“, sondern bloß um „Beratungsstellen“ handele,[751] irritiert daher zumindest. Beifall verdiente aber der Regelungsvorschlag in *§ 4 Abs. 1 S. 1 SuizidhG-E*, indem das Beratungsangebot nicht nur Suizidwilligen, sondern allen weiteren Personen mit Beratungsbedarf mit Wohnsitz oder gewöhnlichem Aufenthalt in Deutschland offenstehen sollte.[752] Begrüßenswert ist auch, dass *§ 4 Abs. 3 SuizidhG-E* ein unverzügliches Beratungsangebot bei akuter Suizidalität („Suizidgedanken“) vorsah.[753] Allerdings blieb in diesem Zusammenhang offen, wie dafür realistischerweise die erforderliche Beratungsinfrastruktur zeitnah geschaffen werden sollte. Nach *§ 5 Abs. 1 S. 1 und 3, Abs. 3 SuizidhG-E* hätten die Länder nämlich bundesweit ein ausreichend plurales Angebot an wohnortnahen, staatlich anerkannten und geförderten Beratungsstellen sicherzustellen gehabt, und zwar nach *Artikel 4 des Gesetzes* schon am Tag nach der Verkündung.[754]

Nach *§ 6 SuizidhG-E* hätte jeder Arzt einer Person, die aus autonom gebildetem, freiem Willen ihr Leben beenden möchte, unter näher beschriebenen Voraussetzungen ein Arzneimittel zum Zwecke der Selbsttötung verschreiben dürfen.[755] Mit einer Änderung des BtMG *(§ 13 Abs. 1*, vgl. Artikel 2) war beabsichtigt, dass eine Anwendung oder Verschreibung von Betäubungsmitteln auch dann begründet sei, wenn dies „zur Wahrung und Durchsetzung des Selbstbestimmungsrechts am Lebensende“ erforderlich wäre.[756] Die Anforderungen daran waren aber weder im BtMG noch in der BtMVV, sondern im *SuizidhG-E* vorgesehen. Eine Änderung des AMG und/oder entsprechenden Ausführungsbestimmungen der AMVV war zum Missbrauchs- und Verbraucherschutz auch nicht vorgesehen. In einer Rechtsverordnung sollte – was an sich wesentliche Entscheidungen darstellt – nur nach *§ 6 Abs. 6 SuizidhG-E* das Nähere, „insbesondere zu den Anforderungen an die fachliche Qualifikation der Ärzte, Meldepflichten, zur Vergütung der Hilfe zur Selbsttötung und zu der Prävention gegen die Etablierung rein auf Gewinnstreben ausgerichteter, insbesondere institutioneller Angebote“, geregelt werden können.[757]

---

751 *Helling-Plahr*, in: BT-Rechtsausschuss, Stenografisches Protokoll 20/32, S. 39 f.

752 BT-Drs. 20/2332, S. 6, 14.

753 BT-Drs. 20/2332, S. 6, 15.

754 BT-Drs. 20/2332, S. 4, 6 f., 16.

755 BT-Drs. 20/2332, S. 7 f.

756 BT-Drs. 20/2332, S. 8.

757 BT-Drs. 20/2332, S. 8.

Schließlich sah *§ 7 SuizidhG-E* abschließend eine Berichts- und Evaluationsklausel für die Bundesregierung vor, die ein regelmäßiges Monitoring zur Wirksamkeitsüberprüfung vorzunehmen gehabt hätte.[758]

Insgesamt erschien der Entwurf handwerklich optimierungsbedürftig und ob er die vom BVerfG in seiner Entscheidung vom 26.02.2020 aufgestellten Voraussetzungen, insbesondere mit Blick auf eine Beratungspflicht, hinreichend hätte erfüllen können, bleibt fraglich. Mit *Eberbach* fällt vor allem die Verwendung einer Vielzahl unbestimmter Rechtsbegriffe auf, die nicht hinreichend ausgefüllt, sondern lediglich im Wortlaut des BVerfG wiederholt wurden.[759] An der Verfassungsmäßigkeit des Entwurfs bestanden auch deshalb insgesamt erhebliche Zweifel.

4. Entwurf zum Schutz des Rechts auf selbstbestimmtes Sterben und zur Regelung der Hilfe zur Selbsttötung

Der später zusammengeführte Entwurf der Gruppe um *Helling-Plahr/Künast* sah als Kern ein neues „Gesetz zum Schutz des Rechts auf selbstbestimmtes Sterben und zur Regelung der Hilfe zur Selbsttötung“ (*Suizidhilfegesetz – ShG*) vor. Mit diesem Gesetzentwurf sollte geregelt werden, dass „jeder, der aus autonom gebildetem, freiem Willen sein Leben eigenhändig beenden möchte“, das Recht hat, „hierbei Hilfe in Anspruch zu nehmen“ (*§ 1 Abs. 1 ShG-E*).[760] Zudem sollte auch das ausnahmslose „Recht auf Hilfeleistung“ kodifiziert werden (*§ 2 Abs. 1 und 3 S. 1 ShG-E*).[761] Laut Entwurf sollte auch ein Recht, „sich zu Fragen der Hilfe zur Selbsttötung beraten zu lassen“, festgeschrieben werden (*§ 4 Abs. 1 S. 1 ShG-E*).[762] Die Verschreibung eines tödlich wirkenden Medikaments durch einen Arzt setzte laut Entwurf grundsätzlich eine Beratung durch eine staatlich anerkannte Stelle voraus (*§ 5 Abs. 1 S. 3 und 4, Abs. 2 ShG-E*).[763] Die Verschreibung sollte dann möglich sein, wenn die suizidwillige Person sich höchsten zwölf Wochen und mindestens drei Wochen vorher hat beraten lassen (*§ 6 Abs. 3 und 4 ShG-*

758 BT-Drs. 20/2332, S. 8, 18.
759 *Eberbach*, MedR 2022, S 455 (461 m. w. N.).
760 BT-Drs. 20/7624, S. 11.
761 BT-Drs. 20/7624, S. 11.
762 BT-Drs. 20/7624, S. 12.
763 BT-Drs. 20/7624, S. 13.

E).[764] Weiterhin war eine Härtefallregelung ohne ansonsten erforderliche Beratungsbescheinigung vorgesehen (*§ 7 ShG-E*)[765] und eine Regelung, die eine Abgabe ohne Verschreibung durch einen Arzt vorsah, indem in Ausnahmefällen auch eine nach Landesrecht zuständige Stelle einer suizidwilligen Person „eine einer ärztlichen Verschreibung gleichstehende Erlaubnis zum Erwerb eines Arznei- oder Betäubungsmittels zum Zweck der Selbsttötung" erteilen muss, wenn die Voraussetzungen für die ärztliche Verschreibung vorliegen und die suizidwillige Person glaubhaft macht, dass eine ärztliche Verschreibung „nicht in zumutbarer Weise zu erlangen ist" (*§ 8 ShG-E*).[766] Die Zusammenlegung der Entwürfe wurde laut einer im Rechtsausschuss vorgelegten Unterstützerliste von 166 Abgeordneten aller Fraktionen mit Ausnahme der *AfD* mitgetragen.

5. Antrag: Suizidprävention stärken und selbstbestimmtes Leben ermöglichen

Die Abgeordnetengruppe um *Castellucci* hat ergänzend zu ihrem Antrag BT-Drs. 20/904 einen Antrag „Suizidprävention stärken und selbstbestimmtes Leben ermöglichen" (BT-Drs. 20/1121) eingebracht, in dem die Bundesregierung durch den Bundestag aufgefordert wird, ein Suizidpräventionsgesetz zu entwerfen.

Der Antrag enthielt unter anderem folgende wichtige Eckpunkte:[767] Die Enttabuisierung und Entstigmatisierung von Suizidgedanken durch Informations- und Aufklärungsarbeit durch die *Bundeszentrale für gesundheitliche Aufklärung* sowie Forschungsförderung, Vorbeugung von Suizidalität durch Verbesserung der Lebensbedingungen (etwa Armutsbekämpfung, soziale Unterstützung und Maßnahmen gegen Vereinsamung), Verfügbarkeit von leicht erreichbaren interdisziplinären, alters- und zielgruppenspezifischen Angeboten, Reduzierung der Zugänglichkeit von Suizidmitteln und -orten sowie Fort- und Weiterbildungsangebote für ärztliche, therapeutische und andere Berufsgruppen unter Schaffung berufsgruppenspezifischer Qualifizierungsstandards.

[764] BT-Drs. 20/7624, S. 14.
[765] BT-Drs. 20/7624, S. 14.
[766] BT-Drs. 20/7624, S. 15.
[767] BT-Drs. 20/1121, S. 3 f.

Dieser Antrag wurde mit großer Mehrheit angenommen, jedoch wird es eine große gesamtgesellschaftliche und langwierige Herausforderung darstellen, wie ein entsprechendes legislatorisches Schutzkonzept auf der Mikro-, Meso, und Makroebene später tatsächlich umgesetzt werden kann. Dazu ist jedenfalls eine angemessene Finanzierung erforderlich.

II. Stellungnahmen

Sachverständige unterschiedlichster Disziplinen und Abgeordnete haben die gerade vorgestellten ursprünglich drei Gesetzentwürfe am 28.11.2022 in einer öffentlichen Anhörung des Rechtsausschusses des Deutschen Bundestages in Bezug auf eine mögliche Neuregelung des assistierten Suizides eingehend und ausführlich in einem ersten Teil erörtert. Ein zweiter Teil der Anhörung befasste sich mit einem Antrag zur Suizidprävention. Zum ersten Teil der Anhörung waren elf Sachverständige geladen, zum zweiten Teil fünf.[768] Auffällig ist, dass im Unterschied zur öffentlichen Anhörung am 23.09.2015 im Ausschuss des Deutschen Bundestages für Recht und Verbraucherschutz, keine Verfassungsrechtsexperten gehört wurden.[769] Aufgrund der besonderen Grundrechtsrelevanz des Rechts auf selbstbestimmtes Sterben wäre eine Beteiligung aus verfassungsrechtlicher Perspektive zumindest wünschenswert, wenn nicht gar notwendig, gewesen.

---

768 S. zu einem kompakten Kurzüberblick der Debatte https://www.bundestag.de/dokumente/textarchiv/2022/kw48-pa-recht-917960 (abgerufen am 17.09.2023); eine vollständige Auflistung der befragten Sachverständigen findet sich in: BT-Rechtsausschuss, Stenografisches Protokoll 20/32, S. 7–9.

769 Damals waren die Verfassungsrechtler *Augsberg*, *Herdegen* und *Hillgruber* angehört worden (BT-Drs. 18/6573, S. 5 f.); eine Zusammenfassung von deren damaligen verfassungsrechtlichen Stellungnahmen gibt *Orbach*, § 217 StGB und Palliativmedizin, S. 74 ff.; eine aktuelle „[v]erfassungsrechtliche Bewertung“ des *§ 217 StGB-E* nimmt aber z. B. der Strafrechtwissenschaftler *Hecker*, StV 2023, S. 57 (60 ff.) vor, der zugleich auch Mitautor des Werkes „*Kusch, Roger/Hecker, Bernd*: Handbuch der Sterbehilfe, 2. Auflage, Norderstedt 2021“ ist, das vom Vorstand des Vereins Sterbehilfe herausgegeben wurde.

Frister[770], *Gaede*[771], *Knauer*[772], *Greeve*[773] und *Sinn*[774] bewerteten die Gesetzentwürfe aus strafrechtlicher Perspektive. Die vier erstgenannten Referenten sprachen sich einerseits ausdrücklich gegen den Entwurf mit *§ 217 StGB-E* (BT-Drs. 20/904) um *Castellucci* aus. Nur *Sinn* befürwortete diesen Vorschlag. Andererseits fand die Gesetzesinitiative um den Abgeordneten *Castellucci* zur Suizidprävention (BT-Drs. 20/1121) einhellige Zustimmung.

Frister, der den Entwurf um die Abgeordnete *Helling-Plahr* grundsätzlich befürwortet, zugleich aber bei medizinischen Notlagen das Verfahren um die Beurteilung eines zweiten unabhängigen Arztes in Anlehnung an den Entwurf um *Künast/Keul* ergänzen möchte,[775] versucht zunächst allgemein die Notwendigkeit einer neuen gesetzlichen Regelung zur Suizidassistenz anhand zweier zu erreichender Regulierungsziele (1. „Schutz vor nicht freiverantwortlichen Suizidentscheidungen"; 2. „[b]essere Gewährleistung des Rechts auf selbstbestimmtes Sterben") herauszustellen,[776] bevor er auf die Vorschläge konkret eingeht. Danach fordert er ergänzend zur vorhandenen nachträglichen strafgerichtlichen Kontrollmöglichkeit eine zusätzliche Absicherung der Selbstbestimmung durch ein „Vieraugenprinzip", „eine umfassende Aufklärung und Beratung des Betroffenen" sowie die Einrichtung von „Melde- und Dokumentationspflichten".[777]

Anschließend geht er konkret auf die einzelnen Gesetzentwürfe ein und beginnt mit dem um *Castellucci*. Mit diesem werde der Straftatbestand der geschäftsmäßigen Förderung der Selbsttötung in unveränderter Form durch *§ 217 Abs. 1 StGB-E* wiedereingeführt.[778] *Gaede* teilt diese Kritik und hält

---

770 *Prof. Dr. Helmut Frister*, Heinrich-Heine-Universität Düsseldorf, Lehrstuhl für Strafrecht und Strafprozessrecht.

771 *Prof. Dr. Karsten Gaede*, Bucerius Law School, Hamburg.

772 *Prof. Dr. Christoph Knauer*, Ludwig-Maximilians-Universität München, Honorarprofessor für Wirtschaftsstrafrecht und strafrechtliche Revision, Vorsitzender des Ausschusses Strafprozessrecht der Bundesrechtsanwaltskammer, Rechtsanwalt.

773 *Dr. Gina Greeve*, Mitglied des Strafrechtsausschusses des Deutschen Anwaltvereins e. V., Berlin, Rechtsanwältin.

774 *Prof. Dr. Arndt Sinn*, Universität Osnabrück, Lehrstuhl für Deutsches und Europäisches Straf- und Strafprozessrecht, Internationales Recht sowie Strafrechtsvergleichung.

775 *Frister*, Stellungnahme 2022, S. 19.

776 *Frister*, Stellungnahme 2022, S. 9 ff.

777 *Frister*, Stellungnahme 2022, S. 11 f.

778 *Frister*, Stellungnahme 2022, S. 14.

deshalb ein Verbot für gewerbsmäßiges Handeln für vorzugswürdig.[779] Am deutlichsten wird dann *Knauer*, der den Entwurf sogar für verfassungswidrig hält, weil nicht sichergestellt sei, „dass – wie es das [BVerfG] voraussetzt – ‚[trotz des Verbots] im Einzelfall ein Zugang zu freiwillig bereitgestellter Suizidhilfe real eröffnet bleibt.'"[780] Kritisch sieht *Frister* dann die aus seiner Sicht „teilweise überzogenen Verfahrensanforderungen", indem „die Feststellung der Freiverantwortlichkeit der Suizidentscheidung ausschließlich durch eine fachärztliche psychiatrische Begutachtung erfolge [...], die sich zudem noch regelmäßig über mindestens drei Monate erstrecken [...]" müsse; ausreichend sei eine entsprechende Beteiligung „in Zweifelsfällen".[781]

In Bezug auf den Vorschlag um *Helling-Plahr* fordert er dann, dass die Zulassung organisierter Suizidhilfeangebote von einer Zuverlässigkeitsüberprüfung abhängig gemacht werden sollte.[782]

Greeve, die sich umfassend auf die vorherige Stellungnahme zu *§ 217 StGB a. F.* bezieht, votiert im Namen des Strafrechtsausschusses des *Deutschen Anwaltvereins* für eine außerstrafrechtliche Lösung im Polizei- und Verwaltungsrecht, weil das Strafrecht beim Rechtsgüterschutz *ultima-ratio* bleiben müsse.[783]

Sinn befürwortet hingegen den Entwurf um den Abgeordneten *Castellucci* und weist den Vorwurf, es gehe bei der Suizidhilfe im Kern nicht um Strafrecht, entschieden zurück, weil sich jede hilfswillige Person am Ende frage, ob sie sich strafbar gemacht habe. Eine transparente Regelung beantworte genau diese Frage.[784]

Hardinghaus[785], *Kurzke*[786] sprechen sich aus Sicht der Palliativversorgung einstimmig vor allem dafür aus, dass Träger des Gesundheits- und Sozialwesens nicht dazu verpflichtet werden dürfen, Suizidhilfe in ihren Einrichtungen durchzuführen respektive zu dulden. Die drei Experten referieren außerdem aus ihrer Berufspraxis und fordern eine spürbare Stärkung der Hospizarbeit und Palliativversorgung sowie der Suizidprävention ein.

---

779 *Gaede*, Stellungnahme 2022, S. 4, 8 f., 3, 11, 18.

780 *Knauer*, Stellungnahme 2022, S. 4, 6.

781 *Frister*, Stellungnahme 2022, S. 10 f., 15; ähnlich *Gaede*, Stellungnahme 2022, S. 16, der auch eine dahingehende explizite gesetzliche Regelung fordert.

782 *Frister*, Stellungnahme 2022, S. 17.

783 *Greeve*, Stellungnahme 2022, S. 8, 4, 6.

784 *Sinn*, in: BT-Rechtsausschuss, Stenografisches Protokoll 20/32, S. 25.

Dass der assistierte Suizid gesetzlich geregelt werden müsse, wird zwar ausdrücklich befürwortet, aber er müsse zum Schutz der Selbstbestimmung reguliert werden; eine Freigabe für Minderjährige müsse dabei ausdrücklich kategorisch gesetzlich ausgeschlossen sein. und *Melching*[787][788] Die in den Gesetzentwürfen geregelten Wartezeiten und Fristen seien laut *Hardinghaus* zudem willkürlich, da eine auf Vertrauen aufbauende Suizidprävention Zeit benötige.[789]

Schneider[790] im Namen des *Nationalen Suizidpräventionsprogramm* (*NaSPro*) und *Lewitzka*[791] stellvertretend für die *Deutsche Gesellschaft für Suizidprävention* (*DGS*) nahmen aus der Perspektive der Suizidprävention dezidiert Stellung und betonten dabei den Lebensschutz, indem sie fordern, dass vor jeder Regelung der Suizidassistenz, vorrangig die Stärkung der Suizidprävention stehen müsse, um eine Steigerung der Suizidhilferate zu verhindern; auch sei eine Senkung von (Brutal-)Suiziden ohne Suizidassistenz durch eine Suizidhilferegelung nicht feststellbar beziehungsweise sogar umgekehrt eine Erhöhung.[792]

Schneider fordert zudem eine Einschränkung des Zugangs zu Suizidmitteln und lehnt es ausdrücklich ab, dass tödlich wirkende Medikamente für den „Hausgebrauch [...] abgegeben“ werden, weil durch die *Landesgiftnotzentralen Hessen* und *Rheinland-Pfalz* belegt wurde, dass Vergiftungen durch Medikamente den größten Anteil möglicher Vergiftungen darstellen und oft auch in suizidaler Absicht eingenommen werden.[793] Des

---

785 *Prof. Dr. Winfried Hardinghaus*, Deutscher Hospiz- und PalliativVerband e. V., Berlin, Vorsitzender.

786 *Kerstin Kurzke*, Malteser Hilfsdienst e. V., Berlin, Leitung Hospiz- und Trauerarbeit.

787 *Heiner Melching*, Deutsche Gesellschaft für Palliativmedizin e. V., Berlin, Geschäftsführer.

788 *Hardinghaus*, Stellungnahme 2022, S. 3, 14 f.

789 *Hardinghaus*, Stellungnahme 2022, S. 23 f.

790 *Prof. Dr. med. Barbara Schneider, (EU) M.Sc., MHBA*, LVR-Klinik Köln, Chefärztin Abteilung Abhängigkeitserkrankungen (sie nahm zu beiden Teilen der Sachverständigenanhörung Stellung, nämlich zur „Sterbebegleitung“ [Teil I] und zur „Suizidprävention“ [Teil II]).

791 *Priv.-Doz. Dr. med. habil. Ute Lewitzka*, Deutsche Gesellschaft für Suizidprävention e. V., Freiburg i. Br., Universitätsklinikum Carl Gustav Carus Dresden, Fachärztin für Psychiatrie und Psychotherapie, Leiterin der AG Suizidforschung.

792 *Schneider*, Stellungnahme 2022 (Teil I), S. 1, 4 und (Teil II) S. 2 m. w. N. (s. dazu auch *dies.*, in: BT-Rechtsausschuss, Stenografisches Protokoll 20/32, S. 36 f.), 3 f; *Lewitzka*, Stellungnahme 2022, S. 3.

793 *Schneider*, Stellungnahme 2022 (Teil I), S. 8 und (Teil II) S. 11.

Weiteren fordert sie eine ausführliche Dokumentation von und Forschung bei (assistierten) Suiziden, wobei statistische Daten halbjährlich veröffentlicht werden müssten und die „Rechtspraxis“ zur regelmäßigen wissenschaftlichen Evaluation gesetzlich verpflichtet werden müsse.[794]

Das *Kommissariat der deutschen Bischöfe* und der *Deutsche Caritasverband (KDBDCV)*[795] haben jeweils eine Initiativstellungnahme abgegeben. Darin wird eine Beratungspflicht, die von allen drei Gesetzentwürfen vorgesehen werde, als wesentliches Element zum Schutz der Selbstbestimmung angesehen.[796] Der Aufbau einer gesonderten Beratungsinfrastruktur wird hingegen kritisch gesehen, weil diese einseitig auf die Durchführung von Suizidhilfe gerichtet sein könnte.[797] Vorhandene Beratungsstrukturen, wie im Entwurf um *Castellucci* vorgeschlagen, wären offener gestaltet und könnten sich somit eher den Ursachen des Suizidwunsches zuwenden.[798]

Die *DGHS*[799] lehnt den Gesetzentwurf BT-Drs. 20/904 um *Castellucci* als verfassungswidrig ab.[800] In der in den Gesetzentwürfen enthaltenen Beratungspflicht äußere sich zudem eine aufgrund der grundsätzlichen Selbstbestimmungsfähigkeit abzulehnende „defizitorientierte Haltung“ mit „latente[r] Pathologisierungstendenz“, die eine „Atmosphäre des gegenseitigen Misstrauens“ schaffe.[801] Die *DGHS* regt deshalb an, dass an die Stelle einer für Suizidwillige verpflichtenden Beratung eine Informations- und Aufklärungspflicht auf Seiten der professionellen Suizidhelfer trete.[802]

III. Gesetzgebungsverfahren

Am 06.07.2023 standen nunmehr nur noch zwei Gesetzentwürfe zur Suizidhilfe auf der Tagesordnung. In einer bewegenden Debatte wurden die unterschiedlichen Positionen kontrovers diskutiert. Einigkeit bestand nur insoweit, dass die Suizidprävention gestärkt werden müsse. Dies mündetet

794 *Schneider*, Stellungnahme 2022 (Teil I), S. 9 und (Teil II) S. 5.

795 *Kommissariat der deutschen Bischöfe* – Katholisches Büro in Berlin – und *Deutscher Caritasverband.*

796 *KDBDCV*, Initiativstellungnahme 2022, S. 4.

797 *KDBDCV*, Initiativstellungnahme 2022, S. 4.

798 *KDBDCV*, Initiativstellungnahme 2022, S. 5.

799 *Deutsche Gesellschaft für Humanes Sterben e. V.*, Kronenstraße 4, 10117 Berlin.

800 *DGHS*, Initiativstellungnahme 2022, S. 1.

801 *DGHS*, Initiativstellungnahme 2022, S. 10.

802 *DGHS*, Initiativstellungnahme 2022, S. 12.

dann auch in einer deutlichen Mehrheit für den gemeinsamen Antrag beider Gruppen „Suizidprävention stärken“, der die Bundesregierung bis zum 31.01.2024 verpflichtete dem Bundestag ein Suizidpräventionskonzept und bis zum 30.06.2024 einen Gesetzentwurf vorzulegen.[803] Es sollen unter anderem ein deutschlandweiter ständig erreichbarer Suizidpräventionsdienst und aufsuchende Präventionsprojekte für besonders gefährdete Zielgruppen, beispielsweise für „Personen im Strafvollzug“, geschaffen werden.[804]

Beispielsweise äußerten sich in der Debatte Stimmen wie folgt: Das BVerfG habe laut *Castellucci* deutlich gemacht, dass Selbstbestimmung nicht vorausgesetzt werden könne, es müsse festgestellt werden, dass es wirklich eine freie Entscheidung sei.[805] Am Entwurf der Gruppen um *Helling-Plahr/Künast* beanstandete er, dass nur eine Beratung vorgesehen sei. So könne man die Dauerhaftigkeit von Suizidwünschen nicht feststellen, das verletze die Vorgaben des BVerfG.[806] Auch in anderen europäischen Ländern – sie nannte die Schweiz und die Niederlande – würden laut *Heveling* Grenzen der Suizidhilfe im Strafrecht gesetzt.[807] Nach *Kappert-Gonther* finde aktuell Suizidassistenz ohne klare Regeln statt, immer häufiger auch in Pflegeheimen. Gerade für vulnerable Menschen, „die einsam, arm und in existenziellen Krisen sind, Menschen, die keine adäquate Pflege finden, oder die psychisch krank sind“, brauche es ein Schutzkonzept. Um ihre Autonomie zu sichern, müssten sie vor Drucksituationen geschützt werden. „Das ist auch eine Frage sozialer Gerechtigkeit“, meinte *Kappert-Gonther*.[808]

Künast kritisierte indes, dass die Gruppe um *Castellucci* erneut eine Regelung im StGB beabsichtige. Das helfe weder den Betroffenen noch Ärzten. Betroffene könnten Angst haben, jemanden, den sie um Hilfe fragen, in den Bereich der Strafbarkeit zu bringen.[809]

Der *AfD*-Abgeordnete *Seitz* sprach sich gegen beide Entwürfe aus. Der Entwurf der *Castellucci*-Gruppe stimme aufgrund der Rechtswidrigkeitskonstruktion nicht mit den Vorgaben des BVerfG überein, dem um *Helling-*

[803] BT-Drs. 20/7630, S. 3 (Ziffer II., 1. und 2).
[804] BT-Drs. 20/7630, S. 3 (Ziffer II., 2 b) und d)).
[805] Vgl. BT-Plenarprotokoll 20/115, S. 14079.
[806] BT-Plenarprotokoll 20/115, S. 14079 f.
[807] BT-Plenarprotokoll 20/115, S. 14083.
[808] BT-Plenarprotokoll 20/115, S. 14085.
[809] BT-Plenarprotokoll 20/115, S. 14082.

Plahr/Künast fehle es an einem ausreichenden Schutzkonzept, weil er keine Beratungspflicht vorsehe.[810] Die *AfD*-Abgeordnete *von Storch* sprach sich gegen den assistierten Suizid im Allgemeinen aus. „Anfang und Ende des Lebens liegen allein in Gottes Hand – daran glaube ich."[811]

Das Abstimmungsergebnis fiel wie folgt aus: Der Entwurf um *Castellucci* erlangte dabei die größte Zustimmung (304 Ja-Stimmen/363 Nein-Stimmen/23 Enthaltungen). Eine ähnlich hohe Akzeptanz (287/375/20) konnte auch der zusammengeführte Entwurf um *Helling-Plahr/Künast* erreichen. Ob und wie die Debatte weitergehen wird, wird die Zeit zeigen, allerdings mehren sich mittlerweile auch namhafte Stimmen, welche eine Suizidhilferegelung ablehnen.[812] Der Antrag „Suizidprävention stärken" (BT-Drs. 20/7630) wurde mit 693 Ja-Stimmen deutlich angenommen.

---

[810] BT-Plenarprotokoll 20/115, S. 14080 f.

[811] BT-Plenarprotokoll 20/115, S. 14084.

[812] S. Gastbeitrag von *Anselm/Bausewein/Dabrock/Höfling*, FAZ, Beitr. v. 14.05.2023; vgl. davor auch schon *Rostalski*, GA 2022, S. 209 (225–227); *Rosenau*, medstra 2023, S. 273 (274 f.) sieht indes durch die Nicht-Entscheidung nunmehr die Chance, die Sterbehilfe im Ganzen in den Blick zu nehmen.

D. Der rechtliche und praktische Umgang mit Suizidhilfe im Justizvollzug

Die Grundsatzentscheidung des BVerfG zur Verfassungswidrigkeit des *§ 217 StGB a. F.* hat, wie gerade gezeigt, zu einer kontroversen und emotional geführten Debatte über eine zukünftige, allgemeine Regelung der Suizidhilfe geführt. Die ethische Brisanz, welche schon in Freiheit insoweit vorherrscht, verschärft sich umso mehr im Kontext des Justizvollzugs, innerhalb dessen bisher faktisch kein akzeptierter Raum für Selbsttötungen oder gar Suizidhilfe besteht.[813] Neben Entweichungen und Missbrauch von vollzugsöffnenden Maßnahmen stellt der Suizid ein besonderes Vorkommnis dar, das den Vollzugsapparat erheblich belastet oder sogar in Misskredit bringen kann und auch bisweilen Fragen strafrechtlicher Haftung der Vollzugsbediensteten wegen Fürsorgepflichtverletzungen aufwirft, wenn Zweifel an der Freiverantwortlichkeit der Selbsttötung bestehen.[814] So verschieden das Phänomen des Sterbens schon in Freiheit ist, so unterschiedlich ist es auch im Justizvollzug, jedoch mit dem gewichtigen Unterschied, dass dort der Staat zur Verfolgung diverser Zwecke erheblich in die Rechte der Betroffenen im Wege der Freiheitsentziehung eingreift. Dabei treten Strafzwecke und staatliche Schutzaufgaben in ein Spannungsverhältnis zu den Grundrechten der Betroffenen, also auch dem möglichen Recht auf Suizid(-hilfe). Die weitere Untersuchung wird sich deshalb intensiv mit der Thematik des freiverantwortlichen (assistierten) Suizids im Justizvollzug vor dem Hintergrund des oben genannten Grundsatzurteils des BVerfG zur Suizidhilfe auseinandersetzen und analysieren, ob und inwieweit eine solche Hilfe dort zulässig sein könnte. An der Klärung dieser Frage dürften aus Gründen

---

813 Vgl. dazu nur *Lindner*, StV 2015, S. 522 ff.

814 Vgl. *Laue*, in: Hillenkamp/Tag, Intramurale Medizin 2005, S. 217 (224) mit Hinweis auf den ehemaligen *RAF*-Terroristen *Holger Meins*, der sich am 09.11.1974 in der JVA Wittlich politisch motiviert und von den Medien intensiv beobachtet zu Tode gehungert hatte; vgl. zum damaligen Ermittlungsverfahren gegen den ehemaligen Anstaltsarzt auch OLG Koblenz, Beschl. v. 02.06.1977, 1 Ws 123/77, NJW 1977, S. 1461 ff. und vertiefend auch *Terhoeven*, FS 200 Jahre Staatsanwaltschaften Koblenz und Trier, S. 379 ff.; OLG Zweibrücken, Beschl. v. 07.09.2023, 1 Ws 189/22, BeckRS 2023, 26352.

der Rechtssicherheit und auch um strafrechtliche Risiken abzuschätzen, sowohl Betroffene als auch die Vollzugspraxis ein größeres Interesse haben.

In die Auswertung fließt neben dem aktuellen Meinungsstand, der bisher ergangenen (strafvollzuglichen) Rechtsprechung auch eine vom *Verfasser* bei den Landesjustizverwaltungen durchgeführte Umfrage ein. Da der Suizidentschluss unter anderem „unbeeinflusst von einer akuten psychischen Störung“[815] sein muss, aber auch nicht bloß Ausdruck einer „vorübergehende[n] Lebenskrise“ sein darf, dürfte in der Vollzugspraxis eine freie und von staatlicher Stelle zu respektierende Suizidentscheidung schon häufig ausscheiden, gerade zu Beginn einer Inhaftierung oder aufgrund aktueller Krisen, bei denen es an der nötigen gewissen Dauerhaftigkeit und inneren Festigkeit der Suizidentscheidung fehlen könnte. Demgegenüber ist auch zu untersuchen, ob nur bei langen Haftzeiten, ausreichender Hafterfahrung, nachgewiesener psychischer Gesundheit und eindeutig dokumentiertem dauerhaften und festem Wunsch nach Selbsttötung in Ausnahmefällen die Pflicht entstehen könnte, einen Suizid, etwa durch Suizidhilfe initiiert, nicht zu hindern.[816]

Jedoch könnte dem Suizidwunsch auch in diesem Fall indes aus vorrangigen, sich aus dem Zweck der Strafe und der Freiheitsentziehung resultierenden Schranken die Folge versagt werden. Wenn dies verneint wird, stellen sich aber auch Fragen vollzugspezifischer Anforderungen an das vom BVerfG skizzierte „legislative Schutzkonzept“[817] zur Gewährleistung von Freiverantwortlichkeit und es müsste sorgfältig geprüft werden, wie die vom BVerfG angenommene Freiheit zur Suche und Annahme von Hilfe Dritter beim Suizid im Justizvollzug auch praktisch gewährleistet werden könnte.

---

[815] BVerfG, Urt. v. 26.02.2020, 2 BvR 2347/15, BVerfGE 153, 182 (273, Rn. 241, 274, Rn. 244, vgl. zur hohen Zahl psychischer Erkrankungen schon im Allgemeinen 274 f., Rn. 245).

[816] Z. B. *Lindemann*, medstra 2021, S. 344 (348) hält Bilanzsuizide im Strafvollzug für möglich.

[817] BVerfG, Urt. v. 26.02.2020, 2 BvR 2347/15, BVerfGE 153, 182 (308, Rn. 338).

I. Kriminologische Forschung zu Suizid und -prävention im Justizvollzug

Dass Gefangene zahlreichen Suizidalität fördernden in- und externen Risikofaktoren, insbesondere im psychiatrischen Bereich, ausgesetzt sind, bedingt, dass Suizidprävention an Bedeutung gewinnt und es liegt die Annahme nahe, dass die Voraussetzungen für einen freiverantwortlichen (assistierten) Suizid umso weniger vorliegen werden. Die folgende Darstellung verdeutlicht diese Vermutung. Suizidalität zeigt sich im Justizvollzug in unterschiedlichen Facetten. Weil sich nahezu hinter jeder dieser damit verbundenen Verhaltensweisen ein tragisches menschliches Schicksal verbirgt, für dessen Ausgang unklar bleibt, ob dafür die justizielle Intervention kausal geworden ist,[818] kommt ein grundsätzlich helfender Umgang zum Einsatz.[819]

Selbsttötungen unter Gefangenen gehören global betrachtet zu den häufigsten Todesfällen im Justizvollzug.[820] Es bestehen Unterschiede in den Suizidraten inner- und außerhalb des Justizvollzuges.[821] In westeuropäischen Justizvollzugseinrichtungen rangiert die Rate bei etwa 100 pro 100.000 Insassen. Internationale Studien deuten darauf hin, dass das Suizidrisiko für Inhaftierte signifikant höher ist als in der Außengesellschaft. Dies könnte an verschiedenen Faktoren liegen, etwa an psychischen Erkrankungen, unzureichender psychiatrischer intramuraler Versorgung, dem Fehlen von familiärem und sozialem Rückhalt, Haftstressoren, Mobbing und Einsamkeit.

Neben vollendeten Selbsttötungen stellen auch Suizidversuche und Selbstverletzungen ein gravierendes vollzugliches Problem dar. Die Abgrenzung zwischen Selbstverletzungen, ernsthaften und appellativen Suizidversuchen ist häufig eine Herausforderung. Stellenweise wird mit diesen Handlungen manipulatives Verhalten assoziiert. Die genauen Motive der Betroffenen im Nachhinein zu ermitteln, ist auch oft schwierig. Ursachen könnten Protest gegen disziplinarische Maßnahmen, das Zeigen von Unzufriedenheit, das Erzielen von Hafterleichterungen, die Bewältigung von

---

818 Vgl. *Expertenkommission: Justizvollzug NRW*, Prävalenz von Suiziden, S. 69.

819 S. dazu vertiefend auch *Lesting*, in: Feest/Lesting/Lindemann, Strafvollzugsgesetze, LandesR II, § 67, Rn. 71 f.

820 *WHO*, Leitfaden Justizvollzug 2007, S. 6.

821 Dort auch zum Folgenden Text *Meischner-Al-Mousawi et al.*, FS 2020, S. 250 m. w. N.

Spannung und Schmerz sowie die Ausdrucksmöglichkeit für Gefühle wie Angst, Wut, Scham und Schuld sein.

1. Erklärungsmodelle für Suizide

Ein Vergleich der Suizidraten inner- und außerhalb des Gefängnisses fällt schwer. Es existieren unterschiedliche Erklärungsansätze für die höhere Suizidrate beziehungsweise Suizide in Haft.

Im Vergleich zur Allgemeinbevölkerung leiden Gefangene erheblich häufiger an psychischen Erkrankungen. Weiterhin imponieren sie durch vermehrt dysfunktionales Verhalten und sind in ihren Bewältigungsstrategien eingeschränkter. Diese Risikofaktoren importieren sie in den Justizvollzug (sog. *Importationsmodell*[822]).

Daneben kann die besondere Inhaftierungssituation unter bestimmten Umständen eine Suizidgefährdung hervorrufen, dies etwa verbunden mit dem Verlust der Freiheit, dem Entzug von materiellen und immateriellen Gütern, dem Fehlen heterosexueller Intimbeziehungen und dem Mangel an Autonomie und einem Gefühl der Unsicherheit (sog. *Deprivationsmodell*[823]).

Schließlich weist *Bennefeld-Kersten* auch noch auf die Konfrontation mit Schuld und Schamgefühlen sowie die eigene Unzulänglichkeit hin.[824]

2. Ergebnisse einer Totalerhebung im deutschen Justizvollzug

Im Jahr 2000 wurde die Totalerhebung von *Bennefeld-Kersten* initiiert, an der seitdem alle Bundesländer teilnehmen, um Daten zu jeder Selbsttötung im Justizvollzug zu erfassen. Zwischen den Jahren 2000 und 2019 haben sich insgesamt 1.449 Inhaftierte im deutschen Justizvollzug das Leben genommen, darunter 1.407 Männer und 42 Frauen, also im Jahresdurchschnitt 42 Personen.[825]

Anhand der Ergebnisse der Auswertung ausgewählter Merkmale von Selbsttötungen können laut *Meischner-Al-Mousawi et al.* Suizide jedoch

[822] *Bennefeld-Kersten*, Ausgeschieden durch Suizid, S. 71.
[823] Vgl. *Sykes*, The Society of Captives, S. 73–78.
[824] *Bennefeld-Kersten*, Ausgeschieden durch Suizid, S. 77.
[825] Dort auch zum folgenden Text *Meischner-Al-Mousawi et al.*, FS 2020, S. 250 f., 253 m. w. N.

nicht vorhergesagt werden. Dafür spielten zu viele Faktoren eine Rolle. Im Rahmen von Gruppenvergleichen, zum Beispiel der Gesamtpopulation der Strafgefangenen mit der Gruppe der Suizidenten, sei es nur für bestimmte Merkmale möglich, festzustellen, ob diese in der einen oder anderen Gruppe häufiger aufträten. Daraus ließen sich Hinweise auf Risikofaktoren für Suizidalität in Haft ableiten.

Aus den Daten der Totalerhebung und anderen Untersuchungen lässt sich laut *Meischner-Al-Mousawi et al.* zusammenfassend Folgendes feststellen:

- „In den ersten vier Monaten der Haft, besonders aber in den ersten vier Wochen ist besondere Aufmerksamkeit geboten;[826]
- in jeder Vollzugs-/Unterbringungsform finden Suizide statt. Die am häufigsten verwendete Methode ist die Strangulation;
- Untersuchungsgefangene, Gefangene mit Gewalt- und Tötungs- beziehungsweise Sexualdelikten sowie Gefangene mit Beziehungsdelikten benötigen Unterstützungsangebote für die Anpassung an die Haft und Bewältigung der psychischen Belastungen;
- Suizidversuche in der Vorgeschichte, auch in der Familie und psychische Erkrankungen (dazu zählen auch Suchterkrankungen) können wichtige Hinweise für spätere suizidale Entwicklungen geben;
- besondere Anlässe im Haftverlauf, wie Verurteilung, der Gerichtsprozess, die Haftprüfung oder die Ablehnung der Revision können zu suizidalen Entwicklungen führen;
- bestimmte Merkmale von Gefangenen, wie höheres Alter, ohne festen Wohnsitz vor der Inhaftierung oder fehlende soziale Kontakte können Hinweise auf Einschränkungen der Bewältigungsfähigkeiten sein.“[827]

Sehe man von den methodischen Schwierigkeiten ab, die solche Auswertungen angesichts der eingeschränkten Datenlage mit sich brächten, so lässt sich nach *Suhling et al.* schlussfolgern, dass es zwischen dem Suizidrisiko in Freiheit und in Haft Unterschiede und Gemeinsamkeiten gebe. Zunächst einmal könne davon ausgegangen werden, dass die Suizidrate in Haft höher sei als in Freiheit. Die genaue Relation sei schwer zu bestimmen, zumal auf diesem geringen Auflösungsniveau meist unberücksichtigt bleiben müsse,

---

826 Als Gründe werden, gerade zu Beginn der Inhaftierung, der Inhaftierungsschock, Zukunftsunsicherheit und Entzugssymptome bei Abhängigkeitserkrankungen genannt (*Mausbach*, in: Tag/Groß, Tod im Gefängnis, S. 151 [153 f.]).

827 *Meischner-Al-Mousawi et al.*, FS 2020, S. 250 (253).

dass die Zusammensetzung der Personen in Haft eine vollkommen andere sei als in der Allgemeinbevölkerung. Allein der Umstand, dass ca. 95 % der Inhaftierten Männer seien, deren Suizidrisiko auch außerhalb des Justizvollzugs erhöht ist, wäre zu berücksichtigen.[828]

3. Suizidprävention

Das grundsätzliche Erfordernis der Suizidprävention im Justizvollzug ist „aus der Fürsorgepflicht der Anstalt, der Garantenpflicht der Bediensteten[829] sowie einer [ethischen] Verpflichtung ableitbar."[830] Bei Suizidalität in Haft handelt es sich laut *Meischner-Al-Mousawi et al.* um ein „multifaktorielles Geschehen", dem nur mit einem „multimethodalen Präventionskonzept" effektiv begegnet werden könne. Die wesentlichen Parameter der Konzeptionierung seien: „Was kann festgestellt beziehungsweise beobachtet werden? Was kann geändert oder optimiert werden? Wie können Bewältigungsressourcen der Gefangenen gestärkt werden?"

Hierzu soll ein allgemeiner Überblick gegeben werden:

1. „Frühzeitige Erkennung von suizidalen Gefangenen und deren Behandlung
   - Einsatz von Screeningverfahren bei Aufnahme;
   - Einsatz von Screeningverfahren im Haftverlauf;
   - Telefonseelsorge[831].
2. Verbesserung der Behandlungsangebote
   - Verbesserung der psychiatrischen und psychologischen Versorgung;
   - Monitoring von Gefangenen mit erhöhtem Suizidrisiko während der gesamten Haft.
3. Verbesserung der strukturellen Voraussetzungen

828 Zum Ganzen *Suhling/Dietzel* 2018, S. 1 (32 f. m. w. N.).

829 Vgl. ausführlich zu den Vollzugsbeteiligten und ihren Handlungsspielräumen *Bundesarbeitsgruppe „Suizidprävention im Justizvollzug"*, Suizidprävention Empfehlungen für den Justizvollzug, Heft II, S. 23–40.

830 *Meischner-Al-Mousawi et al.*, FS 2020, S. 250 (253).

831 Vgl. vertiefend *Bennefeld-Kersten*, in: Bennefeld-Kersten/Lohner/Pecher, Wenn Gefangene sich das Leben nehmen, S. 305–315 m. w. N.; vgl. auch Erfahrungsbericht *Zeymer et. al.*, FS 2020, S. 262–266.

- Einsatz von „Listeners"[832] (das heißt Mitinhaftierte als unterstützende Zuhörer);
- Ausgabe des in über 20 Sprachen übersetzten Flyers „Niedergeschlagen? Schlecht drauf?" der Bundesarbeitsgruppe Suizidprävention im Justizvollzug;
- Erhöhung der Angebote für Arbeit, Ausbildung und Freizeit;
- Einsatz von Bezugs- und Vertrauensbediensteten.

4. Einbeziehung von Angehörigen
   - Erleichterung der Kontaktaufnahme zu Angehörigen in den ersten Wochen der Haft;[833]
   - Einbeziehung von Angehörigen in die therapeutischen Prozesse bei suizidalen Krisen.
5. Reduzierung der Umsetzungsmöglichkeiten suizidaler Handlungen
   - Verbesserung der baulichen Gegebenheiten in Hafträumen;
   - Einrichtung besonderer Hafträume für suizidale Gefangene (Suizidpräventionsraum, Präventions- und Sicherheitshaftraum)[834].
6. Ausbau der Kompetenzen der Mitarbeiter des Vollzuges
   - Aus- und Fortbildung aller Mitarbeiter;[835]
   - Angebot spezifischer Fortbildung für Fachdienste;
   - Verbesserung des Erkennens und der Diagnostik von Suizidalität;
   - Schulung aller Mitarbeiter in Kriseninterventionstechniken;
   - Intervisions- und Supervisionsangebote;
   - Durchführung von Suizidkonferenzen zur Auswertung eines Suizid(-versuchs)[836].
7. Forschung und Implementierung der Ergebnisse in der Praxis
   - Psychologische Autopsie nach Suiziden;
   - Strukturierte Erfassung von Suiziden und Suizidversuchen;

[832] Vgl. vertiefend *Breuer et. al.*, in Bennefeld-Kersten/Lohner/Pecher, Wenn Gefangene sich das Leben nehmen, S. 321–342 m. w. N.

[833] Schwierig bei Untersuchungsgefangenen mit Beschränkungsbeschluss nach § 119 StPO. Empfehlung: Sensibilisierung des Haftrichters mit dem Ziel des Erlasses differenzierter Beschränkungsbeschlüsse.

[834] Vgl. vertiefend *Vercrüße et al.*, FS 2019, S. 379–381 m. w. N.

[835] *Bundesarbeitsgruppe „Suizidprävention im Justizvollzug"*, Empfehlungen für die Aus- und Fortbildung im Rahmen der Suizidprävention im Justizvollzug, S. 3.

[836] *Bundes- und Landesarbeitsgruppe „Suizidprävention im Justizvollzug"*, Suizidprävention Empfehlungen für den Justizvollzug, Heft III, S. 13 f.

- Einsatz qualitativer Forschungsdesigns für Gefangene mit ernsthaften Suizidversuchen.“[837]

II. Auffassungen zu einem Recht auf Suizidhilfe im Justizvollzug

Im Folgenden wird die bis zum Urteil des BVerfG vom 26.02.2020, 2 BvR 2347/15 veröffentlichte Literatur (1.), eine Rechtsprechungsübersicht (2.), Reaktionen aus der Rechtswissenschaft (3.) und das Ergebnis einer bundesweiten Umfrage in den Landesjustizverwaltungen (4.) vorgestellt, um dann anhand konkreter Fragestellungen eine rechtliche Würdigung vorzunehmen (III.).

1. Bis zum Urteil des BVerfG vom 26.02.2020 veröffentlichte Literatur

In der zu der Rechtsfrage, ob und inwieweit Suizidhilfe im Justizvollzug zulässig ist, vor der Grundsatzentscheidung des BVerfG vom 26.02.2020, veröffentlichten Literatur wird das Thema erwartungsgemäß kontrovers diskutiert, wobei ein Recht auf Suizidhilfe überwiegend aus Gründen des öffentlichen Interesses ausgeschlossen wird.[838] Eine ausführlich begründete Gegenansicht lässt Suizidhilfe jedoch unter engen Voraussetzungen zu, verlangt aber, dass eine schwere Erkrankung vorliegen müsse.[839] Dies widerspricht jedoch den Ausführungen in dem Grundsatzurteil des BVerfG, wonach die Zulässigkeit, Hilfe zur Selbsttötung in Anspruch zu nehmen, nicht von materiellen Kriterien abhängig sein dürfe[840]. Die zumindest damals *herrschende Lehre* lehnte somit ein von materiellen Kriterien unabhängiges Recht auf Suizidhilfe im Justizvollzug ab. Erschwerend kommt hinzu, dass die sich inhaltlich mit der Rechtsfrage auseinandersetzenden Veröffentlichungen überwiegend aus dem Schweizer Rechtskreis herrühren und damit einem anderen Rechtsverständnis als in Deutschland unter-

[837] S. zum Ganzen *Meischner-Al-Mousawi et al.*, FS 2020, S. 250 (253 f.).

[838] *Mausbach*, in: Tag/Groß, Tod im Gefängnis, S. 151 ff.; *Lindner*, StV 2015, S. 522 ff.; *Lob-Hüdepohl*, BewHi 2019, S. 293 ff.

[839] *Tag/Baur*, Suizidhilfe im Freiheitsentzug, S. 1 ff.

[840] BVerfG, Urt. v. 26.02.2020, 2 BvR 2347/15, BVerfGE 153, 182 (309, Rn. 340).

liegen könnten. Wie die aufgeworfene Rechtsfrage nach deutschem Recht beantwortet werden könnte, war damit völlig offen.

Folgende Veröffentlichungen, die sich schon mit dem beschriebenen Problemkreis befasst hatten, liegen vor:

Laut *Mausbach* besteht im Freiheitsentzug kein Recht auf Suizidhilfe. Das öffentliche Interesse an einem geordneten Freiheitsentzug sei höher zu gewichten als das Selbstbestimmungsrecht des Inhaftierten. Suizidhilfe in Haft stelle eine erhebliche Belastung für die dort tätigen Personen und Mitgefangenen dar, der entgegenzusteuern sei. Dies erlange besondere Bedeutung, wenn sich Betroffene der Situation nicht freiwillig entziehen könnten. Im Freiheitsentzug schlössen sich Suizidhilfe und Suizidprävention gegenseitig aus. „Suizidbeihilfe“ komme erst bei erheblicher Beeinträchtigung des Gesundheitszustands in Betracht, der die Haftfähigkeit ausschließe.[841]

Lindner befasst sich in seinem Beitrag anlässlich eines in Belgien zunächst stattgegebenen Antrags eines Untergebrachten auf Sterbehilfe, dem später jedoch im Ausland ein Therapieplatz angeboten werden konnte, mit dem Anspruch von Inhaftierten auf Sterbe- und Suizidhilfe im deutschen Strafvollzug. „Der Staat [dürfe] nach gegenwärtiger Rechtslage den Wunsch eines Strafgefangenen auf Sterbehilfe weder selbst erfüllen noch eine Realisierung dieses Wunsches durch Dritte ermöglichen, unterstützen, zulassen oder dulden[842]. Weder [sehe] das Strafvollzugsgesetz einen solchen Anspruch vor, noch [ergebe] er sich aus den Grundrechten. Dies [gelte] sowohl für die aktive Sterbehilfe (also die Tötung auf Verlangen) als auch für die Beihilfe zur Selbsttötung. Der Staat [sei] sogar verpflichtet, die drohende Selbsttötung des Strafgefangenen zu verhindern, die begonnene zu unterbinden und auf die erfolglose mit medizinischer Betreuung zu reagieren – gegebenenfalls durch Zwangsernährung. Diese sich aus § 216 StGB und §§ 88, 101 StVollzG ergebende einfachgesetzliche Rechtslage begegne [...] keinen verfassungsrechtlichen Bedenken. Zwar [sei] es nach wie vor heftig umstritten, ob sich aus dem Grundgesetz ein Grundrecht auf (selbstbestimmtes) Sterben erg[ebe]. Selbst wenn man ein solches bejah[e], würde dies nicht zur Verfassungswidrigkeit der gefundenen einfach-

---

841 *Mausbach*, in: Tag/Groß, Tod im Gefängnis, S. 151 (165, 170).

842 Diese Auffassung revidiert *Lindner* jedoch später im Lichte der Entscheidung des BVerfG zu *§ 217 StGB a. F.* und regt an, dass „die Situation der Strafgefangenen“ angesichts dessen „in die aktuelle rechtspolitische Diskussion zur Neuregelung der Suizidassistenz [...] einbezogen“ werden sollte (*ders.*, ZfL 2022, S. 185 [193]).

gesetzlichen Ergebnisse führen. Denn zum einen käme einem Grundrecht auf selbstbestimmtes Sterben – ebenso wenig wie anderen Grundrechten – kein leistungsrechtlicher Gehalt zu. Zum anderen [ließ]en sich die Eingriffe in ein Grundrecht auf Sterben, die in der einfachgesetzlichen Pflicht des Staates zur Verhinderung oder Unterbindung der Selbsttötung von Strafgefangenen zu sehen wären, verfassungsrechtlich rechtfertigen. Nicht zuletzt die Wertentscheidung des Grundgesetzes für die Abschaffung der Todesstrafe in Art. 102 GG [sei] gegen eventuelle rechtspolitische Forderungen nach einer Zulassung von Sterbehilfe für Strafgefangene in Stellung zu bringen."[843]

Wegen einer Interessenkollision sei es nach *Lob-Hüdepohl* völlig ausgeschlossen, dass Justizvollzugspersonal zur Suizidassistenz berechtigt sein dürfe (Trennungsprinzip zwischen Justizvollzug und Suizidhilfe). Der Staat dürfe in einem Zwangskontext nicht den geringsten Anschein erwecken, durch seine „assistierende *Mit*wirkung" Veranlasser von Sterben zu sein. Aber auch die Ermöglichung der Suizidassistenz durch Dritte sei in Haft auszuschließen, weil dies „eine schwere Belastung eines humanen Strafvollzuges" wäre.[844]

Da sowohl im Falle der Grundrechtskollision wie beim durch öffentliche Interessen gerechtfertigten Eingriff in Freiheitsrechte ihr Kerngehalt nicht angetastet werden dürfe, müsse laut *Tag/Baur* die Suizidhilfe als Ausfluss des Rechts auf Selbstbestimmung im „Straf- und Massnahmenvollzug" zwar möglich sein, aber auf einen eng begrenzten Ausnahmebereich beschränkt bleiben. Dieser liege vor, wenn der urteilsfähige Inhaftierte sich aus medizinischer Sicht aufgrund einer letalen Krankheit tatsächlich am Ende seines Lebens befinde, die (Weiter-)Behandlung mit Palliativmedizin ablehne, sich stattdessen für die Suizidhilfe entscheide und keine vorzeitige Haftentlassung in Betracht komme. Denn in einer solchen Situation gebe es keine sachlichen Kriterien, die eine unterschiedliche Behandlung des selbstbestimmt gefassten Entschlusses des Betroffenen „intra muros und extra muros" rechtfertigen würde. Dass der Inhaftierte über die Folgen seines Suizidwunsches unmissverständlich aufgeklärt sein müsse und ihm jederzeit eine palliative Begleitung anzubieten und zu gewähren sei, seien Selbstverständlichkeiten. Sei der Inhaftierte in einer solchen Situa-

---

843 *Lindner*, StV 2015, S. 522 (524).
844 *Lob-Hüdepohl*, BewHi 2019, S. 293 (304 f.).

tion infolge der Einnahme des tödlichen Mittels urteilsunfähig geworden, sei für die weitere Betreuung auf seinen mutmaßlichen Willen respektive seine gültige Patientenverfügung abzustellen. Für diese Ausnahmesituation müsse die Rollenverteilung der einzelnen involvierten Stellen und Personen jedoch offengelegt werden. Ein Grundsatz, der hier gelten müsse, sei das Trennungsprinzip. Es komme zur Anwendung in Bezug auf die Personen, die in der Anstalt eine Funktion oder eine Tätigkeit ausüben, das heißt, das Vollzugspersonal oder weitere für die vollziehende Einrichtung tätig werdende Personen und denjenigen Personen, die in die eigentliche Suizidassistenz involviert sind. Diese gesetzlichen Möglichkeiten müssten vor der Suizidhilfe geprüft werden und es sollten unter Einbezug der betroffenen Person alle alternativen Möglichkeiten erörtert werden. Sollten dem keine sicherheitsrelevanten Bedenken entgegenstehen, sei zu prüfen, ob die Suizidhilfe im Rahmen eines „Sachurlaubes“[845] gewährt werden könne.[846]

2. Rechtsprechungsübersicht

Im Folgenden wird die bisher ergangene Judikatur zum Recht auf Suizidhilfe zusammengefasst.

a) OLG Karlsruhe, Beschluss vom 06.09.2017 und VG Köln, Gerichtsbescheid vom 15.02.2019

Erstmalig befasste sich obergerichtlich das OLG Karlsruhe 2017 mit einem Suizidhilfebegehren eines Untergebrachten in der Sicherungsverwahrung, der aufgrund von Perspektivlosigkeit mittels Heroin sterben wollte, das ihm seine Familie oder Freunde/Bekannte in die Anstalt mitbringen sollten.[847] Das OLG Karlsruhe befand, dass sich für dieses Begehren keine Rechtsgrundlage finde. Denn einerseits sei die Sicherungsverwahrung freiheits- und therapieorientiert auf das „Leben“ ausgerichtet und andererseits könnten besondere Sicherungsmaßnahmen bei Selbstverletzungs- und/oder Selbsttötungsgefahr ergriffen werden.[848] Etwas anderes ergebe

[845] Dieser dürfte vollzugsöffnenden Maßnahmen aus wichtigem Anlass, z. B. nach § 46 LJVollzG RLP bzw. § 55 Abs. 1 StVollzG NRW, entsprechen.

[846] *Tag/Baur*, Suizidhilfe im Freiheitsentzug, S. 68 ff.

[847] OLG Karsruhe, Beschl. v. 06.09.2017, 2 Ws 241/17, juris Rn. 1.

[848] OLG Karsruhe, Beschl. v. 06.09.2017, 2 Ws 241/17, juris Rn. 10, 12.

sich auch nicht aus dem Grundgesetz, weil die Rechtsordnung den Suizid grundsätzlich als „sittlich zu missbilligen“ und „rechtswidrig“ ansehe.[849] Das Gleiche gelte auch nach „EGMR, Haas/Schweiz, NJW 2011, 3773“, da aus Art. 8 EMRK „kein Anspruch des Einzelnen gegen den Staat auf Schaffung von Rahmenbedingungen und Strukturen folge, welche die Selbsttötung ermöglichen oder erleichtern[, bestehe]; vielmehr [hätten] die Mitgliedstaaten auf diesem Gebiet einen erheblichen Ermessensspielraum bei der Ausgestaltung ihres Rechtssystems“, der durch den Landesgesetzgeber rechtmäßig ausgefüllt worden sei.[850]

2019 entschied dann das VG Köln in anderer Sache auf Antrag eines Strafgefangenen zur Erteilung einer Erlaubnis zum Erwerb einer tödlichen Dosis von *Natrium-Pentobarbital* zum Zwecke der Selbsttötung, dass ein Anspruch darauf nicht bestehe, wenn der Leidensdruck in erster Linie auf einer psychischen Überforderung sowie der als unzureichend empfundenen ärztliche Betreuung sowie der Haftbedingungen in der Haftanstalt beruhe.[851] Die Unerträglichkeit des Daseins müsse auf objektivierbaren Kriterien beruhen, weil ansonsten jeder eine Erwerbserlaubnis erteilt bekommen müsste, der sich den Tod wünscht.[852] Diese objektiven Kriterien seien erst dann erfüllt, wenn Haftunfähigkeit vorläge.[853]

b) Ausgangsbeschluss des LG Kleve vom 06.11.2020

2020 befasste sich dann erneut ein Gericht[854] mit einem Suizidhilfegesuch einer Person (Fall *Kurt Knickmeier*), die zu zweifach lebenslanger Strafhaft verurteilt wurde und sich ausdrücklich auf ein Recht auf selbstbestimmtes Sterben als Ausfluss des Urteils des BVerfG vom 26.02.2020 zu *§ 217 StGB a. F.* berief. Das Gesuch zog einen längeren Verfahrensgang nach sich, der im Folgenden dargestellt werden soll. Der Antragsteller führte in seinem Suizidhilfegesuch gegenüber der Justizvollzugsanstalt (JVA) aus, dass diese ihm „‚das Resozialisierungsgebot in Form von vollzugsöffnenden Maßnahmen nicht gewähren‘“ würde und er aus diesem Grund „‚bloßes Objekt staatlichen Handelns‘“ sei, wodurch er in seiner Menschen-

[849] OLG Karsruhe, Beschl. v. 06.09.2017, 2 Ws 241/17, juris Rn. 15 m. w. N.
[850] OLG Karsruhe, Beschl. v. 06.09.2017, 2 Ws 241/17, juris Rn. 19 f.
[851] VG Köln, Gerichtsbescheid v. 15.02.2019, 7 K 10927/17, juris Rn. 22, 40.
[852] VG Köln, Gerichtsbescheid v. 15.02.2019, 7 K 10927/17, juris Rn. 30.
[853] VG Köln, Gerichtsbescheid v. 15.02.2019, 7 K 10927/17, juris Rn. 31.
[854] LG Kleve, Beschl. v. 06.11.2020, 161 StVK 23/20.

würde verletzt werde. Er empfinde „seine seit vielen Jahren perspektivlose Haftsituation als unerträgliches Leiden".[855] Der Antragsteller begehrte sinngemäß, ihm „‚die Möglichkeit zu verschaffen, auf eigene Kosten an die [...] zum Sterben notwendigen Medikamente'" zu gelangen. Die private Beschaffung bedürfe der Zustimmung der JVA.[856] Diese beschied den Antrag abschlägig und führte zur Begründung aus, „dass eine Aushändigung von totbringenden Medikamenten zum Zwecke der Ermöglichung eines Suizids mangels Existenz einer entsprechenden gesetzlichen Grundlage nicht in Betracht komme. Ein Anspruch auf Leistung von Sterbehilfe bestehe auch nach der verfassungsgerichtlichen Entscheidung nicht. Gemäß § 43 Abs. 1 S. 1 StVollzG NRW obliege es ihr, für das körperliche Wohl des Antragsstellers zu sorgen. Dem laufe die Gewährung von Medikamenten zur Selbsttötung zuwider."[857]

Hiergegen wendete sich der Antragsteller nach den §§ 109 ff. StVollzG und die JVA beantragte mit den Argumenten aus dem Ablehnungsbescheid die Zurückweisung des Antrags auf gerichtliche Entscheidung. Die 2. kleine Strafvollstreckungskammer des LG Kleve wies daraufhin den Antrag auf gerichtliche Entscheidung zurück und schloss sich in Wiederholung und Vertiefung der Argumente der JVA deren Rechtsauffassung an. Zur Begründung führte das Gericht konkret aus, dass aus den Bestimmungen des StVollzG NRW kein Anspruch des Gefangenen auf Suizidhilfe durch die JVA resultiere. Vor allem ergebe sich ein solcher nicht aus § 43 Abs. 1 Satz 1 StVollzG NRW. Hilfe zur Selbsttötung sei nicht Teil der Sorge um das körperliche, seelische, geistige und soziale Wohlergehen des Antragstellers und dies folge auch aus der Systematik zu § 43 Abs. 1 Satz 2 StVollzG NRW, wonach dem Gefangenen die Bedeutung einer gesunden Ernährung und Lebensführung zu vermitteln sei. Eine „Lebensbeendigung" sei schon vom Wortsinn keine „Lebensführung". Ein Anspruch resultiere ebenso nicht aus § 45 StVollzG NRW, weil Suizidhilfe keine Gesundheitsfürsorge darstelle. Es existiere lediglich ein Anspruch auf Heilbehandlungen und Vorsorgeleistungen. Etwas anderes folge auch nicht aus dem Verfassungsrecht, da das BVerfG ausdrücklich festgestellt habe, dass Suizidhilfe aus Gewissensgründen durch Dritte abgelehnt werden könne. Die JVA habe deshalb jegliche Mitwirkung am Suizid explizit

---

855 Zitiert nach LG Kleve, Beschl. v. 02.06.2022, 161 StVK 23/20, juris Rn. 1 f.
856 Zitiert nach LG Kleve, Beschl. v. 02.06.2022, 161 StVK 23/20, juris Rn. 2.
857 Zitiert nach LG Kleve, Beschl. v. 02.06.2022, 161 StVK 23/20, juris Rn. 6.

abgelehnt. Eine Unterstützung beim Suizid könne nur durch einen Menschen erfolgen, daher gelte der genannte Grundsatz auch hier. Es könne nicht gefordert werden, sich bei einer Selbsttötung des Gewissens eines Dritten zu bedienen, selbst wenn es sich dabei um einen Staatsdiener handele.[858]

c) Folgebeschluss des OLG Hamm vom 12.04.2021

Mit Rechtsbeschwerde begehrte der Betroffene die Aufhebung des angefochtenen Beschlusses. Unter Wiederholung seines bisherigen Vortrags erläuterte er, „er begehre lediglich die bloße Genehmigung der Beschaffung bzw. Aushändigung der zur Selbsttötung erforderlichen Medikamente und damit keine Beihilfe im Sinne eines aktiven Tuns seitens des Leiters der JVA.“[859]

Über diese Rechtsbeschwerde hatte der 1. Strafsenat des OLG Hamm zu befinden und verwarf diese unter maßgeblichem Rekurs auf BVerfGE 153, 182, die auch schon das Vorgericht argumentativ beigezogen hatte, als unbegründet. Aus § 43 Abs. 1 Satz 1 StVollzG NRW folge auch in Verbindung mit der Entscheidung des BVerfG zur Suizidassistenz kein Anspruch „„bei einem Selbsttötungsvorhaben unterstützt zu werden‘“ beziehungsweise keine entsprechende Verpflichtung der JVA auf Medikamentenverschaffung.[860] Daher habe der Leiter der JVA im Rahmen seines Organisationsermessens auch die Hilfe zum Suizid unter Berufung auf Art. 4 Abs. 1 GG ablehnen dürfen.[861] Gegenteiliges resultiere auch nicht aus der vom Antragsteller vorgetragenen Auffassung, er begehre gerade keine (aktiv) helfende Tätigkeit, sondern nur eine Duldung.[862] Im vollzuglichen Kontext sei bereits mit Blick auf die Sicherheit und Ordnung in der JVA „stets eine irgendwie geartete Mitwirkung [. . .] seitens der Vollzugsanstalt

---

[858] Zum Ganzen zitiert nach LG Kleve, Beschl. v. 02.06.2022, 161 StVK 23/20, juris Rn. 8.

[859] OLG Hamm, Beschl. v. 12.4.2021, III-1 Vollz (Ws) 524/20, BeckRS 2021, 14236, Rn. 3.

[860] OLG Hamm, Beschl. v. 12.4.2021, III-1 Vollz (Ws) 524/20, BeckRS 2021, 14236, Rn. 10 f.

[861] OLG Hamm, Beschl. v. 12.4.2021, III-1 Vollz (Ws) 524/20, BeckRS 2021, 14236, Rn. 12.

[862] OLG Hamm, Beschl. v. 12.4.2021, III-1 Vollz (Ws) 524/20, BeckRS 2021, 14236, Rn. 13.

nötig", etwa die Genehmigung des Gewahrsams an den letalen Präparaten und eine Missbrauchskontrolle, was jedenfalls über eine bloße Duldung hinausgehe.[863] Das Gericht irre auch nicht darüber, dass der Antragsteller als Strafgefangener von der nach den Vorgaben des BVerfG nicht erzwingbaren vollzuglichen Unterstützungsbereitschaft abhängig sei, jedoch folge dies „ausschließlich reflexartig" aus der zu vollziehenden Freiheitsstrafe und den somit geltenden Regelungen des StVollzG NRW, die jedoch isoliert betrachtet „nicht den [...] Zweck verfolg[t]en, die Möglichkeiten des Betroffenen für ein selbstbestimmtes Sterben einzuschränken [...]."[864]

d) Aufhebungs- und Zurückverweisungsbeschluss des BVerfG vom 03.11.2021

Auf die Verfassungsbeschwerde des Beschwerdeführers hat die 1. Kammer des 2. Senats des BVerfG festgestellt, dass der Ausgangsbeschluss des LG Kleve sowie der dem inhaltlich folgende Beschluss des OLG Hamm den Beschwerdeführer in seinem Grundrecht auf effektiven Rechtsschutz aus Art. 19 Abs. 4 GG verletze und hat beide Beschlüsse aufgehoben und die Sache an das LG Kleve zurückverwiesen.[865]

Zur Begründung führte das BVerfG aus, dass Art. 19 Abs. 4 GG einen effektiven und möglichst lückenlosen richterlichen Rechtsschutz gegen Akte der öffentlichen Gewalt gewährleiste. Folglich bestehe grundsätzlich die Pflicht der Gerichte, angefochtene Verwaltungsakte in rechtlicher und tatsächlicher Hinsicht vollständig nachzuprüfen, wozu es notwendig sei, den jeweiligen Sachverhalt zureichend aufzuklären, wobei den Gerichten in Strafvollzugssachen insoweit eine Amtsermittlungspflicht obliege. Der Beschluss des LG Kleve lasse eine ausreichende Sachverhaltsaufklärung vermissen. Es mangele schon an einer detaillierten Wiedergabe des ablehnenden Bescheids der JVA. Eine Nachprüfung des Ablehnungsbescheids sei daher unmöglich. Vor allem sei nicht nachzuvollziehen, inwieweit der Beschluss auf einer vom LG Kleve angenommenen Gewissensentscheidung beruht habe und inwiefern dem Beschwerdeführer seine grundrechtlich geschützten Belange wahrende Perspektiven eröffnet wurden. Ebenso Unter-

---

863 OLG Hamm, Beschl. v. 12.4.2021, III-1 Vollz (Ws) 524/20, BeckRS 2021, 14236, Rn. 14.

864 OLG Hamm, Beschl. v. 12.4.2021, III-1 Vollz (Ws) 524/20, BeckRS 2021, 14236, Rn. 15.

865 BVerfG, Beschl. v. 03.11.2021, 2 BvR 828/21, juris (=medstra 2022, S. 102 ff.).

lagen zum Behandlungsstand des Beschwerdeführers oder zu Kontaktaufnahmeversuchen zu weiteren, gegebenenfalls zur Feststellung der Ernsthaftigkeit des Suizidverlangens geeigneten Stellen außerhalb der JVA habe das LG Kleve nicht beigezogen oder Ermittlungen hierzu angestellt. Die Möglichkeit einer Hinzuziehung anstaltsfremder Ärzte sei offensichtlich nicht geprüft worden. Außerdem sei offen, „von wem, auf welcher Grundlage und nach welchem Prozedere der Antragsteller die von ihm begehrten Medikamente tatsächlich erhalten wolle, deren Beschaffung er von der JVA zu dulden" verlange. Ob und mit welchem Ergebnis der Antragsteller bislang diesbezüglich Bemühungen – auch rechtlicher Art – unternommen habe, sei ebenfalls nicht bekannt. Zudem sei nicht ersichtlich, ob sich das Begehren des Beschwerdeführers auf eine bloße Duldung der Beschaffung der Medikamente beschränke oder eine darüber hinausgehende Mitwirkung der Anstalt angestrebt werde. Des Weiteren bestünden insofern verfassungsrechtliche Bedenken, als die Ablehnung des Antrags auf eine Gewissenentscheidung gegründet worden sei, da sich das LG Kleve nicht damit auseinandergesetzt habe, ob sich die Bediensteten der JVA als grundrechtsverpflichtete Amtsträger gegenüber dem Beschwerdeführer überhaupt auf die Gewissensfreiheit berufen könnten.[866]

e) Rechtskräftiger Beschluss des LG Kleve vom 02.06.2022

Nach Zurückverweisung an das Ursprungsgericht forderte dieses den Antragsteller auf, seinen ursprünglichen Antrag, ihm die Möglichkeit zu verschaffen, auf eigene Kosten an die zum Sterben notwendigen Medikamente zu kommen, entsprechend den Vorgaben des BVerfG zu konkretisieren. Daraufhin stellte dieser seinen Antrag um und beantragte nunmehr, „[. . .] ihm zu gestatten, sich auf eigene Kosten das Mittel [Ballongas] zu besorgen, ihm insbesondere den dafür erforderlichen begleiteten Ausgang zur Post zu bewilligen, um das Mittel entgegen zu nehmen, und ihm weiterhin zu gestatten, sich entweder innerhalb der Justizvollzugsanstalt [. . .] oder an einer anderen vom Gericht zu bestimmenden geeigneten Stelle außerhalb der JVA [. . .], das Leben unter Verwendung des Mittels zu nehmen, wobei der JVA [. . .] aufgegeben wird, zu dulden, dass er die für

866 S. zum Ganzen BVerfG, Beschl. v. 03.11.2021, 2 BvR 828/21, juris Rn. 29–31.

die Herbeiführung des Suizides erforderlichen Maßnahmen eigenständig durchführt."[867]

Auf Antrag der JVA als Antragsgegnerin wies das LG Kleve auch diesen Antrag auf gerichtliche Entscheidung als unbegründet zurück und führte dazu wie folgt aus:

Unabhängig von der Frage, ob Ballongas überhaupt ein zum Suizid geeignetes Mittel darstelle, sei jedenfalls bei einer Anwendung durch den Antragssteller selbst ein sicher zum Tod führender Einsatz nicht hinreichend gewährleistet. So habe der Antragssteller nicht aufgezeigt und sei auch sonst nicht ersichtlich, dass der Antragsteller die notwendige Expertise habe, um sich das Gas in der erforderlichen Art und Weise und in der richtigen Dosierung selbst zu verabreichen. Insbesondere sei bei der Selbstanwendung durch den Antragsteller nicht gewährleistet, dass beim Auftreten von Komplikationen korrigierend eingegriffen werden könne. Aufgrund dessen bestehe die begründete Gefahr, dass der Suizidversuch scheitere und der Antragsteller durch den unsachgemäßen Konsum des Gases bleibende Gesundheitsbeeinträchtigungen aufgrund einer eintretenden Sauerstoffunterversorgung des Gehirns davontrage. Da die Antragsgegnerin nach § 43 Abs. 1 Satz 1 StVollzG NRW verpflichtet sei, für das körperliche Wohlergehen des Antragsstellers zu sorgen, sei sie zumindest nicht dazu verpflichtet, eine mit solch erheblichen gesundheitlichen Gefahren für den Antragsteller verbundene Art und Weise der Selbsttötung zuzulassen.

Zudem stünden der vom Antragsteller beantragten Duldung der Selbsttötung erhebliche Gefahren für Leben und Gesundheit der Bediensteten der JVA und der anderen Gefangenen entgegen. Ballongas werde in Gasflaschen vertrieben, bei denen nach den Ausführungen in dem von der Antragsgegnerin zur Akte gereichten Sicherheitsdatenblatt die Gefahr bestünde, dass sie explodieren, wenn sie erwärmt würden. Möglich sei auch eine missbräuchliche Verwendung in der Form, dass mit Kraft auf das Ventil der Gasflasche eingewirkt werde, beispielsweise durch einen gezielten Wurf, und es dadurch zu einem unkontrollierten Austritt von Gas komme. Dass der Antragssteller vor einer mit den vorgenannten missbräuchlichen Verhaltensweisen verbundenen Verletzung oder Tötung anderer Menschen nicht zurückschrecke, habe er durch die Geiselnahme in einer JVA, in deren Rahmen er zwei Menschen mit Waschbenzin in Brand setzte, gezeigt. Der vor-

[867] LG Kleve, Beschl. v. 02.06.2022, 161 StVK 23/20, juris Rn. 24.

beschriebenen Gefahr einer missbräuchlichen Verwendung der Gasflasche könne auch nicht effektiv dadurch begegnet werden, dass es dem Antragsteller ermöglicht werde, sein Suizidvorhaben in Räumlichkeiten außerhalb der JVA umzusetzen. Denn auch außerhalb der JVA wäre zumindest die Anwesenheit von Bediensteten der Antragsgegnerin erforderlich, schon um eine Flucht des Antragsstellers zu verhindern.[868]

3. Reaktionen aus der Rechtswissenschaft

Auf die dargestellte Rechtsprechung reagierten *Lindemann* und *Eisenberg* in ausführlicherer Form.[869] *Lindemann* besprach zwei Beschlüsse des OLG Hamm[870] und später dann den darauf folgenden Beschluss des BVerfG vom 03.11.2021[871]. Er betont zunächst, dass eine Diskussion um freiverantwortliche Suizide aufgrund der Entscheidung des BVerfG zu *§ 217 StGB a. F.* aus Angleichungsgründen auch in Bezug auf die Haft geführt werden müsse, wenngleich das Risiko von unfreien Selbsttötungen im Vergleich zur Allgemeinbevölkerung deutlich erhöht sei.[872] In seinem Beschluss vom 12.04.2021, III-1 Vollz (W) 524/20, habe der 1. Strafsenat des OLG Hamm dann nach Auffassung des Autors folgerichtig einen Anspruch auf Zugang zu Suizidmitteln aus §§ 43 Abs. 1 S. 2, 45 StVollzG NRW negiert, weil es beim Suizid ersichtlich weder um die Vermittlung einer gesunden Le-

---

868 S. zum Ganzen LG Kleve, Beschl. v. 02.06.2022, 161 StVK 23/20, juris Rn. 34 f.

869 Auf die Kurzbewertung von *Muckel*, JA 2022, S. 262 (264), der den Beschl. des BVerfG v. 03.11.2021 begrüßt und die Konsequenzen für die Rechtspraxis mit einer erhöhten Begründungslast bei ablehnenden Entscheidungen aufzeigt und den auf *Lindner*, StV 2015, 522 ff. aufbauenden Beitr. *dess.*, ZfL 2022, 185 ff., nach dem Strafgefangenen mittlerweile doch das Recht auf selbstbestimmtes Sterben zukomme, wird an dieser Stelle noch nicht näher eingegangen (Gleiches gilt für die Kurzbeiträge von *Neumann*, in: Kindhäuser/Neumann/Paeffgen/Saliger, Strafgesetzbuch, Vor §§ 211217, Rn. 85a und *Rosenau*, in: Cirener/Radtke/Rissing-von Saan/Rönnau/Schluckebier, Strafgesetzbuch, Vor § 211, Rn. 107 sowie die Anfängerklausur von *Klaedtke*, JuS 2024, S. 37 ff. und den Beitrag von *Reiling*, ZfP 2024, S. 36 ff.). Ebenso noch nicht auf den umfangreicheren Festschriftbeitrag von *Verrel*, FS Dölling, S. 467 ff., den überblicksartigen Tagungsbeitrag von *Flaig*, in: Bange/Kirner, Mehr Fortschritt wagen, S. 217 ff. und den Festschriftbeitrag von *Rosenau/Flaig*, FS Tag, S. 351 ff.

870 *Lindemann*, medstra 2021, S. 344 ff. (s. zu OLG Hamm, Beschl. v. 24.3.2021, III-1 Vollz (Ws) 525/20 bereits oben).

871 *Lindemann*, medstra 2022, S. 102 ff.

872 *Lindemann*, medstra 2021, S. 344.

bensführung noch um Sterbebegleitung gehe.[873] Die Verneinung eines entsprechenden Anspruchs nach § 43 Abs. 1 S. 1 StVollzG NRW aus einer allgemeinen Verpflichtung zur Gesundheitsfürsorge im Lichte der Argumentation des BVerfG zu *§ 217 StGB a. F.* („Niemand kann verpflichtet werden, Suizidhilfe zu leisten.“) unter Berufung auf ablehnende Gewissengründe des Anstaltsleiters, wird dann aber kritisch gesehen. So lasse die Sachverhaltsschilderung des Senats zum einen keinen Schluss auf eine derartige Ablehnung zu und zum anderen sei auch fraglich, ob die ablehnende Entscheidung des Anstaltsleiters nicht hätte ersetzt werden können.[874] Besonders kritisch wird dann aber in diesem Kontext angemerkt, dass die verfahrensgegenständliche Situation mit derjenigen in der Suizidhilfeentscheidung des BVerfG nicht vergleichbar sei.[875] Anders als in Freiheit, wo bei Ablehnung eines Arztes zur Suizidhilfe aus Gewissensgründen immer noch andere Ärzte zur Verfügung stünden, seien Gefangene aufgrund des besonderen Vollzugsverhältnisses, das, wie der Senat im Ergebnis richtig festgestellt habe, aus Gründen der Sicherheit und Ordnung stets eine irgendwie geartete Mitwirkung der Anstalt notwendig mache, auf diese beim assistierten Suizid angewiesen.[876] Die im Ablehnungsfall daraus resultierende Einschränkung der Selbsttötungsoptionen könne daher auch nicht als bloßer Reflex der Inhaftierung hingenommen werden und stünde zudem in Widerspruch zu den vom BVerfG abgelehnten, dadurch aber möglicherweise herausgeforderten, Brutalsuiziden.[877] Widersprüchlich sei in diesem Zusammenhang ebenso, dass dann auch dieser „Ausweg“ in dem Beschluss des OLG Hamm vom 24.3.2021, III-1 Vollz (Ws) 525/20[878] verwehrt werde, weil danach unabhängig von der Freiverantwortlichkeit besondere Sicherungsmaßnahmen ergriffen werden müssten.[879]

In Auseinandersetzung mit dem Beschluss des BVerfG vom 03.11.2021 arbeitet *Lindemann* dann heraus, dass das BVerfG einen Anspruch auf Sui-

---

873 *Lindemann*, medstra 2021, S. 344 (345).

874 *Lindemann*, medstra 2021, S. 344 (345 f.).

875 *Lindemann*, medstra 2021, S. 344 (346).

876 *Lindemann*, medstra 2021, S. 344 (346).

877 *Lindemann*, medstra 2021, S. 344 (346). *Flaig*, in: Bange/Kirner, Mehr Fortschritt wagen, S. 217 (231) geht sogar davon aus, dass die Vorschriften über die besonderen Sicherungs- und medizinischen Zwangsmaßnahmen vom Wortlaut auf die Suizidverhinderung ausgerichtet seien und damit klassische Grundrechtseingriffe darstellen.

878 OLG Hamm, Beschl. v. 24.03.2021, III-1 Vollz (Ws) 525/20, medstra 2021, S. 401 ff.

879 *Lindemann*, medstra 2021, S. 344 (346 ff.).

zidhilfe gegenüber der JVA nicht von vornherein ausschließe, gleichzeitig aber auch Auswege angedeutet habe, wie tatsächliche und rechtliche Hinderungsgründe beseitigt werden könnten, etwa durch die Hinzuziehung anstaltsfremder Ärzte.[880] Der durch das BVerfG festgestellte Vorwurf der nicht hinreichend substantiierten Gewissensentscheidung der Justizvollzugsbediensteten wird dann bestätigt, ebenso wie die Beanstandungen unzureichender Sachverhaltsaufklärung zum Behandlungsstand und den konkreten Suizidmodalitäten.[881] Sodann stellt *Lindemann* abschließend fest, dass sich die Begründungslast für ablehnende Entscheidungen bei der Suizidhilfe im Justizvollzug durch die Aufwertung des Rechts auf selbstbestimmtes Sterben durch das BVerfG in seiner Suizidhilfeentscheidung vom 26.02.2020 „deutlich erhöht" habe.[882]

Der Auffassung defizitärer Sachverhaltsaufklärung durch die Instanzgerichte wird in einer Anmerkung zum Beschluss des BVerfG vom 03.11.2021 auch durch *Eisenberg* gefolgt. Er betont insbesondere, dass erst das BVerfG den Vortrag des Beschwerdeführers wiedergegeben habe, wonach die Motivation für sein Selbsttötungsbegehren darin liege, dass er die Versagung von Vollzugslockerungen als perspektivlos und die Aussicht auf natürliche Weise in Haft versterben zu müssen als würdelos empfinde.[883] *Eisenberg* vermisst bei den Instanzgerichten dann auch entscheidungserhebliche Ermittlungen zu den Vorstellungen des Beschwerdeführers zur Ernsthaftigkeit des Suizidwunsches, die sogar ergeben könnten, dass er aufgrund seiner langen Haftzeit seine Wiedereingliederung als chancenlos empfinden oder gar Angst davor haben könnte.[884] Daraufhin befasst sich *Eisenberg* dezidiert mit der vom BVerfG aufgeworfenen Rechtsfrage, ob sich Justizvollzugsbedienstete als grundrechtsverpflichtete Amtsträger überhaupt auf das Grundrecht der Gewissensfreiheit berufen können und zieht dabei eine Parallele zu Ärzten, deren Kardinalpflicht es nach § 1 Abs. 2 MBO-Ä

---

880 *Lindemann*, medstra 2022, S. 106.

881 *Lindemann*, medstra 2022, S. 106 (107).

882 *Lindemann*, medstra 2022, S. 106 (108).

883 *Eisenberg*, MedR 2022, S. 402; dass der Beschwerdeführer eigentlich nicht sterben, sondern selbstbestimmter leben möchte, etwa im offenen Vollzug oder einer „Longstay-Einrichtung" nach niederländischem Vorbild (vertiefend dazu *Völlm*, FS 2024, S. 35 [37 f.]), wird in einem Interview deutlich (s. *Stephan*, SZ-Magazin 2022, S. 11 [20]).

884 *Eisenberg*, MedR 2022, S. 402; genau in diese Richtung geht nämlich die Einschätzung des Beschwerdeführers, der gar nicht mehr entlassen werden will (*Stephan*, SZ-Magazin 2022, S. 11 [19 f.]).

sei, Leben zu retten, so dass zumindest dort die „Gewissensfreiheit in ihren Grundfesten erschüttert" sein könnte.[885] Diese Fragestellung sei aber von derjenigen der Durchführung zu trennen, da es alternativ auch in Betracht komme, dass ein anstaltsfremder Arzt den Vorgang begleite.[886] Daraufhin beschäftigt er sich näher mit den fehlenden Ausführungen der Instanzgerichte zur Ausgestaltung des tatsächlichen Medikamentenzugangs, die den reibungslosen Ablauf des Strafvollzugs beeinträchtigen könnte.[887] Schließlich zeigt er noch, ähnlich wie *Lindemann*,[888] grundlegende Widersprüche der Entscheidung des OLG Hamm auf, so dass sogar nicht ausgeschlossen werden könne, dass sonstige Entscheidungsgründe, wie etwa „Punitivität", verschleiert werden sollten.[889]

4. Umfrage zur Suizidhilfe im Justizvollzug und in der Sicherungsverwahrung

Nach Darstellung des Meinungsstandes und der Rechtsprechung bleibt noch offen, wie die Landesjustizverwaltungen die komplexe Materie der Suizidhilfe im Justizvollzug bewerten. Vor dem Hintergrund der Suizidhilfeentscheidung des BVerfG vom 26.02.2020 konnte erwartet werden, dass diese auch dort zumindest etwas mehr Rechtssicherheit vermittelt hat. Gleichwohl war auch zu vermuten, dass noch viele Fragen offen sind, weil es bisher sowohl an einer allgemeinen als auch einer eventuell erforderlichen bereichsspezifischen Regelung im Justizvollzug mangelt.

Außer in der Schweiz erfolgte in anderen Ländern bisher nach hiesigem Kenntnisstand keine entsprechende Umfrage. Zudem wird nur in Kanada, Belgien und der Schweiz von vereinzelten Suizidhilfegesuchen im Justizvollzug berichtet.[890] In Deutschland wurde im Fall *Kurt Knickmeier*[891] medienwirksam über ein entsprechendes Gesuch informiert.[892] Der *Deutsche Ethikrat* hat das Thema der Suizidassistenz im Justizvollzug in seiner Stel-

885 *Eisenberg*, MedR 2022, S. 402 (403).
886 *Eisenberg*, MedR 2022, S. 402 (403).
887 *Eisenberg*, MedR 2022, S. 402 (403).
888 *Lindemann*, medstra 2021, S. 342 (344 ff.).
889 *Eisenberg*, MedR 2022, S. 402 (403 f.).
890 *Franke et al.*, Frontiers in Psychiatry, 29 July 2022, p. 1 (4–6 with further evidence).
891 BVerfG, Beschl. v. 03.11.2021, 2 BvR 828/21, juris.
892 *Stephan*, SZ-Magazin 2022, S. 11 ff.

lungnahme aus 2022 ausgeklammert, aber Forschungsbedarf formuliert,[893] ebenso wie schon *Bennefeld-Kersten* 2009, die Forschung zu „Einstellungen im Gefängnis zum Recht auf den selbstbestimmten Tod“ anregte[894].

Durch die Mitwirkung der Landesjustizverwaltungen an der bundesweiten Umfrage sollte ein Einblick in die bisher nahezu unbekannte Vollzugspraxis bei Suizidhilfebegehren gewährt werden. Der Ertrag war leider begrenzt, aber dennoch konnten erste Erkenntnisse über die Sichtweise der Landesjustizverwaltungen gewonnen werden.

Im Folgenden werden der Gang der Umfrage mit Befragungsgegenständen und die Vorgehensweise/Methodik vorgestellt sowie die Darstellung der Ergebnisse erläutert und die Umfrageergebnisse ausgewertet.

a) Gang der eigenen Umfrage

aa) Befragungsgegenstände

Die Befragungsgegenstände (s. Anhang) betreffen beispielsweise konkret die Übertragbarkeit der Entscheidung des BVerfG vom 26.02.2020 auf den Justizvollzug (Fragen 1 und 2) und adressieren praxisrelevante Abgrenzungsprobleme und Datenmaterial zu möglicherweise schon formulierten Suizidhilfebegehren von Betroffenen (Fragen 6–10). Aspekte der Totenfürsorge und Beratungsangebote am Lebensende wurden ebenso abgefragt (Fragen 13 f.). Dann wurde etwa auch noch abgefragt, ob vor der Inanspruchnahme von Suizidhilfe vorzeitige Entlassungsmöglichkeiten ausgeschöpft werden müssen und wie die Kostentragung eingeschätzt wird (Fragen 20 f.).

bb) Vorgehensweise/Methodik

Die Landesjustizverwaltungen (konkret: Justizvollzugsabteilungen der Justizministerien der Länder) wurden als Befragte ausgewählt, weil sie als Aufsichtsbehörden über die Justizvollzugsanstalten einen vollständigen Überblick über die etwaige Vollzugspraxis bei Suizidhilfegesuchen haben; es ist nämlich davon auszugehen, dass solche Gesuche durch die Anstalten als besondere Vorkommnisse an die Aufsichtsbehörden gemeldet werden

[893] *Deutscher Ethikrat*, Suizid – Verantwortung, Prävention und Freiverantwortlichkeit, S. 130 (dortige Fn. 142 m. w. N.).

[894] *Bennefeld-Kersten*, Ausgeschieden durch Suizid, S. 204.

müssen und diese auch auf eine einheitliche Vollzugspraxis steuernd hinwirken. Eine Eingrenzung auf bestimmte Referate ist nicht erfolgt, weil unabhängig vom/von den jeweiligem/n Sachbearbeiter/n davon ausgegangen wurde, dass innerhalb der für den Justizvollzug zuständigen Abteilungen aufgrund der Sensibilität und Interdisziplinarität des Themas eine interne Abstimmung in juristischer, medizinischer und ethischer Sicht erfolgt.

Der teilstandardisierte Fragebogen (s. Anhang) besteht aus 23 vornehmlich abstrakten und teilweise auch konkreten überwiegend juristischen Fragen. Dem Fragenteil waren in einer E-Mail an die Poststellen der Landesjustizverwaltungen eine Begrüßung, eine kurze Darstellung des Forschungsprojektes und die Bitte um Unterstützung der Umfrage, die sich konzeptionell an derjenigen von *Tag/Baur*, Suizidhilfe im Freiheitsentzug 2019, S. 72–79 orientierte, vorangestellt. Indem die Fragen überwiegend möglichst offen formuliert wurden, konnten diese insoweit im Freitext, auch unter Darstellung subjektiver Ansichten beantwortet werden, sodass möglicherweise auch Aspekte hätten beleuchtet werden können, die noch gar nicht bedacht wurden. Die Entscheidung des BVerfG vom 26.02.2020 wurde im Fragebogen als Urteil „zur Sterbehilfe“ bezeichnet, weil dies gängiger Wortwahl entspricht;[895] im Folgenden wurden aber der Begriff Suizidhilfe oder entsprechende Synonyme verwendet. Auch wurden die Begriffe aktive und passive Sterbehilfe verwendet, weil diese immer noch üblich sind. Die Datensicherheit der Befragung wurde mit Zustimmung des *Justizministeriums Rheinland-Pfalz* durch hochsichere Leitungen des RLP-Netzes gewährleistet. Der Datenschutz wäre durch eine Anonymisierung der personenbezogenen Daten der jeweiligen Sachbearbeitenden größtmöglich gewährleistet und auch Sicherheits- und Geheimhaltungsinteressen durch die Nichtveröffentlichung von Verschlusssachen geschützt gewesen, wie dies von *Sachsen* für zusätzlich beigefügte innerdienstliche Regelungen erbeten wurde. Da von einem Abdruck der Antworten im Anhang abgesehen werden konnte, kam es darauf aber nicht mehr an.

Der Fragebogen wurde am 10.05.2021 an die Poststellen der Landesjustizverwaltungen versendet. Von dort wurde der Fragebogen an die zuständigen Sachbearbeitenden im Rahmen der Geschäftsverteilung oder auch teilweise an die Kriminologischen Dienste zur weiteren Prüfung weitergeleitet, ob das Forschungsvorhaben unterstützt werden konnte. Auf teilweise Nach-

[895] *Kusch/Hecker*, Handbuch der Sterbehilfe, S. 22, 24.

frage wurde auch eine gewünschte Bearbeitung bis zum 31.08.2021 mitgeteilt; eine vorherige Fristsetzung hatte der *Verfasser* als untunlich empfunden. Während des gesamten Befragungszeitraums bestand die Gelegenheit, per E-Mail oder telefonisch Kontakt mit dem *Verfasser* aufzunehmen, um Rückfragen zu stellen und Rückmeldungen geben zu können.

Die Aussagekraft kann allgemein durch multiple Faktoren eingeschränkt sein. Die Offenheit der zum Teil auch im Konjunktiv gestellten Fragen lässt zwar sehr individuelle Antworten zu, ist aber gleichzeitig im Unterschied zu geschlossenen Fragen mit einer erhöhten Bearbeitungsdauer (insgesamt geschätzt ca. 60–90min) verbunden, insbesondere vor dem Hintergrund der Komplexität der Fragen. Die dadurch nachvollziehbar verringerte Unterstützungsbereitschaft mindert natürlicherweise auch die Repräsentativität der erhobenen Daten. Von 16 angefragten Landesjustizverwaltungen[896] haben vier (*Rheinland-Pfalz*; *Mecklenburg-Vorpommern*; *Baden-Württemberg*; *Sachsen*) den Fragebogen so ausgefüllt beziehungsweise beantwortet, dass eine hinreichende Auswertung möglich war. Das entspricht einer Rücklaufquote von 25%. Zwei weitere Bundesländer (*Saarland* und *Bremen*) haben den Fragenbogen zwar teilweise ausgefüllt, allerdings nicht in hinreichend aussagekräftigem Rahmen. Die anderen Bundesländer haben die Teilnahme überwiegend aus Gründen knapper Personalressourcen abgelehnt und zwei Bundesländer (*Thüringen*; *Nordrhein-Westfalen*) standen der Umfrage methodisch kritisch gegenüber, wobei in einem Bundesland die Ablehnung auch mit einem damals anhängigen Verfassungsbeschwerdeverfahren[897] begründet wurde (*Nordrhein-Westfalen*).

Dass auch Meinungen abgefragt wurden, mindert hingegen die Aussagekraft nicht, weil genau das intendiert war.[898] Aus der fehlenden Anonymisierung der Sachbearbeitenden im Vorfeld folgt auch keine Einschränkung, da ohnehin mit einer intern abgestimmten Stellungnahme zu rechnen war und damit auch keine subjektive Einzelmeinung abgefragt wurde. Gerade der damit verbundene interdisziplinär ausgewogene Entscheidungsprozess kann die Aussagekraft sogar umgekehrt steigern. Schließlich liegt es auch in der Natur der Sache, dass möglicherweise Festlegungen in einer hoch-

[896] Diese werden im Folgenden aus Vereinfachungsgründen mit dem jeweiligen Bundesland bezeichnet.

[897] BVerfG, Beschl. v. 03.11.2021, 2 BvR 828/21, juris.

[898] Vgl. auch *Bennefeld-Kersten*, Ausgeschieden durch Suizid, S. 204.

sensiblen Diskussion nachvollziehbarerweise zu einem Zeitpunkt vermieden werden sollten, zu dem eine Bewertung eventuell nicht opportun oder geboten gewesen ist.

Dennoch bieten die erhobenen Daten einen ersten Ein- und auch teilweise Ausblick in beziehungsweise auf die Frage des Rechts auf Suizidhilfe im Justizvollzug und bereichern den Erkenntniswert der gerade erst begonnenen Diskussion.

b) Erläuterung zur Darstellung der Ergebnisse

Die Auswertung berücksichtigt nur die Fragebögen, bei denen mindestens die Fragen 1, 2, 6–10, 13 f., 20 f. ausgefüllt waren, folglich 47,83% des gesamten Fragenkatalogs. Schon die Analyse dieser Antworten bot die Chance, aussagekräftige Einstellungen und Fakten zu dem Recht auf selbstbestimmtes Sterben in Haft zu erlangen. Die Fragen 1 und 2 betreffen nämlich unmittelbar die wichtige Problematik der Übertragbarkeit der Entscheidung des BVerfG vom 26.02.2020 auf den Justizvollzug. Die Fragen 6–10 adressieren in der Praxis häufiger vorkommende Abgrenzungsprobleme bei Suizidversuchen, selbstverletzendem Verhalten und sog. Hungerstreiks sowie Datenmaterial zu möglicherweise schon formulierten Suizidhilfebegehren von Betroffenen. Mit den Fragen 13 f. sollten für Betroffene wichtige Aspekte der Totenfürsorge und Beratungsangebote abgefragt werden. Durch die Fragen 20 f. sollten schließlich maßgebliche Faktoren zu einem etwaigen *ultima-ratio* Charakter der Suizidhilfe überprüft und Kostenaspekte eingeschätzt werden. Trotz des gezogenen Grenzwertes bei der Berücksichtigung der Stellungnahmen konnten relevante Erkenntnisse gewonnen werden, wie die folgenden Ergebnisse zeigen.

c) Ergebnisse

Fragenkatalog

„1. Ist nach Ihrer Ansicht das Grundsatzurteil des BVerfG zur Sterbehilfe vom 26.02.2020–2 BvR 2347/15 – auf Betroffene im Justizvollzug und in der Sicherungsverwahrung übertragbar, so dass ihnen das Grundrecht auf assistierten Suizid zusteht?“

Rheinland-Pfalz und *Mecklenburg-Vorpommern* haben diese Frage eindeutig bejaht. Begründet wurde dies mit der in der Frage genannten Entscheidung und der Grundrechtsträgerschaft von Gefangenen und Untergebrachten. Beide Bundesländer formulierten aber auch Einschränkungen, nämlich *Rheinland-Pfalz*, dass mit Hinweis auf OLG Hamm, Beschluss vom 12.04.2021, III – 1 Vollz (Ws) 524/20 „keine Mitwirkungspflicht" des Justizvollzugs bestehe und *Mecklenburg-Vorpommern*, dass „die Verfahrensweise [...] höchsten ethischen Anforderungen entsprechen [müsse], um den Umständen, die sich aus der Unterbringung im Justizvollzug ergeben, gerecht zu werden". *Baden-Württemberg* und *Sachsen* teilten demgegenüber mit, dass sie sich aufgrund der Fürsorgepflicht auf die Suizidprävention konzentrieren beziehungsweise aufgrund der Gesetzeslage die Suizidverhinderung priorisieren würden.

Damit wird das Recht auf Suizidhilfe im Justizvollzug und in der Sicherungsverwahrung zwar anerkannt, aber nur unter Berücksichtigung der dortigen Besonderheiten.

„2. Wenn ja, unter welchen Voraussetzungen?"

Wiederum zwei Bundesländer, nämlich *Rheinland-Pfalz* und *Baden-Württemberg*, berufen sich darauf, dass es sich bei der Entscheidung, seinem eigenen Leben ein Ende zu setzen, um einen „‚Akt autonomer Selbstbestimmung'" handeln müsse. *Mecklenburg-Vorpommern* fordert, dass es „klare gesetzliche Rahmenbedingungen" geben müsse, eine „unabhängige Stelle", die zur Entscheidung über die Gewährung des assistierten Suizids berufen sei und keine Einbindung von Justizvollzugsbediensteten in den Entscheidungs- und Umsetzungsprozess erfolge.

Die Freiverantwortlichkeit wird hiermit auch im Justizvollzug und in der Sicherungsverwahrung vorausgesetzt und es werden zudem konkrete Gesetzesregelungen gefordert, die einen Interessenkonflikt zwischen der Fürsorgeverantwortung und dem Selbstbestimmungsrecht vermeiden.

„3. Gibt bzw. soll es gesetzliche Vorschriften zum assistierten Suizid im Justizvollzug und in der Sicherungsverwahrung geben? Könnten Sie mir die entsprechenden Bestimmungen benennen bzw. zukommen lassen?"

Kein Bundesland benannte entsprechende Vorschriften und es sei (in *Baden-Württemberg* zumindest „aktuell") auch nicht beabsichtigt, derartige Regelungen zu erlassen.

Daraus kann abgeleitet werden, dass die beteiligten Bundesländer bis dato keinen Regelungsbedarf auf Landesebene sehen. Dies könnte hypothetisch mehrere Gründe haben: a) Sie haben eine entsprechende Regelung nicht für nötig gehalten, weil es sich, so wie es von *Rheinland-Pfalz* mitgeteilt wurde, um eine „Einzelfallprüfung" handele und nur im Ausnahmefall keine Pflicht bestehe, den Suizid zu verhindern; b) Eine Spezialregelung könnte für entbehrlich gehalten worden sein, weil mit einer bundeseinheitlichen Regelung gerechnet wird, die auch für Gefangene und Untergebrachte Geltung beansprucht; c) Es könnte schließlich die Ansicht vertreten worden sein, dass für länderspezifische Regelungen zum assistierten Suizid keine Gesetzgebungskompetenz besteht.

„4. Gibt bzw. soll es untergesetzliche Vorschriften (Rechtsverordnungen, Verwaltungsvorschriften, Rundschreiben, Dienstanweisungen, Hausordnungen etc.) bzgl. Tod und Suizid(-hilfe) im Justizvollzug und in der Sicherungsverwahrung in Ihrem Bundesland geben? Könnten Sie mir die entsprechenden Bestimmungen benennen bzw. zukommen lassen?"

Untergesetzliche Vorschriften zur Suizidhilfe gibt und soll es in keinem der in die Auswertung einbezogenen Bundesländer geben. Bezüglich des Umgangs mit dem Tod wird in *Baden-Württemberg* eine Verwaltungsvorschrift benannt, die den medizinischen Umgang mit sterbenden Gefangenen regelt und dabei deren palliative Bedürfnisse für ein würdiges Sterben berücksichtigt. In *Rheinland-Pfalz* wird ein Rundschreiben zum allgemeinen behördlichen Umgang mit Todesfällen von Gefangenen genannt. In *Sachsen* werden landeseinheitliche Standards zur Suizidprävention und eine Musterdienstanweisung zur Suizidprophylaxe sowie ein elektronisch etabliertes Suizidscreeningverfahren aufgezählt.

Aus alledem wird deutlich, dass, wenn schon keine gesetzlichen Vorschriften zur Suizidhilfe geplant sind, diese erst Recht nicht untergesetzlich vorgesehen werden. Auch untergesetzlich steht der Fokus auf Suizidprävention und zudem in der Ermöglichung eines würdigen Sterbens mittels Palliativversorgung.

„5. Gibt es untergesetzliche Vorschriften zum Hungerstreik und zu selbstverletzendem Verhalten? Könnten Sie mir die entsprechenden Bestimmungen nennen bzw. zukommen lassen?"

In *Sachsen* wurden für die Zwangsernährung „Empfehlungen" für die Praxis benannt, die bei Nahrungsverweigerung greifen. Dabei fällt insbesondere auf, dass die Nahrungsverweigerung bei konkreter Lebensgefahr dann als Suizidversuch gewertet wird, wenn der Gefangene die Nahrungsaufnahme trotz ärztlicher Belehrung verweigert.

Letzteres betrifft insoweit die Frage, ob ein Suizid durch Unterlassen möglich ist.

„6. Welche Unterschiede und Parallelen sehen Sie zwischen einem Suizidhilfebegehren einerseits und dem Phänomen des Hungerstreiks (a) bzw. des selbstverletzenden Verhaltens (b) andererseits? Können Sie diese bitte konkretisieren?“

Mecklenburg-Vorpommern unterscheidet hier sehr differenziert nach dem Planungsgrad und der Dauer des Begehrens, dem Motiv, der Beteiligung Dritter, dem teilweise sehr unterschiedlichen Ziel der Beteiligten und den Ursachen. Parallelen werden indes bei Lebensmüdigkeit, erhöhtem Leidensdruck und (psychischen) Erkrankungen gesehen. Ähnlich äußerte sich auch *Baden-Württemberg*, das zusätzlich noch auf die Einsichts- und Steuerungsfähigkeit eingeht. *Rheinland-Pfalz* stellt vorwiegend auf die oft sehr unterschiedlichen Motivlagen ab und sieht nur in wenigen Ausnahmefällen von selbstverletzendem Verhalten und Nahrungsverweigerung einen freiverantwortlichen Suizidwunsch begründet. *Sachsen* hat zu der Frage noch keine Festlegungen getroffen.

Die Auswertung zeigt, dass bei den aufgezählten Phänomenen mehr Unterschiede als Parallelen gesehen werden. Ein Suizidwunsch kann demnach dem Hungerstreik und selbstverletzendem Verhalten nur im Ausnahmefall unterlegt werden.

„7. Wurde Ihre Landesjustizverwaltung (insb. Vollzugseinrichtungen) bereits mit Fragen zum assistierten Suizid im Justizvollzug und in der Sicherungsverwahrung konfrontiert?“

Diese Frage wurde von allen an der Auswertung beteiligten Bundesländern verneint. Das nicht an der Auswertung beteiligte Bundesland *Nordrhein-Westfalen* wies hingegen auf ein damals anhängiges Verfassungsbeschwerdeverfahren vor dem BVerfG eines lebenslänglich inhaftierten Strafgefangenen hin.[899]

„8. Wenn ja, inwiefern und welche Fragen/Hauptprobleme haben sich dabei gestellt?“

Siehe dazu Antwort zu Frage 7.

---

[899] S. Fn. 897.

„9. Wenn nein, welche Fragen/Hauptprobleme würden sich Ihres Erachtens stellen?“

Diese Frage wurde direkt nur von einem beteiligten Bundesland beantwortet, nämlich von *Mecklenburg-Vorpommern*. Es benannte den anwendbaren rechtlichen Rahmen, Entscheidungsträger, die Einbindung einer Ethikkommission, die Umsetzung („wer?, was?, wann?, wo?!“), Kooperationspartner, Verfahrensabläufe und Umsetzungsbestimmungen. Indirekt antwortete *Baden-Württemberg*, indem es auf das grundsätzliche diagnostische Abgrenzungsproblem zwischen dem „‚Selbsttötungswunsch [. . .] als Akt autonomer Selbstbestimmung‘ gegenüber einer ‚vorübergehenden akuten oder chronisch verlaufenden psychischen Störung‘“ hinwies. Ebenso auf die Schwierigkeit der „Feststellung der Dauerhaftigkeit und Festigkeit der Suizidentscheidung“.

Damit werden äußerst praxisrelevante Grundsatzfragen der Suizidhilfe im Kontext einer totalen Institution adressiert. Somit wird deutlich, dass viele grundsätzliche Fragen in der Vollzugspraxis noch offen sind.

„10. Welche Rolle spielt bzw. würde die palliative Versorgung in diesem Kontext spielen (a) und käme ihr ggf. ein Vorrang zum assistierten Suizid zu (b) (vgl. Ziffern 7–9)?“

Diese Frage wird von zwei Bundesländern sehr unterschiedlich beantwortet und zwei weitere haben sich einer Antwort enthalten. Zunächst weist *Rheinland-Pfalz* darauf hin, dass eine palliative Versorgung bisher nicht zum Leistungsspektrum innerhalb der Justizvollzugsanstalten und des Justizvollzugskrankenhauses gehöre, allerdings bestehe das Recht auf assistierten Suizid völlig unabhängig von medizinischen oder sonstigen Behandlungsmöglichkeiten. *Mecklenburg-Vorpommern* geht davon aus, dass Palliativmedizin und -pflege ein „würdevolles Leben mit mehr Lebensqualität“ ermögliche und befürwortet daher ausdrücklich einen Vorrang von palliativen Versorgungskonzepten.

„11. Gab es auch schon andere Formen von Sterbebegehren durch Betroffene, z. B. nach passiver/indirekt aktiver Sterbehilfe?“

Diese Frage wird von allen in die Auswertung einbezogenen Bundesländern verneint.

„12. Wenn ja, inwiefern und welche Fragen/Hauptprobleme haben sich dabei gestellt?“

Siehe dazu Antwort zu Frage 11.

„13. Was passiert mit dem Leichnam eines verstorbenen Insassen (a)? Wäre es denkbar, dass bei einer freiverantwortlich in Anspruch genommenen Suizidhilfe des Betroffenen von einer Unterrichtung der Staatsanwaltschaft durch die Vollzugseinrichtung abgesehen werden könnte (b)? Wäre es möglich, dass von einer Leichenschau Abstand genommen werden könnte, insbesondere, wenn dies der Verstorbene vorher verfügt hat (c)?"

In *Rheinland-Pfalz* wird ein Leichnam zur Bestattung freigegeben, nachdem die ärztliche Leichenschau erfolgt ist und keine Einwände von Seiten der Ermittlungs- beziehungsweise Strafverfolgungsbehörden erhoben wurden. Ähnlich antworteten überwiegend auch die anderen beteiligten Bundesländer. In *Mecklenburg-Vorpommern* erfolgt eine „Obduktion" zudem von Amts wegen. In *Rheinland-Pfalz* hingegen entscheidet dies die Staatsanwaltschaft als Herrin des Verfahrens, ebenso , ob eine Vorausverfügung Geltung beanspruchen könnte (letzteres wird von *Mecklenburg-Vorpommern* verneint). *Sachsen* hatte zu diesen Folgefragen noch keine Prüfung vorgenommen.

Somit wird bei den Folgefragen b) und c) mit Ausnahme von *Mecklenburg-Vorpommern* entweder auf eine andere Zuständigkeit oder eine bisher fehlende Prüfung verwiesen. Damit bleibt die Beantwortung teilweise unergiebig und macht deutlich, dass insbesondere die Staatsanwaltschaften beziehungsweise Gerichte nach aktueller Rechtslage Einzelfallentscheidungen nach § 87 StPO treffen können, deren Maßstäbe aber noch unklar sind. Manches deutet jedoch darauf hin, dass in staatlichem Gewahrsam auch der assistierte Suizid als unnatürliche Todesursache angesehen und daher wahrscheinlich grundsätzlich auch eine Leichenschau und Obduktion angeordnet würde, weil ein staatliches Fremdverschulden nicht gänzlich ausgeschlossen werden könnte (vgl. auch Nr. 33 Abs. 1 S. 2, 2 S. 2 Richtlinien für das Strafverfahren und das Bußgeldverfahren).[900]

„14. Gibt es in Ihrem Bundesland eine autorisierte Anlauf-/Informationsstelle für Fragen zum Ende des Lebens, insbesondere für Suizidhilfe und/oder palliative Versorgung?"

Rheinland-Pfalz verweist beispielhaft auf Informationen von einzelnen Vereinen und Verbänden, staatliche beziehungsweise staatlich autorisier-

---

[900] Vgl. zu den materiellen Anordnungsvoraussetzungen bei der Leichenöffnung auch *Klauck*, NStZ 2022, S. 81 (82 f. m. w. N.).

te Stellen gebe es hingegen nicht. *Mecklenburg-Vorpommern* sind solche Stellen nicht bekannt, ebenso verneint *Sachsen* die Existenz solcher Einrichtungen, jedoch prüfe es eine Haftunterbrechung, wenn eine palliative Versorgung absehbar werde.

„15. Welche Pflichten hat das Vollzugspersonal in diesem Zusammenhang, wenn entsprechende Suizidbegehren von Betroffenen geäußert werden?“

Rheinland-Pfalz betont, dass niemand verpflichtet werden könne, Suizidhilfe zu leisten, mithin auch nicht Justizvollzugsbedienstete. *Mecklenburg-Vorpommern* äußert vor allem, dass besondere Sicherungsmaßnahmen eingeleitet werden müssten. *Sachsen* verweist auf eine Prüfungspflicht aus einer Musterdienstanweisung zur Suizidprophylaxe. *Baden-Württemberg* beschreibt bei Äußerung von Suizidwünschen zu ergreifende Sofortmaßnahmen unter Beteiligung der Fachdienste, was zum Beispiel zu „Unzeiten“ auch die Nutzung des dortigen Telemedizinangebots einschließt.

Auffällig ist, dass *Rheinland-Pfalz* die Frage negativ auf die Suizidhilfe bezogen abgrenzt. Alle anderen Bundesländer nehmen eine suizidpräventive Perspektive ein, wobei die Antworten von einer Prüfungs- bis zu einer Anordnungspflicht geeigneter besonderer Sicherungsmaßnahmen reichen. Letzteres dürfte bei erstmaliger Äußerung eines ernsthaften Suizidhilfebegehrens zumindest als Sofortmaßnahme bis zu einer unverzüglich vorzunehmenden psychologischen und/oder psychiatrischen Exploration durchaus vertretbar sein, insbesondere wenn ein entsprechendes Ersuchen abgelehnt wurde.

„16. Existieren in Ihrem Bundesland (vollzugliche) Rückzugsorte für sterbende Insassen oder solche, bei denen das Lebensende naht?“

Diese Frage wird uneinheitlich beantwortet. *Rheinland-Pfalz* gibt an, dass zumindest die medizinische Betreuung intensiviert werde, aber keine Rückzugsorte im Sinne spezieller Hafträume oder Abteilungen existierten.[901] *Mecklenburg-Vorpommern* verneint die Existenz entsprechender Or-

901 Mittlerweile wurde jedoch nach Kenntnis des *Verf.* im JVK der JVA Wittlich ein Konzept zur Sterbebegleitung (Stand: 07/2022) implementiert, das sich ganzheitlich den physischen, psychischen, sozialen und spirituellen Dimensionen des Sterbens zuwendet. Wesentlicher Konzeptbestandteil ist dabei auch, dass das jeweilige Patientenzimmer, in dem der sterbende Patient liegt, besonders hergerichtet werden kann, um noch

te; *Sachsen* auch, verweist aber vor allem auf das Krankenhaus der JVA Leipzig, in dem kranke und pflegebedürftige Gefangene untergebracht werden könnten. *Baden-Württemberg* hat sich insoweit geäußert, als der medizinische Dienst darauf hinwirke, dass der Sterbende in einem Einzelhaftraum untergebracht wird, es sei denn, wenn er dies nicht wünscht und andere Gefangene mit einer gemeinschaftlichen Unterbringung einverstanden wären.

„17. Was spricht Ihrer Ansicht nach für oder wider solche Orte und welche Alternativen kommen ggf. in Betracht?"

Rheinland-Pfalz sprach sich im Rahmen der geplanten Schaffung einer Geriatrie für die Schaffung eines solchen besonderen Haftraums aus. *Mecklenburg-Vorpommern* scheint diesen Aspekt unter dem Vorzeichen eines würdevollen Sterbens auch zu befürworten. *Sachsen* hat zu dieser Frage noch keine Entscheidung getroffen und *Baden-Württemberg* hat sich dazu nicht geäußert.

„18. Falls Sie sich bereits mit Wünschen nach assistiertem Suizid befasst haben, stell(t)en sich in diesem Bereich Fragen der Zusammenarbeit mit anderen Bundesländern (z. B. Bildung von Vollzugsgemeinschaften oder Verlegungen in Abweichung vom Vollstreckungsplan)?"

Rheinland-Pfalz, *Mecklenburg-Vorpommern*, *Sachsen* und *Baden-Württemberg* hatten noch keinen entsprechenden Fall, sodass sie sich bis auf *Mecklenburg-Vorpommern*, das sich eine Kooperation mit anderen Bundesländern vorstellen könnte, einer Antwort enthielten.

„19. Bei einem Insassen wird in naher Zukunft das Lebensende erwartet. Inwiefern wird die Vollzugstauglichkeit geprüft (vgl. §§ 455 Abs. 4; 463 Abs. 1, 5 StPO)?"

Alle beteiligten Bundesländer teilten hier mit, dass eine (regelmäßige) Prüfung erfolge.

„20. Würde im Kontext eines freiverantwortlichen Suizidhilfebegehrens eine Haftunterbrechung (a), eine bedingte Entlassung (b) oder gar eine Begnadigung (c) in Betracht gezogen?"

---

möglichst viel subjektive Lebensqualität und Wohlbefinden zu vermitteln (dazu wurde eine Materialkiste mit bestimmten Gegenständen, wie beruhigenden Bildern, spiritueller Musik u. ä., gesondert angeschafft). Damit kann gewissermaßen jedes Patientenzimmer im dortigen JVK flexibel als vollzuglicher Rückzugsort fungieren.

Rheinland-Pfalz wies darauf hin, dass die genannten Maßnahmen im Einzelfall „passend und angezeigt“ sein, diese jedoch mangels Zuständigkeit nur gegenüber den zuständigen Stellen „allenfalls angeregt“ werden könnten. *Mecklenburg-Vorpommern* verneinte die Frage. *Sachsen* verwies auf die fehlende Zuständigkeit seiner Landesjustizverwaltung und auch darauf, dass das zuständige Ministerium dazu noch keine Prüfung vorgenommen habe. *Baden-Württemberg* äußerte sich insoweit nicht.

„21. Wie wäre mit den unmittelbaren Kosten bzw. der Kostentragung bei der Suizidassistenz im Justizvollzug und in der Sicherungsverwahrung umzugehen, wenn diese Kosten in Zukunft bei Personen außerhalb des Vollzugs von der gesetzlichen Krankenversicherung getragen werden sollten?“

Rheinland-Pfalz verneint eine Kostentragungspflicht, weil es sich bei der Suizidhilfe nicht um eine medizinisch notwendige Behandlung handele. Allenfalls komme eine Kostentragung bei Bedürftigkeit in Betracht. *Mecklenburg-Vorpommern* verwies auf das gesundheitliche Äquivalenzprinzip und impliziert damit eine Kostentragungspflicht. *Sachsen* und *Baden-Württemberg* enthielten sich einer Antwort.

Für die Abgrenzung dürfte mithin entscheidungserheblich sein, ob das Recht auf Suizidhilfe aus dem Angleichungsgrundsatz oder dem Äquivalenzprinzip abgeleitet wird. Sollte der Bundesgesetzgeber wider Erwarten eine gesundheitliche Kostentragungspflicht durch die gesetzliche Krankenversicherung normieren, müsste dies zumindest auf den ersten Blick auch im Justizvollzug und in der Sicherungsverwahrung gelten.

„22. Gibt es aus Ihrer Sicht, sofern Suizidhilfe im Justizvollzug und in der Sicherungsverwahrung als zulässig erachtet wird, besondere Erfordernisse bei der Dokumentation und wissenschaftlichen Begleitung?“

Rheinland-Pfalz betont, dass eine Dokumentation „höchste[n] Anforderungen“ genügen müsse, es aber für Fragen der wissenschaftlichen Begleitung noch deutlich zu früh sei. *Mecklenburg-Vorpommern* lehnt eine unmittelbare Einbindung von Justizvollzugsbediensteten in Entscheidungen oder Handlungen in Bezug auf den assistierten Suizid mit Blick auf das professionelle Selbstverständnis ab. *Sachsen* und *Baden-Württemberg* enthielten sich einer Antwort.

Daraus wird deutlich, dass zumindest ein sehr hoher Dokumentationsbedarf angenommen wird.

„23. Haben Sie sonstige Anmerkungen etc.?"

Von dieser Möglichkeit hat nur *Baden-Württemberg* Gebrauch gemacht, indem es auf die aus seiner Sicht aufgrund der Komplexität des Themas „„Assistierter Suizid"" nötige bundesweite Abstimmung und Konsensfindung hinweist.

Dieser Gesichtspunkt verdient uneingeschränkte Zustimmung, wenn und soweit die Bundesländer für eine entsprechende Regelung die nötige Gesetzgebungskompetenz aufweisen sollten. Rechtspolitisch sinnvoll kann allerdings nur die bundesweit einheitliche Regulierung des Rechts auf selbstbestimmtes Sterben im Justizvollzug sein, um einen „Suizidhilfetourismus" zwischen den Ländern zu vermeiden. Ob die Bundesländer sich darauf bei entsprechender Gesetzgebungskompetenz (s. D. V. 1., S. 300 ff.) einigen würden, dürfte eine rechtspolitische Herausforderung werden. Sinnvoll könnte dafür sein, dass der Strafvollzugsausschuss der Länder im Auftrag der Justizministerkonferenz zu gegebener Zeit eine länderübergreifende Arbeitsgruppe aus den Bundesländern einsetzt.

d) Zusammenfassung

Die in die Auswertung einbezogenen Bundesländer wurden jedenfalls bis zum Abschluss der Umfrage noch nicht mit ernsthaften Suizidhilfebegehren konfrontiert. Das Recht auf Suizidhilfe wird demgegenüber grundsätzlich anerkannt. Dabei wird im Übrigen nicht zwischen Gefangenen und Untergebrachten unterschieden. Dies weist darauf hin, dass sich die Voraussetzungen für die Inanspruchnahme von Suizidhilfe im Justizvollzug und der Sicherungsverwahrung nicht wesentlich unterscheiden dürften. Die Risikofaktoren für Suizidalität im Justizvollzug und der Sicherungsverwahrung – dort findet im Anschluss an die Freiheitsstrafe „lediglich" eine Addition der Freiheitsentziehung statt – unterscheiden sich zwar sehr wahrscheinlich, aber sobald retributive Aspekte weggefallen sind, bestehen keine sachlichen Gründe mehr,[902] diese unterschiedlichen Vollzugsformen in Hinsicht auf die Voraussetzungen der Suizidhilfe anders zu beurteilen. Daher hat der *Verfasser* den Titel der Arbeit auch später auf den Justizvollzug beschränkt.

[902] S. dazu Fn. 1145 f.

Doch auch wenn das Recht auf Suizidhilfe anerkannt wird, so nur unter den einschränkenden vollzuglichen Bedingungen, die Einfluss auf die Freiverantwortlichkeit haben können. Die Ausführungen zur Abgrenzung von Suizidhilfebegehren einerseits und möglichen alternativen Formen der Lebensbeendigung (selbstverletzendes Verhalten; Hungerstreik) andererseits haben hilfreiche Erkenntnisse geliefert, indem nicht nur auf überwiegend unterschiedliche Motivlagen, sondern auch nach dem Planungsgrad und der Dauer des Begehrens, der Beteiligung Dritter, dem teilweise sehr unterschiedlichen Ziel[903] der Beteiligten und den Ursachen differenziert wurde. Wichtig war in diesem Kontext auch, dass im Ergebnis festgestellt wurde, dass selbstverletzendes Verhalten und Nahrungsverweigerungen, auch wenn ihnen definitorisch kein suizidaler Aspekt zukommt,[904] ausnahmsweise in Suizidalität umschlagen können. Bei wirklich ernsthaften Suizidhilfebegehren wurde dann auch die Frage aufgeworfen, welcher rechtliche Rahmen dann greifen würde und wie das freie vom unfreien Assistenzbegehren wirksam abgegrenzt werden könnte. Diese Fragen machen deutlich, dass ein berechtigtes Informationsbedürfnis besteht, das zeitnah erfüllt werden sollte, um hinreichende Rechtssicherheit zu gewährleisten. Bei der Totenfürsorge besteht *de lege lata* zwar grundsätzlich Einigkeit, dass eine Leichenschau und Obduktion nicht durch den Suizidhilfe Begehrenden ausgeschlossen werden können dürfte, gleichwohl könnte dies in Zukunft auch gegebenenfalls anders geregelt werden. Die Kostenfragen bei der Suizidhilfe werden in Abhängigkeit von der normativen Anknüpfungsgrundlage (Angleichungsgrundsatz oder Äquivalenzprinzip) kontrovers diskutiert.

e) Stellungnahme und Zwischenergebnis

Insgesamt fällt bei der Beantwortung der Fragen auf, dass die in die Auswertung einbezogenen Bundesländer erwartungsgemäß einen deutlichen Fokus auf die Suizidprävention, insbesondere durch besondere Sicherungsmaßnahmen, legen. Dies erscheint bei unassistierten Suiziden auch beson-

---

903 Z. B. der Durchsetzung unberechtigter Forderungen gegenüber dem Vollzugspersonal (*Noll/Muriset*, in: Tag/Groß, Tod im Gefängnis, S. 73).

904 Selbstverletzendes Verhalten ist gleichbedeutend mit einer funktionell motivierten Verletzung oder Beschädigung des eigenen Körpers, die in direkter und offener Form geschieht, sozial nicht akzeptiert ist und nicht mit suizidalen Absichten einhergeht (*Petermann/Nitkowski*, Selbstverletzendes Verhalten, S. 34 f.; *Bering/Grüttert*, FS 2020, S. 245 f.).

ders gerechtfertigt, weil dort die Risikofaktoren für unfreie Entscheidungen häufig überwiegen, allerdings sind assistierte Suizide verschieden.[905] Das dürfte so auch im Justizvollzug sein. Denn jedenfalls bei längeren Haftzeiten, ausreichender Hafterfahrung, nachgewiesen hinreichender psychischer Gesundheit, dauerhaftem sowie festem Wunsch nach Suizidhilfe und bewusster Abstimmung mit einem Suizidassistenten dürfte es eher zu einem längeren Abwägungsprozess gekommen sein, der auch wahrscheinlicher die Voraussetzungen eines freiverantwortlichen Suizidentschlusses erfüllt.

Die Umfrage muss allerdings vor dem Hintergrund der geringen Länderbeteiligung als unvollständig und wenig aussagekräftig gelten.

III. Rechtliche Würdigung

Nach der erfolgten Vorstellung der unterschiedlichen Auffassungen zum Recht auf Suizidhilfe im Justizvollzug soll nun eine rechtliche Bewertung der vorgefundenen Ergebnisse, wonach mit BVerfGE 153, 182 ein von materiellen Kriterien unabhängiges Recht auf Suizidhilfe mit den Besonderheiten im Justizvollzug grundsätzlich anerkannt wird und die Vollzugspraxis mittlerweile eine erhöhte Begründungslast bei ablehnenden Entscheidungen zu Suizidhilfeverlangen trifft, vorgenommen werden. Dazu werden zunächst überblicksartig die Rahmenbedingungen für ein menschenwürdiges Sterben im Justizvollzug dargestellt (1.), womit Fragen der angemessenen Sterbebegleitung, aber auch der Inanspruchnahme von Suizidhilfe aufgeworfen werden. Funktionell ist der Justizvollzug aber nicht auf den Tod, sondern auf das Leben ausgerichtet, sodass aufgrund dieser Lebensorientierung zunächst näher auf die grundsätzliche vollzugliche Schutzpflicht für das Leben im Bereich der Suizidprävention (2.) und vollzugliche Maßnahmen gegen erhöhte Selbsttötungsgefahren (3.) eingegangen werden muss. Sollte ausnahmsweise dennoch ein freiverantwortlicher Suizid in Betracht kommen, muss als zentraler Teil untersucht werden, ob dem (vollzugliche) Schranken entgegenstehen können (4.). Weitere Folgefragen sind dann, ob das Vollzugspersonal als Suizidhelfer fungieren dürfte (5.), ferner wie die Kostentragung (6.), die Totenfürsorge (7.) und das Verfahren zur Gewährleistung von Freiverantwortlichkeit bei einem Suizidhilfegesuch (IV.) ausgestaltet sein sollten.

[905] S. dazu schon oben Fn. 383, 385.

1. Rahmenbedingungen für ein menschenwürdiges Sterben im Justizvollzug

„Was bedeutet humanes Sterben?“[906] „Ist Sterben im Gefängnis mit der Menschenwürde vereinbar?“[907] „Verletzt ein ‚Sterben im Gefängnis‘ die Menschenwürde?“[908] Ist der Justizvollzug der „richtige“ Ort zum Sterben? All dies sind Fragen, die beantwortet werden müssen, weil tatsächlich im Gefängnis gestorben wird, auch wenn mit einem Gefängnis Justizvollzug und nicht Sterben assoziiert wird. Dass sich Gefangene auf Grundrechte und damit auch auf die Menschenwürde berufen können, ist mittlerweile unstreitig (D. III. 4. a), S. 204 ff.). Nach *Wulf/Grube* bedeutet menschenwürdig sterben ein „Sterben in Freiheit[909] und Frieden“.[910] Wenn allerdings Sicherheitsbedenken gegen eine Entlassung sprechen, befürworten *Hostettler et al.* lediglich „ein humanes Sterben [...] in Frieden“[911] Ähnlich argumentiert auch *Lob-Hüdepohl* und erweitert den Gedanken mit Hinweis auf den ehemaligen Anstaltsarzt der JVA Werl *Bausch-Hölterhoff*[912] insoweit, als sogar manchmal Betroffene in Haft verbleiben möchten, weil die Vollzugseinrichtung gewissermaßen ihr „‚Zuhause‘“ geworden ist.[913] Das Meinungsspektrum lässt sich zu folgendem gemeinsamen Nenner zusam-

---

906 *Hostettler et al.*, Justiznewsletter Nr. 26 (2017), S. 7 (8); s. zum Sterben im Schweizer Vollzug auch den aktuellen (erstveröffentlicht: 02.11.2023) Beitr. von *Richter/Hostettler/Marti*, in: Ghanem et al., Alter, Delinquenz und Inhaftierung, S. 207 ff.

907 *Wulf/Grube*, in: Anderheiden/Eckart, Handbuch Sterben und Menschenwürde, S. 1571 (1573).

908 *Lob-Hüdepohl*, BewHi 2019, S. 293 (294).

909 Der Begriff der Freiheit ist hier wohl überwiegend in einem „sozialen Sinn“ zu verstehen (vgl. *Hostettler et al.*, BewHi 2019, S. 356 [359]), weil juristisch gesehen *de lege lata* nur bei Gnadenentscheidungen die Freiheitsstrafe erlassen werden kann (*Appl*, in: Barthe/Gericke, Karlsruher Kommentar zur StPO, § 452, Rn. 1; *Nestler*, in: Knauer/Kudlich/Schneider, MüKoStPO, § 452, Rn. 1), wenngleich auch die Forderung *de lege ferenda* erhoben wird, dass „[d]er Strafvollzug endet, wenn der Gefangene zu sterben beginnt“ (*Wulf/Grube*, in: Anderheiden/Eckart, Handbuch Sterben und Menschwürde, S. 1571 [1582]).

910 *Wulf/Grube*, in: Anderheiden/Eckart, Handbuch Sterben und Menschwürde, S. 1571 (1575).

911 *Hostettler et al.*, Justiznewsletter Nr. 26 (2017), S. 7 (8).

912 *Bausch-Hölterhoff*, ZfStrVo 2004, S. 96 (98): „Eine größer werdende Zahl tödlich erkrankter Patienten wünscht den Verbleib in Einrichtungen des Justizvollzuges, lehnt explizit eine Entlassung in Krankheit, Siechtum und zum Sterben in extramurale Einrichtungen ab.“

913 *Lob-Hüdepohl*, BewHi 2019, S. 293 (294).

menfassen: „Niemand soll gegen den eigenen Willen im Gefängnis sterben müssen, aber wenn diese Situation eintrifft, dann soll der Justizvollzug darauf entsprechend vorbereitet sein.“[914] Anders ausgedrückt sollte danach im Idealfall der planbare Tod in „Freiheit“ stattfinden, jedoch müsste der Justizvollzug, wenn das nicht möglich ist, noch fehlende Routinen[915] entwickeln, um angemessen mit dem Sterben im Gefängnis umzugehen.

Daraus ergeben sich zwei grundlegende Fragen: Sollte die Sterbebegleitung in tatsächlicher Hinsicht zukünftig zu den Aufgaben des Justizvollzugs gehören?[916] Und wenn ja, wie könnte eine solche Praxis unter den autonomieeinschränkenden Bedingungen des Justizvollzugs umgesetzt werden, denn die Gefangenen sind in der grundlegenden Entscheidung eingeschränkt, mitbestimmen zu können, wo und wie sie sterben wollen[917]?

Neben den Inhaftierten wünscht sich auch das Vollzugspersonal klare Antworten zu diesen Fragen. Beim Sterben in Haft handelt es sich nämlich um ein komplexes, nicht selten belastendes „soziales Beziehungsereignis“[918]. Als bisheriges Tabuthema durchbricht es ansonsten vorhandene professionelle alltägliche Handlungsroutinen und klare Berufsrollen mit einer möglichst ausgeglichenen Balance zwischen Distanz und Nähe sowie wird mangels ausreichender institutioneller Vorbereitung häufig als „Notfall“ angesehen.[919] Dieser „Notfall“ wird vom Personal kritisiert – insbesondere bei Gefangenen, die ein Leben lang eingesperrt und am Ende, wenige Tage vor dem Tod, aus dem ihnen inzwischen vertrauten Umfeld plötzlich herausgerissen werden.[920] Die Betreuung der Sterbenden wird von vielen als unzureichend beurteilt; vor allem dann, wenn das Ableben aus ihrer Per-

914 *Hostettler et al.*, Lebensende im Justizvollzug, S. 136.

915 Zu diesem Ergebnis kamen *Bereswill/Neuber*, BewHi 2019, S. 345 (348) berufsgruppenübergreifend auch i. R. v. in deutschen Justizvollzugsanstalten durchgeführten Experteninterviews (s. zum Studiendesign a. a. O., S. 346).

916 S. auch schon *Wulf/Grube*, in: Anderheiden/Eckart, Handbuch Sterben und Menschwürde, S. 1571 (1577); hingegen sind Todesfälle, die plötzlich, unvorhergesehen und aufgrund akuter Beschwerden auftreten („death without dying“, *Liebling*, Journal of Correctional Health Care 2017, p. 20) meist klar geregelt (vgl. *Hostettler et al.*, BewHi 2019, 356 [357]).

917 Vgl. *Hostettler et al.*, BewHi 2019, 356 (357 f.).

918 Vgl. zu diesem Begriff *Lob-Hüdepohl*, BewHi 2019, S. 293 (305).

919 *Hostettler et al.*, Justiznewsletter Nr. 26 (2017), S. 7 (10 f.).

920 *Hostettler et al.*, Justiznewsletter Nr. 26 (2017), S. 7 (11).

spektive abschätzbar war; sie haben den Eindruck, dass ein Menschenleben im Justizvollzug weniger wert sei als in Freiheit.[921]

a) Sterben als Realität in der Justizvollzugsanstalt

Doch wie sind die normativen Begriffe des „Sterbens" beziehungsweise des „Sterbebeginns" als Wechsel von kurativer zu palliativer Behandlung zu definieren? Medizinisch ist der konkrete Sterbeprozess nur schwer prognostizierbar.[922] Eine präzise Einschätzung der voraussichtlichen Restlebensdauer ist stets hypothetisch und die Fragestellung, ob sich der Gefangene wieder zumindest zeitweise erholen und für die Gesellschaft, die ein sukzessive wachsendes Sicherheitsbedürfnis entwickelt,[923] erneut gefährlich werden könnte, lässt sich nicht abschließend beantworten.[924] Aufgrund dessen versterben Gefangene im Zweifel immer häufiger im Justizvollzug. Zudem nimmt der Anteil älterer Inhaftierter[925] und Sicherungsverwahrter auch aufgrund der demografischen Entwicklung einer immer älter werdenden Bevölkerung kontinuierlich zu.[926] Unter den 41.901 Erwachsenen in Strafhaft

921 *Hostettler et al.*, Justiznewsletter Nr. 26 (2017), S. 7 (11).

922 *Hostettler et al.*, Justiznewsletter Nr. 26 (2017), S. 7 (12).

923 *Hostettler et al.*, Justiznewsletter Nr. 26 (2017), S. 7 (12), vgl. auch *Hostettler et al.* , BewHi 2019, S. 356 (357).

924 Vgl. dazu auch den Sterbefall *Holger Meins*, bei dem i. R. e. Hungerstreiks auch nicht für den ehemaligen Anstaltsarzt voraussehbar war, ab wann ernsthafte Symptome vorlagen, die auf ein baldiges Ableben schließen ließen (OLG Koblenz, Beschl. v. 02.06.1977, 1 Ws 123/77, juris Rn. 10, NJW 1977, S. 1461 [1463]).

925 Bei der Betrachtung der Delinquenz der Gefangenen im Alter ab 60 Jahren wird aus internationalen Studien deutlich, dass sich drei bekannte Typen von Inhaftierten finden: 1. Typ I repräsentiert dabei die Personen, die in hohem Alter das erste Mal inhaftiert werden (wegen schwererer Delikte gegen Leib, Leben und sexuelle Integrität). 2. Typ II-Täter sind hingegen Personen, die im Verlauf ihres Lebens immer wieder strafrechtlich in Erscheinung treten und wiederholt zu Haftstrafen verurteilt werden, was bis in das hohe Alter andauert (Bereich leichter bis mittlerer Kriminalität). 3. Den letzten anteilsmäßig kleinsten Typ III bilden diejenigen Personen, die aufgrund einer langen Strafe in Haft alt werden (*Meuschke*, in: Maelicke/Suhling, Das Gefängnis auf dem Prüfstand, S. 403 [405 m. w. N.]).

926 Einen vertiefenden Einblick zur registrierten Seniorenkriminalität bieten aus kriminologischer Perspektive *Hanslmaier/Baier*, in: Kunz/Gertz, Straffälligkeit älterer Menschen, S. 7 ff.; neben der demografischen Entwicklung kommen aber auch noch weitere Gründe für die Zunahme in den Gefängnissen in Frage: bei Typ-I-Tätern v. a. Alterspädophilie; bei Typ-II-Tätern v. a. die steigende Lebenserwartung und bei Typ-III-Tätern v.

waren ca. 4,95 % (n=2075) 60 Jahre und älter (Stichtag: 31.03.2020[927]). 1992 lag dieser Anteil bei nur 1,5 %.[928] Unter den 589 Sicherungsverwahrten betrug der Anteil 2020 sogar ca. 29,20 % (n=172). Im Jahr 2018 (Stichtag: 31.03.) hatte die Quote bei den Erwachsenen in Strafhaft zum Beispiel noch bei ca. 4,50%, in der Sicherungsverwahrung bei ca. 24,03% und 2019 schon bei ca. 4,77% bzw. 26,32% gelegen.[929] Hinzu kommt aus gerontologischer Sicht, dass Gefangene häufig biologisch vorgealtert sind und in Haft schneller altern. Das ist dadurch begründet, dass ältere Inhaftierte aufgrund von Lebensstil, sozioökonomischem Status und schlechterem Zugang zur präventiven Gesundheitsversorgung im Verlauf ihrer Lebensspanne vor und in Haft sowie der institutionell bedingten Stressoren des Vollzuges im Vergleich zu der extramuralen älteren Bevölkerung physiologisch um ca. zehn bis 15 Jahre vorgealtert sind.[930] Damit ist es teilweise unvermeidbar, auch wegen der verbesserten medizinischen Behandlungsmöglichkeiten in Haft oder Unterbringung,[931] dass Gefangene und Sicherungsverwahrte während ihrer Inhaftierung beziehungsweise Unterbringung versterben.[932] In deutschen Gefängnissen verstarben zum Beispiel im Jahr 2018 bei einer Jahresdurchschnittsbelegung von 64.142 Gefangenen 140 Gefangene, davon 58

---

a. die gesetzlichen Gegebenheiten bzw. wie sie ausgelegt werden (vgl. *Meuschke*, in: Maelicke/Suhling, Das Gefängnis auf dem Prüfstand, S. 403 [407 f.])

927 Die Zahlen beziehen sich nur auf einen Zeitraum bis 31.03.2020, um etwaige coronabedingte statistische Verzerreffekte zu vermeiden, weil ab Beginn der pandemischen Lage am 11.03.2020 auch vermehrt von Strafausständen aus Gründen der Vollzugsorganisation nach § 455a StPO Gebrauch gemacht wurde (von Februar bis Juni 2020 sind die Gefangenenzahlen insgesamt um 15 Prozent zurückgegangen, wobei der Rückgang bei den Ersatzfreiheitsstrafen über 70 Prozent betrug, s. *Bögelein*, BAG-S Informationsdienst Straffälligenhilfe 2021, S. 19 [21 m. w. N.]; vgl. auch *Graebsch et al.*, vorgänge 2021, S. 5 ff.).

928 *Laubenthal*, in: Kunz/Gertz, Straffälligkeit älterer Menschen, S. 131 (132 m. w. N.).

929 *Statistisches Bundesamt*, Fachserie 10, Reihe 4.1, 2018 (S. 13), 2019 (S. 13), 2020 (S. 12).

930 *Meyer*, BewHi 2019, S. 308 (309); die Altersgrenze sollte deshalb auf die Funktionalität der Inhaftierten abstellen und für den Beginn des höheren Alters auf 60 Jahre festgelegt werden (*Meuschke*, in: Maelicke/Suhling, Das Gefängnis auf dem Prüfstand, S. 403 (406 f.).

931 S. dazu *Meyer*, BewHi 2019, S. 308 (317 m. w. N.); *Wulf/Grube*, in: Anderheiden/Eckart, Handbuch Sterben und Menschwürde, S. 1571 (1575).

932 Ähnlich auch *Lob-Hüdepohl*, BewHi 2019, S. 293 (295) und *Hostettler et al.*, Justiznewsletter Nr. 26 (2017), S. 7.

durch Suizid und zwei durch Unfall.[933] Die Menschenwürde der Inhaftierten macht gerade hier eine sensible Vorbereitung und Begleitung erforderlich, weil „Haft [. . .] ohnehin schon eine Ohnmachtserfahrung [ist], [und] Sterben in Haft [. . .] sozusagen die potenzierte Ohnmacht“[934].

b) Anspruch auf Sterben in „Freiheit“ als Grundsatz

Nach der durch *Dürig* geprägten „Mitgiftthese“ weist diese jedem Menschen Würde in Abstraktion von geistigen, moralischen oder sonstigen Bedingungen zu.[935] „Jeder besitzt sie, ohne Rücksicht auf seine Eigenschaften, seine Leistungen und seinen sozialen Status. Sie ist auch dem eigen, der aufgrund seines körperlichen oder geistigen Zustands nicht sinnhaft handeln kann. Selbst durch ‚unwürdiges‘ Verhalten geht sie nicht verloren. Sie kann keinem Menschen genommen werden.“[936] Also auch nicht solchen Straftätern, die schwerste Schuld auf sich geladen haben, wie Mörder, Sexualstraftäter und terroristische und amoklaufende Gewalttäter, deren Taten oft großes mediales Aufsehen erregen.[937] In der Prägung durch *Dürig* ist die Objektformel zum vorherrschenden Deutungsmuster geworden: „„Die Menschenwürde ist getroffen, wenn der konkrete Mensch zum Objekt, zu einem bloßen Mittel, zur vertretbaren Größe herabgewürdigt wird.‘“[938] „Das Gebot zur Achtung der Menschenwürde bedeutet insbesondere, daß grausame, unmenschliche und erniedrigende Strafen verboten sind [. . .]. Der Täter darf nicht zum bloßen Objekt der Verbrechensbekämpfung unter Verletzung seines verfassungsrechtlich geschützten sozialen Wertanspruchs und Achtungsanspruchs gemacht werden [. . .].[939] Dies wäre übereinstim-

933 BT-Drs. 19/31444, S. 3. Mit dem Berichtsjahr 2019 erfolgte durch eine Reform der Strafvollzugsstatistik eine Erfassung weiterer Daten, die eine gesonderte Ausweisung der Angaben zu den unterschiedlichen Haftarten erlaubt. Aktuell liegen Daten nur bis zum Berichtsjahr 2019 vor. Als Todesursachen werden ausschließlich Tod durch Unfall und durch Suizid gesondert erhoben. Weitere Todesarten werden nicht aufgeschlüsselt.

934 So der Aufsatztitel von *Bereswill/Neuber*, BewHi 2019, S. 345.

935 *Herdegen*, in: Dürig/Herzog/Scholz, GG, Art. 1 Abs. 1, Rn. 34.

936 BVerfG, Beschl. v. 20.10.1992, 1 BvR 698/89, juris Rn. 107, BVerfGE 87, 209 (228).

937 *Wulf/Grube*, in: Anderheiden/Eckart, Handbuch Sterben und Menschwürde, S. 1571 (1576); vgl. auch BVerfG, Beschl. v. 28.06.1983, 2 BvR 539/80, *Hafturlaub, lebenslange Freiheitsstrafe*, juris Rn. 54, BVerfGE 64, 261 (284).

938 *Herdegen*, in: Dürig/Herzog/Scholz, GG, Art. 1 Abs. 1, Rn. 36.

939 BVerfG, Urt. v. 21.06.1977, 1 BvL 14/76, *Lebenslange Freiheitsstrafe*, juris Rn. 146 , BVerfGE 45, 187 (228).

mend mit *Wulf/Grube* dann der Fall, wenn der Strafvollzug im Sterbeprozess jeden Sinn verliert, also wenn der Gefangene praktisch „im Sterben *liegt*".[940] An einem sterbenden Gefangenen sollte kein „Vergeltungsexempel" statuiert werden; von ihm geht auch keine Gefahr mehr aus.[941] In Auflösung des Spannungsverhältnisses zwischen dem staatlichen Strafanspruch einerseits und der prinzipiell realisierbar bleiben müssenden Chance auf Wiedererlangung der „Freiheit" andererseits hat das BVerfG über den Wortlaut von § 455 Abs. 4 StPO hinaus als Ausfluss der Menschenwürde im Einzelfall sogar allen Inhaftierten einen Anspruch „auf einen lebenswerten Lebensrest in Freiheit noch diesseits von Todesnähe und Siechtum" zuerkannt.[942] Das Gefängnis ist daher grundsätzlich kein „guter" Sterbeort, gleichzeitig muss das Ideal, dass menschenwürdiges Sterben nur außerhalb des Vollzuges möglich sei, hinterfragt werden, weil in „Freiheit" ein Sterben in Menschenwürde mit subjektiver Lebensqualität auch nicht immer garantiert ist,[943] insbesondere wenn Gefangenen dort wegen ihrer Straffälligkeit mit sozialer Ablehnung begegnet wird und diese deshalb lieber in ihrem gewohnten vollzuglichen Umfeld sterben wollen.

c) Möglichkeiten des Sterbens außerhalb der Mauern

Wenn das Gefängnis damit grundsätzlich kein Ort zum Sterben ist, stellt sich die Frage nach den Möglichkeiten der vorherigen Entlassung. Dazu wird zunächst auf die normativen Vorgaben in vollstreckungs-, und vollzugsrechtlicher sowie gnadenrechtlicher Hinsicht eingegangen und wie die Rechtsprechung diese teilweise ausgefüllt hat.

aa) Gesetzliche Vorgaben

Maßgebliche Regelungen im Umgang mit (sterbens)kranken[944] Strafgefangenen sind zunächst in vollstreckungsrechtlicher Hinsicht in § 455 Abs. 4 StPO[945] zu finden.

940 *Wulf/Grube*, in: Anderheiden/Eckart, Handbuch Sterben und Menschwürde, S. 1571 (1573).

941 *Wulf/Grube*, in: Anderheiden/Eckart, Handbuch Sterben und Menschwürde, S. 1571 (1579 f. mit ausführlicherer Argumentation zu den Strafzwecken).

942 BVerfG, Beschl. v. 09.03.2010, 2 BvR 3012/09, BeckRS 2010, 47959, Rn. 26 mit Verweis auf die Verfassungsrspr. zur lebenslangen Freiheitsstrafe.

943 *Bereswill/Neuber*, BewHi 2019, S. 345 (349).

Eine Haftunterbrechung[946] wegen Vollzugsuntauglichkeit kommt nach S. 1 Nr. 3 der Vorschrift in Betracht, wenn der Verurteilte sonst schwer erkrankt und die Krankheit in einer Vollzugsanstalt oder einem Anstaltskrankenhaus nicht erkannt oder behandelt werden kann.[947] Zudem muss zu erwarten sein, dass die Krankheit voraussichtlich für eine erhebliche Zeit fortbestehen wird.[948] Einschränkend bestimmt jedoch Satz 2 der Vorschrift, dass die Vollstreckung nicht unterbrochen werden darf, wenn überwiegende Gründe, namentlich der öffentlichen Sicherheit, entgegenstehen. Verfahrensrechtlich sind die Einzelheiten in §§ 45 f. Strafvollstreckungsordnung (StrVollstrO) geregelt.

Doch bevor eine Haftunterbrechung in Erwägung gezogen werden kann, muss vorrangig eine intra- beziehungsweise extramurale Unterbringung geprüft werden. Nach § 73 Abs. 1 S. 1 Landesjustizvollzugsgesetz Rheinland-Pfalz (LJVollzG RLP) erfolgen zum Beispiel medizinische Diagnose, Behandlung und Versorgung kranker und hilfsbedürftiger Gefangener in der Anstalt, erforderlichenfalls in einer hierfür besser geeigneten Anstalt oder einem Vollzugskrankenhaus, ausnahmsweise auch außerhalb des Vollzugs. Damit ist die vollzugliche Unterbringung gestuft, indem vorrangig intra- und nur nachrangig extramural untergebracht werden darf. Wie sich aus Abs. 2 der Vorschrift ergibt, wird die Zeit der in- beziehungsweise externen Unterbringung auf die Haftzeit angerechnet.

Als vollstreckungsrechtliche Lösung kommt auch gegebenenfalls eine bedingte Entlassung nach § 57 Abs. 2 Nr. 2 StGB in Betracht. Eine schwere Erkrankung tangiert zwar primär die Frage der im gesonderten

---

944 S. für die für eine vorzeitige Entlassung weniger relevanten Fälle von nicht krankheits- bzw. psychiatrisch bedingter Suizidalität D. IV. 2. a) cc), S. 290.

945 Es ist allgemein anerkannt, dass diese Vorschrift entsprechende Anwendung in der Untersuchungshaft findet (s. nur *Böhm*, in: Knauer/Kudlich/Schneider, MüKoStPO, Bd. 1, StPO, § 116, Rn. 10 m. ergänzendem Hinweis auf die Möglichkeit einer Außervollzugsetzung nach § 116 StPO, auch wenn keine Lebensgefahr besteht, aber wegen einer Erkrankung eine Flucht des Beschuldigten wenig wahrscheinlich erscheint).

946 Der Begriff ist etwas missverständlich, wenn der Sterbeprozess schon begonnen hat, weil die Haft dann nicht „unter-„, sondern „ab“gebrochen wird.

947 Der Unterbrechungsgrund der sonstigen schweren Erkrankung knüpft an die Voraussetzungen für die Verbringung in ein Krankenhaus außerhalb des Vollzugs an (vgl. z. B. § 73 Abs. 1 S. 1 LJVollzG RLP oder § 46 Abs. 2 StVollzG NRW; dazu sogleich).

948 Dies ist kein absoluter Begriff, sondern von den Umständen des Einzelfalles auch unter Berücksichtigung der Reststrafdauer abhängig (BT-Drs. 10/2720, S. 16).

Verfahren nach § 455 Abs. 4 StPO zu prüfenden Haftfähigkeit,[949] kann jedoch in Kombination mit hohem Alter in Verbindung mit anderen positiven Umständen und unter Berücksichtigung der Rechtsprechung des BVerfG zur lebenslangen Freiheitsstrafe, wonach Strafgefangenen die Chance verleiben muss, noch zu Lebzeiten der Freiheit wieder teilhaftig zu werden, zu einer Halbstrafenaussetzung führen.[950] Dies gilt allerdings nicht für die lebenslange Freiheitsstrafe mit einer Mindestverbüßungszeit nach § 57a Abs. 1 Nr. 1 StGB von 15 Jahren.[951] Schließlich finden sich in den Gnadenordnungen des Bundes und der Länder noch Spezialregelungen zur Unterbrechung von Strafen. Das Institut des Gnadenrechts hat die Funktion, Härten des Gesetzes, etwaige Irrtümer der Urteilsfindung sowie Unbilligkeit bei nachträglich veränderten allgemeinen oder persönlichen Verhältnissen auszugleichen.[952] Es betrifft zudem Einzelfälle[953] und kann damit grundsätzlich nicht das allgemein vorkommende Phänomen des Sterbens in Haft abstrakt-generell regulieren. „Grundsätzlich geht [...] nicht die Gnade dem Recht vor, sondern das Recht der Gnade.“[954] Zudem steht das Gnadenrecht außerhalb des ordentlichen Gerichtsweges, etwaige Versagungen von Gnadenerweisen wären nicht gerichtlich überprüfbar.[955] Entsprechend

949 *Dünkel/Pruin*, in: Kindhäuser/Neumann/Paeffgen/Saliger, Strafgesetzbuch, § 57, Rn. 31.

950 *Groß/Kett-Straub*, in: Erb/Schneider, MüKoStGB, § 57, Rn. 27 m. w. N. (vgl. zur Aussetzungsquote auch Rn. 6, die bei Abs. 1 unter 13% und bei Abs. 2 der Vorschrift lediglich deutlich unter 2% liegt); vgl. auch *Nobis*, NStZ 2006, S. 489, der eine geringe Restlebenserwartung nicht erst i. R. d. Strafvollstreckung, sondern schon bei der Strafzumessung im Erkenntnisverfahren berücksichtigt wissen will.

951 Allerdings wachsen auch dort die Begründungsanforderungen einer Versagung der Aussetzung mit der Zeit (s. BVerfG, Beschl. v. 24.02.2023, 2 BvR 117/20, Rn. 1–79, wonach ein 1944 geborener die vorgeworfenen Taten bestreitender Beschwerdeführer seit mehr als 47 Jahren inhaftiert ist, ohne dass fachgerichtlich hinreichend geprüft wurde, inwieweit mit dem Alter seine Gefährlichkeit abgenommen habe und dieser ggf. mit zu erteilenden Auflagen und Weisungen begegnet werden könnte).

952 *Nobis*, NStZ 2006, S. 489 (491 m. w. N.); vgl. auch § 27 der Gnadenordnung Rheinland-Pfalz und § 10 der Gnadenordnung Nordrhein-Westfalen; s. zum Verhältnis von Gnade und Recht, insb. im Zusammenhang mit RAF-Terrorismus auch ausführlich *Pflieger*, ZRP 2008, S. 84 ff.

953 BVerfG, Beschl. v. 23.04.1969, 2 BvR 552/63, *Gnadenentscheidung*, juris Rn. 34, BVerfGE 25, 352 (362).

954 *Pflieger*, ZRP 2008, S. 84 (87).

955 BVerfG, Beschl. v. 23.04.1969, 2 BvR 552/63, *Gnadenentscheidung*, juris Rn. 34, BVerfGE 25, 352 (362).

hat das BVerfG für den Vollzug lebenslanger Freiheitsstrafe bereits entschieden, dass eine Absicherung der Chance allein durch das Institut der Begnadigung ungenügend ist.[956] Letztlich handelt es sich beim Gnadenverfahren auch um ein zeitlich aufwändiges Verfahren, bei dem in der Regel die Entscheidung bei einem schwer erkrankten Gefangenen zu spät käme.[957]

Abschließend fordern *Wulf/Grube de lege ferenda* eine „sterberechtliche Entscheidung", die den Gefangenenstatus bei drohendem Versterben im Gefängnis kraft Gesetzes aufhebt: „Der Strafvollzug endet, wenn der Gefangene zu sterben beginnt."[958] Dazu schlagen sie für den Fall, dass keine Möglichkeit des Versterbens in Freiheit besteht, eine Regelung (Nr. 2) in einer „Verwaltungsvorschrift" vor, die den Anstaltsleiter ärztlich beraten dazu ermächtigt, bci einem sterbenden Gefangenen den Vollzug für erledigt zu erklären, wobei die Rechte eines Gefangenen, insbesondere auf medizinische Versorgung, bestehen bleiben sollen.[959] Das mag zwar für den unbefangenen Betrachter auf den ersten Blick eine humane Lösung in Respekt vor dem Tod darstellen, jedoch verbleibt der Sterbende dennoch faktisch in einem Gefängnis und es fällt umgekehrt schwer, es nicht zynisch zu finden, dieses Faktum symbolisch ausblenden zu wollen. Wer stirbt, dürfte in der Regel ganz andere Ängste und Sorgen haben und seine Eigenschaft als Mensch zu sterben, bleibt ja unbenommen. Hinzu kommt schließlich noch die praktische Schwierigkeit zu bestimmen, wann der Sterbeprozess *per definitionem* hinreichend rechtsklar beginnt,[960] zumal die häufig „nur" verfügbaren Anstaltsärzte in aller Regel keine Palliativmediziner sind.

---

956 BVerfG, Urt. v. 21.06.1977, 1 BvL 14/76, juris Rn. 193 f., BVerfGE 45, 187 (245).

957 *Wulf/Grube*, in: Anderheiden/Eckart, Handbuch Sterben und Menschwürde, S. 1571 (1581 f.); allerdings lässt § 27 Abs. 1 S. 1 Alt. 2 der bayerischen Gnadenordnung i. d. F. 29.05.2006 (GVBl 2006, S. 321) auch eine Entscheidung des Anstaltsleiters zu, wenn die Entscheidung der Vollstreckungsbehörde nicht rechtzeitig getroffen werden könnte.

958 *Wulf/Grube*, in: Anderheiden/Eckart, Handbuch Sterben und Menschwürde, S. 1571 (1582).

959 *Wulf/Grube*, in: Anderheiden/Eckart, Handbuch Sterben und Menschwürde, S. 1571 (1592).

960 Vgl. *Draguhn*, in: Anderheiden/Eckart, Handbuch Sterben und Menschenwürde, S. 73; *Rixen*, in: Anderheiden/Eckart, Handbuch Sterben und Menschenwürde, S. 93 (96, 99–101).

bb) Ausformung durch die Rechtsprechung

Im Zusammenhang mit todkranken Strafgefangenen hat die Auslegung von § 455 Abs. 4 StPO vor allem durch die Rechtsprechung des OLG Hamburg und des BVerfG an Kontur gewonnen, sodass diese Judikate kurz dargestellt werden sollen.[961]

Das OLG Hamburg hatte schon 2006 über eine Haftunterbrechung bei einem todkranken Strafgefangenen zu entscheiden.[962] Der Inhaftierte wurde im Jahr 2000 wegen Vergewaltigung zu einer Freiheitsstrafe von neun Jahren verurteilt. Er litt an einer weit fortgeschrittenen, nicht mehr heilbaren, lebensbedrohlichen Krankheit und laut einer gutachterlichen Stellungnahme hatte „der abgemagerte und wenig belastbare Beschwerdeführer nur noch sehr kurze Zeit zu leben".[963] Das OLG Hamburg entschied, dass eine Strafunterbrechung aufgrund der Menschenwürde des Gefangenen geboten sei, obwohl die Voraussetzungen des § 455 Abs. 4 S. 1 Nr. 2 und 3 StPO nicht erfüllt waren. „[J]ede andere Entscheidung als die Strafunterbrechung auch unter Berücksichtigung des Sicherheitsinteresses der Allgemeinheit wegen Verstoßes gegen das Recht des Beschwerdeführers auf Achtung seiner Menschenwürde (Art. 1 Abs. 1 GG), zu der auch ein Sterben in Würde gehört, [sei] ermessensfehlerhaft".[964] Auch könne der Strafzweck der Resozialisierung bei begrenzter Lebenserwartung aufgrund progredienter Erkrankung, die zudem auch das Rückfallrisiko reduziere, nicht mehr erreicht werden. Je kürzer die voraussichtliche Lebenserwartung sei, desto stärker falle zudem auch das Interesse des Strafgefangenen, im Kreise seiner engsten Angehörigen in Freiheit zu sterben, ins Gewicht, insbesondere wenn die Besuchszeiten im Justizvollzugskrankenhaus (JVK) keine kontinuierliche Sterbebegleitung zuließen.

---

961 Das Nichtvorhandensein adäquater medizinischer Behandlung und, übergreifender, die Haft eines Kranken unter unangemessenen Bedingungen kann grundsätzlich auch eine Behandlung sein, die Art. 3 EMRK verletzt (vgl. EGMR, Urt. v. 02.12.2004, Nr. 4672/02, [*Farbtuhs/Lettland*] [die Haftbedingungen entsprachen nicht den speziellen Bedürfnissen des 88-jährigen, an Parkinson, Querschnittlähmung und weiteren schweren Krankheiten leidenden Beschwerdeführers]; ders., Urt. v. 24.10.2006, Nr. 6253/03, [*Vincent/Frankreich*] [es wurde beanstandet, dass der Beschwerdeführer nicht ohne fremde Hilfe durch die zu enge Tür mit seinem Rollstuhl fahren konnte]).

962 OLG Hamburg, Beschl. v. 02.05.2006, 1 Ws 59/06, NStZ-RR 2006, S. 285 f.

963 OLG Hamburg, Beschl. v. 02.05.2006, 1 Ws 59/06, juris Rn. 12, NStZ-RR 2006, S. 285 (286).

964 OLG Hamburg, Beschl. v. 02.05.2006, 1 Ws 59/06, juris Rn. 2, NStZ-RR 2006, S. 285.

Mit einer ähnlichen Sachverhaltskonstellation hatte sich das BVerfG am 09.03.2010 aufgrund einer Verfassungsbeschwerde eines Strafgefangenen zu befassen, der wegen gefährlicher Körperverletzung in zwei Fällen im Jahr 2005 zu einer Gesamtfreiheitsstrafe von neun Jahren verurteilt wurde, deren Unterbrechung gemäß § 455 Abs. 4 StPO trotz der im Februar 2009 attestierten Diagnose „eine[r] palliative[n] Therapiesituation" aufgrund eines „inoperablen Bronchialkarzinoms" mehrfach abgelehnt wurde.[965] Im Sommer 2009 hatte der Gefangene dann zum dritten Mal eine Strafunterbrechung beantragt. Zur Begründung führte er unter anderem aus, dass von der Vollstreckung eine nahe Lebensgefahr zu besorgen sei. „Die Krankheit könne nicht im Anstaltskrankenhaus behandelt werden. [...] Er müsse sich mit einer erheblich verkürzten Lebenszeit auseinandersetzen, ferner mit Atemnot, Erstickungspanik und Todesangst. Zudem werde er ständig von der Justizvollzugsanstalt in das Anstaltskrankenhaus und von dort in andere Kliniken verlegt. [...] Er sei sich sicher, dass er nicht mehr lange leben werde und wolle in Freiheit würdig sterben. [...] Sein Gesundheitszustand verschlechtere sich zusehends und schränke die Gefahr weiterer Straftaten erheblich ein."[966] Auch dieser Antrag wurde durch alle Instanzen abschlägig beschieden. Darin sah das BVerfG eine Verletzung des Grundrechts des Verurteilten auf Leben und körperliche Unversehrtheit in Verbindung mit dem Recht auf Menschenwürde. Wenngleich aus dem Prinzip der Rechtsstaatlichkeit grundsätzlich das Gebot folge, rechtskräftig erkannte Freiheitsstrafen auch zu vollstrecken, finde dieses Gebot seine Grenze in jenen Grundrechten des Verurteilten, so das BVerfG. Bei Gesundheitsgefährdung Strafgefangener müsse eine Abwägung zwischen den sich gegenüberstehenden Interessen erfolgen, bei der keiner der Belange schlechthin den Vorrang genieße. Die Strafvollstreckungsbehörden haben dabei aus Art. 1 Abs. 1 GG die Würde des Gefangenen zu achten und zu schützen.[967] Dies könne dazu führen, dass im Einzelfall eine Strafe über den Wortlaut von § 455 Abs. 4 StPO hinaus unterbrochen werden könne, wenn der Tod oder ein schwerwiegender Gesundheitsschaden infolge der Strafvollstreckung ernstlich zu erwarten wäre.[968] Darüber hinaus unterstrich das Gericht die verfassungsrechtliche Notwendigkeit einer bestmöglichen Auf-

[965] BVerfG, Beschl. v. 09.03.2010, 2 BvR 3012/09, juris Rn. 2, 8.
[966] BVerfG, Beschl. v. 09.03.2010, 2 BvR 3012/09, juris Rn. 11.
[967] BVerfG, Beschl. v. 09.03.2010, 2 BvR 3012/09, juris Rn. 24–26.
[968] BVerfG, Beschl. v. 09.03.2010, 2 BvR 3012/09, juris Rn. 27, 25.

klärung des Sachverhalts, indem die Vollstreckungsbehörde insbesondere den Gesundheitszustand, die voraussichtliche Restlebenserwartung und die Gefährlichkeit des Verurteilten abzuklären habe, etwa durch (ergänzende) ärztliche Stellungnahmen und Sachverständigengutachten.[969] In diesem Zusammenhang hätte laut BVerfG auch die Frage gestellt werden müssen, ob die ständigen Verlegungen in externe Kliniken insgesamt noch als adäquat angesehen werden konnten.[970]

d) Angemessener „Raum“ für ein würdiges Sterben innerhalb der Mauern

„Niemand soll gegen den eigenen Willen in Haft sterben müssen, aber wenn diese Situation doch eintrifft, dann soll der Justizvollzug darauf entsprechend vorbereitet sein.“[971] Auch wenn „Sterbebegleitung“ damit „keine Kernaufgabe“ im Justizvollzug darstellt,[972] bedarf es dennoch eines „angemessenen“, nicht nur gebäudlich zu verstehenden, „Raums“, der das Sterben in all seinen Dimensionen zu erfassen versucht[973]. Die Persönlichkeit und Würde der Gefangenen sind zu achten.[974] Die unterschiedlichen Lebenslagen und Bedürfnisse der Gefangenen, insbesondere im Hinblick auf Alter und Behinderung werden bei der Vollzugsgestaltung im Allgemeinen und im Einzelfall berücksichtigt.[975] Jeder moribunde Gefangene hat nach dem Äquivalenzprinzip (ausführlich D. III. 2. b), S. 195 ff.) Anspruch auf Gesundheitsfürsorge wie ein Bürger in Freiheit nach dem Recht der gesetzlichen Krankenversicherung, also auch auf Sterbebegleitung.[976] Damit sind alle Maßnahmen der Sterbebegleitung als multiprofessioneller Beistand auf die physischen, psychischen, sozialen und spirituellen Dimensionen des

---

[969] BVerfG, Beschl. v. 09.03.2010, 2 BvR 3012/09, juris Rn. 30, 40.

[970] BVerfG, Beschl. v. 09.03.2010, 2 BvR 3012/09, juris Rn. 39.

[971] *Hostettler et al.*, Lebensende im Justizvollzug, S. 136.

[972] *Wulf/Grube*, in: Anderheiden/Eckart, Handbuch Sterben und Menschwürde, S. 1571 (1591).

[973] *Lob-Hüdepohl*, BewHi 2019, S. 293 (296).

[974] S. z. B. § 4 Abs. 1 S. 1 LJVollzG RLP; § 2 Abs. 2 S. 1 StVollzG NRW.

[975] Vgl. z. B. § 7 Abs. 3 LJVollzG RLP; § 2 Abs. 2 S. 2 StVollzG NRW.

[976] S. z. B. §§ 43 Abs. 1 S. 1, 45 Abs. 1 S. 3 StVollzG NRW i. V. m. §§ 27 Abs. 1 S. 3 SGB V; 28 Abs. 4 SG auf die in diesem Kontext auch das OLG Hamm, Beschl. v. 12.04.2021, III-1 Vollz (Ws) 524/20, medstra 2021, S. 403, Rn. 6 und *Lindemann*, medstra 2021, S. 344 (345) hinweisen (vgl. auch *Lesting*, in: Feest/Lesting/Lindemann, Strafvollzugsgesetze, Teil II, § 62 LandesR, Rn. 19).

Sterbens auszurichten und nehmen die vorhandenen Ressourcen von Patient und Angehörigen mit in den Blick.[977] Die Entscheidungen bezüglich der Behandlung in der Sterbephase richten sich ausschließlich darauf, die subjektive Lebensqualität und das Wohlbefinden zu steigern oder zu erhalten. Ziel der Behandlung und Begleitung eines sterbenden Patienten ist das Aufrechterhalten größtmöglicher Würde und Autonomie. Eine Basisversorgung oder -betreuung ist sicherzustellen; dies beinhaltet nach den Grundsätzen der *BÄK* vom 18.02.2011 eine menschenwürdige Unterbringung, Zuwendung, Körperpflege, Lindern von Schmerzen, Atemnot und Übelkeit sowie Stillen von Hunger und Durst.[978] Diese Einschätzungen decken sich mit denjenigen von *Hostettler et al.* Denn wenn von einem Insassen trotz begrenzter Lebenserwartung immer noch eine erhebliche Gefahr für hochrangige Rechtsgüter anderer auszugehen drohe,[979] müssten zumindest die Prinzipien des „guten" Todes gelten. Dazu gehöre unter Hinweis auf *Schneider* ein selbstbestimmtes, schmerzfreies und geplant stattfindendes Sterben, das sozial eingebettet stattfinden solle, was im Justizvollzug bis auf die Schmerzfreiheit jedoch stark eingeschränkt sei.[980]

In diesem Zusammenhang gewinnen auch Instrumente, wie die Patientenverfügung, besonderes Gewicht, um die (Nicht-)Behandlung im Voraus für den späteren Zustand der Einwilligungsunfähigkeit besser planen zu können. *Lob-Hüdepohl* weist im Zuge dessen auch auf das ganzheitliche Verfahren der gesundheitlichen „Versorgungsplanung für die letzte Lebensphase" nach § 132g Abs. 1 S. 2–4 SGB V hin und verlangt, dass Bedienstete in Justizvollzugsanstalten in Umsetzung dieser Vorschrift[981] ähnlich geschult werden sollten, wie Mitarbeitende in stationären Einrichtungen der

977 Dort auch zum folgenden Text *DKH*, Erweiterte S3-Leitlinie Palliativmedizin für Patienten mit einer nicht-heilbaren Krebserkrankung, S. 445–447, 460.

978 *BÄK*, DÄ 2011, A 346.

979 Vgl. dazu den Fall *Heinrich Pommerenke*, der nach fast 50 Jahren in lebenslanger Freiheitsstrafe 71-jährig im Justizvollzugskrankenhaus Hohenasperg verstarb (OLG Celle, Beschl. v. 29.06.2010, 1 Ws 324/10, StraFo 2010, S. 351 m. Anm. *Schäfer*)

980 *Hostettler et al.*, BewHi 2019, S. 356 (361).

981 „Vereinbarung nach § 132g Absatz 3 SGB V über Inhalte und Anforderungen der gesundheitlichen Versorgungsplanung für die letzte Lebensphase vom 13.12.2017", die zum 01.01.2018 in Kraft getreten ist und unter wwwgkv-spitzenverband.de abgerufen werden kann. Die Vereinbarung trifft Regelungen zum Inhalt der Leistungen, zur Dokumentation des Beratungsprozesses, zu den Anforderungen an die Qualifikation der Berater, zum Teilnahmeverfahren, zu den Grundsätzen der Vergütung sowie zum Abrechnungsverfahren.

Alten- und Behindertenhilfe.[982] Die Berater zur gesundheitlichen Versorgungsplanung müssen danach als Grundqualifikation zum Beispiel über eine abgeschlossene Berufsausbildung als Gesundheits- und Krankenpfleger oder über einen einschlägigen Studienabschluss als Sozialarbeiter, Psychologe oder Theologe verfügen und die Weiterbildung ist in zwei Teile mit jeweils 60 Unterrichtseinheiten im theoretisch-praktischen Teil und mindestens sieben eigenverantwortlich durchgeführten Beratungsprozessen im praxisbegleitenden Teil gegliedert.[983]

Wie gelingende Sterbebegleitung im Justizvollzug exemplarisch ausgestaltet sein kann, hat die Arbeitsgruppe „Begleitung Schwerkranker und Sterbender" der JVA Hövelhof ausführlich erarbeitet und soll hier wiedergegeben werden: „ein frühzeitiges Ansprechen der Möglichkeit einer lebensbedrohlichen Situation mit der Klärung, ob eine vorzeitige Entlassung gewünscht (und möglich) ist; die Umstellung von Diagnostik und Therapie auf palliativmedizinische Grundsätze; die Umstellung der pflegerischen Betreuung auf Palliativpflege; eine personalisierte Pflege in jeder Schicht; Ermöglichung eines unbürokratischen Zugangs zum Psychologen, Psychiater, Seelsorger, Sozialdienst und zu vollzuglichen Entscheidungsträgern; ein erweitertes Angebot von Freistunden; ein Angebot von Wunschkost nach Absprache; die Erlaubnis einer verbesserten Ausstattung des Haftraums; reduzierte Haftraumkontrollen; eine Ausdehnung der Besuchszeiten bei variabler Zeitgestaltung sowie eine Erweiterung der Telefonerlaubnis."[984] Zum Umgang mit Sterbenden im Vollzug sei auch auf den Beitrag von *Wulf/Grube* in Gestalt eines Entwurfs einer eben schon erwähnten Verwaltungsvorschrift hingewiesen, die zwischen dem Sterben außer- und innerhalb der JVA differenziert und einen ganzheitlich-individuellen Ansatz vor, während und nach dem Sterben einnimmt.[985]

---

982 *Lob-Hüdepohl*, BewHi 2019, S. 293 (302).

983 Vgl. § 12 Abs. 4, 6 u. 7 der Vereinbarung zu § 132g Abs. 3 SGB V v. 13.12.2017.

984 *Kinzig*, in: Anderheiden/Eckart, Handbuch Sterben und Menschwürde, S. 1595 (1615 u. a. mit Hinweis auf *Oberfeld*, in: Keppler/Stöver, Gefängnismedizin, S. 234 [238]); mittlerweile wurde auch im Justizvollzugskrankenhaus der JVA Wittlich ein Konzept zur Sterbebegleitung (Stand: 07/2022) implementiert, das sich ganzheitlich den physischen, psychischen, sozialen und spirituellen Dimensionen des Sterbens zuwendet (vgl. auch die Antworten zu Frage 16 der obigen Länderumfrage).

985 *Wulf/Grube*, in: Anderheiden/Eckart, Handbuch Sterben und Menschwürde, S. 1571 (1592 f.).

Die Entwicklung einer sterbegerechten Vollzugsgestaltung hat im Ausland, insbesondere in den USA, schon deutlich früher eingesetzt, sodass auch ein Blick über die Grenzen lohnend sein könnte.[986] Im Jahr 2000 wurden in den USA beispielsweise schon umfangreiche Standards für einen angemessenen Umgang mit dem Lebensende in Haft formuliert, indem ein dezidiert ganzheitlich-individueller sowie diskriminierungsfreier Ansatz eingenommen wurde.[987] Auffällig ist auch, dass *Peer-Care* durch Einbindung von speziell ausgebildeten Mitinhaftierten durch Unterstützung in der Alltagsbewältigung und Pflege bei der Hälfte der in den USA etablierten Hospizprogramme zur Anwendung kommt.[988]

Dem Einsatz von Mitgefangenen dürften in Bezug auf Missbrauchspotentiale im Rahmen einer Vertrauensstellung dann aber auch keine Sicherheitserwägungen entgegenstehen, sodass, auch aufgrund von Haftungsrisiken, eine Mithilfe in allgemeiner Mindestsolidarität auf eine niedrigschwellige Unterstützung beschränkt sein sollte. Jedoch könnte die Partizipation von Inhaftierten in der Entwicklung und Etablierung von Programmen zur angemesseneren Sterbebegleitung in den Anstalten fruchtbar gemacht werden, indem mögliche Betroffene zu Beteiligten werden, etwa über eine Gefangeneninteressenvertretung nach § 110 LJVollzG RLP beziehungsweise § 101 StVollzG NRW.[989]

Weiterhin könnte es auch sinnvoll sein, Sterberäume für die letzten Tage und Stunden am Lebensende einzurichten, so wie es im JVK der JVA Wittlich praktiziert wird, indem das jeweilige Patientenzimmer, in dem der sterbende Patient liegt, besonders hergerichtet werden kann, um noch möglichst viel subjektive Lebensqualität und Wohlbefinden zu vermitteln (dazu wurde eine Materialkiste mit bestimmten Gegenständen, wie beruhigenden Bildern, spiritueller Musik und ähnlichem, angeschafft). Damit könnte gewissermaßen jedes Patientenzimmer in einem JVK oder einer Krankenabteilung flexibel als vollzuglicher Rückzugsort[990] fungieren. Positive Erfahrungen existieren in den USA im Übrigen auch mit Therapiehunden in der Sterbebegleitung von Gefangenen, indem sie diesen Ablenkung und Trost durch unbedingte Zuneigung im oft angstbesetzten Sterbepro-

---

986 Vgl. *Ghanem/Kenkmann*, BewHi 2019, S. 320 (326–328 m. w. N.).

987 GRACE, Jounal of Palliative Medicine 2000, p. 383 (384–389).

988 *Ghanem/Kenkmann*, BewHi 2019, S. 320 (327 m. w. N.).

989 So ähnlich auch *Ghanem/Kenkmann*, BewHi 2019, S. 320 (339).

990 Vgl. dazu auch die Antworten auf die Länderumfrage zu den Fragen 16 und 17.

zess spenden,[991] so wie es auch in Hospizen innerhalb Deutschlands schon vereinzelt der Fall ist[992].

e) Zusammenfassung

Nach alledem lässt sich das Resümee ziehen, dass Sterbebegleitung zwar nicht zur originären Aufgabe im Justizvollzug gehört, dieser aber dennoch aufgrund von einfachem und Verfassungsrecht darauf vorbereitet sein muss. Es existieren in den Bundesländern schon vereinzelt positive Praxisbeispiele, jedoch ist dies bundesweit noch ausbaufähig, ohne dass das Sterben im Justizvollzug institutionalisiert werden sollte. Auch könnte es sinnvoll sein, die Gefangenen selbst in die Entwicklung und Etablierung von angemessenen Programmen am Lebensende stärker einzubeziehen.

Die teilweise fehlende Aussicht auf Entlassung wird es auch in Zukunft einzelnen Gefangenen erschweren, ihrem Leben einen Sinn zu geben und deshalb dürfte auch die Frage nach Lebenszeitverkürzung vereinzelt im Justizvollzug aufkommen, insbesondere in Verbindung mit schweren und unheilbaren Erkrankungen. Auch die mit einer langen Inhaftierung bisweilen verbundene Haft- und Lebensmüdigkeit kann den Lebenswillen mindern oder gar brechen, sodass ein (assistierter) Suizid für die Betroffenen als Option der Lebensbeendigung relevant werden könnte, um in diesem Stadium der Fremd- noch einen letzten Rest von Selbstbestimmung zu bewahren. Allerdings greift in diesen Fällen eine staatliche Schutzpflicht für das Leben ein, wenn die Selbstbestimmung gefährdenden Einflüssen ausgeliefert ist.

2. Besondere staatliche Schutzpflicht für das Leben von Gefangenen

Auch wenn sich *ex post* nicht hinreichend sicher empirisch belegen lässt, ob die justizielle Intervention (mit-)ursächlich für den Suizid geworden ist, lässt sich doch feststellen, dass die Gruppe der Gefangenen eine für Suizidalität besonders vulnerable Gruppierung darstellt, die zahlreichen in- und externen Risikofaktoren, insbesondere im psychiatrischen Bereich, ausgesetzt ist. Suizidprävention gewinnt daher noch mehr als in der Allgemeinbevölkerung an Bedeutung (ausführlich D. I., S. 144 ff.). Ausdrücklich ist eine

---

991 *Maschi et al.*, International Journal of Prisoner Health 2014, p. 55 (68).
992 *Seger*, Ein Herz für Tiere, Beitr. v. 09.12.2020.

Pflicht zur Verhütung von Suiziden allein in den Justizvollzugsgesetzen von *Brandenburg*[993], *Thüringen*[994], *Rheinland-Pfalz*[995] und *Sachsen-Anhalt*[996] sowie nach den Untersuchungshaftvollzugsgesetzen[997] der Länder *Berlin*[998], *Bremen*[999], *Hamburg*[1000], und *Bayern*[1001] normiert. Geregelt ist jeweils, dass im Rahmen des Gegensteuerungsgrundsatzes ein besonderes Augenmerk oder ein Schwerpunkt auf die Verhütung von Selbsttötungen zu richten ist beziehungsweise der Suizidverhütung besondere Bedeutung zukommt.

a) Gegensteuerungsgrundsatz

Die Vorschriften, die ausdrücklich die Verhütung von Suiziden adressieren, finden systematisch ihre normative Anknüpfung im sog. Gegensteuerungsgrundsatz.[1002] Dieser Grundsatz, demzufolge den schädlichen Wirkungen der Freiheitsentziehung entgegenzuwirken ist, ist im StVollzG, in allen Landesjustizvollzugsgesetzen und Justizvollzugsgesetzbüchern sowie in den Landesjugendstrafvollzugs- und Untersuchungshaftvollzugsgesetzen als ein Vollzugsgestaltungsgrundsatz enthalten. Es lassen sich aus diesen Grundsätzen zwar keine unmittelbaren subjektiv-öffentlichen Rechte ableiten, sie sind jedoch als Programmsätze bei der Auslegung unbestimmter Rechtsbegriffe und bei Ermessensentscheidungen maßgeblich zu

---

993 § 7 Abs. 3 Alt 1 Gesetz über den Vollzug der Freiheitsstrafe, der Jugendstrafe und der Untersuchungshaft im Land Brandenburg (Brandenburgisches Justizvollzugsgesetz – BbgJVollzG).

994 § 7 Abs. 2 S. 2 Thüringer Justizvollzugsgesetzbuch (ThürJVollzGB).

995 § 7 Abs. 2 S. 2 LJVollzG RLP.

996 § 7 Abs. 2 S. 2 Erstes Buch Justizvollzugsgesetzbuch Sachsen-Anhalt – Vollzug der Freiheitsstrafe, der Jugendstrafe, der Untersuchungshaft und des Strafarrestes – (Erstes Buch Justizvollzugsgesetzbuch Sachsen-Anhalt – JVollzGB I LSA).

997 Dass die Suizidprävention hier ausdrücklich geregelt ist, könnte dem Umstand geschuldet sein, dass angenommen wird, dass innerhalb dieser Vollzugsform häufiger als im Strafvollzug Suizide vollzogen werden.

998 § 5 Abs. 1 S. 3 Gesetz über den Vollzug der Untersuchungshaft in Berlin (UVollzG Bln).

999 § 5 Abs. 1 S. 3 Bremisches Gesetz über den Vollzug der Untersuchungshaft (Bremisches Untersuchungshaftvollzugsgesetz – BremUVollzG).

1000 § 5 Abs. 1 S. 3 Gesetz über den Vollzug der Untersuchungshaft (Hamburgisches Untersuchungshaftvollzugsgesetz – HmbUVollzG).

1001 Art. 4 Abs. 2 S. 3 Gesetz über den Vollzug der Untersuchungshaft (Bayerisches Untersuchungshaftvollzugsgesetz – BayUVollzG).

1002 Vgl. z. B. § 7 Abs. 2 LJVollzG RLP: „Schädlichen Folgen des Freiheitsentzugs ist entgegenzuwirken. Ein besonderes Augenmerk ist auf die Verhütung von Selbsttötungen zu richten.“

berücksichtigen, wenn keine spezialgesetzlichen Regelungen entgegenstehen.[1003] Die besondere Situation in der Freiheitsentziehung kann schädliche Folgen an der körperlichen, seelischen und psychischen Gesundheit hervorrufen.[1004] Davon sind insbesondere Prisonisierungserscheinungen erfasst, wodurch, wie bereits ausgeführt,[1005] zugleich die Gefahr von Selbstverletzungen und Suiziden steigt. Damit besteht eine grundsätzliche Verpflichtung zur Verhütung von Suiziden bereits aus dem allgemeinen Gegensteuerungsgrundsatz, ohne dass es einer ausdrücklichen Regelung, wie zum Beispiel in § 7 Abs. 3 Alt 1 BbgVollzG, bedürfte.[1006] Bei einem Suizidversuch wird aus diesem Grundsatz in Verbindung mit beispielsweise § 89 Abs. 1 S. 2 Hs. 1 LJVollzG RLP und § 70 Abs. 1 S. 2 StVollzG NRW beziehungsweise § 77 Abs. 4 S. 1 Hs. 2 LJVollzG RLP[1007] damit eine grundsätzliche Amtspflicht zur Suizidverhütung zumindest im Rahmen Erster Hilfe[1008] vor Ort mit einer Beschützergarantenstellung *aller* Bediensteten nach § 13 Abs. 1 StGB begründet,[1009] auch wenn diese bei Bedarf durch medizinisches Personal aus dem Anstaltsbereich unterstützt werden.

b) Äquivalenzprinzip

Auf der Leistungsseite hat die intramurale Medizin eine Pflicht zur Gesundheitsfürsorge im Sinne des aus dem Sozialstaatsgebot abgeleiteten (Art. 20

[1003] *Neubacher*, in: L/N/N/V/B, Strafvollzugsgesetze, B, Rn. 49; *Arloth*, in: Arloth/Krä, Strafvollzugsgesetze, § 3 StVollzG, Rn. 1.

[1004] *Langner*, BRZ 2020, S. 62 (67).

[1005] S. Fn. 823.

[1006] *Krä*, in: Arloth/Krä, Strafvollzugsgesetze, § 7 BbgVollzG, Rn. 1, der auf die deklaratorische Natur einer ausdrücklichen Bestimmung hinweist; vgl. auch *Neubacher*, in: L/N/N/V/B, Strafvollzugsgesetze, B, Rn. 55.

[1007] § 78 Abs. 2 S. 1 StVollzG NRW ordnet indes ausdrücklich an, das medizinische Zwangsmaßnahmen nur unter ärztlicher Leitung und Überwachung durchgeführt werden dürfen – *Arloth*, in: Arloth/Krä, Strafvollzugsgesetze, § 78 StVollzG NRW, Rn. 4 weist aber zurecht darauf hin, dass Nothilfe auch durch nicht-ärztliches Personal geleistet werden darf und muss.

[1008] S. dazu § 26 Abs. 2 S. 1 u. Abs. 3 Unfallverhütungsvorschrift „Grundsätze der Prävention" (in der Erste-Hilfe-Ausbildung der Anwärter im Allgemeinen Vollzugsdienst werden durchschnittlich 18 Stunden aufgewendet [*Blank*, Die Ausbildung von Strafvollzugsbediensteten in Deutschland, S. 263]).

[1009] Vgl. *Bosch*, in: Schönke/Schröder, Strafgesetzbuch, § 13, Rn. 30.

Abs. 1 GG) Äquivalenzprinzips[1010] und dies ist auch ausdrücklich in § 56 Abs. 1 S. 1 StVollzG und in den entsprechenden Landesgesetzen, beispielsweise in § 72 Abs. 1 S. 1 LJVollzG RLP oder § 45 Abs. 1 S. 1 StVollzG NRW normiert. Danach haben Gefangene im Sinne des Angleichungsgrundsatzes (§ 7 Abs. 1 LJVollzG RLP, § 2 Abs. 1 S. 1 StVollzG NRW) im Rahmen der freien Heilfürsorge einen subjektiv-öffentlich rechtlichen Anspruch auf gleichwertige medizinische Versorgung, die den Standards bei der Diagnose und Therapie von Patienten der gesetzlichen Krankenversicherung[1011] entspricht.[1012]. Äquivalenz besagt indes nicht, dass die medizinischen Standards nicht nach den personellen und sachlichen Ressourcen variieren dürfen; die Versorgung der Gefangenen muss jedoch stets hinreichend gewährleistet sein, um das individuell drohende Gesundheitsrisiko abzuwehren.[1013] Abweichungen in der medizinischen Versorgung dürfen nur mit der besonderen Situation im Justizvollzug gerechtfertigt werden, weil diese den einzigen rechtlich relevanten Unterschied zwischen inhaftierten und nicht inhaftierten Menschen darstellt.[1014] Demzufolge haben Gefangene – wie im sonstigen öffentlichen Gesundheitssystem – einen An-

---

[1010] Mit dem Begriff der Äquivalenz wird der Maßstab bezeichnet, an dem sich Art und Umfang der erbrachten medizinischen Leistungen orientieren sollen (*Meier*, in: Keppler/Stöver, Gefängnismedizin, S. 76).

[1011] SGB V.

[1012] *Meier*, in: Keppler/Stöver, Gefängnismedizin, S. 76. Mittlerweile verweisen die meisten Landesstrafvollzugsgesetze auch dynamisch und pauschal auf die Standards der gesetzlichen Krankenversicherung, sodass Änderungen im SGB V unmittelbar ohne Novellierungsbedarf in den Landesgesetzen Anwendung finden, vgl. z. B. § 72 Abs. 1 S. 1 LJVollzG RLP oder § 45 Abs. 1 S. 1 StVollzG NRW (*Lesting*, MedR 2018, S. 69). Äquivalenz darf dabei aber nicht so weit gehen, als sie eine Unterversorgung generiert; denn, wenn eine an der Ärztedichte und dem Kostenaufwand außerhalb der Vollzugseinrichtungen orientierte Behandlung zu Grunde gelegt würde, wäre dies aufgrund des erhöhten Betreuungs- und Behandlungsbedarf der Vollzugspopulation ein Beleg für Ungleichheit (*Meier*, in: Keppler/Stöver, Gefängnismedizin, S. 76, (83); *Lesting*, MedR 2018, S. 69 [72]).

[1013] *Meier*, in: Keppler/Stöver, Gefängnismedizin, S. 76 (80).

[1014] *Meier*, in: Keppler/Stöver, Gefängnismedizin, S. 76 (80). Aufgrund dessen finden sich in den Landesgesetzen zahlreiche negative (als entgegenstehende vollzugliche Belange kommen z. B. Sicherheitserwägungen [institutionell fällt hier insb. die Einschränkung der freien Arztwahl ins Gewicht] oder die Kürze der Freiheitsentziehung in Betracht, welche keine kostspielige Behandlung rechtfertigt) und auch positive Abweichungen (zur sozialen Eingliederung, etwa die Entfernung auffälliger Tätowierungen, die möglicherweise verfassungsfeindlich sind) von den allgemeinen Standards (*Lesting*, MedR 2018, S. 69 [70 m. w. N.]).

spruch auf den individuellen Behandlungsbedarfen angepasste medizinische Versorgung,[1015] die auch die Thematik der Verhütung der Selbsttötung mitumfasst.[1016] Das Äquivalenzprinzip in seiner Ausprägung der Suizidprävention ist auch in Regel 30 c) der Mindestgrundsätze der Vereinten Nationen für die Behandlung der Gefangenen (Nelson-Mandela-Regeln 2015) und in den Europäischen Strafvollzugsgrundsätzen (European Prison Rules 2020 [EPR]) normiert, und zwar in Art. 39 und Art. 47.2 für den Strafvollzug sowie in Art. 95.3 für den Untersuchungshaftvollzug.

c) Vollzugsziel und Integrationsgrundsatz

Eine grundsätzliche Pflicht zur Suizidprävention lässt sich auch aus dem Vollzugsziel und dem Integrationsgrundsatz herleiten.[1017] Das Vollzugsziel ist gemäß § 2 S. 1 StVollzG und den jeweiligen Landesgesetzen, zum Beispiel § 2 S. 1 LJVollzG RLP oder § 1 S. 1 StVollzG NRW, die Resozialisierung.[1018] Danach sollen Gefangene befähigt werden, „künftig in sozialer Verantwortung ein Leben ohne Straftaten zu führen". Ausfluss des Vollzugsziels ist das mit Verfassungsrang versehene Recht der Gefangenen auf Straftäterbehandlung, welches aus Art. 2 Abs. 1 i. V. m. Art. 1 GG sowie aus der staatlichen Schutzpflicht, die nach dem BVerfG wegen des Sozialstaatprinzips besteht, resultiert.[1019] Dazu gehören als Maßnahmen der Gesundheitsfürsorge auch Therapien zur Behandlung seelischer oder psychischer Probleme, wie zum Beispiel Persönlichkeitsstörungen und Suchtmittelerkrankungen.[1020] In diesem Kontext können auch die Ursachen erhöhter Sui-

[1015] *Lesting* beklagt indessen ein institutionell bedingtes vollzugliches Versorgungsdefizit und postuliert neben sonstigen Maßnahmen v. a. die Aufnahme von Gefangenen in die gesetzliche Krankenversicherung (*ders.*, MedR 2018, S. 69 [73]).

[1016] *Arloth*, in: Arloth/Krä, Strafvollzugsgesetze, § 56 StVollzG, Rn. 6, der mit Hinweis auf VV StVollzG zu § 56 Nr. 2 von der Meldepflicht auch Anzeichen einer Suizidgefahr umfasst sieht; *Laubenthal/Baier*, in: L/N/N/V/B, Strafvollzugsgesetze, H, Rn. 9, 27 f.; *Lesting*, MedR 2018, S. 69 (71 f.).

[1017] Für den Untersuchungshaftvollzug gelten die folgenden Ausführungen entsprechend, obgleich in der *UVollzO a. F.* und den Landesgesetzen ein anderes Vollzugsziel und die Gestaltungsgrundsätze nur teilweise normiert sind, weil die Untersuchungsgefangenen zumindest ein Recht auf medizinische Behandlung haben, auch wenn sie noch nicht verurteilt wurden (vgl. *Langner*, BRZ 2020, S. 62 [68 m. w. N.]).

[1018] *Laubenthal*, Strafvollzug, S. 111, Rn. 140.

[1019] BVerfG, Urt. v. 05.06.1973, 1 BvR 536/72, sog. *Lebach*-Urteil, juris Rn. 73 f., BVerfGE 35, 202 (236).

[1020] *Langner*, BRZ 2020, S. 62 (68).

zidalität, die gleichzeitig auch kriminogene Faktoren darstellen, behandelt werden.[1021]

Auch der Eingliederungs- beziehungsweise Integrationsgrundsatz aus § 3 Abs. 3 StVollzG und beispielsweise § 8 Abs. 2 LJVollzG RLP oder § 2 Abs. 1 S. 1 StVollzG NRW besagt, dass der Vollzug der Freiheitsstrafe auf ein selbstbestimmtes *Leben in Freiheit* hinwirken soll. Eine Entlassungsperspektive muss demnach von Vollzugsbeginn an bestehen.[1022]

Vollzugsziel und Integrationsgrundsatz gelten für alle Gefangenen,[1023] also auch für zu lebenslänglicher Freiheitsstrafe verurteilte, auch wenn die Entlassung am Anfang nicht absehbar, jedoch dennoch nicht ausgeschlossen ist, weil die Vollstreckung später zur Bewährung ausgesetzt werden kann.[1024] Der Suizid kann demnach, weil der Vollzug prinzipiell auf das Leben ausgerichtet ist, als ihm wesens"fremd" angesehen werden, sodass es dem Vollzugsziel der Resozialisierung und dem Eingliederungsgrundsatz jedenfalls widerspräche, unfreie und auch freie, noch nicht endgültige Selbsttötungsbegehren grundsätzlich nicht zu vereiteln (s. auch D. III. 4. b) bb), S. 210 f.).[1025]

3. Vollzugliche Maßnahmen gegen erhöhte Selbsttötungsgefahren

Während allgemein und vereinzelt auch in den entsprechenden Landesgesetzen[1026] ein allgemeiner Fokus auf die generelle beziehungsweise selektive Suizidprävention[1027] gelegt wird, besteht die klassische vollzugliche Re-

---

[1021] *Langner*, BRZ 2020, S. 62 (68).

[1022] *Arloth*, in: Arloth/Krä, Strafvollzugsgesetze, § 3 StVollzG, Rn. 7; *Neubacher*, in: L/N/N/V/B, Strafvollzugsgesetze, B, Rn. 57. f.

[1023] Dies gilt auch entsprechend für die unbefristete Sicherungsverwahrung (BVerfG, Urt. v. 5.02.2004, 2 BvR 2029/01, sog. *Sicherungsverwahrungsentscheidung,* juris Rn. 83, BVerfGE 109, 133 [151]).

[1024] Vgl. *Neubacher*, in: L/N/N/V/B, Strafvollzugsgesetze, B, Rn. 29; „Das Recht auf Achtung seiner Würde kann auch dem Straftäter nicht abgesprochen werden, mag er sich in noch so schwerer und unerträglicher Weise gegen alles vergangen haben, was die Wertordnung der Verfassung unter ihren Schutz stellt." (BVerfG, JZ 1986, S. 849).

[1025] Vgl. *Mausbach*, in: Tag/Groß, Tod im Gefängnis, S. 151 (152, 163 [„Der Tod ist kein straffreies Leben."]).

[1026] § 7 Abs. 2 S. 2 LJVollzG RLP; § 7 Abs. 3 Alt 1 BbgJVollzG; § 7 Abs. 2 S. 2 JVollzGB I LSA; § 7 Abs. 2 S. 2 ThürJVollzGB; § 5 Abs. 1 S. 3 UVollzG Bln; § 5 Abs. 1 S. 3 BremUVollzG; § 5 Abs. 1 S. 3 HmbUVollzG; Art. 4 Abs. 2 S. 3 BayUVollzG.

[1027] S. zu diesen Termini bereits oben unter A. III. 3. a), S. 9.

aktion bei erhöhter Suizidgefahr in der Regel in der Suizidprävention im engeren Sinne, also vor allem in der Krisenintervention und dem Verhindern einer akuten Suizidhandlung durch entsprechend notwendige Sofortmaßnahmen, etwa in Gestalt des Entzugs von gefährlichen Gegenständen, von einer Absonderung im Beobachtungshaftraum oder besonders gesichertem Haftraum oder gar der Fixierung.[1028]

Diese eingriffsintensiven Interventionen können indessen auch genau zum Gegenteil beitragen, nämlich indem Betroffene ihre bestehenden Suizidgedanken nicht mehr mitteilen, um belastende Sicherungsmaßnahmen zu vermeiden,[1029] wodurch die Gefahr von Suizidversuchen und Selbsttötungen mittelbar sogar steigen kann. Die manchmal anzutreffende Vollzugslogik, einschränkende Sicherungsmaßnahmen schematisch anzuordnen, muss daher hinterfragt werden. Es muss stets im Einzelfall sorgfältig geprüft werden, ob das Merkmal der (erhöhten/gegenwärtigen und/oder schwerwiegenden) Gefahr einer Selbsttötung oder Selbstverletzung als Anordnungsvoraussetzung für besondere Sicherungsmaßnahmen und für medizinische Zwangsmaßnahmen wirklich erfüllt ist, auch wenn den Vollzugsbehörden zur effektiven Gefahrenabwehr ein weiter Entscheidungsspielraum zukommt.

a) Einschätzung der Suizidalität anhand des Handlungsdrucks

Ein Todeswunsch kann abhängig vom Handlungsdruck unterschiedliche Konsequenzen erzeugen, die auch in dem Wunsch nach Suizid beziehungsweise Suizidhilfe münden können.[1030] Dies ist aber nicht zwingend und ein bloßes Suizid(hilfe)begehren muss keine (akute) Suizidgefahr beinhalten.[1031] Dennoch ist stets zu prüfen, ob vollzugliche Sofortmaßnahmen notwendig sind.

[1028] So auch *Langner*, BRZ 2020, S. 62 (70); *Lindemann*, medstra 2020, S. 344.

[1029] *Bennefeld-Kersten*, Ausgeschieden durch Suizid, S. 201.

[1030] S. bereits unter A. III. 3., S. 9.

[1031] So möchte der zu lebenslänglicher Freiheitsstrafe verurteilte *Kurt Knickmeier*, der Suizidhilfe begehrt, unter veränderten Rahmenbedingungen, etwa im offenen Vollzug, weiterleben und würde sich lt. seiner Aussage auch dann nicht suizidieren, wenn ihm das BVerfG das Recht auf Suizidhilfe dauerhaft verweigern würde (*Stephan*, SZ Magazin, 19.05.2022, S. 11 [20]); das OLG Hamm, Beschl. v. 24.03.2021, III-1 Vollz (Ws) 525/20, medstra 2021, S. 401 (402 f., Rn. 15) verlangt zur unmittelbaren Abklärung einer akuten Suizidgefahr zumindest die Einholung einer psychologischen Stellungnahme; s. dazu auch *Lindemann*, medstra 2021, S. 344 (347).

b) Besondere Sicherungsmaßnahmen

Alle Landesgesetze[1032] enthalten den §§ 88 ff. StVollzG vergleichbare Bestimmungen zu besonderen Sicherungsmaßnahmen und behandeln die erhöhte Gefahr der Selbsttötung als Anordnungsgrund für besondere Sicherungsmaßnahmen, unabhängig davon ob der Suizid freiverantwortlich erfolgt oder nicht.[1033] Besondere Sicherungsmaßnahmen sind jeweils im Abschnitt über die Sicherheit und Ordnung geregelt und weichen in den einzelnen Ländern nur unwesentlich voneinander ab.[1034] Sie setzen tatbestandlich eine erhöhte Gefahr voraus, sind zur Gefahrenabwehr rein präventiv ausgerichtet[1035] und stehen auf der Rechtsfolgenseite im pflichtgemäßen Entschließungs- und Auswahlermessen des Anstaltsleiters.[1036] Die Gefahrentatbestände müssen jeweils für alle Anlässe konkret und in erhöhtem Maße bestehen.[1037] In Hinblick darauf müssen jeweils bezogen auf den individuell Betroffenen tatsächliche Anhaltspunkte existieren, dass ein Scha-

---

[1032] S. allgemein für den **Justizvollzug**: § 88 Abs. 1 StVollzG, §§ 67 ff. JVollzGB III BW, Artt. 96 ff. BayStVollzG, §§ 86 ff. StVollzG Bln, §§ 90 ff. BbgJVollzG, §§ 79 ff. BremStVollzG, §§ 50 f. HStVollzG, §§ 74 ff. HmbStVollzG, §§ 78 ff. StVollzG MV, §§ 81 NJVollzG, §§ 69 ff. StVollzG NRW, §§ 88 ff. LJVollzG RLP, §§ 78 ff. SLStVollzG, §§ 83 ff. SächsStVollzG, §§ 89 ff. JVollzGB I LSA, §§ 108 ff. LStVollzG SH, §§ 89 ff. ThürJVollzGB; s. speziell als Einzelgesetz für den **Untersuchungshaftvollzug** (die Landesgesetzgeber wählen unterschiedliche Regelungsformen und normieren den Untersuchungshaftvollzug entweder in einem alle Vollzugsformen integrierenden Gesetz, als Teil eines Justizvollzugsgesetzes mit einem vor die Klammer gezogenen allgemeinen Teil und besonderen Teilen für die jeweilige Vollzugsform oder in einem Einzelgesetz [*Schulze*, Untersuchungshaftvollzugsgesetze im Vergleich, S. 111]): *Nr. 62 Abs. 2 UVollzO a. F.*, §§ 47 ff. UVollzG Bln, §§ 49 ff. BremUVollzG, §§ 54 ff. HmbUVollzG, §§ 35 f. HUVollzG, §§ 49 ff. UVollzG MV; §§ 49 ff. SUVollzG, §§ 49 ff. SächsUVollzG, §§ 47 ff. JVollzGB II BW, Art. 27 BayUVollzG i. V. m. Artt. 94, 96 bis 100 BayStVollzG, § 28 S. 1 UVollzG NRW i. V. m. §§ 6971 StVollzG NRW; s. für den **Jugendstrafvollzug**: §§ 70 ff. BremJStVollzG, §§ 74 ff. HmbJStVollzG, §§ 49 f. HessJStVollzG, § 52 S. 1 JStVollzG NRW i. V. m. §§ 6971 StVollzG NRW, §§ 105 ff. JStVollzG SH, §§ 70 ff. SJStVollzG (vgl. auch *Laubenthal*, Strafvollzug, S. 770 ff., Rn. 891 ff.).

[1033] *Lindemann*, medstra 2021, S. 344 (347) sieht diese kategorisch fehlende Differenzierung ebenso wie *Verrel*, FS Dölling. S. 467 (475, dortige Fn. 44) krit., die auch in OLG Hamm, Beschl. v. 24.03.2021, III-1 Vollz (Ws) 525/20, medstra 2021, S. 401 ff. fehlt.

[1034] *Verrel*, in: L/N/N/V/B, Strafvollzugsgesetze, M, Rn. 79.

[1035] *Baier/Grote*, in: S/B/J/L, Strafvollzugsgesetz, Kap. 11, I, Rn. 1.

[1036] *Arloth*, in: Arloth/Krä, Strafvollzugsgesetze, § 88 StVollzG, Rn. 2.

[1037] KG, Urt. v. 11.05.2005, 1 Ss 61/05, NStZ 2006, S. 414 (415); *Arloth*, in: Arloth/Krä, Strafvollzugsgesetze, § 88 StVollzG, Rn. 2

densereignis unmittelbar bevorsteht, und die Wahrscheinlichkeit des Schadenseintritts muss erheblich über der allgemein im Vollzug gegebenen Gefahr liegen.[1038] Bei der Gefahr als zentralem Eingriffsgrund handelt es sich um einen unbestimmten Rechtsbegriff mit gerichtlich nur eingeschränkt überprüfbarem Beurteilungsspielraum, weil die zuständige Vollzugsbehörde eine Prognoseentscheidung trifft.[1039] Unter *erhöhter* Gefahr ist der unmittelbar drohende Eintritt des unerwünschten Erfolges zu verstehen.[1040] Bloße Befürchtungen, Vermutungen oder gar ein bloßer Verdacht sind nicht ausreichend für die Annahme einer belegbaren Gefahrenlage.[1041]

Eine Intervention ist aufgrund der Irreversibilität der Selbsttötung zumindest dann geboten, wenn konkrete Anhaltspunkte für eine nicht freiverantwortliche Selbsttötung[1042] beziehungsweise nicht aufzuklärende Zweifel[1043] an der Freiverantwortlichkeit bestehen. Ob auch bei einem gegebenenfalls möglichen freiverantwortlichen Suizidentschluss eingegriffen werden muss beziehungsweise darf, bedarf noch weiterer Prüfung.

[1038] *Goerdeler*, in: Feest/Lesting/Lindemann, Strafvollzugsgesetze, Teil II, § 78 LandesR, Rn. 9. Allein *Sachsen-Anhalt* lässt in dessen § 89 Abs. 1 JVollzGB I LSA das Vorliegen einer einfachen Gefahr genügen, was aufgrund der zu wahrenden Verhältnismäßigkeit kritikwürdig erscheint (a. a. O.; *Baier/Grote*, in: S/B/J/L, Strafvollzugsgesetz, Kap. 11, I, Rn. 10).

[1039] S. nur *Arloth*, in: Arloth/Krä, Strafvollzugsgesetze, § 88 StVollzG, Rn. 1; *Verrel*, in: L/N/N/V/B, Strafvollzugsgesetze, M, Rn. 80.

[1040] *Arloth*, in: Arloth/Krä, Strafvollzugsgesetze, § 88 StVollzG, Rn. 2.

[1041] Vgl. *Verrel*, in: L/N/N/V/B, Strafvollzugsgesetze, M, Rn. 80.

[1042] Vgl. *Di Fabio*, in: Dürig/Herzog/Scholz, GG, Art. 2 Abs. 2 S. 1, Rn. 48; vgl. auch *Lindner*, NJW 2013, S. 136 (137).

[1043] Vgl. *Hillgruber*, Stellungnahme zu Gesetzentwürfen BT-Drs. 18/5373–5376, S. 39 und auch *Reimer*, ZfL 2015, S. 66 (75 f.). „Die Ermöglichung der Aufklärung bedingt zumindest Maßnahmen zum Aufschub der angekündigten Selbsttötung" (*Gusy/Worms*, in:, Möstl/Kugelmann, BeckOK POG NRW, § 1 PolG, Rn. 79); s. auch die Vorschläge für die polizeiliche Praxis *Krawczyk/Hülsenbeck/Przyrembel*, NK 2022, S. 96 (106 f., 109 ff.), die eine Lagebeurteilung vor Ort unter Hinzuziehung fachpsychologischen bzw. -medizinischen (ggf. auch externen) Personals (auch zur Unzeit) vorsehen, wobei aber unklar bleibt, wie innerhalb der Kürze der Zeit eine hinreichend rechtssichere Entscheidung getroffen werden kann (zu denken wäre hier an vorhandene Unterlagen bei der betroffenen Person, die hinreichend rechtssicher auf eine freiverantwortliche Entscheidung schließen lassen, vgl. dazu BGH, Urt. v. 03.07.2019, 5 StR 132/18 [den sog. *Hamburger* Fall betreffend], BGHSt 64, 121 [123 f, Rn. 8] und auch *Kusch/Hecker*, Handbuch der Sterbehilfe, S. 310 f., 318 f., 326 f.). Im Justizvollzug, wo die Inhaftierten ganz überwiegend nicht nur vorübergehend untergebracht sind, besteht hingegen kein derartiges Eilbedürfnis zur Entscheidung.

c) Zwangsmaßnahmen auf dem Gebiet der Gesundheitsfürsorge

Bei Selbsttötungsversuchen kommen auch medizinische Zwangsmaßnahmen in Betracht. Medizinische Zwangsmaßnahmen umfassen Untersuchungen, Behandlungen und die Zwangsernährung, die mittels unmittelbaren Zwangs entgegen dem Willen des Betroffenen umgesetzt werden können.[1044] Das BVerfG verlangt aber nicht, dass der Betroffene der abgelehnten Behandlung physische Gegenwehr entgegenbringen muss, weil in das Fehlen oder die bloße Aufgabe körperlichen Widerstands nicht ohne weiteres eine Einwilligung in die Vornahme der Maßnahme hineininterpretiert werden kann.[1045] Dieser Rechtsprechung, die den Maßregelvollzug[1046] betraf, haben einige Länder auch dadurch Rechnung getragen, indem sie den entgegenstehenden natürlichen Willen als Definitionsmerkmal der Zwangsbehandlung normiert haben.[1047] In den Fällen ausschließlicher Selbstbetroffenheit ist eine Zwangsbehandlung auch nicht zulässig, wenn der Betroffene die in Rede stehende Behandlung im Zustand der Einsichtsfähigkeit durch eine Patientenverfügung wirksam ausgeschlossen hat,[1048] auch wenn er später aufgrund von Bewusstlosigkeit[1049] oder krankheitsbedingt fehlender Einsichtsfähigkeit[1050] nicht mehr (wirksam) äußerungsfähig ist.[1051]

1044 *Arloth*, in: Arloth/Krä, Strafvollzugsgesetze, § 101 StVollzG, Rn. 1; *Laubenthal*, Strafvollzug, S. 628, Rn. 724; vgl. auch *Verrel*, in: L/N/N/V/B, Strafvollzugsgesetze, M, Rn. 143 f.

1045 BVerfG, Beschl. v. 23.03.2011, 2 BvR 882/09, NJW 2011, S. 2113, (2114, Rn. 41).

1046 Vgl. vertiefend zur Übertragbarkeit auf den Justizvollzug *Verrel*, in: L/N/N/V/B, Strafvollzugsgesetze, M, Rn. 140 m. w. N.

1047 S. z. B. Art. 108 Abs. 1 BayStVollzG oder § 68 Abs. 1 BremStVollzG („Medizinische Untersuchung und Behandlung sowie Ernährung sind auch gegen den natürlichen Willen der Gefangenen zulässig [...]"); s. auch *Arloth*, in: Arloth/Krä, Strafvollzugsgesetze, Art. 108 BayStVollzG, Rn. 5.

1048 BVerfG, Beschl. v. 08.06.2021, 2 BvR 1866/17, 2 BvR 1314/18, BeckRS 2021, 20465, Leitsatz 1, Rn. 69, 74 f. Neben der Einsichtsfähigkeit ist bei der Überprüfung der Situationsbezogenheit insb. auch zu prüfen, „ob die vom Betroffenen in der Patientenverfügung in Bezug genommene Situation auch die etwaigen Konsequenzen einer ausbleibenden Behandlung, wie den Eintritt schwerster, gar irreversibler Schäden oder einer Chronifizierung des Krankheitsbildes mit den entsprechenden Folgen etwa für die Fortdauer einer freiheitsentziehenden Maßnahme erfasst" (a. a. O, Rn. 75).

1049 Vgl. dazu *Verrel*, in: L/N/N/V/B, Strafvollzugsgesetze, M, Rn. 145, 152 f., a. A. *Arloth*, in: Arloth/Krä, Strafvollzugsgesetze, § 101 StVollzG, Rn. 4 f.

1050 Vgl. dazu *Verrel*, in: L/N/N/V/B, Strafvollzugsgesetze, M, Rn. 150.

1051 Dass keine einschlägige Patientenverfügung entgegenstehen darf, normieren auch ausdrücklich z. B. § 75 Abs. 2 StVollzG Bln; § 79 Abs. 2, Abs. 3 Nr. 1 BbgJVollzG;

Medizinische Eingriffe gegen den Willen des Betroffenen berühren sein Recht auf Achtung seiner Menschenwürde (Art. 1 Abs. 1 GG), auf freie Selbstbestimmung (Art. 2 Abs. 1 i. V. m. Art. 1 Abs. 1 GG) und auf körperliche Unversehrtheit (Art. 2 Abs. 2 S. 1 GG). Ebenso können religiöse beziehungsweise weltanschauliche Überzeugungen in besonderen Fällen tangiert sein (Art. 4 GG).[1052]

Folglich stellt sich die Frage, unter welchen Gegebenheiten eine medizinische Zwangsmaßnahme zur Verhinderung eines Suizidversuchs zulässig sein kann. Obwohl Regelungsunterschiede bei medizinischen Zwangsmaßnahmen nach Selbsttötungsversuchen bestehen, sind diese in der vollzuglichen Praxis weniger schwerwiegend, als es auf den ersten Blick erscheint. Ein geringerer Teil der vorhandenen Vorschriften[1053] erlaubt es, den Erfolg eines Suizidversuchs auch ohne Einwilligung durch eine Untersuchung und Behandlung zu verhindern, so dass eine von der Freiverantwortlichkeit unabhängige und an keinerlei sonstige Voraussetzungen gebundene Eingriffsbefugnis besteht.[1054] Wohingegen es für einen überwiegenden anderen Teil der Vorschriften[1055] auf die krankheitsbedingte Einsichtsunfähig-

§ 93 Abs. 2, Abs. 3 Nr. 1 NJVollzG; § 77 Abs. 2, Abs. 3 Nr. 1 LJVollzG RLP; § 68 Abs. 2 SächsStVollzG; § 78 Abs. 1 Nr. 3 JVollzGB I LSA.

[1052] *Laue*, in: Hillenkamp/Tag, Intramurale Medizin, S. 219 ff. m. w. N.

[1053] § 67 Abs. 1 S. 1 SLStVollzG, § 77 Abs. 1 S. 1 LJVollzG RLP, § 93 Abs. 1 S. 1 NJVollzG, § 79 Abs. 1 S. 1 BbgJVollzG, § 75 Abs. 1 S. 1 StVollzG Bln, § 68 Abs. 1 S. 1 SächsStVollzG; § 21 Abs. 1 S. 1 UVollzG Bln, § 21 Abs. 1 S. 2 BremUVollzG (im Unterschied zu § 68 Abs. 3 S. 1 i. V. m. Abs. 1 Nr. 1 BremStVollzG könnte der Gesetzgeber in der Untersuchungshaft die innere Festigkeit und Dauerhaftigkeit aufgrund der besonderen Vulnerabilität innerhalb dieser Haftform verneinen), § 21 Abs. 1 S. 2 SUVollzG, § 21 Abs. 1 S. 1 SächsUVollzG; § 33 Abs. 1 S. 2 BremJStVollzG, § 33 Abs. 1 S. 2 SJStVollzG.

[1054] *Verrel*, in: L/N/N/V/B, Strafvollzugsgesetze, M, Rn. 152.

[1055] § 78 Abs. 3 S. 1 i. V. m. Abs. 1 Nr. 1 ThürJVollzGB, Art. 108 Abs. 2 Nr. 7 BayStVollzG, § 80 Abs. 1 S. 3 i. V. m. S. 1 Nr. 1 JVollzGB III BW, § 68 Abs. 3 S. 1 i. V. m. Abs. 1 Nr. 1 BremStVollzG, § 25 Abs. 3 S. 1 i. V. m. Abs. 1 Nr. 1 HStVollzG, § 84 Abs. 1 S. 1 HmbStVollzG, § 67 Abs. 1 Nr. 1 StVollzG MV, § 78 Abs. 1 S. 1 StVollzG NRW, § 78 Abs. 1 Nr. 1 JVollzGB I LSA, § 86 Abs. 1 Nr. 1 LStVollzG SH; § 63 Abs. 1 S. 1 HmbUVollzG, § 18 Abs. 3 S. 1 i. V. m. Abs. 1 Nr. 1 HUVollzG, § 21 Abs. 1 Nr. 1 UVollzG MV, § 61 Abs. 1 S. 3 i. V. m. S. 1 Nr. 1 JVollzGB II BW, Art. 25 Abs. 3 S. 1 BayUVollzG i. V. m. Art. 108 Abs. 2 Nr. 7 BayStVollzG, § 30 Abs. 1 S. 1 UVollzG NRW; § 25 Abs. 3 S. 1 i. V. m. Abs. 1 Nr. 1 HessJStVollzG, § 84 Abs. 1 S. 1 HmbJStVollzG, § 52 Abs. 3 S. 1 JStVollzG NRW i. V. m. § 78 Abs. 1 S. 1 StVollzG NRW, § 88 Abs. 1 Nr. 1 JStVollzG SH.

keit ankommt, sodass in diesen Fällen keine Eingriffsbefugnis besteht.[1056] Da freiverantwortliche Suizide gerade im Justizvollzug Ausnahmefälle darstellen dürften[1057] und in der akuten Auffindesituation[1058] in der Regel nicht mit hinreichender Gewissheit festgestellt werden kann, ob der Selbsttötungsentschluss frei gefasst wurde, besteht nach sämtlichen Vorschriften im Zweifel eine grundsätzliche Behandlungspflicht.[1059] Etwas anderes könnte allenfalls dann gelten, wenn ausnahmsweise ohne Zweifel wäre,[1060] dass die Freiverantwortlichkeit feststeht.[1061] Aber auch dann bedarf es noch weiterer Prüfung möglicher (vollzuglicher) Schranken des Rechts auf Suizid.

4. (Vollzugliche) Schranken

Fraglich ist, inwieweit das prinzipiell im Justizvollzug aus Angleichungsgründen geltende Grundrecht auf selbstbestimmtes Sterben einschränkbar ist.

a) Einschränkbarkeit von Grundrechten

Die Einschränkbarkeit von Grundrechten im Justizvollzug resultiert nicht mehr aus der schon 1972 obsolet gewordenen (im Verwaltungsrecht lokalisierten)[1062] Rechtsfigur des *besonderen Gewaltverhältnisses*, nach der

---

[1056] Vgl. *Verrel*, in: L/N/N/V/B, Strafvollzugsgesetze, M, Rn. 152.

[1057] S. dazu die Schwerpunktbeiträge in FS 2020, S. 243–271; krit. *Lesting*, in: Feest/Lesting/Lindemann, Strafvollzugsgesetze, LandesR, § 67, Rn. 71, der diese Annahme für eine nicht bewiesene Behauptung hält. Dass hier vertiefter Forschungsbedarf besteht, liegt nahe, jedoch dürfte die Freiverantwortlichkeit, wenn sie schon in Freiheit marginal ist, erst Recht in Unfreiheit selten bestehen, auch wenn hier zwischen Suiziden mit und ohne Hilfe zu unterscheiden sein wird.

[1058] Dies bestätigt auch ein Vergleich mit der Situation in Freiheit nach § 630d Abs. 1 S. 4 BGB, nach dem eine unaufschiebbare Maßnahme ohne Einwilligung des Patienten durchgeführt werden darf, wenn sie dessen mutmaßlichem Willen entspricht.

[1059] *Verrel*, in: L/N/N/V (Vorauflage), Strafvollzugsgesetze, M, Rn. 152; so auch *Arloth*, in: Arloth/Krä, Strafvollzugsgesetze, Art. 108 BayStVollzG, Rn. 4.

[1060] Etwa ggf. bei Vorliegen von Vorsorgedokumenten in Notfallsituationen.

[1061] *Verrel*, in: L/N/N/V/B, Strafvollzugsgesetze, M, Rn. 152; so auch *Arloth*, in: Arloth/Krä, Strafvollzugsgesetze, Art. 108 BayStVollzG, Rn. 4.

[1062] Das damit auch in entsprechender Weise für die Statusbestimmung von Beamten, Soldaten und Schülern bemüht wurde.

die Strafgefangenen allein aufgrund der durch das Grundgesetz zulässigen Verurteilung zur Freiheitsstrafe[1063] implizit und eigenständig über die Freiheitsentziehung hinaus auch grundsätzlich in ihren weiteren Rechten[1064] beschränkt werden konnten, ohne dass es einer einfachgesetzlichen strafvollzuglichen Grundlage bedurfte.[1065] Entgegen dieser angeblichen Wirkung der strafrechtlichen Verurteilung und beruhend auf der Anerkennung des Strafvollzugs als unmittelbarem Geltungsraum von Grundrechten auch für Inhaftierte bedarf es einer hinreichend bestimmten, formalgesetzlichen und verhältnismäßigen Grundlage, um in deren Grundrechte eingreifen zu dürfen.[1066] Demzufolge findet der Vorbehalt des Gesetzes auch in §§ 4 Abs. 2, 196[1067] StVollzG und ebenso in den Landesgesetzen[1068] wie beispielsweise in §§ 4 Abs. 3, 119 LJVollzG RLP und

---

[1063] S. Artt. 2 Abs. 2 S. 2, 104 GG.

[1064] Das ging lt. KG, Beschl. v. 09.12.1965, 3 VAs 34/65, NJW 1966, S. 1089 so weit, dass mit dem Verlust der persönlichen Freiheit ein vollständiger Gewahrsam am betroffenen Staatsbürger begründet wurde und bis auf das Leben und die körperliche Unversehrtheit alle Grundrechte verloren gingen.

[1065] BVerfG, Urt. v. 14.03.1972, 2 BvR 41/71, juris Rn. 9, 20, BVerfGE 33, 1 ff. Um mangels formalgesetzlicher Rechtsgrundlage dennoch einer Rechtszersplitterung in den Bundesländern entgegenwirken zu können, vereinbarten die Justizminister und -senatoren am 01.12.1961 in Gestalt eines Verwaltungsabkommens die Dienst- und Vollzugsordnung (DVollzO), welche am 01.07.1962 in und Ende 1976 außer Kraft trat (*Laubenthal*, Strafvollzug, S. 91 f. (Rn. 125 f.).

[1066] Vgl. nur *Lindemann*, in: Feest/Lesting/Lindemann, Strafvollzugsgesetze, Teil II, Vor § 2 LandesR, Rn. 2 und *Goerdeler*, a. a. O., § 4 LandesR, Rn. 4–7, 27.

[1067] Als einschränkbar werden hier die Artt. 2 Abs. 2 S. 1 GG (körperliche Unversehrtheit), 2 Abs. 2 S. 2 GG (Freiheit der Person) und 10 Abs. 1 GG (Brief-, Post- und Fernmeldegeheimnis) genannt.

[1068] Durch das Gesetz zur Änderung des Grundgesetzes (Föderalismusreformgesetz) vom 28.08.2006 (BGBl. I 2006, S. 2034) wurden die Aufgaben des Strafvollzugs und des Untersuchungshaftvollzuges der konkurrierenden Gesetzgebungskompetenz entzogen und kompetentiell der Landesgesetzgebung zugerechnet. Das geschah durch die Streichung der Worte „und den Strafvollzug" in *Art. 74 Abs. 1 Nr. 1 GG a. F.* und die Einfügung der Worte „(ohne das Recht des Untersuchungshaftvollzugs)" nach dem Wort „Verfahren". Gemäß Art. 125a Abs. 1 GG galt das als Bundesrecht erlassene StVollzG als partikulares Bundesrecht fort (unbeschadet dessen gelten z. B. die §§ 109 ff. StVollzG fort, weil sie als Gegenstand des gerichtlichen Verfahrens in die Bundesgesetzgebungskompetenz nach Art. 74 Abs. 1 Nr. 1 GG fallen). Die Bundesländer erhielten jedoch die Kompetenz zur Verabschiedung jeweils eigener Landesstrafvollzugsgesetze, wovon mittlerweile alle 16 umfassend Gebrauch gemacht haben. Die Strafvollzugsgesetze von *Berlin*, *Brandenburg*, *Bremen*, *Mecklenburg-Vorpommern*, *Rheinland-Pfalz*, *Saarland*, *Sachsen*, *Sachsen-Anhalt*, *Schleswig-Holstein* und *Thüringen* rezipieren dabei un-

§§ 2 Abs. 4, 111[1069] StVollzG NRW entsprechend Art. 19 Abs. 1 S. 1 GG seine normative Grundlage und wird zusätzlich noch durch das Zitiergebot aus Art. 19 Abs. 1 S. 2 GG[1070] abgesichert.[1071] Demgegenüber bleiben einige Rechte aber auch unbeschränkt bestehen, wie zum Beispiel das Recht auf Leben aus Art. 2 Abs. 2 S. 1 Var. 1 GG[1072], die freie Entfaltung der Persönlichkeit aus Art. 2 Abs. 2 GG[1073] und die Würde des Menschen aus Art. 1 Abs. 1 S. 1 GG.[1074] Schließlich ist zudem noch die Berücksichtigung[1075] der Menschenrechte in der Freiheitsentziehung, die in Art. 1 der vom Europarat empfohlenen[1076] Europäischen Strafvollzugsgrundsätze determiniert sind[1077], zu beachten.

---

beschadet vieler Unterschiede im Detail den von diesen zehn Bundesländern für den Vollzug der Freiheitsstrafe und des Strafarrestes vorgelegten Musterentwurf (ME, der z. B. auf Beck-Online veröffentlicht ist) für ein einheitliches Landesstrafvollzugsgesetz (vertiefend *Laubenthal*, Strafvollzug, S. 94 f., 97, Rn. 132 f. m. w. N.; *Feest*, NK 2012, S. 4 ff.).

1069 Hier wird zusätzlich auch noch das Recht auf Informationsfreiheit aus Art. 5 Abs. 1 S. 1 Var. 3 GG genannt.

1070 Aus dem Gebot folgt allerdings nicht, dass alle nicht in ihr genannten Grundrechte uneingeschränkt gelten; vielmehr genügen diesem Erfordernis auch Einschränkungen aufgrund verfassungsunmittelbarer bzw. –immanenter Schranken, Regelungsvorbehalten und Annexwirkungen der Freiheitsentziehung auf die Ausübung von Folgegrundrechten (*Laubenthal*, Strafvollzug, S. 180 [Rn. 244]; vgl. auch *Feest*, in: Feest/Lesting/Lindemann, Strafvollzugsgesetze, Teil II, § 106 LandesR, Rn. 2).

1071 S. auch *Laubenthal*, Strafvollzug, S. 179, Rn. 243.

1072 Demgegenüber soll dieses Recht in Bayern nach Art. 207 BayStVollzG in Hinblick auf die Regelungen zum Schusswaffengebrauch (Artt. 105 f. BayStVollzG) sogar einschränkbar sein (*Arloth*, in: Arloth/Krä, Art. 207 BayStVollzG, Rn. 1).

1073 Dies soll aber bspw. gemäß § 94 JVollzGB I BW einschränkbar sein.

1074 *Neubacher*, in: L/N/N/V/B, Strafvollzugsgesetze, B, Rn. 98.

1075 Das BVerfG hat eine Pflicht zur Berücksichtigung von Empfehlungen der Vereinten Nationen und des Europarats auch als nicht strikt bindendes Recht statuiert. Dazu führt es wörtlich aus (BVerfG, Urt. v. 31.05.2006, 2 BvR 1673/04, juris Rn. 63, BVerfGE 116, 69 [90 f.]): „Auf eine den grundrechtlichen Anforderungen nicht genügende Berücksichtigung vorhandener Erkenntnisse oder auf eine den grundrechtlichen Anforderungen nicht entsprechende Gewichtung der Belange der Inhaftierten kann es hindeuten, wenn völkerrechtliche Vorgaben oder internationale Standards mit Menschenrechtsbezug, wie sie in den im Rahmen der Vereinten Nationen oder von

Organen des Europarates beschlossenen einschlägigen Richtlinien oder Empfehlungen enthalten sind [. . .], nicht beachtet beziehungsweise unterschritten werden (vgl. auch Schweizerisches Bundesgericht, Urteil vom 12. Februar 1992, BGE 118 Ia 64, <70>).“; vgl. auch vertiefend *Dünkel*, FS 2012, S. 141 m. w. N.

Für die Einschränkbarkeit gilt nach alledem Folgendes: „Eine Einschränkung kommt nur dann in Betracht, wenn sie zur Erreichung eines von der Wertordnung des Grundgesetzes gedeckten gemeinschaftsbezogenen Zweckes unerläßlich ist und in den dafür verfassungsrechtlich vorgesehenen Formen geschieht." [1078] Grundrechtsbeschränkungen bei Gefangenen bedürfen daher der Rechtfertigung durch schutzwürdige Interessen anderer oder der Allgemeinheit.[1079] Darunter fallen zum Beispiel die Ausnahmen vom Angleichungsgrundsatz. Der Angleichungsgrundsatz, welcher die allgemeinen Lebensverhältnisse[1080] zum Maßstab eine Konkretisierung des Vollzugsziels erhebt,[1081] steht nämlich unter der gesetzlichen Einschränkung „soweit als möglich"[1082], sodass er seine Grenzen konsequenterweise in den vollzuglichen Verhältnissen[1083] finden kann.[1084]

b) Strafzwecke

Dem Suizidwunsch könnte auch bei bestehender Freiverantwortlichkeit aus vorrangigen, sich aus dem Zweck der Strafe und des Freiheitsentzugs resultierenden Schranken die Folge versagt werden.

---

264 Internationale Empfehlungen dieser Art stellen Konkretisierungen menschenrechtlicher Vorstellungen und manchmal Vorstufen künfiger menschenrechtlicher Regelungen dar und partizipieren am sog. *soft law* (engl. „weiches Recht") und haben somit in gewissem Maß Anteil am zwingenden Charakter des „harten" Rechts (*Neubacher*, in: L/N/N/V/B, Strafvollzugsgesetze, A, Rn. 41, 44 f.).

1077 Recommendation Rec(2006)2-rev of the Committee of Ministers to member States on the European Prison Rules, revised and amended by the Committee of Ministers on 1 July 2020.

1078 BVerfG, Beschl. v. 14.03.1972, 2 BvR 41/71, juris Rn. 22, BVerfGE 33, 1 (11).

1079 Vgl. allgemein *Schwabe*, JZ 1998, S. 66 (69).

1080 Da es an einer sicher bestimmbaren Vergleichsgröße fehlt, müssen die vollzuglichen Lebensbedingungen der Menschenwürde der Betroffenen entsprechen und die Unterschiede, die die Eigenverantwortlichkeit und Selbstachtung beeinträchtigen können, müssen zum Leben in der freien Gesellschaft auf ein Minimum reduziert sein (*Laubenthal*, Strafvollzug, S. 149, Rn. 198, s. auch *Böhm*, FS Schwind, S. 533 [542 f]).

1081 *Arloth*, in: Arloth/Krä, Strafvollzugsgesetze, § 3 StVollzG, Rn. 2.

1082 S. § 3 Abs. 1 StVollzG oder die entsprechenden Landesgesetze.

1083 Hierunter fallen v. a. nicht nur Sicherheits- und Ordnungsgesichtspunkte, sondern auch finanzielle und organisatorische Grenzen (*Arloth*, in: Arloth/Krä, Strafvollzugsgesetze, § 3 StVollzG, Rn. 5; *Böhm*, FS Schwind, S. 533 (542 f.).

1084 Vgl. *Neubacher*, in: L/N/N/V/B, Strafvollzugsgesetze, B, Rn. 53.

aa) Kein absolutes Suizidverhinderungsgebot

Vorab ist aber Folgendes festzustellen: Ein *absolutes* Suizidverhinderungsgebot stünde trotz des staatlichen Strafanspruchs im Widerspruch zur mittlerweile erfolgten rechtlichen Aufwertung von Selbstbestimmung. Das BVerfG hat auf die „Freiheit zur Krankheit“[1085] von Maßregelvollzugspatienten mit der Folgerung hingewiesen, dass medizinische Zwangsbehandlungen nur bei krankheitsbedingter Einsichts- und/oder Steuerungsunfähigkeit zulässig sind.[1086] Auch wenn dieses und weitere Judikate[1087] weder die Behandlungsablehnung noch eine Suizidkonstellation, sondern die medikamentöse Behandlung mit Neuroleptika zur Erreichung des Maßregelvollzugsziels betrafen, sind diese ebenfalls auf den Strafvollzug anwendbar[1088] und bestätigen, dass die Inhaftierung allein keine allgemeine Einschränkung des Selbstbestimmungsrechts in Gesundheitsfragen rechtfertigt, soweit es sich um Fragen ausschließlicher Selbstbetroffenheit handelt.[1089] Denn wäre es nicht untunlich, einem terminal erkrankten Gefangenen seinen Wunsch nach Behandlungsbegrenzung zu verweigern, nur damit er sich nicht seiner Strafe entzöge?[1090] Entgegen *Lindner* kommt das Recht auf Behandlungsbegrenzung zudem keinesfalls „nur bei schweren, irreversiblen Krankheiten in Betracht“[1091], vielmehr gilt es, wie es § 1827 Abs. 3 BGB ausdrücklich für die Bindungswirkung von Patientenverfügungen regelt, „unabhängig von Art und Stadium einer Erkrankung“.[1092]

Gegen diese Einschätzung hätte man vor der Entscheidung des BVerfG vom 26.02.2020 allenfalls noch einwenden können, dass dies bei einem Suizid und insbesondere bei einem solchen, der nicht im Zusammenhang mit einer letalen Erkrankung steht, anders zu beurteilen sei. Wider diese Differenzierung stritt und streitet indes nicht bloß, dass die Unterscheidungskraft zwischen Selbsttötung und Behandlungsablehnung deutlich an

---

1085 S. nur BVerfG, Beschl. v. 23.03.2011, 2 BvR 882/09, juris Rn. 48, BVerfGE 128, 282 (304).

1086 BVerfG, Beschl. v. 23.03.2011, 2 BvR 882/09, juris Rn. 48 f., BVerfGE 128, 282 (304 f.).

1087 BVerfG, Beschl. v. 12.10.2011, 2 BvR 633/11, BVerfGE 129, 269; dass., Beschl. v. 20.02.2013, 2 BvR 228/12, BVerfGE 133, 112.

1088 *Verrel*, in: L/N/N/V/B, Strafvollzugsgesetze, M, Rn. 140.

1089 *Verrel*, FS Dölling, S. 469 (473).

1090 Vgl. auch *Verrel*, FS Dölling, S. 467 (473).

1091 *Lindner*, StV 2015, S. 522.

1092 *Verrel*, FS Dölling, S. 467 (474).

Zuverlässigkeit verliert, wenn es sich um die Verweigerung einer erfolgversprechenden, wenig eingriffsintensiven Therapie oder um die Beurteilung des sog. Sterbefastens handelt.[1093] Es würde auch die schon seit längerem erfolgte Billigung missachten, die der freiverantwortlich gefasste Suizidentschluss in der Strafrechtsprechung erfahren hat,[1094] die schon vor der Suizidentscheidung des BVerfG von ihrer Sichtweise abgegangen ist, dass auch solche Suizide eine strafbewehrte Rettungspflicht begründen.[1095] Zugegebenermaßen ging es bei den beiden maßgeblichen Entscheidungen des BGH (B. II. 3. d), S. 85 ff.) auch um Fälle krankheits- beziehungsweise altersbedingter Selbsttötungsbegehren und die fehlende (Unterlassens)Strafbarkeit sagt zwingend auch noch nichts über eine dennoch möglicherweise gegebene Eingriffsbefugnis aus.[1096] Nachdem aber der vollzogene Wandel in der Suizidrechtsprechung des BGH sogar maßgeblich mit „der gewachsenen Bedeutung der Selbstbestimmung des Einzelnen auch bei Entscheidungen über sein Leben"[1097] begründet wird und medizinische Behandlungen dem entgegen eine strafbare Körperverletzung darstellen würden,[1098] ist nicht nachvollziehbar, warum dies bei der freiverantwortlichen Selbsttötung anders beurteilt werden soll.[1099]

Spätestens seit BVerfGE 153, 182 muss dies grundsätzlich auch für den Strafvollzug gelten. Wenn es dem Staat untersagt ist, die Beurteilung eines Selbsttötungsentschlusses ebenso wie „die Zulässigkeit einer Hilfe zur Selbsttötung materiellen Kriterien zu unterwerfen, sie etwa vom Vorliegen einer unheilbaren oder tödlich verlaufenden Krankheit abhängig zu ma-

---

1093 S. dazu bereits vertiefend (B II. 2., S. 45 ff. m. w. N. gegen eine Differenzierung zwischen Behandlungsverweigerung und Suizid auch *Lindemann*, medstra 2021, S. 347.

1094 *OLG München*, Beschl. v. 31.07.1987, 1 Ws 23//87, NJW 1987, S. 2940 ff.; StA München I, Verfügung v. 30.07.2010, 125 Js 11736/09, NStZ 2011, S. 345 ff.; *LG Deggendorf*, Beschl. v. 13.09.2013, 1 Ks 4 Js 7438/11, ZfL 2014, S. 95 ff.; LG Hamburg, Urt. v. 08.11.2017, 619 KLs 7/16 (sog. *Hamburger* Fall), NStZ 2018, S. 281 ff.; LG Berlin, Urt. v. 08.03.2018, 234 Js 339/13, 502 KLs 1/17 (sog. *Berliner* Fall), NStZ-RR 2018, S. 246 ff., BGH, Urt. v. 03.07.2019, 5 StR 132/18 (im Anschluss an den *Hamburger* Fall), NStZ 2019, S. 662 ff.; ders., Urt. v. 03.07.2019, 5 StR 393/18 (im Anschluss an den *Berliner* Fall), NStZ 2019, S. 666 ff.

1095 *Verrel*, FS Dölling, S. 467 (474).

1096 *Verrel*, FS Dölling, S. 467 (474).

1097 BGH, Urt. v. 03.07.2019, 5 StR 132/18 (im Anschluss an den *Hamburger* Fall), NStZ 2019, S. 662 ff.

1098 So bereits BGH, Urt. v. 28.11.1957, juris Rn. 9, BGHSt 11, 111, 113 f.

1099 *Verrel*, FS Dölling, S. 467 (474).

chen“[1100], beansprucht das aus Angleichungsgründen nicht nur extra-, sondern auch intramurale Geltung.[1101] „Mithin ist es nicht zulässig, Strafgefangene einem Regelungsregime zu unterwerfen, das überhaupt keinen Raum für freiverantwortliche Suizide lässt und damit das Grundrecht auf selbstbestimmtes Sterben auch durch Suizid im Strafvollzug entkernen würde. Daraus folgt schon jetzt, dass solche Länderstrafvollzugsgesetze, die ihrem Wortlaut nach medizinische Zwangsmaßnahmen zur Verhinderung des Erfolgs von Suizidversuchen ausnahmslos erlauben,[[1102]] verfassungskonform ausgelegt und auf Fälle nicht freiverantwortlicher oder jedenfalls nicht sicher als solche erkennbare Suizide beschränkt werden müssen.“[1103]

bb) Vollzugsziel

Auch wenn das gesetzliche Vollzugsziel der Resozialisierung die Befähigung zu einem sozialverantwortlichen Leben in Freiheit ohne Straftaten vermitteln soll und damit grundsätzlich lebensorientiert ausgerichtet ist, bedeutet dies nicht zwingend, dass der Staat generell auch im Falle eines nachgewiesen freiverantwortlich gefassten Suizidentschlusses verhindernd eingreifen darf. Zwar drohen bei zynischer Betrachtungsweise nach einer Selbsttötung keine Straftaten mehr;[1104] dies jedoch um den Preis des Lebens, dessen Erhalt von der Zielsetzung indes vorausgesetzt wird und deshalb eine Verhinderungspflicht begründen könnte. Doch ebenso wie kein Gefangener zum Leben verpflichtet werden kann, kann ein Resozialisierungsvollzug unabhängig davon nicht erzwungen werden. Die zwangsweise Behandlung kriminogener Ursachen stünde im Widerspruch zum

---

1100 BVerfG, Urt. v. 26.02.2020, BVerfGE 153, 182 (309, Rn. 340).

1101 Vgl. auch *Verrel*, FS Dölling, S. 467 (481); a. A. wohl *Hillenkamp*, FS Tag, S. 221 (236 f.), der ein medizinisch manifestes Leiden als Suizidanlass postuliert.

1102 Z. B. § 93 Abs. 1 S. 1 NJVollzG; Entsprechendes gilt für solche Strafvollzugsgesetze, die zwar keine explizite Regelung zum Suizid enthalten und eine Zwangsbehandlung nur bei fehlender Einwilligungsfähigkeit erlauben, diese Differenzierung aber nicht bei der Anordnung von Sicherungsmaßnahmen vornehmen (näher dazu *Lindemann*, medstra 2021, S. 347 und auch *Rosenau/Flaig*, FS Tag, S. 351 (365), welche die Möglichkeit einer verfassungskonformen Auslegung aufgrund des gesetzgeberischen Willens, der ausnahmslos auf Suizidverhinderung ausgerichtet sei, hinterfragen).

1103 *Verrel*, FS Dölling, S. 467 (475); vgl. auch *Goerdeler*, in: Feest/Lesting/Lindemann, Strafvollzugsgesetze, Teil II, § 78 Rn. 13; a. A. *Arloth*, in: Arloth/Krä, Strafvollzugsgesetze, § 88 StVollzG, Rn. 2a.

1104 *Verrel*, FS Dölling, S. 467 (472 f.).

freiheitlich-rechtsstaatlich orientierten Freiheitsentzug,[1105] der zur Lösung der Probleme der Betroffenen auf das Prinzip der Hilfe zur Selbsthilfe setzt und die Eigenverantwortlichkeit sowie Selbstbestimmung[1106] fördert und nur eine Mitwirkungsobliegenheit, aber keine -pflicht[1107] vorsieht.[1108] Jede andere Sichtweise würde die betroffenen Gefangenen zu Objekten staatlicher Behandlungsversuche herabwürdigen.[1109] Dies gilt erst Recht dann, wenn die Betroffenen für sich keine Perspektive in Freiheit mehr sehen,[1110] etwa weil sie die Chance der Wiedereingliederung in die Außengesellschaft nach insbesondere langer Haftzeit als aussichtslos sehen oder gar Angst vor einem Leben in einer Welt haben, welche ihnen mittlerweile völlig fremd geworden ist.[1111] All dies schließt freilich nicht aus und fordert umgekehrt dazu auf, suizidpräventiv auf die Suizidwilligen einzuwirken und sie zu einer lebensbejahenden Einstellung zu motivieren und darauf hinzuwirken, ihre Behandlungsbereitschaft zu fördern und wieder einen Lebenswillen zu entwickeln (s. auch D. III. 2. c), S. 197 f.).

cc) Vergeltung und Verteidigung der Rechtsordnung

Deutlich intrikater gestaltet sich aber die Einschätzung bei der Beurteilung möglicherweise entgegenstehender Strafzwecke in Gestalt der Vergeltung und Verteidigung der Rechtsordnung.[1112]

Auch wenn sich die Frage über den Sinn des staatlichen Strafens immer wieder stellt, würde es den Rahmen dieser Ausarbeitung sprengen,

---

[1105] *Laue*, in: Hillenkamp/Tag (Hrsg.), Intramurale Medizin 2005, S. 217 (228); *Rosenau/Flaig*, FS Tag, S. 351 (359) rekurrieren dabei auch auf die Möglichkeit des Grundrechtsverzichts.

[1106] S. z. B. § 4 Abs. 1 S. 1 LJVollzG RLP und § 2 Abs. 1 S. 3 StVollzG NRW.

[1107] S. z. B.§ 4 Abs. 1 S. 1 StVollzG oder § 6 Abs. 1 S. 1 LJVollzG RLP.

[1108] Vgl. dazu auch *schon Müller-Dietz*, JZ 1974, S. 351 (360); *ders.*, JZ 1974, S. 489 (492).

[1109] Vgl. *Müller-Dietz*, JZ 1974, S. 489 (492).

[1110] *Verrel*, FS Dölling, S. 467 (473); *Tag/Baur*, Suizidhilfe im Freiheitsentzug, S. 48, 50, 69 lassen dies nur für moribunde Strafgefangene und Untergebrachte gelten.

[1111] S. dazu auch eindrücklich *Stephan*, SZ-Magazin, S. 16, 19; *Eisenberg*, MedR 2022, S. 422.

[1112] Die folgende Argumentation gilt nicht für die Sicherungsverwahrung, die sich primär an der Abwehr von Gefahren für die Allgemeinheit orientiert und nicht der Bestrafung dient. Eine Geltung drängt sich aber für den sonstigen Maßregelvollzug auf, soweit neben der Maßregel eine Anrechnung der Strafe erfolgt (vgl. auch *Urwyler/Noll*, Jusletter 2018, Rn. 28).

sich detailliert mit allen vertretenen Straftheorien[1113] auseinanderzusetzen; vielmehr sind die unterschiedlichen Strafzwecke nach dem BVerfG in Gestalt des Schuldausgleichs, der Prävention, der Resozialisierung des Täters, der Sühne und Vergeltung für begangenes Unrecht gegeneinander abzuwägen.[1114]

Das gefundene Zwischenergebnis, dass keine generelle Befugnis im Justizvollzug existiert, freiverantwortliche Suizide aufgrund des staatlichen Strafanspruchs zu hindern, trifft indes noch keine endgültige Aussage darüber, ob einem Suizid bei Strafgefangenen nicht ausnahmsweise dennoch allgemeine Strafzwecke in Gestalt der Vergeltung sowie der Verteidigung der Rechtsordnung[1115] teilweise entgegengehalten werden können, etwa in Form einer verpflichtenden Mindestverbüßungszeit, nach deren Ablauf die einschlägigen Strafzwecke erst als befriedigt gelten könnten. Der Suizid eines Strafgefangenen könnte diese Zwecke nämlich zumindest potentiell unterminieren, indem der Gefangene damit vor seiner Strafe „flüchtete".

Nach wohl *herrschender Lehre* dürfen diese allgemeinen Strafzwecke auf dem Gebiet des Strafvollzugs allerdings nicht unmittelbar berücksichtigt werden, weil diese aufgrund einfachgesetzlicher Vorgaben auf die Erreichung des Vollzugsziels (positive Spezialprävention) und die Erfüllung der vollzuglichen Aufgabe des Schutzes der Allgemeinheit beschränkt seien (negative Spezialprävention).[1116]

1113 Grundlegend *Roxin*, JuS 1966, S. 377 ff. m. w. N., der die herrschende sog. „dialektische Vereinigungstheorie" (a. a. O., S. 387), welche die unterschiedlichen Strafzwecke durch gegenseitige Beschränkung zum Ausgleich bringt, entwickelt hat; einen Kurzüberblick bieten auch *Arloth*, GA 1988, S. 403 (405 ff.) oder *Bruckmann*, KriPoZ 2019, S. 105 ff.

1114 BVerfG, Urt. v. 21.06.1977, sog. *Lebenslänglichenentscheidung*, 1 BvL 14/76, juris Rn. 211 m. w. N., BVerfGE 45, 187 (253 f. m. w. N.).

1115 Die negative Spezialprävention ist von vornherein nicht berührt, weil von einem toten Inhaftierten keine weiteren Straftaten mehr drohen; inwieweit durch eine eingeschränkte Zulassung von freiverantwortlichen Suiziden die negative Generalprävention in der Gestalt tangiert sein könnte, dass Tatgeneigte aufgrund dessen weniger straffällig würden, ist unklar, wenn auch unwahrscheinlich und müsste empirisch belegt werden (vgl. *Urwyler/Noll*, KrimOJ 2020, p. 201 [211]; *Tag/Baur*, Suizidhilfe im Freiheitsentzug, S. 48).

1116 S. statt aller nur *Laubenthal*, Strafvollzug, S. 135, Rn. 175; a. A. die überwiegende *Rspr.* (OLG Karlsruhe, Beschl. v. 25.11.1977–2 Ws 230/77, JR 1978, S. 213 ff., krit. dazu *Peters*, JR 1978, S. 177 ff., der die Entscheidung nicht mehr als Akt der Rechtsfortbildung, sondern der –umbildung ansah [a. a. O. S. 180; BVerfG, Beschl. v. 28.06.1983, 2 BvR 539/80, BVerfGE 64, 261, Leitsatz 1 [mit ausführlich begründetem in der Begründung abweichendem Sondervotum des Richters *Mahrenholz*]; BVerfG, Urt. v. 05.02.2004,

Bei der Berücksichtigung von allgemeinen Strafzwecken im Strafvollzug ist allerdings zwischen Status- und Gestaltungsentscheidungen zu unterscheiden:[1117] „Statusentscheidungen sind solche der Strafgerichte nach dem Strafgesetzbuch, durch die der Status des Straffälligen als Gefangener begründet oder aufgehoben wird. [. . .] Gestaltungsentscheidungen werden während der Dauer des Vollzugs der Freiheitsstrafe getroffen, das heißt vom Strafantritt an bis zur Entlassung des Verurteilten aus der Institution. Es handelt sich um Maßnahmen der Vollzugsverwaltung zur Durchführung des Strafvollzugs sowie um solche Maßnahmen betreffende gerichtliche Entscheidungen. Im Rahmen von Statusentscheidungen finden die allgemeinen Strafzwecke [auch nach der *herrschenden Meinung*] Berücksichtigung." Da durch die staatliche Duldung freiverantwortlicher Suizide der Status als Strafgefangener aufgehoben würde, wenn der Betroffene seinen Selbsttötungsentschluss vollzöge, handelt es sich bei der Duldung um eine Statusentscheidung, auch wenn derzeit (noch) kein Strafgericht über die Zulässigkeit dergestalt entscheidet.[1118] Auch nach *Verrel* könnte der Vollzug durch die „eigenmächtige Beendigung in seiner statusbegründenden Funktion tangiert sein".[1119] Die Strafvollstreckung umfasst während der Strafverbüßung nämlich insbesondere auch die generelle Überwachung dahingehend, dass Art und *Dauer* des Vollzugs den sanktionsrechtlichen Festsetzungen des Gerichts entsprechen.[1120] Damit handelt es sich bei der staatlichen Duldung freiverantwortlicher Suizide um eine Statusentschei-

2 BvR 2029/01, juris Rn. 154 f., BVerfGE 109, 133 [176 f.] entfaltete als entgegenstehendem *obiter dictum* keine Bindungswirkung nach § 31 Abs. 1 BVerfGG, weil die dortigen Erwägungen die Entscheidung nicht tragen [vgl. dazu *Arloth*, GA 1988, S. 403 {415} und *ders.*, in: Arloth/Krä, Strafvollzugsgesetze, § 2 StVollzG, Rn. 3 sowie allgemein auch *Bethge*, in: Schmidt-Bleibtreu/Klein/Bethge, BVerfGG, Stand: 62. EL Januar 2022, § 31, Rn. 101] und v. a. bzgl. der positiven Generalprävention *Arloth*, in: Arloth/Krä, Strafvollzugsgesetze, § 2 StVollzG, Rn. 3 m. w. N., insb. *ders.*, GA 1988, S. 403 (411 ff.).

1117 Dort auch zum folgenden Text *Laubenthal*, Strafvollzug, S. 136, Rn. 176 f.

1118 Dem steht nicht entgegen, dass das BVerfG, Beschl. v. 03.11.2021, 2 BvR 828/21, juris Orientierungssatz 1b, Rn. 29 (m. w. N.) von einem Strafvollzugsverfahren nach §§ 109 ff. StVollzG ausgeht, wenn es um die Prüfung des Einbringens von Gegenständen geht. Diese Entscheidung hat sich mit der aufgeworfenen Abgrenzungsfrage zwischen Strafvollstreckung und Strafvollzug erkennbar nicht auseinandergesetzt, weil es um die Überprüfung einer gerichtlichen Entscheidung ging, die eine Überprüfung von anstaltlichen Sicherheitsbelangen zum Gegenstand hatte.

1119 *Verrel*, FS Dölling, S. 467 (473).

1120 *Laubenthal*, Strafvollzug, S. 24, Rn. 10.

dung, sodass eine Berücksichtigung der Vergeltung und der Verteidigung der Rechtsordnung nicht prinzipiell entgegenstünde.

Damit gilt es nun, die Auswirkungen einer vorzeitigen Beendigung der Haft durch Suizid auf die Strafzwecke der Vergeltung und der Verteidigung der Rechtsordnung zu untersuchen. Die positive Freiheit, selbstbestimmt über das Ende des eigenen Lebens durch Suizid zu entscheiden (das „Ob"), berechtigt als Ausfluss des allgemeinen Persönlichkeitsrechts unter anderem auch frei über den Todeszeitpunkt zu entscheiden (das „Wann")[1121] und steht damit zumindest in Konflikt zu dem Vergeltungsgedanken. Vergeltung kann als ein Hauptzweck der Bestrafung angesehen werden, indem die Vorschriften im StGB zur Strafzumessung und zum Sanktionenrecht den gerechten Schuldausgleich als Strafzumessungsfaktor in den Vordergrund stellen.[1122] Auch die höchsten deutschen Gerichte betrachten den gerechten Schuldausgleich im Sinne einer „vergeltenden Vereinigungstheorie" als Hauptzweck von Kriminalstrafen.[1123] Die retributive Prägung des Strafbegriffs findet vor allem durch die seit Jahrzehnten praktizierte Verurteilung von Massenmördern in SS-Konzentrationslagern ihren eindeutigen Ausdruck, die sich oft geräuschlos und unauffällig in die Nachkriegsgesellschaft integriert haben.[1124] Laut *Walter* lehnen die meisten Strafrechtslehrer den Strafzweck der Vergeltung zwar ab, weil er mit Rache gleichgesetzt werde, die es als niedrigen Trieb zu überwinden gelte.[1125] *Roxin* hält die Vergeltung zudem für ein ungesichertes, irrationales und zudem anfechtbares Glaubensbekenntnis.[1126]

1121 *Lindner*, NJW 2013, S. 136; *Lindner/Huber*, medstra 2017, S. 236; *Hufen*, NJW 2018, S. 1524 (1525, 1528); vgl. auch *Hillgruber*, Stellungnahme zu Gesetzentwürfen BT-Drs. 18/5373–5376, S. 10.

1122 *Walter*, in: Kaspar/Walter, Strafen „im Namen des Volkes"?, S. 49 (52); *Krey/Esser*, Deutsches StrafR AT, S. 60 f., Rn. 154 m. w. N. unter Hinweis auf Wortlaut, Entstehungsgeschichte und Fundierung von § 46 Abs. 1 S. 1 StGB.

1123 Siehe BVerfG, Beschl. v. 24.10.1996, sog. *Mauerschützenfall*, 2 BvR 1851/94, juris Rn. 157, BVerfGE 95, 96 (140); BGH, Urt. v. 27.10.1970, 1 StR 423/70, juris Rn. 9, BGHSt 24, 132 (134), jeweils *st. Rspr.*; *Krey/Esser*, Deutsches StrafR AT, S. 60, Rn. 152 m. w. N.

1124 S. z. B. den medial aufsehenerregenden Fall *Oskar Gröning* (BGH, Beschl. v. 20.09.2016,
3 StR 49/16, BGHSt 61, 252 ff.), der mit 94 Jahren noch wegen Beihilfe zum Mord in 300.000 Fällen verurteilt wurde.

1125 *Walter*, ZIS 2011, S. 636 (643).

1126 *Roxin*, JuS 1966, S. 377 (378).

Ob diese Thesen haltbar sind, ist indes sehr fraglich. Etymologisch darf Vergeltung nicht mit Rache gleichgesetzt werden. Vielmehr müsste es heißen: „Vergeltung *statt* Rache."[1127] Vergeltung ist zunächst ein neutral konnotierter Begriff (Vergelt's Gott!), welcher neben der Wohltat auch das Übel umfasst.[1128] Im allgemeinen Sprachgebrauch wird der Begriff auch in unterschiedlicher Bedeutung verwendet, nämlich positiv in Form des „Vergütens", „Entlohnens" oder „Lohnens", aber negativ auch in Gestalt des „Zurückerstattens" oder „Heimzahlens", wobei letztere Wortbedeutung statistisch gebräuchlicher sein dürfte.[1129] Wer Vergeltung sagt, meint in der Regel die strafende Vergeltung.[1130] Aber auch diese ist nicht mit Rache gleichzusetzen, weil diese eine andere Wortherkunft hat: Rächen geht auf das indoeuropäische **ureg-* zurück, das soviel wie „stoßen, drängen, treiben, feindselig verfolgen" bedeutet, wohingegen vergelten von gelten abgeleitet wird und aus dem Althochdeutschen mit *geltan* herrührt und mit „(zurück)zahlen, entschädigen, opfern, wert sein" übersetzt werden kann und im Germanischen **geldan* „erstatten, entrichten" hieß.[1131] Die Rache wird daher immer mit etwas Negativem verbunden und verkörpert im Ursprung ein „impulsives, körperlich aggressives Übelwollen".[1132] Vergeltung hat demgegenüber eine ausgleichende Funktion und findet im Gegensatz zur Rache ihr Maß in dem, was es auszugleichen gilt.[1133] Vergeltung ist damit von vornherein auf Gegenseitigkeit ausgerichtet und muss verhältnismäßig sein.[1134]

Vergeltung kann damit nicht zu einem „niedrigen Beweggrund" herabgestuft werden und findet als grundlegendes Bedürfnis nach Rechtsfrieden[1135] seinen Ursprung in der Natur des Menschen.[1136] Das natürliche Vergeltungsverlangen der Bürger[1137] war auch bereits Gegenstand zahlreicher empirischer Studien, die zu dem Ergebnis kamen, dass juristische Laien bei konkreten Taten Strafen zumessen, die unter dem Vorzeichen ihrer Ver-

---

1127 *Walter*, ZIS 2011, S. 636 (638).
1128 *Walter*, ZIS 2011, S. 636 (637).
1129 *Walter*, ZIS 2011, S. 636 (637).
1130 *Walter*, ZIS 2011, S. 636 (637).
1131 S. *DWDS*, https://www.dwds.de/ zu „Rache" und „Vergeltung" (abgerufen am 17.09.2023).
1132 *Walter*, ZIS 2011, S. 636 (637).
1133 *Walter*, ZIS 2011, S. 636 (637).
1134 *Walter*, ZIS 2011, S. 636 (637); vgl. auch *Hassemer*, ZIS 2006, S. 266 (267 f.).

geltungsbedürfnisse stehen.[1138] Es existieren jedoch auch Hinweise darauf,

---

[1135] BVerfG, Beschl. v. 27.6.2018, 2 BvR 1405/17, NJW 2018, S. 2385 (2386, Rn. 68): „Die Sicherung des Rechtsfriedens durch Strafrecht ist seit jeher eine wichtige Aufgabe staatlicher Gewalt."; *Kett-Straub/Kudlich*, Sanktionenrecht, § 1, Rn. 2: „Das Strafrecht und somit auch die dort geregelten Sanktionen garantieren dem Einzelnen ein Leben in Freiheit und Rechtsfrieden"; vgl. auch *Streng*, in: Kaspar/Walter, Strafen „im Namen des Volkes"?, S. 131 (152) und *Hoven/Weigend*, Strafen „im Namen des Volkes"?, S 263 (266), ZStW 2021, S. 322 (354 f.); krit. *Kölbel/Singelnstein*, NStZ 2020, S. 333 (337): „‚Strafbedürfnisse' sind eine wissenschaftliche Konstruktion, die durch die jeweils konkret gewählten, sozialwissenschaftlichen Konzeptionen und Methoden mitgeprägt wird, weshalb die diesbezüglich vorliegenden Befunde kein hiervon unabhängiges (‚objektives') Abbild eines abgegrenzten empirischen Korrelates bieten können."

[1136] S. zum evolutionsbiologischen Hintergrund *Robinson*, Northwestern University Law Review 2017, p. 1565 (1571 f.), der die erforderliche Kooperation in der Gruppe inmitten einer feindlichen Umwelt, die mit der Durchsetzung grundlegender Verhaltensregeln durchgesetzt wurde, als Ursache dessen ansieht, dass auch der Mensch von heute ähnliche Gerechtigkeitsintuitionen und Vergeltungsbedürfnisse entwickelt hat wie prähistorische menschliche Gruppierungen (*Breneselović*, ZStW 2023, S. 102 [111, 120, 122f.] hält diese Hypothese für ontologisch „selektiv" und „stark spekulativ" belastet).

[1137] Vgl. zur Begriffsdimension *Breneselović*, ZStW 2023, S. 102 (117 ff. m. w. N.), der demokratietheoretisch folgerichtig nach dem Bürger als Teil des Staatsvolkes und der Bevölkerung mit Einwohnern differenziert und dem Ansatz von *Walter* vorwirft, dass er „gerade *nicht demokratisch*" sei, weil er „vielmehr ein[en] stereotype[n] 3-Zimmer-Wohnung-, Verbraucherbürger" der 1990er Jahre" vor Augen habe (ob diese apodiktische Kritik zutreffend ist, kann dahinstehen; vielmehr hatten bei der Befragung von *Hoven/Weigend*, ZStW 2021, S. 322 [325 f., 345] von den 1067 teilnehmenden Laien als höchsten Bildungsabschluss 30% einen Haupt-/Realschulabschluss, 41% eine Ausbildung, 10% Abitur und 11% einen Hochschulabschluss und es zeigte sich dabei ein deutlicher Zusammenhang zwischen Bildungsabschluss und Strafhärte).

[1138] Ausführlich *Walter*, ZIS 2011, S. 636 (638 ff. m. w. N., insb. über die amerikanischen Untersuchungen von *Carlsmith* und *Robinson* [s. dazu auch die ausführliche und überwiegend konstruktive Methodenkritik bzgl. der Representativität der dortigen Studien von *Breneselović*, ZStW 2023, S. 102 {112}]); z. T. abw. hingegen *Streng*, MschKrim 2004, S. 127 (142 ff.), der zwischen der Tatschwereeinstufung und der Strafmaßvorstellung nur einen geringen Zusammenhang feststellte (was jedoch wohl daran lag, dass er die Tatschwere abstrakt nach Delikten und nicht gestuft nach Fallabwandlungen verglich, s. dazu *Walter*, ZIS 2011, S. 636 [644]); allerdings hat *Streng*, in: Kaspar/Walter, Strafen „im Namen des Volkes"?, S. 131 (137 ff.) i. R. e. Zeitreihenbefragung (2005, 2007, 2012) bei Jura-Studienanfängern (N= 818, von deren Antworten mind. 770 in die Berechnung eingingen) bei der Bewertung der Strafzielakzeptanz („An der Gerechtigkeit", „an Genugtuungsbedürfnissen des Tatopfers", „an Schadensersatzinteressen des Tatopfers", „an der Wiedereingliederung des Straftäters" und „am Schutz der Gesellschaft vor dem Straftäter" orientiert) indes später festgestellt, dass das Vergeltungsbedürfnis „vor allem den Wunsch nach Revanche gegen den Täter aus einer Idendass Vergeltung in der Psyche des Menschen gar keine lang andauernde ausgleichend-beruhigende Wirkung entfaltet, sondern umgekehrt eher einen faden Beigeschmack hinterlässt.[1139] Doch auch wenn dieser Trieb aus ethischer Sicht idealerweise sublimiert werden sollte, bleibt er doch zumindest auf unabsehbare Zeit noch eine zu respektierende soziokulturelle Tatsache,[1140] deren Missachtung die Gesellschaft destabilisieren und zu staatlich unkontrollierter Privatrache, Fehden zwischen den Sippen von Tätern und Opfern sowie Lynchjustiz führen würde.[1141] Vergeltung hat damit entgegen dem herkömmlichen Verständnis absoluter Straftheorien eine präventive Funktion, nämlich „im geordneten Nacheinander: ‚Prävention durch Reaktion'"[1142]. „Allerdings geht es nicht um jene Prävention, die im Zentrum der herkömmlichen Präventionstheorien steht. Denn während diese Theorien eine Vergewaltigung bestrafen wollen, um künftige Vergewaltigungen zu verhindern, will der neue Ansatz die Strafe, um zu verhindern, dass die Bürger ihr Vertrauen in Polizei und Justiz verlieren – und sich an

tifikation mit Opferbelangen" verknüpft mit „sicherungsorientierten Ausgrenzungstendenzen" ausdrücke; und „die Vergeltungsorientierung regelmäßig als Bestandteil einer punitiven Gesamthaltung" erscheine (*ders.*, in: FS Schünemann, S. 827 [842]); eine deutliche Tendenz zu mehr Punitivät bei Richtern, aber vor allem bei Laien zeichnen empirisch belegt auch *Hoven/Weigend*, ZStW 2021, S. 322 [330, 332]; dass dies auch durch die mediale Berichterstattung beeinflusst wird (woran sich absehbar auch nichts ändern dürfte), könnte einen Begründungsansatz bilden, ändert aber nichts am Ergebnis (vgl. dazu *dies*, in: Kaspar/Walter, Strafen „im Namen des Volkes"?, S. 263 ff).

1139 *Walter*, ZIS 2011, S. 636 (641 m . w. N., 643 f.); *ders.*, in: Kaspar/Walter, Strafen „im Namen des Volkes"?, S. 49 (53); vgl. auch *Stüfen*, Seelsorge & Strafvollzug 2019 (3), S. 36 (43 f.), der dem Argument des Schuldausgleichs aus theologischer Sicht wenig Gewicht beimisst.

1140 So ähnlich auch *Walter*, ZIS 2011, S. 636; vgl. auch *Czerner*, Der Schuldgedanke in Strafvollstreckung und Strafvollzug, S. 49 (57 m. w. N.) und *Streng*, in: Kaspar/Walter, Strafen „im Namen des Volkes"?, S. 131 (137 ff.).

1141 *Walter*, in: Kaspar/Walter, Strafen „im Namen des Volkes"?, S. 49 (54 m. Hinweis auf die empirische Forschung von *Robinson*, Northwestern University Law Review 2017, p. 1565 [1581 ff.], die nicht auf Opferbefragungen oder Gewaltdelikte beschränkt war); *Krey/Esser*, Deutsches StrafR AT, S. 53, Rn. 133, S. 62, Rn. 159.

1142 *Hassemer*, ZIS 2006, S. 266, 272 f. mit Hinweis auf den von *Friedrich-Christian Schroeder* geprägten Ausruf „Prävention durch Reaktion", vgl. auch *Czerner*, Der Schuldgedanke in Strafvollstreckung und Strafvollzug, S. 49 (60); *Streng*, FS Heinz, S. 677 (693); *ders.*, in: FS Schünemann, S. 827 (841 f.); *Kaspar*, in: Kaspar/Walter, Strafen „im Namen des Volkes"?, S. 61, 71, 74 und *Hoven/Weigend*, ZStW 2021, S. 322 (356).

deren Stelle setzen: untätige Polizisten beleidigen, Verdächtige misshandeln und wahre oder vermeintliche Täter lynchen.“[1143]

dd) Mindestverbüßungszeit

Da es sich mithin bei Vergeltung um ein zu respektierendes menschliches Bedürfnis handelt, stellt sich die Frage, inwieweit dieses auch beim freiverantwortlichen Suizid eines (Jugend-)[1144] Strafgefangenen zu berücksichtigen sein könnte, der damit seine Strafzeit verkürzen würde. Der Vergeltungsgedanke kann allenfalls im Sinne einer Mindestverbüßungszeit solange Berücksichtigung finden, als der frühestmögliche Entlassungszeitpunkt noch nicht erreicht ist.[1145] Denn nach diesem Zeitpunkt ist der repressive Teil der Freiheitsstrafe verbraucht und die Inhaftierung erfüllt nur noch rein spezialpräventive Zwecke.[1146] Dies resultiert auch aus der folgenden Feststellung: „Das Institut [der Strafrestaussetzung zur Bewährung] beendet eine Abkehr von dem Gedanken der Schuldvergeltung allein um der Vergeltung willen und eine Hinwendung zu einem Strafrecht, das sich auf die zum Rechtsgüterschutz notwendigen Maßnahmen beschränkt und im übrigen den Gedanken der sozialen Anpassung des Täters besonders in den Vordergrund stellt.“[1147] Dem steht auch nicht § 46 Abs. 1 S. 1 StGB entgegen, wonach „[d]ie Schuld des Täters Grundlage für die Zumessung der Strafe [ist].“ Denn nach dem klaren Wortlaut muss die Schuld nur Basis der Strafzumessung sein, so dass auch andere Strafzwecke mitwirken dürfen.[1148] Entgegen *Urwyler/Noll* sind retributive Aspekte aber auch nicht nahezu irrelevant in der Vollzugsphase, weil diese schon im Erkenntnisverfahren verbraucht wurden.[1149] Denn es geht bei der vorzeitigen Beendigung der Strafhaft gar nicht um das „Wie“, sondern um das „Ob“ der Strafvollstreckung.

1143 *Walter*, LTO, Beitr. v. 07.09.2019.

1144 Schuldausgleich im Dienst positiver Generalprävention ist selbstverständlich auf die Verhängung einer Jugendstrafe gem. § 18 Abs. 1 S. 2 JGG zu begrenzen (s. dazu sogleich unter D. III. 4. b) dd) (2), S. 222 ff.).

1145 Vgl. *Urwyler/Noll*, Jusletter 2018, Rn. 28 und *Tag/Baur*, Suizidhilfe im Freiheitsentzug, S. 49 f.

1146 Vgl. *Urwyler/Noll*, Jusletter 2018, Rn. 28 und *Tag/Baur*, Suizidhilfe im Freiheitsentzug, S. 49 f.

1147 BT-Drs. V/4094, S. 9 f.); vgl. auch *Dünkel/Pruin*, in: Kindhäuser/Neumann/Paeffgen/Saliger, Strafgesetzbuch, § 57, Rn. 1.

1148 S. nur *Heger*, in: Lackner/Kühl/Heger, StGB, § 46, Rn. 23.

1149 S. *Urwyler/Noll*, KrimOJ 2020, p. 201 (212); ähnlich auch *Rosenau/Flaig*, FS Tag, S. 351 (361); vgl. allgemein zum Jugendstrafrecht denselben Gedanken bei der Schwere

Gegen die Beschränkung auf eine Mindestverbüßungszeit lässt sich auch nicht die Hypothese anführen, dass der Rechtsfrieden bei „vorzeitigen“ Suiziden nicht nachhaltig beeinträchtigt wäre, weil die Anzahl derjenigen (Jugend-)Strafgefangenen, die ihre Haftstrafe trotz Zulassung des (Jugend-)Strafgefangenensuizids „normal“ verbüßten,[1150] die Zahl derjenigen, die diese vorzeitig durch Suizid beendeten, deutlich überstiege.[1151] Dieses nicht bewiesene Argument[1152] träfe gegebenenfalls zwar bei der positiven Generalprävention zu,[1153] jedoch nicht bei der Vergeltungstheorie, nach welcher der Rechtsfrieden schon dann gestört ist, wenn auch schon eine Tat nicht zumindest bis zur Mindestverbüßungszeit geahndet würde.[1154]

Von einer Mindestverbüßungszeit sollte aber ausnahmsweise im Härtefall abgesehen werden, der eine auf dem jeweiligen Gebiet fachärztlich nachgewiesene extreme Notlage darstellt und die Freiverantwortlichkeit ärztlich attestiert wurde sowie bei schwerem und unheilbarem Leidenszu-

---

der Schuld nach § 17 Abs. 2 Alt. 2 JGG (*Radtke/Scholze*, in: Erb/Schäfer, MüKoStGB, JGG, § 17, Rn. 53 [dortige Fn. 239 m. w. N.]).

[1150] Dafür könnte der Fall *Knickmeier* sprechen, bei dem der damalige Leiter der JVA Geldern *Schüller* vermutet, dass sich der Verurteilte nicht das Leben nähme (*Stephan*, SZ-Magazin 2022, S. 11, [20]).

[1151] So aber zum Schweizer Recht *Urwyler/Noll*, KrimOJ 2020, S. 201 (212) beim Strafzweck der positiven Generalprävention. „Vorstellungen zu Schuld, Strafe und Strafzweck dürften [aber] besonders von kulturellen, auch nationalkulturellen Prägungen abhängen“ (*Walter*, ZIS 2011, S. 636 [643]).

[1152] In einer allgemeinen Studie stellte *Spittler*, NJOZ 2020, S. 97 fest, dass von 494 Personen, denen 92,3% Freiverantwortlichkeit attestiert wurde, 53,2% Suizidhilfe in Anspruch nahmen und 2,4% einen „einsamen“ Suizid durchführten. Wie hoch die absolute Rate der ernsthaft Suizidhilfe begehrenden (Jugend-)Strafgefangenen und denjenigen, die sich tatsächlich suizidierten, tatsächlich wäre, ist derzeit reine Spekulation.

[1153] *Spittler*, NJOZ 2020, S. 97; s. auch allgemein *Walter*, ZIS 2011, S. 636, (645).

[1154] Vgl. *Walter*, ZIS 2011, S. 636 (645); vgl. auch *ders*, in: Kaspar/Walter, Strafen „im Namen des Volkes“?, S. 49 (54 m. Hinweis auf die empirische Forschung von *Robinson*, Northwestern University Law Review 2017, p. 1565 [1581 ff.], die nicht auf Opferbefragungen oder Gewaltdelikte beschränkt war). Die fehlende Berücksichtigung des Vergeltungsgedankens birgt zudem auch kriminalpolitisch die Gefahr, dass (Jugend-)Strafgefangene mit besonders schweren Straftaten zumindest in den Augen vereinzelter Bürger ihrer vermeintlich gerechten „Strafe“ zugeführt werden, indem sie sich selbst töten.

stand,[1155] der fachpsychiatrisch attestiert wurde[1156]. Die Rückausnahme in Härtefällen steht auch nicht im Widerspruch zu den Aussagen des BVerfG, dass es sich verbiete, „die Zulässigkeit einer Hilfe zur Selbsttötung materiellen Kriterien zu unterwerfen“[1157] oder dass „[e]ine Einengung des Schutzbereichs auf bestimmte Ursachen und Motive [...] auf eine Bewertung der Beweggründe des zur Selbsttötung Entschlossenen und auf eine inhaltliche Vorbestimmung hinaus[liefe], die dem Freiheitsgedanken des Grundgesetzes fremd ist“[1158]. Auch wenn diese Aussagen insgesamt auf das Recht zum selbstbestimmten Sterben übertragbar sein dürften, also auch für den Suizid an sich gelten, so dient die Rückausnahme nicht der Einengung, sondern der Erweiterung dieses Rechts. Die Einengung erfolgte bereits durch die Berücksichtigung des Vergeltungsgedankens auf Rechtfertigungsebene.

(1) Erwachsenenstrafrecht

Damit ist es *de lege ferenda* geboten, dass Vergeltungsverlangen des Volkes grundsätzlich in der Form zu berücksichtigen, dass bis zum Ablauf der Mindestverbüßungszeit nach §§ 57, 57a und 57b StGB als „generalpräventives

[1155] Darunter fallen innerhalb der Rückausnahme aufgrund des hier anwendbaren Fürsorgegedankens (dieser gilt nach Ablauf der Mindestverbüßungszeit nicht mehr) ausschließlich körperliche und psychische Krankheitssymptome, aber nicht Lebenssattheit/Lebens- (s. zu diesen Begriffen vertiefend *Deutscher Ethikrat*, Suizid – Verantwortung, Prävention und Freiverantwortlichkeit, S. 12 [Ziff. 10], 36, 58) bzw. Haftmüdigkeit aufgrund der erlebten Perspektivlosigkeit des Justizvollzugs durch „Einschränkungen im Alltag und in den sozialen Beziehungen, Verluste sowie das Erleben von Sinn- und Hoffnungslosigkeit“ (so für einen weiten Leidensbegriff allgemein aber bspw. die Schweizer SAMW-Richtlinien zum „Umgang mit Sterben und Tod“ v. 25.10.2018 i. d. F. v. 05/2022 in Nr. 2.4 und 6.2.1, S. 11, 26 f., die durch Ärztekammer-Beschluss v. 19.05.2022 in die FMH (Verbindung der Schweizer Ärztinnen und Ärzte • Fédération des médecins suisse)-Standesordnung übernommen werden sollen [*FMH*, Medienmitteilung vom 19.05.2022, https://www.fmh.ch/files/pdf27/medienmitteilung-aerztekammer-verabschiedet-samw-richtlinie-zu-sterben-und-tod-v1.pdf {abgerufen am 17.09.2023}]).

[1156] In diesen Fällen wäre den individuellen Belangen der Betroffenen aus Verhältnismäßigkeisgründen der Vorrang einzuräumen (vgl. auch BVerfG, Beschl. v. 09.03.2010, 2 BvR 3012/09, juris Rn. 24–26), so zu terminal erkrankten Strafgefangenen auch im Schweizer Recht *Tag/Baur*, Suizidhilfe im Freiheitsentzug, S. 38, 50.

[1157] BVerfG, Urt. v. 26.02.2020, 2 BvR 2347/15, BVerfGE 153, 182 (309, Rn. 340).

[1158] BVerfG, Urt. v. 26.02.2020, 2 BvR 2347/15, BVerfGE 153, 182 (263 f., Rn 210).

Minimum“[1159] kein Suizid zugelassen wird, auch wenn er freiverantwortlich unternommen werden sollte.

Das gilt allerdings nicht für die freiverantwortliche Nahrungs- und Flüssigkeitskarenz, die mit Selbsttötungseventualvorsatz geführt wird, weil die enterale (über den Magen-Darm-Trakt erfolgende) Zwangsernährung durch die Art und Weise der Durchführung menschenunwürdig[1160] und wegen der möglichen besonderen Gesundheitsgefahren (schwerwiegende Störung des Mineral- und Vitaminhaushalts in Gestalt eines Refeedingsyndroms bei schneller Beseitigung des Mangelzustandes bei lebensbedrohlicher Unterernährung, Gefahr von Verletzungen bei Gegenwehr und Aspiration von Erbrochenem) auch unverhältnismäßig wäre[1161]. Eine mildere, gleich geeignete Maßnahme (etwa intravenöse Zufuhr) ist aus medizinischer Sicht nicht möglich, weil sie mit einer vollständigen Fixierung verbunden werden müsste;[1162] dies gilt im Ergebnis auch bei Eintritt von Bewusstlosigkeit, weil sich dieser Zeitpunkt mit dem Eintritt akuter Lebensgefahr decken dürfte[1163] und dann bei künstlicher Ernährung mit einem Wiedererlangen des Bewusstseins jederzeit zu rechnen ist. Für dieses Ergebnis spricht aus medizinethischer Sicht auch die Deklaration des Weltärztebundes,[1164] die in Ziffer 3 der Grundsätze lautet: „Hungerstreikende dürfen nicht zwangsweise behandelt werden, wenn sie dies ablehnen. Zwangsernährung verstößt gegen eine aufgeklärte und freiwillige Ablehnung und ist daher nicht zu rechtfertigen. Eine mit der ausdrücklichen oder impliziten Zustimmung des Hungerstreikenden durchgeführte Ernährung ist ethisch vertretbar.“

Das ansonsten geltende generalpräventive Minimum läge bei zeitigen Freiheitsstrafen gemäß § 57 Abs. 2 StGB nach Mindestverbüßung von 1/2 der Freiheitsstrafe (mindestens sechs Monate) und bei lebenslangen Freiheitsstrafen gemäß §§ 57a Abs. 1 S. 1 Nr. 1, 57b StGB nach frühestens

---

[1159] *Kaspar*, in: Walter/Kaspar, Strafen „im Namen des Volkes“?, S. 61 (81) und *ders.*, NJW-Beilage 2018, S. 37 (38).

[1160] Vgl. *Laue*, in: Hillenkamp/Tag, Intramurale Medizin, S. 217 (226 ff.).

[1161] Vgl. *Kind*, in Tag/Groß, Tod im Gefängnis, S. 83 (85f.).

[1162] *Laue*, in: Hillenkamp/Tag, Intramurale Medizin, S. 217 (227, insb. dortige Fn. 39).

[1163] *Husen*, ZRP 1977, S. 289 (290), vgl. OLG Koblenz, Beschl. v. 02.06.1977, 1 Ws 123/77, NJW 1977, S. 1461 (1463).

[1164] (deutsche Übersetzung der Declaration of Malta on Hunger Strikers: Weltärztebund, Handbuch der Deklarationen, S. 280 (281), https://www.yumpu.com/de/document/read/19447178/weltarztebund-handbuch-der-deklarationen-erklarungen-und-, (abgerufen am 17.09.2023).

15 Jahren vor.[1165] Die Ersatzfreiheitsstrafe wird in diesem Zusammenhang kaum praktische Relevanz haben, weil aufgrund des Umrechnungsschlüssels von 1 : 2 nach § 43 S. 2 StGB n. F.[1166] bei höchstzulässigen Tagessätzen gemäß §§ 40 Abs. 1; 54 Abs. 2 S. 2 Alt. 2 StGB von 360 beziehungsweise 720 bei einer Verurteilungsquote von lediglich 0,8% über 180 Tagessätzen[1167] kaum jemals mit einer Mindestverbüßungszeit von sechs Monaten zu rechnen ist. Das wäre nur dann der Fall, wenn tatsächlich einmal 720 Tagessätze verhängt würden. Ob bei Ersatzfreiheitsstrafen jedoch die nötige innere Festigkeit und Dauerhaftigkeit des Suizidentschlusses gegeben wäre, wäre im Übrigen auch sehr fraglich.

(2) Jugendstrafrecht

Entsprechendes sollte auch bei der Jugendstrafe gelten, wenn es sich nach § 18 Abs. 1 S. 2 JGG[1168] bei der Tat um ein Verbrechen handelt, für das nach dem allgemeinen Strafrecht eine Höchststrafe von mehr als zehn Jahren Freiheitsstrafe angedroht ist. Die Mindestverbüßung richtet sich dabei nach § 88 Abs. 2 S. 2 JGG: „Sie ist bei einer Jugendstrafe von mehr als einem Jahr nur zulässig, wenn der Verurteilte mindestens ein Drittel der Strafe verbüßt hat.“

Auch wenn das Jugendstrafrecht entgegen dem allgemeinen Strafrecht als Täterrecht konzipiert und gemäß §§ 2 Abs. 1 S. 2; 18 Abs. 2 JGG vorrangig am Erziehungsgedanken ausgerichtet ist, lässt es partiell auch eine Berücksichtigung der Schuldschwere zu.[1169] Eine durch einen Schuldausgleich

---

[1165] Vgl. auch *Urwyler/Noll*, Jusletter 2018, Rn. 28 (zu Art. 86 schwStGB) und *Tag/Baur*, Suizidhilfe im Freiheitsentzug, S. 49 f.

[1166] M. W. v. 01.10.2023 bzw. 01.02.2024 durch Gesetze v. 26.07. und 16.08.2023 (BGBl. I 2023 Nr. 203 u. 218).

[1167] *Dünkel/Pruin*, in: Kindhäuser/Neumann/Paeffgen/Saliger, Strafgesetzbuch, § 57, Rn. 7 m. w. N.

[1168] Bei Heranwachsenden differenziert das Gesetz insoweit nicht, indem es den Strafrahmen des § 105 Abs. 3 S. 1 JGG hier auf den Normalfall erstreckt und erlaubt somit eine schuldorientierte Festlegung langer Jugendstrafen auch bei Delikten, die nicht in § 18 Abs. 1 S. 2 JGG aufgezählt sind (*Kölbel*, in: Eisenberg/Kölbel, JGG, § 105, Rn. 55).

[1169] BT-Drs. 16/6293, S. 9; vgl. auch Nr. 2 der Richtlinien zu § 18 JGG, wonach der Schuldausgleich eine obere Zulässigkeitsgrenze innerhalb des erforderlichen erzieherischen Einwirkungsspektrums bildet.

geleitete Bemessung[1170] kommt nur bei Verbrechen mit einer Mindeststrafe von zehn Jahren in Frage, weil die Annahme einer generellen Ausrichtbarkeit am Schuldausgleich der Sanktionszumessungslogik des Jugendstrafrechts, das eine grundsätzliche Abkehr vom Tatstrafrecht des § 46 StGB vollzogen hat, widerspräche.[1171] Vorher bliebe auch zu unbestimmt offen, ab wann dem Schuldausgleich ein entscheidungsbestimmendes Gewicht zukäme,[1172] auch wenn man den Schuldausgleich als „Nebenziel ‚[…] im Dienste positiver Generalprävention'" bei Verhängung der Jugendstrafe wegen Schwere der Schuld nach § 17 Abs. 2 Alt. 2 JGG betrachten muss[1173].

„Die allgemein anerkannten Strafzwecke bleiben prinzipiell zu beachten. […] Auch auf den vom jungen Täter verübten Verstoß gegen Strafnormen wird insoweit mit vergeltender Übelszufügung reagiert."[1174]

ee) *Kein Verstoß gegen höherrangiges Recht*

Diesem Vergeltungsdenken könnten aber besondere Grenzen durch entgegenstehendes höherrangiges Recht, insbesondere in Gestalt des Übermaßverbotes, gezogen sein, weil das in Art. 2 Abs. 1 i. V. m. Art. 1 Abs. 1 GG verortete Recht auf selbstbestimmtes Sterben von existentieller Bedeutung für die Persönlichkeit des Einzelnen ist und die Begründungslast für staatliche Eingriffe dadurch deutlich erhöht wird.[1175] Die Entscheidung, das eigene Leben eigenhändig zu beenden, ist nämlich – so das BVerfG – von existenzieller Bedeutung für die Persönlichkeit eines Menschen. Welchen Sinn der Einzelne seinem Leben zubilligt, unterliegt höchstpersönlichen Vorstellungen. Der Entschluss, das eigene Leben zu beenden, betrifft „Grundfragen menschlichen Daseins und berührt wie keine andere Entscheidung Identität und Individualität des Menschen"[1176]. Wegen des Menschenwür-

[1170] Vgl. zum Streitstand *Kölbel*, in: Eisenberg/Kölbel, JGG, § 18, Rn. 20, 33, 35 ff. m. w. N.

[1171] *Kölbel*, in: Eisenberg/Kölbel, JGG, § 18, Rn. 38, 36.

[1172] *Kölbel*, in: Eisenberg/Kölbel, JGG, § 18, Rn. 37 mit Hinweis auf BGH, Urt. v. 29.8.2018, 5 StR 214/18, juris Rn. 8, NStZ-RR 2018, 358 (359): „bei Kapitalverbrechen und anderen schwerwiegenden Straftaten"; wobei sich dieses Problem noch verschärft, indem die Schuldschwere altersabhängig modifiziert ist (*Kulhanek*, JZ 2022, S. 49 [51, dortige Fn. 30 m. w. N.]).

[1173] S. dazu *Ostendorf*, in: Ostendorf, JGG, § 2, Rn. 3, § 17, Rn. 4.

[1174] L/B/N, Jugendstrafrecht, S. 321, Rn. 709 f.

[1175] Vgl. *Lindemann*, medstra 2022, S. 102 (108).

[1176] BVerfG, Urt. v. 26.02.2020, 2 BvR 2347/15, BVerfGE 153, 182 (261 f., Rn. 209).

debezugs des allgemeinen Persönlichkeitsrechts sind unter die Einschränkbarkeit durch die *verfassungsmäßige Ordnung* auch nicht allgemein alle formell und materiell verfassungsgemäßen Normen,[1177] sondern lediglich förmliche Parlamentsgesetze,[1178] die Voraussetzungen und Umfang der Beschränkungen eindeutig festlegen[1179] und streng verhältnismäßig[1180] sind, zu subsumieren. Abweichend von der Schutzbereichsebene ist bei der Beantwortung von Rechtfertigungsfragen jedoch die Kumulation einzelner Belange zulässig und geboten.[1181]

„Der Staatsgewalt ist in allen ihren Erscheinungsformen die Verpflichtung auferlegt, die Würde des Menschen zu achten und sie zu schützen. Dem liegt die Vorstellung vom Menschen als einem geistig-sittlichen Wesen zugrunde, das darauf angelegt ist, in Freiheit sich selbst zu bestimmen und sich zu entfalten. Diese Freiheit versteht das Grundgesetz nicht als diejenige eines isolierten und selbstherrlichen, sondern als die eines gemeinschaftsbezogenen und gemeinschaftsgebundenen Individuums [...]. Sie kann im Hinblick auf diese Gemeinschaftsgebundenheit nicht ‚prinzipiell unbegrenzt' sein. Der Einzelne muß sich diejenigen Schranken seiner Handlungsfreiheit gefallen lassen, die der Gesetzgeber zur Pflege und Förderung des sozialen Zusammenlebens in den Grenzen des bei dem gegebenen Sachverhalt allgemein Zumutbaren zieht; doch muß die Eigenständigkeit der Person gewahrt bleiben [...]. [...] Auf dem Gebiet der Strafrechtspflege, auf dem höchste Anforderungen an die Gerechtigkeit gestellt werden, bestimmt Art 1 Abs 1 GG die Auffassung vom Wesen der Strafe und das Verhältnis von Schuld und Sühne. [...] Das Gebot zur Achtung der Menschenwürde bedeutet insbesondere, daß grausame, unmenschliche und erniedrigende Strafen verboten sind (BVerfGE 1, 332 (348); 6, 389 (439)). Der Täter darf nicht zum bloßen Objekt der Verbrechensbekämpfung unter

---

[1177] So das allgemeine Verständnis für Art. 2 Abs. 1 GG seit BVerfG, Urt. v. 16.01.1957, sog. *Elfes*-Entscheidung, 1 BvR 253/56, juris Rn. 33 f., BVerfGE 6, 32 (38 f.).

[1178] *Kunig/Kämmerer*, in: v. Münch/Kunig, Grundgesetz-Kommentar, Art. 2 Abs. 1, Rn. 87;*Barczak*, in: Dreier, Grundgesetz-Kommentar, Art. 2 Abs. 1, Rn. 105; *Kube*, in: Isensee/Kirchhof, Handbuch des Staatsrechts, Band VII, 3. Aufl., § 148, Rn. 84; zweifelnd *Rixen*, in: Sachs, GG, Art. 2, Rn. 107.

[1179] Vgl. BVerfG, Urt. v. 15.12.1983, 1 BvR 209/83, sog. *Volkszählungsurteil*, juris Rn. 173, BVerfGE 65, 1 (44).

[1180] BVerfG, Beschl. v. 26.02.2008, 2 BvR 392/07, sog. *Inzestverbot*-Entscheidung, NJW 2008, S. 1137 f.

[1181] *Reimer*, ZfL 2015, S. 66 (73).

Verletzung seines verfassungsrechtlich geschützten sozialen Wertanspruchs und Achtungsanspruchs gemacht werden [...].“[1182]

(1) Art. 2 Abs. 1 i. V. m. Art. 1 Abs. 1 GG

Gemessen hieran kommt keine Verletzung des Rechts auf selbstbestimmtes Sterben nach Art. 2 Abs. 1 i. V. m. Art. 1 Abs. 1 GG durch die grundsätzliche gesetzliche Festlegung einer Mindestverbüßungszeit in Betracht. Dies ergibt sich aus der folgenden Grundrechtsprüfung:

(a) Schutzbereich

Das Recht auf selbstbestimmtes Sterben ist durch die Festlegung einer Mindestverbüßungsdauer in seinem sachlichen Schutzbereich berührt, weil dieser auch die Bestimmung des Zeitpunkts des eigenen Todes umfasst (das „Wann“).

(b) Eingriff

Dieser Schutzbereich wird durch einen grundsätzlichen gesetzlichen Ausschluss der Selbsttötung vor Ablauf einer bestimmten Frist auch final und unmittelbar verkürzt, sodass darin auch ein klassischer Grundrechtseingriff zu sehen ist.

(c) Verfassungsrechtliche Rechtfertigung

Dieser könnte jedoch verfassungsrechtlich gerechtfertigt sein.

Der Zweck einer solchen Mindestverbüßungsdauer dient der Vergeltung von begangenem Unrecht als verfassungsrechtlich anerkanntem Strafzweck und damit auch der Wahrung von Rechtsfrieden, ist mithin legitim.

Eine Mindestverbüßungszeit ist zur Zielerreichung auch geeignet, weil ohne sie der Rechtsfrieden erheblich gestört wäre.

Ein milderes, ebenso geeignetes Mittel zur Zielerreichung kommt ebenfalls nicht in Betracht, weil die insoweit im besonderen öffentlichen Interesse liegende Durchsetzung des mit Verfassungsrang ausgestatteten staatlichen Strafanspruchs integraler Bestandteil einer effektiven Strafvollstreckung ist. Der Eingriff ist damit auch erforderlich.

Fraglich ist indes, ob die Festlegung einer Mindestverbüßungsdauer auch angemessen ist, also nicht außer Verhältnis zu dem Gewicht des beeinträchtigten Rechtsguts steht.

[1182] BVerfG, Urt. v. 21.06.1977, 1 BvL 14/76, *Lebenslange Freiheitsstrafe*, juris Rn. 145 f., BVerfGE 45, 187 (227 f.).

Ein über die Wahrung des Rechtsfriedens mittelbar gewährleisteter elementarer Rechtsgüterschutz[1183] ist abstrakt betrachtet prinzipiell nicht minder gewichtig als das Recht auf selbstbestimmtes Sterben. Die vorgeschlagene zeitliche Einschränkung dieses Rechts steht zudem in Relation zum jeweils verwirkten Strafmaß und ist daher je nach Delikt von unterschiedlicher Dauer. Damit müsste jemand, der beispielsweise einen einfachen Diebstahl[1184] begangen hat, weniger lange warten, bis er seinen Suizidentschluss vollziehen kann, als jemand, der einen Totschlag verübt hat. Das wäre nicht evident ungerecht, würde den Betroffenen nicht zum bloßen Objekt der Verbrechensbekämpfung degradieren[1185] und sein Recht auf selbstbestimmtes Sterben faktisch nicht entleeren.[1186] Den Umständen des Einzelfalls kann im Härtefall gerecht werden,[1187] indem keine Mindestverbüßungszeit gelten würde. Dieses Ergebnis stünde auch im Einklang mit dem Selbstbestimmungs- und Integritätsschutz, weil die staatliche Intervention durch den Freiheitsentzug für den Selbsttötungsentschluss (mit-)ursächlich sein kann und ein längeres Zuwartenmüssen wahrscheinlicher werden lassen könnte, dass sich der Betroffene nicht deshalb töten will. Die Strafe würde dadurch weder grausam, unmenschlich oder erniedrigend, sondern würde auch dem Integritätsgedanken[1188] verpflichtet zu einem unerlässlichen nachhaltigeren Rechtsfrieden beitragen, als wenn der (Jugend-)Strafgefangenensuizid ohne eine Mindestverbüßungsfrist zugelassen wür-

[1183] Vgl. auch *Andrissek*, Vergeltung als Strafzweck, S. 145; *Kaspar*, in: Kaspar/Walter, Strafen „im Namen des Volkes"?, S. 61 (70 f.). Vergeltung ist damit ein Mittel zum Zweck.

[1184] Auch dieser kann indes für das jeweilige Opfer, etwa eine hochbetagte mittellose Dame, mit einer besonderen Belastung verbunden sein.

[1185] Vgl. *Schöch*, in: Kaiser/Schöch, Strafvollzug, § 8, Rn. 17; dagegen *Laue*, in: Hillenkamp/Tag, Intramurale Medizin, S. 217 (224) und wohl auch *Flaig*, in: Bange/Kirner, Mehr Fortschritt wagen, S. 217 (226, 234).

[1186] Wenn man darin eine „Pflicht zum Leben" sähe, wäre diese durch den Vergeltungszweck als extremer Ausnahmefall gerechtfertigt (vgl. dazu auch *Gavela*, Ärztlich assistierter Suizid und organisierte Sterbehilfe, S. 232).

[1187] Vgl. dazu auch etwa *Castellucci et al.*, BT-Drs. 20/904, S. 3, 6, 15 f., die in ihrem Gesetzentwurf in *§ 217 Abs. 2 S. 2 StGB-E* zur Strafbarkeit der geschäftsmäßigen Hilfe zur Selbsttötung und zur Sicherstellung der Freiverantwortlichkeit der Entscheidung zur Selbsttötung in besonderen Situationen begrenzter Lebenserwartung ausnahmsweise eine zeitliche Verkürzung des Verfahrens zur Feststellung der Freiverantwortlichkeit zulassen. Ähnlich *Künast et al.*, BT-Drs. 20/2293, S. 4 f. in *§ 3 Abs. 1 Nr. 6 und Abs. 4* ihres Gesetzentwurfes (s. dazu auch zum Vergleich insb. *§ 4 Abs. 3 S. 1*).

[1188] Vgl. zu diesem Ansatz auch *Möller*, KritV 2005, S. 230 (240–242).

de. Beredtes, wenngleich sehr drastisches Zeugnis für dieses Ergebnis mit Schwerpunkt auf der Opferperspektive[1189] gibt auch der Fall um den Belgier *Frank Van den Bleeken*, der seit über 30 Jahren wegen „Mordes" und „Sexualstraftaten" im Maßregelvollzug untergebracht ist und zunächst erfolgreich einen Antrag auf aktive Sterbehilfe, die in Belgien unter näher bestimmten Voraussetzungen erlaubt ist, gestellt hat.[1190] Die Familie des getöteten Opfers war in Reaktion auf diesen Antrag der Meinung, dass der „Täter" sein Recht auf einen würdigen Tod verwirkt habe, weil er das Leben seines Opfers auch in unwürdiger Weise beendet habe.[1191] Auch wenn *Van den Bleeken* aufgrund psychischer Erkrankung bei der Tat nicht schuldfähig war, ist die Reaktion der Familie des Opfers doch auch Ausdruck eines Vergeltungsverlangens, wie es bei einem Straftäter vergleichbar zur Geltung gelangen könnte, ohne dass dieses in der wörtlich geäußerten endgültigen Konsequenz berücksichtigt werden sollte. Es ist aber dennoch auch aus Opferperspektive geboten, dass die Vollzugsbehörden bis zum Ablauf eines

---

[1189] Vgl. zur Einbeziehung von Opferbedürfnissen auch *Kaspar*, in: Walter/Kaspar, Strafen „im Namen des Volkes"?, S. 61 (75 m. w. N.).

[1190] S. ausführlicher zu dem damals auch in der Presse kontrovers diskutierten Fall und zur seit 2002 bestehenden belgischen Rechtslage *Fenwick et al.*, Med. Law Int. 2022, pp. 231 f. with further evidence.

[1191] *The Guardian*, Belgian Convicted Killer with ‚Incurable' Psychiatric Condition Granted Right to Die, Beitr. v. 16.09.2014.

bestimmten Karenzzeitraums[1192] den drohenden Suizid verhindern und den begonnenen unterbinden[1193].[1194]

Ein anderes Ergebnis ließe sich allenfalls dann erzielen, soweit im Volk kein Bedürfnis mehr nach Vergeltung bestünde, wenn sich ein (Jugend-)Strafgefangener vor Ablauf der Mindestverbüßungszeit freiverantwortlich das Leben nehmen wollte. Dies könnte durch eine repräsentative Befragung innerhalb einer Zeitreihe ermittelt werden.[1195] Eine direktdemokra-

---

[1192] Dieser könnte z. B. im verdeckt zu tragenden Gefangenenausweis (Datenschutz ist hier zu beachten!) angegeben (vgl. etwa § 37 LJVollzDSG RLP/§ 23 JVollzDSG NRW) und/oder auch in der Gefangenenpersonalakte im Vollstreckungsblatt dargestellt werden.

[1193] Eine Strafbarkeit wegen Sanktionsvollstreckungsvereitelung (Begriff nach *Hoyer*, in: Walter, SK-StGB, § 258, Rn. 1) durch Unterlassen nach §§ 258a Abs. 1 Alt. 2, 258 Abs. 2, 13 Abs. 1 StGB kommt im Fall der fehlenden Verhinderung oder Unterbindung des Suizids allerdings nicht in Betracht, weil diese Vorschriften nicht das „Genugtuungsinteresse" der von der Vortat Betroffenen schützen (*Altenhain*, in: Kindhäuser/Neumann/Paeffgen/Saliger, Strafgesetzbuch, § 258, Rn. 3), sondern allein die Strafrechtspflege (präziser: den konkreten staatlichen Sanktionenanspruch [vgl. *Altenhain*, a. a. O., Rn. 4 m. w. N.]), die nur „Allgemeininteressen der Rechtsgemeinschaft" zu dienen bestimmt ist (OLG Dresden, Beschl. v. 30.09.1996, 1 Ws 186/96, juris Rn. 8, NStZ-RR 1998, S. 338; *Altenhain*, a. a. O., Rn. 3; dass die durch die Vortat verletzten Strafnormen und die durch sie geschützten Rechtsgüter nicht vom Schutzzweck erfasst werden, wird überzeugend durch den Hinweis auf die Strafrahmenbegrenzung in § 258 Abs. 3 StGB (systematisch an geeigneterer Stelle wäre das in Abs. 2 geregelt) belegt, der nach seinem klaren Wortlaut nur auf die Strafvereitelung nach Abs. 1 Alt 1 („angedrohte Strafe") der Vorschrift anwendbar ist [*Kusch*, NStZ 1985, S. 385 {388 f.}; *Cramer*, in: Sander, MüKoStGB, § 258, Rn. 52 a. E.]); s. hilfsweise auch *Walter*, in: Laufhütte et al., LK, § 258, S. 609, Rn. 163, der auf die Tragik und Tragweite der Selbsttötung abstellt, die keine weitere Bestrafung des Nachtäters rechtfertige (a. A. *Ruß*, LKStGB[11], § 258, Rn. 20a, wenn der Verteidiger dem Straftäter Gift zum „Selbstmord" verschafft).

[1194] A. A. *Verrel*, in: L/N/V/V/B, Strafvollzugsgesetze, M, Rn. 152, der allerdings lediglich davon spricht, dass das Recht auf selbstbestimmtes Sterben „nicht unter Verweis auf d[en] Strafzweck des Schuldausgleichs [...] *außer Kraft* [Hervorhebung durch den *Verf.*]gesetzt werden" dürfe.

[1195] Auf eine allgemeine Methodenproblematik weist *Kaspar*, in Walter/Kaspar, Strafen „im Namen des Volkes"?, S. 61 (85 ff.) hin, der u. a. folgende Fragen stellt: „Wessen Ansicht muss wie erhoben werden, damit der entsprechende Befund Gewicht hat?", „Schwierig zu beantworten ist die Frage, welche Informationen dabei gegeben oder vorausgesetzt werden. Wie ausführlich sind die Beschreibungen der Hintergründe von Tat und Täter? Werden noch zusätzliche Fakten über die Wirksamkeit strafrechtlicher Sanktionen in spezial- oder generalpräventiver Hinsicht mitgeliefert?", „Hinzu kommen rechtstechnische Fragen – wie können die empirischen Befunde überhaupt in den Entscheidungstische demoskopische Befragung würde das repräsentativ-demokratische System zwar überfordern, so dass der Gesetzgeber selbst zu einer umfassenden Abwägung der widerstreitenden Interessen berufen wäre;[1196] „Gerechtigkeitsintuitionen“[1197] des Volkes sollten dann aber Ausgangspunkt der legislatorischen Überlegungen sein,[1198] was indes auch dazu führen könnte, dass die Meinung der Öffentlichkeit gerade bei Sexual- und Tötungsdelikten zu einer Akzeptanz des Suizids dergestalt tendieren könnte, dass der Verurteilte sich selbst als Verbrecher richten möge.[1199]

---

prozess eingeführt werden?“ Das sind auch nach Ansicht des *Verf.* schwierig zu beantwortende Fragen – am ehesten ließe sich dieses Problem mit einer Lösung bewältigen, die sich am Unmittelbarkeitsgrundsatz des § 261 StPO orientiert, etwa durch nachträgliche Betrachtung der Hauptverhandlung, die per Video aufgezeichnet wurde (vgl. auch *LTO*, Beitr. v. 17.11.2023, „Bundestag beschließt Reform des Strafprozesses[.] Dokumentation der Hauptverhandlung kommt“).

[1196] Vgl. *Walter*, in: Kaspar/Walter, Strafen „im Namen des Volkes“?, S. 49 (57 f.); vgl. auch *Streng*, MschKrim 2004, S. 127 (144).

[1197] *Robinson*, Northwestern University Law Review 2017, p. 1565 (1580); einen rechtsvergleichenden Einblick zum möglichen öffentlichen Meinungsspektrum bietet auch die Auswertung von Kommentaren zu einem Online-Beitr. in Kanada zur Einführung von MAiD innerhalb von Gefängnissen (*Shaw/Konikhoff*, Canadian Journal of Law and Society 2022, pp. 451).

[1198] Vgl. *Walter*, in: Kaspar/Walter, Strafen „im Namen des Volkes“?, S. 49 (57); *Streng*, in Walter/Kaspar, Strafen „im Namen des Volkes“?, S. 131 (153 ff.) und *Hoven/Weigend*, ZStW 2021, S. 322 (356), die eine fortlaufende Ermittlung der öffentlichen Meinung und die Einsetzung einer interdisziplinären Strafzumessungskommission unter Beteiligung von Justiz, Wissenschaft und Politik fordern (vgl. in vertiefender rechtsvergleichender Hinsicht am Bsp. von *New South Wales* der Beitr. v. *Hoven*, FS Sieber, S. 1373 [v. a. zu Maßnahmen der Vereinheitlichung der Rechtsprechung {1384 f. – Entscheidungshilfedatenbanken} und der Einbindung der Öffentlichkeit in die Strafzumessung {1386–1388 – Strafzumessungskommission: „Beratung der Politik“ u. „Beratung und Information“}], der als rechtspolitisch-innovatives Plädoyer für ein „demokratischeres Strafzumessungsrecht“ auch in Deutschland entgegen der konservativ-defizitorientierten Kritik von *Kölbel/Singelnstein*, NStZ 2020, S. 333 ff. fungieren könnte).

[1199] s. *Bennefeld-Kersten*, Ausgeschieden durch Suizid, S. 81, 204; vgl. dazu auch *Lindner*, StV 2015, S 522 (524 f.) für den Bereich der Suizidhilfe („Art. 102 GG verbietet es dem Staat nicht nur, die Tötung eines Menschen als staatliche Reaktion an die Verwirklichung einer Straftat anzuknüpfen, sondern verpflichtet ihn darüber hinaus, den Strafgefangenen vor Todesforderungen der Gesellschaft, von Mithäftlingen oder sonstigen Dritten, die insoweit Druck oder gar Gewaltdrohungen gegen den Strafgefangenen auszuüben oder auszusprechen vermögen (»bring dich doch endlich selbst um, du Kindermörder«; »du hast doch nichts anderes als den Tod verdient«), zu schützen.“).

Nach alledem ist eine grundsätzliche Mindestverbüßungsdauer auch angemessen.

(2) Wertung von Art. 102 GG

Die insoweit für das Schweizer Recht durch *Della Croce* behauptete Hypothese, dass sich der Gesetzgeber durch die Abschaffung der Todesstrafe generell auch einer Regelungsbefugnis über den Zeitpunkt des Todes begeben hätte,[1200] verfängt zumindest für das deutsche Recht nicht. Durch eine Mindestverbüßungszeit würde die Freiheitstrafe nämlich, wie gerade gezeigt und anders als bei der Todesstrafe[1201], weder grausam, unmenschlich oder erniedrigend, so dass Art. 102 GG mangels Vergleichbarkeit nicht analog auf die Festlegbarkeit von Mindestverbüßungszeiten angewendet werden kann. Mindestverbüßungszeiten wären auch kein Verstoß gegen den objektiven Wertgehalt von Art. 102 GG in Gestalt einer „psychisch vermittelten Todesstrafe",[1202] weil der Suizidwunsch überwiegend auf anderen Motiven beruhen wird[1203] und auch bei haftbedingter Entstehung immer noch als zu respektierender Akt autonomer Selbstbestimmung gelten muss[1204]. Zudem zieht der Wortlaut eine eindeutige Auslegungsgrenze: „‚Todesstrafe' meint die zielgerichtete Vernichtung der physischen Existenz [. . .]", der sich der Betroffene durch eigenes Tun oder Unterlassen nicht entziehen kann.[1205] Im Fall des freiverantwortlichen Suizidbegehrens kann der Suizidwillige aber jederzeit von der Umsetzung des Selbsttötungsentschlusses absehen.[1206]

Damit kommt insgesamt kein Verstoß gegen höherrangiges Recht durch die *de lege ferenda* gesetzlich zu fordernde Festlegung einer grundsätzlichen Mindestverbüßungszeit in Betracht.

1200 *Della Croce*, Bioethics 2022, p. 381 (385).

1201 *Kunig/Kotzur*, in: v. Münch/Kunig, Grundgesetz-Kommentar, Art. 102, Rn. 24 m. w. N.

1202 So aber *Lindner*, StV 2015, S 522 (524); mit *Flaig*, in: Bange/Kirner, Mehr Fortschritt wagen, S. 217 (226) wäre ein auf Basis von unzulässigen Einflussnahmen gebildeter Suizidentschluss freilich schon nicht freiverantwortlich.

1203 Vgl. *Willems*, Criminal Justice Matters 2015, p. 47 (48).

1204 Ähnlich auch *Verrel*, FS Dölling, S. 467 (471 f.) und *Klaedtke*, JuS 2024, S. 37 (40).

1205 *Kunig/Kotzur*, in: v. Münch/Kunig, Grundgesetz-Kommentar, Art. 102, Rn. 11 f.

1206 So beim finalen Rettungsschuss auch *Kunig/Kotzur*, in: v. Münch/Kunig, Grundgesetz-Kommentar, Art. 102, Rn. 11.

c) Freiverantwortlichkeit des Suizids

Aufgrund der Irreversibilität des Vollzugs der Suizidentscheidung sind die Anforderungen an das Vorliegen der Freiverantwortlichkeit besonders hoch.[1207] Dies gilt erst Recht im Justizvollzug, weil haftspezifische Situationsvariablen existieren, die den Entscheidungsprozess beeinträchtigen können,[1208] insbesondere psychische Störungen.

Folgende ausgewählte Aspekte sind bei der Prüfung der Freiverantwortlichkeit besonders zu berücksichtigen:

aa) Fehlerfrei gebildeter Suizidwille

Das BVerfG verlangt, dass der Suizidwille fehlerfrei gebildet sein muss.

Im Justizvollzug können haftpsychologisch bedingte Krisensituationen dazu führen, schon nach allgemeinen Grundsätzen Zweifel an der Freiverantwortlichkeit zu begründen,[1209] indem zum Beispiel ein Haftkoller entsteht, der den Betroffenen in einen „explosionsartigen Erregungszustand" versetzt, in dem „die Bewusstseinshelligkeit psychogen herabgesetzt"[1210] ist oder eine Haftpsychose auftritt, welche zu extremen Verhaltensweisen, Schizophrenie und Wahnideen führen kann[1211] und zumindest im äußeren Erscheinungsbild einer echten Psychose ähnelt[1212].

Jenseits dessen drängt sich aber auch die Frage auf, ob und inwieweit eine freiverantwortliche Entscheidung von eingesperrten und sich nicht in einem seelischen Ausnahmezustand befindlichen Personen aufgrund der allgemeinen „normalen" sozialen und psychologischen Aspekte im Freiheitsentzug überhaupt möglich ist.[1213] Folgende Fragen können das Problem in einer prekären Lebenslage präzisieren: Kann in physischer Unfreiheit überhaupt eine freie Willensbestimmung erfolgen? Ist in einer *totalen Institution*[1214], wie in einem Gefängnis, in dem „mehr oder minder totale [...]

[1207] *Cording/Saß*, NJW 2020, S. 2695, Rn. 2 mit Hinweis auf BVerfG, Urt. v. 26.02.2020, 2 BvR 2347/15, BVerfGE 153, 182 (270 f., Rn. 232).

[1208] Vgl. nur *Safferling*, in: Matt/Renzikowski, StGB, § 212, Rn. 32 m. w. N.

[1209] *Neumann*, Strafrechtliche Risiken des Anstaltsarztes, S. 107.

[1210] *Mechler*, Psychiatrie des Strafvollzugs, S. 19.

[1211] *Mechler*, Psychiatrie des Strafvollzugs, S. 37 f.

[1212] *Amelung*, ZStW 1983, S. 1 (9 m. w. N.).

[1213] Vgl. dazu ausführlich *Amelung*, ZStW 1983, 1 ff.

[1214] Begriff nach *Goffman*, Asyle: *„Eine totale Institution läßt sich als Wohn- und Arbeitsstätte einer Vielzahl ähnlich gestellter Individuen definieren, die für längere Zeit von der übrigen Gesellschaft abgeschnitten sind und miteinander ein abgeschlossenes, for-*

Fremdbestimmung“[1215] vorherrscht, aufgrund der allgemeinen Zwangslage nicht die Fähigkeit zur freiverantwortlichen Willensbildung generell beeinträchtigt oder gar ausgeschlossen?[1216]

Allgemein kann festgestellt werden, dass Bedürfnisse, die in Freiheit nur Bagatellcharakter aufweisen, in Unfreiheit aufgrund der Deprivationssituation einen ungleich höheren Stellenwert einnehmen und damit eingesperrte Personen für die Preisgabe von Rechtsgütern prädisponiert, die sie in Freiheit niemals aufgeben würden.[1217] Die Preisgabe des eigenen Lebens ist dabei die extremste Form des Rechtsgüterverzichts und reicht über die Freiheitsentziehung insofern hinaus, als sie ein Leben in Freiheit irreversibel verhindert.

Dennoch gilt Folgendes: Der generelle Ausschluss von Freiverantwortlichkeit widerspräche in systematischer Hinsicht der positivrechtlichen einfachgesetzlichen Zulassung von in freier Selbstbestimmung getroffenen Entscheidungen. Wie schon die Regelung des § 101 Abs. 1 S. 2 StVollzG von „freier Willensbestimmung“ spricht, erfolgt dies beispielsweise auch sinngemäß in § 80 Abs. 1 JVollzGB III BW oder Art. 108 Abs. 1 BaySt-VollzG.[1218] Wäre eine freiverantwortliche Entscheidung generell ausge-

---

mal reglementiertes Leben führen.“ (S. 11). „*1. Alle Angelegenheiten des Lebens finden an ein und derselben Stelle unter ein und derselben Autorität statt. 2. Die Mitglieder der Institution führen alle Phasen ihrer täglichen Arbeit in unmittelbarer Gesellschaft einer großen Gruppe von Schicksalsgenossen aus, wobei allen die gleiche Behandlung zuteil wird und alle die gleiche Tätigkeit gemeinsam verrichten müssen. 3. Alle Phasen des Arbeitstages sind exakt geplant, eine geht zu einem vorher bestimmten Zeitpunkt in die nächste über, und die ganze Folge der Tätigkeit wird von oben durch ein System expliziter formaler Regeln und durch einen Stab von Funktionären vorgeschrieben. 4. Die verschiedenen erzwungenen Tätigkeiten werden in einem einzigen Plan vereinigt, der angeblich dazu dient, die offiziellen Ziele der Institution zu erreichen.*“ (S. 17).

1215 *Amelung*, ZStW 1983, S. 1 (7); *Radbruch*, ZStW 1911, S. 339 (349) geht sogar soweit, dass der Insasse sein Wollen verlerne (ob das mit den heutigen Vollzugsverhältnissen vergleichbar ist, ist indes sehr fraglich, weil der moderne auf die Erreichung des Vollzugsziels ausgerichtete Behandlungsvollzug im Gegensatz zum früher im Kaiserreich überwiegend praktizierten Verwahrvollzug [vgl. *Laubenthal*, Strafvollzug, S. 86 {Rn. 114 f.}] als sozialer Lernraum ausgestaltet ist [vgl. a. a. O., S. 109 {Rn. 137}, S. 121–124 {Rn.157–160}]).

1216 Vgl. *Amelung*, ZStW 1983, S. 1.

1217 *Amelung*, ZStW 1983 S. 1 (8).

1218 In beiden Bestimmungen ist vom „natürlichen Willen“, der als realer Wille nicht mit dem Willen einer medizinisch einwilligungsfähigen Person gleichgesetzt werden kann (vgl. *Schneider*, in: Säcker/Rixecker/Oetker/Limperg, MüKoBGB, *§ 1906a*, Rn. 14), die

schlossen, wären diese Bestimmungen entgegen dem Angleichungsgrundsatz widersprüchlich und führten ins Leere.

Diese Konsequenz folgt neben dem einfachgesetzlichen auch aus dem verfassungsrechtlich verbürgten Angleichungsgrundsatz, demzufolge bei Vorliegen eines freiverantwortlichen Selbsttötungsentschlusses die Befugnis zur Verhinderung des Suizides mittels besonderer Sicherungsmaßnahmen grundsätzlich zu verneinen ist.[1219] Ein anderer paternalistisch geprägter Ansatz stünde in Widerspruch zu der in der jüngeren höchstrichterlichen Rechtsprechung zum Medizin(straf)recht identifizierbaren Betonung des Selbstbestimmungsrechts am Lebensende:[1220] Herauszustellen sind in diesem Kontext die Entscheidungen des BGH in Strafsachen zum Behandlungsabbruch[1221] und zur Begrenzung der Hilfspflicht beim freiverantwortlichen Suizid[1222], die Entscheidung, mit welcher das BVerwG schwer und unheilbar kranken Patienten in extremen Ausnahmesituationen einen Anspruch auf Zugang zu Betäubungsmitteln zur schmerzlosen Selbsttötung zugebilligt hat[1223], und schließlich die Grundsatzentscheidung des BVerfG zur Verfassungswidrigkeit des strafbewehrten Verbots der geschäftsmäßigen Förderung der Selbsttötung, in der das Gericht ausdrücklich und unerwartet deutlich ein Recht auf selbstbestimmtes Sterben als Ausdruck persönlicher Autonomie aus dem Allgemeinen Persönlichkeitsrecht abgeleitet hat[1224]. Würde man Gefangenen generell die Fähigkeit zu einem selbstbestimmten Suizidentschluss absprechen, würde man sie nicht einwilligungsfähigen Personen gleichstellen.[1225]

Rede, sodass im Umkehrschluss kein Interventionsrecht bei freier Willensbestimmung besteht. Eine Maßnahme erfolgt jedoch nur zwangsweise, wenn sie gegen den natürlichen Willen des Betroffenen durchgeführt wird. Dies ist der Wille, der in einem die freie Willensbestimmung ausschließenden Zustand krankhafter Störung der Geistestätigkeit gefasst wird (vgl. *Verrel*, in: L/N/N/V/B, Strafvollzugsgesetze, M, Rn. 150).

1219 Vgl. *Lindemann*, medstra 2021, S. 344 (348).

1220 *Lindemann*, medstra 2021, S. 344 (348); *Verrel*, FS Dölling, S. 467 (474).

1221 BGH, Urt. v. 25.06.2010, 2 StR 454/09, BGHSt 55, 191 ff.

1222 BGH, Urt. v. 03.07.2019, 5 StR 132/18 (den sog. *Hamburger* Fall betreffend), BGHSt 64, 121 ff.; ders., Urt. v. 03.07.2019, 5 StR 393/18 (den *Berliner* Fall betreffend), BGHSt 64, 135 ff.

1223 BVerwG, Urt. v. 02.03.2017, 3 C 19.15, BVerwGE 158, 142 ff.

1224 BVerfG, Urt. v. 26.02.2020, 2 BvR 2347/15, BVerfGE 153, 182.

1225 Vgl. *Amelung*, ZStW 1983, S. 1 (21), der auch Folgendes formuliert (a. a. O. , S. 21 f.): „Die sozialpädagogischen Ziele, die heute in den meisten Gefangenschaftsverhältnissen verfolgt werden, verlangen gerade, daß der Eingesperrte — wie „kontrafaktisch"

Schließlich widerspräche eine generell angenommene fehlende Freiverantwortlichkeit auch der üblichen Einwilligungsdogmatik bei medizinischen Heileingriffen, bei denen die Einwilligungsfähigkeit in Zwangssituationen nur durch den die Willensentschließungsfreiheit ausschließenden Nötigungsdruck im Sinne von § 240 StGB ausgeschlossen ist.[1226] Die Hypothese, dass Suizide innerhalb des Vollzuges stets unfrei erfolgen, würde voraussetzen, dass die dort Untergebrachten einem beständig unzulässigen Nötigungsdruck ausgesetzt wären.[1227] Eine solche Annahme ginge indes zu weit. Neben dem allgemein vorhandenen rechtmäßigen Zwangscharakter, der mit der Freiheitsentziehung notwendigerweise verbunden ist und mit dem mithin auch ein legitimer Zweck zumindest in Gestalt der Resozialisierung verfolgt wird,[1228] existiert kein jegliche Selbstbestimmung ausschließender Nötigungsdruck,[1229] auch wenn insbesondere das soziale Umfeld von Gefangenen häufig von Subkulturen dominiert ist[1230] und damit ein Zustand „prekärer Selbstbestimmung“[1231] vorherrschen kann. Liegen Hinweise auf ein Abhängigkeitsverhältnis vor, muss selbstverständlich besonders sorgfältig geprüft werden, ob ein autonomer Wille gegeben ist.[1232] Umso

auch immer — als selbstverantwortlich behandelt wird.“; ähnlich auch *Schroth*, in: Schroth/König/Gutmann/Oduncu, TPG, § 19, Rn. 144 m. w. N.

1226 Vgl. dazu *Brunhöber*, NStZ 2020, S. 538 (540).

1227 BVerfG, Beschl. v. 23.03.2011, 2 BvR 882/09, juris Rn. 41 = BVerfGE 128, 282 (301); dass., Urt. v. 26.02.2020, 2 BvR 2347/15, BVerfGE 153, 182 (274, Rn. 243).

1228 Es kann hier nicht von einer inkonnexen und damit verwerflichen Zweck-Mittel-Relation ausgegangen werden, weil die Selbsttötung eine nicht beabsichtigte Nebenfolge der Freiheitsentziehung darstellt und damit kein Missverhältnis zwischen Mittel und Zweck besteht (vgl. zu diesen einzelnen Tatbestandsvoraussetzungen von § 240 StGB *Eisele*, in: Schönke/Schröder Strafgesetzbuch, § 240, Rn. 23 f., 34), auch wenn der Staat Rahmenbedingungen schafft, aus denen nicht absehbare Schäden entstehen können (vgl. *Amelung*, ZStW 1983, S. 1 [22]).

1229 So aber i. E. *Lob-Hüdepohl*, BewHi 2019, S. 293 (305), der eine „freiverantwortliche Entscheidung [...] unter den Bedingungen des institutionellen Zwangs für faktisch unerreichbar“ hält.

1230 Vgl. *Steiner*, JSt 2022, S. 526 (528 f.), *Neumann*, in: Kindhäuser/Neumann/Paeffgen/Saliger, Strafgesetzbuch, Vor §§ 211217, Rn. 85a.

1231 Vgl. zu diesem Begriff *Deutscher Ethikrat*, Suizid – Verantwortung, Prävention und Freiverantwortlichkeit, S. 26 (Erwägungsgrund 51), 104, 110, 151.

1232 Vgl. Schweizer SAMW-Richtlinien zum „Umgang mit Sterben und Tod“ v. 25.10.2018 i. d. F. v. 05/2022 in Nr. 6.2.1, S. 26.

wichtiger ist es deshalb im Vorfeld, aber auch aus suizidpräventiver Sicht, ein möglichst gewaltfreies Klima zu schaffen.[1233]

Dass Suizide nicht stets unfrei erfolgen, widerspricht auch nicht die Existenz von § 40a S. 1 Nr. 2 AMG, der eine klinische Prüfung[1234] bei einer Person ausschließt, die auf gerichtliche oder behördliche Anordnung in einer Anstalt untergebracht ist. Der generelle Ausschluss rechtfertigt sich nämlich nicht „durch die abstrakte Gefahr ‚unfreiwillig' erteilter Einwilligungen."[1235] Vielmehr muss die Vorschrift als historische Antwort auf die medizinischen Versuche im Nationalsozialismus bei KZ-Häftlingen gedeutet werden, die kategorisch ausgeschlossen werden sollten.[1236] In dieser Ausschließlichkeit erscheint diese strikte Verbotsnorm, auch wenn der Verdacht von innerer Unfreiheit in dem gegebenen äußeren Zwangskontext abstrakt naheliegt, in Gestalt einer unwiderlegbaren Regelvermutung jedoch unverhältnismäßig, weil sie im konkreten Einzelfall gegebener Selbstbestimmungsfähigkeit keine Ausnahme zulässt.[1237] Jedoch könnte man entsprechend *Amelung* bei der „Selbstverstümmelung" durch die Teilnahme an einer klinischen Prüfung auch bei der Selbstentleibung keinen mit der

[1233] „More legitimate prison climates generate fewer suicides and less violence and may lead to better outcomes on release." (*Liebling/Kant*, in: Wooldredge/Smith, The Oxford Handbook of Prisons and Imprisonment, p. 208 (209) – Gerechtere Anstaltsklimata erzeugen weniger Suizide und Gewalt und können zu besseren Ergebnissen bei der Entlassung führen [eigene Übersetzung]; vgl. auch §§ 6 Abs. 4 StVollzG NRW; 7 Abs. 4 JStVollzG NRW.

[1234] Nach § 4 Abs. 23 S. 1 AMG i. V. m. Art. 2 Abs. 2 Nr. 2 VO (EU) Nr. 536/2014 ist eine klinische Prüfung bei Menschen im Wesentlichen jede am Menschen durchgeführte Untersuchung, die dazu bestimmt ist, klinische oder pharmakologische Wirkungen von Arzneimitteln zu erforschen oder nachzuweisen oder Nebenwirkungen festzustellen oder die Resorption, die Verteilung, den Stoffwechsel oder die Ausscheidung zu untersuchen, mit dem Ziel, sich von der Sicherheit oder Wirksamkeit der Arzneimittel zu überzeugen (*Wachenhausen*, in: Kügel/Müller/Hofmann, AMG, § 4, Rn. 194).

[1235] So aber schon BT-Drs. 7/3060, S. 54 zur insoweit gleich gebliebenen Vorschrift des *§ 40 AMG a. F.* (dort hieß es auch: „Bei Personen, die auf Grund einer gerichtlichen oder behördlichen Anordnung verwahrt werden, wird unterstellt, daß wegen des bestehenden Gewaltverhältnisses eine freie Willensentscheidung nicht möglich ist."); *Freund*, in: Erb/Schäfer, MüKoStGB, AMG, §§ 40aF-42c, Rn. 34 m. w. N.

[1236] *Amelung*, ZStW 1983, S. 1 (18, dortige Fn. 65 m. w. N.); vgl. auch *Koyuncu*, in: Kügel/Müller/Hofmann, AMG, § 40a, Rn. 13.

[1237] Vgl. auch *Duttge*, FS Deutsch, S. 119 (123 f., 126, 133), der auch die Grenzen der verfassungskonformen Auslegung aufgrund des klaren Wortlaut und des gesetzgeberischen Willens überschritten sieht.

Freiheitsentziehung mehr vereinbaren „legitimationsfähigen Zweckzusammenhang“ erkennen.[1238] Denn der Suizid hindert die Erreichung des Vollzugsziels. Eine solche Auslegung würde aber die Bedeutung des Grundrechts auf selbstbestimmtes Sterben grundlegend verkennen. Etwas anderes folgt auch nicht aus den strengen Maßstäben der an der Ernstlichkeit eines Tötungsverlangens orientierten Einwilligungslösung, denn auch zum Beispiel „heulendes Elend“ und „Versagensreaktionen“ müssen der Ernstlichkeit des Suizidentschlusses nicht zwingend entgegenstehen, wenn die Willensentscheidung des Suizidwilligen in der konkreten Situation von innerer Festigkeit und Zielstrebigkeit getragen ist.[1239] Dafür spricht auch, dass Personen mit objektiv einschränkenden Lebenslagen individuell unterschiedlich umgehen können.[1240] Ein anderes Resultat folgt schließlich auch nicht aus „sozialen Pressionen“[1241], die mit der Freiheitsentziehung verbunden sein können. Insbesondere wenn in der Bevölkerung vereinzelt die absurde Hoffnung oder Erwartung bestehen könnte, dass ein Suizid zum Beispiel erhebliche Haftkosten einsparen würde,[1242] erscheint es völlig lebensfremd, dass sich eingesperrte Personen einem solchen Konformitätsdruck beugen würden, weil davon auszugehen ist, dass sie ein derartiges (vermeintliches) Solidaritätsgefühl nicht empfinden und umgekehrt ihre Verurteilung nicht selten als Unrecht wahrnehmen,[1243] das sie zum Teil zumindest durch weitere Kostenverursachung trotzig in besonnener Selbstbehauptung zu mildern versuchen.[1244]

[1238] Vgl. *Amelung*, ZStW 1983, S. 1 (15, 17 f.).

[1239] Vgl. *Schneider*, in: Erb/Schäfer, MüKoStGB, § 216, Rn. 20.

[1240] *Deutscher Ethikrat*, Suizid – Verantwortung, Prävention und Freiverantwortlichkeit, S. 70, 105 ff.; vgl. für den vollzuglichen Kontext *Snacken/van Zyl Smit*, NK 2009, S. 58 (61).

[1241] S. zu diesem Begriff BVerfG, Urt. v. 26.02.2020, 2 BvR 2347/15, BVerfGE 153, 182 (Rn. 235, 271 f., 276, Rn. 248, 276 f., Rn. 250 f., 279 f., Rn. 256 f. [s. dazu auch bereits die allgemeinen Ausführungen oben B. III. 3. c) bb), S. 68 ff.]).

[1242] Diesen Wirtschaftlichkeitsgedanken deuten in anderem Kontext auch *Urwyler/Noll*, KrimOJ 2020, p. 201 (210) an.

[1243] *Laubenthal*, Strafvollzug, S. 145, Rn. 193: „Vor allem Langstrafige mit schweren Straftaten versuchen zunächst, ihr Selbstwertgefühl durch die Autosuggestion einer unschuldig oder ungerecht erfolgten Verurteilung zu bewahren. So kommt es häufig zu einer Schuldverarbeitung mittels Neutralisierungsmechanismen als Methoden einer Adaptation an die totale Institution.“

[1244] *Lindner*, StV 2015, S. 522 (524) befürchtet hingegen ohne näheren Nachweis, dass die Selbsttötung, wenn sie denn nicht strikt aus der in Art. 102 GG zum Ausdruck kommenden Wertentscheidung verhindert würde, „zur legalen ‚normalen‘ und von Dritten ggf.

Nichts Anderes gilt im Ergebnis bei Haftmüdigkeit, die ein Grund für einen Suizidwunsch darstellen kann.

Der Begriff der Haftmüdigkeit ist nicht näher definiert, ist aber im Prinzip mit der Lebensmüdigkeit vergleichbar.[1245] Lebensmüdigkeit kann ein Grund für die Entstehung eines Wunsches nach (assistiertem) Suizid sein. „Vor allem bei Menschen im höheren Alter kann eine körperliche und psychische Situation eintreten, in der sich die Überzeugung ausbildet, nicht mehr die Kraft zu besitzen, das Leben weiterzuführen. In dieser Überzeugung drückt sich eine *als bleibend und nicht nur vorübergehend empfundene Erschöpfung* aus. Das Verspüren deutlich zurückgehender Lebenskräfte ist nicht notwendigerweise Folge schwerer, womöglich zum Tode führender Erkrankungen – auch wenn es sich in Folge solcher Erkrankungen bevorzugt einzustellen vermag. Es kann sich genauso gut im Zustand erhöhter und kontinuierlich zunehmender Verletzlichkeit einstellen [. . .] Die Lebensbindung bildet sich immer mehr zurück, die Lebensbelastungen dominieren mehr und mehr das Erleben, in dem eigenen Leben wird keinerlei Sinn mehr wahrgenommen. [. . .] vom Leben gehen keinerlei Anregungen mehr aus, das Individuum erlebt sich mehr und mehr als ‚aus der Welt gefallen'".[1246]

Die Vergleichbarkeit von Haft- und Lebensmüdigkeit kann sich insbesondere bei langen Haftstrafen zeigen, wenn Betroffene für sich keine Perspektive in Freiheit mehr sehen, etwa weil sie die Chance der Wiedereingliederung in die Außengesellschaft als aussichtslos betrachten oder gar Angst vor einem Leben in einer Welt haben, welche ihnen mittlerweile völlig fremd geworden ist.[1247] *Richter et al.* haben diesen Prozess auch

---

erwarteten oder gar eingeforderten Exit-Strategie für Strafgefangene [werden könnte], die sich entsprechendem Druck zumindest nicht durchweg entziehen können."

1245 So auch *Fenwick et al.*, Med. Law Int. 2022, p. 217 (219, footnote 15 with further evidence).

1246 *Deutscher Ethikrat*, Suizid – Verantwortung, Prävention und Freiverantwortlichkeit, S. 53 f.; *Tag/Baur*, Suizidhilfe im Freiheitsentzug, S. 39 sehen eher eine Vergleichbarkeit mit der „Lebenssattheit" (die eher von der Erkenntnis getragen ist, sein Leben gelebt zu haben [vgl. *Deutscher Ethikrat*, Suizid – Verantwortung, Prävention und Freiverantwortlichkeit, S. 58]), was aber keine rechtlichen Auswirkungen hat.

1247 S. dazu auch eindrücklich *Stephan*, SZ-Magazin 2022, S. 11 (16, 19): „Auf diese Welt, die Knickmeier nur noch aus dem Fernsehen kennt. Deren Regeln ihm fremd wären und deren Tempo ihn, das sagt er selbst, überfordern würde. Eine Welt in der er ein Niemand wäre und arbeitslos, in der er keinen kennt außer seinen einen Freund." [. . .] „Den Bezug zur Welt da draußen habe ich längst verloren. Die Freiheit, der ich all die Jahre

als „soziales Sterben“ bezeichnet.[1248] Die darin zum Ausdruck kommende Hoffnungslosigkeit spiegelte in Frankreich auch eine Aussage von zehn lebenslänglich Inhaftierten in einem Leserbrief wider, die deshalb sogar die Wiedereinführung der Todesstrafe forderten: „Assez d'hypocrisie! Dès lors qu'on nous voue en réalité à une perpétuité réelle, sans aucune perspective effective de libération à l'issue de notre peine de sûreté, nous préférons encore en finir une bonne fois pour toutes que de nous voir crever à petit feu.“[1249]

In einer solchen Konstellation, die auch einen Suizidwunsch hervorrufen kann, muss zum Nachweis eines fehlerfrei gebildeten Suizidwillens über alle entscheidungserheblichen Behandlungs- und Handlungsalternativen aufgeklärt und beraten werden.[1250] „Denn nicht nur die irrtümliche Vorstellung belastender Umstände, sondern auch die Unkenntnis bestehender Möglichkeiten zur Abwendung einer vorhandenen oder drohenden Belastung schließen die Freiverantwortlichkeit der Suizidentscheidung aus. Dies gilt nicht nur für eine durch schwerwiegende körperliche oder psychische Erkrankung motivierte Suizidentscheidung, sondern in gleicher Weise auch für Suizidentscheidungen, die auf anderen stark belastenden Lebenslagen, etwa auf Vereinsamung, Überforderung oder materieller Not beruhen.“[1251] Gerade in längerer Haft kann aufgrund der häufig gegebenen Vulnerabilität von Gefangenen und mit der Inhaftierung verbundenen kritischen Lebensereignissen eine individuelle „haftspezifische Bewältigungsbarrika-

nachgelaufen bin, kann ich gar nicht mehr wahrnehmen. Ohne Betreuung und fremde Hilfe wäre ich da draußen gar nicht mehr lebenstüchtig. Das hier ist meine Welt.“; in diese Richtung verweist auch *Eisenberg*, MedR 2022, S. 422

[1248] *Richter et al.*, Justiznewsletter Nr. 26 (2017), S. 7 (13).

[1249] *Le Monde* du 25 janvier 2006: Genug der Heuchelei! Sobald wir uns tatsächlich einer realen lebenslänglichen Freiheitsstrafe versehen, ohne jede Perspektive auf Freilassung am Ende unserer Sicherheitsstrafe, ziehen wir es immer noch vor, es ein für alle Mal zu beenden, als uns selbst langsam sterben zu sehen (eigene Übersetzung).

[1250] S. dazu bereits ausführlich unter D. II. 3. b) bb), S. 68 f. und auch *Verrel*, FS Dölling, S. 467 (477 f.). Dabei kann auch die Gefängnisseelsorge eine nicht zu unterschätzende Rolle spielen, indem diese perspektivfördernde Themen (s. dazu ausführlich *Iseli/Stüfen*, Seelsorge & Strafvollzug 2019 (3), S. 7 [29 ff.]) adressiert, auch wenn die Aufklärungs- und Beratungspflicht aufgrund der negativen Religionsfreiheit an sich nicht so weit geht.

[1251] *Deutscher Ethikrat*, Suizid – Verantwortung, Prävention und Freiverantwortlichkeit, S. 80.

de" nicht ausgeschlossen werden.[1252] Um dem bei langen, insbesondere lebenslänglichen, Haftstrafen entgegenzuwirken, setzt dies vor allem voraus, dass bei nicht auszuschließenden haftbedingten deformierenden Persönlichkeitsveränderungen[1253] von Haftbeginn an über sinnvolle Behandlungsmöglichkeiten[1254] aufgeklärt und beraten wird.[1255] Art. 103.8 EPR (2020) statuiert deshalb auch, dass bei langen Haftstrafen besondere Aufmerksamkeit auf eine geeignete Vollzugsplanung und ein geeignetes Regelwerk gelegt werden sollte.[1256] Obwohl die Gesamtanzahl von (lebens-)langen[1257]

[1252] Vgl. *Bennefeld-Kersten*, Ausgeschieden durch Suizid, S. 118 ff.

[1253] Dazu wird z. B. Folgendes geschildert: „Somit ist wohl das eingetreten, was Nahlah Saimeh schon vor acht Jahren in ihrem Gutachten angemahnt hat. Wenn die JVA nichts tue, heißt es dort, dann könnte Knickmeiers ‚selbstschädigendes Verhalten zunehmen' und sich seine ‚trotzig-oppositionell ablehnende Grundhaltung verstärken'." (*Stephan*, SZ-Magazin 2022, S. 11 [20]). Auf internationaler Ebene wurde für den Langstrafenvollzug folgende Expertise ausgegeben: *Snacken* und *van Zyl Smit* teilen bei langen Freiheitsstrafen mit, „dass der Langstrafenvollzug zu einem verringerten Selbstwertgefühl [...], einer Verlangsamung der Reaktionszeit [...], einer Zunahme von Autoaggression und nach außen gerichteter Feindseligkeit [...] und zu einem Interessenverlust im Hinblick auf Arbeit, Außenbeziehungen und Zukunft [...] führt. Es zeigte sich, dass Bewältigungsmechanismen wie Prisonisierung und Institutionalisierung mit der Dauer der Gefangenschaft zunahmen [...] Bei Gefangenen mit einer lebenslangen Freiheitsstrafe wurden besondere Probleme beschrieben, die mit der Unbestimmtheit der Strafdauer und der Ungewissheit einer vorzeitigen Entlassung zusammenhängen." (*Snacken/van Zyl Smit*, NK 2009, S. 58 [60 f.]).

[1254] Im internationalen Kontext betonen *Snacken/van Zyl Smit*, NK 2009, S. 58 (62) die Gewährleistung von bestimmten Grundbedürfnissen („Wohlbefinden", „Kontrolle" und „Sinn"), an denen sich die Behandlung bei Langzeitinhaftierten orientieren müsse; zu den Besonderheiten von Gefangenen mit langen Haftstrafen erläutern auch *Meischner-Al-Mousawi/Hinz*, in: Endres/Suhling, Behandlung im Strafvollzug, S. 429 (435 ff.) ausführlich eine gute fachliche Praxis der Behandlung.

[1255] Vgl. BVerfG, Urt. v. 21.06.1977, 1 BvL 14/76, juris Rn. 175, 177, BVerfGE 45, 187 (237 f.); empirische Daten, welche die psychischen Auswirkungen langer Freiheitsentziehungen in deutschen Gefängnissen betreffen, sind nur sehr spärlich vorhanden (vgl. dazu *Bennefeld-Kersten*, Ausgeschieden durch Suizid, S. 142 ff.).

[1256] „Particular attention shall be paid to providing appropriate sentence plans and regimes for life sentenced and other long-term prisoners."

[1257] Vgl. zum Begriff des „langjährig im Vollzug befindlichen Gefangenen" i. S. d. § 53 Abs. 3 S. 1 StVollzG NRW auch OLG Hamm, Beschl. v. 04.11.2020, III-1 Vollz (Ws) 258/20, juris Rn. 15, 17, wonach zur Erhaltung der Lebenstüchtigkeit neben der bereits verbüßten auch die noch zu verbüßende Haftstrafe bedeutsam ist und dass., Beschl. v. 07.02.2022, III-1 Vollz (Ws) 549/21, juris Leitsatz und Rn. 18 ff. zu zeitlichen Orientierungswerten für Ausführungen bei (lebens-)langen Freiheitsstrafen.

Freiheitsstrafen mit (1776) 3490 am 31.03.2022 nicht gering war,[1258] sind zugehörige empirische Erkenntnisse zur Vollzugspraxis leider bisher nur in sehr eingeschränktem Umfang existent.[1259] Aus einer entsprechenden Forschung, die auch durch die Nr. 40 f.[1260] der Empfehlung Rec (2003) 23 des Ministerkomitees des Europarats zu Langzeitinhaftierten explizit gefordert ist, könnte sich ableiten lassen, welche Behandlungsformen mit welchen Mitteln unter welchen konkreten Voraussetzungen bei langen Freiheitsstrafen erfolgversprechend wären.[1261] Bei denjenigen lebenslänglich Inhaftierten, bei denen zumindest aufgrund (vermuteter) fortbestehender Gefährlichkeit[1262] keine zeitnahe Entlassungsperspektive prognostisch absehbar ist, ist eine Anpassung der Haftbedingungen zu prüfen, wie sie

---

1258 *Statistisches Bundesamt*: Strafvollzug – Demographische und kriminologische Merkmale der Strafgefangenen am 31.03.2022, S. 10.

1259 *Dessecker*, Lebenslange Freiheitsstrafen, S. 351 (355).

1260 „40. Die Auswirkungen der Verurteilungen zu lebenslanger oder langer Freiheitsstrafe und vor allem die Faktoren, die die schädlichen Auswirkungen dämpfen und eine konstruktive Anpassung an das Leben in der Strafvollzugsanstalt fördern, sollten Gegenstand von Forschungsvorhaben sein.

41. Es sollten Forschungsvorhaben zur Bewertung der Wirksamkeit der Programme, die die Wiedereingliederung der Gefangenen in die Gesellschaft nach ihrer Entlassung verbessern können, durchgeführt und veröffentlicht werden."

1261 *Dessecker*, Lebenslange Freiheitsstrafen, S. 351 (360).

1262 Über BVerfG, Beschl. v. 08.11.2006, 2 BvR 578/02, juris Rn 113, BVerfGE 117, 71 (110), das sich primär mit der Vollstreckung der lebenslangen Freiheitsstrafe über den durch die besondere Schwere der Schuld bedingten Zeitpunkt hinaus aus Gründen der Gefährlichkeit des Straftäters befasste, spricht aufgrund des Gegensteuerungsgrundsatzes einiges dafür, dass schon vor Erreichen des Schuldvergeltungsminimums ein privilegierter Strafvollzug erfolgen sollte (etwa so, wie es *Kinzig*, Zukunft der lebenslangen Freiheitsstrafe, S. 529 [587], allerdings nur für die gefährlichkeitsbedingte Vollstreckung, in Anlehnung an die Sicherungsverwahrung [BVerfG, Urt. vom 04.05.2011, 2 BvR 2365/09, sog. *Sicherungsverwahrung*-Entscheidung, juris Rn. 111 ff., BVerfGE 128, 326 {378 ff.}] *de lege ferenda* [LG Marburg, Beschl. v. 10.11.2011, 7 StVK 305/11, juris Rn. 35 ff. StV 2012, 671 {673} m. krit. Anm. *Bartsch/Kreuzer* sieht wegen desselben Prüfungsmaßstabs in §§ 454 Abs. 2 S. 2, 463 Abs. 3 S. 3 StPO schon eine Gleichstellung *de lege lata*] vorschlägt). Im Sinne eines sinnvollen Behandlungsvollzugs (vgl. BVerfG, Urt. v. 21.06.1977, 1 BvL 14/76, juris Rn. 175, 177, BVerfGE 45, 187 [237 f.]) könnte bei (lebens-)langen Freiheitsstrafen hierzu aus Verhältnismäßigkeitsgründen ein Orientierungswert von (vier) fünf Jahren angezeigt sein (vgl. OLG Hamm, Beschl. v. 07.02.2022, III-1 Vollz (Ws) 549/21, juris Leitsatz und Rn. 19 zu zeitlichen Orientierungswerten für Ausführungen bei (lebens-)langen Freiheitsstrafen), wobei jedoch noch empirische Forschung erforderlich wäre, um dann später eine rechtssichere Gesetzeslösung zu finden (vgl. auch insgesamt zum gesetzgeberischen Novellierungsbedarf bei der

Kurt Knickmeier anspricht, aber teilweise auch schon in der Sicherungsverwahrung vorhanden sind.[1263] Die damalige Gutachterin von *Knickmeier*, *Nahlah Saimeh*, soll laut SZ-Magazin schon 2014 empfohlen haben, *Knickmeier* „entweder in einen anderen Bereich zu verlegen, der ‚mehr einem Langzeit-Wohnsetting unter gesicherten Bedingungen entspricht', oder gleich in eine andere Anstalt, in der er in einer Wohngruppe leben könnte."[1264] Dies könnte durchaus zielführend sein, weil im Freiheitskontext bei Lebensmüdigkeit nämlich ebenso die Suche nach Teilhabemöglichkeiten, die zum Beispiel auch veränderte Wohnbedingungen einschließen, adressiert wird.[1265] Die unterschiedlichen Bedürfnisse oder Lebenslagen der Gefangenen sind zum Beispiel auch nach § 7 Abs. 3 LJVollzG RLP oder § 2 Abs. 2 S. 2 StVollzG NRW zu berücksichtigen.

Damit lässt sich in Unfreiheit befindlichen Personen aufgrund der dadurch bedingten allgemeinen Zwangslage nicht generell die Fähigkeit zu einem fehlerfreien Suizidentschluss absprechen, auch wenn die Selbstbestimmungsfähigkeit fraglos in vielfältiger Weise gefährdet sein kann. Aus dieser erhöhten Wahrscheinlichkeit eines fehlerbehaftet gebildeten Suizidwillens, die eine besonders sorgfältige Prüfung im Einzelfall gebietet, dürf-

---

lebenslangen Freiheitsstrafe abrissartig *Bartsch/Kreuzer*, StV 2012, S. 674 [677] bzw. ausführlich *Kinzig*, Zukunft der lebenslangen Freiheitsstrafe, S. 529 ff.).

1263 Dass er eigentlich nicht sterben, sondern selbstbestimmter leben möchte, etwa im offenen Vollzug oder einer „Longstay-Einrichtung" nach niederländischem Vorbild („Dort gibt es für psychisch kranke Schwerverbrecher, von denen die meisten vermutlich nie ganz freikommen werden, sogenannte Longstay-Einrichtungen. Das sind Anstalten, die mit einem Wassergraben, mit Zäunen und Kameras streng gesichert sind, in denen die Gefangenen aber eine Art Zuhause haben, in dem sie sich relativ frei bewegen und arbeiten können."; vgl. dazu auch den belgischen Fall *Frank Van den Bleeken*, der sich mittlerweile im niederländischen *De Pompestichting* [https://www.pompestichting.nl/ {abgerufen am 17.09.2023}], einer forensischen Psychiatrie, befinden dürfte [*Fenwick et al.*, Med. Law Int. 2022, p. 217 {231 f. with further evidence}]), wird in einem Interview deutlich (s. *Stephan*, SZ-Magazin 2022, S. 11 [20]); vgl. auch *Dessecker*, Lebenslange Freiheitsstrafen, S. 351 (359 m. w. N.), der nach Ablauf des Zeitraums, der der Schuldvergeltung dient, nicht die Angleichung an die Sicherungsverwahrung, sondern eine möglichst nahe Anpassung an die Haftbedingungen anderer Gefangener fordert (wie das jedoch bei weiterhin gefährlichen Gefangenen konkret geschehen soll, bleibt offen); *Urwyler/Noll*, Jusletter 2018, Rn. 18, schlagen „gesetzlich vorgesehene Vollzugsmodifikationen" vor.

1264 *Stephan*, SZ-Magazin 2022, S. 11 (20).

1265 *Deutscher Ethikrat*, Suizid – Verantwortung, Prävention und Freiverantwortlichkeit, S. 56.

te aber nicht folgen, dass zwingend strengere Maßstäbe bei Gefangenen angelegt werden müssten. Auch wenn es dem Gesetzgeber freisteht, „[...] je nach Lebenssituation unterschiedliche Anforderungen an den Nachweis der Ernsthaftigkeit und Dauerhaftigkeit eines Selbsttötungswillens [...]“[1266] zu stellen, kann der Suizidwille auch ansonsten in vielfältiger Weise gefährdet sein.

Dass ein erhebliches Forschungsdefizit im vollzuglichen Kontext beklagt wird, kann indes derzeit nicht zum Ausschluss eines fehlerfrei gebildeten Suizidwillens führen, weil das Recht auf selbstbestimmtes Sterben mangels besserer Erkenntnis ansonsten aufgrund staatlicher Mitverantwortung faktisch entleert würde.[1267]

bb) Natürliche Einsichts- und Urteilsfähigkeit

Es besteht allgemeiner Konsens, dass die Fähigkeit zum Verstehen, zum Bewerten, zur rationalen Entscheidung (was wiederum die Fähigkeit zum folgerichtigen Denken, zum vergleichenden Beurteilen und zum Abwägen von Wahrscheinlichkeiten umfasst) und zur Kommunikation und Begründung einer Wahl auch in Haft gegeben sein muss.[1268] „[N]euartig“[1269] sind diese Aspekte nicht,[1270] sondern wurden bereits zur Einwilligungsdogmatik bei der ärztlichen Heilbehandlung angedeutet.[1271] Grundsätzlich ist bei Volljährigen von der natürlichen Einsichts- und Urteilsfähigkeit auszugehen[1272] und diese kann nicht schon allein deshalb verneint werden, weil die Entscheidung offensichtlich unvernünftig erscheint.[1273] Bei Minderjährigkeit kommt es auf den individuellen Reifegrad und die Komplexität der zu treffenden Entscheidung an.[1274] Die Einsichts- und Urteilsfähigkeit gilt stets bereichsspezifisch für eine bestimmte Entscheidung und zu einem be-

[1266] BVerfG, Urt. v. 26.02.2020, 2 BvR 2347/15, BVerfGE 153, 182 (309, Rn. 340).

[1267] A. A. *Tag/Baur*, Suizidhilfe im Freiheitsentzug, S. 40, 58; vgl. auch *Fenwick et al.*, Med. Law Int. 2022, p. 217 (231 f.) den belgischen Fall *Frank Van den Bleeken* betreffend.

[1268] Vgl. nur *Nedopil*, in: Bobbert, Assistierter Suizid und Freiverantwortllichkeit, S. 53 (54).

[1269] So aber *Cording/Saß*, NJW 2020, S. 2695, Rn. 2.

[1270] *Grünewald*, JR 2021, S. 99 (103).

[1271] BVerfG, Urt. v. 26.02.2020, 2 BvR 2347/15, BVerfGE 153, 182, Rn. 242 f.

[1272] Vgl. BT-Drs. 17/10488, S. 23.

[1273] *Sternberg-Lieben*, in: Schönke/Schröder Strafgesetzbuch, Vor §§ 32 ff., Rn. 40 m. w. N.

[1274] *Sternberg-Lieben*, in: Schönke/Schröder Strafgesetzbuch, Vor §§ 32 ff., Rn. 40 m. w. N.

stimmten Zeitpunkt,[1275] es existieren aber diverse Gründe, insbesondere im Justizvollzug, welche die Einsichts- und Urteilsfähigkeit bei gewichtiger Beeinträchtigung ausschließen können.[1276]

Die Darlegungs- und Beweislast für das Vorliegen solcher Gründe liegt aber beim Justizvollzug.[1277] Eine Umkehr der Darlegungs- und Beweislast, wie sie etwa bei der im Strafverfahren angewendeten aussagepsychologischen Begutachtung gilt,[1278] kommt aus zweierlei Gründen nicht in Betracht:[1279] Erstens korreliert diese Umkehr dort mit der Unschuldsvermutung[1280] und zweitens müsste diese auch bei sonstigen lebensbeendenden Entscheidungen im Justizvollzug gelten, was erkennbar nicht der Fall ist, weil es ansonsten auf eine faktische „Entmündigung" der Gefangenen hinausliefe.

Der assistierte Suizid stellt bei Inhaftierten mit einer festgestellten psychischen Störung eine besondere Herausforderung dar. In einigen Fällen ist es schwierig zu unterscheiden, ob der Suizidwunsch Symptom einer psychischen Störung ist, die psychiatrischer Behandlung bedarf, oder ob er davon unabhängig in freier Selbstbestimmung entstanden ist.[1281] Stimmen in der *Literatur* schließen es deshalb vereinzelt zumindest aktuell aus, dass solche Gefangene Zugang zu Suizidhilfe haben sollen.[1282] Erst wenn „solide Untersuchungen [vorliegen], die sich namentlich mit medizinisch-psychiatrischen Fragen im Rahmen der Suizidhilfe im Vollzug und den

---

1275 *Thomas-Hund*, in: Böhning, Urteilsfähigkeit bei psychischen Erkrankungen, S. 167 (171).

1276 Vgl. *Sternberg-Lieben*, in: Schönke/Schröder Strafgesetzbuch, Vor §§ 32 ff., Rn. 40 m. w. N.

1277 Vgl. *Urwyler/Noll*, KrimOJ 2020, p. 201 (207 f.); *Franke et al.*, Frontiers in Psychiatry, 29 July 2022, p. 1 (8); vgl auch BGH, Urt. v. 03.07.2019, 5 StR 132/18 (den sog. *Hamburger* Fall), BGHSt 64, 121 (126 f., Rn. 21); *Kusch/Hecker*, Handbuch der Sterbehilfe, S. 245 sehen darin, dass in der Regel von Freiverantwortlichkeit auszugehen ist; *Cording/Saß*, NJW 2020, S. 2695 (2696, Rn. 6) stellen fest, dass es keinen „unwiderleglichen Generalverdacht" mangelnder Freiverantwortlichkeit geben könne.

1278 S. zur sog. Nullhypothese BGH, Urt. v. 30.07.1999, 1 StR 618/98, juris Rn. 12, NStZ 2000, S. 100 m. w. N.

1279 So aber Anregung von *von Schönfeld* auf der Arbeitstagung „Lebensende und Lebensbeendigung im Strafvollzug" des Zentrums für interdisziplinäre Forschung am 16.06.2023.

1280 Vgl. *Makepeace*, ZJS 2021, S. 489 (490 m. w. N.).

1281 *Urwyler/Noll*, KrimOJ 2020, p. 201 (208); *Bozzaro/Zimmermann*, in: Feichtner et al., Assistierter Suizid, S. 173 (178).

1282 *Tag/Baur*, Suizidhilfe im Freiheitsentzug, S. 56 f.

Gegensteuerungsmaßnahmen des Staates auseinandersetzen", komme eine entsprechende Hilfe in Betracht.[1283] Gefangene sind zwar häufiger von psychischen Störungen betroffen als Personen in Freiheit.[1284] Von 2000 bis 2019 haben sich laut Totalerhebung insgesamt 1.449 Gefangene, davon 1.407 Männer und 42 Frauen, im deutschen Justizvollzug suizidiert. In 958 von den Justizvollzugsanstalten ausgefüllten Abfragebögen ist dokumentiert, ob es innerhalb der letzten sechs Monate vor dem Suizid mindestens einen Hinweis auf eine psychische Erkrankung oder einen Drogen-/Alkoholentzug gab. Bei einem Drittel der Suizidenten (34,2%) lag mindestens einer dieser Hinweise vor. Dabei ist, genau wie bei der erhöhten Suizidrate in Haft, die konkrete Kausalität unklar: Die höhere Prävalenz könnte durch die schädlichen Wirkungen der Haft auf die Psyche, aber auch durch schon vorhandene psychische Störungen, die delinquentes Verhalten fördern und damit zur Inhaftierung geführt haben, hervorgerufen werden.[1285] Nach den Resultaten der von *Fazel* und *Seewald* 2012 durchgeführten Metaanalyse kommen schizophrene Erkrankungen bei 3,6 % und Depressionen bei 10,2 % der männlichen Inhaftierten vor, wohingegen die Prävalenzraten bei weiblichen Inhaftierten bei 3,9 % (Schizophrenie) und 14,1 % (Depression) lagen.[1286] In Hinsicht auf die Häufigkeit einer psychischen Störung in Kombination mit einer komorbiden Substanzkonsumstörung fanden sie eine Rate zwischen 20,4 % und 43,5 %.[1287] Eine Studie von *Okai et al.* hat zwar gezeigt, dass fehlende natürliche Einsichts- und Urteilsfähigkeit unter Psychiatriepatienten nicht ungewöhnlich ist (im Durchschnitt 29%), aber die Mehrheit adäquate Behandlungsentscheidungen treffen kann.[1288] Eine vor kurzem veröffentlichte Metastudie hat zudem gezeigt, dass bis zu 75% der untersuchten Psychiatriepatienten bei der Begutach-

---

[1283] *Tag/Baur*, Suizidhilfe im Freiheitsentzug, S. 57; a. A. *Rosenau/Flaig*, FS Tag, S. 351 (357).

[1284] S. dazu ausführlich schon *von Schönfeld*, Nervenarzt 2006, S. 830 ff.

[1285] Zum Ganzen *Franke et al.*, Frontiers in Psychiatry, 29 July 2022, p. 1 (3 with further evidence); in einer institutionsbezogenen epidemiologischen Stichtagserhebung mit weiblichen (N=63) und männlichen (N=76) Gefangenen wurde indes festgestellt, dass die Haftbedingungen für die ausgeprägte psychiatrische Morbidität nicht verantwortlich sein dürfte, wenngleich die Aussagekraft aufgrund der fehlenden Aufschlüsselung in Untergruppen nach Diagnosen aufgrund zu geringer Fallzahlen eingeschränkt ist (*von Schönfeld et al.*, Nervenarzt 2006, S. 830 [839]).

[1286] *Fazel/Seewald*, BJP 2012, p. 364; *Voulgaris et al.*, R & P 2018, S. 15 (16).

[1287] *Fazel/Seewald*, BJP 2012, p. 364 (366); *Voulgaris et al.*, R & P 2018, S. 15 (16).

[1288] *Okai et al.*, BJP 2007, p. 291.

tung beziehungsweise während der Behandlung einsichts- und urteilsfähig waren.[1289] Auch wenn damit insoweit in den meisten Fällen die mentalen Fähigkeiten zu einer wohlerwogenen Entscheidung vorliegen dürften, ist es möglich, dass Symptome einzelner psychischer Störungen diese Fähigkeit zeitlich in erheblicher Weise einschränken können. So kann eine Borderline-Persönlichkeitsstörung, bei der das angemessene Abwägen von Informationen beeinträchtigt sein kann, ein Beispiel dafür sein.[1290] Ebenso, wie Schizophrenie, bipolare Störungen oder Depressionen, wenn sie eine akute Symptomatik aufweisen.[1291] Ähnliches gilt für ernsthafte kognitive Defizite, wie Demenz, und auch für den Haftschock.[1292] Leider existiert keine entsprechende spezifische Forschung bei forensischen Psychiatriepatienten, was an den eingeschränkten Forschungsmöglichkeiten in diesem Bereich liegen mag.[1293] Dennoch gilt, dass im Justizvollzug häufiger vorkommende psychische Störungen, wie in der Allgemeinpsychiatrie auch, nicht automatisch gleichbedeutend mit fehlender natürlicher Einsichts- und Urteilsfähigkeit sind und es deshalb auch bei einem Suizidhilfegesuch mit psychischer Störung in Haft aus Angleichungsgründen zwingend einer sorgfältigen Prüfung im Einzelfall bedarf.[1294]

cc) Innere Festigkeit und Dauerhaftigkeit des Suizidentschlusses

Das BVerfG verlangt neben der „inneren Festigkeit" zusätzlich in Abgrenzung zu vorübergehenden Lebenskrisen,[1295] dass der Suizidwunsch von ei-

---

[1289] *Franke et al.*, Frontiers in Psychiatry, 29 July 2022, p. 1 (9 with further evidence on *Calcedo-Barba et al.*, BMC Psychiatry 2020, 20, p. 1, 3).

[1290] *Urwyler/Noll*, KrimOJ 2020, p. 201 (208 with further evidence).

[1291] *Urwyler/Noll*, KrimOJ 2020, p. 201 (208 with further evidence).

[1292] *Urwyler/Noll*, KrimOJ 2020, p. 201 (208 f. with further evidence).

[1293] *Franke et al.*, Frontiers in Psychiatry, 29 July 2022, p. 1 (9); s. zu § 40a Abs. 1 Nr. 2 AMG über den Ausschluss von klinischen Prüfungen bei Personen, denen die Freiheit entzogen ist *Koyuncu*, in: Kügel/Müller/Hofmann, AMG, § 40a, Rn. 12 f.

[1294] So auch *Schweizerisches Kompetenzzentrum für den Justizvollzug* (*SKJV*), Grundlagenpapier 2019, Assistierter Suizid im Straf- und Maßnahmenvollzug, S. 5 f.; *Urwyler/Noll*, KrimOJ 2020, p. 201 (209); *Franke et al.*, Frontiers in Psychiatry, 29 July 2022, p. 1 (11); ähnlich auch *Flaig*, in: Bange/Kirner, Mehr Fortschritt wagen, S. 217 (225) und *Rosenau/Flaig*, FS Tag, S. 351 (356).

[1295] „[...] der bloße Umstand, dass die sich suizidierende Person sich die Sache irgendwann noch einmal anders hätte überlegen können," ist damit indessen nicht gleichzusetzen (*Deutscher Ethikrat*, Suizid – Verantwortung, Prävention und Freiverantwortlichkeit, S. 101).

ner „gewissen Dauerhaftigkeit" getragen sein muss und verweist dabei auf die empirisch nachgewiesene häufig vorhandene Ambivalenz und Wechselhaftigkeit von Suizidwünschen.[1296] Ab welchem Zeitraum von einer „gewissen ‚Dauerhaftigkeit'" des Suizidentschlusses auszugehen ist, wurde bewusst offengelassen.

Auch wenn es das BVerfG dem Gesetzgeber eingeräumt hat, dass je nach Lebenssituation, also auch im Justizvollzug, unterschiedliche Anforderungen an den Nachweis der Ernsthaftigkeit und Dauerhaftigkeit eines Selbsttötungswillens gestellt werden können,[1297] hat dieser davon in Bezug auf den Justizvollzug zumindest bisher keinen Gebrauch gemacht.

Soweit das nicht geschehen sollte, wäre das auch (noch) vertretbar.[1298]

Zum noch anwendbaren Vertretbarkeitsmaßstab hat das BVerfG bereits Folgendes ausgeführt: „Dieser Maßstab verlangt, daß der Gesetzgeber sich an einer sachgerechten und vertretbaren Beurteilung des erreichbaren Materials orientiert hat. Er muß die ihm zugänglichen Erkenntnisquellen ausgeschöpft haben, um die voraussichtlichen Auswirkungen seiner Regelung so zuverlässig wie möglich abschätzen zu können und einen Verstoß gegen

---

[1296] BVerfG, Urt. v. 26.02.2020, 2 BvR 2347/15, BVerfGE 153, 182 (274, Rn. 244): „Empirische Daten belegen insoweit, dass ein kurzfristig gefasster Suizidentschluss – wenn die Selbsttötung misslingt – im Nachhinein von den Betroffenen selbst in etwa 80 bis 90 % der Fälle als Fehlentscheidung gewertet und revidiert wird. Suizidwünsche sind danach – selbst wenn sie sich von außen als plausible bilanzierende Entscheidung darstellen – ganz überwiegend von begrenzter Dauer und nicht anhaltend. Das Kriterium der Dauerhaftigkeit ist auch nach Ansicht der sachkundigen Dritten geeignet, die Ernsthaftigkeit eines Suizidwunsches nachzuvollziehen und sicherzustellen, dass er nicht etwa auf einer vorübergehenden Lebenskrise beruht"; vgl. auch *Spittler*, NJOZ 2020, S. 545 (546); nach *Kusch/Hecker*, Handbuch der Sterbehilfe, S. 243 ist die Dauer vorangegangener Suizidgedanken indes lediglich ein – wenn auch möglicherweise wichtiges – Indiz für die Festigkeit des Suizidentschlusses.

[1297] BVerfG, Urt. v. 26.02.2020, 2 BvR 2347/15, BVerfGE 153, 182 (309, Rn. 340).

[1298] Da die Möglichkeiten des Gesetzgebers bei *§ 217 StGB a. F.*, sich im Bereich des noch wenig wissenschaftlich erforschten Phänomenbereichs des „assistierten Suizid[s]" ein hinreichend sicheres Urteil zu bilden, eingeschränkt waren, unterlag die Einschätzung und Prognose der dem Einzelnen oder der Allgemeinheit drohenden Gefahren bezüglich der Kontrolldichte des Gerichts lediglich einer Vertretbarkeitskontrolle (BVerfG, Urt. v. 26.02.2020, 2 BvR 2347/15, BVerfGE 153, 182 (284, Rn. 268 f., 285 f., Rn. 272 f., 268 f., Rn. 224 f, 272 f., Rn. 237 f.); a. A. z. B. *Hörnle*, JZ 2020, S. 872 (877 m. w. N.). Dies dürfte zumindest auch in näherer Zukunft noch so der Fall bleiben, weil der Phänomenbereich des assistierten Suizids erst jetzt intensiver erforscht wird, beansprucht aber keine zeitlose Gültigkeit.

Verfassungsrecht zu vermeiden."[1299] „[...] Ins Gewicht fällt schließlich, daß für den Gesetzgeber, wenn er sich zu einer grundlegend neuen Regelung entschließt, die Möglichkeiten, sich ein hinreichend sicheres Urteil über deren Auswirkungen zu bilden, naturgemäß eingeschränkt sind. Hierfür läßt sich auf Erfahrungen aus dem Ausland wegen der nicht gesicherten Vergleichbarkeit der jeweiligen Verhältnisse nur bedingt zurückgreifen. In solcher Lage muß sich der Gesetzgeber des erreichbaren, für die gebotene verläßliche Prognose der Schutzwirkung des Konzepts wesentlichen Materials bedienen und es mit der gebotenen Sorgfalt daraufhin auswerten, ob es seine gesetzgeberische Einschätzung hinreichend zu stützen vermag."[1300]

Gemessen daran ergibt sich folgender Befund. Teilweise existieren in der Schweiz und in ganz Kanada besondere Verfahrensregelungen, die unter anderem[1301] den Zugang zum assistierten Suizid durch Inhaftierte spezifisch regeln. Im Schweizer Kanton Solothurn besteht mit § 36 der Verordnung über den Justizvollzug (JUVV)[1302] eine Vorschrift über den assistierten Suizid. Diese verlangt in deren Abs. 5 S. 1 jedoch lediglich einen „anhaltende[n] Sterbewillen", ohne die erforderliche Dauer konkret zu bestimmen. Konkreter gestaltet sich dies jedoch in Kanada. In No. 20, 1*st* half sentence des Guideline 800–9 for Medical Assistance in Dying (MAiD)[1303] wird grundsätzlich ein Zeitraum von 90 Tagen zwischen dem Tag der ersten positiven Begutachtung und dem Zeitpunkt der Durchführung von MAiD verlangt.[1304]

1299 BVerfG, Urt. v. 01.03.1979, 1 BvR 532, 533/77, 419/78, 1 BvL 21/78, juris Rn. 113 f., BVerfGE 50, 290 (333 f.).

1300 BVerfG, Urt. v. 28.05.1993, 2 BvF 2/90, sog. *Schwangerschaftsabbruch II*-Entscheidung, juris Rn. 188 f., BVerfGE 88, 203 (262 f.).

1301 MAiD umfasst in Kanada allerdings auch die Tötung auf Verlangen (vgl. die Definition im Guideline 800–9, Annex A).

1302 Kanton Solothurn, BGS 331.12 – Verordnung über den Justizvollzug (Justizvollzugsverordnung; JUVV) v. 24.08.2021 (in Kraft seit: 01.11.2021).

1303 Guideline 800–9, Medical Assistance in Dying (Ottawa: Correctional Service Canada, 21*th* November 2017, Date modified: 22*th* September 2022, in effect: 21*st* November 2022).

1304 „For individuals whose natural death is not reasonably foreseeable , there must be a period of atleast ninety (90) clear days from the date of the first assessment where the person is deemed eligible to the day that MAID is provided to them; however, this period can be shortened if the individual is about to lose the capacity to make health care decisions." – Bei Personen, deren natürlicher Tod vernünftigerweise nicht vorhersehbar ist, muss ein Zeitraum von mindestens neunzig (90) Tagen zwischen dem Datum

In den im Jahr 2023 vorgelegten Gesetzentwürfen (C. I., S. 118 ff.) variiert die Wartezeit zwischen zehn Tagen und drei Monaten. Eine damit im oberen Rahmen korrespondierende gesetzliche Fristenregelung mit grundsätzlich mindestens drei[1305] Monaten Wartezeit, um vollzugsspezifischen Lebenskrisen[1306] zu begegnen, erschiene damit auch vor dem Hintergrund des Untermaßverbots nicht unvertretbar und würde keine längeren Wartefristen oder gar einen pauschalen Ausschluss von Suizidhilfe im Justizvollzug rechtfertigen. Aus diesem Grund kann aus Angleichungsgründen derzeit noch angenommen werden, dass Gefangene unter denselben Wartefristen Suizidhilfe in Anspruch nehmen können, wie die Außengesellschaft,[1307] auch wenn es wünschenswert wäre, wenn die Situation im Justizvollzug in die rechtspolitische Diskussion zur Neuregelung der Suizidhilfe einbezogen würde[1308]. Die Tatsache, dass zu dieser Frage noch keine empirischen Erhebungen erfolgt sind, verpflichtet den Gesetzgeber nicht, entsprechende Datenerhebungen zu veranlassen.[1309] Den Gesetzgeber träfe aber, wenn er ein in seinen Wirkungen schwer zu prognostizierendes Schutzkonzept

---

der ersten Eignungsprüfung und dem Vollzug von MAiD liegen; dieser Zeitraum kann jedoch verkürzt werden, wenn die Person kurz davor steht, die Fähigkeit zu verlieren, Behandlungsentscheidungen zu treffen (eigene Übersetzung).

1305 Sofern der Verlust von Freiheit sinngemäß auch als Trauerprozess betrachtet würde, könnten allerdings analog dazu auch längere Fristen in Betracht kommen, weil die psychologische Forschung bei „normaler" Trauer auch von einer Bearbeitungsdauer von 6 bis 12 Monaten ausgeht (*Bobbert*, in: Bobbert, Assistierter Suizid und Freiverantwortlichkeit, S. 323 [349]), vgl. zur Verarbeitung von schweren Lebenskrisen auch *Saß/Cording*, Nervenarzt 2022, S. 1150 (1153 m. w. N).

1306 Der Freiheitsentzug selbst kann für Gefangene eine existentielle Bedrohung darstellen, indem er eine fundamentale Veränderung der Lebensumstände bedeutet und gemäß *Sykes'* Theorie der „*Pains of Imprisonment*" grundsätzlich schon mit vielfachen Verlusten, etwa von Freiheit, Autonomie, Sicherheit oder intimen Beziehungen, einhergeht (*Moore et al.*, Health and Justice 2021, p. 22 [23]).

1307 Vgl. dazu trotz der bedingten Aussagekraft aufgrund zumindest potentiell unterschiedlicher Haftbedingungen im Ausland auch *Downie et al.*, Med. Law Int. 2019, p. 207 (211); *Franke et al.*, Frontiers in Psychiatry, 29 July 2022, p. 1 (4); *Steiner*, JSt 2022, S. 526 (528 ff.) in Auslegung des Österreichischen Bundesgesetzes über die Errichtung von Sterbeverfügungen (Sterbeverfügungsgesetz – StVfG), BGBl. I Nr. 242/2021 i. d. F. v. 14.03.2023, das ihrer Ansicht nach im Wege der Auslegung auch im „Strafvollzug" Anwendung findet.

1308 So auch *Lindner*, ZfL 2022, S. 185 (193); vgl. zum Selbstbestimmungsgesetz auch Kabinettsvorlage vom 08.09.2023 BR-Drs. 423/23, S. 45.

1309 Vgl. auch BVerfG, Urt. v. 26.02.2020, 2 BvR 2347/15, BVerfGE 153, 182 (279, Rn. 255); allerdings zeigen *Downie et al.*, Med. Law Int. 2019, p. 207 (208 f., 213) auch

zugrundelegte, eine retrospektive[1310] „Beobachtungs- und Nachbesserungspflicht“[1311], die Prognoseergebnisse erzeugen kann, welche sich potenziell zu einer weitergehenden Schutzpflicht verdichten können[1312].

Somit kann entgegen den aus *Rheinland-Pfalz* bei der Umfrage gemachten Ausführungen (noch) nicht vorausgesetzt werden, dass die nötige innere Festigkeit und Dauerhaftigkeit des Suizidentschlusses „[n]ur bei langen Haftzeiten“ und „ausreichender Hafterfahrung“ gegeben seien.[1313] Das ist, unbeschadet der Unbestimmtheit, zwar eine hinreichende, aber trotz der allgemein gesteigerten Vulnerabilität von Gefangenen in einer prekären Lebenslage keine notwendige Bedingung. Anderenfalls würde die bloß vage Vermutung, dass sich der Gefangene die Entscheidung irgendwann noch einmal hätte anders überlegen können, die Freiverantwortlichkeit generell ausschließen.[1314] Allein die Tatsache, dass im Haftverlauf innerhalb der ersten vier Monate die meisten Suizide geschehen und daher im Rahmen der Suizidprävention besondere Aufmerksamkeit geboten ist (D. I. 2., S. 146), rechtfertigt keine andere Sichtweise, weil die Erhebung, insbesondere assistierte Suizide betreffend, zum einen keine Aussage über die Freiverantwortlichkeit trifft und zum anderen auch eine gewisse Rechtssicherheit herrschen muss. Auch aus ethischer Perspektive ist es vorzugswürdig, dass ein gegebenenfalls entscheidungsunfähiger Gefangener als entschei-

nachvollziehbar einen nicht unerheblichen Forschungsbedarf auf, der zumindest mittel- bis langfristig eine Überprüfung der gefundenen Ergebnisse gebietet.

1310 „Die retrospektive Gesetzesfolgenabschätzung dient der rückblickenden Evaluation einer Regelung und kann somit gleichzeitig die empirische Grundlage für eine Neuregelung der Materie als Ergebnis hervorbringen, sodass sie als Kombination aus Erfolgskontrolle und Wirkungsforschung beschrieben werden kann.“ (*Ruf*, Die legislative Prognose, S. 42). Diese kann dann auch u. a. soziokulturelle und institutionelle Kontextfaktoren einbeziehen (a. a. O., S. 26).

1311 *Schmidt-Aßmann*, in: Merten/Papier, Handbuch der Grundrechte, Band II, § 45, Rn. 21 mit Verweis auf BVerfG, Urt. v. 28.05.1993, 2 BvF 2/90, sog. *Schwangerschaftsabbruch II*-Entscheidung, juris Rn. 202, BVerfGE 88, 203 (269).

1312 Vgl. *Ruf*, Die legislative Prognose, S. 169.

1313 *Rheinland-Pfalz*, Stellungnahme zum Fragenkatalog an die Landesjustizverwaltungen, S. 2; lt. *Verrel*, FS Dölling, S. 467 (477) dürfte eine entsprechende Regelung jedoch im „Entscheidungsspielraum des Gesetzgebers liegen.“

1314 Vgl. *Deutscher Ethikrat*, Suizid – Verantwortung, Prävention und Freiverantwortlichkeit, S. 101; s. demgegenüber aber auch die Ausführungen von *Bobbert*, in: Bobbert, Assistierter Suizid und Freiverantwortlichkeit, S. 323 (349 ff.) zu Trauerprozessen und den Hinweis auf *Kurt Schmoller* zur „temporären“ und „finalen Autonomie“ (a. a. O., S. 350 f. m. w. N.).

dungsfähig angesehen wird (falsch positiv) als umgekehrt (falsch negativ),[1315] auch wenn die Selbsttötung irreversibel ist.

dd) Verfahren

Neben der Fragestellung, wann Freiverantwortlichkeit gegeben ist, drängt sich die schwierige Folgefrage auf, wie diese Fähigkeit eingeschätzt werden sollte.

In einem Aufsatz zur Suizidhilfe in Haft durch *Franke et al.* als unter anderem ausgewiesene Experten auf dem Gebiet der Forensischen Psychiatrie (konkret: *Prüter-Schwarte*) wird das semi-strukturierte Beurteilungsinstrument *MacArthur Competence Assessment Tool-Treatment* (*MacCAT-T*) angesprochen, das in der klinischen Psychiatrie breite Anwendung finde.[1316] Dies könnte dafür sprechen, dass dieses auch für den Justizvollzug geeignet ist und es existieren auch keine vollzugsspezifischen Instrumente zur Beurteilung der Freiverantwortlichkeit in Haft.

Franke et al. erwähnen, dass im klinischen Kontext üblicherweise zur Überprüfung der Entscheidungsfähigkeit ein Psychiater auf der Basis einer persönlichen Beurteilung und seiner klinischen Erfahrung eine Einschätzung vornimmt.[1317] Allerdings böte sich methodisch für eine objektivere und verlässlichere Einschätzung in Kombination dazu der Einsatz gerade solcher strukturierter Beurteilungsinstrumente an.[1318]

Das *MacCAT-T* benötigt für die Anwendung typischerweise 15–20min.[1319] Es deckt die vier Unterkategorien der Einsichts- und Urteilsfähigkeit, nämlich die „Fähigkeit zum Verstehen“, „zum Bewerten“, „zur rationalen Entscheidung“ und zur Kommunikation und Begründung einer Wahl, ab[1320] und soll eine hohe Objektivität, Validität und Reliabilität aufweisen sowie aufgrund eines ausführlichen Manuals leicht handhabbar sein[1321].

1315 Vgl. *Franke et al.*, Frontiers in Psychiatry, 29 July 2022, p. 1 (9).

1316 *Franke et al.*, Frontiers in Psychiatry, 29 July 2022, p. 1 (9).

1317 *Franke et al.*, Frontiers in Psychiatry, 29 July 2022, p. 1 (9); vgl. auch Schweizer SAMW-Richtlinien zum „Umgang mit Sterben und Tod“ v. 25.10.2018 i. d. F. v. 05/2022 in Nr. 6.2.1, S. 26 zur Urteilsfähigkeit.

1318 *Franke et al.*, Frontiers in Psychiatry, 29 July 2022, p. 1 (9).

1319 *Grisso et al.*, Psych. Serv. 1999, p. 1415 (1416).

1320 *Grisso et al.*, Psych. Serv. 1999, p. 1415 (1416).

1321 *Palmer/Harmell*, Arch Clin Neuropsychol., 2016, p. 530 (536).

Dies entbindet indes nicht im Rahmen der vollzuglichen Fürsorgeverantwortung von der Pflicht, dass dem suizidwilligen Inhaftierten, auch wenn seine Freiverantwortlichkeit festgestellt wurde, alternative psychiatrische Behandlungsmöglichkeiten in angemessener Zeit angeboten werden müssen, sodass die Duldung von Suizidhilfe das letzte Mittel bleiben muss.[1322]

ee) Zusammenfassung

Bei der Beurteilung der Freiverantwortlichkeit im Justizvollzug bedarf es einer differenzierten und keiner absoluten Antwort. Obgleich kein genereller Ausschluss der Freiverantwortlichkeit unterstellt werden kann, muss das Vorliegen von Freiverantwortlichkeit im Justizvollzug aufgrund der dortigen Abhängigkeitssituation besonders sorgfältig im Einzelfall geprüft werden. Es existieren haftspezifische Situationsvariablen, welche bei der Abklärung eines Suizid(hilfe)begehrens berücksichtigt werden müssen[1323]. Solange nichts Gegenteiliges konkret festgestellt wurde, ist davon auszugehen, dass auch in Haft grundsätzlich Freiverantwortlichkeit unterstellt werden kann. Dennoch kommen einige Einflussfaktoren in Betracht, die diese Regelvermutung widerlegen können, insbesondere psychische Störungen. Deshalb muss stets verpflichtend eine geeignete psychiatrische Einschätzung erfolgen, wenn nicht eine extreme Notlage (s. dazu bereits B. II. 3. f) aa) (1) (a), S. 95 f.) vorliegt. Insoweit besteht nämlich kein Bedarf für spezielle Verfahrensregeln.

d) Sicherheit und Ordnung

Die positive Freiheit, selbstbestimmt über das Ende des eigenen Lebens durch Suizid zu entscheiden (das „Ob“), berechtigt als Ausfluss des allgemeinen Persönlichkeitsrechts unter anderem auch frei über die Todesart und den Sterbeort zu bestimmen (das „Wie“ und „Wo“)[1324]. Wenngleich die freiverantwortliche Selbsttötung aus Angleichungsgründen grundsätzlich auch

[1322] Vgl. *Fenwick et al.*, Med. Law Int. 2022, p. 217 (243).

[1323] Vgl. *Nedopil*, in: Bobbert, Assistierter Suizid und Freiverantwortlichkeit, S. 53 (59 f.); *Franke et al.*, Frontiers in Psychiatry, 29 July 2022, p. 1 (8 with further evidence).

[1324] *Lindner*, NJW 2013, S. 136; *Lindner/Huber*, medstra 2017, S. 236; *Hufen*, NJW 2018, S. 1524 (1525, 1528); vgl. auch *Hillgruber*, Stellungnahme zu Gesetzentwürfen BT-Drs. 18/5373–5376, S. 10.

im Justizvollzug garantiert ist und ein Recht auf Suizid besteht,[1325] könnte dieses durch Sicherheitsaspekte und Ordnungsgesichtspunkte einschränkbar sein. Der Angleichungsgrundsatz steht nämlich unter der gesetzlichen Einschränkung „soweit als möglich“. Bei Eingriffen zur Aufrechterhaltung der Sicherheit und Ordnung ist aber der Verhältnismäßigkeitsgrundsatz zu beachten.[1326] Die Pflichten und Beschränkungen sind so zu wählen, dass sie in einem angemessenen Verhältnis zu ihrem Zweck stehen und den Gefangenen nicht mehr und nicht länger als notwendig beeinträchtigen.[1327] Aufgrund des starken Menschenwürdebezugs des Rechts auf selbstbestimmtes Sterbens unterliegt die Einschränkbarkeit sogar einer gesteigerten Verhältnismäßigkeitskontrolle.

aa) Begriffserklärungen

„Unter den Begriff der Sicherheit fällt sowohl die externe (Gewährleistung des Anstaltsaufenthalts) als auch die interne (Abwendung von – auch kriminalitätsunabhängigen – Gefahren für Personen und Sachen in der Einrichtung) Anstaltssicherheit. Sicherheit lässt sich jedoch nicht nur nach den damit verbundenen Zielsetzungen definieren, sondern ebenso nach den angewandten Konzepten und Methoden unterscheiden. Insoweit ergibt sich eine Unterteilung des Sicherheitsbegriffs in:

- instrumentelle Sicherheit (Mauern, Gitter, Schlösser, Alarmvorrichtungen, Waffen usw.),
- administrative Sicherheit (Vollzugskonzepte, Dienstpläne, Sicherungs- und Alarmpläne, Lockerungspraxis),
- soziale Sicherheit (Anstaltsatmosphäre, Arbeitsbedingungen, Freizeitangebote).“[1328]

„Der Begriff der Ordnung meint das geordnete und menschenwürdige Zusammenleben in der Institution.“[1329]

Die Landesjustizvollzugsgesetze legen umfassende Kataloge für Eingriffsbefugnisse der Vollzugsbehörden zur Aufrechterhaltung der Sicher-

[1325] Im Rahmen einer 2005 durchgeführten Studie haben sogar ca. 73% der Befragten (N= 375) im niedersächsischen Vollzug Anderen (d. h. also auch Gefangenen) ein Recht auf Suizid „immer“ oder in Abhängigkeit der „persönlichen Situation“ eingeräumt (*Bennefeld-Kersten*, Ausgeschieden durch Suizid, S. 188).

[1326] *Laubenthal*, Strafvollzug, S. 594, Rn. 694.

[1327] *Laubenthal*, Strafvollzug, S. 594, Rn. 694.

[1328] *Laubenthal*, Strafvollzug, S. 595, Rn. 695.

[1329] *Laubenthal*, Strafvollzug, S. 596, Rn. 696.

heit und Ordnung der Anstalten fest.[1330] Wichtige Befugnisnormen sind insoweit die Vorschriften über den Gewahrsam an und zum Einbringen von Gegenständen in den Haftraum, welche die Sicherheit oder Ordnung der Anstalt gefährden und die Normen über besondere Sicherungsmaßnahmen sowie vor allem auch die Regelungen zu Zwangsmaßnahmen auf dem Gebiet der Gesundheitsfürsorge beziehungsweise zum unmittelbaren Zwang[1331]. Entgegen den gerichtlich voll überprüfbaren unbestimmten Rechtsbegriffen der Sicherheit und Ordnung handelt es sich bei der auf Tatsachen gestützten Gefährlichkeitsprognose um eine Entscheidung mit Beurteilungsspielraum.[1332] Umstritten ist, ob die Gefährlichkeit abstrakt[1333] oder unter Berücksichtigung des jeweiligen Gefangenen[1334] zu beurteilen ist. Soweit der Vollzugsbehörde Ermessen eingeräumt ist, hat sie dieses jedenfalls im Einzelfall auszuüben und die individuellen Umstände des Sachverhalts zur Entscheidungsgrundlage zu machen.[1335]

Im Folgenden erfolgen nur Ausführungen zu Fremdgefährdungen bei gegebener Freiverantwortlichkeit; bei ausschließlicher Selbstbetroffenheit im Zustand der Einsichts- und Steuerungsfähigkeit besteht indes von vornherein keine Eingriffsbefugnis[1336].

bb) Schutz der Gesundheit anderer Personen

Die Art und Weise der Durchführung des geplanten Suizids könnte sowohl für die Bediensteten als auch die Mitgefangenen, die mit dem Tod konfrontiert werden, eine Gefahr für die Sicherheit darstellen, indem diese zu stark seelisch belastet werden könnten.[1337] Eine konkrete Gefahr liegt vor, wenn eine Sachlage oder ein Verhalten bei ungehindertem Ablauf des zu

[1330] Vgl. die Übersicht der Vorschriften bei *Laubenthal*, Strafvollzug, S. 596 f., Rn. 696.

[1331] Sofern medizinische Zwangsmaßnahmen in den Ländergesetzen diesem Regelungsregime unterworfen werden, wie das z. B. nach Art. 108 BayStVollzG der Fall ist

[1332] KG, Beschl. v. 17.11.2017, 2 Ws 99/17 Vollz, BeckRS 2017, 137020, Rn. 42 zu §§ 50 und 52 StVollzG Bln; s. auch *Arloth*, in: Arloth/Krä, Strafvollzugsgesetze, § 88 StVollzG, Rn. 1.

[1333] So z. B. OLG Celle, Beschl. v. 12.02.2009, 1 Ws 42/09, StraFo 2009, S. 172; OLG Hamburg, Beschl. v. 07.09.2009, 3 Vollz (Ws) 48/09, FS 2010, S. 54.

[1334] Dafür OLG Koblenz, Beschl. v. 10.02.2004, 1 Ws 681/03, ZfStrVo 2004, S. 312.

[1335] Vgl. KG, Beschl. v. 17.11.2017, 2 Ws 99/17 Vollz, BeckRS 2017, 137020, Rn. 50.

[1336] Vgl. Fn. 1446.

[1337] So ausnahmslos für jede Form des Suizids innerhalb des Vollzugs *Mausbach*, in: Tag/Groß, Tod im Gefängnis, S. 164 (165, 170).

erwartenden Geschehens mit hinreichender Wahrscheinlichkeit ein Rechtsgut schädigen wird.[1338] Diese muss keinesfalls unmittelbar bevorstehen und es genügt daher auch, wenn der Schaden möglicherweise erst nach Jahren eintritt.[1339] Das Wahrscheinlichkeitsurteil bezieht sich auf Kausalverläufe und Schadensereignisse, welche sich graduell unterschiedlich in personeller, sachlicher, zeitlicher und örtlicher Dimension konkretisieren lassen und zumindest ansatzweise bestehen müssen.[1340]

Von 2000 bis 2019 haben sich insgesamt 1.449 Gefangene, davon 1.407 Männer und 42 Frauen, im deutschen Justizvollzug meist in für sich und Dritte brutaler Weise suizidiert (sog. Brutalsuizid)[1341]. Von den 1.303 Verstorbenen wählten 91,4% die Methode des Erhängens oder Strangulierens. Informationen zum konkreten Suizidmittel sind davon in 849 Fällen bekannt: 32% der Gefangenen benutzten Bettwäsche, 26,9% einen Gürtel oder Ähnliches und 9,8% einen Strick, eine Kordel oder ein Seil. In 83 Fällen führten Schnitt- oder Stichverletzungen zum Ableben, in 30 Fällen bewirkte Ersticken den Tod und in 46 Fällen der Konsum von Medikamenten oder Drogen sowie Vergiftung. Neun Gefangene starben durch einen Sprung, fünf durch Schusswaffengebrauch und vier mittels Elektrizität. In 43 Fällen wurden zwei verschiedene Suizidmethoden im Datenbogen benannt, nämlich beispielsweise in 20 Fällen „‚Erhängen‘ und ‚Schnitt‘“.[1342]

(1) Personal

Man könnte die im allgemeinen Vergleich dergestalt erhöht vorhandene Suizidalität – auch wenn es sich bei Selbsttötungen in absoluten Zahlen immer noch um sehr seltene Ereignisse handelt[1343] – zwar als mehr oder minder „freiwillig“ in Kauf genommenes gesteigertes berufsimmanentes „Risiko“ des Personals betrachten, indem dieses berufsbedingt vermehrt mit solchen Suiziden konfrontiert wird und deshalb gerade bei offenkundigen Suizidplänen, deren Umsetzung nach Zeit, Ort und Methode bis ins

[1338] *Kingreen/Poscher*, POR, § 8, Rn. 2 (aufgrund der präventiven Ausrichtung von Gefahrenabwehr, wie sie auch im Justizvollzug erfolgt, kann auch auf diese polizei- und ordnungsrechtliche Definition zurückgegriffen werden).

[1339] *Graulich*, in Lisken/Denninger, Handbuch des Polizeirechts, E, Rn. 132.

[1340] Vgl. *Kingreen/Poscher*, POR, § 8, Rn. 13, 15.

[1341] S. zu dem Begriff *Hillenkamp*, JZ 2020, S. 618 (621, dortige Fn. 56).

[1342] S. zum Ganzen *Meischner-Al-Mousawi et al.*, FS 2020, S. 250 (251 f.).

[1343] *Bennefeld-Kersten*, Ausgeschieden durch Suizid, S. 80.

letzte Detail bekannt ist, weniger belastet wäre, weil es sich mental besser auf den bevorstehenden Tod vorbereiten könnte.

(a) Schwerwiegende Gefahr für die seelische Gesundheit bei Gefangenenbrutalsuizid

Dies ginge aber zu weit, selbst wenn man Justizvollzugsbediensteten vor allem im Allgemeinen Vollzugsdienst (AVD) aufgrund der professionellen Ausbildung im Bereich von Suizidalität[1344] und ganz vereinzelt ausdrücklich auch der Bewältigung von Traumata und ihren Folgen[1345] sowie insbesondere auch dem innerhalb solcher Einrichtungen tätigem medizinischen Personal, das sogar teilweise Sterbende betreut, die Konfrontation mit Suiziden eher zumuten dürfte als dem Durchschnittsbürger.[1346] Ein geplanter Suizid, nimmt, wenn er mit Hilfe entsprechend oben genannter Suizidmittel (mit Ausnahme von Medikamenten/Betäubungsmitteln oder vergleichbar schonenden Formen der Lebensbeendigung) in brutaler Weise[1347] erfolgt, den betroffenen Bediensteten, die den Suizidenten gezwungenermaßen auf-

---

[1344] *Blanck*, Die Ausbildung von Strafvollzugsbediensteten in Deutschland, S. 93.

[1345] Dass die hohe psychische Belastung im AVD mittlerweile dergestalt Thema in der Ausbildung ist, macht die hohe Bedeutung solcher Themen deutlich (mit Hinweis auf die beabsichtigte positive Umsetzung in Hamburg [*Blanck*, Die Ausbildung von Strafvollzugsbediensteten in Deutschland S. 261 f., dortige Rn. 1006]); die Bedeutung solcher psychoedukativen Ansätze zur gedanklichen Vorbereitung auf solche belastenden Situationen darf nicht unterschätzt werden (vgl. *Gravert*, Fehlzeiten-Report 2017, S. 269 [273]); der Vorbeugung von seelischen Traumatisierungen bei akuten Belastungen und psychischen Krisen dienen z. B. auch kollegiale und multiprofessionelle Kriseninventionsinstrumente wie „WITTKIT" in der JVA Wittlich (s. dazu ausführlicher *JM RLP*, Vorlage 17/7661 v. 14.12.2020); vgl. auch die VwV Krisennachsorge vom 18. Mai 2015 (SächsABl. S. 834), zuletzt enthalten in der Verwaltungsvorschrift vom 9. Dezember 2021 (SächsABl. SDr. S. S 199).

[1346] *Karnholz*, in: Gerngroß, Suizidalität und Suizidprävention, S. 251 (254); vgl. auch *Deutschsprachige Gesellschaft für Psychotraumatologie (DeGPT) et al.*, S2k-Leitlinie: Diagnostik und Behandlung von akuten Folgen psychischer Traumatisierung, S. 23; vgl. auch zur deliktischen Haftung bei Verwirklichung eines berufsspezifischen Risikos von Polizeibeamten und professionellen Rettungskräften BGH, Urt. v. 8.12.2020, VI ZR 19/20, NJW 2021, S. 925 (927, Rn. 16–19).

[1347] Gerade wenn der Suizid(versuch) mit entsprechenden Schneid- und Stichwerkzeugen blutig erfolgt, ist die Konfrontation damit noch belastender. Das gilt etwas abgeschwächt auch für Ersticken durch Erhängen als häufigste einsame Suizidmethode, weil die Opfer dann v. a. im Gesichtsbereich in abschreckender Weise multiple Einblutungen (sog. Petechien) und Strangulationsmerkmale aufweisen.

finden,[1348] nicht in ausreichendem Maße die seelische Belastung, auch wenn sie sich auf die Situation besser einstellen können dürften,[1349] als wenn die Selbsttötung unvermutet erfolgt. Das Auffinden eines derart zu Tode gekommenen Suizidenten kann einen seelischen Schock (also nicht nur eine vorübergehende negative Beeinflussung des seelischen Wohlbefindens) auslösen, der einen Dienstunfall[1350] begründen kann.[1351] Dies gilt auch, wenn nach Feststellung eines eindeutig erkennbaren Sinneswandels[1352] beziehungsweise Komplikationen in der Sterbebegleitung und/oder zur Verhinderung von Missbrauch unmittelbar durch das Vollzugspersonal eingegriffen werden müsste.[1353] Sofern weder eine gnadenweise Entlassung nach

---

[1348] Die Schlüsselgewalt liegt ausschließlich beim dortigen Personal und solange auch der freiverantwortliche Suizid als unnatürliche Todesursache angesehen wird, wird dieser ein Todesermittlungsverfahren auslösen (vgl. dazu auch *Bretschneider*, Ageing Prisoners and Ethics Behind Bars, S. 80), in dem die Vollzugsbehörde der Ermittlungs- und Strafverfolgungsbehörde Rede und Antwort zu stehen hat. Diese Pflichtaufgabe kann nicht an Dritte delegiert werden und setzt konkrete Kenntnisse von den Umständen der Selbsttötung voraus.

[1349] Nach *Falkner*, Assistierter Suizid, S. 113 „nimmt der assistierte Suizid [in Abhängigkeit von der vorherigen Einbindung der professionellen Betreuungspersonen] der Selbsttötung einen Teil ihres Schreckens".

[1350] Vgl. zum Dienstunfall bei psychisch vermittelten Gesundheitsverletzungen *Schnellenbach*, in: Schnellenbach/Bodanowitz, Beamtenrecht, § 14, Rn. 11 m. w. N.; vgl. zur möglichen psychischen Belastung und den nötigen Rahmenbedingungen, um diese möglichst gering zu halten, auch *Deutscher Ethikrat*, Suizid – Verantwortung, Prävention und Freiverantwortlichkeit, S. 119 f., 148 f., 151.

[1351] „Helfer, Rettungskräfte und Personen (Berufsgruppen und Ehrenamt), die im Rahmen ihrer Tätigkeit mit besonderen belastenden Situationen konfrontiert sind, zählen auch zu den potentiell Betroffenen (sekundäre Traumatisierung)" (*DeGPT et al.*, S2k-Leitlinie: Diagnostik und Behandlung von akuten Folgen psychischer Traumatisierung, S. 6); s. ausführlicher zum psychischen Berufs"risiko" von Einsatzkräften *Sabel/Roschinski*, in: *Wagner*, Sekundäre Traumatisierung als Berufsrisiko? Konfrontation mit schweren Schicksalen anderer Menschen, S. 35 ff.; Schienensuizide durch Überfahrungen gelten für die betroffenen Lokführer der *DB AG* z. B. stets als Arbeitsunfall (*Gravert*, Fehlzeiten-Report 2017, S. 269 [272]).

[1352] Hierzu könnte die Einrichtung eines SOS-Alarms durch einen Knopf o. ä. geboten sein.

[1353] Auch wenn das Zulassen des Versuchs in Respektierung eines freiverantwortlichen Entschlusses straflos bleibt, kann jederzeit ein erkennbarer Sinneswandel (der i. Ü. auch Zweifel an der inneren Festigkeit und Dauerhaftigkeit für zukünftige Suizidversuche aufkommen lässt) beim Suizidenten eintreten (*Eser/Sternberg-Lieben*, in: Schönke/Schröder, Strafgesetzbuch, Vor § 211, Rn. 44 m. w. N.). Dann muss das Personal aufgrund seiner wiederauflebenden Garantenpflicht unverzüglich Rettungsmaßnahmen ergreifen. Dies gilt selbstredend nur solange, als bei einer Überdosierung von z. B. NaP

§ 452 StPO noch eine Haftunterbrechung nach § 455 StPO bei Erkrankung wegen Vollzugsuntauglichkeit oder eine (krankheits-)[1354] bedingte Entlassung nach §§ 57, 57a und 57b StGB beziehungsweise § 88 Abs. 2 S. 1 JGG oder die Gewährung von vollzugsöffnenden Maßnahmen[1355] verantwortbar sind, wird es sich nämlich nicht vermeiden lassen, dass, wenn eine Suizidbegleitung[1356] durch das Personal innerhalb der Vollzugsbehörde[1357] stattfindet oder die betroffene Person dafür die Anstalt verlassen muss, das erforderliche Aufsichtspersonal mit der Situation konkret konfrontiert wird[1358] und dies umso intensiver, je brutaler der Suizid erfolgt. Dies wäre annähernd[1359] mit der Situation eines Lokführers vergleichbar, vor dessen Zug

---

aus toxikologisch-klinischer Sicht überhaupt noch eine Äußerungsmöglichkeit und realistische Chance auf Rettung besteht (lt. telefonischer Auskunft des *Giftinformationszentrums* der Universitätsklinik Mainz v. 22.11.2022 gebe es zwar kein Antidot, aber durchaus reelle Chancen, das Leben des durch einen Notarzt unverzüglich intubierten Menschen mittels Magenspülung und anschließender intensivmedizinischer Behandlung zu retten).

1354 S. dazu ausführlich *Linkhorst*, NStZ 2016 (Anm. zu OLG München, Beschl. v. 08.03.2016, 3 Ws 140/16), S. 679 (680 m. w. N.).

1355 Aus wichtigem Anlass sind z. B. vollzugsöffnende Maßnahmen nach § 46 LJVollzG RLP bzw. § 55 Abs. 1 StVollzG NRW grds. möglich, worunter nach verfassungskonformer Auslegung auch die dortige Inanspruchnahme von Suizidhilfe als höchstpersönliche Angelegenheit fiele, auch wenn die Strafgefangenen nicht mehr zurückkehren würden, denn auch bei einer medizinischen Behandlung außerhalb der Anstalt kann es zum Versterben der Betroffenen kommen (vgl. zum Schweizer Recht auch *Tag/Baur*, Suizidhilfe im Freiheitsentzug, S. 35 f. und *Urwyler/Noll*, KrimOJ 2020, S. 201 [212]).

1356 Hier wird bewusst nicht der davon zu unterscheidende Terminus der Suizidhilfe verwendet.

1357 Ob ein Sterben im Gefängnis die Menschenwürde verletzt, wurde bereits ausführlich unter D. III. 1., S. 178 ff. behandelt (s. dazu auch mit einem kurzen Überblick *Lob-Hüdepohl*, BeWi 2019, S. 293 [294 ff. m. w. N.]); in § 36 Abs. 1 JUVV Kanton Solothurn und No. 21 1*st* sentence Guideline 800–9 ist die Wahlfreiheit des Sterbeortes indes ausgeschlossen.

1358 *Tag/Baur*, Suizidhilfe im Freiheitsentzug, S. 34, 62; evident ist, dass das Personal im Umgang, in der Bewältigung und Verarbeitung auf derartige Belastungssituationen vorbereitet werden muss und auch noch erheblicher Forschungsbedarf besteht (vgl. dazu auch *Deutscher Ethikrat*, Suizid – Verantwortung, Prävention und Freiverantwortlichkeit, S. 134, 146).

1359 Ein sog. Schienensuizid unterscheidet sich indessen von den oben beschriebenen im Justizvollzug stattfindenden Brutalsuiziden v. a. dadurch, dass der Lokführer den Tod des Suizidenten mit seinem Fahrzeug aktiv mitverursacht und die Kollision häufig aufgrund des langen Bremsweges des Zuges faktisch unvermeidbar ist. Diese faktische Unversich ein Suizident wirft oder legt und dadurch auch erwiesenermaßen eine schwere psychische Störung erleiden kann.[1360]

Die dadurch bedingten psychischen Belastungen würden im Einzelfall[1361] sogar eine *schwerwiegende*[1362] Gesundheitsgefahr für die betroffenen Bediensteten bedeuten.[1363] Eine schwerwiegende Gefahr für die Gesundheit liegt nach allgemein gebräuchlicher Definition in der Kommentarliteratur vor, wenn wichtige Funktionen des Körpers ganz oder teilweise von einer dauerhaften Schädigung konkret bedroht sind.[1364] Diese Definition ist jedoch aufgrund ihres stark somatischen Bezugspunktes zu eng und muss daher auch auf psychische Gesundheitsverletzungen in Gestalt einer drohenden Chronifizierung des Krankheitsbildes mit den entsprechenden Folgen erweitert werden.[1365] Weil es sich bei der psychischen Gesundheit der Vollzugsbediensteten um ein überragend wichtiges Gemeinschaftsgut[1366] han-

meidbarkeit könnte indes auch entlasten. Das könnte im Justizvollzug anders sein, weil dort bei Freiverantwortlichkeit grds. nicht eingegriffen werden dürfte, obwohl dies in den beschriebenen Fällen faktisch möglich wäre.

1360 Beispiel nach *Schwabe*, JZ 1998, S. 66 (71); s. auch *Karnholz*, in: Gerngroß, Suizidalität und Suizidprävention, S. 251 (254).

1361 Davon abzugrenzen ist die abstrakte Gefahr, die auf den typischen Fall bezogen ist (*Graulich*, in Lisken/Denninger, Handbuch des Polizeirechts, E, Rn. 132). Eine abstrakte Gefahr ist gegeben, wenn eine generell-abstrakte Betrachtung für bestimmte Arten von Verhaltensweisen oder Zuständen zu dem Ergebnis führt, dass mit hinreichender Wahrscheinlichkeit ein Schaden im Einzelfall einzutreten pflegt (vgl. *Drews/Wacke/Vogel/Martens*, Gefahrenabwehr, S. 495 f.). Davon ist hier nicht auszugehen, da das Vollzugspersonal nur vereinzelt in der Bewältigung von Traumafolgen geschult ist (vgl. dazu den *Paternoster*-Fall von *Kingreen/Poscher*, POR, § 8, Rn. 12) und auch Behandlungskonzepte für akut Traumatisierte derzeit nur eingeschränkt evidenzbasiert sind (*DeGPT et al.*, S2k-Leitlinie: Diagnostik und Behandlung von akuten Folgen psychischer Traumatisierung, S. 8).

1362 Dadurch wird das Gewicht der drohenden Schädigung ausgedrückt (vgl. *Kingreen/Poscher*, POR, § 8, Rn. 21).

1363 Vgl. jedoch schon generell *Mausbach*, in: Tag/Groß, Tod im Gefängnis, S. 151 (164 f.).

1364 S. statt vieler nur *Verrel*, in: L/N/N/V/B, Strafvollzugsgesetze, M, Rn. 147.

1365 Vgl. BVerfG, Beschl. v. 08.06.2021, 2 BvR 1866/17, 2 BvR 1314/18, BVerfGE 158, 131 (161, Rn. 75).

1366 Vgl. BVerfG, Urt. v. 30.07.2008, 1 BvR 3262/07, 1 BvR 402/08, 1 BvR 906/08, juris Rn. 119, BVerfGE 121, 317 (356): „Dem steht allerdings gegenüber, dass mit [. . .] überragend wichtige Gemeinwohlbelange verfolgt werden.Dies gilt zunächst für den Schutz der Gesundheit der Bevölkerung, dem in der Werteordnung des Grundgesetzes ein hohes Gewicht zukommt [. . .]. Aus Art. 2 Abs. 2 GG kann daher eine Schutzpflicht des Staates folgen, die eine Risikovorsorge gegen Gesundheitsgefährdungen umfasst [. . .].“

delt, das auch die Funktionsfähigkeit des Justizvollzugs gewährleistet, sind an die Wahrscheinlichkeit des Schadenseintritts keine überspannten Anforderungen zu stellen.[1367] Bei der Polizei und den Rettungsdiensten, die mit vergleichbaren Szenarien, etwa indem sie einen tödlichen Sprung von einem Gebäude beobachten, konfrontiert werden, liegt die Wahrscheinlichkeit, irgendwann Symptome einer *Sekundären Traumatisierung* zu entwickeln, bei 9–15%.[1368] Die Folgen[1369] sekundärer Traumatisierung[1370] entsprechen denjenigen von Primärtraumatisierungen.[1371] Maßgebliche Voraussetzung für eine sekundäre Traumatisierung ist die Exposition zu traumatischer Information, die bei Einsatzkräften besonders hoch ist.[1372] Ein wesentlicher Belastungsfaktor ist dabei die Konfrontation mit leidenden, verletzten oder toten[1373] Menschen und den damit einhergehenden stressreichen Stimuli, wie Anblick und Geruch.[1374] Häufig ist auch die Kumulation traumatischer Erlebnisse wesentlich und dabei insbesondere das zentrale pathogenetische Moment von empfundener Ohnmacht von an sich helfend ausgerichteten Berufsgruppen.[1375] Extreme Arbeitsbedingungen, wie sie etwa in einem „Gefängnis" vorkommen können (etwa Sicherheits- und Verletzungsrisiken, psychische und körperliche Belastungen, Schichtdienst, hohe Verantwortung, Personalmangel, Krisenanfälligkeit bei gleichzeitig teils

---

1367 BVerwG, Urt. v. 02.07.1991, 1 C 4/90, juris Rn. 16, BVerwGE 88, 348 (351); *Graulich*, in: Lisken/Denninger, Handbuch des Polizeirechts, E, Rn. 129.

1368 *Schwarzer*, in: Wagner, Sekundäre Traumatisierung als Berufsrisiko?, S. 61 (62).

1369 Sie reichen von kurz andauernden Belastungsreaktionen ohne Störungswert bis zu akuten Traumafolgestörungen (*DeGPT et al.*, S2k-Leitlinie: Diagnostik und Behandlung von akuten Folgen psychischer Traumatisierung, S. 6).

1370 „Als **traumatisch** werden solche Ereignisse bezeichnet, die eine außergewöhnliche Belastung oder extreme Bedrohung darstellen, die den tatsächlichen oder drohenden Tod oder eine ernsthafte Verletzung umfasst. Dies schließt auch die Bedrohung anderer Personen mit ein." (*DeGPT et al.*, S2k-Leitlinie, S. 6).

1371 *Andreatta/Unterluggauer*, in: Wagner, Sekundäre Traumatisierung als Berufsrisiko?, S. 47 (56).

1372 *Andreatta/Unterluggauer*, in: Wagner, Sekundäre Traumatisierung als Berufsrisiko?, S. 47 (49).

1373 „Bizarre Selbstmorde" werden auch als besonders belastende Ereignisse im Einsatz aufgezählt (*Krüsmann/Seifert*, in: LMU München, Abschlussbericht: Prävention im Einsatzwesen, S. 15 [43]).

1374 *Andreatta/Unterluggauer*, in: Wagner, Sekundäre Traumatisierung als Berufsrisiko?, S. 47 (49).

1375 *Andreatta/Unterluggauer*, in: Wagner, Sekundäre Traumatisierung als Berufsrisiko?, S. 47 (50).

optimierungsbedürftiger psychosozialer Betreuung, partiell wenig ausgeprägte gesellschaftliche Wertschätzung), sind ebenfalls zu berücksichtigende situative Faktoren.[1376] Dass aus einer solchen sekundären Traumatisierung eine sog. *Posttraumatische Belastungsstörung* (PTBS), als spezifischste Traumafolgestörung resultieren kann,[1377] ist nicht unwahrscheinlich. Laut ICD-10 F. 43.1 manifestiert sich eine PTBS innerhalb von sechs Monaten als verzögerte Reaktion auf ein traumatisches und emotional belastendes Ereignis mit außergewöhnlicher Bedrohung oder katastrophenartigem Ausmaß.[1378] Ereignisbezogene Prävalenzstudien bezüglich posttraumatischer Belastungsstörungen, die sich auf Krieg, Folter und Terrorismus oder Naturkatastrophen beziehen, unterliegen starken Schwankungen, geben aber in den meisten Fällen Prävalenzen von 20% an.[1379] Sogar das BSG hat mit Urteil vom 22.06.2023, B 2 U 11/20 bei Rettungssanitätern, die einem erhöhten Risiko der Konfrontation mit traumatisierenden Ereignissen (unter anderem erfolglose Rettungsmaßnahmen, Bergung von Schwerverletzten oder Unfalltoten, Auffinden von Suizidenten und insbesondere das Auffinden und Bergen von Kindern) ausgesetzt sind, mittlerweile erstmalig gerichtlich festgestellt, dass diese abstrakt-generell Ursache einer PTBS sind und damit als sog. Wie-Berufskrankheit (vgl. zum Beispiel § 42 Abs. 3 S. 1 LBG RLP oder § 36 Abs. 3 S. 1 u. 3 LBG NRW) anerkannt werden kann.[1380] Eine in Bezug genommene repräsentative Metaana-

[1376] Vgl. *Andreatta/Unterluggauer*, in: Wagner, Sekundäre Traumatisierung als Berufsrisiko?, S. 47 (55).

[1377] *DeGPT*, S3-Leitlinie Postraumatische Belastungsstörung, S. 18.

[1378] ICD-10 F 43.1 (Stand 2022): „[…] Typische Merkmale sind das wiederholte Erleben des Traumas in sich aufdrängenden Erinnerungen (Nachhallerinnerungen, Flashbacks), Träumen oder Albträumen, die vor dem Hintergrund eines andauernden Gefühls von Betäubtsein und emotionaler Stumpfheit auftreten. Ferner finden sich Gleichgültigkeit gegenüber anderen Menschen, Teilnahmslosigkeit der Umgebung gegenüber, Freudlosigkeit sowie Vermeidung von Aktivitäten und Situationen, die Erinnerungen an das Trauma wachrufen könnten. Meist tritt ein Zustand von vegetativer Übererregtheit mit Vigilanzsteigerung, einer übermäßigen Schreckhaftigkeit und Schlafstörung auf. Angst und Depression sind häufig mit den genannten Symptomen und Merkmalen assoziiert und Suizidgedanken sind nicht selten. Der Beginn folgt dem Trauma mit einer Latenz, die wenige Wochen bis Monate dauern kann. Der Verlauf ist wechselhaft, in der Mehrzahl der Fälle kann jedoch eine Heilung erwartet werden."

[1379] *Krüsmann/Seifert*, in: LMU München, Abschlussbericht: Prävention im Einsatzwesen, S. 15 (21 f.).

[1380] *BSG-Pressestelle*, Terminbericht Nr. 25/23 v. 22.06.2023, S. 2 f.; *LTO*, Beitr. v. 22.06.2023.

lyse hatte ergeben, dass die 12-Monats-Prävalenzen einer PTBS im Rettungsdienst mit 20% signifikant höher sind als in der der nicht exponierten (3,1%) und exponierten Vergleichsgruppe (Naturkatastrophen: 15,6%, von Menschen verursachte Katastrophen: 12,0%) in der Allgemeinbevölkerung.[1381] Nach Schienensuiziden sind bei der Entwicklung einer PTBS in etwa 15% der Fälle eine ambulante und bei weniger als 3% der Fälle eine stationäre Therapie erforderlich.[1382] Allgemein tritt in ca. 20–30% der Fälle einer PTBS eine Chronifizierung ein.[1383]

(b) Eingriffsbefugnisse bei (angekündigtem) Gefangenenbrutalsuizid

Sofern ein freiverantwortlich handelnder Gefangener wider Erwarten[1384] einen Brutalsuizid[1385] konkret *ankündigt*, sind daher wegen der gegebenen schwerwiegenden Gefahr für die Justizvollzugsbediensteten vorläufig auch Sofortmaßnahmen auf Grundlage der vollzuglichen Generalklauseln[1386] zulässig.[1387]

Die jeweiligen Spezialvorschriften enthalten nämlich keine besonderen Regelungen, die diesen Fall erfassen. Die Regelungen über medizinische Zwangsmaßnahmen wären nicht einschlägig, wenn diese, wie es bei einer Suizidankündigung der Fall wäre, rein sichernden Charakter hätten[1388] und die Vorschriften über besondere Sicherungsmaßnahmen normieren alle-

---

[1381] *Hoell et al.*, Frontiers in Public Health, 09. March 2023, p. 1, 7 f.

[1382] *Gravert*, Fehlzeiten-Report 2017, S. 269 (276).

[1383] *Frommberger/Angenendt/Berger*, DÄ Int 2014, p. 59 (60); s. zu Reaktionsmöglichkeiten auf schwere Belastungen und Anpassungsstörungen auch https://www.amboss.com/de/wissen/Reaktionen_auf_schwere_Belastungen_und_Anpassungsst%C3%B6rungen{#}Z6b792c4cf58fcdf3444821421ec2613b (abgerufen am 17.09.2023).

[1384] Allerdings sind im Justizvollzug bisweilen auch äußerst bizarre Verhaltensweisen anzutreffen.

[1385] V. a. wenn suizidwillige Gefangene keinen ärztlichen Suizidassistenten finden, sind Brutalsuizide nicht ausgeschlossen.

[1386] Die Länder haben den Wortlaut von § 4 Abs. 2 S. 2 StVollzG dem Wortlaut oder Sinn nach fast einheitlich übernommen (*Neubacher*, in: L/N/N/V/B, Strafvollzugsgesetze, B, Rn. 114 ff. m. w. N.).

[1387] Vgl. im Polizeirecht zur ausnahmsweisen Anwendbarkeit der polizeilichen Generalklausel bei schwerwiegenden Grundrechtseingriffen für eine Übergangszeit auch BVerfG, Beschl. v. 08.11.2012, 1 BvR 22/12, juris Rn. 25.

[1388] *Verrel*, in: L/N/N/V/B, Strafvollzugsgesetze, M, Rn. 143.

samt nur erhöhte Gefahren von „Gewalttätigkeiten" gegen Personen,[1389] unter die allein *unmittelbar* drohende Leibes- und Lebensgefahren fallen[1390].

Die Generalklauseln verlangen indes, dass die Beschränkungen zur Aufrechterhaltung der Sicherheit unerlässlich oder erforderlich sind, sodass nur eine im Einzelfall bestehende *konkrete* Gefahr vorliegen muss.[1391] Eine schwerwiegende Fremdgefahr ist erst Recht auch immer eine konkrete Gefahr. Dass zur Abwendung einer solchen qualifizierten Gefahr eine Eingriffsbefugnis besteht, spricht auch der in *§ 4 Abs. 2 S. 3 des Augsburger-Münchener-Halleschen-Entwurfs zu einem Sterbehilfegesetz* (*AMHE-SterbehilfeG*) zum Ausdruck kommende Rechtsgedanke, wonach der drohende Brutalsuizid kraft rechtfertigenden Notstands nach § 34 StGB verhindert werden darf.[1392] Danach ist „[d]ie Verhinderung [nur dann] nicht [. . .] gerechtfertigt, [wenn] durch die Art des Suizids die seelische Gesundheit Dritter in nicht schwerwiegender Weise beeinträchtigt wird."[1393] Das im Justizvollzugsrecht geltende Enumerationsprinzip[1394] steht dem schließlich auch nicht entgegen, weil die vorgenannten Vorschriften über besondere Sicherungsmaßnahmen insoweit keinen abschließenden[1395] Charakter aufweisen. Suizidalität stellt im Justizvollzug zwar ein seit langem bekanntes Phänomen dar, neu ist jedoch die Tragwei-

---

1389 S. dazu bereits die Auflistung unter Fn. 1032.

1390 *Arloth*, in: Arloth/Krä, Strafvollzugsgesetze, § 88 StVollzG, Rn. 2;

1391 BVerfG, Beschl. v. 08.12.1993, 2 BvR 736/90, juris Rn. 26, BVerfGE 89, 315 (323); dass., Beschl. v. 10.11.1995, 2 BvR 1236/95, juris Rn. 15, StV 1996, S. 499 (500); *Goerdeler*, in: Feest/Lesting/Lindemann, Strafvollzugsgesetze, Teil II, § 4 LandesR, Rn. 97; dafür spricht auch, dass die *leges speciales* in den Landesjustizvollzugsgesetzen alle zumindest eine konkrete Gefahr voraussetzen, sodass dies erst Recht für die Generalklauseln gelten muss; vgl. auch *Kingreen/Poscher*, POR, § 8, Rn. 31, welche die nicht ausdrücklichen gesetzlichen Umschreibungen näher untersuchen; a. A. *Neubacher*, in: L/N/N/V/B, Strafvollzugsgesetze, B, Rn. 100 und *Laubenthal*, Strafvollzug, S. 181, Rn. 246 (mit Verweis auf *Neubacher*), die nicht näher begründet eine „gegenwärtige [. . .] [/und] unmittelbare[. . .] Gefahr" verlangen (für diese strikte Auslegung findet sich auch kein Anhalt in BT-Drs. 7/3998, S. 7, 29, welche eine Generalklausel im StVollzG zum Gegenstand hatte, die denen der Landesjustizvollzugsgesetze entspricht).

1392 *Dorneck et al.*, AMHE-SterbehilfeG, S. 49.

1393 *Dorneck et al.*, AMHE-SterbehilfeG, S. 3.

1394 Statt vieler *Laubenthal*, Strafvollzug, S. 177 f., Rn. 241.

1395 Bei Zwangsmaßnahmen auf dem Gebiet der Gesundheitsfürsorge wird das allerdings von der *h. M.* angenommen (*Arloth*, in: Arloth/Krä, Strafvollzugsgesetze, § 101 StVollzG, Rn. 1; *Verrel*, in: L/N/N/V/B, Strafvollzugsgesetze, M, Rn. 139; *Laubenthal*, Strafvollzug, S. 628, Rn. 724), worauf es hier aber nicht ankommt.

te, die das Recht auf selbstbestimmtes Sterben durch das BVerfG in seiner Suizidentscheidung am 26.02.2020 erfahren hat und auch im Justizvollzug haben wird, sodass nicht davon auszugehen ist, dass die Landesgesetzgeber diese Gesetzeslücke damals bewusst mitgedacht haben.

Eine medizinische Zwangsmaßnahmenbefugnis greift beim bereits freiverantwortlich *begonnenen* Versuch eines Brutalsuizides indes zunächst schon ohne Rückgriff auf die vollzuglichen Generalklauseln ein, weil mit der dann vorhandenen schwerwiegenden seelischen Fremdgefährdung die materiellen Voraussetzungen für invasive Eingriffe zur Abwendung von Gefahren für andere Personen erfüllt sind.[1396] Nach der medizinischen Zwangsbehandlung bedarf es in der Regel allerdings dann noch des zumindest vorläufigen Rückgriffs auf die vollzuglichen Generalklauseln. Denn wie beim angekündigten Brutalsuizid auch, droht keine „erhöhte" Gefahr von Gewalttätigkeiten gegen Personen, es ist aber unmittelbar nach einem Suizidversuch zunächst nicht hinreichend sicher auszuschließen, dass der Suizidwillige seinen Selbsttötungswunsch in brutaler Weise weiterhin umsetzen möchte. Das wird dann durch Sicherungsmaßnahmen[1397] unterbunden. Das Recht auf selbstbestimmtes Sterben wird durch diese hoheitli-

[1396] Beim ernsthaft begonnenen Selbsttötungsversuch besteht an sich zunächst „nur" eine (einfache) Gefahr zur Verletzung der psychischen Gesundheit der betroffenen Bediensteten. Diese wird sich aber bei weiterem Zulassen zu einer schwerwiegenden Gesundheitsgefahr für die Bediensteten konkretisieren (s. zu der nicht nachvollziehbaren Unterscheidung von Gefahrengraden bei der Gefährdung anderer Personen in den Ländergesetzen *Lesting*, in: Feest/Lesting/Lindemann, Strafvollzugsgesetze, Teil II, § 67 LandesR, Rn. 45 m. w. N.). So erhöhen sich z. B. bei einem blutigen Suizidversuch bei fortgesetztem Zuwarten der Blutverlust und die damit einhergehende wahrnehmbare belastende Auswirkung. Zudem dürfte es auf die Psyche der helfenden Kräfte einen wesentlichen positiven Unterschied machen, ob Rettungsbemühungen versucht worden sind, auch wenn der Suizident nachher versterben sollte. Denn es macht einen Unterschied, ob gar nicht geholfen wurde oder ggf. nur fälscherweise gedacht wird, nicht ausreichend geholfen zu haben (vgl. zu häufig vorkommenden Schuldgefühlen, ohne dass Schuld im juristischen Sinne vorliegt *Karnholz*, in: Gerngroß, Suizidalität und Suizidprävention, S. 251 [256 ff.]). Dass durch die Rettungsbemühungen eine nähere Konfrontation mit dem Suizidversuch erfolgt, dürfte durch die positive psychologische Wirkung aufgewogen werden und die Belastung auch nicht größer sein als in Fällen nicht freiverantwortlicher Suizidversuche, bei denen ohnehin auch eingegriffen werden muss.

[1397] Diese entsprechen solchen nach z. B. § 88 Abs. 2 LJVollzG RLP oder § 69 Abs. 2 StVollzG NRW, jedoch greift kein in Abs. 1 der Vorschriften geregelter Anordnungsanlass (insb. nicht „Gewalttätigkeiten gegen Personen"), sodass der Rückgriff auf die Generalklausel geboten ist.

chen Eingriffsbefugnisse auch nicht faktisch entleert, weil den Betroffenen immer noch schonendere Formen der Lebensbeendigung verbleiben, wie gleich näher ausgeführt wird. Im Übrigen kommt für den jeweils persönlich betroffenen Amtsträger auch eine Rechtfertigung nach § 34 StGB als Privatperson und Inhaber des Erhaltungsguts der seelischen Unversehrtheit in Betracht.[1398]

(c) „Pflicht" zur schmerzfreien und sicheren Selbsttötung

Auch wenn allgemein darüber gestritten wird, ob das Recht auf selbstbestimmtes Sterben ein Recht auf Schmerzfreiheit umfasst, wie das BVerfG ohne nähere Begründung behauptet,[1399] so verdichtet sich dieses beanspruchte Recht jedenfalls im Kontext des Justizvollzuges aufgrund der berechtigten Interessen des Personals zu einer „Pflicht" zur schmerzfreien und sicheren Selbsttötung, um die Zumutbarkeit[1400] für alle Betroffenen möglichst zu wahren. Anders als im Zivilrecht, wo jeder Pflicht ein subjektives Recht entspricht, ist es im öffentlichen[1401] Recht denkbar, dass einer Rechtspflicht kein subjektives Recht des Bürgers korrespondiert, dass die Pflicht aufgrund übergeordneter öffentlicher Belange vielmehr ausschließlich im

---

[1398] *Hoyer*, in: Wolter, SK-StGB, § 34, Rn. 97 f.; s. dazu auch *Dorneck et al.*, AMHE-SterbehilfeG, S. 3 *(§ 4 Abs. 2 S. 3)*, 49; auf die Frage, ob und ggf. inwieweit § 34 StGB als Rechtfertigungsnorm für hoheitliche Maßnahmen in Betracht kommt, kommt es hier nicht an (s. dazu ausführlich m. w. N. *Erb*, in: Erb/Schäfer, MüKoStGB, § 34, Rn. 49 ff.). Eine Rechtfertigung nach § 32 StGB kommt nicht in Betracht, weil beim Brutalsuizid die Verletzung der psychischen Gesundheit der Bediensteten nicht unmittelbar bevorsteht (vgl. *Kindhäuser*, in: Kindhäuser/Neumann/Paeffgen/Saliger, Strafgesetzbuch, § 32, Rn. 26) und die suizidale äußerlich ambivalente Handlung auch nicht von einer Verletzungsabsicht getragen ist (vgl. *Perron/Eisele* in: Schönke/Schröder, Strafgesetzbuch, § 32, Rn. 3) und ihr daher keine Angriffsqualität zukommt (so aber z. B. bei einem Schienensuizid, der stets einen gefährlichen Eingriff in den Bahnverkehr nach § 315 StGB darstellt [vgl. *Dorneck et al.*, AMHE-SterbehilfeG, S. 3 {*§ 4 Abs. 2 S. 2*, S. 49}]).

[1399] S. bereits den Streitstand unter Fn. 113.

[1400] Der Begriff der Zumutbarkeit ist primär subjektiv zu bestimmen (s. dazu bereits Fn. 586).

[1401] Das Strafvollzugsrecht wird dem Strafrecht zugeordnet, das in den deutschen juristischen Fakultäten als eigenes Rechtsgebiet gelehrt wird. Allerdings regelt das Strafrecht, genau wie das öffentliche Recht, das Verhältnis des Bürgers zum Staat. Das Strafvollzugsrecht betrifft zudem überwiegend Materien des besonderen Verwaltungsrechts, das auf den speziellen Bereich der Justizvollzugsverwaltung zugeschnitten ist und damit auch dem öffentlichen Recht zugeordnet werden kann.

Interesse der Allgemeinheit besteht.[1402] So ist es auch hier. Auch wenn diese Wertung mit dem Wunsch vieler Suizidwilliger, die, um nicht auf die gängigen, überwiegend grausamen Suizidmethoden zurückgreifen zu müssen, ihren Tod durch die Einnahme von schnell, sicher und schmerzlos wirkenden Suizidpräparaten hervorrufen wollen,[1403] korrespondiert, so ist dies im Kontext des Justizvollzuges ein bloß nicht beabsichtigter Pflichtenreflex. Dem Justizvollzug ist aufgrund seiner Lebensorientierung die Suizidhilfe nämlich wesensfremd.[1404] Daher sind die suizidwilligen Gefangenen auf Suizidhilfe mittels Zugang zu sicher und schmerzlos wirkenden Suizidpräparaten oder andere milde Formen der Lebensbeendigung zu verweisen.[1405] Soweit es sich nicht um dem Brutalsuizid vergleichbare Formen der Lebensbeendigung handelt, steht es den Suizidwilligen im Vollzug nämlich auch frei, diese zu wählen. Wie bereits oben ausführlich geprüft wurde (B. II. 2., S. 50), ist der Suizidbegriff weit zu verstehen und kann sowohl die Behandlungsablehnung als auch den freiwilligen Verzicht auf Nahrung und Flüssigkeit[1406] (auch Sterbefasten[1407] genannt) umfassen. Für die Gleichstellung spricht in systematischer Sicht im Übrigen auch, dass in § 68 Abs. 1 S. 2 SächsSt-

[1402] Vgl. *Schwabe*, Grundkurs Staatsrecht, S. 10.

[1403] Vgl. *Kusch/Hecker*, Handbuch der Sterbehilfe, S. 73, 75.

[1404] S. hierzu bereits die obigen Ausführungen zum Gegensteuerungsgrundsatz und zum Vollzugsziel und Eingliederungsgrundsatz unter D. III. 2. a) bis c), S. 193 ff.

[1405] A. A. *Lob-Hüdepohl*, BewHi 2019, S. 293 (304 f.), der jegliche Suizidassistenz auch durch Dritte als „eine schwere Belastung eines humanen Strafvollzuges" ansieht und diese daher ausschließt.

[1406] Vgl. dazu auch *JM NRW*, Erlass v. 25.8.2021 (Az. 4550 – IV.71), S. 1 ff., https://fragdenstaat.de/anfrage/erlass-zum-sterbefasten-in-gefangnissen/ (abgerufen am 17.09.2023), das anlässlich eines kontrovers diskutierten Falls eines verstorbenen ehemaligen Untersuchungshäftlings (s. dazu *LT NRW*, Ausschussprotokoll der 80. Sitzung des Rechtsausschusses [öffentlicher Teil] am 02.07.2021, 17/1495, S. 8 ff.; *JM NRW*, schriftlicher Bericht [öffentlich] zum TOP „Tod eines Inhaftierten im Justizvollzugskrankenhaus Fröndenberg durch Nahrungs- und Flüssigkeitskarenz" für die 82. Sitzung des Rechtsausschusses des *LT NRW* am 01.09.2021, Vorlage 17/5568 v. 27.08.2021, S. 1 ff.; *LTO*, Beitr. v. 21./23.06.2021, welcher verhungert und verdurstet ist, angepasste Handlungsanweisungen für „Maßnahmen im Falle eines Verzichts auf Essen und Trinken bzw. eines Hunger- und/oder Durststreiks eines Gefangenen" erlassen hat.

[1407] Vgl dazu auch *Tag/Baur*, Suizidhilfe im Freiheitsentzug, S. 32; abzulehnen ist insoweit die Auffassung von *Lindner*, StV 2015, S. 522 (523), wenn er das „Vorhaben eines Strafgefangenen, sich zu Tode zu hungern und sich auf diese Weise selbst zu töten", pauschal als „entwürdigend" bezeichnet und darin eine Rechtfertigung für Zwangsernährung sieht (so auch *Verrel*, FS Dölling, S. 467 [474, dortige Fn. 39]).

VollzG die mit tödlicher Absicht erfolgende Nahrungs- und Flüssigkeitskarenz der Selbsttötung gleichgestellt wird („[...], wenn die Gefangenen mit dem Ziel der *Selbsttötung*[1408] die Nahrungs- und Flüssigkeitsaufnahme verweigern."[1409]). Auch wenn das Sterbefasten als sich typischerweise mehr oder weniger lang hinziehender Vorgang[1410] kontrovers hinsichtlich seiner Eignung als Suizidmethode diskutiert wird,[1411] ist dies kein Aspekt, der gegen die Wahl dieser Methode angeführt werden kann, weil das Recht auf selbstbestimmtes Sterben auch diese Form umfasst. Allenfalls könnte der zeitliche Aspekt einen Hinderungsgrund für die Bewachung durch das Personal darstellen, weil dieses über einen mehr oder weniger langen Zeitraum mit dem Prozess des Sterbefastens konfrontiert würde. Sterbefasten kommt (auch physiologisch, weil die Körperkräfte sukzessive schwinden) einem natürlichen Sterben nahe.[1412] „Bei Menschen, die sich in einem unumkehrbaren Sterbeprozess befinden, den nahenden Tod erwartend, wird selbstverständlich hingenommen, immer weniger zu essen und zu trinken."[1413] Dadurch, dass es sich beim sukzessiven Verzicht auf Nahrung und Flüssigkeit um einen bis zu einem gewissen Stadium reversiblen Prozess handelt,[1414] können im Vergleich zur unmittelbar tödlich wirkenden Lebensbe-

[1408] Hervorhebung durch den *Verf.*

[1409] Die in LT-Drs. SN 6/13475, S. 120 ausdrücklich erfolgte Klarstellung, dass eine Zwangsernährung auch beim freiverantwortlichen Suizid zulässig sei, ist im Wege der bisherigen Diskussion in verfassungskonformer Auslegung abzulehnen.

[1410] Nach *Klähn*, in: Neumann, Suizidhilfe, S. 163 (176) kommt es bei guter körperlicher Verfassung innerhalb von zwei bis drei Wochen zum Tod, wohingegen dieser Zeitraum bei schweren Erkrankungen verkürzt sei. Lt. *DGP*, Positionspapier zum freiwilligen Verzicht auf Essen und Trinken, S. 10 „[ist b]eim vollständigen Verzicht auf Essen und Trinken [...] davon auszugehen, dass die Lebenserwartung nur wenige Tage (3–7 Tage, selten auch länger) beträgt. Beim alleinigen Verzicht auf Essen, nicht aber auf Trinken, ist von einer längeren Lebenserwartung von vier bis sechs Wochen auszugehen. Die Überlebenszeit wird allerdings von vielen Faktoren wie zum Beispiel Ernährungszustand, Hydrationsstatus, Organfunktionsstörungen von Herz, Lunge oder Niere oder dem Vorliegen von Fieber oder Infekten beeinflusst."

[1411] Vgl. dazu nur *Kusch/Hecker*, Handbuch der Sterbehilfe, S. 79 ff. m. w. N., die der Methode die Eignung absprechen oder umgekehrt nur *Klähn*, in: Neumann, Suizidhilfe, S. 163 ff.

[1412] Vgl. auch *DGP*, Positionspapier zum freiwilligen Verzicht auf Essen und Trinken, S. 5.

[1413] *Klähn*, in: Neumann, Suizidhilfe, S. 163 (170).

[1414] *Klähn*, in: Neumann, Suizidhilfe, S. 163, S. 173; vgl. auch *Biesenbach*, in: LT NRW, Ausschussprotokoll der 80. Sitzung des Rechtsausschusses (öffentlicher Teil) am 02.07.2021, 17/1495, S. 8 (16).

endigung auch geringe Anforderungen an die zeitliche Überwachung durch das Personal gestellt werden, so dass eine in regelmäßigen Intervallen erfolgende Kontrolle zumutbar wäre.[1415] Dies würde die psychische Belastung mindern[1416] und wäre zudem auch vollzugsorganisatorisch besser leistbar. Hier wären die Betroffenen beim alleinigen Verzicht auf Nahrung aber ausnahmsweise auf eine vollzugsinterne Durchführung in einer Krankenabteilung der jeweiligen JVA oder in einem JVK zu verweisen.[1417] Eine langwierige über mehrere Wochen erfolgende Bewachung außerhalb der Anstalt würde nämlich regelmäßig die personellen Ressourcen überfordern.[1418]

(2) Mitgefangene

Bei Mitgefangenen, die von dem Suizid „bloß“ vom Hörensagen erfahren, fehlt es an einer vergleichbaren Gefährdungslage, auch wenn es sich um nahe Bezugspersonen handeln sollte. Mit *Schwabe*, der die Thematik allgemein untersucht hat, ist es nämlich „unmöglich, jeden Seelenschmerz in einen Abwägungsprozess miteinzubeziehen; das geht, wenn überhaupt, nur in besonders qualifizierten Fällen.“[1419] Normaler Trauerschmerz,[1420] der die

[1415] Z. B. mit einem Beobachtungsintervall von 60min; vgl. auch *JM NRW*, Erlass v. 25.8.2021 (Az. 4550 – IV.71), S. 4, das eine regelmäßige Überprüfung der Einwilligungsfähigkeit fordert.

[1416] Dennoch sollten aufgrund des verbleibenden Belastungspotentials kontinuierlich Entlastungsangebote für das Personal stattfinden (vgl. dazu auch *DGP*, Positionspapier zum freiwilligen Verzicht auf Essen und Trinken, S. 9 und s. *JM NRW*, Erlass v. 25.8.2021 (Az. 4550 – IV.71), S. 6 (dortige Nr. 6), https://fragdenstaat.de/anfrage/erlass-zum-sterbefasten-in-gefangnissen/ [abgerufen am 17.09.2023]).

[1417] Vgl. dazu auch *Stephan*, SZ-Magazin 2022, S. 11 (20) mit Hinweis des ehemaligen Leiters der JVA Geldern, der sich allenfalls eventuell eine Durchführung „in einem Haftkrankenhaus [...] unter ärztlicher Aufsicht“ vorstellen könnte.

[1418] Üblicherweise erfolgt bei Krankenhausbewachungen, wie der *Verf.* aus eigener dienstlicher Erfahrung weiß, aus Sicherheitsgründen pro Schicht die ständige und unmittelbare Überwachung durch mind. zwei Beamte des AVD, was somit sechs Beamte am Tag bindet, die dann für anderweitige Tätigkeiten nicht zur Verfügung stünden. Dafür mehr Personal einzustellen, was ohnehin schon schwierig ist, erscheint unverhältnismäßig.

[1419] *Schwabe*, JZ 1998, S. 66 (72).

[1420] S. zu/r allgemeinen Trauer/komplizierten Verläufen (Prävalenz bei nahen Bezugspersonen: 6,7%, die indes durch die Todesart beeinflusst werden kann, [*Wittkowski*, in: Wittwer/Schäfer/Frewer, Handbuch Sterben und Tod, S. 246 {247}]) und den Folgen des Verlusterlebens für Gesundheit und Lebenserwartung, potentiellen positiven Wirkungen des Verlusterlebens sowie Interventionen für Trauernde und deren Wirksamkeit a. a. O., S. 246 ff. m. w. N.

übliche Reaktion auf das Versterben einer nahen Bezugsperson darstellt, ist damit nicht ausreichend. Eine schwerwiegende Gefahr für die seelische Integrität derer wird daher nur dort anzunehmen sein, wo gemeinschaftliche Unterbringungen vorliegen, die indes sowohl bei vollzugsextern als auch -intern geplanten Suiziden aus Sicherheitsgründen aufgelöst werden (müssten).[1421]

Auch potentielle unfreiwillige Nachahmungshandlungen[1422] durch unvermeidliches Bekanntwerden des Suizids innerhalb der Anstalt dürften keine andere Einschätzung rechtfertigen und bedürften zudem empirischer Erforschung im vollzuglichen Kontext, insbesondere im Rahmen der gebotenen schmerzlosen und sicheren Suizidhilfe, die einen vergleichsweise „einfachen" Weg zur Selbsttötung ebnet.[1423] Derzeit ist jedenfalls da-

---

[1421] Die Differenzierung, dass Drittbetroffene selbst unmittelbar Augenzeuge des Suizids werden müssen, orientiert sich rechtsgedanklich an der zivilrechtlichen Rechtsprechung des BGH zum sog. Schockschaden (vgl. nur BGH, Urt. v. 22.05.2007, VI ZR 17/06, BGHZ 172, 263 [266 f, Rn. 14]; bei Schockschäden kann für einen Schmerzensgeldanspruch mittlerweile sogar eine mittelbare psychische Störung genügen, die nicht über die gesundheitlichen Beeinträchtigungen hinausgeht, denen Betroffene beim Tod oder einer schweren Verletzung eines nahen Angehörigen in der Regel ausgesetzt sind [BGH, Urt. v. 06.12.2022, VI ZR 168/21, juris Leitsatz 1, Rn. 13–17: insoweit Aufgabe von Senatsurt. v. 21.05.2019, VI ZR 299/17, BGHZ 222, 125 {128 f., Rn. 7 m. w. N.}]).

[1422] Der sog. *Werther*-Effekt ist für den Bereich der medialen Berichterstattung über Suizide berühmter Personen wissenschaftlich fundiert und dessen Ursache ist im präsuizidalen Syndrom nach *Ringel* bzw. in der suizidalen Entwicklung nach *Pöldinger* zu sehen (s. bereits A. III. 1., S. 6 f.). In der Phase der Erwägung wird ein Suizid als Möglichkeit zur Problemlösung in Betracht gezogen. Während dieser Phase kommt den Reaktionen und Botschaften der Umwelt eine besondere Aufmerksamkeit zu, auch wenn dies bei entsprechender Hilfe bzw. Wegfall der belastenden Krisensituation nicht zum Suizid führen muss. Besonders Suizide von bekannten Persönlichkeiten können Nachahmungseffekte auslösen (s. zum Ganzen *Gerngroß*, in: Gerngroß, Suizidalität, S. 14 [42–44]). Bei Gefangenen sieht *Bennefeld-Kersten* lt. *Ruddat*, TAZ, Beitr. v. 16.01.2019 den *Werther*-Effekt durch mediale Berichterstattung in Abhängigkeit vom jeweiligen Kontext und zwar in Bezug auf „die Vergleichbarkeit der Lebenssituation" oder der „Identifikation mit einer Persönlichkeit" „und Mitgefangene würden durch den Polizeieinsatz und einen Bestatter vor Ort ohnehin mitbekommen, dass sich jemand das Leben genommen habe." Ähnlich argumentiert auch *Maelicke*, insb. weil Gefangene kaum Tageszeitungen läsen. Die *Hamburger Justizbehörde* befürchte sachverständig beraten jedoch durch direkte Presseberichterstattung über Gefangenensuizide „Nachahmungstaten" und wolle daher unmittelbar nur an die Obleute des Justizausschusses berichten, wodurch dann in der öffentlichen Ausschusssitzung auch Medienvertreter informiert würden.

[1423] Der ehemalige Leiter der JVA Geldern „Andreas Schüller will sich das gar nicht erst vorstellen. Dieses Szenario, in dem dutzende Gefangene einen assistierten Suizid bevon auszugehen, dass derartigen Phänomenen, wenn sie denn nachweisbar sein sollten,[1424] hinreichend im Wege der Suizidprävention begegnet werden könnte. Hiergegen lässt sich auch nicht durchgreifend einwenden,[1425] dass das BVerfG festgestellt hat, „dass Personen nicht in schweren Lebenslagen in die Situation gebracht werden, sich mit solchen Angeboten auch nur näher zu befassen oder sich hierzu explizit verhalten zu müssen."[1426] Das BVerfG nimmt damit lediglich erkennbar Bezug auf soziale Pressionen, die vornehmlich von unregulierten Angeboten geschäftsmäßiger Suizidhilfe ausgehen;[1427] etwaige Nachahmungseffekte waren damit nicht generell adressiert. Gleichwohl sollte, wenn dies aus Sicherheits- und/oder vollzugsorganisatorischen Gründen verantwortbar ist und den Wünschen des Betroffenen weitestgehend entspricht, der Suizid des Gefangenen grundsätzlich außerhalb des Gefängnisses erfolgen, um die kollidierenden Interessen im Wege praktischer Konkordanz in einen möglichst schonenden Ausgleich zu bringen.[1428] Ausnahmsweise sollte, wenn dies aus Sicherheits- und/oder vollzugsorganisatorischen Gründen geboten erscheint oder dem ausdrücklichen Wunsch des Suizidwilligen entspricht, auch eine vollzugsinterne Durchführung in einer Krankenabteilung der JVA oder einem JVK

---

gehen." (*Stephan*, SZ-Magazin 2022, S. 11 [20]). Ob dies tatsächlich so einträte, wäre zum aktuellen Zeitpunkt noch spekulativ und müsste intensiv beobachtet werden; aber allein auf Spekulationen gegründete Einschränkungen wären unverhältnismäßig (vgl. in Fällen schwerer Krankheit auch *Hufen*, NJW 2018, S. 1524 [1526]; vgl. zur Forderung wissenschaftlich fundierter Erkenntnisse über einen Zusammenhang zwischen geschäftsmäßiger Suizidförderung und einem Anstieg der Suizidrate bei unfreiwilligen Selbsttötungen *Grünewald*, JZ 2016, S. 938 [945 f. m. w. N.]; ähnlich *Hörnle*, JZ 2020, S. 872 [878 m. w. N.]).

[1424] S. zu der Befürchtung von Nachahmungshandlungen aufgrund von zeitlich gehäuften Selbsttötungshandlungen in der JVA Siegburg 2008 auch *Kuhnes/In der Smitten*, WZ, Beitr. v. 30.04.2008.

[1425] In diesen missverständlichen Kontext des „Werther-Effekt[s]" bringt die *Diakonie Deutschland*, Stellungnahme 2022, S. 4 aber die nachfolgend zitierte Aussage des BVerfG; vgl. auch nur *Kommissariat der deutschen Bischöfe/Caritas*, Stellungnahme 2022, S. 5, die dazu auch eine entsprechende Gesetzesformulierung zum Ausschluss der Duldung von Suizidassistenz von Trägern und Diensten des Gesundheits- und Sozialwesens vorschlagen (a. a. O, S. 6, 10, 16, 20 f.).

[1426] BVerfG, Urt. v. 26.02.2020, 2 BvR 2347/15, BVerfGE 153, 182 (271 f., Rn. 235).

[1427] BVerfG, Urt. v. 26.02.2020, 2 BvR 2347/15, BVerfGE 153, 182 (279 f., Rn. 257).

[1428] Vgl. *Urwyler/Noll*, KrimOJ 2020, p. 201 (212 f.); weitergehend *Reiling*, ZfP 2024, S. 36 (49 f.), die aufgrund der staatlichen Schutzpflicht gegenüber „(noch) nicht suizidwilligen Inhaftierten" die Suizidhilfe „zwingend" außerhalb der Anstalt sieht.

erfolgen.[1429] Die dortige Durchführung ist immer noch weniger belastend für alle Beteiligten als die Durchführung eines Brutalsuizides in einer Regelvollzugsabteilung, der ohnehin in vielen Fällen faktisch nicht verhindert werden und zu dem sich der Betroffene aufgrund der subjektiv empfundenen Ausweglosigkeit mangels anderer Alternativen sogar eher gedrängt fühlen könnte.[1430]

(3) Absicherung des Weges geeigneter Suizidmittel an den Suizidort

Suizidwillige Gefangene müssen hinreichend substantiieren, „von wem [sie], auf welcher Grundlage und nach welchem Prozedere [. . .] die von [ihnen] begehrten Medikamente [beziehungsweise Suizidmittel] tatsächlich erhalten w[ollen], deren Beschaffung [sie] von der Justizvollzugsanstalt zu dulden verlang[en]“[1431], damit diese in die Lage versetzt wird, das Gesuch auf sicherheitsrelevante Gesichtspunkte überprüfen zu können. Anstaltsfremde Personen müssen insoweit nämlich auf ihre Zuverlässigkeit hin überprüft werden können, um Gefahren für die Sicherheit der Anstalt auszuschließen, zum Beispiel nach § 15 LJVollzDSG RLP oder § 21 JVollzDSG NRW. Zudem sollten Sterbehilfeorganisationen staatlich reguliert sein. Die Suizidmittel dürfen außerdem schon *de lege lata* keine Gefahr für die Anstaltssicherheit darstellen.[1432] Dazu überprüft die JVA vor Betreten der vorgesehenen Räumlichkeiten (zum Beispiel – extern: öffentliches Krankenhaus oder Raum in einer Sterbehilfeorganisation; – intern: Außenpforte der Anstalt) durch den Suizidhelfer, ob das ausgewählte Suizidmittel mit dem durch die Anstalt zugelassenen übereinstimmt und übergibt dieses erst dann wieder an den Suizidhelfer, wenn der Suizid unmittelbar vor der geplanten Vollziehung steht. Die Übergabe des Suizidmittels vom Suizidhelfer an den Gefangenen und die Einnahme dürfen nur unter ständiger und unmittelbarer Aufsicht des Vollzugspersonals erfolgen. Nach

[1429] Vgl. dazu auch *Stephan*, SZ-Magazin 2022, S. 11 (20) mit Hinweis des ehemaligen Leiters der JVA Geldern, der sich allenfalls eventuell eine Durchführung „in einem Haftkrankenhaus [. . .] unter ärztlicher Aufsicht“ vorstellen könnte; anders aber in § 36 Abs. 1 JUVV Kanton Solothurn und No. 21 1*st* sentence Guideline 800–9 geregelt, wo sich die Freiheit nicht auf die Wahl des Sterbeortes erstreckt (krit. auch *Stüfen*, Seelsorge & Strafvollzug 2019 (3), S. 36 [49 ff.]).

[1430] So ähnlich auch *Urwyler/Noll*, KrimOJ 2020, p. 201, S. (213).

[1431] BVerfG, Beschl. v. 03.11.2021, 2 BvR 828/21, medstra 2022, S. 102 (105, Rn. 30).

[1432] Vgl. in Bezug auf „Ballongas“ die umfangreiche Prüfung im rechtskräftigen Beschl. des LG Kleve v. 02.06.2022, 161 StVK 23/20, juris Rn. 24, 34 f.

der Übergabe dürfen der Suizidhelfer und vom Gefangenen ausgewählte sowie von der Anstalt vorab sicherheitsüberprüfte nahe Bezugspersonen der Durchführung der Selbsttötung beiwohnen. Um einen Missbrauch des Suizidmittels zu verhindern, trifft die Anstalt alle erforderlichen Sicherheitsmaßnahmen.[1433] Allerdings ist dabei nicht erforderlich, dass der assistierte Suizid durch technische Maßnahmen (zum Beispiel Überwachungskamera) oder andere Kontrollen (zum Beispiel Sitzwache)[1434] unmittelbar und ständig audio-visuell vom Vollzugspersonal überwacht werden muss; notwendig ist trotz der Höchstpersönlichkeit des Sterbevorgangs nur eine audiovisuelle Aufzeichnung, um Haftungsrisiken zu minimieren. Ohne die Bild-Ton-Aufzeichnung wäre nicht hinreichend rechtssicher nachzuweisen, wer die Tatherrschaft über den unmittelbar lebensbeendenden Akt innehatte.[1435]

cc) Ordnungsaspekte

Ordnungsgesichtspunkte stehen einem assistierten Suizid nicht entgegen. Auch wenn es sich bei einem Suizid um ein „besonderes Vorkommnis" handelt,[1436] das als „soziales Beziehungsereignis"[1437] Betroffenheit bei allen Beteiligten hervorruft, kann eine allgemeine vorübergehende „Störung" der organisatorischen Abläufe, die vor allem mit der intensiven behördlichen

[1433] Bei erhöhter Fremdgefährdung (vgl. dazu auch *Bretschneider*, Ageing Prisoners and Ethics Behind Bars, S. 80) müsste etwa vermieden werden, dass der mutmaßliche „Suizident" ein Selbsttötungsvorhaben simuliert und dann etwa Personal oder Dritte verletzt oder gar tötet, um zu entweichen. Mit *Urwyller/Noll*, Jusletter 2018, Rn. 29 kann den „legitime[n] Sicherheiterwägungen der Anstalt [...] durch diverse Maßnahmen (z. B. [...] Fußfesseln bei gefährlichen Inhaftierten) adäquat Rechnung getragen werden" (vgl. auch zu manuell oder durch Lidschlag auslösbaren Selbstinjektionsautomaten *Kusch*, NStZ 2007, S. 436 [438, 441]).

[1434] Ob diese Form der Überwachung auch bei einem schonend durchgeführten Suizid noch zumutbar wäre, ist v. a. aufgrund der unmittelbareren Wahrnehmung sehr fraglich. Welche psychischen Belastungen für die Bediensteten in den USA mit den hiermit nicht vergleichbaren Exekutionsmethoden (Erschießen, elektrischer Stuhl, Giftspritze, Vergasen) einhergehen, zeigt exemplarisch *FOCUS TV Reportage*, Die Stunde des Henkers, Die Männer hinter der Todesstrafe, https://www.youtube.com/watch?v=jILY1q_qGqg (abgerufen am 17.09.2023).

[1435] So auch *Kusch/Hecker*, Handbuch der Sterbehilfe, S. 73 f., 198 f. und *Fricke*, Kriminalistik 2022, S. 247 (250); a. A. *Schöch*, GA 2020, S. 423 (434). Vgl. allgemein zu den Vor- und Nachteilen audio-visueller Dokumentationen bei ärztlichen Behandlungen auch *Valerius*, medstra 2023, S. 275 (276 f.).

[1436] *Bennefeld-Kersten*, Ausgeschieden durch Suizid, S. 80.

[1437] S. zu diesem Begriff *Lob-Hüdepohl*, BewHi 2019, S. 293 (305).

Überprüfung[1438] des Todesfalls einhergeht, im Verhältnis zur grundsätzlichen Bedeutung des Rechts auf selbstbestimmtes Sterben keine so erhebliche Gefahr für die Ordnung bedeuten, als dass sie dem Recht auf Suizid in der benannten Form entgegenstünde;[1439] vor allem, wenn der Suizid außerhalb der Anstalt erfolgt.

dd) Zusammenfassung

Nach alledem kommt eine wesentliche Einschränkung des Rechts auf selbstbestimmtes Sterben in Bezug auf die Todesart nur in Fällen möglicher seelischer Betroffenheit in Betracht, die durch die Eigenschaft als unmittelbarer (zukünftiger) Augenzeuge nach einem Brutalsuizid(versuch) gekennzeichnet wären und somit die schwerwiegende Gefahr zu einer psychisch vermittelten Gesundheitsverletzung aufwiesen. In diesen Fällen sind die Anstalten *de lege lata* schon jetzt ermächtigt, Sofortmaßnahmen zur Abwendung solcher Suizide zumindest über die vollzuglichen Generalklauseln zu ergreifen, obgleich es wünschenswert wäre, wenn die Landesgesetzgeber zeitnah entsprechende spezielle Befugnisse schaffen würden.[1440] Dass bei dieser Betrachtungsweise unweigerlich Abgrenzungsprobleme verbleiben, ist evident, aber rechtfertigt auch nicht, die Problematik zu ignorieren und keinem Lösungsversuch zuzuführen. Institutionelle Faktoren sollten schließlich in Gestalt von Sicherheits- und/oder vollzugsorganisatorischen Gründen auch schon *de lege lata* Auswirkungen auf die Wahl des Sterbeortes und des Suizidmittels haben.

e) Fürsorgepflicht des Staates

Die staatliche Fürsorgepflicht zugunsten des Lebens nach Art. 2 Abs. 2 S. 1 Alt. 1 GG, die im Vollzug – der prinzipiell auf das Leben ausgerichtet und dem Suizidhilfe daher wesensfremd ist – aufgrund der dort vorhandenen besonderen Vulnerabilität besonderes Gewicht erlangt, kann nicht so weit reichen, als dass sie trotz Freiverantwortlichkeit eine Verhinderung des Suizids zuließe. Die Fürsorgepflicht begründet nur Leistungsansprüche,

---

[1438] Vgl. dazu *Bennefeld-Kersten*, Ausgeschieden durch Suizid, S. 80.

[1439] Vgl. zur medizinischen Zwangsbehandlung *Laue*, in: Hillenkamp/Tag, Intramurale Medizin 2005, S. 217 (233).

[1440] S. dazu auch den Regulierungsvorschlag unter D. V. 5. b), S. 336 f.

aber keine Duldungsverpflichtungen.[1441] Sie ist Ausgleich für die in Unfreiheit nicht gleichermaßen mögliche Selbstfürsorge und darf daher insoweit auch nicht weiter gehen.[1442] Eine aufgedrängte staatliche Fürsorge würde eine Grundrechtsverletzung begründen,[1443] auch wenn den Staat eine Mitverantwortung für die vollzugsbedingten Rahmenbedingungen trifft, die das Entstehen von Suizidalität begünstigen können[1444] und daher im Sinne des Gegensteuerungsgrundsatzes grundsätzlich dazu verpflichten, absehbaren Schädigungen entgegenzuwirken;[1445] dies jedoch nur bei nicht freiverantwortlichen Selbsttötungsbegehren. Folglich bleibt bei nachweislich gegebener Freiverantwortlichkeit, abgesehen von den oben genannten Ausnahmen (s. D. III. 4. b) cc), S. 211 ff. und d) bb) (1), S. 254 ff.), auch kein Raum mehr für besondere Sicherungsmaßnahmen, die in den Ländern bei Selbsttötungsgefahr unterschiedslos eine Suizidverhinderung zulassen.[1446]

Das gefundene Ergebnis korrespondiert auch mit dem Europarecht, insbesondere in Bezug auf Art. 8 Abs. 1 EMRK mit dem Recht auf Privatleben, das insoweit eine konventionsfreundliche Auslegung des Grundgesetzes gebietet.[1447] In *Nevmerzhitsky/Ukraine* befand der EGMR zwar, dass

---

[1441] Vgl. *Laue*, in: Hillenkamp/Tag, Intramurale Medizin 2005, S. 217 (234).

[1442] Vgl. *Laue*, in: Hillenkamp/Tag, Intramurale Medizin 2005, S. 217 (234).

[1443] Vgl. *Laue*, in: Hillenkamp/Tag, Intramurale Medizin 2005, S. 217 (236 m. w. N.); a. A. wohl *Lindner*, StV 2015, S. 522 (523).

[1444] Vgl. dazu auch allgemein *Deutscher Ethikrat*, Suizid – Verantwortung, Prävention und Freiverantwortlichkeit, S. 135.

[1445] Vgl. *Tag/Baur*, Suizidhilfe im Freiheitsentzug, S. 38.

[1446] So auch *Lindemann*, medstra 2021, S. 344 (346 f. m. w. N. auf die häufig nicht näher differenzierende *Lit.*, insb. dortige Fn. 38); s. auch *ders.*, medstra 2022, S. 106 (108): „Man kann den in seiner Willensbildungsfähigkeit nicht beeinträchtigten, zur Selbsttötung entschlossenen Gefangenen nicht zunächst auf denkbare Alternativen zu dem von ihm angestrebten medikamentös induzierten Suizid verweisen [Hinweis auf OLG Hamm, medstra 2021, S. 403 {404, Rn. 14}: es sei nicht zu erkennen, „dass ihm die Durchführung seiner eigenverantwortlichen Selbsttötung gerade angesichts der ablehnenden (Einzelfall-)Entscheidung des Leiters der JVA dauerhaft (absolut) unmöglich wäre."], nur um ihn sodann durch engmaschige Sicherungsmaßnahmen auch die Wahrnehmung dieser Alternativen abzuschneiden [unter Hinweis auf OLG Hamm, medstra 2021, S. 401 {402, Rn. 14}, das keine Unterscheidung zwischen frei- und nicht freiverantwortlichen Suizidentschlüssen vornimmt]."; vgl. auch *Eisenberg*, MedR 2022, S. 402 (404), *Verrel*, FS Dölling, S. 467 (475, dortige Fn. 44) und OLG Dresden, Beschl. v. 18.01.2023, 2 Ws 353/22, S. 6 (unveröffentlicht).

[1447] EGMR, Urt. v. 29.04.2002, Nr. 2346/02 (*Pretty/Vereinigtes Königreich*), NJW 2002, S. 2851 (2853 f., Rn. 61, 67); ders., Urteile v. 20.01.2011, Nr. 31322/07 (*Haas/Schweiz*), NJW 2011, S. 3773 (3774, Rn. 50 f.); v. 19.07.2012, Nr. 497/09 (*Koch/Deutschland*),

eine Zwangsernährung nicht *per se* gegen Art. 3 EMRK verstößt, wenn sie darauf abzielt, das Leben eines bestimmten Häftlings zu retten, der sich bewusst weigert, Nahrung zu sich zu nehmen,[1448] so dass daraus durchaus abgeleitet werden könnte, dass die staatliche Lebensschutzpflicht mutmaßlich vor der Selbstbestimmung des Gefangenen steht. Diese Interpretation ist aber in Hinsicht auf Art. 8 Abs. 1 EMRK nicht generell zwingend, weil die EMRK systematisch als Ganzes ausgelegt werden muss. Die Pflicht, das Leben von vulnerablen Personen zu schützen, die einen Suizid erwägen, wird durch Art. 2 Abs. 1 S. 1 i. V. m. Art. 8 Abs. 2 EMRK aufgestellt. In der Rechtssache *Lambert/France* urteilte der EGMR aber, dass bei der Prüfung einer möglichen Verletzung von Art. 2 Abs. 1 S. 1 EMRK auch Art. 8 Abs. 1 EMRK zu berücksichtigen sei.[1449] Dies stellte der EGMR bei suizidalen und verletzlichen Inhaftierten in ähnlicher Weise auch in der Rechtssache *Keenan/UK* fest, indem er urteilte, dass sich Inhaftierte zwar in einer verletzlichen Position befinden und deshalb von den Behörden zu schützen seien, dies jedoch gleichzeitig mit deren Rechten und Freiheiten vereinbar sein müsse, also auch mit ihrem Recht auf Selbstbestimmung.[1450]

NJW 2013, S. 2953 (2955, Rn. 51 f.) und v. 14.05.2013, Nr. 67810/10 (*Gross/Schweiz*), Rn. 58 f.

[1448] EGMR, Urt. v. 05.04.2005, 54825/00 (*Nevmerzhitsky/Ukraine*), BeckRS 2005, 158341 Rn. 94 („The Court reiterates that a measure which is of therapeutic necessity from the point of view of established principles of medicine cannot in principle be regarded as inhuman and degrading. The same can be said about force-feeding that is aimed at saving the life of a particular detainee who consciously refuses to take food.“ – Der Gerichtshof weist erneut darauf hin, dass eine Maßnahme, die nach anerkannten Grundsätzen der Medizin therapeutisch notwendig ist, grundsätzlich nicht als unmenschlich und erniedrigend angesehen werden kann. Dasselbe gilt für die Zwangsernährung, die darauf abzielt, das Leben eines bestimmten Häftlings zu retten, der sich bewusst weigert, Nahrung zu sich zu nehmen. [eigene Übersetzung]).

[1449] EGMR, Urt. v. 25.06.2015, 46043/14 (*Lambert/France*), HUDOC para 142.

[1450] EGMR, Urt. v. 03.04.2001, 27229/95 (*Keenan/UK*), HUDOC para 92 („The prison authorities, similarly, must discharge their duties in a manner compatible with the rights and freedoms of the individual concerned. There are general measures and precautions which will be available to diminish the opportunities for self-harm, without infringing on personal autonomy. Whether any more stringent measures are necessary in respect of a prisoner and whether it is reasonable to apply them will depend on the circumstances of the case.“ – Auch die Vollzugsbehörden müssen ihre Pflichten in einer Weise erfüllen, die mit den Rechten und Freiheiten der betroffenen Person vereinbar ist. Es gibt allgemeine Maßnahmen und Vorsichtsmaßnahmen, die zur Verfügung stehen, um die Möglichkeiten zur Selbstverletzung zu verringern, ohne die persönliche Autonomie zu beeinträchtigen. Ob strengere Maßnahmen gegenüber einem Gefangenen erforderlich

In konsequenter Interpretation dieser beiden Erkenntnisse kann daher kein ausnahmsloses Vorrangverhältnis der staatlichen Lebensschutzpflicht gegenüber dem Recht auf selbstbestimmtes Sterben Gefangener postuliert werden.[1451]

f) Justizielles Aufklärungsinteresse

Ein irgendwie geartetes justizielles Aufklärungsinteresse, das zum Beispiel in der Preisgabe der „Namen von Komplizen"[1452] bestehen kann, rechtfertigt keinen Eingriff in das Recht auf selbstbestimmtes Sterben, weil der Suizidwillige unter unverhältnismäßigem Zwang[1453] ansonsten zum Objekt der Strafverfolgung erniedrigt würde.[1454] Das öffentliche Strafverfolgungsinteresse kann zwar schwer wiegen,[1455] jedoch würde dies eine uferlose Beschränkung des Rechts auf selbstbestimmtes Sterben mit fraglichem Beweiswert zulassen. Unter diesem Entscheidungsdruck könnten nämlich auch naheliegender Weise falsche Verdächtigungen entstehen, nur um vom Recht auf selbstbestimmtes Sterben Gebrauch machen zu können und ob die Aussagen zur Überführung der Mitbeschuldigten auch bei entsprechendem Wahrheitsgehalt führen würden, wäre zudem eine nicht vorwegnehmbare Frage der Beweiswürdigung. Anders als bei der Berücksichtigung des Vergeltungsgedankens würde der Rechtsfrieden dadurch auch nicht wesentlich beeinträchtigt, weil ein Zeuge auch ansonsten faktisch nicht zu einer Aussage gezwungen werden kann, auch wenn erheblicher staatlich zulässiger Zwang auf ihn ausgeübt wird[1456].

---

sind und ob ihre Anwendung angemessen ist, hängt von den Umständen des Einzelfalls ab. [eigene Übersetzung]).

[1451] So auch *Fenwick et al.*, Med. Law Int. 2022, p. 217 (228).

[1452] Beispiel nach *Hämmelmann*, Die Rheinpfalz, Beitr. v. 01.09.2020.

[1453] Vgl. auch § 69 Abs. 3 i. V. m. § 136a Abs. 1 S. 2 StPO.

[1454] Eine Zeugenstellung kommt abgesehen von der rechtskräftigen Verurteilung (vgl. auch § 60 Nr. 2 a. E. StPO) ohnehin nur dann in Betracht, wenn der angeklagte suizidwillige Häftling im Wege der Verfahrenstrennung als Zeuge an einer Tat vernommen werden soll, an der er nicht beteiligt war (sog. Rollentausch, vgl. *Ellbogen*, in: Knauer/Kudlich/Schneider, MüKoStPO, Bd. 1, StPO, § 2, Rn. 17).

[1455] Vgl. BVerfG, Beschl. v. 19.07.1972, 2 BvL 7/71, juris Rn. 35, BVerfGE 33, 367 (383); dass., Beschl. v. 20.10.1977, 2 BvR 631/77, juris Rn. 30, BVerfGE 46, 214 (222); dass., Beschl. v. 15.01.2009, 2 BvR 2044/07, juris Rn. 72, BVerfGE 122, 248 (272); dass., Beschl. v. 07.12.2011, 2 BvR 2500/09, 1857/10, juris Rn. 113, BVerfGE 130, 1 (26).

[1456] S. zu den Folgen des Ausbleibens eines Zeugen § 51 oder § 70 StPO zu den Folgen der unberechtigten Zeugnisverweigerung.

Die vorstehenden Ausführungen gelten entsprechend für den (inhaftierten)[1457] suizidwilligen Beschuldigten, weil er ansonsten unverhältnismäßig zum Objekt der staatlichen Strafverfolgung herabgewürdigt würde.[1458] Dafür streitet im Übrigen auch die rechtsstaatlich garantierte Unschuldsvermutung, weil noch gar kein Strafanspruch besteht, der durchgesetzt werden müsste.

g) Zusammenfassung

Die positive Freiheit, selbstbestimmt über das Ende des eigenen Lebens zu entscheiden (das „Ob"), berechtigt als Ausfluss des allgemeinen Persönlichkeitsrechts auch im Justizvollzug grundsätzlich frei über Todeszeitpunkt, -art und Sterbeort zu entscheiden (das „Wann", „Wie" und „Wo"). Daher ist aus verfassungsrechtlichen Gründen ein Eingriff zunächst nur dann gerechtfertigt, wenn keine freiverantwortliche Suizidentscheidung vorliegt.

Eine ausnahmslose Befugnis zur Verhinderung einer Selbsttötung zur Verwirklichung des staatlichen Strafanspruchs würde zu einer nicht hinnehmbaren faktischen Entleerung des Rechts auf selbstbestimmtes Sterben führen und ist daher abzulehnen. Es ist *de lege ferenda* jedoch in Bezug auf den Todeszeitpunkt zur Wahrung elementaren Rechtsfriedens geboten, das Vergeltungsverlangen des Volkes in der Form zu berücksichtigen, dass bis zum Ablauf der Mindestverbüßungszeiten nach §§ 57, 57a und 57b StGB sowie §§ 18 Abs. 1 S. 2 oder 105 Abs. 3 S. 1, 88 Abs. 2 S. 2 JGG, wenn nicht ein Härtefall vorliegt, keinen Suizid zuzulassen, auch wenn er freiverantwortlich unternommen wird.

Eine wesentliche Einschränkung des Rechts auf selbstbestimmtes Sterben kommt zudem in Bezug auf die Todesart nur in Fällen möglicher see-

[1457] Dort stellt sich allerdings ohnehin schon die Frage, ob in Untersuchungshaft überhaupt die nötige innere Festigkeit und Dauerhaftigkeit des Suizidentschlusses besteht.

[1458] A. A. der *Generalbundesanwalt*, in: BGH, Beschl. v. 27.04.2023, 1 BGs 707/23, S. 11 f., der aufgrund des Hunger- und Durststreiks des Beschuldigten eine zwangsweise Ernährung wegen Fluchtgefahr nach §§ 119 Abs. 1 S. 1, 112 Abs. 2 Nr. 2 StPO für erforderlich hielt (a. a. O., S. 8 f. m. w. N.), wobei das Gericht diese Frage offenließ (unveröffentlicht, s. aber nachfolgend im Eilrechtsverfahren BVerfG, Beschl. v. 29.04.2023, 2 BvQ 51/23, das dem Lebensschutz durch Zwangsernährung in der Folgenabwägung vorläufig Vorrang vor dem Recht auf selbstbestimmtes Sterben, insb. vor dem Hintergrund einer zweifelhaften Selbstbestimmung, einräumte [a. a. O., Rn. 6]).

lischer Betroffenheit in Betracht, die durch die Eigenschaft als unmittelbarer (zukünftiger) Augenzeuge eines Brutalsuizides gekennzeichnet wären und somit die schwerwiegende Gefahr einer psychisch vermittelten Gesundheitsverletzung aufwiesen. In diesen Fällen sind die Anstalten *de lege lata* schon jetzt ermächtigt, Sofortmaßnahmen zur Abwendung solcher Suizide zumindest vorläufig über die vollzuglichen Generalklauseln zu ergreifen. Institutionelle Faktoren können schließlich *de lege lata* in Gestalt von Sicherheits- und/oder vollzugsorganisatorischen Gründen auch Auswirkungen auf die Wahl des Sterbeortes und Suizidmittels haben.

5. Vollzugspersonal als Suizidhelfer – Trennungsprinzip

„Niemand kann verpflichtet werden, Suizidhilfe zu leisten."[1459] Gilt das auch für Justizvollzugsbedienstete? Neben der primär abwehrrechtlichen Funktion kommt den Grundrechten nämlich im Justizvollzug im Besonderen auch eine leistungsrechtliche Komponente zu:[1460] Weil sich Gefangene im staatlichen Gewahrsam befinden und daher in ihren Möglichkeiten, ihre Grundrechte wahrzunehmen, substantiell eingeschränkt sind, haben gerade die Vollzugsbehörden auch Leistungspflichten inne, welche die Grundrechtsverwirklichung unter den Vollzugsbedingungen erst ermöglichen. Das könnte *prima facie* eine Pflicht des Justizvollzuges zur Leistung von Suizidhilfe begründen, insbesondere wenn suizidwillige Gefangene keine Sterbehilfeorganisation oder anstaltsfremde Ärzte fänden.

Die Gewissensfreiheit erlaubt zwar keine Behandlung gegen den Willen des Patienten und berechtigt daher Pflegekräfte nicht, eine vom Patienten gewünschte Behandlungsbegrenzung zu verweigern, die Dinge könnten hier aber anders liegen, weil es um die Verweigerung der Hilfe zur Selbsttötung geht, zu der bekanntlich keine Verpflichtung besteht.

Die insoweit aufgeworfene Frage, ob sich Justizvollzugsbedienstete als grundrechtsverpflichtete Amtsträger auf die Gewissensfreiheit berufen *können*, stellt sich indes nur, wenn der Justizvollzug wirklich selbst Suizidhilfe leistete; allerdings nicht, wenn die durch Dritte vorgenommene Suizidhilfe lediglich zugelassen oder geduldet würde, wenngleich die Entscheidung

---

[1459] BVerfG, Urt. v. 26.02.2020, 2 BvR 2347/15, BVerfGE 153, 182, Leitsatz 6 (vgl. auch 309 f., Rn. 342).

[1460] *Goerdeler*, in: Feest/Lesting/Lindemann, Strafvollzugsgesetze, Teil II, § 4 LandesR, Rn. 35.

über Leben und Tod auch insoweit grundsätzliche Fragen des menschlichen Daseins aufwirft.[1461] Eine Duldung könnte nämlich dann vorliegen, wenn mit Blick auf die Sicherheit und Ordnung in der JVA stets eine irgendwie geartete Mitwirkung beziehungsweise Begleithandlung seitens der JVA nötig wäre, so zum Beispiel die Genehmigung des Gewahrsams an todbringenden Präparaten oder eine Missbrauchskontrolle.[1462] Teilweise wird darin allerdings schon das Leisten von Suizidhilfe gesehen, weil diese aktive Mitwirkung die Selbsttötung erst ermögliche.[1463] Dies ist allerdings kaum vertretbar. Es handelt sich beim Unterlassen von Eingriffen nämlich schon nicht um Suizidhilfe.[1464] Denn wenn der Justizvollzug zum Beispiel den Gewahrsam an letalen Suizidmitteln genehmigt oder nach Aushändigung dieser die sichere Anwendung beaufsichtigt und kontrolliert, unterließe er damit lediglich einen rechtfertigungsbedürftigen Eingriff in das Recht auf selbstbestimmtes Sterben. Ein rechtlich *relevantes* Unterlassen des Staates liegt darin mit *Lemmert* gerade nicht, weil diesen eine konkrete Garanten- beziehungsweise Schutzpflicht zur Abwendung des Suizids nur dann trifft, wenn jener nicht freiverantwortlich erfolgt.[1465]

Noch schwieriger ist dann aber die Frage zu beantworten, ob Justizvollzugsbedienstete entgegen ihrem Gewissen sogar dazu verpflichtet werden könnten, Suizidhilfe zu leisten, indem sie zum Beispiel selbst das erforderliche Suizidmittel überlassen *müssten.*[1466] *Lindemann* hegt Zweifel an der Beachtlichkeit etwaig entgegenstehend behaupteter Gewissensgründe und

---

[1461] So i. E. auch *Klaedtke*, JuS 2024, S. 37 (41 f.), der zwar den Schutzbereich der Gewissensfreiheit berührt sieht, jedoch aufgrund der untergeordneten Mitwirkungsakte das Eingriffsgewicht als wesentlich geringer einschätzt als in das Recht auf selbstbestimmtes Sterben.

[1462] Vgl. auch *Urwyler/Noll*, Jusletter 2018, Rn. 13, 15.

[1463] LG Kleve, Beschl. v. 06.11.2020, 161 StVK 23/20, juris 9; OLG Hamm, Beschl. v. 12.04.2021, III-1 Vollz (Ws) 524/20, medstra 2021, S. 403 (404, Rn. 7, 10–13); ähnlich auch *Rheinland-Pfalz* in der Länderumfrage zu Frage 1, das auf die vorherige Entscheidung verwiesen hat.

[1464] Allerdings noch offengelassen bei *Lindemann*, medstra 2021, S. 344 (346) und *dems.*, medstra 2022, S. 106.

[1465] Zum Ganzen *Lemmert*, JuWissBlog Nr. 22/2020 v. 11.3.2020 (Anm. zu BVerfGE 153, 182), abrufbar unter https://www.juwiss.de/22--2020/ mit Verweis auf *BVerfG*, Urt. v. 26.02.2020, 2 BvR 2347/15, BVerfGE 153, 182 (263 f., Rn. 211, 270 f., Rn. 232), wonach der Staat lediglich Selbsttötungen entgegenzuwirken hat, die nicht von freier Selbstbestimmung und Eigenverantwortung getragen sind. Ausführlich allgemein bereits B. I. 2., S. 27 f.

[1466] Vgl. BVerfG, Beschl. v. 03.11.2021, 2 BvR 828/21, medstra 2022, S. 102 (106, Rn. 31).

stellt die Gegenfrage, ob der Justizvollzug aufgrund der Grundrechtsrelevanz des Rechts auf Suizidhilfe nicht zumindest verpflichtet wäre, nach anstaltsfremden Alternativen zu suchen.[1467] *Eisenberg* geht hingegen direkt auf die gestellte Frage ein und zieht eine Parallele zu Ärzten, deren Kardinalpflicht es nach § 1 Abs. 2 MBO-Ä auch sei, Leben zu retten, so dass zumindest dort die „Gewissensfreiheit in ihren Grundfesten erschüttert" sein könnte.[1468]

Die Frage dürfte sich tatsächlich dann stellen, wenn ein suizidwilliger Gefangener weder eine Sterbehilfeorganisation noch einen anstaltsfremden Arzt fände. Auch wenn ein assistierter Suizid aufgrund des (Fach)Ärztemangels gerade in einem Gefängnis schwierig umzusetzen sein dürfte,[1469] so darf dieser strukturelle Mangel nicht einseitig zu Lasten der Gewissenfreiheit von Justizvollzugsbediensteten gehen.

Ein derartiger Leistungsanspruch ergibt sich schon nicht aus dem einfachen Recht. Gefangene haben zwar im Rahmen der freien Heilfürsorge Anspruch auf notwendige, ausreichende und zweckmäßige medizinische Leistungen unter Beachtung des Grundsatzes der Wirtschaftlichkeit und unter Berücksichtigung des allgemeinen Standards der gesetzlichen Krankenversicherung.[1470] Bei der Inanspruchnahme von Suizidhilfe geht es aber ersichtlich weder um die von der freien Heilfürsorge umfasste Vermittlung einer gesunden Lebensführung noch um palliativmedizinische Versorgung oder Sterbebegleitung.[1471] Etwas anderes folgt auch nicht aus der Verfassung gemäß Art. 2 Abs. 1 i. V. m. Art. 1 Abs. 1 GG. Die Gewissenfreiheit von Amtsträgern kann nämlich in der Abwägung ausnahmsweise Vorrang vor der „Institution des Berufsbeamtentums als ein[es] mit Verfassungs-

[1467] *Lindemann*, medstra 2021, S. 344 (346), *ders.*, medstra 2022, S. 107.

[1468] *Eisenberg*, MedR 2022, S. 402 (403).

[1469] Vgl. *Frister*, Stellungnahme 2022, S. 16 und *Gaede*, Stellungnahme 2022, S. 14, 18; vgl. aber auch *Sinn*, Stellungnahme 2022, S. 5 f., der aufgrund der Aufhebung des berufsrechtlichen Verbots des ärztlich assistierten Suizids hinterfragt, ob dieser behauptete Fachärztemangel wirklich eintritt.

[1470] S. z. B. § 72 Abs. 1 S. 1 LJVollzG RLP oder § 45 Abs. 1 S. 1 StVollzG NRW.

[1471] OLG Hamm, Beschl. v. 12.04.2021, III-1 Vollz (Ws) 524/20, medstra 2021, S. 403, Rn. 6; *Lindemann*, medstra 2021, S. 344 (345); vgl. auch OLG Koblenz, Beschl. v. 05.05.2023, 2 Ws 595/22 Vollz, S. 4 f. m. Hinweis auf § 75 Abs. 1 S. 1 LJVollzG RLP (unveröffentlicht) und KG, Beschl. v. 30.04.2021, 5 Ws 49/21 Vollz, juris Rn. 16.

rang[1472] ausgestattete[n] Rechtswert[s]"[1473] haben, wenn die zu erledigende konkrete Tätigkeit der gewählten Laufbahn und dem gewählten Berufsbild wesensfremd wäre.[1474] Auch wenn innerhalb der „Gesamtgruppe Vollzugsbediensteter" durchaus „unterschiedliche Orientierungen hinsichtlich der Aufgaben des Strafvollzuges bestehen" dürften,[1475] ist das Leisten von Suizidhilfe dem Justizvollzug wesensfremd. Der Vollzug ist prinzipiell auf das Leben ausgerichtet, indem er dem Vollzugsziel, vornehmlich in Gestalt der Wiedereingliederung, dient und schädlichen Folgen im Sinne des Fürsorgegrundsatzes auch verfassungsrechtlich entgegenzuwirken hat. Wenn Justizvollzugsbedienstete nun Selbsttötungen aktiv unterstützen müssten, stünde dies in einem diametralen Widerspruch zum lebensorientierten Auftrag des Justizvollzuges.[1476] Im Schweizer Kanton Solothurn ist in § 36 Abs. 2 JUVV daher auch folgerichtig Folgendes geregelt: „Die Gefängnisärzte und -ärztinnen, die Mitarbeitenden des Gesundheitsdienstes und das Personal der Vollzugseinrichtung können nicht zur Suizidhilfe angehalten werden." In s. 21, 1*st* sentence des Guideline 800–9 for MAiD ist auch geregelt, dass die Suizidassistenz normalerweise vom externen Beurteiler (s. 17 1*st* sentence) geleistet werden muss.[1477]

1472 Nach dem BVerfG müssen sich Einschränkungen der Gewissensfreiheit aus der Verfassung selbst ergeben, vgl. BVerfG, Urt. v. 24.09.2003, sog. *Kopftuch I* Entscheidung, 2 BvR 1436/02, juris Rn. 38, BVerfGE 108, 282 ff., wozu auch Art. 33 Abs. 5 GG und die konkreten Anforderungen des Amtes zählten (vgl. a. a. O., Rn. 94, 97)

1473 BVerwG, Beschl. v. 08.09.1978, 2 B 31/78, juris Rn. 18, BVerwGE 56, 227 (228). Der Entscheidung lag die Verweigerung einer Kriminalbeamtin unter Berufung auf ihr Gewissen zugrunde, weder eine Dienstwaffe tragen noch an Schießübungen teilnehmen zu wollen.

1474 Vgl. *Herdegen*, in: Merten/Papier, Handbuch der Grundrechte, Band IV, § 98, Rn. 50 f.; vgl. auch *Bodanowitz*, in: Schnellenbach/Bodanowitz, Beamtenrecht, § 7, Rn. 19.

1475 *Eisenberg*, MedR 2022, S. 402 (403).

1476 So i. E. auch *Lob-Hüdepohl*, BewHi 2019, S. 293 (306); vgl. auch *Mausbach*, in: Tag/Groß, Tod im Gefängnis, S. 151 (152, 163 [„Der Tod ist kein straffreies Leben."]), *Tag/Baur*, Suizidhilfe im Freiheitsentzug, S. 68 f., KG, Beschl. v. 30.04.2021, 5 Ws 49/21 Vollz, juris Rn. 17 sowie *Verrel*, FS Dölling, S. 467 (478).

1477 Vgl. auch *Office of the Correctional Investigator* (2018). Annual report of the Office of the correctional investigator 2017–2018. Her Majesty the Queen in Right of Canada: „It is my belief that CSC should be removed from the position of being the enabler or facilitator of MAID. There should be no exceptions provided for or written into policy as it conflicts with CSC's mandate to preserve and protect life behind bars. MAID should only be performed by registered external health care providers and never in a facility under federal correctional authority." – Ich bin davon überzeugt, dass CSC davon ausgenom-

Das für untergeordnete Mitwirkungsakte bei der Durchführung von Suizidhilfe notwendige Vollzugspersonal sollte möglichst nicht zur Mitwirkung angewiesen werden und eine vorläufige Ablehnungsbefugnis haben.[1478] Sollte allerdings am Ende jegliche Mitwirkung aus Gewissensgründen verweigert werden, muss eine dienstliche Weisung des Dienstvorgesetzten in letzter Konsequenz dennoch zulässig sein, auch wenn dies das Amt des Bediensteten im Allgemeinen Vollzugsdienst für potentielle Bewerber nicht attraktiver machen wird.

Damit ist aber noch nicht die brisantere Frage entschieden, ob Justizvollzugsbedienstete selbst aktive Suizidassistenz in Form einer Medikamentenverschreibung oder Suizidmittelüberlassung leisten *dürften*, wenn sie das denn wollten. Es wäre paradox, wenn der Staat einerseits zum obersten Hüter des Rechtsguts Leben berufen ist, sich andererseits aber an Selbsttötungen (aktiv) beteiligen dürfte.[1479] Zwar könnte man sich auf den Standpunkt stellen, dass Gefahren durch riskante Suizidmethoden und Missbrauchsgefahren für die Selbstbestimmung bei unregulierter privater Suizidhilfe[1480] durch ein staatliches Suizidhilfeangebot, das gerade die Selbstbestimmung schützen soll, effektiv begegnet werden könnte, jedoch ist das Grundgesetz ein Gegenprogramm zu den Euthanasie-Programmen des Nationalsozialismus[1481] und der Staat darf deshalb nicht den geringsten

men werden sollte, als Ermöglicher oder Vermittler von MAiD zu fungieren. Davon sollten keine Ausnahmen vorgesehen oder in die Richtlinie aufgenommen werden, da dies im Widerspruch zum Auftrag des CSC steht, Leben hinter Gittern zu bewahren und zu schützen. MAiD sollte nur von registrierten externen Gesundheitsdienstleistern und niemals in einer Vollzugseinrichtung unter bundesstaatlicher Verantwortung durchgeführt werden [eigene Übersetzung].

1478 Ähnlich auch *Klaedtke*, JuS 2024, S. 37 (42), der „Freistellungen und Versetzungen“ vorschlägt.

1479 So i. E. auch *Lob-Hüdepohl*, BewHi 2019, S. 293 (304), der das für „völlig ausgeschlossen“ hält; vgl. auch *Verrel*, FS Dölling, S. 467 (478): „Auf den ersten Blick bereitet aber auch die Vorstellung einer Mitwirkung von Vollzugspersonal aus freien Stücken Unbehagen, sollte doch jeglicher Anschein vermieden werden, dass der Staat und seine Bediensteten den in seiner bzw. ihrer Obhut befindlichen Gefangenen zum Tode verhelfen“; vgl. auch *Reiling*, ZfP 2024, S. 36 (50).

1480 Vgl. dazu *Lemmert*, JuWissBlog Nr. 22/2020 v. 11.3.2020 (Anm. zu BVerfGE 153, 182), abrufbar unter https://www.juwiss.de/22--2020/, welche diese Gefahren jedoch nicht i. R. e. Suizidhilfebefugnis des Staates thematisiert; vgl. auch BVerfG, Urt. v. 26.02.2020, 2 BvR 2347/15, BVerfGE 153, 182 (269, Rn. 227, 276, Rn. 249).

1481 *Reimer*, ZfL 2015, S. 66 (68). „Die absolute Höchstwertigkeit der Menschenwürde und der hohe Verfassungsrang des Rechtsguts Leben lassen sich in Anbetracht der Euthana-

Anschein erwecken, aktiver Veranlasser von Sterben zu sein, was niemals hinreichend sicher ausgeschlossen werden könnte, wenn sich der Staat an Suiziden beteiligen würde, bei denen sich nachher zum Beispiel herausstellt, dass diese unfrei erfolgten.[1482] Auch wenn das Strafrecht mit der (limitierten) Akzessorietät der Teilnahme zur Täterschaft eine Beihilfe zum eigenverantwortlichen Suizid nicht als strafrechtliches Unrecht ansieht, ist dieser strafrechtliche Unterschied zwischen strafbarer Fremdtötung und strafloser Beteiligung an einer Selbsttötung verfassungsrechtlich nicht derart relevant, dass sich der Staat entgegen seiner prinzipiell bestehenden Schutzpflicht für das Leben an einer freiverantwortlichen Selbsttötung beteiligen dürfte.[1483] Selbst wenn man Suizidhilfe als staatliche Leistung als grundsätzlich zulässig ansähe, könnte diese Eingriffsabwehrrechte aktivieren, wenn die Freiverantwortlichkeit des Suizidenten zweifelhaft wäre, weil die Leistung dann einen ungerechtfertigten Eingriff in das Leben darstellen würde.[1484] Wegen der erhöhten Grundrechtsrelevanz bei der Suizidhilfe greift zumindest bei derjenigen durch den Staat der Vorbehalt des Gesetzes, der eine gesetzliche Regelung erfordern würde, welche die Freiverantwortlichkeit des Suizidenten zweifelsfrei aufklären müsste.[1485] Mangels einer entsprechenden gesetzlichen Regelung kommt schon aus diesem Grund jedenfalls derzeit keine staatliche Suizidhilfe in Betracht. Umgekehrt sollte vielmehr eine gesetzliche Regelung geschaffen werden, die es ausdrücklich im Sinne eines Trennungsprinzips[1486] ausschließt, dass Justizvollzugsbedienstete Suizidhilfe bei Gefangenen leisten dürfen. Darüber hinaus sollte, um eine Vermischung des Auftrags des Justizvollzugs zu vermeiden, auch gesetzlich ausgeschlossen werden, dass Justizvollzugsbedienstete in die Einschätzung der Freiverantwortlichkeit einbezogen werden dürfen;[1487]

sieaktionen der Nationalsozialisten als Vergangenheitsbewältigung begreifen." (*Stiller*, Sterbehilfe und assistierter Suizid, S. 40).

1482 *Reimer*, ZfL 2015, S. 66 (69).

1483 Vgl. *Hillgruber*, Stellungnahme zu Gesetzentwürfen BT-Drs. 18/5373–5376, S. 12.

1484 Vgl. *Hillgruber*, Stellungnahme zu Gesetzentwürfen BT-Drs. 18/5373–5376, S. 12.

1485 So ähnlich auch OLG Koblenz, Beschl. v. 05.05.2023, 2 Ws 595/22 Vollz, S. 5 f. (unveröffentlicht); vgl. *Hillgruber*, Stellungnahme zu Gesetzentwürfen BT-Drs. 18/5373–5376, S. 12.

1486 Vgl. dazu *Tag/Baur*, Suizidhilfe im Freiheitsentzug, S. 62, 69.

1487 Vgl. *Tag/Baur*, Suizidhilfe im Freiheitsentzug, S. 58 f., 69; anders aber Guideline 800–9, s. 6 c) und die Rechtslage in Belgien (zitiert nach *Downey et al.*, Med Law Int. 2019, p. 207 [218]; vgl. auch *Franke et al.*, Frontiers in Psychiatry, 29 July 2022, p. 1 (4–5 with further evidence).

eine Einbeziehung sollte nur bei der Bewertung der Suizidalität im Rahmen der Suizidprävention erfolgen.

6. Kostentragung

Sozialrechtliche Fragestellungen, wie die Kostentragung für die Inanspruchnahme von Suizidhilfe, können nicht ausgeklammert werden.

Da die Suizidhilfe nicht von der freien Heilfürsorge erfasst ist, muss die Kostentragung im Sinne des Angleichungsgrundsatzes grundsätzlich der Eigenverantwortung zugerechnet werden. Anders als etwa in Belgien, wo Euthanasie als medizinische Leistung am Lebensende verstanden wird, kann die materiell voraussetzungslos mögliche Suizidhilfe in Deutschland, genau wie in der Schweiz[1488], grundsätzlich nicht als medizinisch notwendige Intervention verstanden werden.[1489] Die Forderung nach einer staatlichen (Mit)Finanzierung von Suizidhilfe stünde auch in einem gewissen Widerspruch zu dem gesellschaftlichen Streben nach einer „Entpathologisierung" des Suizids; denn wenn Suizidhilfe unabhängig von materiellen Kriterien zulässig ist, wäre es nicht damit zu vereinbaren, die Kosten für Suizidhilfe grundsätzlich dem Fiskus aufzubürden, weil es sich beim Suizid dann um eine reine Privatsache handelt. Die suizidwilligen Gefangenen können sich die erforderlichen Beträge[1490] ansparen oder einzahlen lassen.[1491] Ansonsten könnte auch der Eindruck einer „freiwilligen Todesstrafe" durch die Hintertür entstehen.[1492]

[1488] Schweizer SAMW-Richtlinien zum „Umgang mit Sterben und Tod" v. 25.10.2018 i. d. F. v. 05/2022 in 6.2.1, S. 25, wonach Suizidhilfe trotz der rechtlichen Zulässigkeit keine medizinische Handlung darstellt, auf die ein Anspruch besteht.

[1489] Vgl. *Bozzaro/Zimmermann*, in: Feichtner et al., Assistierter Suizid, S. 173 (176).

[1490] Bei der *DGHS* ca. 5.000 EUR lt. *Hollenbach*, Beitr. v. 18.02.2021 im Deutschlandfunk, bei Mittellosigkeit können diese jedoch durch einen Solidarfonds übernommen werden (*Roßbruch*, Zeitschrift der *DGHS* 2020, Heft 4, S. 6 [10]). In *§ 10 SbStG-E* um die Abgeordnete *Künast* sollten hingegen deutlich engere monetäre Grenzen für die Suizidhilfe gezogen werden, wonach die Gebühren jeweils 250 EUR nicht hätten übersteigen dürfen (BT-Drs. 20/2293, S. 7, 16); vgl. zur Angemessenheit der Kosten auch *Schöch*, GA 2021, S. 690 (694).

[1491] Der Betrag sollte auf ein „Sperrkonto" eingezahlt werden können, damit er nicht gepfändet werden kann, vgl. z. B. § 70 LJVollzG RLP (vgl. *SKJV*, Grundlagenpapier 2019, Der assistierte Suizid im Straf und Maßnahmenvollzug, S. 7 f.).

[1492] *Tag/Baur,* Suizidhilfe im Freiheitsentzug, S. 67.

Etwas anderes sollte nur in besonderen Härtefällen gelten, nämlich wenn Bedürftigkeit[1493] und eine extreme Notlage[1494] vorliegen. *Bedürftig* sind Gefangene nur, soweit sie außerstande sind, die für die Suizidhilfe erforderlichen Beträge aufzubringen. Ob die Bedürftigkeit mutwillig herbeigeführt wurde, ist in einer extremen Notlage unerheblich. Jedoch sollte auch im besonderen Härtefall zwingend keine Kostenübernahme durch den Justizvollzug erfolgen;[1495] vielmehr sollte der suizidwillige Gefangene, der nicht über die nötigen finanziellen Mittel verfügt, sich an eine staatliche Drittstelle wenden.[1496] Ebenso wie bei der verfassungskonformen Auslegung von § 29 Abs. 1 Nr. 6a) und b) Alt. 2 i. V. m. § 13 Abs. 1 S. 1 Var. 1 und 3 BtMG Straffreiheit besteht (s. B. II. 3. f) aa) (1), S. 92 ff.), existiert in Fällen von Bedürftigkeit und einer extremen Notlage ein unmittelbarer verfassungsrechtlich fundierter Anspruch aus Art. 2 Abs. 1 i. V. m. Art. 1 Abs. 1 GG und dem Sozialstaatsprinzip des Art. 20 Abs. 1 GG auf Kostenübernahme zur Sicherung eines menschenwürdigen Sterbens. Anderenfalls wäre der Betroffene seiner Krankheit trotz unerträglichen körperlichen Leidens ausgeliefert, wodurch das Recht auf selbstbestimmtes Sterben faktisch entleert würde.[1497] Dabei steht nicht entgegen, dass der Behandlungserfolg bei der Suizidhilfe zielgerichtet im Tod endet, weil dieser Krankheitsbeschwerden in Form von Schmerzen und sonstigen Beschwerden sicher und dauerhaft beendet und damit auch einem Behandlungsziel aus § 27 Abs. 1 S. 1 SGB V dient.

Dies entspricht auch dem Rechtsgedanken der Erweiterung des gesetzlichen Leistungsanspruchs auf lebensbedrohliche oder tödliche Erkrankungen in § 2 Abs. 1a SGB V[1498], wenngleich es hier um eine damit nicht deckungsgleiche extreme Notlage geht. Das BVerfG hat dort auch vergleichbar klargestellt, dass der unmittelbare verfassungsrechtliche Leistungsanspruch auf extreme Situationen einer krankheitsbedingten Lebensgefahr beschränkt ist.[1499]

1493 Ähnlich auch *Rheinland-Pfalz* in Antwort auf Frage 21 der Länderumfrage.

1494 BVerwG, Urt. v. 02.03.2017, 3 C 19.15, LS 4, BVerwGE 158, 142 ff.

1495 A. A. wohl *Mecklenburg-Vorpommern* in Antwort auf Frage 21 der Länderumfrage.

1496 *SKJV*, Grundlagenpapier 2019, Der assistierte Suizid im Straf- und Maßnahmenvollzug, S. 8 („z.B. Sozialbehörde").

1497 Vgl. BVerwG, Urt. v. 02.03.2017, 3 C 19.15, Rn. 32, BVerwGE 158, 142 ff.

1498 S. dazu BeckOK SozR/*Knispel*, SGB V, § 27, Rn. 43 f., 46 m. w. N.

1499 BVerfG, Beschl. v. 10.11.2015, 1 BvR 2056/12, BeckRS 2015, 55020, Rn. 18, 20.

Durch die Beschränkung der Kostentragung auf besondere Härtefälle wird auch kein unzulässiges Junktim hergestellt, indem die Zulässigkeit, Hilfe zur Selbsttötung in Anspruch zu nehmen, von materiellen Kriterien abhängig gemacht würde[1500]. Die Berücksichtigung von besonderen Härtefällen dient nämlich nicht der Verengung, sondern der Erweiterung beziehungsweise Konkretisierung des sachlichen Schutzbereichs des Rechts auf selbstbestimmtes Sterben, um ein möglichst humanes Versterben zu ermöglichen. Ansonsten wäre Suizidhilfe bei Bedürftigkeit und extremer Notlage nicht möglich. Das Grundrecht auf selbstbestimmtes Sterben ist mithin nicht in seiner objektiven Schutz- (vgl. dazu bereits B. I., S. 17 f.), sondern in seiner Leistungsdimension berührt, um nicht gegen das verfassungsrechtliche Untermaßverbot zu verstoßen.

Unter Gesundheitsfürsorge in Form des „körperliche[n] Wohlergehen[s]“[1501] durch Leidenslinderung kann demnach ausnahmsweise auch die staatlich finanzierte Unterstützung beim Suizid zu verstehen sein. Allerdings sollte klar geregelt werden, an wen sich der Gefangene zur Geltendmachung dieses Anspruchs wenden kann. Schwere und „unheilbare“ psychische Leiden können indes keine staatliche Kostentragungspflicht auslösen, weil sie trotz ihrer schweren Ausprägung kostenrechtlich nicht mit einer extremen Notlage auf eine Stufe gestellt werden können. Zum einen sind die Ursachen körperlicher Schmerzen zumindest eingeschränkt objektivierbar. Zum anderen besteht kein vergleichbarer Zeitdruck[1502], so dass es auch an der Bedürftigkeit mangeln dürfte.

7. Totenfürsorge

Nach durchgeführter Selbsttötung in Haft stellen sich auch Fragen der Totenfürsorge, die durch eine nach einem Suizid zwingend erfolgende Leichenschau nach § 87 Abs. 1 S. 1 StPO und in der Regel auch angeordnete Leichenöffnung nach § 87 Abs. 2, 4 StPO (vgl. auch Nr. 33 Abs. 1 S. 2, 2 S. 2 Richtlinien für das Strafverfahren und Bußgeldverfahren), berührt sein kann. Dabei ist zu prüfen, ob nach einem assistierten Suizid nicht von einer Obduktion abgesehen werden könnte, wenn dies der Gefangene zu Lebzeiten verfügt hat.

[1500] BVerfG, Urt. v. 26.02.2020, 2 BvR 2347/15, BVerfGE 153, 182 (309, Rn. 340).

[1501] § 43 Abs. 1 S. 1 StVollzG NRW.

[1502] Vgl. BVerfG, Beschl. v. 10.11.2015, 1 BvR 2056/12, BeckRS 2015, 55020, Rn. 18.

Mit dem Tod erlöschen die Persönlichkeitsrechte des Verstorbenen,[1503] aber nicht dessen Würde. Postmortal geschützt wird daher der allgemeine Achtungsanspruch, der dem Menschen kraft seines Menschseins zusteht.[1504] Daraus ergeben sich konkrete Handlungspflichten für den Staat, die auch die Beachtung der Totenfürsorge beinhalten.[1505] Zur Totenfürsorge gehört die Bestimmung der Bestattungsart und des Ortes der letzten Ruhestätte, gegebenenfalls auch die Entscheidung über eine Umbettung der Leiche oder der Urne, sowie die Gestaltung der Grabstätte und deren Pflege. Mithin umfasst die Totenfürsorge alle Maßnahmen, welche nach dem Tod einer Person ergriffen werden, um den Leichnam pietätsvoll zu behandeln. In erster Linie entscheidet insoweit der zu Lebzeiten geäußerte Wille des Verstorbenen.[1506] Das Totenfürsorgerecht ist eine Ausprägung des postmortalen Persönlichkeitsrechts des Verstorbenen, das vom Totenfürsorgeberechtigten gleichsam als Treuhänder wahrgenommen wird.[1507] Die Anordnungen des Verstorbenen sind für den Totenfürsorgeberechtigten deshalb grundsätzlich bindend und von diesem umzusetzen.

Sind jedoch die Voraussetzungen einer Leichenöffnung nach § 87 Abs. 2, 4 StPO gegeben, steht ihrer Durchführung eine Verfügung des Verstorbenen, wonach nach der Inanspruchnahme von Suizidhilfe auf eine Obduktion verzichtet werden soll, aufgrund des öffentlichen Interesses an der Aufdeckung, Feststellung und Verfolgung etwaiger Straftaten nicht entgegen.[1508] Wenn ein Fremdverschulden am Tod eines Gefangenen in Betracht kommt oder die Todesursache unklar ist, erscheint eine Obduktion angezeigt.[1509] Dies entspricht auch dem Meinungsbild in der erfolgten Länderumfrage (s. Antworten zur Frage 13). Eine routinemäßige Leichenöffnung ohne jeden Verdacht eines Fremdverschuldens bei einem

---

1503 *Wulf/Grube*, in: Anderheiden/Eckart, Handbuch Sterben und Menschenwürde, S. 1571 (1587).

1504 *Wulf/Grube*, in: Anderheiden/Eckart, Handbuch Sterben und Menschenwürde, S. 1571 (1587).

1505 *Wulf/Grube*, in: Anderheiden/Eckart, Handbuch Sterben und Menschenwürde, S. 1571 (1587).

1506 BGH, Urt. v. 17.11.2011, III ZR 53/11, BGHZ 191, 325, Rn. 11.

1507 BGH, Beschl. v. 18.1.2017, XII ZB 544/15, NJW 2017, S. 1480 (1482, Rn. 34).

1508 Vgl. LG Mainz, Beschl. v. 25. 9. 2001, 5 Qs 73/01, NStZ-RR 2002, S. 43 (44); vgl. auch BVerfG, Beschl. v. 18.01.1994, 2 BvR 1912/93, juris Rn. 4 m. w. N., NJW 1994, S. 783 (784).

1509 *Wulf/Grube*, in: Anderheiden/Eckart, Handbuch Sterben und Menschenwürde, S. 1571 (1587).

Verstorbenen, der eindeutig aufgrund eines freiverantwortlich durchgeführten (assistieren) Suizids gestorben ist, wäre aber nicht verhältnismäßig. Die JVA sollte daher davon absehen, eine Obduktion anzuregen, wenn kein tatsächlicher Anhaltspunkt für ein Fremdverschulden am Tod besteht.[1510] Zudem sollte auch Nr. 33 Abs. 2 S. 2 Richtlinien für das Strafverfahren und Bußgeldverfahren angepasst werden. Wie bereits erörtert (B. II. 2., S. 51), stellt sich in diesem Zusammenhang auch die weitere Frage, ob der assistierte Suizid nicht als neue Kategorie der Todesursache eingeführt werden sollte.

IV. Eckpunkte eines zukünftigen prozeduralen Sicherungskonzepts

Sofern ein Suizidwunsch ernsthaft geäußert wird, muss die JVA in die Lage versetzt werden, diesen im Verwaltungsverfahren im Rahmen ihrer Zuständigkeit auf dem Gebiet des Justizvollzugs zu überprüfen. Dabei kommt den Grundrechten besondere Bedeutung in ihrer verfahrens- und organisationsrechtlichen Dimension zu, indem durch Organisation und Verfahren „die Grundrechte nicht nur die Ausgestaltung des materiellen Rechts beeinflussen, sondern zugleich Maßstäbe für eine den Grundrechtsschutz effektuierende Organisations- und Verfahrensgestaltung sowie für eine grundrechtsfreundliche Anwendung vorhandener Verfahrensvorschriften setzen“[1511]. Unter Verfahren versteht man insoweit „Systeme von Regeln und/oder Prinzipien zur Erzeugung eines Ergebnisses“[1512]. Der Grundrechtsschutz durch Verfahren weist Querschnittscharakter auf und betrifft sowohl subjektive als auch objektive Gewährleistungsgehalte:[1513] In ihrer abwehrrechtlichen Dimension dienen verfahrensrechtliche Anforderungen dazu, das Übermaßverbot[1514] einzuhalten, während sie in Bezug auf die Schutzpflicht- und/oder Leistungsdimension sicherstellen, dass das Unter-

[1510] Vgl. dortige Nr. 6.4 des Verwaltungsvorschriftsentwurfs (*Wulf/Grube*, in: Anderheiden/Eckart, Handbuch Sterben und Menschenwürde, S. 1571 [1593]).

[1511] BVerfG, Beschl. v. 14.05.1985, 1 BvR 233/81, juris Rn. 83, BVerfGE 69, 315 (355).

[1512] *Alexy*, Theorie der Grundrechte, S. 431.

[1513] *Jarass*, in: Jarass/Pieroth, GG, Vor Art. 1, Rn. 11; *Sauer*, in: Dreier, Grundgesetz-Kommentar, Vor Art. 1, Rn. 121.

[1514] Vgl. insb. BVerfG, Urt. v. 26.02.2020, 2 BvR 2347/15, BVerfGE 153, 182 (283, Rn. 265).

maßverbot[1515] gewahrt wird. Für die Legislative bedeutet die verfahrens- und organisationsrechtliche Dimension der Grundrechte damit, dass sie gegebenenfalls Verfahrens- und Organisationsstrukturen in bestimmten Gesetzen vorhalten und grundrechtskonform ausgestalten muss.[1516] Für die Exekutive bedeutet dies, dass vorhandene Verfahrensvorschriften grundrechtsfreundlich anzuwenden sind.

Im Kontext des Gefangenensuizids stehen sich das Selbstbestimmungsrecht sowie die Menschenwürde des Gefangenen einerseits (subjektive Abwehrdimension) und der Integritäts- und Autonomieschutz des Gefangenen sowie Dritter andererseits (objektive Schutzdimension) gegenüber. Die abwehrrechtliche Dimension könnte verfahrensrechtlich durch den Bundesgesetzgeber in Zukunft abschließend kompetenziell ausgefüllt werden. Auf der Ebene der Schutzdimension können die Landesgesetzgeber, sofern erforderlich, noch vollzugsspezifische Verfahrensregelungen treffen (s. D. V. 1., S. 300 ff.). Beim Umgang mit Suizidalität geht es in Gestalt der Gefahrenabwehr schwerpunktmäßig um die Gestaltung und Durchführung des Justizvollzugs, sodass die entsprechende Landesgesetzgebungsbefugnis zumindest als Annexkompetenz gegeben ist (vgl. Artt. 70 Abs. 1; *arg. e contr.* 74 Abs. 1 Nr. 1 GG).[1517] Die JVA muss auch bei einem Suizidhilfegesuch aufgrund ihrer Fürsorgeverantwortung weiterhin in der Lage sein, möglicherweise entgegenstehende vollzugliche Belange prüfen zu können. Ein geordnetes und klar konturiertes Verwaltungsverfahren kann dabei die nötige Handlungssicherheit bieten.

1. Suizidhilfegesuch

Das BVerfG setzt voraus, dass der suizidwillige Gefangene substantiiert darlegt, „von wem, auf welcher Grundlage und nach welchem Prozedere [er] die von ihm begehrten Medikamente tatsächlich erhalten will, deren Beschaffung er von der JVA zu dulden verlangt.“[1518] Das impliziert ein schriftliches Antragserfordernis, weil die JVA ansonsten nicht in der Lage

[1515] Vgl. insb. BVerfG, Urt. v. 28.05.1993, 2 BvF 90, juris Rn. 166, 186–189, BVerfGE 88, 203 (254, 261–264).
[1516] *Ruf*, Die legislative Prognose, S. 86.
[1517] Vgl. *Uhle*, in: Dürig/Herzog/Scholz, GG, Art. 70, Rn. 73.
[1518] BVerfG, Beschl. v. 03.11.2021, 2 BvR 828/21, medstra 2022, S. 102 (105, Rn. 30).

ist, möglicherweise entgegenstehende vollzugliche Belange zu prüfen;[1519] hilfsweise kann auch eine audio-visuelle Aufzeichnung für schreibunkundige Gefangene erfolgen. Ein Suizidhilfegesuch muss daher einen aus sich heraus verständlichen Tatsachenvortrag enthalten, der die Freiverantwortlichkeit und Modalitäten der Inanspruchnahme von Suizidhilfe hinreichend erkennen lässt.[1520] Zur Überprüfung der Ernsthaftigkeit des Gesuchs kann insbesondere auch die Vorlage von Unterlagen zum (medizinischen) Behandlungsstand und der Nachweis von Kontaktaufnahmeversuchen zu Suizidhilfe leistenden Personen und Stellen verlangt werden.[1521] Unverzüglich nach Erhalt des Suizidhilfegesuchs erfolgt eine persönliche Anhörung des Gefangenen und die JVA klärt durch das Behandlungsteam über Alternativen zum Suizid auf, wobei das Ergebnis der Anhörung dokumentiert und von den beteiligten Personen unterzeichnet werden muss.[1522]

2. Zuständigkeiten

Durch klare Zuständigkeitsregelungen sollte sichergestellt werden, dass die einzelnen Organisationseinheiten wissen, welche Verantwortungsbereiche ihnen obliegen, damit der Justizvollzug seine Aufgaben ordnungsgemäß ausführen kann. Dadurch soll die nötige Rechts- und Handlungssicherheit geschaffen werden.

a) Vorprüfungsprüfungskompetenz der Justizvollzugsanstalt

Die JVA prüft, ob der Durchführung des Suizids vollzugliche Gründe entgegenstehen. Dazu hat die Anstalt eine Vorprüfungskompetenz. Um eine landeseinheitliche Vorgehensweise zu gewährleisten, setzt sich diese mit ihrer jeweiligen Aufsichtsbehörde ins Einvernehmen, um eine Gleichbehandlung der Fälle bei Entscheidungsspielräumen zu gewährleisten.[1523]

[1519] Vgl. zu der Prüfpflicht auch *Bozzaro/Zimmermann*, in: Feichtner et al., Assistierter Suizid, S. 173 (178).

[1520] Vgl auch § 36 Abs. 5 S. 3 b) JUVV Kanton Soloturn („Ort, Zeit und Umstände des beabsichtigten Suizids sowie Rezeptur des letalen Medikaments“).

[1521] BVerfG, Beschl. v. 03.11.2021, 2 BvR 828/21, medstra 2022, S. 102 (105, Rn. 30).

[1522] Vgl. *SKJV*, Grundlagenpapier 2019, Der assistierte Suizid im Straf und Maßnahmenvollzug, S. 5; Tag/Baur, Suizidhilfe im Freiheitsentzug, S. 44; lt. No 9 1*st* sentence des Guideline 800–9 hat die Anhörung innerhalb von fünf Kalendertagen durch medizinisches Personal zu erfolgen.

[1523] Vgl. *Tag/Baur*, Suizidhilfe im Freiheitsentzug, S. 47.

aa) Prüfung vollzuglicher Maßnahmen gegen erhöhte Selbsttötungsgefahr

Im Rahmen ihrer Fürsorgeverantwortung hat die JVA zu prüfen, ob und inwieweit vollzugliche Sofortmaßnahmen aufgrund einer erhöhten Selbsttötungsgefahr aufgrund fehlender oder zweifelhafter Freiverantwortlichkeit in Betracht kommen. Da es sich bei den insbesondere in Frage kommenden besonderen Sicherungsmaßnahmen um schwerwiegende Grundrechtseingriffe handelt, zum Beispiel in Gestalt der Unterbringung in einem Beobachtungshaftraum mit dauerhafter Videoüberwachung und/oder Absonderung von allen anderen Gefangenen,[1524] muss eine eine akute Suizidgefahr vorher unverzüglich sorgfältig abgeklärt werden. Von den an der Behandlung des Gefangenen maßgeblich beteiligten Personen, zumindest unverzüglich vom psychologischen Dienst, ist dazu eine dezidierte Stellungnahme einzuholen.[1525] Die danach abzugebende Handlungsempfehlung richtet sich nach dem Handlungsdruck des Todeswunsches.

bb) Prüfung von entgegenstehenden vollzuglichen Belangen

Neben der gegenüber der JVA noch nachzuweisenden Freiverantwortlichkeit des Suizidhilfebegehrens, prüft diese vorab, ob der gewünschten Durchführung des Suizids nach Zeitpunkt, Ort und Methode Gründe der Sicherheit und Ordnung entgegenstehen. Wenn das Gesuch aufgrund dessen abgelehnt wird, steht dem Antragsteller der übliche Rechtsweg nach §§ 109 ff. StVollzG offen, weil es sich bei der Ablehnung um eine vollzugliche Maßnahme handelt. Nach Eröffnung des negativen Bescheids muss die Anstalt erneut überprüfen, ob Sicherungsmaßnahmen erforderlich sind.[1526]

cc) Keine vorzeitige Entlassung

Wenn vollzugliche Belange nicht entgegenstehen, muss vor der Duldung des Suizids durch die JVA geprüft beziehungsweise eine Prüfung gegenüber den zuständigen Stellen angeregt werden, ob eine vorzeitige Entlassung in Betracht kommt (s. dazu bereits bei schweren Erkrankungen D. III. 1. c) aa), S. 182 ff.).

[1524] OLG Hamm, Beschl. v. 24.03.2021, III-1 Vollz (Ws) 525/20, medstra 2021, S. 401 f., Rn. 10.

[1525] Vgl. OLG Hamm, Beschl. v. 24.03.2021, III-1 Vollz (Ws) 525/20, medstra 2021, S. 401 (402 f., Rn. 14 f.).

[1526] Vgl. OLG Hamm, Beschl. v. 24.03.2021, III-1 Vollz (Ws) 525/20, medstra 2021, S. 401 (402 f., Rn. 14 f.).

Unabhängig davon, ob es sich bei Suizidalität isoliert betrachtet um eine Krankheit handelt,[1527] scheidet Suizidgefahr im Übrigen als eine Lebensgefahr nach § 455 Abs. 4 S. 1 Nr. 2 StPO im Allgemeinen aus,[1528] weil ihr mit geeigneten Behandlungs- und Sicherungsmaßnahmen begegnet werden kann.[1529] Die Lebensgefahr geht in solchen Fällen nicht von der Vollstreckung, sondern von der suizidalen Person selbst aus.[1530] Anderenfalls hätte es der rechtskräftig Verurteilte in der Hand, sich durch Suizidandrohungen der Strafvollstreckung eigenmächtig zu entziehen.[1531] Dies gilt auch für §§ 57 Abs. 2 Nr. 2, § 57a Abs. 1 Nr. 1 StGB, weil darin keine besonderen Umstände, die sich aus der Tat, der Persönlichkeit der verurteilten Person und ihrer Entwicklung während des Strafvollzugs ergeben, zu sehen sind.[1532] Gleiches gilt für Gnadenentscheidungen, weil Suizidalität an sich als nicht ganz seltenes vollzugliches Phänomen keine besonderen Umstände begründet, die Strafgerichtsentscheidungen nachträglich als unbillig erscheinen ließen.

Gegebenenfalls kommt aber eine Haftuntauglichkeit in Betracht, wenn die verurteilte Person in Geisteskrankheit nach § 455 Abs. 4 S. 1 Nr. 1 StPO verfallen und deshalb für einen Behandlungsvollzug nicht mehr erreichbar ist.[1533]

[1527] Verneinend *Hambrecht*, in: Venzlaff et al., Psychiatrische Begutachtung, S. 793 (795, 797).

[1528] Vgl. auch Tag/Baur, Suizidhilfe im Freiheitsentzug, S. 76 (Anhang, Antwort zu Frage 13.

[1529] S. nur OLG Koblenz, Beschl. v. 21.04.2015, 2 Ws 122/15, juris Rn. 15; vgl. auch OLG Hamm, Beschl. v. 13.8.2009, 2 Ws 211/09, juris Rn. 25 f.; Appl, in: Barthe/Gericke, Karlsruher Kommentar zur StPO, § 455, Rn. 7 m. w. N.

[1530] OLG Koblenz, Beschl. v. 21.04.2015, 2 Ws 122/15, juris Rn. 16; vgl. auch OLG Hamm, Beschl. v. 13.8.2009, 2 Ws 211/09, juris Rn. 26.

[1531] *Appl*, in: Barthe/Gericke, Karlsruher Kommentar zur StPO, § 455, Rn. 7.

[1532] Vgl. auch *Tag/Baur*, Suizidhilfe im Freiheitsentzug, S. 76 [Anhang, Antwort zu Frage 15.

[1533] *Groß/Endres*, in: Endres/Suhling, Behandlung im Strafvollzug, S. 393 (409); *Laubenthal/Nestler*, Strafvollstreckung, S. 107 f., Rn. 221; OLG München, Beschl. v. 18.06.2012, 2 Ws 522/12, juris Rn. 23–27, NStZ 2013, S. 127 (128) – vgl. dazu auch *Krug*, FD-StrafR 2012, 336923; OLG Zweibrücken, Beschl. v. 07.09.2023, 1 Ws 189/22, BeckRS 2023, 26352, Rn. 17; *Hupe*, Die Untersuchung der Haftfähigkeit: Eine retrospektive Untersuchung anhand der Unterlagen des JVK NRW, S. 33, 97 m. w. N.).

dd) Weiterleitung des geduldeten Gesuchs an eine unabhängige Kontrollinstanz

Wenn keine vorzeitige Entlassung in Betracht kommt und das Gesuch durch Duldungsverwaltungsakt der Anstalt gebilligt wird, stellt sich die Frage, ob noch eine weitere unabhängige Kontrollinstanz beteiligt werden sollte, weil es sich bei Gefangenen üblicherweise um eine besonders vulnerable Personengruppe handelt, deren Suizidalität haftspezifisch von besonderer Ambivalenz getragen sein kann und der irreversible Suizidvollzug damit einem erhöhten Fehlerrisiko unterliegt.

So plädiert *Amelung* bei riskanten Einwilligungen auch dafür, dass eine unabhängige Kontrollinstanz eingeschaltet wird.[1534] Sinnvoller als die Annahme eines generellen Ausschlusses der Freiverantwortlichkeit ist nämlich insoweit *de lege ferenda* die Einschaltung einer unabhängigen Instanz zur einzelfallabhängigen Überprüfung des Suizidentschlusses. Wie und durch wen diese Kontrolle erfolgen sollte, bedarf aber weiterer Prüfung.

b) Unabhängige Kontrollinstanz

Die vollzugliche Prüfung des Suizidhilfegesuchs kann auch aufgrund des Trennungsprinzips eine externe unabhängige Expertise zur Beurteilung der Freiverantwortlichkeit nicht ersetzen.[1535] Sofern ein etwaig noch zu erlassendes Gesetz zur allgemeinen Regulierung des assistierten Suizids keine spezielle abschließende Regelung enthält, müssen bei allen Gefangenen in einem Abstand von 180 Tagen zwei voneinander unabhängige externe forensisch-psychiatrische Gutachten erbracht werden, die die Freiverantwortlichkeit attestieren,[1536] bevor[1537] die Selbsttötung vollzogen werden darf. Vor allem aufgrund der hohen Prävalenz psychischer Störun-

---

[1534] *Amelung*, ZStW 1983, S. 1 (24, dortige Fn. 86, 29).

[1535] Vgl. *SKJV*, Grundlagenpapier 2019, Der assistierte Suizid im Straf- und Maßnahmenvollzug, S. 6.

[1536] Vgl. mit nicht so strikten Anforderungen auch No 20 1*st* half sentence des Guideline 800–9 und *SKJV*, Grundlagenpapier 2019, Der assistierte Suizid im Straf- und Maßnahmenvollzug, S. 6; dass die Gutachter über entsprechendes Fachwissen im Bereich der Gefängnismedizin verfügen (so die Forderung von Tag/Baur, Suizidhilfe im Freiheitsentzug, S. 59), wäre wünschenswert, begegnet aber praktischen Umsetzungsschwierigkeiten, weil die Gefängnismedizin leider ein Schattendasein fristet.

[1537] Eine *ex-post* Kontrolle, wie sie z. B. allgemein in Luxemburg gilt (*Gesundheitsministerium/Ministerium für Sozialversicherung*, Sterbehilfe und assistierter Suizid, 25 Fragen und Antworten zum Gesetz v. 16.03.2009, S. 43 mit Art. 8 des Gesetzes über Sterbehilgen im Justizvollzug erscheinen diese strengen Anforderungen geboten. Es stellt sich aber darüber hinaus auch die Frage, ob und gegebenenfalls inwieweit daneben zusätzliche verfahrensrechtliche Sicherungen vorgesehen werden sollten. Schon allgemein wurde nämlich teilweise postuliert, dass über die Voraussetzungen der Freiverantwortlichkeit nur ein Gericht entscheiden könne.[1538] Dies könnte aufgrund der erhöhten Vulnerabilität von Gefangenen und der damit eingehenden gesteigerten Fürsorgeverantwortung des Staates erst Recht im Justizvollzug gelten. Auch *Tag/Baur* fordern, dass in den Schweizer Kantonen, in denen Vollzugsgerichte zur Beurteilung von Vollzugsentscheidungen bei Gefangenen berufen sind, „auch der Entscheid über die Zulassung der Suizidhilfe konsequenterweise gerichtlich beurteilt werden müsste"; ob die Beurteilung auch an ein anderes Fachgremium übergeben werden könne, müsse jedoch noch interkantonal abgeklärt werden.[1539]

Ein ausdrücklicher Richtervorbehalt, wie er in Art. 104 Abs. 2 S. 1 GG verfassungsrechtlich für Freiheitsentziehungen vorgesehen ist, existiert für die Inanspruchnahme von Suizidhilfe nicht. Das ist auch folgerichtig, weil allgemein grundsätzlich von der Freiverantwortlichkeit ausgegangen werden kann und daher nicht die Eingriffsdimension aktiviert würde, wenn Suizide staatlich geduldet würden. Anders dürfte dies aus den genannten Gründen indes als Ausnahme im Justizvollzug sein. Die objektive Schutzwirkung, die in der Einschaltung eines externen Dritten liegt, kann zwar nicht allein durch die Einschaltung eines Gerichts, sondern auch mit anderen Mitteln erreicht werden,[1540] etwa durch den Einsatz einer interdisziplinären Kommission[1541]. Allerdings handelt es sich bei Richtervorbehalten um eine typische Ausprägung des Grundrechtsschutzes durch Verfahren.

---

fe und assistierten Suizid), würde insb. der besonderen Situation im Justizvollzug nicht gerecht.

1538 *Cording/Saß*, NJW 2020, S. 2695, Rn. 3; *Hornke*, Initiativstellungnahme 2022, S. 5; *Lewitzka*, in: BT-Rechtsausschuss, Stenografisches Protokoll 20/32, S. 55.

1539 *Tag/Baur*, Suizidhilfe im Freiheitsentzug, S. 43.

1540 Vgl. BVerfG, Beschl. vom 23.03.2011, 2 BvR 882/09, juris Rn. 71, BVerfGE 128, 282 (316).

1541 Vgl. z. B. *§ 9* in *Dorneck et al.*, AMHE-SterbehilfeG, S. 7, 65–69 und auch Rosenau/Flaig, FS Tag, S. 351 (366), die den Einsatz einer Ethikkommission sogar explizit im Justizvollzug befürworten; *Duttge*, MedR 2020 (Anm. zu BVerfGE 153, 182), S. 570 (572); krit. *Henking*, Bundesgesundheitsblatt 2022, S. 67 (71), die darauf hinweist, dass die Kommission kaum in der Lage sein dürfte, die Freiverantwortlichkeit in der ihr zur Verfügung stehenden Zeit verlässlich zu prüfen.

Es wird davon ausgegangen, dass Richter aufgrund ihrer persönlichen und sachlichen Unabhängigkeit gemäß Art. 97 GG sowie ihrer strikten Bindung an das Gesetz nach Artt. 1 Abs. 3, 20 Abs. 3 GG die Rechte der Betroffenen im Einzelfall am effektivsten und zuverlässigsten schützen können.[1542] Damit die Zulassung von Suizidhilfe in der gesicherten Unabhängigkeit bestmöglich erfolgt, sollte der in der Sache jeweils zuständige Gesetzgeber im Justizvollzug einen Richtervorbehalt vorsehen, wie es bei Zwangsmaßnahmen auf dem Gebiet der Gesundheitsfürsorge teilweise schon erfolgt ist[1543]. Dafür spricht vor allem, dass Freiverantwortlichkeit als normative Kategorie nicht allein empirisch bestimmt werden kann[1544] und ein Gericht aufgrund der richterlichen Unabhängigkeit zu wertender Erkenntnis am besten in der Lage ist.[1545] Das bei Richtern vorhandene Sachverstandsdefizit in fachfremden Fragestellungen kann durch die Hinzuziehung von Sachverständigen ausgeglichen werden, wie dies auch in anderen gerichtlichen Verfahren gängige Praxis ist[1546]. Dass damit als „regulative Idee“ eine einzig richtige Entscheidung als These fingiert wird, liegt erkenntnistheoretisch auf der Hand, ist aber bei „überkomplexen rechtlichen Wertungen“, wie der Feststellung von Freiverantwortlichkeit, nur rechtspraktisch folgerichtig.[1547] Die sachliche Richtigkeit der Entscheidung lässt sich mit den begrenzten Mitteln menschlicher Erkenntnis in der verfügbaren begrenzten Zeit nicht in jedem Fall gewährleisten, aber zur Anerkennung von Verbindlichkeit muss jedenfalls in einem korrekten Verfahren um die sachlich richtige Entscheidung „gekämpft“ worden sein.[1548] „An die Stelle der Kategorie der (exklusiven) Richtigkeit tritt damit die der Vertretbarkeit.“[1549] Der mit dem Richtervorbehalt und dem Gerichtsverfahren einhergehende Zeitverlust ist hinzunehmen, gewährleistet aber gleichzeitig auch effektiven Rechtsschutz nach Art. 19 Abs. 4 GG. Allerdings sollte ein Richtervor-

[1542] S. nur *Augsberg*, JuS 2011, S. 128 (132).

[1543] S. § 80 Abs. 3 S. 1 JVollzGB III BW (s. auch LT-Drs. BW 16/5984, S. 133 u. 15/3408, S. 11, 15); § 67 Abs. 3 S. 2 StVollzG M-V; § 78 Abs. 2 S. 2 JVollzGB LSA.

[1544] *Deutscher Ethikrat*, Suizid – Verantwortung, Prävention und Freiverantwortlichkeit, S. 31.

[1545] Vgl. auch *Hornke*, Initiativstellungnahme 2022, S. 5 und *Lewitzka*, in: BT-Rechtsausschuss, Stenografisches Protokoll 20/32, S. 55.

[1546] S. z. B. nur § 454 Abs. 2 StPO und § 321 FamFG.

[1547] Vgl. *Neumann*, in: Fischer, Beweis, S. 27 (39) u. *ders.*, Wahrheit im Recht, S. 41.

[1548] *Neumann*, Wahrheit im Recht, S. 47.

[1549] *Neumann*, Wahrheit im Recht, S. 55 m. w. N.

behalt nicht bei ärztlicherseits festzustellenden extremen Notlagen gelten, also wenn quasi „Gefahr im Verzug“ besteht. Damit ist aber noch nicht entschieden, welches Gericht sachlich und funktionell mit dieser verantwortungsvollen Aufgabe am zweckmäßigsten betraut werden sollte.

aa) Strafgericht/Jugendgericht

Die Strafgerichtsbarkeit entscheidet im Strafverfahren vor allem über die Eröffnung des Hauptverfahrens, über die Schuld des Angeklagten, über die zu verhängende angemessene Strafe und gegebenenfalls über Maßregeln der Besserung und Sicherung.

Auch wenn der Suizidwunsch zumindest bei der Haftmüdigkeit nicht losgelöst von der freiheitsentziehenden Grundentscheidung betrachtet werden kann und deshalb auch das Strafgericht oder Jugendgericht als *iudex a quo* zur Entscheidung über das Vorliegen von Freiverantwortlichkeit berufen sein könnte, streitet die Wertentscheidung des Grundgesetzes für die Abschaffung der Todesstrafe in Art. 102 GG doch für einen Ausschluss einer solchen Entscheidungsbefugnis. Es handelt sich zwar nicht um die Vollstreckung einer Todesstrafe im Sinne dieser Vorschrift, allerdings irritiert es gleichwohl das Rechtsempfinden, wenn das erkennende Gericht gewissermaßen über Leben und Tod „entscheiden“ würde.

bb) Betreuungsgericht

Bei den Amtsgerichten werden nach § 23c Abs. 1 GVG Abteilungen für Betreuungssachen, Unterbringungssachen und betreuungsgerichtliche Zuweisungssachen (Betreuungsgerichte) gebildet. Das Verfahren ist in den §§ 271 ff. FamFG geregelt. Die Betreuungsgerichte prüfen dabei insbesondere, ob die Betroffenen noch dazu in der Lage sind, ihre Angelegenheiten selbst zu besorgen (vgl. zum Beispiel §§ 1814, 1831 Abs. 1 Nr. 1 BGB). Im Justizvollzug wird teilweise auch schon aktuell durch Richtervorbehalte eine funktionelle Zuständigkeit der Betreuungsgerichte bei Zwangsmaßnahmen (s. § 80 Abs. 3 S. 1 JVollzGB III BW, § 67 Abs. 3 S. 2 StVollzG M-V, § 78 Abs. 2 S. 2 JVollzGB LSA; § 93 JGG) und nicht nur kurzfristigen Fixierungen durch die aufdrängende Sonderzuweisung in §§ 121a, 121b StVollzG begründet. Diese Wertung könnte bei entsprechender Vergleichbarkeit der Sachverhalte auch auf die Inanspruchnahme von Suizidhilfe übertragen werden.

Vorausgesetzt, dass die Begründung der sachlichen Zuständigkeit der Amtsgerichte losgelöst vom Rechtsgrund des staatlichen Gewahrsams erfolgte, sondern aufgrund der konkreten Fragestellung der akuten Selbst- und/oder Fremdgefährdung, so trägt diese Argumentation nicht bei der Inanspruchnahme von Suizidhilfe im Justizvollzug.[1550] Der Wunsch nach Suizidhilfe dürfte vor allem im Zusammenhang mit aus Haft- resultierender Lebensmüdigkeit nicht isoliert von der Freiheitsentziehung zu betrachten sein, weil der Suizidwunsch vermutlich ohne die Haft nicht entstanden wäre. Es wäre daher sachfremd, ein mit diesen Zusammenhängen nicht vertrautes Gericht mit der Beurteilung von Freiverantwortlichkeit zu betrauen.

cc) Strafvollstreckungskammer/Jugendkammer

Dieser Gefahr für die Entscheidungsqualität kann damit begegnet werden, indem die Strafvollstreckungskammer beziehungsweise die Jugendkammer für diese Entscheidungen zuständig erklärt wird.

Auch wenn der Strafvollstreckungskammer vorbeugende Kontrollen – abgesehen von der vorbeugenden Unterlassungsklage – nach den §§ 109 ff. StVollzG grundsätzlich fremd sind, besitzt sie für die Freiheitsstrafe bei vollzugs- und vollstreckungsrechtlichen Entscheidungen die größere Sachnähe. Dafür spricht auch insbesondere, dass die Inanspruchnahme von Suizidhilfe den Gefangenenstatus aufhebt und dies auch bei sonstigen wichtigen Statusentscheidungen, wie den §§ 57, 57a, 57b StGB i. V. m. § 454 StPO, die Zuständigkeit der Strafvollstreckungskammer begründet.[1551] Die Konzentration von vollzugs- und vollstreckungsrechtlicher Zuständigkeit trüge auch dazu bei, dass keine weitere Zuständigkeitsdiffusion erfolgen würde[1552] und böte den Vorteil, dass die Strafvollstreckungskammer auch (nunmehr antragsabhängig) gleichzeitig über möglicherweise entgegenstehende vollzugliche Belange entscheiden könnte, die von der JVA gegen die geplante Inanspruchnahme von Suizidhilfe vorge-

---

[1550] Grund für die Eröffnung einer dem gerichtlichen Verfahren nach den §§ 109 ff. StVollzG bislang fremden sachlichen Zuständigkeit der Amtsgerichte für Entscheidungen nach § 121a StVollzG dürften i. Ü. letztlich rein pragmatische Erwägungen gewesen sein, da bei diesen, anders als bei den Landgerichten, richterliche Eildienste in dem von dem BVerfG geforderten Umfang (BVerfG, NJW 2018, S. 2619: zwischen 6.00 und 21.00 Uhr) bereits vorhanden sind (vgl. BT-Drs. 19/8939, S. 17; *Baur*, NJW 2019, S. 2273 [2276]; *Euler*, in: Arloth, BeckOK, Strafvollzug Bund, StVollzG, § 121a, Rn. 3).

[1551] So ähnlich auch Tag/Baur, Suizidhilfe im Freiheitsentzug, S. 43.

[1552] Vgl. *Baur*, NJW 2019, S. 2273 (2276).

tragen wurden. Die Verschränkung der beiden Regelungsbereiche ist nicht unüblich.[1553] Die Zweckmäßigkeitserwägungen, welche die Eildienstbereitschaft der Amtsgerichte begründet haben, sind nicht einschlägig, weil die Prüfung der Voraussetzungen der Suizidhilfe verfassungsrechtlich keine Eilentscheidung gebietet.

Die Jugendkammer sollte über Suizidhilfegesuche Jugendstrafgefangener entscheiden, da sie nach § 92 Abs. 2 S. 1 JGG zur Entscheidung über Rechtsbehelfe im Vollzug berufen ist. Auch wenn sie gemäß § 41 JGG in bestimmten Fällen im Erkenntnisverfahren sachlich zuständig ist und damit die oben genannten Irritationen mit Blick auf Art. 102 GG entstehen könnten, könnte dem dadurch Rechnung getragen werden, indem stets eine andere Kammer entscheidet, als diejenige, welche gegebenenfalls im Erkenntnisverfahren zuständig gewesen ist. Gegen eine Zuständigkeit des Vollstreckungsleiters spricht, dass er zwar als besonders fachkundig aufgrund der Vollzugsnähe nach § 85 Abs. 2 S. 1 JGG gelten muss,[1554] aber gleichzeitig so außerordentlich vollzugsnah ist, dass eine größere Besorgnis der Befangenheit[1555] in einer so existentiellen Fragestellung wie der Suizidhilfe besteht. Gegen seine Zuständigkeit spricht auch, dass gerade bei Jugendstrafgefangenen ein Kollegialgericht über so sensible Fragen wie die der Suizidhilfe entscheiden sollte. Für eine Übertragung auf die Strafvollstreckungskammer könnte – unbeschadet dessen, ob in jedem Landgerichtsbezirk ein solcher Spruchkörper für die jeweilige Jugendstrafanstalt vorhanden ist[1556] – zwar die größere Unabhängigkeit sprechen, allerdings fehlt diesem Gericht im Unterschied zu einem Jugendgericht auch die nötige Nähe zum Jugendstrafvollzug. Diese Sachnähe ist wichtig, weil zum Nachweis eines fehlerfrei gebildeten Suizidwillens durch die Jugendstrafanstalt über alle entscheidungserheblichen Behandlungs- und Handlungsalternativen im Jugendstrafvollzug aufgeklärt und beraten worden sein muss. Ob das der Fall ist, dürfte ein Jugendgericht besser beurteilen können als eine Strafvollstreckungskammer.

[1553] Vgl. *Laubenthal/Nestler*, Strafvollstreckung, S. 4, Rn. 8.

[1554] *Rose*, in: Ostendorf, JGG, § 92, Rn. 24.

[1555] BT-Drs. 16/6292, S. 11; krit. *Kölbel*, in: Eisenberg/Kölbel, JGG, § 92, Rn. 166.

[1556] BT-Drs. 16/6292, S. 11.

3. Rechtsbehelfe

a) Gefangener als Antragsteller

Macht der suizidwillige Gefangene geltend, durch die öffentliche Gewalt in eigenen Rechten, etwa in seinem Recht auf selbstbestimmtes Sterben, verletzt worden zu sein, kann er gemäß Art. 19 Abs. 4 GG um effektiven Rechtsschutz nachsuchen. Auf dem Gebiet des Strafvollzugs wird diese Vorschrift in den §§ 109 ff. StVollzG (i. V. m. § 92 Abs. 1 S. 2 Hs. 1 JGG), also auch bei der Ablehnung des Suizidhilfegesuchs aus entgegenstehenden vollzuglichen Gründen, konkretisiert.[1557] Danach obliegt den Strafvollstreckungskammern bei den Landgerichten der gerichtliche Rechtsschutz auf dem Gebiet des Justiz- und Maßregelvollzugs in sachlicher Zuständigkeit nach § 78a Abs. 1 S. 2 Nr. 2 GVG. Die Strafvollstreckungskammer ist dann mit einem Einzelrichter nach § 78b Abs. 1 Nr. 2 GVG besetzt, wobei jedoch aufgrund der Bedeutung der Rechtssache *de lege ferenda* ein Spruchkörper von drei Richtern (vgl. Nr. 1 der Vorschrift) gebildet werden sollte. Auch wenn gemäß § 115 Abs. 1 S. 1 StVollzG keine mündliche Verhandlung stattfindet, schließt das nicht aus, zum Zweck der gebotenen Sachverhaltsaufklärung einen am Verfahren nach § 111 StVollzG Beteiligten oder auch einen Dritten persönlich anzuhören;[1558] davon sollte bei einem Suizidhilfegesuch Gebrauch gemacht werden. Regeln die §§ 109 bis 121 StVollzG eine Verfahrensfrage nicht unmittelbar, kommen wegen der strukturellen Ähnlichkeit zum verwaltungsgerichtlichen Verfahren auch Normen der Verwaltungsgerichtsordnung oder des Verwaltungsverfahrensgesetzes zur Anwendung, wenn die Strafprozessordnung zu keinem den Besonderheiten des Strafvollzugs adäquaten Ergebnis führen kann.[1559] Aufgrund der rechtlichen Bedeutung der Sache sollte *de lege ferenda* auch von Amts wegen ein Rechtsanwalt beigeordnet werden (vgl. § 109 Abs. 3 StVollzG).

Die durch den geforderten Richtervorbehalt zu implementierende vorbeugende Kontrolle ähnelt aufgrund der statusändernden Durchführung des Suizids einer Vollstreckungssache. Dort ist die Strafvollstreckungskammer nach § 78a Abs. 1 S. 2 Nr. 1 StVollzG in funktioneller Zuständigkeit für

---

[1557] Vgl. *Laubenthal*, Strafvollzug, S. 665, Rn. 760 (der Antrag auf gerichtliche Entscheidung ist auch bei anderen Vollzugsformen möglich, nämlich z. B. nach § 92 Abs. 1 JGG [a. a. O., S. 669, Rn. 764].

[1558] *Laubenthal*, Strafvollzug, S. 696, Rn. 800.

[1559] S. zu § 120 Abs. 1 S. 2 StVollzG, der auf die entsprechende Anwendung der StPO verweist *Laubenthal*, Strafvollzug, S. 696, Rn. 801 m. w. N.

Entscheidungen nach §§ 462a, 463 StPO berufen, sofern sich aus der Strafprozessordnung nichts Gegenteiliges ergibt. Damit besteht unter anderem auch eine sachliche Zuständigkeit für eine Aussetzung des Restes einer Freiheitsstrafe zur Bewährung nach § 454 StPO. Diese bedingte Entlassungsentscheidung ähnelt der Feststellung, dass die Voraussetzungen der Freiverantwortlichkeit erfüllt sind, weil in beiden Fällen der Gefangenenstatus tangiert ist. Das in § 454 StPO geregelte Verfahren sollte daher *de lege ferenda* an die besonderen Erfordernisse eines Suizidhilfegesuchs angepasst werden.

Die Aufgaben, die nach den Vorschriften der Strafprozessordnung der Strafvollstreckungskammer zugewiesen sind, werden vom Jugendrichter als Vollstreckungsleiter nach §§ 82 Abs. 1, 110 Abs. 1 JGG wahrgenommen (*arg. e contrario* § 462a Abs. 1 StPO). Allerdings sollte, wie oben beschrieben, ein auf das Jugendstrafrecht spezialisiertes Kollegialgericht entscheiden, sodass den §§ 88, 92 JGG vergleichbare Regelungen für den Bereich der Suizidhilfe *de lege ferenda* geschaffen werden sollten.

b) Vollzugsbehörde als Antragsgegnerin

In einer Strafvollzugssache ist die JVA beteiligtenfähig nach § 111 Abs. 1 Nr. 1 StVollzG und kann nach Abs. 2 der Vorschrift auch im Unterliegensfall noch Rechtsbeschwerde einlegen, auch wenn sie nicht mehr Verfahrensbeteiligte ist.

Das geduldete Suizidhilfegesuch müsste durch die JVA der Strafvollstreckungskammer von Amts wegen vorgelegt werden (sog. Vorlageverfahren). Aufgrund der bloßen Duldung der Anstalt ist diese insoweit weder verfahrensbeteiligt noch beschwerdebefugt, sondern nur der suizidwillige Gefangene.

c) Suizidhelfer/Sterbehilfeorganisation

Auch außerhalb eines Vollzugsverhältnisses stehende Dritte, wie Suizidhelfer und Sterbehilfeorganisationen, können durch Maßnahmen, ihre Ablehnung und Unterlassung unmittelbar in ihren Rechten betroffen und damit nach § 109 Abs. 2 StVollzG antragsbefugt sein; etwa zumindest in Art. 2 Abs. 1 GG, wenn die (persönliche) Kontaktaufnahme zu Gefangenen behindert wird, nachdem diese eine Anfrage zur Unterstützung beim Suizid gestellt haben.[1560]

Suizidhelfer und/oder Sterbehilfeorganisationen sollten im Vorlageverfahren aber ausdrücklich nicht Beteiligte sein, weil sie insoweit lediglich als Sachwalter fremder Interessen auftreten und es in diesem Verfahren nicht um ihre Interessen geht, sondern um die Überprüfung der Freiverantwortlichkeit. Die Interessen von Suizidhelfern und Sterbehilfeorganisationen sind hinreichend über das strafvollzugsgerichtliche Verfahren nach den §§ 109 ff. StVollzG gewährleistet, bei dem sie nach § 111 Abs. 1 Nr. 1 StVollzG beteiligungsfähig sein können.

V. Regulierungsvorschlag

1. Gesetzgebungskompetenz

Das BVerfG hat nur den „Gesetzgeber" bei einer möglichen Regulierung der Suizidhilfe adressiert,[1561] ohne ausdrücklich festzulegen, dass es sich dabei um ein Bundesgesetz handeln müsste.[1562]

Nach Art. 70 Abs. 1 GG haben die Länder das Recht der Gesetzgebung, soweit dieses Grundgesetz nicht dem Bunde Gesetzgebungsbefugnisse verleiht. Nach diesem konzeptionellen Grundverständnis kommt den Ländern damit im bundesstaatlich organisierten Kompetenzgefüge zumindest formal im Grundsatz die vollständige Gesetzgebungszuständigkeit zu.[1563] Die Regelungsmaterie der „Suizidhilfe" könnte indes in die konkurrierende Gesetzgebungskompetenz des Bundes fallen, sodass nach Art. 72 Abs. 1 GG die Länder die Befugnis zur Gesetzgebung nur hätten, solange und soweit der Bund von seiner Gesetzgebungszuständigkeit nicht durch Gesetz Gebrauch gemacht hätte. Indem Abs. 1 der Vorschrift den Kompetenzübergang vom bloßen Gebrauch des Bundes abhängig macht, relativiert er die praktische Bedeutung des Grundsatzes der Länderzuständigkeit und bezieht gleichzeitig die Reichweite des Zuständigkeitswechsels und damit der Sperrwirkung für die Länder auf die Auslegung der bundesgesetzlichen Re-

[1560] Vgl. *Laubenthal*, Strafvollzug, S. 684 f., Rn. 781.

[1561] BVerfG, Urt. v. 26.02.2020, 2 BvR 2347/15, BVerfGE 153, 182 (308, Rn. 338).

[1562] *Dorneck et al.*, AMHE-SterbehilfeG, S. 32; allerdings könnte dafür sprechen, dass „der" und nicht *ein* Gesetzgeber adressiert wurde.

[1563] Vgl. *Broemel*, in: v. Münch/Kunig, Grundgesetz-Kommentar, Art. 70, Rn. 8 f.

gelung.[1564] Ein die Sperrwirkung bewirkendes Gebrauchmachen im Bereich der konkurrierenden Gesetzgebung erforderte jedoch zuerst die Wirksamkeit der bundesgesetzlichen Regelung, indem diese einem konkurrierenden Kompetenztitel unterfällt und gegebenenfalls die Anforderungen der Erforderlichkeitsklausel aus Abs. 2 erfüllt sind.[1565] Des Weiteren kann freilich auch ein Verstoß gegen sonstiges Verfassungsrecht, insbesondere gegen die Grundrechte, die Gültigkeit einer bundesgesetzlichen Regelung ausschließen,[1566] was hier aus Platzgründen aber nicht näher thematisiert werden kann[1567].

Rechtspolitisch sinnvoll kann mit *Dorneck et al.* nur eine bundeseinheitliche Regelung dieses Themenkomplexes sein.[1568] Ungeachtet dieser Zweckmäßigkeitserwägungen verfügt der Bund indes schon jetzt über eine entsprechende Gesetzgebungskompetenz im Bereich der Suizidhilfe in der Zusammenschau der konkurrierenden Gesetzgebungskompetenztitel in Gestalt des bürgerlichen Rechts und des Strafrechts (Art. 74 Abs. 1 Nr. 1 GG), des Rechts der Wirtschaft[1569] (Artt. 74 Abs. 1 Nr. 11 i. V. m. 72 Abs. 2[1570] GG), des Arbeitsrechts[1571] (Art. 74 Abs. 1 Nr. 12 GG) und des Arznei- und Betäubungsmittelrechts[1572]

1564 *Broemel*, in: v. Münch/Kunig, Grundgesetz-Kommentar, Art. 72, Rn. 15.

1565 *Uhle*, in: Dürig/Herzog/Scholz, GG, Art. 72 Abs. 1, Rn. 80.

1566 *Broemel*, in: v. Münch/Kunig, Grundgesetz-Kommentar, Art. 72, Rn. 16.

1567 S. ausführlich zu einem die Strafbarkeit der Suizidhilfe einführenden Gesetzes *Gavela*, Ärztlich assistierter Suizid und organisierte Sterbehilfe, S. 234 ff., 251 ff.

1568 *Dorneck et al.*, AMHE-SterbehilfeG, S. 32.

1569 Der Begriff des Rechts der Wirtschaft wird von der *Rspr.* weit definiert. Er soll alle Normen erfassen, die das wirtschaftliche Leben und die wirtschaftliche Betätigung als solche regeln und umfasst danach nicht nur die Organisation der Wirtschaft, Wirtschaftszweige und wirtschaftenden Personen, sondern auch die Steuerung und Lenkung des Wirtschaftslebens insgesamt (*Kment*, in: Jarass/Pieroth, GG, Art. 74, Rn. 21 m. w. N.).

1570 Eine bundesrechtliche Regelung ist zur Wahrung der Rechtseinheit im gesamtstaatlichen Interesse erforderlich (s. *Dorneck et al.*, AMHE-SterbehilfeG, S. 83).

1571 Hierunter ist das Sonderrecht der unselbstständigen Arbeitnehmer, und zwar das individuelle und kollektive, private und öffentliche Arbeitsrecht zu verstehen. Für das Arbeitsrecht des Öffentlichen Dienstes sind aber Artt. 73 Abs. 1 Nr. 8 GG und 74 Abs. 1 Nr. 27 GG *leges speciales*, soweit keine allgemeinen, die Besonderheiten des Öffentlichen Dienstes nicht berührenden, arbeitsrechtlichen Regelungen in Frage stehen (*Kment*, in: Jarass/Pieroth, GG, Art. 74, Rn. 32 m. w. N.).

1572 Um nicht auf die gängigen, überwiegend grausamen Suizidmethoden zurückgreifen zu müssen, möchten viele Suizidwillige ihren Tod durch die Einnahme von schnell, sicher

(Art. 74 Abs. 1 Nr. 19 GG).[1573] Dies schließt auch die Befugnis zur Konkretisierung von Freiverantwortlichkeitskriterien ein, weil die zulässige Suizidhilfe begriffsnotwendig eine freiverantwortliche Selbsttötung voraussetzt. Insoweit besteht auch eine Annexkompetenz[1574] für das ärztliche Berufsrecht, etwa wenn ärztliche Aufklärungs- und Beratungserfordernisse[1575] konkretisiert werden.[1576] Aus Gründen der Rechtssicherheit bietet sich aber eine Klarstellung der Gesetzgebungskompetenz in Art. 74 Abs. 1 Nr. 26 GG durch die ausdrückliche Schaffung eines Kompetenztitels „Suizidhilfe" an.[1577] Diese Nummer sollte zusätzlich auch ausdrücklich die Befugnis zur staatlichen Regulierung[1578] in Gestalt der „Suizidprävention"[1579] umfassen,[1580] soweit diese nicht bereits anderen Kompetenzbestimmungen unterfällt,[1581] weil dem Bund bisher eine umfassende konkurrierende Ge-

und schmerzlos wirkenden Suizidpräparaten hervorrufen (*Kusch/Hecker*, Handbuch der Sterbehilfe, S. 73, 75), so dass auch schon der Entwurf um die Abgeordnete *Künast*, BT-Drs. 20/2293, S. 10 f. als zentralem (s. zum Kriterium des Schwerpunkts der Regelung: BVerfG, Urt. v. 28.01.2014, 2 BvR 1561, BVerfG 135, 155 [196, Rn. 102 m. w. N.]) Regelungskonzeptbestandteil ausdrücklich einen legalen Zugang zu letal wirkenden Medikamenten schaffen wollte.

1573 *Dorneck et al.*, AMHE-SterbehilfeG, S. 32; dem folgend auch *Flaig*, in: Bange/Kirner, Mehr Fortschritt wagen, S. 217 (233).

1574 In der Sache ist dies nur ein Unterfall der Kompetenz kraft Sachzusammenhangs (*Kment*, in: Jarass/Pieroth, GG, Art. 70, Rn. 12 m. w. N.).

1575 Der Wille zur Selbsttötung muss nämlich mangelfrei sein. Dazu muss der Suizident Kenntnis von sämtlichen entscheidungserheblichen Gesichtspunkten haben und über Behandlungs- beziehungsweise Handlungsalternativen und deren jeweilige Folgen aufgeklärt und beraten werden (BVerfG, Urt. v. 26.02.2020, 2 BvR 2347/15, BVerfGE 153, 182 [273 f., Rn. 242, 275, Rn. 246]).

1576 *Dorneck et al.*, AMHE-SterbehilfeG, S. 32; vgl. auch BVerfG, Urt. v. 27.10.1998, 1 BvR 2306/96, *Bayerisches Schwangerenhilfeergänzungsgesetz*, juris Rn. 219, BVerfGE 98, 265 (321).

1577 *Dorneck et al.*, AMHE-SterbehilfeG, S. 32; vgl. auch *Lindner*, ZRP 2020, S. 66 (67).

1578 Die Verfassung gebietet dem Staat sich aufgrund des objektiv-rechtlichen Wertgehalts von Art. 2 Abs. 2 S. 1 Alt 1 GG „schützend und fördernd" vor das Leben zu stellen (vgl. BVerfG, Urt. v. 28.05.1993, 2 BvF 2/90, *Schwangerschaftsabbruch II*, juris Rn. 157, BVerfGE 88, 203 [251]), sodass es sich bei der Suizidprävention um eine staatliche und damit nicht private Aufgabe handelt.

1579 Nach *Lewitzka* solle Suizidprävention als Pflichtaufgabe der Daseinvorsorge auf Bundes-, Länder- und kommunaler Ebene Eingang in das Grundgesetz und die Sozialgesetzbücher finden (*Lewitzka*, Stellungnahme 2022, S. 3).

1580 S. auch *Dorneck et al.*, AMHE-SterbehilfeG, S. 82 f., 9 (*§§ 13 f.*) u. 75 ff.

1581 Hier kommt insb. Art. 74 Abs. 1 Nr. 7 GG („öffentliche Fürsorge") als Kompetenznorm in Betracht. *Nach ganz h. M.* können über ein enges Begriffsverständnis in Gestalt von

setzgebungskompetenz in diesem Bereich fehlt[1582]. Denn auch wenn der Weg zur Suizidhilfe beziehungsweise zu Suizidmitteln „real eröffnet“ sein muss,[1583] bedarf es bundesweit einer umfassenden gesetzlichen Stärkung der „nicht-autonomieverletzenden“[1584] Suizidprävention, so dass allen Men-

materieller Unterstützung in Notlagen hinaus auch *präventive* Maßnahmen im Vorfeld zur Vermeidung einer Bedarfssituation zur öffentlichen Fürsorge zählen, auch wenn die *jüngere Rspr.* das Erfordernis einer zumindest potentiellen Bedürftigkeit betont. Zudem kommen als Maßnahmen der öffentlichen Fürsorge nicht nur materielle Leistungen, sondern auch sonstige *immaterielle* Maßnahmen zur Gewährleistung der entsprechenden Schutzgüter wie unter Umständen etwa Zwangsmaßnahmen gegenüber den zu schützenden Personen oder Verpflichtungen Dritter in Betracht (s. zum Ganzen *Broemel*, in: v. Münch/Kunig, Grundgesetz-Kommentar, Art. 74, Rn. 26 f. m. w. N.). Der weit gefasste Begriff der öffentlichen Fürsorge kann mitunter zu Abgrenzungsschwierigkeiten zu anderen Kompetenztiteln führen, insbesondere im Bereich der Gesundheitsfürsorge (vgl. BVerfG, Urt. v. 28.05.1993, 2 BvF 2/90, *Schwangerschaftsabbruch II*, juris Rn. 261 ff., BVerfGE 88, 203 [330]), die überwiegend den Ländern obliegt, vgl. Artt. 70 Abs. 1, 74 Abs. 1 Nr. 19 (*arg. e contr.* „Maßnahmen gegen gemeingefährliche oder übertragbare Krankheiten bei Menschen“ (dies gilt v. a. bei Suizidalität, weil es sich dabei nicht um eine Krankheit handelt, auch wenn diese oft symptomatisch mit Krankheiten zusammenhängt [vgl. *Hambrecht*, in: Venzlaff et al., Psychiatrische Begutachtung, S. 793 {795, 797}]), 19a („die wirtschaftliche Sicherung der Krankenhäuser und die Regelung der Krankenhauspflegesätze) GG. Auch die besonders suizidpräventiv wirksame Reduzierung der Zugänglichkeit von Suizidorten (v. a. anlagenbezogenes Bauordnungsrecht, vgl hier insb. die baupolizeilichen Generalklauseln, z. B. § 3 Abs. 1 S. 1 Hs. 1 LBO RLP oder § 3 Abs. 1 S. 1 Hs. 1 BauO NRW) sowie Fort- und Weiterbildungsangebote (Berufsrecht) fallen an sich in die Länderzuständigkeit.

1582 A. A. wohl *Dorneck et al.*, AMHE-SterbehilfeG, S. 32, 82 f., die sich indes selbst auf die Regelung der Einrichtung einer flächendeckenden Versorgungs- (wohl schon von Art. 74 Nr. 7 GG gedeckt, vgl. BVerfG, Urt. v. 28.05.1993, 2 BvF 2/90, *Schwangerschaftsabbruch II*, juris Rn. 261 ff., BVerfGE 88, 203 [330]) und einer bundesweiten Aufklärungsinfrastruktur (hier dürfte schon die Informationskompetenz der *BReg* nach Art. 62 GG greifen, vgl. *Jarass*, in: Jarass/Pieroth, GG, Art. 62, Rn. 4) beschränken (vgl. a. a. O., S. 9 *(§§ 13 f.)* u. 75 ff), sodass insb. unter Berücksichtigung des Ländervorbehalts für das Gesundheitswesen fraglich ist, ob im Überschneidungsbereich von Bundes- und Länderkompetenzen der Schwerpunkt in der Bundesgesetzgebung liegt, auch wenn das SGB V (kompetenzrechtlich Art. 74 Abs. 1 Nr. 12 [„Sozialversicherung“] GG zuzuordnen) die Behandlung mit psychiatrischen und psychotherapeutischen Leistungen, die bei Suizidalität häufig nötig sind, sicherstellt.

1583 BVerfG, Urt.v. 26.02.2020, 2 BvR 2347/15, BVerfGE 153, 182, Leitsatz 4, Rn. 284.

1584 *Schöne-Seifert*, Stellungnahme „Suizidprävention“ zu BT-Drs. 20/1121, S. 3. *Dies.* warnt auch davor, dass bei der Suizidprävention die Grenze zwischen „Prävention und Sabotage“ nicht verwischen dürfe und sich diese Prävention, wie in der Schweiz, auf nicht-assistierte Suizide konzentrieren solle, weil die Regelungszusammenhänge beim assistierten Suizid deutlich andere seien (a. a. O., S. 4, 2 [dortige Fn. 3]); *Frister*, in: BTschen mit einem Suizidwunsch prinzipiell sowohl Hilfe zum Sterben als auch Hilfe zum Leben zur Verfügung stehen sollte. Eine hilfsweise Bundeskompetenz zur umfassenden Regelung der Suizidprävention kraft Sachzusammenhangs kann allerdings aktuell nicht angenommen werden, da solche Regelungen nicht zur Erfüllung der staatlichen Lebensschutzverpflichtung *unerlässlich* wären; unerlässlich ist nur die Einhaltung der Kriterien, welche die Freiverantwortlichkeit sicherstellen. Eine solche Kompetenz kommt in Betracht, „wenn eine dem Bund zugewiesene Materie verständigerweise nicht geregelt werden kann, ohne dass zugleich eine andere Materie mitgeregelt wird, wenn also das Übergreifen in einen an sich den Ländern übertragenen Kompetenzbereich für die Regelung der zugewiesenen Materie unerlässlich ist."[1585] Entgegen dem Inhalt der Abwehrrechte ist die Reichweite staatlicher Schutzpflichten jedoch grundsätzlich unbestimmt.[1586] Entscheidend ist vielmehr die Frage, inwieweit der Bundesgesetzgeber verpflichtet ist, das gefährdete Rechtsgut zu schützen oder lediglich dazu berechtigt ist.[1587] So hat das BVerfG ausdrücklich darauf hingewiesen, dass der Bundesgesetzgeber aus Gründen des Untermaßverbots verpflichtet ist, in Ausnahmefällen, in denen berufsrechtliche Normen im Zusammenhang mit Schwangerschaftsabbrüchen betroffen sind, eine Regelung zu erlassen, die in seine Kompetenz fällt.[1588] Eine solche die *Bundes*gesetzgebungskompetenz begründende staatliche Schutzverpflichtung ist im Zusammenhang mit der Suizidprävention zweifelhaft. Dass aus Art. 2 Abs. 2 S. 1 Alt 1 i. V. m. Art. 1 Abs. 1 S. 2 GG eine solche Verpflichtung folgt, ist fraglich und kann insbesondere im Vergleich zur vom BVerfG aus den objektiven Schutzpflichten des Staates im Bereich der Suizidhilfe abgeleiteten Verpflichtung mit überzeugenden Gründen abgelehnt

---

Rechtsausschuss, Stenografisches Protokoll 20/32, S. 69 fordert hingegen einen ganzheitlicheren legislatorischen Ansatz bei der Suizidprävention und -assistenz.

1585 S. nur BVerfG, Urt. v. 24.10.2002, 2 BvF 1/01, *Altenpflegegesetz*, juris Rn. 207, BVerfGE 106, 62 (115).

1586 BVerfG, Beschl. v. 06.05.1997, 1 BvR 409/90, *Vaterschaftsauskunft*, juris Rn. 29, BVerfGE 96, 56 (64).

1587 Vgl. *Gavela*, Ärztlich assistierter Suizid und organisierte Sterbehilfe, S. 230 ff.

1588 S. zu Spezialisierungsbeschränkungen in Gestalt von Gebührenhöchstgrenzen BVerfG, Urt. v. 27.10.1998, 1 BvR 2306/96, *Bayerisches Schwangerenhilfeergänzungsgesetz*, juris Rn. 204, BVerfGE 98, 265 (314): „Da es um die Eindämmung vermuteter Schutzdefizite in bezug auf das ungeborene menschliche Leben geht, ist, sofern auf die Strafdrohung verzichtet wird, die entsprechende Gefahrenabwehr unabweisbare Aufgabe des Bundesgesetzgebers, wenn er eine verfassungswidrige Schutzlücke vermeiden will."

werden.[1589] Obschon die Vorstellung, dass die Suizidprävention bundesweit von Land zu Land unterschiedlich stark ausgeprägt ist, den Wunsch nach bundeseinheitlichen Regelungen verstärken dürfte, vermag dieses nachvollziehbare Bedürfnis nach bundesweitem Rechtsfrieden eine Bundeskompetenz kraft Sachzusammenhangs isoliert betrachtet wohl noch nicht zu begründen.[1590]

Damit verfügt der Bund über eine Gesetzgebungskompetenz im Bereich der Suizidhilfe in der Zusammenschau der konkurrierenden Gesetzgebungskompetenztitel nach Art. 74 Abs. 1 Nr. 1 Var. 2, 11 (i. V. m. Art. 72 Abs. 2), 12, 19 GG.

Unter Berücksichtigung des Ländervorbehalts für das Gesundheitswesen nach Artt. 70 Abs. 1; *arg. e contr.* 74 Abs. 1 Nr. 19 GG ist allerdings fraglich, ob im Überschneidungsbereich von Bundes- und Länderkompetenzen der Schwerpunkt in der Bundesgesetzgebung liegt, auch wenn das SGB V (kompetenzrechtlich Art. 74 Abs. 1 Nr. 12 [„Sozialversicherung"] GG zuzuordnen) die Behandlung mit psychiatrischen und psychotherapeutischen Leistungen, die bei Suizidalität häufig nötig sind, sicherstellt. Daher kommt im Bereich der Suizidprävention durchaus auch eine Ländergesetzgebungszuständigkeit in Betracht.

Die Länder haben nach Art. 72 Abs. 1 GG im Bereich der konkurrierenden Gesetzgebung die Befugnis zur Gesetzgebung, solange und soweit der Bund von seiner Gesetzgebungszuständigkeit durch Gesetz keinen Gebrauch gemacht hat. „[S]olange" keine bundesgestzliche Regelung besteht, stellt das für die Länder formell betrachtet kein Problem dar. Bei einer bundesgesetzlichen Regelung ist im Wesentlichen die Reichweite der gesetzlichen Regelungskonzeption zentral.[1591] Konzeptionelle Entscheidungen des Bundesgesetzgebers dürften dabei nach der verfassungsgericht-

---

[1589] BVerfG, Urt. v. 26.02.2020, 2 BvR 2347/15, BVerfGE 153, 182 (308, Rn. 338): „Aus der Verfassungswidrigkeit des § 217 StGB folgt nicht, dass der Gesetzgeber sich einer Regulierung der Suizidhilfe vollständig zu enthalten hat. Er hat aus den ihm obliegenden Schutzpflichten für die Autonomie bei der Entscheidung über die Beendigung des eigenen Lebens in verfassungsrechtlich nicht zu beanstandender Weise einen Handlungsauftrag abgeleitet (vgl. Rn. 231 ff.)." Damit besteht ein ausdrücklicher Regulierungsauftrag im Bereich der Suizidhilfe, jedoch im Umkehrschluss nicht im Bereich der Suizidprävention.

[1590] Vgl. in anderem Kontext auch *Wissenschaftlicher Dienst*, WD 3–3000–155/15, S. 12.

[1591] Vgl. *Broemel*, in: v. Münch/Kunig, Grundgesetz-Kommentar, Art. 72, Rn. 18; vgl. auch *Oeter*, in: v. Mangoldt/Klein/Starck, GG, Art. 72, Rn. 71.

lichen Rechtsprechung nicht durch die Länder verfälscht werden.[1592] Allerdings setzt dies einen tatsächlichen Regelungsgehalt voraus, an dem es insbesondere bei weitreichenden Regelungslücken mangels Sperrwirkung fehlt.[1593] Solche Teilregelungen können jedoch auch Ausdruck eines absichtsvollen Regelungsverzichts mit abschließendem Regelungscharakter sein.[1594] Demgegenüber muss die Regelungsdichte und -breite jedoch kein Indiz für eine abschließende Regelung darstellen, wenn die Vorschriften als Mindeststandards zu verstehen sind.[1595] Vergleichbare Fragestellungen werden bei der Auslotung der Sperrwirkung einer bundesgesetzlichen Regelung, die den Beginn einer umfassenden Gesamtplanung absteckt, aufgeworfen.[1596] Entscheidend ist somit, inwiefern schon das erste Gesetz das Spektrum der folgenden Gesetzgebungsvorhaben inhaltlich markiert.[1597]

Nach alledem würde für das Vorliegen einer *erschöpfenden bundesgesetzlichen Regelung* Folgendes gelten: „Maßgeblich ist, ob ein bestimmter Sachbereich umfassend und lückenlos geregelt ist oder jedenfalls nach dem aus Gesetzgebungsgeschichte und Materialien ablesbaren objektivierten Willen des Gesetzgebers abschließend geregelt werden sollte. Für die Frage, ob und inwieweit der Bund von seiner Zuständigkeit Gebrauch ge-

[1592] BVerfG, Urt. v. 27.10.1998, 1 BvR 2306/96, *Bayerisches Schwangerenhilfeergänzungsgesetz*, juris Rn. 162, BVerfGE 98, 265 (301).

[1593] Vgl. BVerfG, Beschl. v. 08.061988, 2 BvL 9/85, *Fehlbelegungsabgabe*, juris Rn. 60, BVerfGE 78, 249 (273); nach *Kment*, in: Jarass/Pieroth, GG, Art. 72, Rn. 7 m. w. N. bestehen für ein fehlendes Gebrauchsmachen folgende vier Fallgruppen: 1. „wenn der Bund in einer bestimmten Materie überhaupt nicht gesetzgeberisch tätig geworden ist“; 2. „wenn das Bundesgesetz bloße Wert- und Zielvorstellungen enthält“; 3. „wenn es Lücken“ oder 4. „sehr allgemein oder abstrakt gefasste Vorschriften“ enthält.

[1594] *Degenhart*, in: Sachs, GG, Art. 72, Rn. 25; *Kment*, in: Jarass/Pieroth, GG, Art. 72, Rn. 6 m. w. N.

[1595] *Oeter*, in: v. Mangoldt/Klein/Starck, GG, Art. 72, Rn. 72; so lt. *Jarass*, NVwZ 1996, S. 1041 (1044) insb. im „Umwelt- und Sicherheitsrecht“ nicht selten der Fall.

[1596] Für eine Sperrwirkung schon beim ersten Gesetz zu der bis zum 14.11.1994 geltenden Fassung des *Art. 72 GG a. F.* („Gebrauch macht“): BVerfG, Urt. v. 26.07.1972, 2 BvF 1/71, *Besoldungsrecht*, juris Rn. 66, BVerfGE 34, 9 (28) – dafür könnte daran anknüpfend der Grundsatz bundesfreundlichen Verhaltens sprechen (vgl. dazu auch *Broemel*, in: v. Münch/Kunig, Grundgesetz-Kommentar, Art. 72, Rn. 29, auch wenn Art. 72 Abs. 1 Hs. 2 Alt 1 GG [„solange { ... } Gebrauch gemacht hat“] in zeitllicher Hinsicht nicht greift; so in äußersten Extremkonstellationen auch *Oeter*, in: v. Mangoldt/Klein/Starck, GG, Art. 72, Rn. 66); krit. *Degenhart*, in: Sachs, GG, Art. 72, Rn. 36 f. m. w. N.

[1597] *Broemel*, in: v. Münch/Kunig, Grundgesetz-Kommentar, Art. 72, Rn. 22.

macht hat, ist in erster Linie auf das Bundesgesetz selbst, sodann auf den hinter dem Gesetz stehenden Regelungszweck, ferner auf die Gesetzgebungsgeschichte und die Gesetzesmaterialien abzustellen [...].“[1598]

Dass auch eine haftspezifische Regelungsbefugnis durch die Länder bei den Freiverantwortlichkeitskriterien bestehen könnte, hat schon das BVerfG angedeutet, indem es davon ausgeht, „dass je nach Lebenssituation unterschiedliche Anforderungen an den Nachweis der Ernsthaftigkeit und Dauerhaftigkeit eines Selbsttötungswillens gestellt werden können.“[1599] Darüber hinaus könnte sich die Frage stellen, ob und gegebenenfalls inwieweit eine etwaige bundesgesetzliche Regelung der Suizidprävention und Suizidhilfe Raum für Sonderregelungen im Justizvollzug auf Länderebene belassen würde.

Unabhängig davon besteht folgender vollzugspezifischer Regelungsbedarf, der abhängig von der Regelungsmaterie, in die Gesetzgebungskompetenz der Länder nach Artt. 70 Abs. 1; 72 Abs. 2 Hs. 2 GG fällt, beziehungsweise fallen könnte:

2. Inhalt und Begründung

Im Bereich der Suizidprävention sollte folgende Regelung erlassen werden (Artt. 70 Abs. 1; *arg. e contr.* 74 Abs. 1 Nr. 19 GG):

Ergänzung von § 7 Abs. 2 (am Beispiel des LJVollzG RLP) durch einen *S. 3*

(2) [...] ^{2}Ein besonderes Augenmerk ist auf die Verhütung von Selbsttötungen zu legen. ^{3}*Dazu legt die Aufsichtsbehörde verbindliche und am Stand der Wissenschaft orientierte evidenzbasierte Standards zur Suizidprävention fest, die zumindest folgende Qualitätssicherungsmerkmale betreffen:*

1. *Frühzeitige Erkennung von suizidalen Gefangenen:*
   a) *Einsatz von Screeningverfahren bei Aufnahme;*
   b) *Einsatz von Screeningverfahren im Haftverlauf.*
2. *Verbesserung der Behandlungsangebote:*

[1598] BVerfG, Urt. v. 10.02.2004, 2 BvR 834/02, *nachträgliche Sicherungsverwahrung,* juris Rn. 143, BVerfGE 109, 190 (230).

[1599] BVerfG, Urt. v. 26.02.2020, 2 BvR 2347/15, BVerfGE 153, 182 (309, Rn. 340).

   a) *Verbesserung der psychiatrischen und psychologischen Versorgung;*
   b) *Monitoring von Gefangenen mit erhöhtem Suizidrisiko während der gesamten Haft.*
3. *Verbesserung der strukturellen Voraussetzungen:*
   a) *Niedrigschwellige Informations- und Unterstützungsangebote zu Suizidalität;*
   b) *Erhöhung der Angebote für Arbeit, Ausbildung und Freizeit;*
   c) *Prüfung des Einsatzes von Bezugs- und Vertrauensbediensteten;*
   d) *regelmäßige Messung des Anstaltsklimas zur Etablierung systematischer Anti-Gewalt-Konzepte.*
4. *Einbeziehung von Angehörigen:*
   a) *Gesteigerte Kontaktaufnahmemöglichkeiten zu An- und Zugehörigen zu Beginn der Haft;*
   b) *Prüfung der Einbeziehung von An- und Zugehörigen in die therapeutischen Prozesse bei suizidalen Krisen.*
5. *Reduzierung der Umsetzungsmöglichkeiten suizidaler Handlungen:*
   a) *Verbesserung der baulichen Gegebenheiten in Hafträumen;*
   b) *Prüfung der Einrichtung besonderer Hafträume für suizidale Gefangene.*
6. *Ausbau der suizidpräventiven Kompetenzen der Mitarbeitenden des Justizvollzuges:*
   a) *Aus- und regelmäßige Fortbildung aller Mitarbeitenden;*
   b) *Angebot spezifischer Fortbildung für Fachdienste;*
   c) *Verbesserung des Erkennens und der Diagnostik von Suizidalität;*
   d) *regelmäßige Schulung aller Mitarbeitenden in Kriseninterventionstechniken;*
   e) *Intervisions- und Supervisionsangebote für Fachdienste;*
   f) *Durchführung von Suizidkonferenzen zur Auswertung eines Suizids oder Suizidversuchs.*
7. *Forschung und Implementierung der Ergebnisse in der Praxis:*
   a) *Psychologische Autopsie nach Suiziden oder Suizidversuchen;*
   b) *Strukturierte Erfassung von Suiziden und Suizidversuchen;*
   c) *Einsatz qualitativer Forschungsdesigns für Gefangene mit ernsthaften Suizidversuchen.*

Begründung: Selbsttötungen im Justizvollzug laufen ganz überwiegend dem staatlichen Schutzauftrag zuwider, weil sie sehr selten freiverantwortlich vollzogen werden. Deshalb gewinnt die Suizidprävention dort besondere Bedeutung. Neben den Regelungen zur Abwendung akuter Suizidalität, ist die selektive Suizidprävention im Justizvollzug gesetzlich nur rudimentär geregelt und auch auf untergesetzlicher Ebene findet sich ein ähnlicher Befund, weil einheitliche Standards der Suizidprävention nicht in allen Bundesländern vorhanden sind. Die Suizidprävention im Justizvollzug sollte daher (formal)gesetzlich gestärkt werden. Der *Deutsche Ethikrat* hat 2022 auch ausdrücklich und überzeugend festgestellt, dass der Gefahr „prekärer Selbstbestimmung" – die im Justizvollzug besonders hoch ist – nur mit einem integrierten Mehr-Ebenen-Ansatz effektiv begegnet werden kann. Insbesondere staatliche Institutionen müssten auf der Makroebene dafür die geeigneten Rahmenbedingungen schaffen, damit die Akteure auf der Meso- und Mikroebene ihrer Verantwortung gerecht werden könnten. An oberster Stelle stünden insoweit „auch hinreichend präzise rechtliche Regelungen, die sich nicht in der Verabschiedung eines rechtssicheren Handlungsrahmens für die Suizidassistenz erschöpfen."[1600] Diese Einschätzung korrespondiert auch mit dem Wesentlichkeitsgebot. Der parlamentarische Gesetzgeber hat nämlich alle wesentlichen[1601] Entscheidungen in grundrechtssensiblen Bereichen selbst zu treffen, also auch im Rahmen seiner Schutzpflicht für das Leben und die Autonomie. Dafür sind die Landesgesetzgeber auf dem Gebiet des Justizvollzuges auch zuständig, weil Suizidalität nicht selten durch die Situation im Gefängnis (mit-)ausgelöst wird und dem effektiv entgegenzusteuern ist. Die Bundesländer sollten dabei einheitlich abgestimmte gesetzliche Regelungen erlassen, um eine Rechtszersplitterung in einem so grundrechtssensiblen Bereich zu vermeiden.[1602] Um die Aufgabe der Suizidprävention nachhaltiger erfüllen zu können, bedarf es ebenso einer angemessenen finanziellen und personellen Ausstattung.

[1600] *Deutscher Ethikrat*, Selbstbestimmung und Fürsorge am Lebensende, S. 26 f. (Ziff. 51 f.), 114 (begrifflich zu den Akteuren), 143, 151 f.

[1601] S. zur Reichweite der Wesentlichkeitslehre im Überblick: *Wissenschaftliche Dienste*, WD 3 – 3000–043/15, S. 4 ff. m. w. N.; s. auch BVerfG, Urt. v. 20.06.2023, 2 BvR 166/16, sog. *Gefangenenvergütung-II*-Entscheidung, Rn. 158–161, 211–214, 226–228.

[1602] Ob sich hier die schon damals geäußerte Kritik an der Föderalismusreform in Bezug auf Rechtseinheit und Reformentwicklung realisiert, wird sich zeigen (vgl. dazu *Laubenthal*, Strafvollzug, S. 94, Rn. 131 m. w. N.). Eine Rückübertragung der Gesetzgebungskompetenz für den Justizvollzug auf den Bund könnte aus diesem Anlass zweckmäßig sein, auch wenn dies rechtspolitisch eine große Herausforderung darstellen dürfte.

Der Gesetzesvorschlag in *§ 7* orientiert sich stark an dem zusammengefassten und bereits vorgestellten Vorschlag von wirkungsvollen Suizidpräventionsmaßnahmen, der von *Meischner-al-Mousawi et al.* entwickelt wurde und wissenschaftlich fundiert ist (D. III. 3., S. 147 f.). Eine weitere Begründung erfolgt aber noch zu *Nr. 3 d)* des Entwurfs: „Das Leben im Gefängnis wird mehrheitlich als (Mit-)Auslöser von Suizidgedanken genannt.“[1603] Dieses Leben ist häufig von einer Gefangenensubkultur geprägt. Dabei „[...] geht es um das Gegenüber bzw. Nebeneinander von offiziellen Vorgaben der Anstalt (z. B. gesetzliche Vorgaben, Hausordnung, Umgangsformen) und inoffiziellen Normen und Regeln der Gefangenen, die deren Verhalten untereinander und zu den Bediensteten betreffen. Gefangenensubkultur beschreibt zum einen also die Kultur einer Teilgruppe, die über weniger Macht verfügt als die vorherrschende Kultur. Zum anderen weist der Begriff die Konnotation des Untergründig-Widerständigen auf.“[1604] Dabei ist Gewalt[1605] auch ein allgegenwärtiger Ausdruck dieser

---

[1603] *Neubacher*, Vortrag v. 15.06.2023, Lebensende und Lebensbeendigung im Strafvollzug –
eine kriminologisch-vollzugsrechtliche Annäherung, ZiF, Folien 15, 17 (unveröffentlicht).

[1604] *Neubacher/Boxberg*, in: Maelicke/Suhling, Gefängnis auf dem Prüfstand, S. 195; s. ausführlich auch *Laubenthal*, Strafvollzug, S. 155–166, Rn. 211–223 u. mit kurzem Überblick *Neubacher*, in: L/N/N/V/B, Strafvollzugsgesetze, B, Rn. 21 f.

[1605] Kategorisch zählen dazu: physische, psychische Gewalt, Zwang/Erpressung und materielle Schädigung (*Neubacher/Boxberg*, in: Maelicke/Suhling, Gefängnis auf dem Prüfstand, S. 195 (199). In einem Kölner Forschungsprojekt von 2010–2017 im Jugendstrafvollzug konnte i. R. e. Längsschnitt-Studie für einen jeweils retrospektiven Zeitraum von drei Monaten Folgendes festgestellt werden: „Die häufigste Gewaltart in Haft ist demnach die psychische Gewalt“; 84% der männlichen und 80 der weiblichen Befragten gaben ein solches Verhalten für die zurückliegenden drei Monate an. „64 % der männlichen und 49% der weiblichen Befragten gaben an, physische Gewalt angewendet zu haben. 45% der männlichen und 22% der weiblichen Inhaftierten berichteten, eine Körperverletzung begangen zu haben (‚absichtlich verletzt‘, ‚getreten oder geschlagen‘). Zwang und Erpressung anderer Gefangener wurden ebenfalls häufiger von männlichen Gefangenen (43%) als von weiblichen Gefangenen (22%) angegeben. Insgesamt üben männliche Jugendstrafgefangene also signifikant häufiger Gewalt aus, doch ist die Gewalttätigkeit unter weiblichen Gefangenen in ihrem Ausmaß keinesfalls unbedeutend. Auch in einer Befragung des Kriminologischen Forschungsinstituts Niedersachsen im Erwachsenenvollzug berichteten männliche Inhaftierte häufiger als weibliche Inhaftierte davon, selbst physische Gewalt ausgeübt bzw. andere erpresst zu haben. Im Vergleich wiesen die gleichzeitig befragten männlichen Jugendstrafgefangenen höhere Prävalenzraten auf als die Befragten im Erwachsenenvollzug“ (a. a. O., S. 200 f. m. w. N.).

Gefangenensubkultur und hat oft die Funktion, Respekt und Ansehen zu gewinnen, aber gleichzeitig auch Viktimisierung zu vermeiden.[1606] Gewalt steht indes nicht nur in Zusammenhang mit der Gefangenensubkultur, sondern auch mit dem Anstaltsklima.[1607] Für Letzteres existiert keine einheitliche Definition. Nach *Ross et al.* ist darunter die von den Bediensteten und Inhaftierten wahrgenommene Menge sozialer, emotionaler, organisationaler und physischer Merkmale einer Haftanstalt zu verstehen.[1608] *Liebling/Arnold* erweitern diese Definition noch um den Aspekt der Verfahrensgerechtigkeit (*moral performance*).[1609] Das Anstaltsklima kann mit dem englischsprachigen „*Measuring the Quality of Prison Life (MQPL+)*"-Instrument gemessen werden, das mit qualitativen und quantitativen Methoden das Klima darstellt und Veränderungspotentiale aufzeigt; es ist auf andere Rechtssysteme übertragbar und wird derzeit in einem Forschungsprojekt im deutschsprachigen Raum getestet.[1610] Methodisch richtet sich dieses Befragungsinstrument sowohl an die Gefangenen als auch an das Vollzugspersonal und bildet folgende Dimensionen ab: Respekt (*respect*), Menschlichkeit (*humanity*), Beziehung zwischen Personal und Gefangenen (*staff-prisoner relationship*), Unterstützung (*support*), Vertrauen (*trust*), Gerechtigkeit (*fairness*), Ordnung (*order*), persönliche Sicherheit (*safety*), Wohlergehen (*well-being*), persönliche Entwicklung (*personal development*), Familienkontakt (*family contact*), Macht (*power*) und Anständigkeit (*decency*).[1611] Dabei kommt dem Erleben von „Verfahrensgerechtigkeit" als einer respektvollen Haltung den Gefangenen gegenüber und der Entscheidungstransparenz empirisch belegt eine subkulturelle Einstellun-

---

[1606] *Neubacher/Boxberg*, in: Maelicke/Suhling, Gefängnis auf dem Prüfstand, S. 195 (199 m. w.N.); eine umfassende Literaturübersicht zum Thema Gewalt im Justizvollzug bietet *Schatz*, in: Schatz, BeckOK Strafvollzug Hamburg, HmbStVollzG, § 3, Rn. 30 m. w. N.).

[1607] *Neubacher/Boxberg*, in: Maelicke/Suhling, Gefängnis auf dem Prüfstand, S. 195 (205 f.).

[1608] *Ross et al*,. Punishment & Society 2008, p. 447.

[1609] Verdienstvoll die Arbeit v. *Liebling/Arnold,* Prisons and their moral performances, *passim.*

[1610] *Drenkhahn et al.*, in: Wirth, Steuerung und Erfolgskontrolle im Srafvollzug, S. 233 (238 m. w. N.); *Neubacher*, Vortrag v. 15.06.2023, Lebensende und Lebensbeendigung im Strafvollzug – eine kriminologisch-vollzugsrechtliche Annäherung, ZiF, Folie 31.

[1611] *Drenkhahn et al.*, in: Wirth, Steuerung und Erfolgskontrolle im Strafvollzug, S. 233 (239).

gen verringernde und damit auch indirekt gewaltreduzierende Bedeutung zu.[1612] Um diese umzusetzen, eignet sich besonders die Entwicklung eines Anti-Gewalt-Konzeptes, das definiert, was Gewalt ausmacht, welche Regeln insofern einzuhalten sind und wie auf Regelverstöße reagiert werden sollte.[1613] Wenn sich die Reduzierung von Gewalt auch positiv auf das Anstaltsklima auswirkt, gilt das auch für die Suizidprävention. So haben auch *Liebling/Kant* Folgendes festgestellt: „More legitimate prison climates generate fewer suicides and less violence and may lead to better outcomes on release.“[1614]

Ein wichtiger Aspekt ist auch derjenige der Evaluationsforschung, der in *Nr. 7* § 103 LJVollzG RLP konkretisiert.

Im Bereich der Suizidhilfe sollte hilfsweise für den Fall, dass eine bundesgesetzliche allgemeine Regelung erlassen wird, in Abstimmung dazu folgende vollzugsspezifische Regelung erlassen werden (Art. 72 Abs. 1 GG):

§ 4a Suizidhilfe (LJVollzG RLP)

(1) [1]Das Recht jedes volljährigen rechtkräftig verurteilten Gefangenen, die Art und den Zeitpunkt seines Todes frei zu wählen, bleibt im Justizvollzug grundsätzlich gewährleistet. [2]In der Untersuchungshaft gilt dies nur in Härtefällen, wenn eine fachärztlich nachgewiesene extreme Notlage vorliegt und die Freiverantwortlichkeit ärztlich attestiert wurde.

(2) Die Anstaltsärzte, das medizinische Personal und das sonstige Anstaltspersonal dürfen keine Suizidhilfe leisten (Trennungsprinzip).

1612 *Neubacher/Boxberg*, in: Maelicke/Suhling, Gefängnis auf dem Prüfstand, S. 195 (206 f.).

1613 *Neubacher/Boxberg*, in: Maelicke/Suhling, Gefängnis auf dem Prüfstand, S. 195 (210 [vgl. dort insb. die zwölf Leitsätze aus NRW], 212); dass klare Verhaltensrichtlinien erforderlich sind, zeigte spätestens die Ermordung eines jungen Strafgefangenen durch Mitgefangene in der JVA Siegburg im November 2006 (vgl. zum Sachverhalt LG Bonn, Urt. v. 08.05.2009, 22 KLs 38/08, BeckRS 2009, 21028).

1614 *Liebling/Kant*, in: Wooldredge/Smith, The Oxford Handbook of Prisons and Imprisonment, p. 208 [209]) – Gerechtere Anstaltsklimata erzeugen weniger Suizide und Gewalt und können [dies ist mittlerweile belegt: s. *Listwan et al.*, Justice Quarterly 2013, pp. 144–168; *Auty/Liebling*, Justice Quarterly 2020, pp. 358–381] zu besseren Ergebnissen bei der Entlassung führen [eigene Übersetzung]; vgl. auch *Liebling*, IJCJ&SD 2015, p. 18 (21).

(3) [1]*Soweit Hilfe zum Suizid von dazu behördlich zugelassenen Dritten angeboten wird, haben Gefangene das Recht, zu diesen Kontakt aufzunehmen und sich unabhängig beraten zu lassen.* [2]*Über die erfolgte Beratung wird eine Bescheinigung ausgestellt.* [3]*Die Beratungsperson muss von der Suizidhilfe leistenden Person personenverschieden sein.*

(4) [1]*Ein Suizidhilfegesuch, das eigenhändig geschrieben und unterschrieben (hilfsweise kann auch eine audio-visuelle Aufzeichnung erfolgen) an die Anstalt zu richten ist, muss einen aus sich heraus verständlichen Tatsachenvortrag enthalten, der die Veranlassung und Modalitäten (Methode, Zeit, Ort und Begleitumstände) der geplanten Inanspruchnahme von Suizidhilfe hinreichend erkennen lässt.* [2]*Zur Überprüfung der Ernsthaftigkeit (innere Festigkeit und gewisse Dauerhaftigkeit) des Gesuchs kann insbesondere auch die Vorlage von Unterlagen zum (medizinischen) Behandlungsstand und der Nachweis von Kontaktaufnahmeaufnahmeversuchen zu Suizidhilfe leistenden Dritten verlangt werden.* [3]*Die Gefangenen entbinden Berufsgeheimnisträger dazu auch von bestehenden Schweigepflichten (§ 42 LJVollzDSG RLP) gegenüber der Anstalt und der Aufsichtsbehörde.* [4]*Ein ernsthaftes Suizidhilfegesuch wird im Vollzugs- und Eingliederungsplan beziehungsweise dessen Fortschreibung für eine ziel- und wirkungsorientierte Vollzugsplanung vermerkt.*

(5) [1]*Unverzüglich nach Erhalt des Suizidhilfegesuchs erfolgt eine persönliche Anhörung des Gefangenen und die Anstalt klärt durch das Behandlungsteam über Alternativen zum Suizid, insbesondere solche der Palliativversorgung, auf, wobei das Ergebnis der Anhörung dokumentiert und von den beteiligten Personen unterzeichnet werden muss.* [2]*Dabei ist der Gefangene auch über Art und Ablauf des assistierten Suizids sowie dessen Konsequenzen aufzuklären.* [3]*Die Anstalt prüft auch, ob und inwieweit vollzugliche Sofortmaßnahmen aufgrund einer erhöhten Selbsttötungsgefahr bei fehlender oder zweifelhafter Freiverantwortlichkeit in Betracht kommen.* [3]*Von den an der Behandlung des Gefangenen maßgeblich beteiligten Personen, zumindest unverzüglich vom psychologischen Dienst, ist dazu eine Stellungnahme als Handlungsempfehlung einzuholen.*

(6) [1]*Die Aufsichtsbehörde wird über einen ernsthaften Suizidwunsch des Gefangenen unverzüglich durch die Anstalt informiert, um sich mit dieser zur weiteren Vorgehensweise ins Einvernehmen zu setzen.* [2]*Dabei sind insbesondere alle in Betracht kommenden vorzeitigen Entlassungsmöglichkeiten nach dem Gebot bestmöglicher Sachverhaltsaufklärung in vollstreckungs-, und vollzugsrechtlicher sowie gnadenrechtlicher Hinsicht zu berücksichtigen.*

(7) [1]*Sofern keine vorzeitige Entlassung in Betracht kommt und dem Suizidhilfegesuch keine vollzuglichen Gründe der Sicherheit und Ordnung entgegenstehen, leitet die Anstalt das Gesuch unverzüglich an die zuständige Strafvollstreckungs- oder Jugendkammer (zuständiges Gericht) zur Entscheidung weiter, wenn die in § 57c S. 1 Strafgesetzbuch oder § 88a S. 1 Jugendgerichtsgesetz vorgesehene Mindestverbüßungszeit abgelaufen ist.* [2]*Dies gilt nicht in Härtefällen, wenn eine fachärztlich nachgewiesene extreme Notlage vorliegt und die Freiverantwortlichkeit ärztlich attestiert wurde.*

(8) [1]*Sofern das zuständige Gericht feststellt, dass die Voraussetzungen für die beantragte Inanspruchnahme von Suizidhilfe vorliegen (§ 454c StPO) oder ein nachgewiesener Härtefall vorliegt, können die Gefangenen diese mit Unterstützung eines externen Arztes ihrer Wahl auf eigene Kosten in Anspruch nehmen.* [2]*Dafür notwendige Beträge können eingezahlt oder durch die Gefangenen angespart werden und sind unpfändbar.* [3]*Für die Inanspruchnahme von Suizidhilfe in besonderen Härtefällen bei Bedürftigkeit in extremer Notlage sind die Gefangenen ausnahmsweise kraft Gesetzes nach § 5 Absatz 1 Nummer 13 Satz 2 Sozialgesetzbuch Fünftes Buch (SGB V) in der gesetzlichen Krankenversicherung pflichtversichert; diese übernimmt die Kosten unter Beachtung des Wirtschaftlichkeitsgebots, wenn dies nach § 2 Absatz 1b Satz 2 SGB V beantragt wird.* [4]*Eine Kostenübernahme durch den Justizvollzug ist auch im Fall von Satz 3 ausgeschlossen.*

(9) [1]*Die Inanspruchnahme von Suizidhilfe soll außerhalb der Anstalt erfolgen.* [2]*Ist dies aus besonderen Gründen nicht angezeigt, soll die Inanspruchnahme in einem Justizvollzugskrankenhaus oder einer Krankenabteilung erfolgen.* [3]*Die Suizidmittel dürfen keine Gefahr*

für die Sicherheit der Anstalt darstellen. [4]Dazu überprüft die Anstalt bei Betreten der vorgesehenen Räumlichkeit durch den Suizidhelfer, ob das ausgewählte Suizidmittel mit dem durch die Anstalt zugelassenen übereinstimmt und übergibt dieses erst dann wieder an den Suizidhelfer, wenn der Suizid unmittelbar vor der geplanten Vollziehung steht. [5]Die Übergabe des Suizidmittels vom Suizidhelfer an den Gefangenen und die Einnahme dürfen nur unter ständiger und unmittelbarer Aufsicht des Vollzugspersonals erfolgen. [6]Nach der Übergabe dürfen der Suizidhelfer und vom Gefangenen ausgewählte sowie von der Anstalt vorab sicherheitsüberprüfte nahe Bezugspersonen der Durchführung der Selbsttötung unbeaufsichtigt beiwohnen. [7]Das Vollzugspersonal verbleibt bis zum Eintritt des Todes vor der für die Suizidhilfe vorgesehenen Räumlichkeit. [8]Verweigert der Gefangene in Selbsttötungsabsicht freiwillig Nahrung und/oder Flüssigkeit gelten die Sätze 3 bis 5 und 7 nicht und Satz 6 sinngemäß mit der Maßgabe, dass zugelassene nahe Bezugspersonen in angemessenem Umfang anwesend sein dürfen und das Vollzugspersonal in unregelmäßigen Abständen beaufsichtigen muss. [9]Das Vollzugspersonal, welches mit der Durchführung von Suizidhilfe unmittelbar konfrontiert wird, muss aufgrund der psychischen Belastung psychosozial professionell besonders begleitet werden.

(10) [1]Die gesamte Durchführung der Suizidhilfe wird von der Anstalt audio-visuell aufgezeichnet. [2]Diese Aufzeichnung wird unverzüglich (spätestens innerhalb eines Monats) nach Eintritt des Todes nebst einem Bericht zu den Umständen der Selbsttötung durch die Anstalt an die Aufsichtsbehörde zur Überprüfung und Aufbewahrung (fünf Jahre) weitergeleitet. [3]Das Verfassen des Berichts setzt nicht voraus, dass die Aufzeichnung von den beteiligten Bediensteten angeschaut werden muss.

(11) Die Anstalt sieht davon ab, eine Leichenöffnung gegenüber den Ermittlungs- und Strafverfolgungsbehörden anzuregen, wenn der ehemalige Gefangene dies vorausverfügt hat und keine tatsächlichen Anhaltspunkte für ein Fremdverschulden am Suizid bestehen.

(12) [1]§ 4a tritt am Tag nach der Verkündung im Gesetzes- und Verordnungsblatt für Rheinland-Pfalz in und am ersten Tag des fünften

auf das Inkrafttreten folgenden Jahres außer Kraft. ²Die Wirkungen dieser Vorschrift sind durch die Aufsichtsbehörde unter Heranziehung interdisziplinären externen Sachverstands unter Beachtung der Grundsätze der Wissenschaftlichkeit, Objektivität und Transparenz rechtlich, medizinisch und sozialwissenschaftlich zu evaluieren. ³In die Vergabe der Evaluation ist der kriminologische Dienst frühzeitig einzubeziehen. ⁴Die Aufsichtsbehörde erstattet dem Landtag ein Jahr vor Außerkrafttreten schriftlichen Evaluationsbericht.

Begründung: *§ 4a* befasst sich mit vollzugsspezifischen Anforderungen an die Suizidhilfe und dient einerseits dem Autonomie- und Lebensschutz andererseits aber auch dem Schutz der Selbstbestimmung. Eine solche Regelung sollte allerdings nur dann erfolgen, wenn eine allgemeine bundesgesetzliche Regelung erlassen wird.[1615] Dazu sei Folgendes vorbemerkend ausgeführt: Es liegt einerseits in der staatlichen Verantwortung, würdevolle Alternativen zu Brutalsuiziden zu schaffen,[1616] andererseits dürfte die seelische Belastung des Vollzugspersonals und der Mitgefangenen bei einer Nichtregulierung im Vergleich zu einer isolierten Regulierung geringer ausfallen, weil auch ein assistierter Suizid im Justizvollzug als Selbsttötung immer noch ein enorm belastendes besonderes Vorkommnis bleibt und das umso mehr, je häufiger er vorkommt. Auch wenn durch eine vollzugsspe-

[1615] A. A. wohl *Reiling*, ZfP 2024, S. 36, 50, die aus „Gründen der Wesentlichkeit eine gesetzliche Regelung für den Strafvollzug" fordert.

[1616] Dass diese durch fehlende Selbsttötungsoptionen herausgefordert werden könnten, folgern thesenartig auch *Lindemann*, medstra 2021, S. 344 (346) und *Urwyler/Noll*, KrimOJ 2020, p. 201, S. (213), vgl. auch *Verrel*, FS Dölling, S. 467 (480); die Tatsache, dass zu dieser Frage noch keine empirischen Erhebungen erfolgt sind, verpflichtet den Gesetzgeber aber (noch) nicht, entsprechende Datenerhebungen zu veranlassen (vgl. auch BVerfG, Urt. v. 26.02.2020, 2 BvR 2347/15, BVerfGE 153, 182 [279, Rn. 255]; a. A. *Ruf*, Die legislative Prognose, S. 168), allerdings träfe den Gesetzgeber, wenn er ein in seinen Wirkungen schwer zu prognostizierendes Schutzkonzept zugrundelegt, eine retrospektive (*Ruf*, Die legislative Prognose, S. 42, 26) „Beobachtungs- und Nachbesserungspflicht" (*Schmidt-Aßmann*, in: Merten/Papier, Handbuch der Grundrechte, Band II, § 45, Rn. 21 mit Verweis auf BVerfG, Urt. v. 28.05.1993, 2 BvF 2/90, sog. *Schwangerschaftsabbruch II*-Entscheidung, juris Rn. 202, BVerfGE 88, 203 [269]), die insbesondere auch die Entwicklung im Ausland (vgl. dazu *Ruf*, a. a. O., S. 169) in den Blick nehmen sollte (z. B. den Schweizer Kanton Solothurn und ggf. auch Kanada). *Sitte* bestreitet allgemein ohne näheren Beleg, dass Brutalsuizide durch Regelungen in den Benelux, der Schweiz und Oregon abgenommen hätten (*Sitte*, Oberbergische Volkzeitung, Beitr. v. 15.07.2023, S. 6; das Gegenteil für Oregon nachweisend allerdings *Verrel*, FS Dölling, S. 467 [480]).

zifische Regulierung die Anzahl der Brutalsuizide möglicherweise sinken könnte, dürfte sich die Zahl der assistierten Suizide – wie in der Außengesellschaft auch – erhöhen, sodass die seelische Belastung zwar qualitativ reduziert, quantitativ jedoch erhöht wäre.[1617] Ein vollzugsspezifisches Regulierungsbedürfnis besteht nach hiesiger Auffassung daher nur, wenn eine allgemeine bundesgesetzliche Regelung geschaffen werden sollte, auf die sich dann auch grundsätzlich jeder Gefangene aus Angleichungsgründen berufen können dürfte. Im Justizvollzug besteht in diesem Fall aus Zumutbarkeitsgesichtspunkten sowohl zum Schutz des Personals[1618] als auch der Selbstbestimmung[1619] der Gefangenen eine „Pflicht" zur sicheren und schmerzfreien Selbsttötung. Eine vollzugsspezifische Regulierung der Suizidhilfe hätte insoweit auch eine bedingt suizidpräventive Wirkung[1620] und böte den Akteuren im Justizvollzug mehr Handlungs- und Rechtssicherheit. Dass durch eine Regulierung möglicherweise auch die Zahlen von Selbsttötungen im Justizvollzug gegenüber dem derzeit völlig unregulierten Zustand ansteigen könnten, wäre eine Konsequenz der verfassungsrechtlichen Aufwertung des Rechts auf selbstbestimmtes Sterben. Das BVerfG hat in seiner Entscheidung zur lebenslangen Freiheitsstrafe schon selbst festgestellt, dass es bedenklich erscheine, „daß auch dann, wenn schwere Grund-

---

[1617] Wohl a. A. ohne nähere Begründung *Flaig*, in: Bange/Kirner, Mehr Fortschritt wagen, S. 217 (228).

[1618] Von 2000 bis 2019 haben sich insgesamt 1.449 Gefangene, davon 1.407 Männer und 42 Frauen, im deutschen Justizvollzug suizidiert. 1.303 der Verstorbenen (91,4%) suizidierten sich durch Erhängen oder Strangulation. In 849 dieser Fälle liegt eine Angabe zum verwendeten Mittel vor. Von diesen wurde in 32% der Fälle Bettwäsche zur Durchführung der Strangulation verwendet, bei 26,9% ein Gürtel oder Vergleichbares und bei 9,8% ein Strick, eine Kordel oder ein Seil. In 83 Fällen kam es durch Schnitt- oder Stichverletzungen zum Tod, in 30 Fällen durch Ersticken und in 46 Fällen infolge des Konsums von Medikamenten/Drogen oder durch Vergiftung. Neun der Gefangenen suizidierten sich durch einen Sprung, fünf mit Hilfe einer Schusswaffe und vier durch Strom. In 43 Fällen wurden zwei Methoden im Datenbogen angegeben, wie zum Beispiel in 20 Fällen „Erhängen" und „Schnitt" (*Meischner-Al-Mousawi et al.*, FS 2020, S. 250 [252]).

[1619] Vgl. *Gassner/Ruf*, GesR 2020, S. 485 (490); krit. für die Außengesellschaft *Hillenkamp*, JZ 2020, S. 618 (622).

[1620] BVerfG, Urt. v. 26.02.2020, 2 BvR 2347/15, BVerfGE 153, 182 (289 f., Rn. 283); *Verrel*, FS Dölling, S. 467 (480); dafür könnte auch der nicht repräsentative Fall *Knickmeier* sprechen, bei dem der damalige Leiter der JVA Geldern *Schüller* vermutet, dass sich der Verurteilte nicht das Leben nähme, jedenfalls nicht sofort (*Stephan*, SZ-Magazin 2022, S. 11, [20])

rechtseingriffe in Frage stehen, Unklarheiten in der Bewertung von Tatsachen zu Lasten des Grundrechtsträgers gehen sollen."[1621] *Hörnle* fordert deshalb auch, dass die Thesen zur abstrakten Gefahr für die Selbstbestimmung in anstehenden rechtspolitischen Debatten kritischer geprüft werden müssen, weil unter anderem Zweifel daran bestünden, dass durch die Zulassung selbstbestimmter Handlungen in großem Umfang fremdbestimmtes Verhalten drohe.[1622] *Grünewald* weist in diesem Zusammenhang dann auch konsequenterweise darauf hin, dass es maßgeblich darauf ankomme, ob eine spezifische, empirisch nachweisbare Verbindung zwischen der geschäftsmäßigen Suizidförderung und der Anzahl „unfreiwilliger" Selbsttötungen bestehe und nicht allgemein von Selbsttötungen an sich, weil es nicht Ziel sein könne, autonome Suizide zu verhindern.[1623] Dies sollte allerdings nur unter dem Vorbehalt gelten, dass die seelische Gesundheit Dritter nicht unzumutbar belastet wird, weil Selbstbestimmung nicht um jeden Preis gilt, wie es in der Suizidhilfedebatte manchmal anklingt. „Angemessen erscheint eine Haltung der rationalen Humanität, die sich um eine möglichst vorurteilsfreie Analyse der Phänomene und um Hilfe dort bemüht, wo der Suizid Ausdruck menschlicher Not ist."[1624] Dabei gewinnt die nicht-autonomiegefährdende Suizidprävention im Justizvollzug im Sinne eines weichen Paternalismus an besonderer Bedeutung (vgl. § 7 Abs. 2 *S. 3* LJVollzG-*E* RLP).

Der möglicherweise gegen diesen Entwurf erhobene Vorwurf der Juristisierung[1625] könnte nachvollziehbar sein. Der Jurist versucht Bereiche des Lebens und hier des Sterbens zu regeln und dabei sämtliche Eventualitäten

[1621] BVerfG, Urt. v. 21.06.1977, 1 BvL 14/76, juris Rn. 176, BVerfGE 45, 187 (238).

[1622] *Hörnle*, JZ 2020, S. 872 (877 m. w. N.).

[1623] *Grünewald*, JZ 2016, S. 938 (945 f.), die jedoch offenlässt, wie solche empirischen Untersuchungen erfolgen könnten. Das Problem besteht nämlich darin, dass es sich schwierig gestalten könnte, retrospektiv Korrelationen festzustellen, weil die Suizidenten ausschließlich bei einem Fehlschlag des Versuchs persönlich befragt werden könnten und ansonsten v. a. nur eine strukturierte Erfassung von Suiziden und eine psychologische Autopsie erfolgen könnten.

[1624] *Dölling*, NJW 1985, S. 1011 (1017).

[1625] Vgl. zu diesem Begriff *Melching*, Stellungnahme 2022, S. 2; aufschlussreich sind auch folgende Äußerungen von *Iseli/Stüfen*, Seelsorge & Strafvollzug 2019 (3), S. 7 (28): „Das Recht, das eigene Leben zu beenden, wie es im juristischen Teil ausgeführt wurde, muss auch für Menschen gelten, die in Haft sind. Hier entsteht ein Konflikt zwischen ethischen und juristischen Perspektiven, der letztlich zwar auf eine Seite hin entschieden werden kann, aber dennoch in seiner Grundstruktur bestehen bleibt. Was juristisch

in den Blick zu nehmen, was hier nicht nur ein gesamtgesellschaftliches Tabuthema tangiert, sondern es durch die Haftsituation noch einmal deutlich komplexer werden lässt, zumal es auch bisherigen Vollzugspraktikerauffassungen („Suizid unbedingt vermeiden“) diametral entgegensteht. Daher und zum bestmöglichen Ausschluss von Drittschäden bei der seelischen Gesundheit erfolgt der Regulierungsvorschlag auch nur hilfsweise für den Fall einer bundesgesetzlichen Regelung, die Raum für eine vollzugsspezifische Regelung lässt.

Zu *Abs. 1*:

S. 1 stellt klar, dass das Recht auf Suizidhilfe grundsätzlich auch im Justizvollzug gilt. Allerdings wird grundsätzlich vorausgesetzt, dass der Gefangene volljährig und rechtskräftig verurteilt ist. Minderjährigkeit wird als Ausschlusskriterium festgelegt, weil gerade im Jugendvollzug vermehrt mit einer mangelbehafteten Willensbildung aufgrund von Reifeverzögerungen zu rechnen ist (vgl. auch § 3 S. 1 JGG). Rechtskraft ist konstitutiv, weil im Untersuchungshaftvollzug aufgrund der verfahrensrechtlichen Ungewissheit gehäuft mit Kurzschlussreaktionen gerechnet werden muss.[1626] Diese Regelvermutung ist unwiderlegbar, wenn keine extreme Notlage nach *S. 2* attestiert wird. Eine *extreme Notlage* definierte das BVerwG durch drei Bedingungen: 1. Der Patient leidet an einer schweren und unheilbaren Erkrankung, die mit gravierenden körperlichen Leiden, insbesondere starken Schmerzen verbunden ist, die bei dem Betroffenen zu einem unerträglichen Leidensdruck führen und nicht ausreichend gelindert werden können; 2. Der Betroffene ist entscheidungsfähig und hat sich frei und ernsthaft entschieden, sein Leben beenden zu wollen; 3. Eine andere zumutbare Möglichkeit zur Verwirklichung des Sterbewunsches steht nicht zur Verfügung.[1627]

Zu *Abs. 2*:

Das normierte Trennungsprinzip ist kategorisch. Suizidhilfe ist dem Justizvollzug aufgrund seines verfassungsrechtlichen Lebensschutzauftrags wesensfremd. Dass Vollzugsbedienstete, etwa aus Mitgefühl, Suizidhil-

---

zuzugestehen ist, ist ethisch nicht vertretbar und was ethisch vertretbar sein könnte, schränkt die Rechte von Insassen auf eine unzulässige Weise ein.“

[1626] S. auch *Dabringhaus et al.*, FS 2024, S. 57 ff., die als Reaktion auf die besondere Haftempfindlichkeit von Untersuchungsgefangenen als Pilotprojekt die Suizidpräventionsabteilung der JVA Köln vorstellen.

[1627] BVerwG, Urt. v. 02.03.2017, 3 C 19.15, LS 4, BVerwGE 158, 142 ff.

fe leisten dürfen, ist damit in jedem Fall ausgeschlossen. Der Justizvollzug darf, auch aus historischer Perspektive, niemals den Anschein erwecken, Veranlasser von Sterben zu sein. Suizidhilfe ist dabei die nichttatherrschaftliche Beteiligung an einer freiverantwortlichen Selbsttötung. Vertypte Handlungen sind die Verschreibung von tödlichen Medikamenten, die Herstellung eines Kontakts zu einer Sterbehilfeorganisation oder einem Arzt, der bereit ist, Suizidhilfe zu leisten[1628] und auch die palliative Begleitung[1629] beim Sterbefasten, wenn dieses losgelöst von einer extremen Notlage erfolgt.[1630]

Zu *Abs. 3*:

Dem Recht auf Suizidhilfe korrespondiert der grundsätzliche Anspruch, angebotene Hilfe auch anzunehmen. Das setzt auch Informationen aus unabhängiger Quelle voraus, der durch *S. 1* gewährleistet ist. Allerdings geht dieser Anspruch nicht so weit, dass auch unregulierten Sterbehilfeorganisationen Zutritt gewährt werden müsste; das setzt der Entwurf über das behördliche Zulassungserfordernis voraus. Der Schluss, dass alle Sterbebehilfeorganisationen die Selbstbestimmung *per se* gefährden könnten, ist zwar falsch, aber auch das BVerfG hat nachvollziehbar festgestellt, dass von unregulierten Angeboten Gefahren für die Selbstbestimmung ausgehen können.[1631] Als behördlich anerkannt gelten aber Ärzte kraft ihrer Approbation. Dass zur Suizidhilfe bereite Ärzte gerade im Justizvollzug rar sein dürften, rechtfertigt nicht, dass gesetzlich unregulierten Sterbehilfeorganisationen Zutritt gewährt werden müsste. Die Beratungsbescheinigung in *S. 2* dient der Dokumentation der Beratungspflicht. *S. 3* stellt die nötige Unabhängigkeit zwischen Beratung und Suizidhilfe sicher.

Zu *Abs. 4*:

Die Vorschrift normiert die Form- und Begründungserfordernisse eines Suizidhilfegesuchs. Die in *S. 1* verlangte eigenhändige Schrift soll zum einen die Ernsthaftigkeit des Suizidwunsches dokumentieren, hat aber zugleich auch Beweisfunktion; die Vorschrift knüpft rechtsgedanklich an § 2247 Abs. 1 BGB an. Die im Klammerzusatz enthaltene Möglichkeit einer Bild-Ton-Aufzeichnung kommt beispielsweise bei Analphabetismus in

---

[1628] Vgl. BT-Drs. 18/5373, S. 18.

[1629] Vgl. *Birnbacher*, in: Coors/Simon/Alt-Epping, FVNF, S. 106 (110, 116 ff.).

[1630] Vgl. *Brunhöber*, in: Erb/Schäfer, MüKoStGB, *§ 217 a. F.*, Rn. 14.

[1631] BVerfG, Urt. v. 26.02.2020, 2 BvR 2347/15, BVerfGE 153, 182 (279 f., Rn. 257).

Betracht; eine Erklärung zur Niederschrift des Notars in Anknüpfung an § 2232 S. 1 Alt 1 BGB würde das Verfahren hingegen noch mehr bürokratisieren. Eine hilfsweise audio-visuelle Dokumentation ist trotz der Höchstpersönlichkeit des Sterbewunsches aus Gründen der Rechtssicherheit geboten.[1632] Die darüber hinaus geforderten Substantiierungsmerkmale sollen die Anstalt in die Lage versetzen, dass Gesuch auf vollzugliche Belange zu überprüfen. *S. 2* dient in Ergänzung dessen auch der Überprüfung der Ernsthaftigkeit des Suizidhilfegesuchs und wird durch *S. 3* verfahrensmäßig durch die Schweigepflichtentbindung abgesichert. Fragen zu Leben und Tod stellen eine eigene Thematik in der Vollzugsplanung dar, sodass *S. 4* auch eine dortige Aufnahme eines Suizidhilfegesuchs vorsieht.[1633]

Zu *Abs. 5*:

Das dort geregelte Anhörungserfordernis dient der Verschaffung eines unmittelbaren Eindrucks durch das zuständige Behandlungsteam, das den Gefangenen am besten persönlich einschätzen kann.

Die in *S. 1* und *2* geforderte unverzügliche Aufklärung über Alternativen zum Suizid dient der Erfüllung des lebensorientierten Auftrags des Justizvollzugs, auch wenn damit zugleich mittelbar eine wesentliche Voraussetzung für die Mangelfreiheit des Willens zum Suizid geschaffen wird. Bei medizinischen Fragestellungen ist auch der Anstaltsarzt zu beteiligen. Bedienstete in Justizvollzugsanstalten sollten zudem in Umsetzung der „Versorgungsplanung für die letzte Lebensphase“ nach § 132g Abs. 1 S. 2–4 SGB V ähnlich geschult werden, wie Mitarbeitende in stationären Einrichtungen der Alten- und Behindertenhilfe.[1634] Das Protokollierungserfordernis hat Beweis- und Dokumentationsfunktion. *S. 3* und *4* dienen besonders dem Grundrechtsschutz durch Verfahren, indem ein Suizidhilfegesuch stets zu der fachlichen Prüfung veranlasst, ob und inwieweit Sicherungsmaßnahmen zu ergreifen sind. Gerade bei akuter Suizidalität kann dazu im Zweifel zumindest am Anfang Veranlassung bestehen.

Zu *Abs. 6*:

Ein ernsthaftes Suizidhilfegesuch stellt ein besonderes Vorkommnis dar, welches die Beteiligung der Aufsichtsbehörde gebietet. Die unverzüg-

[1632] So auch *Kusch/Hecker*, Handbuch der Sterbehilfe, S. 198 f.; a. A. *Schöch*, GA 2020, S. 423 (434).

[1633] *Tag/Baur*, Suizidhilfe im Freiheitsentzug, S. 43.

[1634] *Lob-Hüdepohl*, BewHi 2019, S. 293 (302).

liche Beteiligung in *S. 1* durch die Anstalt gewährleistet eine möglichst landesweit einheitliche Vorgehensweise, die durch das Einvernehmenserfordernis als konstitutiver innerer Willensakt verfahrensmäßig abgesichert wird. Hilfreich könnte auch eine Abstimmung mit der Staatsanwaltschaft sein;[1635] aufgrund des umfangreichen Prüfungsverfahrens ist das aber nicht zwingend. Die in *S. 2* geforderte Berücksichtigung von vorzeitigen Entlassungsmöglichkeiten, die gegenüber den zuständigen Stellen angeregt werden können, bringt die Subsidiarität der Durchführung von Suizidhilfe im Justizvollzug zum Ausdruck. Diese Aufklärungspflicht wird erfüllt, indem insbesondere der Gesundheitszustand, die voraussichtliche Restlebenserwartung und die Gefährlichkeit des Verurteilten abgeklärt werden, etwa durch (ergänzende) ärztliche Stellungnahmen und Sachverständigengutachten.[1636] Bevor diese verfahrensrechtlichen Möglichkeiten nicht ausgeschöpft wurden, kommt die Inanspruchnahme von Suizidhilfe nicht in Betracht. Zum einen dient das dem menschenwürdigen Sterben und zum anderen wird damit auch die Institution „Justizvollzug“ entlastet, weil es sich bei einem Suizid stets um ein „soziales“ Beziehungsereignis handelt. Dass die verfahrensrechtlichen Möglichkeiten bloß berücksichtigt und nicht beachtet werden müssen, ist dem Umstand geschuldet, dass dem Gefangenen im Einzelfall die Inanspruchnahme unzumutbar sein könnte, etwa, wenn er keinen sozialen Bezugsraum mehr in Freiheit hat und deshalb im Justizvollzug sterben möchte.

Zu *Abs. 7*:

Der gerechte Schuldausgleich stellt auch nach der höchstrichterlichen Rechtsprechung einen Hauptzweck der Kriminalstrafe dar und dieser Gedanke wird durch den Verweis auf Mindestverbüßungszeiten nach dem StGB im Vollzugsrecht durch *S. 1* rezipiert. Erst wenn diese Zeiten verbüßt wurden und keine Sicherheitsbelange entgegenstehen, wird das Suizidhilfegesuch zur Entscheidung an das zuständige Gericht weitergeleitet. Dies gilt nach *S. 2* nicht in bestätigten Härtefällen, weil ansonsten das Recht auf menschenwürdiges Sterben faktisch entleert würde. Die Festlegung über das „Ob“ eines Richtervorbehalts liegt nach Art. 70 Abs. 1 GG in der ausschließlichen Gesetzgebungskompetenz der Länder.[1637]

[1635] Vgl. *Fricke*, Kriminalistik 2022, S. 247 (251).

[1636] Vgl. BVerfG, Beschl. v. 09.03.2010, 2 BvR 3012/09, juris Rn. 30, 40.

[1637] *Müller*, in: Müller, BeckOK Strafvollzugsrecht Ba.-Wü., JVollzGB III, § 80, Rn. 27.

Zu *Abs. 8*:

Hier wird die Kostentragung geregelt, wenn das Suizidhilfegesuch begründet ist.

S. 1 regelt, dass die Suizidhilfe kostenmäßig grundsätzlich in der Eigenverantwortung der Betroffenen liegt. Die für die Suizidhilfe nötigen Beträge können nach *S. 2* angespart oder von Dritten eingezahlt werden und haben Pfändungsschutz nach § 851 Abs. 1 ZPO. Das Prinzip der Eigenverantwortung wird nach *S. 3* in besonderen Härtefällen durchbrochen, weil dann ein unmittelbarer verfassungsrechtlich fundierter Anspruch aus Art. 2 Abs. 1 i. V. m. Art. 1 Abs. 1 GG und dem Sozialstaatsprinzip des Art. 20 Abs. 1 GG auf Kostenübernahme zur Sicherung eines menschenwürdigen Sterbens besteht. Dieser wird durch eine Pflichtversicherung in der gesetzlichen Krankenversicherung gewährleistet. *Bedürftig* sind Gefangene nur, soweit sie außerstande sind, die für die Suizidhilfe erforderlichen Beträge aufzubringen. Ob die Bedürftigkeit mutwillig herbeigeführt wurde, ist in einer extremen Notlage unerheblich. *S. 4* führt das Trennungsprinzip aus *Abs. 2* konsequenterweise auch kostenmäßig fort, um jeglichen Anschein der Verstrickung in das Suizidhilfegeschehen zu vermeiden.

Zu *Abs. 9*:

Dort wird die nähere Durchführung des assistierten Suizids unter Berücksichtigung vollzuglicher Belange geregelt. Die Vorschrift ist auf den typischerweise zu erwartenden Einsatz von Betäubungs- beziehungsweise Arzneimitteln zugeschnitten. Beim Sterbefasten wären Modifikationen erforderlich.

S. 1 legt im Sinne intendierten Ermessens im Wege praktischer Konkordanz fest, dass der Suizid in der Abwägung des Rechts auf selbstbestimmtes Sterben und der größtmöglichen Schonung der seelischen Gesundheit der Bediensteten und Mitgefangenen außerhalb der Anstalt vollzogen werden soll. Wenn dies im Einzelfall für die Anstalt (zum Beispiel im Fall eines langwierigen Sterbefastens) oder den suizidwilligen Gefangenen nicht zumutbar ist (etwa, weil er in Freiheit keinen sozialen Empfangsraum mehr hat), findet der Suizid gemäß *S. 2* an den angegebenen Orten statt, wo ein würdiger Rahmen zum Sterben gewährleistet ist. In Räumen für den Langzeitbesuch sollte keine Suizidhilfe erfolgen, weil diese Räumlichkeiten der sozialen Kontaktpflege gewidmet sind und dieser Zweck konterkariert würde, wenn in diesem Raum vorher gezielt gestorben würde.[1638] Durch die Zurverfügungstellung der Räumlichkeiten wird keine Suizidhilfe geleistet, da diese nicht als Sterbezimmer installiert, sondern vornehmlich zu kurativen oder palliativen Zwecken vorgehalten werden. In den *S. 3–5* ist dann konkret das nähere Prozedere zur Gewährleistung der Anstaltssicherheit beschrieben, um eine Gefährdung für Dritte möglichst auszuschließen. Die Überprüfung und vorübergehende Aufbewahrung von Betäubungsmitteln nach *S. 4* gehört dabei auch zur Aufgabe einer Justizvollzuganstalt, sodass der Umgang mit Betäubungsmitteln nach § 4 Abs. 2 BtMG erlaubnisfrei ist.[1639] Das nach *S. 5* erforderliche Vollzugspersonal sollte möglichst nicht zur Aufsicht angewiesen werden und eine vorläufige Ablehnungsbefugnis haben.[1640] Sollte allerdings am Ende jegliche Mitwirkung aus Gewissensgründen verweigert werden, muss eine dienstliche Weisung des Dienstvorgesetzten in letzter Konsequenz dennoch zulässig sein. *S. 6* dient einem würdigen Rahmen, indem nahe Bezugspersonen unbeaufsichtigt dem Gefangenen seelisch beistehen können, auch wenn dies eine besonders sicherheitskritische Situation darstellt; eventuell kommt auch eine bauliche Abtrennung durch eine Trennscheibe in Betracht, wenn Sicherheitsbedenken bestehen. Um im Fall des Missbrauchs jederzeit aufgrund der Überwachergarantenstellung eingreifen zu können, muss das Vollzugspersonal nach *S. 7* unmittelbar vor der vorgesehenen Räumlichkeit verbleiben; gleichzeitig ermöglicht dies bei einem Sinneswandel oder Komplikationen in der Sterbebegleitung mit Wiederaufleben der Beschützergarantenpflicht ein unverzügliches Ergreifen von Rettungsmaßnahmen und dient überdies auch der Schonung der psychischen Gesundheit, um den Sterbevorgang nicht unmittelbar beobachten zu müssen. *S. 8* setzt beim freiwilligen Verzicht von Nahrung und/oder Flüssigkeit mit Selbsttötungsabsicht aufgrund des anders gearteten Sterbeprozesses Modifikationen von auf den Betäubungs- beziehungsweise Arzneimittelsuizid zugeschnittenen Vorschriften um. *S. 9* dient der Fürsorge des Dienstherrn für seine Bediensteten.[1641]

[1638] Allerdings sollte die Lebensbeendigung in einem möglichst intimen Rahmen möglich sein (*Steiner*, JSt 2022, S. 526 [531]).

[1639] Vgl. *Patzak*, in: Patzak/Fabricius, BtMG, § 4, Rn. 28.

[1640] Ähnlich auch *Klaedtke*, JuS 2024, S. 37 (42), der „Freistellungen und Versetzungen“ vorschlägt.

[1641] *Iseli/Stüfen*, Seelsorge & Strafvollzug 2019 (3), S. 7 (27) weisen darauf hin, „dass nur ein wenig Beschäftigung mit dem Thema und etwas Supervision nicht genügen, um

Zu *Abs. 10*:

Diese Vorschrift dient der nötigen Beweissicherung und Dienstaufsicht. *S. 1* schreibt die audio-visuelle Dokumentation fest, um das Strafbarkeits- und zivilrechtliche Haftungsrisiko zu minimieren. Auch wenn es sich bei der Durchführung des Suizids um einen höchstpersönlichen Vorgang handelt, der aus Pietätsgründen staatlich möglichst unangetastet bleiben sollte, ließe sich ohne die Bild-Ton-Aufzeichnung nicht hinreichend rechtssicher nachweisen, wer die Tatherrschaft über den unmittelbar lebensbeendenden Akt innehatte.[1642] Die Berichtspflicht in *S. 2* dient der dienstaufsichtsrechtlichen Kontrolle; die Aufbewahrungsfrist[1643] orientiert sich dabei an der Verfolgungsverjährung nach § 78 Abs. 3 Nr. 5 StGB, weil in der Regel in Bezug auf das Vollzugspersonal allenfalls der Vorwurf der fahrlässigen Tötung im Raum stehen dürfte. *S. 3* wiederum soll die psychische Gesundheit der betroffenen Bediensteten schonen. Sofern man in *Abs. 10* eine Regelung zur Verarbeitung biometrischer Daten nach Art. 3 Nr. 13 Richtlinie (EU) 2016/680 des Europäischen Parlaments und des Rates vom 27. April 2016 (JI-RL) sehen sollte, wäre die Vorschrift auch eine unionsrechtskonforme Umsetzung von Art. 10a) JI-RL, weil sie als mitgliedstaatliches Recht geeignete Garantien zum Schutz der Rechte und Freiheiten der betroffenen Gefangenen vorsieht, indem die Daten insbesondere nur einem beschränkten Personenkreis zugänglich sind und außerdem nach einer zumutbaren Frist gelöscht werden müssen.

Zu *Abs. 11*:

Die Regelung bezweckt die bestmögliche Beachtung des postmortalen Persönlichkeitsrechts des verstorbenen ehemaligen Gefangenen. Allerdings kann der Gefangene nicht über die Einleitung eines Todesermittlungsverfahrens und die Strafverfolgung verfügen, weil diese im öffentlichen Interesse stehen.

Zu *Abs. 12*:

Eine vollzugliche Suizidhilferegelung ist nicht nur in *Rheinland-Pfalz*

---

das Personal sicher durch eine solche psychische und emotionale Herausforderung zu begleiten."

[1642] So auch *Kusch/Hecker*, Handbuch der Sterbehilfe, S. 73 f., 198 f. und *Fricke*, Kriminalistik 2022, S. 247 (250); a. A. *Schöch*, GA 2020, S. 423 (434).

[1643] *Schöch*, GA 2020, S. 423 (434) schlägt ohne nähere Begründung auch fünf Jahre vor.

gesetzgeberische *terra incognita*, sodass ausnahmsweise eine Befristung vorgesehen ist, um eine wirksame retrospektive Gesetzesfolgenabschätzung vornehmen zu können. Befristungen werden, wie in *S. 2–4* erfolgt, häufig mit Evaluations- und Berichtspflichten verbunden, um durch das Außerkrafttreten nach Fristablauf den nötigen Nachdruck zur fristgemäßen Evaluation zu erzeugen.[1644] Der Befristungszeitraum ist so bemessen, dass weder zu wenig Zeit für die Ermittlung und Auswertung aussagekräftiger Fakten noch zu viel Zeit für eine dem Grundrechtsschutz zuwiderlaufende Entwicklung gegeben ist. Weil es sich um ein wesentliches Regelungsvorhaben handelt, ist eine wissenschaftliche Evaluation zwingend erforderlich.

Im Strafrecht (Art. 74 Abs. 1 Nr. 1 Var. 2, 3 und 4 GG) sollten folgende Ergänzungen und Änderungen erfolgen:

Ergänzung von § 109 StVollzG
Nach Absatz 3 sollte folgender *Absatz 4* hinzugefügt werden:
(4) Richtet sich die vom Antragssteller angefochtene Maßnahme gegen ein Suizidhilfegesuch, gilt Abs. 3 S. 1 Hs. 1 sowie S. 2 entsprechend.
Begründung: Da es sich bei einem abgelehnten Suizidhilfegesuch um einen für das Selbstbestimmungsrecht wesentlichen Sachverhalt handelt, erscheint die obligatorische Beiordnung eines Rechtsanwalts zur Wahrung der Rechte des Betroffenen angezeigt.

§ 57c StGB
[1]*Die Inanspruchnahme von Suizidhilfe scheidet solange aus, als die in den §§ 57 Abs. 2, 57a Abs. 1 S. 1 Nr. 1 und 2, 57b genannten Mindestverbüßungszeiten noch nicht erreicht sind (§ 454c StPO).* [2]*Dies gilt nicht in Härtefällen, wenn eine auf dem jeweiligen Gebiet fachärztlich nachgewiesene extreme Notlage vorliegt und die Freiverantwortlichkeit ärztlich attestiert wurde sowie bei schwerem und unheilbarem psychischen Leidenszustand, der fachpsychiatrisch attestiert wurde.*
Begründung: Der gerechte Schuldausgleich stellt einen wesentlichen Zweck der Kriminalstrafe dar. Durch die vorzeitige Lebensbeendigung wird dieser Strafzweck konterkariert. Da es sich bei Vergeltung um ein zu respektierendes menschliches Bedürfnis handelt, stellt sich die Frage,

[1644] *Ruf*, Die legislative Prognose, S. 55.

inwieweit dieses auch beim freiverantwortlichen Suizid eines Strafgefangenen zu berücksichtigen sein könnte, der damit seine Strafzeit verkürzen würde. Der Vergeltungsgedanke kann allenfalls solange Berücksichtigung finden, als der frühestmögliche Entlassungszeitpunkt noch nicht erreicht ist.[1645] Denn nach diesem Zeitpunkt ist der repressive Teil der Freiheitsstrafe verbraucht und die Inhaftierung erfüllt nur noch rein spezialpräventive Zwecke.[1646] Entgegen *Urwyler/Noll* sind retributive Aspekte aber auch nicht nahezu irrelevant in der Vollzugsphase, weil diese schon im Erkenntnisverfahren verbraucht wurden.[1647] Denn es geht bei der vorzeitigen Beendigung der Strafhaft gar nicht um das „Wie", sondern um das „Ob" der Strafvollstreckung. Mithin ist bei zeitigen Freiheitsstrafen der Halbstrafentermin und bei lebenslangen Freiheitsstrafen die Mindestverbüßungszeit von 15 Jahren beziehungsweise bei besonderer Schwere der Schuld die festgelegte Mindestverbüßungszeit abzuwarten. Die Ersatzfreiheitsstrafe wird wegen der Mindestverbüßungszeit von sechs Monaten aufgrund von § 43 S. 2 i. V. m. §§ 40 Abs. 1 S. 2; 54 Abs. 2 S. 2 Alt. 2 StGB kaum jemals praktische Relevanz bei der Suizidhilfe erlangen. Ein über die Wahrung des Rechtsfriedens mittelbar gewährleisteter elementarer Rechtsgüterschutz[1648] ist abstrakt betrachtet prinzipiell nicht minder gewichtig als das Recht auf selbstbestimmtes Sterben. Die zeitliche Einschränkung dieses Rechts steht zudem in Relation zum jeweils verwirkten Strafmaß und ist daher je nach Delikt von unterschiedlicher Dauer, sodass der Verurteilte auch nicht zum Objekt der Verbrechensbekämpfung degradiert wird. Ein anderes Ergebnis ließe sich allenfalls dann erzielen, soweit im Volk kein Bedürfnis mehr nach Vergeltung bestünde, wenn sich ein Strafgefangener vor Ablauf der

---

[1645] Vgl. *Tag/Baur*, Suizidhilfe im Freiheitsentzug, S. 49 f.

[1646] „Das Institut [der Strafaussetzung zur Bewährung] beendet eine Abkehr von dem Gedanken der Schuldvergeltung allein um der Vergeltung willen und eine Hinwendung zu einem Strafrecht, das sich auf die zum Rechtsgüterschutz notwendigen Maßnahmen beschränkt und im Übrigen den Gedanken der sozialen Anpassung des Täters besonders in den Vordergrund stellt" (BT-Drs. V/4094, S. 9 f.); vgl. *Dünkel/Pruin*, in: Kindhäuser/Neumann/Paeffgen/Saliger, Strafgesetzbuch, § 57, Rn. 1.

[1647] S. *Urwyler/Noll*, KrimOJ 2020, S. 201 (212); vgl. allgemein zum Jugendstrafrecht denselben Gedanken bei der Schwere der Schuld nach § 17 Abs. 2 Alt. 2 JGG (*Radtke/Scholze*, in: Erb/Schäfer, MüKoStGB, JGG, § 17, Rn. 53 [dortige Fn. 239 m. w. N.]).

[1648] Vgl. auch *Andrissek*, Vergeltung als Strafzweck, S. 145; *Kaspar*, in: Kaspar/Walter, Strafen „im Namen des Volkes"?, S. 61 (70 f.). Vergeltung ist damit ein Mittel zum Zweck.

Mindestverbüßungszeit freiverantwortlich das Leben nehmen wollte. Dazu bedürfte es aber empirischer Evidenz.

Nach *S. 2* kommt das Vergeltungsverlangen nicht zum Tragen, wenn ein dort beschriebener Härtefall vorliegt. Über das Vorliegen einer extremen Notlage hinaus, stellt auch das Vorhandensein eines schweren und unheilbaren psychischen Leidenszustands aus Gleichbehandlungsgründen einen zeitlichen Ausnahmegrund dar. Darunter fallen innerhalb der Rückausnahme aufgrund des hier anwendbaren Fürsorgegedankens (dieser gilt nach Ablauf der Mindestverbüßungszeit nicht mehr) ausschließlich psychische Krankheitssymptome, aber nicht Lebenssattheit/Lebens-[1649] beziehungsweise Haftmüdigkeit aufgrund der erlebten Perspektivlosigkeit des Justizvollzugs durch „Einschränkungen im Alltag und in den sozialen Beziehungen, Verluste sowie das Erleben von Sinn- und Hoffnungslosigkeit“[1650]. Dass zumindest der Begriff „schwer“ relativ unbestimmt ist, wird dadurch ausgeglichen, dass der Schweregrad anhand des ICD10/11 fachpsychiatrisch eingeschätzt werden muss und ist zudem dem Umstand geschuldet, dass eine abschließende Anzahl von entsprechenden Leiden auch nicht regelbeispielhaft abstrakt-generell definiert werden kann.

§ 454c StPO

(1) [1]Die nach den Vollzugsgesetzen erforderliche vorherige Entscheidung, ob die Voraussetzungen für die Inanspruchnahme von Suizidhilfe vorliegen (Suizidhilferegulierungsgesetz) sowie die Entscheidung, dass vor Ablauf einer bestimmten Frist ein solcher Antrag des Verurteilten unzulässig ist, trifft das Gericht ohne mündliche Verhandlung durch Beschluss. [2]Der Verurteilte, die Vollzugsanstalt und die Staatsanwaltschaft sind auch mündlich zu hören. [3]Der Antrag ist unzulässig und von der Anhörung wird abgesehen, wenn der Verurteilte zurzeit der Antragstellung gemäß § 57c S. 1 StGB

1. bei zeitiger Freiheitsstrafe noch nicht die Hälfte, mindestens jedoch sechs Monate;

1649 S. zu diesen Begriffen vertiefend *Deutscher Ethikrat*, Suizid – Verantwortung, Prävention und Freiverantwortlichkeit, S. 12 (Ziff. 10), 36, 58.

1650 So für einen weiten Leidensbegriff allgemein aber bspw. die Schweizer SAMW-Richtlinien zum „Umgang mit Sterben und Tod“ v. 25.10.2018 i. d. F. v. 05/2022 in Nr. 2.4 und 6.2.1, S. 11, 26 f., die durch Ärztekammer-Beschluss v. 19.05.2022 in die FMH (Verbindung der Schweizer Ärztinnen und Ärzte • Fédération des médecins suisse)-Standesordnung übernommen werden sollen (*FMH*, Medienmitteilung vom 19.05.2022.

2. bei lebenslanger Freiheitsstrafe fünfzehn Jahre beziehungsweise bei besonderer Schwere der Schuld die festgelegte Mindestverbüßungsdauer noch nicht verbüßt hat.
[4]S. 3 gilt nicht, wenn sich der Verurteilte in einem schweren und unheilbaren psychischen Leidenszustand befindet, der fachpsychiatrisch nachgewiesen ist.
(2) [1]Über das Vorliegen der allgemein geltenden Voraussetzungen für die Inanspruchnahme von Suizidhilfe hinaus holt das Gericht zwei unabhängige externe forensisch-psychiatrische Sachverständigengutachten ein, die sich schriftlich zu der Frage äußern, ob Beurteilungskriterien vorliegen, welche die Freiverantwortlichkeit ausschließen. [2]Die beiden Begutachtungen müssen in einem Mindestabstand von 180 Tagen erfolgen. [3]Die Sachverständigen sind mündlich zu hören, wobei der Staatsanwaltschaft, dem Verurteilten, seinem Verteidiger und der Vollzugsanstalt Gelegenheit zur Mitwirkung zu geben ist.
(3) Gegen die Entscheidungen nach Absatz 1 ist sofortige Beschwerde durch den Verurteilten zulässig.
Begründung: *§ 454c StPO* stellt eine Ausprägung des Grundrechtsschutzes durch Verfahren dar. Bei riskanten Entscheidungen, wie bei der Suizidhilfe, sollte eine unabhängige Kontrollinstanz eingeschaltet werden. Gemäß dem Grundgesetz wird davon ausgegangen, dass Richter aufgrund ihrer persönlichen und sachlichen Unabhängigkeit gemäß Art. 97 GG sowie ihrer strikten Bindung an das Gesetz nach Artt. 1 Abs. 3; 20 Abs. 3 GG die Rechte der Betroffenen im Einzelfall am effektivsten und zuverlässigsten schützen können.[1651] Freiverantwortlichkeit als normative Kategorie kann nämlich nicht allein empirisch bestimmt werden[1652] und ein Gericht ist aufgrund der richterlichen Unabhängigkeit zu wertender Erkenntnis am besten in der Lage. Das bei Richtern vorhandene Sachverstandsdefizit in fachfremden Fragestellungen kann durch die Hinzuziehung von Sachverständigen ausgeglichen werden, wie dies auch in anderen gerichtlichen Verfahren gängige Praxis ist[1653]. Dass damit als „regulative Idee" eine einzig richtige Entscheidung als These fingiert wird, liegt erkenntnistheoretisch auf der Hand, ist aber bei „überkomplexen rechtlichen Wertungen", wie der Feststellung von

[1651] S. nur *Augsberg*, JuS 2011, S. 128 (132).
[1652] *Deutscher Ethikrat*, Suizid – Verantwortung, Prävention und Freiverantwortlichkeit, S. 31.
[1653] S. z. B. nur § 454 Abs. 2 StPO und § 321 FamFG.

Freiverantwortlichkeit, nur rechtspraktisch folgerichtig.[1654] „An die Stelle der Kategorie der (exklusiven) Richtigkeit tritt damit die der Vertretbarkeit."[1655] Der mit dem Richtervorbehalt und dem Gerichtsverfahren einhergehende Zeitverlust ist hinzunehmen, gewährleistet aber gleichzeitig auch effektiven Rechtsschutz. Allerdings gilt ein Richtervorbehalt nicht in Härtefällen nach *§ 4a Abs. 7 S. 2 LJVollzG RLP*. Die Ausgestaltung des Richtervorbehalts (das „Wie"), fällt nach Art. 74 Abs. 1 Nr. 1 Var. 4 GG („das gerichtliche Verfahren") in die konkurrierende Gesetzgebungskompetenz des Bundes.[1656]

Zu Abs. 1:

Die Entscheidung, ob Beurteilungskriterien vorliegen, welche die Freiverantwortlichkeit ausschließen, ergeht nach *S. 1* ohne mündliche Verhandlung durch zu begründenden Beschluss. Dem persönlichen Eindruck des Verurteilten, der Vollzugsanstalt und der Staatsanwaltschaft kommt nach *S. 2* besondere Bedeutung zu, weil es sich bei der Inanspruchnahme von Suizidhilfe um eine existentielle Fragestellung handelt. Darüber hinaus ist auch eine schriftliche Stellungnahme erforderlich. Diese ist beim Verurteilten durch den Antrag auf Inanspruchnahme von Suizidhilfe gegenüber der zuständigen JVA, der durch diese an das Gericht weitergeleitet wird, gewährleistet. Die JVA bringt durch die Weiterleitung mit dem Votum, dass dem Suizidhilfegesuch aus vollzuglicher Sicht keine Gründe entgegenstehen, zum Ausdruck, dass das Gesuch gebilligt wird. Die Staatsanwaltschaft teilt mit, ob dem Suizidhilfegesuch vollstreckungsrechtliche Gründe entgegenstehen (z. B. der fehlende Ablauf der Mindestverbüßungszeit) und ob alternativ eine vorzeitige Entlassung (vgl. auch § 36 Abs. 2 S. 1 StVollstrO) in Betracht kommt. Die persönliche Anhörung ist entbehrlich und der Antrag unzulässig, wenn nach *S. 3* die erforderlichen Mindestverbüßungszeiten noch nicht erreicht sind. Davon wird mit *S. 4* aus Gleichbehandlungsgründen mit somatischen Erkrankungen eine Rückausnahme gemacht, wenn ein schwerer und unheilbarer psychischer Leidenszustand gegeben ist. Dass eine richterliche Entscheidung dadurch nicht entbehrlich wird, ist dem Umstand geschuldet, dass die Abgrenzung zwischen akuten

---

[1654] Vgl. *Neumann*, in: Fischer, Beweis, S. 27 (39) u. *ders.*, Wahrheit im Recht, S. 41.
[1655] *Neumann*, Wahrheit im Recht, S. 55 m. w. N.
[1656] *Müller*, in: Müller, BeckOK Strafvollzugsrecht Ba.-Wü., JVollzGB III, § 80, Rn. 27.

die Freiverantwortlichkeit ausschließenden und nicht akuten psychischen Störungen nicht immer einfach ist.

Zu *Abs. 2*:

S. 1 und *2* sehen zwei unabhängige forensisch-psychiatrisch Sachverständigengutachten vor, weil damit die natürliche Einsichts- und Urteilsfähigkeit sowie innere Festig- und Dauerhaftigkeit des Suizidentschlusses bei einer besonders vulnerablen Personengruppe, die häufig mit psychiatrischen Auffälligkeiten imponiert, hinreichend sicher festgestellt werden kann.[1657] Auch wenn damit bei dem vorhandenen psychiatrischen Fachärztemangel eine Begutachtung ohne die Inanspruchnahme von Sterbehilfeorganisationen schwierig sein wird,[1658] die gegebenenfalls entsprechende Psychiater zum Zwecke der Begutachtung einstellen würden, so darf dieser strukturelle Mangel nicht einseitig zu Lasten des Autonomieschutzes gehen. Dass es sich um einen voll schuldfähigen Täter handelt, steht der Heranziehung eines Psychiaters nicht entgegen, weil Selbstbestimmung relational verfasst ist[1659] und damit abhängig von der Lebenssituation unterschiedlich gegeben sein kann. Die Pflicht zur Erstattung des Gutachtens nach § 75 StPO steht auch nicht in Konflikt zu dem Gebot, dass niemand zur Suizidhilfe verpflichtet werden kann, weil eine öffentliche Bestellung oder Bereiterklärung erforderlich ist. In den im Jahr 2023 im Bundestag zur Suizidhilfe vorgelegten Gesetzentwürfen variiert die Wartezeit zwischen zehn Tagen und drei Monaten. Der Freiheitsentzug selbst kann für Gefangene aber eine existentielle Bedrohung darstellen, indem er eine fundamentale Veränderung der Lebensumstände bedeutet und gemäß *Sykes'* Theorie der „*Pains of Imprisonment*" grundsätzlich schon mit vielfachen Verlusten, etwa von Freiheit, Autonomie, Sicherheit oder intimen Beziehungen, einhergeht.[1660] Sofern der Verlust von Freiheit als vollzugsspezifische Lebenskrise daher sinngemäß auch als Trauerprozess betrachtet würde, könnten analog dazu auch längere Fristen in Betracht kommen, weil

[1657] Vgl. auch OLG Zweibrücken, Beschl. v. 07.09.2023, 1 Ws 189/22, BeckRS 2023, 26352, Rn. 21.

[1658] Vgl. *Frister*, Stellungnahme 2022, S. 16 und *Gaede*, Stellungnahme 2022, S. 14, 18; vgl. aber auch *Sinn*, Stellungnahme 2022, S. 5 f., der aufgrund der Aufhebung des berufsrechtlichen Verbots des ärztlich assistierten Suizids hinterfragt, ob dieser behauptete Fachärztemangel wirklich eintritt.

[1659] BGH, Beschl. v. 07.04.1993, 1 StE 1/75 – StB 7/93, NJW 1993, S. 2449.

[1660] *Moore et al.*, Health and Justice 2021, p. 22 (23).

die psychologische Forschung bei „normaler" Trauer auch von einer Bearbeitungsdauer von 6 bis 12 Monaten ausgeht.[1661] Aus diesem Grund wurde eine Wartefrist von 180 Tagen festgelegt. Auch vor dem Hintergrund des Untermaßverbots erscheint dies aus Angleichungsgründen nicht unvertretbar und rechtfertigt keine längere Wartefristen oder gar einen pauschalen Ausschluss von Suizidhilfe im Justizvollzug. Den Gesetzgeber trifft aber, wenn er ein in seinen Wirkungen schwer zu prognostizierendes Schutzkonzept zugrundegelegt, eine retrospektive[1662] „Beobachtungs- und Nachbesserungspflicht",[1663] die Prognoseergebnisse erzeugen kann, welche sich potenziell zu einer weitergehenden Schutzpflicht verdichten können[1664]. Die in *S. 3* vorgesehene mündliche Anhörung der Sachverständigen ist obligatorisch, weil die Mündlichkeit den unmittelbarsten Eindruck verschafft und auch Rückfragen zulässt.

Zu *Abs. 3*:

Gegen den Beschluss ist die sofortige Beschwerde durch den Verurteilten statthaft. Diese steht nur gegen den Beschluss selbst, gemäß § 305 S. 1 StPO jedoch nicht gegen vorbereitende Entscheidungen des Gerichts zur Verfügung; jene können nur im Zusammenhang mit dem Beschluss selbst angefochten werden.

Ergänzung des § 462a Abs. 1 S. 1 StPO

Nach der Nennung von „454a" sollte *454c* eingefügt werden. Eine Ergänzung des § 78a Abs. 1 S. 2 Nr. 1 GVG erübrigt sich, weil dieser auf § 462a StPO verweist.

[1661] *Bobbert*, in: Bobbert, Assistierter Suizid und Freiverantwortlichkeit, S. 323 (349); vgl. zur Verarbeitung von schweren Lebenskrisen auch *Saß/Cording*, Nervenarzt 2022, S. 1150 (1153 m. w. N).

[1662] „Die retrospektive Gesetzesfolgenabschätzung dient der rückblickenden Evaluation einer Regelung und kann somit gleichzeitig die empirische Grundlage für eine Neuregelung der Materie als Ergebnis hervorbringen, sodass sie als Kombination aus Erfolgskontrolle und Wirkungsforschung beschrieben werden kann." (*Ruf*, Die legislative Prognose, S. 42). Diese kann dann auch u. a. soziokulturelle und institutionelle Kontextfaktoren einbeziehen (a. a. O., S. 26).

[1663] *Schmidt-Aßmann*, in: Merten/Papier, Handbuch der Grundrechte, Band II, § 45, Rn. 21 mit Verweis auf BVerfG, Urt. v. 28.05.1993, 2 BvF 2/90, sog. *Schwangerschaftsabbruch II*-Entscheidung, juris Rn. 202, BVerfGE 88, 203 (269).

[1664] Vgl. *Ruf*, Die legislative Prognose, S. 169.

Begründung: Auch, wenn der Strafvollstreckungskammer vorbeugende Kontrollen – abgesehen von der vorbeugenden Unterlassungsklage – nach den §§ 109 ff. StVollzG grundsätzlich fremd sind, besitzt sie für die Freiheitsstrafe bei vollzugs- und vollstreckungsrechtlichen Entscheidungen die größere Sachnähe. Dafür spricht auch insbesondere, dass die Inanspruchnahme von Suizidhilfe den Gefangenenstatus aufhebt und dies auch bei sonstigen wichtigen Statusentscheidungen, wie den §§ 57, 57a, 57b StGB i. V. m. § 454 StPO, die Zuständigkeit der Strafvollstreckungskammer begründet.[1665]

Ergänzung des § 78b GVG

Es sollte folgende *Nr. 2* ergänzt werden (die aktuelle Nummerierung verschiebt sich entsprechend): *in Verfahren zur Überprüfung eines abgelehnten Suizidhilfegesuchs nach § 109 Abs. 4 StVollzG und zur Feststellung der Voraussetzungen der freiverantwortlichen Inanspruchnahme der Suizidhilfe nach § 454c StPO mit drei Richtern unter Einschluss des Vorsitzenden.*

Begründung: Die Besetzung durch ein Kollegialgericht bietet die größere Richtigkeitsgewähr.

Im Jugendstrafrecht wären folgende Änderungen erforderlich:

Ergänzung des § 92 Abs. 4 S. 1 JGG

Die Jugendkammer ist außer in den Fällen des Absatzes 2 Satz 2 *und wenn sich die vom Antragsteller angefochtene Maßnahme gegen ein Suizidhilfegesuch* wendet mit einem Richter besetzt.

Begründung: Aufgrund der Bedeutung der Rechtssache ist die Berufung eines Kollegialgerichtes geboten.

§ 88a JGG

[1]Die Inanspruchnahme von Suizidhilfe scheidet auch nach Eintritt der Volljährigkeit solange aus, als bei zum Tatzeitpunkt Jugendlichen die in §§ 18 Abs. 1 S. 2, 88 Abs. 2 S. 2 und bei Heranwachsenden die in §§ 110 Abs. 1, 88 Abs. 2 S. 2 JGG genannte Mindestverbüßungszeit noch nicht erreicht ist. [2]Die Mindestverbüßungszeiten gelten nicht in Härtefäl-

[1665] So ähnlich auch *Tag/Baur*, Suizidhilfe im Freiheitsentzug, S. 43.

len, wenn eine auf dem jeweiligen Gebiet fachärztlich nachgewiesene extreme Notlage vorliegt und die Freiverantwortlichkeit ärztlich attestiert wurde sowie nicht bei schwerem und unheilbarem psychischen Leidenszustand, der fachpsychiatrisch attestiert wurde. 3 § 454c StPO gilt mit der Maßgabe entsprechend, dass die Jugendkammer mit drei Richtern unter Einschluss des Vorsitzenden berufen ist und eine mündliche Verhandlung durchgeführt wird.
Begründung: Die Vorschrift entspricht materiell *§ 57c StGB* und verfahrensrechtlich *§ 454c StPO*.

Zu *S. 1*:

Das Vergeltungsverlangen des Volkes sollte auch bei der Jugendstrafe insoweit gelten, als es sich nach § 18 Abs. 1 S. 2 JGG[1666] bei der Tat um ein Verbrechen handelt, für das nach dem allgemeinen Strafrecht eine Höchststrafe von mehr als zehn Jahren Freiheitsstrafe angedroht ist. Die Mindestverbüßung richtet sich dabei nach § 88 Abs. 2 S. 2 JGG: „Sie ist bei einer Jugendstrafe von mehr als einem Jahr nur zulässig, wenn der Verurteilte mindestens ein Drittel der Strafe verbüßt hat." Auch wenn das Jugendstrafrecht entgegen dem allgemeinen Strafrecht als Täterrecht konzipiert und gemäß §§ 2 Abs. 1 S. 2; 18 Abs. 2 JGG vorrangig am Erziehungsgedanken ausgerichtet ist, lässt es partiell auch eine Berücksichtigung der Schuldschwere zu.[1667] „Die allgemein anerkannten Strafzwecke bleiben prinzipiell

1666 Bei Heranwachsenden differenziert das Gesetz insoweit nicht, indem es den Strafrahmen des § 105 Abs. 3 S. 1 JGG hier auf den Normalfall erstreckt und erlaubt somit eine schuldorientierte Festlegung langer Jugendstrafen auch bei Delikten, die nicht in § 18 Abs. 1 S. 2 JGG aufgezählt sind (*Kölbel*, in: Eisenberg/Kölbel, JGG, § 105, Rn. 55).

1667 BT-Drs. 16/6293, S. 9; vgl. auch Nr. 2 der Richtlinien zu § 18 JGG, wonach der Schuldausgleich eine obere Zulässigkeitsgrenze innerhalb des erforderlichen erzieherischen Einwirkungsspektrums bildet; eine durch einen Schuldausgleich geleitete Bemessung kommt (vgl. zum Streitstand *Kölbel*, in: Eisenberg/Kölbel, JGG, § 18, Rn. 20, 33, 35 ff. m. w. N.) nur bei Verbrechen mit einer Mindeststrafe von zehn Jahren in Frage, weil die Annahme einer generellen Ausrichtbarkeit am Schuldausgleich der Sanktionszumessungslogik des Jugendstrafrechts, das eine grds. Abkehr vom Tatstrafrecht des § 46 StGB vollzogen hat, widerspräche (a. a. O., Rn. 38, 36) und vorher auch zu unbestimmt offenbliebe, ab wann dem Schuldausgleich ein entscheidungsbestimmendes Gewicht zukäme (a. a. O., Rn. 37 mit Hinweis auf BGH, Urt. v. 29.8.2018, 5 StR 214/18, juris Rn. 8, NStZ-RR 2018, 358 (359): „bei Kapitalverbrechen und anderen schwerwiegenden Straftaten"; wobei sich dieses Problem noch verschärft, indem die Schuldschwere altersabhängig modifiziert ist [*Kulhanek*, JZ 2022, S. 49 {51, dortige Fn. 30 m.

zu beachten. [...] Auch auf den vom jungen Täter verübten Verstoß gegen Strafnormen wird insoweit mit vergeltender Übelszufügung reagiert."[1668]

Zu *S. 2*:

Die Rückausnahme in Härtefällen steht auch nicht im Widerspruch zu den Aussagen des BVerfG, dass es sich verbiete, „die Zulässigkeit einer Hilfe zur Selbsttötung materiellen Kriterien zu unterwerfen"[1669] oder dass „[e]ine Einengung des Schutzbereichs auf bestimmte Ursachen und Motive [...] auf eine Bewertung der Beweggründe des zur Selbsttötung Entschlossenen und auf eine inhaltliche Vorbestimmung hinaus[liefe], die dem Freiheitsgedanken des Grundgesetzes fremd ist"[1670]. Auch wenn diese Aussagen insgesamt auf das Recht zum selbstbestimmten Sterben übertragbar sein dürften, also auch für den Suizid an sich gelten, so dient die Rückausnahme nicht der Einengung, sondern der Erweiterung dieses Rechts.

Zu *S. 3*:

Diese Vorschrift ordnet die entsprechende Anwendung des *§ 454c StPO* an. Allerdings ist hier die Jugend- und nicht die Strafvollstreckungskammer zur Entscheidung berufen. Auch wenn sie gemäß § 41 JGG in bestimmten Fällen im Erkenntnisverfahren sachlich zuständig ist und damit die Irritationen mit Blick auf Art. 102 GG entstehen könnten, könnte dem dadurch Rechnung getragen werden, indem stets eine andere Kammer entscheidet, als diejenige, welche gegebenenfalls im Erkenntnisverfahren zuständig gewesen ist. Gegen eine Zuständigkeit des Vollstreckungsleiters spricht, dass er zwar als besonders fachkundig aufgrund der Vollzugsnähe nach § 85 Abs. 2 S. 1 JGG gelten muss[1671], aber gleichzeitig so außerordentlich vollzugsnah ist, dass eine größere Besorgnis der Befangenheit[1672] in einer so existentiellen Fragestellung wie der Suizidhilfe besteht. Gegen seine Zuständigkeit spricht auch, dass gerade bei Jugendstrafgefangenen ein Kollegialgericht über so sensible Fragen wie die der Suizidhilfe

w. N.}]), auch wenn man den Schuldausgleich als „Nebenziel , [...] im Dienste positiver Generalprävention'" bei Verhängung der Jugendstrafe wegen Schwere der Schuld nach § 17 Abs. 2 Alt. 2 JGG betrachten muss (s. dazu *Ostendorf*, in: Ostendorf, JGG, § 2, Rn. 3, § 17, Rn. 4).

1668 L/B/N, Jugendstrafrecht, S. 321, Rn. 709 f.

1669 BVerfG, Urt. v. 26.02.2020, 2 BvR 2347/15, BVerfGE 153, 182 (309, Rn. 340).

1670 BVerfG, Urt. v. 26.02.2020, 2 BvR 2347/15, BVerfGE 153, 182 (263 f., Rn 210).

1671 *Rose*, in: Ostendorf, JGG, § 92, Rn. 24.

1672 BT-Drs. 16/6292, S. 11; krit. *Kölbel*, in: Eisenberg/Kölbel, JGG, § 92, Rn. 166.

entscheiden sollte. Für eine Übertragung auf die Strafvollstreckungskammer könnte – unbeschadet dessen, ob in jedem Landgerichtsbezirk ein solcher Spruchkörper für die jeweilige Jugendstrafanstalt vorhanden ist[1673] – zwar die größere Unabhängigkeit sprechen, allerdings fehlt diesem Gericht im Unterschied zu einem Jugendgericht auch die nötige Nähe zum Jugendstrafvollzug. Diese Sachnähe ist wichtig, weil zum Nachweis eines fehlerfrei gebildeten Suizidwillens durch die Jugendstrafanstalt über alle entscheidungserheblichen Behandlungs- und Handlungsalternativen im Jugendstrafvollzug aufgeklärt und beraten worden sein muss. Ob das der Fall ist, dürfte ein Jugendgericht besser beurteilen können als eine Strafvollstreckungskammer.

Ergänzung beziehungsweise Änderung der §§ 88 Abs. 1; 77 Abs. 1 S. 1 LJVollzG RLP (Art. 70 Abs. 1 GG)

§ 88 Abs. 1 LJVollzG RLP sollte um vier Sätze ergänzt werden, sodass diese *S. 2–5* und der bisherige Abs. 1, *S. 1* würde(n):
[2]*Die Verhinderung des Erfolgs einer drohenden oder begonnenen erkennbar freiverantwortlichen Selbsttötung ist unzulässig.* [3]*Rechtfertigungsgründe bleiben unberührt.* [4]*Die Verhinderung ist nicht dadurch gerechtfertigt, dass durch die Art der Selbsttötung keine schwerwiegende Gefahr für die seelische Gesundheit einer anderen Person ausgeht.* [5]*Satz 2 gilt nicht, soweit ein Fall des § 57c S. 1 Strafgesetzbuch oder des § 88a S. 1 Jugendgerichtsgesetz vorliegt.*

Begründung:

Zu S. *2*:

In Respektierung des Rechts auf selbstbestimmtes Sterben löst diese Vorschrift die bisher in Abs. 1 unterschiedslos bestehende Möglichkeit der Unterbindung von Selbsttötungen, unabhängig davon, ob sie freiverantwortlich erfolgen oder nicht, ab.

Zu S. *3–4*:

Diese Vorschriften, die sich an *§ 4 Abs. 2 S. 2–3 des Augsburger-Münchener-Halleschen-Entwurfs zu einem Sterbehilfegesetz* (*AMHE-SterbehilfeG*) orientieren,[1674] lassen Ausnahmen von *S. 2* aus Gründen der

[1673] BT-Drs. 16/6292, S. 11.
[1674] *Dorneck et al.*, AMHE-SterbehilfeG, S. 3, 49.

seelischen Gesundheit Dritter, insbesondere des Vollzugspersonals, zu. *S. 4* macht dabei deutlich, dass nicht jede Form der psychischen Beeinträchtigung, etwa „normale“ Trauer, genügt, sondern es muss eine qualifizierte Fremdgefahr vorliegen, wie sie bei sog. Brutalsuiziden gegeben ist. Darunter fallen zum Beispiel: Tod durch „Erhängen, Strangulierung oder Ersticken“, „Selbstvergiftung“, etwa mit Suchtmitteln/Medikamenten, „scharfen Gegenstand“, „Sturz in die Tiefe“, „Sichwerfen/-legen vor ein sich bewegendes Objekt“, Elektrizität, „Sichertränken“ und „Schuss-/Feuerwaffen“.[1675]

Zu *S. 5*:

Die Ergänzung ist die Konsequenz aus § 57c StGB beziehungsweise § 88a JGG, die vollzugsrechtlich abgesichert werden soll. Vom Anwendungsbereich ausgenommen sind hingegen Behandlungsbegrenzungen und die indirekte Sterbehilfe, weil es sich dabei nicht um Selbsttötungen handelt.[1676]

§ 77 Abs. 1 S. 1 LJVollzG RLP sollte folgendermaßen abgeändert werden:
[1]Eine medizinische Untersuchung und Behandlung ist ohne Einwilligung der Gefangenen zulässig, um den Erfolg eines Selbsttötungsversuchs *im Fall des § 57c S. 1 Strafgesetzbuch beziehungsweise des § 88a S. 1 Jugendgerichtsgesetz* zu verhindern.
Begründung: Hier gilt dieselbe Begründung wie zu § 88 Abs. 1 *S. 5* LJVollzG-*E* RLP.

Im Sozialversicherungsrecht (Art. 74 Abs. 1 Nr. 12 Var. 4 GG) sollten folgende Änderungen vorgenommen werden:

Ergänzung des § 2 SGB V
Die Vorschrift sollte um einen *Abs. 1b* ergänzt werden, der wie folgt lautet:
[1]*Hilfebedürftige Versicherte in einer extremen Notlage, für die eine allgemein anerkannte, dem medizinischen Standard entsprechende Leistung nicht zur Verfügung steht, können die Kostenübernahme für die Durchführung von Suizidhilfe beanspruchen, wenn diese Krankheitsbeschwerden in*

[1675] Vgl. *Hillenkamp*, JZ 2020, S. 618 (621, dortige Fn. 56).
[1676] B. II. 2., S. 46 f..

Form von Schmerzen und sonstigen Beschwerden sicher und dauerhaft beendet. [2]*Absatz 1a Satz 2 und 3 gilt entsprechend.*
Begründung: Die unmittelbaren Kosten für die Suizidhilfe werden bis dato nicht von der gesetzlichen Krankenversicherung getragen. Die Kostentragung unterliegt damit nach § 2 Abs. 1 S. 1 SGB V dem Prinzip der Eigenverantwortung. Dies sollte in Zukunft auch grundsätzlich in einer extremen Notlage gelten, es sei denn die für die Durchführung der Suizidhilfe notwendigen Kosten können nicht selbst aufgrund von Hilfebedürftigkeit getragen werden. Hilfebedürftig ist entsprechend § 2 Abs. 1 SGB XII, wer sich vor allem weder durch Einsatz seiner Arbeitskraft, seines Einkommens und seines Vermögens selbst helfen kann noch wer die erforderliche Leistung von anderen, insbesondere von Angehörigen oder von Trägern anderer Sozialleistungen, erhält. Art. 2 Abs. 1 i. V. m. Art. 1 Abs. 1 GG und das Sozialstaatsprinzip des Art. 20 Abs. 1 GG gebieten in diesem Fall ausnahmsweise die Kostenübernahme zur Sicherung eines menschenwürdigen Sterbens. *Abs. 1b* dient entsprechend dem Untermaßverbot der verfassungskonformen Ausgestaltung dieses verfassungsrechtlichen Anspruchs. *S. 2* regelt durch den Verweis auf Absatz 1a S. 2 und 3 das Verfahren und die Wirkung der Kostenübernahmeerklärung der Krankenkasse.

Ergänzung zu § 5 Abs. 1 Nr. 13 SGB V

Es sollte folgender *S. 2* eingefügt werden (die vorherige Nr. 13 würde damit *S. 1*): [2]*Anderweitiger Schutz nach Satz 1 besteht in den nach Landesrecht bestimmten Fällen nicht für Personen, die sich im Fall des § 2 Absatz 1b in Untersuchungshaft befinden, nach § 126a der Strafprozeßordnung einstweilen untergebracht sind oder gegen sie eine Freiheitsstrafe oder freiheitsentziehende Maßregel der Besserung und Sicherung vollzogen wird; die in Absatz 11 geregelten Ausnahmen finden keine Anwendung.*

Begründung: Zentralgestalt des Sozialversicherungsrechts ist der Arbeitnehmer. Sofern weder ein freies Beschäftigungsverhältnis noch eine Selbstbeschäftigung vorliegen, stehen arbeitende Gefangene aber nicht in einem privatrechtlichen Arbeitsverhältnis, sondern in einem öffentlich-rechtlichen Beschäftigungsverhältnis *sui generis*.[1677] Arbeitende Gefangene sind daher grundsätzlich nicht nach § 5 Abs. 1 Nr. 1 SGB V in

[1677] *Galli*, in: Feest/Lesting/Lindemann, Strafvollzugsgesetze, LandesR II, Vor § 19, Rn. 9 m. w. N.; vgl. KG, Beschl. v. 29.06.2015, 2 Ws 132/15 Vollz, BeckRS 2015, 15491, Ls. 1, Rn. 10.

der gesetzlichen Krankenversicherung pflichtversichert. Nur im Einzelfall ist es möglich, dass die Mitgliedschaft in der gesetzlichen Krankenversicherung nicht mit der Aufnahme in den Justizvollzug endet, nämlich wenn der Gefangene familienversichert, als Rentner weiterhin pflichtversichert oder freiwillig versichert ist.[1678] Aufgrund des in *§ 4a Abs. 8 S. 1 Hs. 2 und S. 4 LJVollzG RLP* verankerten Prinzips der Eigenverantwortung besteht indes ausdrücklich kein Anspruch auf Kostenübernahme bei der geplanten Inanspruchnahme von Suizidhilfe gegen den Justizvollzug. Über *§ 2 Abs. 1b* soll aber ein allgemeiner Anspruch auf Kostenübernahme in besonderen Härtefällen geschaffen werden. Um Gefangene im Sinne des Angleichungsgrundsatzes nicht von diesem Anspruch auszuschließen, erfolgt die Klarstellung in *S. 2 Hs. 1* der Vorschrift. Da sich in Haft auch Ausländer befinden, wäre ohne *S. 2 Hs. 2* der Vorschrift ein gleichheitswidriger Leistungsausschluss über Abs. 11 der Vorschrift möglich. Ein allgemeiner Ausschluss der Anwendbarkeit von Abs. 11 im Fall des *§ 2 Abs. 1b* ist indes nicht erforderlich, weil eine Ausreise zum Zwecke der Inanspruchnahme von Suizidhilfe auch bei einer extremen Notlage anders als bei Personen, denen die Freiheit entzogen ist, nicht ausgeschlossen ist. Dies dient auch dem Ausschluss von „Suizidhilfetourismus" nach Deutschland.

Über die eingeschränkte Integration von Gefangenen in die gesetzliche Krankenversicherung in besonderen Härtefällen ist zugleich auch eine Kostenübernahme durch die Sozialhilfeträger nach § 32 Abs. 1 S. 1 und Abs. 2 Nr. 1 Alt 1 i. V. m. § 32a Abs. 2 SGB XII gegenüber der zuständigen gesetzlichen Krankenkasse gewährleistet, weil die Gefangenen meist nicht in der Lage sein werden, die Krankenkassenbeiträge zu leisten.

Ergänzung des § 27 Abs. 1 S. 3 SGB V
Zur Krankenbehandlung gehört auch die palliative Versorgung der Versicherten *und das Leisten von Suizidhilfe bei Hilfebedürftigkeit in einer extremen Notlage nach § 2 Absatz 1b.*
Begründung: Die in *§ 2 Abs. 1b* vorgeschlagene Regelung bedingt auch eine Folgeänderung in § 27 Abs. 1 S. 3.

Ergänzung von Nr. 33 Abs. 2 S. 2 Richtlinien für das Strafverfahren und Bußgeldverfahren

[1678] *Kirschke*, in: Hillenkamp/Tag, Intramurale Medizin, S. 121 (124).

Dies gilt namentlich bei Sterbefällen von Personen, die sich in Haft oder sonst in amtlicher Verwahrung befunden haben, *es sei denn es liegt nachweislich ein freiverantwortlich vollzogener Suizid vor*.
Begründung: Die Vorschrift dient der Aufklärung von Straftaten. Das Vorliegen einer Straftat liegt allerdings fern, wenn ein freiverantwortlich vollzogener Suizid nachgewiesenermaßen gegeben ist. Dies ist insbesondere dann der Fall, wenn ein gesetzlich vorgeschriebenes Verfahren zur Feststellung der Freiverantwortlichkeit eingehalten wurde.

Schlussbetrachtung

Die Arbeit lässt sich in folgenden abschließenden Thesen zusammenfassen:

1. Eine JVA ist grundsätzlich kein Ort, um zu sterben (S. 182 ff.). Vor allem nicht durch die Inanspruchnahme von Suizidhilfe, weil diese dem Justizvollzug wesensfremd ist (S. 195 ff., 272).

2. Die (nicht autonomiefeindliche) Suizidprävention (S. 8) im Justizvollzug sollte daher gesetzlich gestärkt und orientiert am Stand der Wissenschaft standardisiert werden (S. 307 ff.). Die Regelungsbefugnis für die Länder folgt aus Artt. 70 Abs. 1; 74 Abs. 1 Nr. 19 *arg. e contr.* (S. 305).

3. Dennoch besteht das Recht auf Suizidhilfe aus Angleichungsgründen auch im Justizvollzug (S. 207 ff.), jedoch nur unter Beachtung vollzugsspezifischer Besonderheiten (S. 231 ff.). Da der Suizidentschluss als Akt autonomer Selbstbestimmung unter anderem unbeeinflusst von einer akuten psychischen Störung sein muss (S. 242 ff.) und auch nicht bloß Ausdruck einer vorübergehenden Lebenskrise sein darf (S. 245 ff.), dürfte in der Vollzugspraxis eine freie und von staatlicher Stelle zu respektierende Suizidentscheidung schon häufig ausscheiden, gerade zu Beginn einer Inhaftierung oder aufgrund aktueller Krisen, bei denen es an der nötigen Dauerhaftigkeit und inneren Festigkeit der Suizidentscheidung fehlt.

4. Eine spezialgesetzliche Regelung der Suizidhilfe im Justizvollzug sollte nur dann erfolgen, wenn eine allgemeine bundesgesetzliche Regelung der Suizidhilfe getroffen wird und diese gleichzeitig auch Raum für eine vollzugsspezifische Regulierung lässt (S. 312, 316 ff.). Die grundsätzliche Regelungsbefugnis folgt aus Art. 72 Abs. 1 GG, weil der Bund im Bereich der Suizidhilfe eine konkurrierende Gesetzgebungskompetenz innehat (S. 300 ff.). Es liegt einerseits in der staatlichen Verantwortung, würdevolle Alternativen zu sog. Brutalsuiziden (S. 337) zu schaffen (S. 316), andererseits darf aber auch die seelische Belastung des Vollzugspersonals und der Mitgefangenen nicht vernachlässigt werden (vgl. S. 255 ff., 267 ff.), weil auch ein assistierter Suizid im Justizvollzug als Selbsttötung immer noch ein enorm belastendes besonderes Vorkommnis bleibt und das umso mehr, je häufiger er vorkommt (S. 316 f.). Dass mit einer (isolierten) vollzugsspezifischen Regelung die Anzahl der assistierten Suizide, wie

in der Außengesellschaft bisher auch, mit hoher Wahrscheinlichkeit ansteigen dürfte, ist naheliegend. Wenn eine vollzugsspezifische Regelung erfolgt, sollte diese zwingend einer retrospektiven Gesetzesfolgenabschätzung durch eine kombinierte Befristungs- und Evaluationsklausel unterliegen (S. 325 f.).

5. Soweit Hilfe zum Suizid von dazu behördlich zugelassenen Dritten angeboten wird (vgl. S. 129), haben auch Gefangene das Recht, zu diesen Kontakt aufzunehmen und sich unabhängig von diesen beraten zu lassen (S. 313). Zu diesem Personenkreis gehören aufgrund ihrer Approbation insbesondere Ärzte.

6. Zur Inanspruchnahme von Suizidhilfe gilt die Freiverantwortlichkeit als Strafausschlusskriterium auch im Justizvollzug (S. 231). Die Freiverantwortlichkeit sollte, abgesehen von nachgewiesenen Härtefällen in extremer Notlage[1679], durch zwei externe forensisch-psychiatrische Gutachten, die in einem Mindestabstand von 180 Tagen erfolgen (vgl. S. 245 ff., 292), gerichtlich überprüft werden, wenn ein ernsthaftes Suizidhilfegesuch einen aus sich heraus verständlichen Tatsachenvortrag, der die Freiverantwortlichkeit und Modalitäten der Inanspruchnahme von Suizidhilfe erkennen lässt, vorliegt (S. 289) und keine vorzeitige Entlassung in Betracht kommt (S. 290 f.) sowie eine Mindestverbüßungszeit abgelaufen ist, welche dem Strafzweck der Vergeltung angemessen ist (S. 211 ff.). Vor Ablauf dieser Mindestverbüßungszeit dürfte die Selbsttötung durch das Vollzugspersonal verhindert werden, es sei denn der Suizid erfolgt durch Sterbefasten (S. 221). Eine enterale (über den Magen-Darm-Trakt erfolgende) Zwangsernährung wäre nämlich aufgrund der brutalen Durchführungsweise und der damit verbundenen schwerwiegenden Gesundheitsgefahren unverhältnismäßig; eine mildere, gleich geeignete Maßnahme (etwa intravenöse Zufuhr) ist aus medizinischer Sicht nicht möglich, weil sie mit einer vollständigen Fixierung verbunden werden müsste.

[1679] Diese Lage ist durch drei Voraussetzungen bestimmt: 1. Der Patient leidet an einer schweren und unheilbaren Erkrankung, die mit gravierenden körperlichen Leiden, insbesondere starken Schmerzen verbunden ist, die bei dem Betroffenen zu einem unerträglichen Leidensdruck führen und nicht ausreichend gelindert werden können; 2. Der Betroffene ist entscheidungsfähig und hat sich frei und ernsthaft entschieden, sein Leben beenden zu wollen; 3. Eine andere zumutbare Möglichkeit zur Verwirklichung des Sterbewunsches steht nicht zur Verfügung (s. Fn. 568 m. w. N.).

Für eine gerichtliche Überprüfung spricht vor allem, dass Freiverantwortlichkeit als normative Kategorie nicht allein empirisch bestimmt werden kann und ein Gericht aufgrund der richterlichen Unabhängigkeit zu wertender Erkenntnis am besten in der Lage ist (S. 294 f.). Zur bestmöglichen Gewährleistung von Entscheidungsqualität sollte die Strafvollstreckungskammer beziehungsweise die Jugendkammer für diese Entscheidungen für funktionell zuständig erklärt werden (S. 296 f.).

7. Sofern das zuständige Gericht feststellt, dass die Freiverantwortlichkeitsvoraussetzungen für die beantragte Inanspruchnahme von Suizidhilfe vorlägen oder ein nachgewiesener Härtefall in extremer Notlage und ärztlich attestierte Freiverantwortlichkeit gegeben wären, können die Gefangenen diese mit Unterstützung eines externen Arztes ihrer Wahl auf eigene Kosten in Anspruch nehmen (S. 283 ff.). Ärzte sind im Übrigen nach hier vertretener Ansicht auch schon aktuell befugt, Betäubungsmittel zur suizidalen Anwendung zu verschreiben oder zum unmittelbaren Verbrauch zu überlassen (S. 92 ff.). Für die Inanspruchnahme von Suizidhilfe in besonderen Härtefällen bei Bedürftigkeit in extremer Notlage sollten die Gefangenen ausnahmsweise kraft Gesetzes nach einem neu zu fassenden § 5 Absatz 1 Nummer 13 *Satz 2* i. V. m. § 2 *Abs. 1b)* Sozialgesetzbuch Fünftes Buch (SGB V) in der gesetzlichen Krankenversicherung pflichtversichert sein, damit eine Kostenübernahme durch einen externen Sozialleistungsträger zur Gewährleistung eines menschenwürdigen Sterbens erfolgen könnte (S. 283 f.).

8. Um einen Interessenkonflikt des Vollzugspersonals zwischen der Fürsorgeverantwortung und der Respektierung des Selbstbestimmungsrechts zu vermeiden, sollte Suizidhilfe durch das Vollzugspersonal kategorisch ausgeschlossen bleiben (Trennungsprinzip, S. 277 ff.). Suizidhilfe ist dabei die nicht-tatherrschaftliche Beteiligung an einer freiverantwortlichen Selbsttötung. Vertypte Handlungen sind insbesondere die Verschreibung von tödlichen Medikamenten sowie die Herstellung eines Kontakts zu einer Sterbehilfeorganisation oder einem Arzt, der bereit ist, Suizidhilfe zu leisten, aber auch die palliative Begleitung beim Sterbefasten, wenn dieses losgelöst von einer extremen Notlage erfolgt (S. 320).

9. Suizidhilfe im Justizvollzug sollte im Wege praktischer Konkordanz in Abwägung des Rechts auf selbstbestimmtes Sterben und der größtmöglichen Schonung der seelischen Gesundheit der Bediensteten und Mitgefangenen in „Freiheit“ oder zumindest außerhalb des Justizvollzuges vollzogen

werden. Ansonsten in einem JVK oder einer Krankenabteilung einer JVA (S. 269 f.); durch die Zurverfügungstellung der dortigen Räumlichkeiten würde keine Suizidhilfe geleistet, da diese nicht als Sterbezimmer installiert, sondern vornehmlich zu kurativen oder palliativen Zwecken vorgehalten würden (S. 324).

10. Die eingesetzten Suizidmittel dürfen keine Gefahr für die Sicherheit der JVA darstellen, sodass diese vorab durch die Anstalt zugelassen werden müssten (S. 270 f.). Um Missbrauch durch zugelassene Suizidmittel auszuschließen, sollten diese durch das Vollzugspersonal an den Suizidhelfer kurz vor der geplanten Selbsttötung übergeben und die Einnahme unmittelbar und ständig überwacht werden. Beim Sterbefasten würde die Bewachung in unregelmäßigen Abständen genügen (S. 315). Soweit vollzuglich möglich, sollten der Selbsttötung neben dem Suizidhelfer auch nahe Bezugspersonen unbeaufsichtigt in angemessenem Umfang beiwohnen dürfen. Zur Vermeidung von Haftungsrisiken erscheint eine audio-visuelle Dokumentation des Suizids trotz der Höchstpersönlichkeit des Sterbevorgangs erforderlich (S. 270). Zudem sollte eine nachträgliche aufsichtsbehördliche Überprüfung des assistierten Suizids erfolgen (S. 325).

11. Die JVA sollte aus Gründen des postmortalen Persönlichkeitsschutzes nach dem assistierten Suizid jedoch davon absehen, eine Leichenöffnung gegenüber den Ermittlungs- und Strafverfolgungsbehörden anzuregen, wenn der ehemalige Gefangene dies vorausverfügt hat und keine tatsächlichen Anhaltspunkte für ein Fremdverschulden am Suizid bestehen (S. 285 ff.).

12. Brutalsuizide dürfen selbst dann stets verhindert werden, wenn sie freiverantwortlich erfolgen (S. 261 ff.). Im Justizvollzug besteht zum Schutz der seelischen Gesundheit des Vollzugspersonals eine „Pflicht“ zur sicheren und schmerzfreien Selbsttötung (S. 264 ff.).

13. Das Vollzugspersonal, das mit Suizidhilfe unmittelbar konfrontiert wird, muss aufgrund der psychischen Belastung psychosozial professionell besonders begleitet werden (S. 325).

Abbildungsverzeichnis

Literaturverzeichnis

Alexy, Robert: Theorie der Grundrechte, 2. Auflage, Berlin 1994.

Alt-Epping, Bernd/Sitte, Thomas/Nauck, Friedemann/Radbruch, Lukas: Sedierung in der Palliativmedizin. Leitlinie für den Einsatz sedierender Maßnahmen in der Palliativversorgung, Der Schmerz 2010, S. 342–354.

Amelung, Knut: Die Einwilligung des Unfreien, Das Problem der Freiwilligkeit bei der Einwilligung eingesperrter Personen, Zeitschrift für die gesamte Strafrechtswissenschaft (ZStW), 1983, S. 1–31.

Andreatta, Pia/Unterluggauer, Karin: Das Phänomen der sekundären Traumatisierung, in: Wagner, Ringo (Hrsg.), Sekundäre Traumatisierung als Berufsrisiko?, Magdeburg 2010, S. 47–60.

Andrissek, Tobias R.: Vergeltung als Strafzweck: Empirisch-soziologische Begründung und kriminalpolitische Folgerungen, Tübingen 2017.

Anselm, Reiner/Bausewein, Claudia/Dabrock, Peter/Höfling, Wolfram: Recht auf Leben, Rechte im Sterben, Frankfurter Allgemeine Zeitung (FAZ), Beitrag vom 14.05.2023, https://www.faz.net/aktuell/politik/inland/assistierter-suizid-regelung-bedarf-keiner-weiteren-interventionen-18876086.html (abgerufen am 14.09.2023).

Arbeitsgemeinschaft der Wissenschaftlichen Medizinischen Fachgesellschaften e. V.(AWMF), Deutschen Krebsgesellschaft e. V.(DKG) und Deutschen Krebshilfe (DKH): Erweiterte S3-Leitlinie Palliativmedizin für Patienten mit einer nicht-heilbaren Krebserkrankung, Langversion 2.2 – September 2020 AWMF-Registernummer: 128/001 OL 2020.

Arloth, Frank: Strafzwecke im Strafvollzug, Goltdammer's Archiv für Strafrecht (GA) 1988, S. 403–425.

Arloth, Frank/Krä, Horst: StVollzG, Strafvollzugsgesetze von Bund und Ländern, Kommentar, 5. Auflage, München 2021.

Arloth, Frank (Hrsg.): Beck'scher Onlinekommentar (BeckOK) Strafvollzugsrecht Bund, 25. Edition (Stand: 01.02.2024), München.

Arzt, Gunther: Recht auf den eigenen Tod?, Juristische Rundschau (JR) 1986, S. 309–314.

Ärztetag (124.): TOP IVb Konsequenzen des Urteils des BVerfG zum § 217 StGB – Änderung des § 16 MBO-Ä, Beschlussprotokoll vom 04./05.05.2021, S. 156 f. https://www.bundesaerztekammer.de/fileadmin/use

r_upload/BAEK/Aerztetag/124.DAET/pdf/Beschlussprotokoll_124_Daet_2021_Stand-06.05.2021_mit_numerischen_Lesezeichen.pdf (abgerufen am 14.09.2023).

Augsberg, Ino/Augsberg, Steffen: Kombinationsgrundrechte, Die Verkoppelung von Grundrechtstatbeständen als Herausforderung für die Grundrechtsdogmatik, Archiv für öffentliches Recht (AöR) 2007, S. 539–581.

Augsberg, Ino: Grundfälle zu Art. 2 II 1 GG, Juristische Schulung (JuS) 2011, S. 128–133.

Augsberg, Steffen: Juristische Probleme des sog. Sterbefastens, Zeitschrift für medizinische Ethik (ZME) 2019, S. 315–327.

Auty, Katherine M./Liebling, Alison: Exploring the Relationship between Prison Social Climate and Reoffending, Justice Quarterly 2020, pp. 358–381.

Barthe, Christoph/Gericke, Jan: (Hrsg.): Karlsruher Kommentar zur Strafprozessordnung mit GVG, EGGVG und EMRK, 9. Auflage, München 2023.

Bartsch, Tilllmann/Kreuzer, Arthur: Anmerkung zu LG Marburg, Beschl. v. 10.11.2011–7 StVK 305/11, Der Strafverteidiger (StV) 2012, S. 674–678.

Baumann, Jürgen et al.: Alternativentwurf eines Gesetzes über Sterbehilfe (AE-Sterbehilfe), Entwurf eines Arbeitskreises von Professoren des Strafrechts und der Medizin sowie ihrer Mitarbeiter, Stuttgart/New York 1986.

Baur, Alexander: Die bundesrechtlichen Neuregelungen für Fixierungen im Straf- und Maßregelvollzug, Neue juristischen Wochenschrift (NJW) 2019, S. 2273–2277.

Bausch-Hölterhoff, Josef: Es kommt nicht so sehr darauf an, wo ein Mensch stirbt, wichtig ist, wie er stirbt. Zur Situation todkranker und sterbender Patienten in Vollzugseinrichtungen, Zeitschrift für Strafvollzug und Straffälligenhilfe (ZfStrVo) 2004, S. 96–99.

Becker, Merle/Correl, Christoph U.: Suizidalität im Kindes-und Jugendalter, Deutsches Ärzteblatt (DÄ) 117, S. 261–267.

Beckert, Franke: Strafrechtliche Probleme um Suizidbeteiligung und Sterbehilfe unter besonderer Berücksichtigung historischer und ethischer Aspekte, Aachen 1996.

Bering, Robert/Grüttert, Torsten: Selbstverletzendes Verhalten. Ursachen, Dramaturgie und Reaktion, Forum Strafvollzug 2020, S. 245–249.

Berghäuser, Gloria: Der „Laien-Suizid“ gemäß § 217 StGB – Eine kritische Betrachtung des Verbots einer geschäftsmäßigen Förderung der Selbsttötung, Zeitschrift für das Gesamte Strafrecht (ZStW) 2016, S. 741–784.

Bereswill, Mechthild/Neuber, Anke: „Haft ist ohnehin schon eine Ohnmachtserfahrung, Sterben in Haft sozusagen die potenzierte Ohnmacht“, Tod und Sterben im Gefängnis – eine qualitative Pilotstudie zur Perspektive der Fachdienste, Bewährungshilfe – Soziales • Strafrecht • Kriminalpolitik (BewHi) 2019, S. 345–355.

Bickhard, Jürgen/Hanke, Roland M.: Freiwilliger Verzicht auf Nahrung und Flüssigkeit: Eine ganz eigene Handlungsweise, Deutsches Ärzteblatt (DÄ) 2014, A 590–592.

Birnbacher, Dieter: Ist Sterbefasten eine Form von Suizid?, Ethik in der Medizin (Eth Med) 2015, S. 315–324.

Birnbacher, Dieter: Freiwilliger Verzicht auf Nahrung und Flüssigkeit = »passiver« Suizid – was folgt? Coors, Michael/Simon, Alfred/Alt-Epping, Bernd (Hrsg.): Freiwilliger Verzicht auf Nahrung und Flüssigkeit, Medizinische und pflegerische Grundlagen – ethische und rechtliche Bewertungen, Stuttgart 2019, S. 106–119.

Bioethik-Kommission Rheinland-Pfalz: Sterbehilfe und Sterbebegleitung. Ethische, rechtliche und medizinische Bewertung des Spannungsverhältnisses zwischen ärztlicher Lebenserhaltungspflicht und Selbstbestimmung des Patienten, Bericht der Bioethik-Kommission des Landes Rheinland-Pfalz vom 23. April 2004.

Blanck, Thes Johann: Die Ausbildung von Strafvollzugsbediensteten in Deutschland, Mönchengladbach 2015, https://rsf.uni-greifswald.de/storages/uni-greifswald/fakultaet/rsf/lehrstuehle/ls-harrendorf/Bd54_9783942865517.pdf (abgerufen am 14.09.2023).

Bobbert, Monika: Ein freier, informierter und dauerhafter Wille zum assistierten Suizid? Psychologische und ethische Fragen, in: Bobbert, Monika (Hrsg.): Assistierter Suizid und Freiverantwortlichkeit, Wissenschaftliche Erkenntnisse, ethische und rechtliche Debatten, Fragen der Umsetzung, Baden-Baden 2022, S. 323–373.

Bögelein, Nicole: Und plötzlich ging alles ganz einfach. Die Ersatzfreiheitsstrafe in Zeiten von Corona, BAG-S Informationsdienst Straffälligenhilfe 2021, S. 19–25.

Bohnen, Wolfgang/Schmidt, Detlev (Hrsg): Beck'scher Online-Kommentar BtMG, 22. Edition (Stand: 15.03.2024), München 2024.

Böhm, Alexander: Strafvollzug und „Strafübel", in: Feltes, Thomas (Hrsg.), Kriminalpolitik und ihre wissenschaftlichen Grundlagen: Festschrift für Professor Dr. Hans-Dieter Schwind zum 70. Geburtstag, Heidelberg 2006, S. 533–547.

Borasio, Gian Domenico/Jox, Ralf J./Taupitz, Jochen/Wiesing, Urban: Selbstbestimmung im Sterben – Fürsorge zum Leben. Ein verfassungskonformer Gesetzesvorschlag zur Regelung des assistierten Suizids, 2. erweiterte und überarbeitete Auflage, Stuttgart 2020.

Bottke, Wilfried: Das Recht auf Suizid und Suizidverhütung, Goltdammer's Archiv für Strafrecht (GA) 1982, S. 346–361.

Bozzaro, Claudia/Zimmermann, Markus: Das ärztlich assistierte Sterben von Personen in Haft. Ethische Überlegungen vor dem Hintergrund erster Erfahrungen in Belgien und der Schweiz, in: Feichtner, Angelika/Körtner, Ulrich/Likar,

Rudolf/Watzke, Herbert/Weixler, Dietmar (Hrsg.), Assistierter Suizid, Hintergründe, Spannungsfelder, Entwicklungen, Berlin 2022, S. 173–184.

Brammsen, Joerg: Bemerkungen zur mittelbaren Unterlassungstäterschaft – Eine Ergänzung zu BGHSt 40, 257 -, Neue Zeitschrift für Strafrecht (NStZ) 2000, S. 337–344.

Breneselović, Luka: Die neue „empirisch-soziologische" Vergeltungslehre in Deutschland, Zeitschrift für die gesamte Strafrechtswissenschaft (ZStW) 2023, S. 102–124.

Bretschneider, Wiebke: Ageing Prisoners and Ethics Behind Bars: Law, Human Rights and Health Care – Old (Age) Problems and New Challenges, Basel 2015, https://edoc.unibas.ch/38577/ (abgerufen am 14.09.2023)

Breuer, Maike M./Pecher, Willi: Listener, in: Katharina Bennefeld-Kersten/Johannes Lohner (Hrsg.), Frei Tod? Selbst Mord? Bilanz Suizid? Wenn Gefangene sich das Leben nehmen, Einschätzung und Prävention, Lengerich 2015, S. 321–342.

Brosius-Gersdorf, Frauke (Hrsg.): Dreier, Grundgesetz-Kommentar, Band 1, Präambel, Artt. 1–19 GG, 4. Auflage, Tübingen 2023.

Bruckmann, Philipp: Sinn und Unsinn gegenwärtiger Vergeltungstheorien – überholt,
hilfreich oder notwendig zur Legitimation staatlicher Strafe?, Kriminalpolitische Zeitschrift (KriPoZ) 2019, 105–118.

Brunhöber, Beatrice: Anmerkung zu BVerfG, Urt. v. 26.02.2020, 2 BvR 2347/15, BVerfGE 153, 182 ff., Neue Zeitschrift für Strafrecht (NStZ) 2020, S. 538–542.

Bundesärztekammer (BÄK): Grundsätze der Bundesärztekammer zur ärztlichen Sterbebegleitung, Deutsches Ärzteblatt (DÄ) 2004, A 1298–A 1299.

Bundesärztekammer (BÄK): Grundsätze der Bundesärztekammer zur ärztlichen Sterbebegleitung, Deutsches Ärzteblatt (DÄ) 2011, A 346–A 348.

Bundesärztekammer (BÄK): Verbot der geschäftsmäßigen Förderung der Selbsttötung (§ 217 StGB):
Hinweise und Erläuterungen für die ärztliche Praxis*, Deutsches Ärzteblatt (DÄ) 2017, A 334–A 336.

Bundesärztekammer (BÄK): Hinweise und Empfehlungen der Bundesärztekammer zum Umgang mit Zweifeln an der Einwilligungsfähigkeit bei erwachsenen Patienten, Deutsches Ärzteblatt (DÄ) 2019, A 1133–A 1134.

Bundesärztekammer (BÄK): Hinweise der Bundesärztekammer zum ärztlichen Umgang mit Suizidalität und Todeswünschen nach dem Urteil des Bundesverfassungsgerichts zu § 217 StGB (Stand: 25.06.2021), Deutsches Ärzteblatt (DÄ) 2021, A 1428–A 1432.

Bundesministerium der Justiz – Arbeitsgruppe: Patientenautonomie am Lebensende. Ethische, rechtliche und medizinische Aspekte zur Bewertung von Patientenverfügungen, Bericht der Arbeitsgruppe „Patientenautonomie am Lebensende" vom 10. Juni 2004.

Bundes- und Landesarbeitsgruppe „Suizidprävention im Justizvollzug“: Suizidprävention Empfehlungen für den Justizvollzug, Heft III Nachsorge, 2018.

Calcedo-Barba, Alfredo/Fructuoso, Ana/Martinez-Raga, Jose/Paz, Silvia/de Carmona, Manuel Sanchez/Vicens, Enric: A meta-review of literature reviews assessing the capacity of patients with severe mental disorders to make decisions about their healthcare. BMC Psychiatry. (2020) 20: p. 1–14.

Ceffinato, Tobias: Die Beendigung von Garantenstellungen, Neue Zeitschrift für Strafrecht (NStZ) 2021, S. 65–70.

Cirener, Gabriele /Radtke, Henning/Rissing-van Saan, Ruth/Rönnau, Thomas/Schluckebier (Hrsg.): Leipziger Kommentar, StGB, 13. Auflage, §§ 211–231, Berlin 2023.

Cirener, Gabriele /Radtke, Henning/Rissing-van Saan, Ruth/Rönnau, Thomas/Schluckebier (Hrsg.): Leipziger Kommentar, StGB, 13. Auflage, Band 13, §§ 242–262, Berlin 2022.

Czerner, Frank: „Schuld und Sühne“ oder „Verbrechen und Strafen“? Der Schuldgedanke in Strafvollstreckung und Strafvollzug, insbesondere bei (lebens-)langen Freiheitsstrafen in der Justizvollzugsanstalt Waldheim, in: Sächsisches Staatsministerium der Justiz (Hrsg.), Vollzug für das 21. Jahrhundert, Symposium anlässlich des 300-jährigen Bestehens der Justizvollzugsanstalt Waldheim, Baden-Baden 2019, S. 49–88.

Cording, Clemens/Saß, Henning: Die Freiverantwortlichkeit der Entscheidung für einen assistierten Suizid. Ein Diskussionsbeitrag aus forensisch-psychiatrischer Perspektive, Neue Juristische Wochenschrift (NJW) 2020, S. 2695–2697.

Dabringhaus, Yvonne/Isemann, Simon/Voßhagen, Michaela: Die Suizidpräventionsabteilung der JVA Köln, Eine Abteilungsform aks aktive Suizidprävention wissenschaftlich fundiert gedacht und praktisch umgesetzt, Forum Strafvollzug (FS) 2024, S. 57–61.

Deckert, Antje: Zum Strafwürdigkeitsbegriff im Kontext legislativer Kriminalisierungsentscheidungen im Verfassungsstaat, Zeitschrift für Internationales Strafrecht (ZIS) 2013, S. 265–275.

Della Croce, Yoann: Assisted suicide for prisoners: An ethical and legal analysis from the Swiss context, Bioethics 2022, pp. 381–387.

de Ridder, Michael: Ärztliches Ethos und Suizidhilfe in engen Grenzen, in: Neumann, Gita (Hrsg.), Suizidhilfe als Herausforderung. Arztethos und Strafbarkeitsmythos, Aschaffenburg 2012, S. 73–79.

Dessecker, Axel: Lebenslange Freiheitsstrafen, in: Maelicke, Bernd/Suhling, Stefan (Hrsg.), Das Gefängnis auf dem Prüfstand, Zustand und Zukunft des Strafvollzugs, Wiesbaden 2018, S. 351–362.

Deutscher Ethikrat (Hrsg.): Suizid – Verantwortung, Prävention und Freiverantwortlichkeit, Stellungnahme, Stand: 22.09.2022, Berlin.

Deutsche Gesellschaft für Humanes Sterben e. V./DIGNITAS-Deutschland/Verein Sterbehilfe/Giordano-Bruno-Stiftung: Berliner Appell (2022), 10 Forderungen für humane Suizidhilfe in Deutschland, erstveröffentlicht in gemeinsamer Pressekonferenz „Zwei Jahre Karlsruher Urteil“ am 21.02.2022 im Haus der Bundespressekonferenz, https://www.dghs.de/fileadmin/content/07_presse/01_Presseerklaerungen/pdf/Berliner_Appell.pdf (abgerufen am 14.09.2023).

Deutsche Gesellschaft für Humanes Sterben e. V.: Initiativstellungnahme zu drei Gesetzesentwürfen betreffend die Regulierung der Suizidassistenz vom 25.11.2022, https://www.bundestag.de/dokumente/textarchiv/2022/kw48-pa-recht-917960 (abgerufen am 14.09.2023)

Deutsche Gesellschaft für Neurologie (Hrsg.), S1-Leitlinie Delir und Verwirrtheitszustände inklusive Alkoholentzugsdelir, Stand: 20.01.2022, S. 1–33, https://www.awmf.org/uploads/tx_szleitlinien/030--006l-S1_Delir-und-Verwirrtheitszustaende-Alkoholentzugsdelir_2022--01.pdf (abgerufen am 14.09.2023).

Deutsche Gesellschaft für Palliativmedizin: Definitionen zur Hospiz- und Palliativversorgung, Berlin 2016.

Deutsche Gesellschaft für Palliativmedizin: Positionspapier der Deutschen Gesellschaft für Palliativmedizin zum freiwilligen Verzicht auf Essen und Trinken, Berlin 2019.

Deutschsprachige Gesellschaft für Psychotraumatologie (DeGPT) et al.: S2k – Leitlinie: Diagnostik und Behandlung von akuten Folgen psychischer Traumatisierung, AWMF Registernummer 051–027, Stand: 31.08.2019, Langversion, https://register.awmf.org/assets/guidelines/051--027l_S2k_Diagnostik_Behandlung_akute_Folgen_psychischer_Traumatisierung_2019--10.pdf (abgerufen am 14.09.2023).

Deutsche Gesellschaft für Suizidprävention: Stellungnahme der DGS zur Neuregelung der Suizidassistenz, https://www.suizidprophylaxe.de/stellungnahme-der-dgs-zur-neuregelung-der-suizidassistenz/ (abgerufen am 14.09.2023).

Diakonie Deutschland, Evangelisches Werk für Diakonie und Entwicklung e. V.: Stellungnahme der Diakonie Deutschland zum Thema „Stärkung der Suizidprävention“, Öffentliche Anhörung des Rechtsausschusses des Deutschen Bundestages am 28.11.2022, Berlin 2022, https://www.bundestag.de/resource/blob/923174/ca52ac960013f91d26326d0610d564bb/Diakonie-data.pdf (abgerufen am 14.09.2023).

Di Fabio, Udo: Erwerbserlaubnis letal wirkender Mittel zur Selbsttötung in existenziellen Notlagen, Rechtsgutachten zum Urteil des Bundesverwaltungsgerichts vom 2. März 2017–3 C 19/15 – im Auftrag des Bundesinstituts für Arzneimittel und Medizinprodukte, Bonn 2017.

Digitales Wörterbuch der Deutschen Sprache (DWDS): Das Wortauskunftssystem zur deutschen Sprache in Geschichte und Gegenwart, Berlin-

Brandenburgischen Akademie der Wissenschaften (Hrsg.), https://www.dwds.de/ (abgerufen am 14.09.2023).

Dochow, Carsten/Scholz, Karsten: Suizidhilfe. Orientierungshilfe für Ärztinnen und Ärzte, Deutsches Ärzteblatt (DÄ) 2021, A 1402–A 1403.

Dodegge, Georg: – Die Entscheidung des BVerfG zur Verfassungswidrigkeit des § 217 StGB und ihre Auswirkungen für das Verhalten fürsorgender Personen –, Zeitschrift für das gesamte Familienrecht (FamRZ) 2021, S. 5–11.

Dölling, Dieter: Suizid und unterlassene Hilfeleistung, Neue Juristische Wochenschrift (NJW) 1986, S. 1011–1017.

Dölling, Dieter: Zulässigkeit und Grenzen der Sterbehilfe, Medizinrecht (MedR) 1987, S. 6–12.

Dölling, Dieter: Anmerkung zum Urteil des BGH v. 15. 11. 1996, 3 StR 79/96, BGHSt 42, 301, Juristische Rundschau (JR) 1998, S. 159–162.

Dölling, Dieter: Gerechtfertigter Behandlungsabbruch und Abgrenzung von Tun und Unterlassen, Zu BGH, Urt. v. 25.6.2010–2 StR 454/09, Zeitschrift für Internationale Strafrechtsdogmatik (ZIS) 2011, S. 345–348.

Dorneck, Carina /Gassner, Ulrich M./Kersten, Jens/ Lindner, Josef Franz/Linoh, Kim Philip/Lorenz, Henning/Rosenau, Henning/Schmidt am Busch, Birgit: Gesetz zur Gewährleistung selbstbestimmten Sterbens und zur Suizidprävention, Augsburg-Münchner-Hallescher-Entwurf (AMHE-SterbehilfeG), Tübingen 2021.

Downie, Jocelyn/Iftene, Adelina/Steeves, Megan: Assisted dying for prison populations: Lessons from and for abroad; Medical Law International (Med. Law Int.) 2019, pp. 207–225.

Draguhn, Andreas: Der Beginn des Sterbens aus pathologischer Sicht, in: Michael Anderheiden/Wolfgang Uwe Eckart (Hrsg.), Handbuch Sterben und Menschenwürde, Band 1, Berlin/Boston 2012, S. 73–85.

Dreier, Horst: Grenzen des Tötungsverbotes – Teil 2, JuristenZeitung (JZ) 2007, S. 317–326.

Drenkhahn, Kirsten/Neubacher, Frank/Pruin, Ineke: Klimaerwärmung gefällig? – Anstaltsklimaforschung und ihre Etablierung in Deutschland und in der Schweiz, in: Wirth, Wolfgang (Hrsg.), Steuerung und Erfolgskontrolle im Strafvollzug, Zur evidenzbasierten Gestaltung freiheitsentziehender Sanktionen, Wiesbaden 2022, S. 233–252.

Drews, Bill/Wacke, Gerhard/Vogel, Klaus/Martens, Wolfgang: Gefahrenabwehr, Allgemeines Polizeirecht (Ordnungsrecht) des Bundes und der Länder, 9. Auflage, Köln/Berlin/Bonn/München 1986.

Dünkel, Frieder: Die Europäischen Strafvollzugsgrundsätze von 2006 und die deutsche
Strafvollzugsgesetzgebung, Forum Strafvollzug (FS) 2012, S. 141–149.

Dürig, Günter/Herzog, Roman/Scholz, Rupert (Hrsg.), Grundgesetz Kommentar, 103. Ergänzungslieferung (Stand: Januar 2024), München.

Duttge, Gunnar: Anmerkung zu BGH, Urteil vom 7. 2. 2001, 5 StR 474/00, Neue Zeitschrift für Strafrecht (NStZ) 2001, S. 546–549.

Duttge, Gunnar: Striktes Verbot der Arzneimittelprüfung an zwangsweise Untergebrachten (§ 40 I S. 3 Nr. 4 AMG)?, in: Ahrens, Hans-Jürgen/Bar, Christian/Fischer, Gerfried/Spickhoff, Andreas/Taupitz, Jochen (Hrsg.), Medizin und Haftung, Festschrift für Erwin Deutsch zum 80. Geburtstag, Heidelberg 2009, S. 119–136.

Duttge, Gunnar: Strafrechtlich reguliertes Sterben, Der neue Straftatbestand einer geschäftsmäßigen Förderung der Selbsttötung, Neue Juristische Wochenschrift (NJW) 2016, S. 120–125.

Duttge, Gunnar/ Simon, Alfred: Begleitung beim freiwilligen Verzicht auf Nahrung und Flüssigkeit als (strafbare) Suizidhilfe?, Neue Zeitschrift für Strafrecht (NStZ) 2017, S. 512–516.

Duttge, Gunnar: Anmerkung zu BVerfG, Urt. v. 26. 2. 2020–2 BvR 2347/15, 651/16, 1261/16, 1593/16, 2354/16, 2527/16, Zeitschrift für Medizinrecht (MedR) 2020, S. 570–572.

Eberbach, Wolfram: Suizidhilfe zwischen Selbstbestimmung und Bürokratie – Urteil des BVerfG

zu § 217 StGB – neue Gesetzentwürfe –, Zeitschrift für Medizinrecht (MedR) 2022, S. 455–465.

Eidam. Lutz: Nun wird es also Realität: § 217 StGB n. F. und das Verbot der geschäftsmäßigen Förderung der Selbsttötung (§ 217 StGB), Zeitschrift für Medizinstrafrecht (medstra) 2016, S. 17–22.

Eierdanz, Daniel: Die palliative Sedierung – Strafrecht versus Selbstbestimmung?, Zeitschrift für das Gesundheitswesen (RDG) 2016, S. 274–281.

Eisenberg, Ulrich: Anmerkung zu BVerfG, (1. Kammer des Zweiten Senats), Beschl. v. 3. 11. 2021–2 BvR 828/21 (LG Kleve, OLG Hamm), Zeitschrift für Medizinstrafrecht (medstra) 2022, S. 402–404.

Eisenberg, Ulrich/Kölbel, Ralf (Hrsg.): Jugendgerichtsgesetz (JGG), 26. Auflage, München 2025.

Erb, Volker/Schäfer, Jürgen (Hrsg.), Münchener Kommentar zum Strafgesetzbuch, Band 1, §§ 137 StGB, 4. Auflage, München 2020.

Erb, Volker/Schäfer, Jürgen (Hrsg.), Münchener Kommentar zum Strafgesetzbuch, Band 4, §§ 185262 StGB, 4. Auflage, München 2021.

Erb, Volker/Schäfer, Jürgen (Hrsg.), Münchener Kommentar zum Strafgesetzbuch, Band 5, §§ 263358 StGB, 4. Auflage, München 2022.

Erb, Volker/Schäfer, Jürgen (Hrsg.), Münchener Kommentar zum Strafgesetzbuch, Band 7, Nebenstrafrecht I Strafvorschriften aus: AMG, AntiDopG, BtMG, BtMVV, GÜG, NpSG, TPG, TFG, GenTG, TierSchG, BNatSchG, VereinsG, VersammlG, JGG (Auszug) 4. Auflage, München 2022.

Expertenkommission: Justizvollzug NRW: Brandschutz, Kommunikation, psychische Erkrankungen, Bericht, 2019, S. 69, http://www.gefaengnisseelsorge.

net/wp-content/uploads/2019/08/Bericht-Expertenkommission-Strafvollzug-NRW.pdf (abgerufen am 14.09.2023).

Falkner, Angelika: Die zweite Seite der Medaille – affektive Resonanzen professionell Betreuender in Bezug auf assistierten Suizid, in: Feichtner, Angelika/Körtner, Ulrich/Likar, Rudolf/Watzke, Herbert/Weixler, Dietmar (Hrsg.), Assistierter Suizid, Hintergründe, Spannungsfelder, Entwicklungen, Berlin 2022, S. 103–119.

Fazel, Seena/Seewald, Katharina: Severe mental illness in 33, 588 prisoners worldwide: systematic review and meta-regression analysis, The British Journal of Psychiatry (BJP) 2012: pp. 364–373

Feest, Johannes: Ein Musterentwurf nicht ohne Wert, Anmerkungen zum ME StVollzG vom Autorenkreis des AK StVollzG, Neue Kriminalpolitik (NK) 2012, S. 4–8.

Feest, Johannes/Lesting, Wolfgang/Lindemann, Michael (Hrsg.): Strafvollzugsgesetze Bundes- und Landesrecht Kommentar, 8. Auflage, Hürth 2022.

Fenwick, Daniel/Tomczak, Philippa/Cochrane, Alasdair: A case for the provision of assisted dying in prisons founded on the right to self-determination: Creating equivalence between prisoners and non-prisoners?, Medical Law International (Med Law Int.) 2022, pp. 217–248.

Flaig, Felix: Selbstbestimmtes Sterben im Strafvollzug, Ein blinder Fleck in der Debatte um die Neuregelung der Suizidhilfe, in: Bange, Mirko Andreas/Kirner, Henri (Hrsg.), Mehr Fortschritt wagen, Tagungsband Liberale Rechtstagung 2022, Göttingen 2022, S. 217–237.

Franke, Irina/Urwyler, Thierry/Prüter-Schwarte, Christian: Assisted dying requests from people in detention: Psychiatric, ethical, and legal considerations– A literature review, Frontiers in Psychiatry 29.07.2022, pp. 1–15.

Franzke, Kevin/Verrel, Torsten: Anmerkung zu BGH, Urteil vom 28. 6. 2022, 6 StR 68/21, JuristenZeitung (JZ) 2022, S. 1116–1120.

Fricke, Sarina: Begleiteter Suizid Problemstellungen und Herausforderungen für die polizeiliche Praxis, Kriminalistik 2022, S. 247–251.

Frister, Helmut: Stellungnahme zu den Gesetzentwürfen

a) der Abgeordneten Dr. Lars Castellucci, Ansgar Heveling und weiterer Abgeordneter

Entwurf eines Gesetzes zur Strafbarkeit der geschäftsmäßigen Hilfe zur Selbsttötung und zur Sicherstellung der Freiverantwortlichkeit der Entscheidung zur Selbsttötung

BT-Drucksache 20/904

b) der Abgeordneten Katrin Helling-Plahr, Dr. Petra Sitte und weiterer Abgeordneter

Entwurf eines Gesetzes zur Regelung der Suizidhilfe

BT-Drucksache 20/2332

c) der Abgeordneten Renate Künast, Dr. Nina Scheer und weiterer Abgeordne-

ter
Entwurf eines Gesetzes zum Schutz des Rechts auf selbstbestimmtes Sterben und zur Änderung weiterer Gesetze
BT-Drucksache 20/2293
zur Vorbereitung der öffentlichen Anhörung des Ausschusses für Recht des Deutschen Bundestages am 28. September 2022 erstattet, Düsseldorf 2022, https://www.bundestag.de/resource/blob/923398/365a25f59ddc2b1034986209c35143ab/Frister-data.pdf (abgerufen am 14.09.2023).

Frommberger, Ulrich/Angenendt, Jörg/Berger, Mathias: Post-Traumatic Stress Disorder – a Diagnostic and Therapeutic Challenge, Deutsches Ärzteblatt International (DÄ Int) 2014, pp. 59–65.

Gaede, Karsten: Durchbruch ohne Dammbruch – Rechtssichere Neuvermessung der Grenzen strafloser Sterbehilfe, Neue Juristische Wochenschrift (NJW) 2010, S. 2925–2928.

Gaede, Karsten: § 217 StGB – Ärzteminderheit am Pranger?, Zeitschrift für Medizinstrafrecht (medstra) 2016, S. 65–66.

Gaede, Karsten: Die Strafbarkeit der geschäftsmäßigen Förderung des Suizids – § 217 StGB, Juristische Schulung (JuS) 2016, S. 385–392.

Gaede, Karsten: Stellungnahme zur öffentlichen Sachverständigenanhörung des Rechtsausschusses des Deutschen Bundestages zum Thema Sterbebegleitung am 28. November 2022
• Entwurf eines Gesetzes zur Strafbarkeit der geschäftsmäßigen Hilfe zur Selbsttötung und zur Sicherstellung der Freiverantwortlichkeit der Entscheidung zur Selbsttötung (BT-Drucksache 20/904)
• Entwurf eines Gesetzes zur Regelung der Suizidhilfe (BT-Drucksache 20/2332)
• Entwurf eines Gesetzes zum Schutz des Rechts auf selbstbestimmtes Sterben und zur Änderung weiterer Gesetze (BT-Drucksache 20/2293), Hamburg 2022, https://www.bundestag.de/resource/blob/922560/2f1f2ed7c3ef5d2d0c92b0023adb8591/Gaede-data.pdf (abgerufen am 14.09.2023).

Gavela, Kallia: Ärztlich assistierter Suizid und organisierte Sterbehilfe, Berlin/Heidelberg 2013.

Gassner, Ulrich M./Ruf, Simone: Selbstbestimmtes Sterben qua Betäubungsmittelrecht, GesundheitsRecht (GesR) 2020, S. 485–494.

Geilen, Gerd: Neue juristisch-medizinische Grenzprobleme: Betrachtungen zu Göppinger, Arzt und Recht, JuristenZeitung (JZ) 1968, S. 145–152.

Geilen, Gerd: Suizid und Mitverantwortung, JuristenZeitung (JZ) 1974, S. 145–154.

Gerngroß, Johanna: Einführung in die Suizidprävention, in: Johanna Gerngroß (Hrsg.), Suizidalität und Suizidprävention bei Kindern, Jugendlichen und Erwachsenen, Stuttgart 2020, S. 1–13.

Gerngroß, Johanna: Grundlagen zu Suizidalität und Suizid, in: Gerngroß, Johanna (Hrsg.), Suizidalität und Suizidprävention bei Kindern, Jugendlichen und Erwachsenen, Stuttgart 2020, S. 14–60.

Gerny, Daniel: Sollen schwerkranke Straftäter Suizidhilfe in Anspruch nehmen dürfen? Ja – denn ein qualvoller Tod ist kein Strafzweck, Neue Zürcher Zeitung, Beitrag vom 09.03.2023 (Stand: 16:53Uhr), https://www.nzz.ch/meinung/sollen-gefangene-mit-hilfe-von-exit-aus-dem-leben-scheiden-duerfen-ja-denn-ein-qualvoller-tod-ist-kein-strafzweck-ld.1729641 (abgerufen am 14.09.2023).

Gesundheitsministerium/Ministerium für Sozialversicherung (Luxemburg): Sterbehilfe und assistierter Suizid, 25 Fragen und Antworten zum Gesetz v. 16.03.2009, https://sante.public.lu/dam-assets/fr/publications/e/euthanasie-assistance-suicide-questions-reponses-fr-de-pt-en/euthanasie-assistance-suicide-questions-de.pdf (abgerufen am 14.09.2023).

Ghanem, Christian/Kenkmann, Andrea: Psychosoziale Unterstützungsangebote für lebensältere Menschen in Haft, Bewährungshilfe – Soziales • Strafrecht • Kriminalpolitik (BewHi) 2019, S. 320–344.

Goffman, Erving: Asyle. Über die soziale Situation psychiatrischer Patienten und anderer Insassen, Frankfurt a. M. 1973.

GRACE Project: Standards of Practice for end-of-life care in correctional settings, Journal of Palliative Medicine 2000, pp. 383–389.

Gravert, Christian: Die Betreuung von Lokführern nach traumatisierenden Ereignissen bei der Deutschen Bahn AG, in: Badura, Bernhard/Ducki, Antje/Schröder, Helmut/Klose, Joachim/Meyer, Markus (Hrsg.), Fehlzeiten-Report 2017: Krise und Gesundheit – Ursachen, Prävention, Bewältigung, Berlin/Heidelberg 2017, S. 269–278.

Graebsch, Christine/Feest, Johannes/Schorsch, Melanie: Corona im Justiz- und Maßregelvollzug, vorgänge 2021, S. 5–21.

Greeve, Gina: Stellungnahme des Deutschen Anwaltvereins durch den Ausschuss Strafrecht unter Mitwirkung des Ausschusses Medizinrecht zum fraktionsübergreifenden Gesetzesentwurf zur Strafbarkeit der geschäftsmäßigen Hilfe zur Selbsttötung und zur Sicherstellung der Freiverantwortlichkeit der Entscheidung zur Selbsttötung (BT-Drs. 20/904), Berlin 2022, https://www.bundestag.de/resource/blob/922066/b2e9f8ffd37997a849325dd6cf24776d/Greeve_DAV-data.pdf (abgerufen am 14.09.2023).

Grisso, Thomas/Appelbaum, Paul S./Hill-Fotouhi, Carolyn: The MacCAT-T:A Clinical Tool to Assess Patients‘ Capacities to Make Treatment Decisions, Psychiatric Services 1999, pp. 1415–1419.

Gröhe, Herrmann, in: Frankfurter Allgemeine Zeitung (FAZ), Die Pflicht des Staates beim Suizid zu helfen, 15.01.2018, https://www.faz.net/aktuell/politik/inland/gesundheitsminister-groehe-will-abstimmung-ueber-staatliche-suizidhilfe-15400690.html (abgerufen am 14.09.2023).

Gropp, Walter: Suizidbeteiligung und Sterbehilfe in der Rechtsprechung – Zugleich eine Besprechung des BGH-Urteils im Fall Wittig vom 4. 7. 1984–3 StR 96/84, NJW 1984, 2639 = JZ 1984, 893 = MDR 1984, 858 = NStZ 1985, 119 (in diesem Heft), Neue Zeitschrift für Strafrecht (NStZ) 1985, S. 97–103.

Groß, Gregor/Endres Johann: Psychisch auffällige Gefangene, in: Endres, Johann/Suhling, Stefan, (Hrsg.), Behandlung im Strafvollzug, Ein Handbuch für Praxis und Wissenschaft, Wiesbaden 2023, S. 394–415.

Grünewald, Anette: Zur Strafbarkeit der geschäftsmäßigen Förderung der Selbsttötung, Juristenzeitung (JZ) 2016, S. 938–947.

Grünewald, Anette: Selbstbestimmtes Sterben, Juristische Rundschau (JR) 2021, S. 99–105.

Hambrecht, Martin: Kapitel 44, Psychiatrische Begutachtung von Suizidhandlungen, in: Dreßing, Harald/Habermeyer, Elmar (Hrsg.), Psychiatrische Begutachtung, Ein praktisches Handbuch für Ärzte und Juristen, 7. Auflage, München/Jena 2020, S. 793–810.

Hämmelmann, Christoph: Suizid im Gefängnis: Todes-Pille nur nach Tipps für Ermittler?, Die Rheinpfalz, Beitrag vom 01.09.2020 (Stand: 4:00Uhr), https://www.rheinpfalz.de/politik/rheinland-pfalz_artikel,-suizid-im-gef%C3%A4ngnis-todes-pille-nur-nach-tipps-f%C3%BCr-ermittler-_arid,5104572.html (abgerufen am 14.09.2023).

Hanslmaier, Michael/Baier, Dirk: Registrierte Seniorenkriminalität, in: Kunz, Franziska/Gertz, Hermann-Josef (Hrsg.), Straffälligkeit älterer Menschen, Interdisziplinäre Beiträge aus Forschung und Praxis, Berlin/Heidelberg 2015, S. 7–23.

Hardinghaus, Winfried: Stellungnahme zur Anhörung des Rechtsausschusses am 28.11.2022 zum Thema „Sterbebegleitung und Suizidprävention“, Berlin 2022, https://www.bundestag.de/resource/blob/923378/56dbe64bfe19a44c87531c9641ab04e7/Hardinghaus-data.pdf (abgerufen am 14.09.2023).

Hassemer, Winfried: Strafrecht, Prävention, Vergeltung, Zeitschrift für Internationale Strafrechtsdogmatik (ZIS) 2006, S. 266–273.

Hecker, Bernd: Was bleibt vom Grundrecht auf Suizidhilfe?, Strafverteidiger (StV) 2023, S. 57–64.

Hegerl, Ulrich: Suizidalität in verschiedenen Lebenslagen. Suizidalität im Kontext von psychischen Erkrankungen, in: Deutscher Ethikrat (Hrsg.), Phänomenologie der Sterbe- und Selbsttötungswünsche. Online-Veranstaltung, Transkription S. 27–36, https://www.ethikrat.org/anhoerungen/phaenomenologie-der-sterbe-und-selbsttoetungswuensche/ (abgerufen am 14.09.2023).

Henking, Tanja: Ist Suizidbeihilfe bald auch eine Aufgabe des Betreuers? – Der Betreuer zwischen Suizidverhinderung und Suizidunterstützung, Betreuungsrechtliche Praxis (BtPrax) 2021, S. 92–96.

Henking, Tanja: Suizid und Suizidbeihilfe aus rechtlicher und ethischer Perspektive, Bundesgesundheitsblatt Gesundheitsforschung Gesundheitsschutz. 2022, S. 67–73

Herdegen, Matthias: Völkerrecht, 22. Auflage, München 2023.

Hilgendorf, Eric: Zur Strafwürdigkeit von Sterbehilfegesellschaften, Jahrbuch für Recht und Ethik (JRE) 2007, S. 479–500.

Hilgendorf, Eric: Zur Strafwürdigkeit organisierter Sterbehilfe, JuristenZeitung (JZ) 2014, S. 545–552.

Hilgendorf, Eric/Rosenau, Henning: Stellungnahme deutscher Strafrechtslehrerinnen und Strafrechtslehrer zur geplanten Ausweitung der Strafbarkeit der Sterbehilfe, Zeitschrift für Medizinstrafrecht (medstra) 2015, S. 129–131.

Hillenkamp, Thomas/Tag, Brigitte (Hrsg.): Intramurale Medizin – Gesundheitsfürsorge zwischen Heilauftrag und Strafvollzug, Berlin/Heidelberg 2005.

Hillenkamp, Thomas: Strafgesetz „entleert" Grundrecht – Zur Bedeutung des Urteils des Bundesverfassungsgerichts zu § 217 StGB für das Strafrecht, JuristenZeitung (JZ) 2020, S. 618–626.

Hillenkamp, Thomas: Suizid, Suizidhilfe und Suizidverhinderung im deutschen Strafvollzug nach neuerer Rechtsprechung, in: Gächter, Thomas at al. (Hrsg.), Festschrift für Brigitte Tag zum 65. Geburtstag, S. 221–242.

Hillgruber, Christian: Die Bedeutung der staatlichen Schutzpflicht für das menschliche Leben bezüglich einer gesetzlichen Regelung zur Suizidbeihilfe, Zeitschrift für Lebensrecht (ZfL) 2013, S. 70–80.

Hillgruber, Christian: Schriftliche Stellungnahme zu dem
a) Gesetzentwurf der Abgeordneten Michael Brand, Kerstin Griese, Kathrin Vogler, Dr. Harald Terpe und weiterer Abgeordneter Entwurf eines Gesetzes zur Strafbarkeit der geschäftsmäßigen Förderung der Selbsttötung
BT-Drucksache 18/5373
b) Gesetzentwurf der Abgeordneten Peter Hintze, Dr. Carola Reimann, Dr. Karl Lauterbach, Burkhard Lischka und weiterer Abgeordneter
Entwurf eines Gesetzes zur Regelung der ärztlich begleiteten Lebensbeendigung (Suizidhilfegesetz)
BT-Drucksache 18/5374
c) Gesetzentwurf der Abgeordneten Renate Künast, Dr. Petra Sitte, Kai Gehring, Luise Amtsberg und weiterer Abgeordneter
Entwurf eines Gesetzes über die Straffreiheit der Hilfe zur Selbsttötung
BT-Drucksache 18/5375
d) Gesetzentwurf der Abgeordneten Dr. Patrick Sensburg, Thomas Dörflinger,Peter Beyer, Hubert Hüppe und weiterer Abgeordneter
Entwurf eines Gesetzes über die Strafbarkeit der Teilnahme an der Selbsttötung
BT-Drucksache 18/5376
zur Vorbereitung der öffentlichen Anhörung des Ausschusses für Recht und

Verbraucherschutz des Deutschen Bundestages am 23. September 2015 erstattet im Auftrag des Bundesministeriums für Verkehr und digitale Infrastruktur, Bonn 2015, https://www.bundestag.de/resource/blob/387804/452c910aa854cf719f009a22ae13e6c2/hillgruber-data.pdf (abgerufen am 16.09.2023).

Hillgruber, Christian: Erwerb eines Betäubungsmittels in tödlicher Dosis für Sterbenskranke, JuristenZeitung (JZ) 2017, S. 777–785.

Hillgruber, Christian: Kein Recht auf Schmerzfreiheit, Die Selbsttötung ist nicht Inbegriff absoluter Autonomie, Frankfurter Allgemeine Zeitung (FAZ), Beitrag vom 12.03.2020, S. 7.

Hoell, Andreas/Kourmpeli, Eirini/Dressing, Harald: Work-related posttraumatic stress disorder in paramedics in comparison to data from the general population of working age. A systematic review and meta-analysis, Frontiers in Public Health, 09.03.2023, pp. 1–12.

Höfling, Wolfram: Die Unantastbarkeit der Menschenwürde – Annäherungen an einen schwierigen Verfassungsrechtssatz, Juristische Schulung (JuS) 1995, S. 857–862.

Höfling, Wolfram: „Autonome Selbstbestimmung" – und was nun?
Kritische Anmerkungen und rechtspolitische Fragen zum Urteil
des Bundesverfassungsgerichts zu § 217 StGB, Zeitschrift für medizinische Ethik (ZME) 2020, S. 245–257.

Hollenbach, Michael: Ein Jahr nach dem BVG-Urteil zur Sterbehilfe/Giftbecher für 9000 Euro, Deutschlandfunk, Beitrag vom 18.02.2021, https://www.deutschlandfunk.de/ein-jahr-nach-dem-bvg-urteil-zur-sterbehilfe-giftbecher-100.html (abgerufen am 14.09.2023).

Hörnle, Tatjana: Der niederländische Hoge Raad und das BVerfG zu Fragen der Sterbehilfe: Die Abgrenzung von Selbstbestimmung und Fremdbestimmung im Einzelfall und als Leitlinie für die Rechtspolitik, JuristenZeitung (JZ) 2020, S. 872–879.

Hörr, Christof: Passive Sterbehilfe und betreuungsgerichtliche Kontrolle, Baden-Baden 2011.

Hostettler, Ueli/Marti, Irene/Richter, Marina: Lebensende im Justizvollzug: Gefangene, Anstalten, Behörden, Bern 2016.

Hostettler, Ueli/Marti, Irene/Richter, Marina: Zentrale Erkenntnisse aus einem kürzlich abgeschlossenen Forschungsprojekt, Justiznewsletter Nr. 26 der Führungsakademie im Bildungsinstitut des niedersächsischen Justizvollzugs (2017), S. 7–15.

Hostettler, Ueli/Marti, Irene/Richter, Marina: Sterben im Justizvollzug, Juristische, ethische und praktische Möglichkeiten und Herausforderungen, Bewährungshilfe – Soziales • Strafrecht • Kriminalpolitik (BewHi) 2019, S. 356–366.

Hoven, Elisa: Praxiskommentar zu LG Hamburg, NStZ 2018, S. 281 ff., Neue Zeitschrift für Strafrecht (NStZ) 2018, S. 273–274.

Hoven, Elisa/Weigend, Thomas: Strafzumessung in den Augen der Bevölkerung. Empirische Forschung und rechtspolitische Überlegungen, in: Walter, Tonio/Kaspar, Johannes (Hrsg.), Strafen „im Namen des Volkes“?, Baden-Baden 2019, S. 263–274.

Hoven, Elisa/Weigend, Thomas: Strafzumessung durch Richter und Laien, Zeitschrift für die gesamte Strafrechtswissenschaft (ZStW) 2021, S. 322–357.

Hoven, Elisa: Strafzumessung in Australien – ein Vorbild für Deutschland?, in: Engelhart, Marc/Kudlich, Hans/Vogel, Benjamin (Hrsg.), Festschrift für Ulrich Sieber zum 70. Geburtstag, Digitalisierung, Globalisierung und Risikoprävention, Teilband II, Berlin 2021, S. 1373–1390.

Huber, Franziska/Lindner Franz J.: Freiwilliger Verzicht auf Nahrung und Flüssigkeit (FVNF oder „Sterbefasten“) aus rechtlicher Sicht, Neue Juristische Online-Zeitschrift (NJOZ) 2019, S. 1489–1491.

Huber, Franziska/Ruf Simone: Der Anspruch auf die staatliche Unterstützung der Selbsttötung – ein gescheiterter Ausweg?, Zeitschrift für Medizinstrafrecht (medstra) 2021, S. 135–141.

Hufen, Friedhelm: In dubio pro dignitate – Selbstbestimmung und Grundrechtsschutz am Ende des Lebens, Neue Juristische Wochenschrift (NJW) 2001, S. 849–857.

Hufen, Friedhelm: Selbstbestimmtes Sterben – Das verweigerte Grundrecht, Neue Juristische Wochenschrift (NJW) 2018, S. 1524–1528.

Hupe, Vera: Die Untersuchung der Haftfähigkeit: Eine retrospektive Untersuchung anhand der Unterlagen des Justizvollzugskrankenhauses NRW, Düsseldorf 2008, https://docserv.uni-duesseldorf.de/servlets/DerivateServlet/Derivate-11788/2.Fassung%20Docarbeit_mit_Zusammenfassung.pdf (abgerufen am 14.09.2023).

Husen, Jan-Hinnerk: Hungerstreik im Justizvollzug, Zeitschrift für Rechtspolitik (ZRP) 1977, S. 289–292.

Igl, Gerhard/Welti, Felix (Hrsg.): Gesundheitsrecht. Medizinrecht, Gesundheitssozialrecht, Private Krankenversicherung, Heilberuferecht, 4. Auflage, München 2022.

InteressenGemeinschaft Kritische Bioethik Deutschland, 18.07.19: Luxemburg: Regierung will Tod durch Euthanasie oder assistierten Suizid künftig als natürlichen Tod klassifizieren https://www.sterbehilfe-debatte.de/neues/aktuell-2019/18--07--19-luxemburg-regierung-euthanasie-assistierter-suizid-kuenftig-natuerlicher-tod/ (abgerufen am 15.09.2023).

Iseli, Karoline/Stüfen Frank: Assistierter Suizid im Gefängnis. Überlegungen zur seelsorglichen Begleitung von Gefangenen und Angehörigen, Seelsorge & Strafvollzug 2019, Heft 3, S. 7–35 https://www.seelsorgeundstrafvollzug.ch/_downloads/Seelsorge_Strafvollzug_Heft_Nr_3.pdf (abgerufen am 06.04.2024).

Isensee, Josef/Kirchhof, Paul (Hrsg.): Handbuch des Staatsrechts, Band VII: Freiheitsrechte, 3. Auflage, Heidelberg 2009.

Jacob, Nicola: Sterbehilfe unter den Europäischen Menschenrechtskonvention (EMRK), vorgänge. Zeitschrift für Bürgerrechte und Gesellschaftspolitik, S. 79–93.

Jäger, Christian: Der Arzt im Fadenkreuz der juristischen Debatte um assistierten Suizid, Juristenzeitung (JZ) 2015, S. 875–885.

Jansen, Scarlett: Der einsame Weg zum Suizid, Zugleich eine Anmerkung zum Urteil des BVerwG v. 2.3.2017–3 C 19.15, Gesundheit und Pflege (GuP) 2017, S. 161–168.

Jansen, Scarlett: Vergangenheit, Gegenwart und Zukunft des § 216 StGB Zugleich eine Besprechung des Beschlusses des BGH v. 28.6.2022 (§ 216 StGB), Zeitschrift für Medizinstrafrecht (medstra) 2023, S. 4–9.

Jarass, Hans D.: Regelungsspielräume des Landesgesetzgebers im Bereich der konkurrierenden Gesetzgebung und in anderen Bereichen, Neue Zeitschrift für Verwaltungsrecht (NVwZ), 1996, S. 1041–1047.

Jarass, Hans D./Pieroth, Bodo (Hrsg.), Grundgesetz für die Bundesrepublik Deutschland 18. Auflage, München 2024.

Kaiser, Günther/Schöch, Heinz (Hrsg.): Strafvollzug, 5. Auflage, Heidelberg 2003.

Kämmerer, Jörn-Axel/Kotzur, Markus (Hrsg.): begründet von: von Münch, Ingo/Kuni, Philip, Grundgesetz, Kommentar, Band 1, Präambel, Artt. 1–69, Band 2, Artt. 70–146, 7. Auflage, München 2021.

Karnholz, Elisabeth: Nach dem Suizid: Postvention, in: Gerngroß, Johanna (Hrsg.), Suizidalität und Suizidprävention bei Kindern, Jugendlichen und Erwachsenen, Stuttgart 2020.

Kämpfer, Ulf: Die Selbstbestimmung Sterbewilliger, Sterbehilfe im deutschen und amerikanischen Verfassungsrecht, Berlin 2005.

Kampmann, Tobias: Die Pönalisierung der geschäftsmäßigen Selbsttötung – eine kritische Analyse, Baden-Baden 2017.

Kaspar, Johannes: Sentencing Guidelines versus freies richterliches Ermessen – Empfiehlt sich eine Reform des Strafzumessungsrechts?, Neue Juristische Wochenzeitschrift (NJW) Beilage 2018, S. 37–40.

Kaspar, Johannes: Verfassungsrechtliche Aspekte einer empirisch fundierten Theorie der Generalprävention, in: Walter, Tonio/Kaspar, Johannes (Hrsg.), Strafen „Strafen im Namen des Volkes"?, Baden-Baden 2019, S. 61–90.

Kett-Straub, Gabriele/Kudlich, Hans: Sanktionenrecht, 2. Auflage, München 2021.

Kind, Christian: Verhinderung des Tods um jeden Preis? Ärztliches Ethos und Zwangsernährung, in: Tag, Brigitte/Groß, Dominik (Hrsg.), Tod im Gefängnis, Hungerstreik, Suizid, Todesstrafe und >>normaler<< Tod aus rechtlicher, historischer und ethischer Sicht, Frankfurt/New York 2012.

Kindhäuser, Urs/Neumann, Ulfried/Paeffgen, Hans Ullrich/Albrecht, Hans-Jörg (Hrsg.): Strafgesetzbuch. 5. Auflage, Band 2, §§ 80231, Baden-Baden 2017.

Kindhäuser, Urs/Neumann, Ulfried/Paeffgen, Hans Ullrich/Saliger, Frank (Hrsg).): Strafgesetzbuch, 6. Auflage, Großkommentar in 4 Bänden, Baden-Baden 2023.

Kingreen, Thorsten/Poscher, Ralf: Grundrechte, Staatsrecht II, Lehrbuch, Entscheidungen, Gesetzestexte, 36. Auflage, Heidelberg 2020.

Kingreen, Thorsten/Poscher, Ralf: Polizei- und Ordnungsrecht mit Versammlungsrecht, 12. Auflage, München 2022.

Kinzig, Jörg: Sterben in geschlossenen Einrichtungen des Maßregelvollzugs, in: Michael Anderheiden/Wolfgang Uwe Eckart (Hrsg.), Handbuch Sterben und Menschenwürde, Band 3, Berlin/Boston 2012, S. 1595–1617.

Kinzig, Jörg: Die Zukunft der lebenslangen Freiheitsstrafe, in: Abschlussbericht der Expertengruppe zur Reform der Tötungsdelikte (§ 211213, 57a StGB) dem Bundesminister der Justiz und für Verbraucherschutz Heiko Maas im Juni 2015 vorgelegt, Berlin 2015, S. 529–591.

Klaedtke, Jonatan: Anfängerklausur – Öffentliches Recht: Grundrechte – Sterbehilfe für Strafgefangene. Juristische Schulung (JuS) 2024, S. 37–43.

Klähn, Hartmut: Der freiwillige Verzicht auf Nahrung und Flüssigkeit, in: Gita Neumann (Hrsg.), Suizidhilfe als Herausforderung. Arztethos und Strafbarkeitsmythos, Aschaffenburg 2012, S. 163–187.

Klauck, Dominik: Leichenschau und Leichenöffnung – Strafprozessuale Grundlagen und beweisrechtliche Problemstellungen, Neue Zeitschrift für Strafrecht (NStZ) 2022, S. 81–86.

Klinkhammer, Gisela: Organisierte Sterbehilfe. Unerträglicher Zustand, Deutsches Ärzteblatt (DÄ) 2012, A 781.

Klöpperpieper, Dirk: Patientenverfügung und Strafrecht, Familie, Partnerschaft und Recht (FPR) 2010, S. 260–266.

Knauer, Christoph: Öffentlichen Anhörung zum Thema „Sterbebegleitung/Suizidprävention“, Stellungnahme, München 2022, https://www.bundestag.de/resource/blob/923024/efe4b30b1b093bbac4cefb7c5957127a/Knauer-data.pdf (abgerufen am 15.09.2023).

Knauer, Christoph/Kudlich, Hans/Schneider, Hartmut (Hrsg.): Münchener Kommentar zur StPO (MüKoStPO), Band 1, 2. Auflage, §§ 1150 StPO, München 2023.

Knauer, Christoph/Kudlich, Hans/Schneider, Hartmut (Hrsg.): Münchener Kommentar zur StPO (MüKoStPO), Band 3–1, §§ 333499 StPO, München 2019.

Kölbel, Ralf/Singelnstein, Tobias: Strafrechtliche Sanktion und gesellschaftliche Erwartung – zu den Problemen und Gefahren eines publikumsorientierten Strafrechts, Neue Zeitschrift für Strafrecht (NStZ) 2020, S. 333–339.

Kommissariat der deutschen Bischöfe/Deutscher Caritasverband: Stellungnahme zu drei Gesetzesentwürfen betreffend die Regulierung der Suizidassistenz

– Entwurf eines Gesetzes zur Regulierung der Suizidhilfe, eingebracht von den Abgeordneten Katrin Helling-Plahr, Petra Sitte u.a. (SHG-E) (BT-Drs. 20/2332)
– Entwurf eines Gesetzes zum Schutz des Rechts auf selbstbestimmtes Sterben und zur Änderung weiterer Gesetze (SbStG-E), eingebracht von den Abgeordneten Renate Künast, Nina Scheer u.a. (BT-Drs. 20/2293)
– Entwurf eines Gesetzes zur Strafbarkeit der geschäftsmäßigen Hilfe zur Selbsttötung und zur Sicherstellung der Freiverantwortlichkeit der Entscheidung zur Selbsttötung (StGB-E), eingebracht von den Abgeordneten Lars Castellucci, Ansgar Heveling u.a. (BT-Drs. 20/904)

und zum Antrag

– Suizidprävention stärken und selbstbestimmtes Leben ermöglichen, eingebracht von den Ab-geordneten Lars Castellucci, Ansgar Heveling u.a. (BT-Drs. 20/1121), https://www.bundestag.de/resource/blob/923386/f46922ae28eaa4ffa784d0a69ec58ba9/Kommissariat-der-dt-Bischoefe-data.pdf (abgerufen am 15.09.2023).

Koranyi, Johannes/Verrel, Torsten: Die straf- und standesrechtliche Bewertung ärztlicher Suizidbeihilfe, Anmerkungen anlässlich der Entscheidung des Europäischen Gerichtshofs für Menschenrechte in der Sache Gross gegen die Schweiz vom 14.05.2013, Forensische Psychiatrie, Psychologie, Kriminologie 2013, S. 273–281.

Krack, Ralf: Teilnahme am Suizid und Tötung auf Verlangen, Kritische Justiz (KJ), 1995, S. 60–76.

Krasa, Paulina: Nach Verurteilung eines Arztes wegen Sterbehilfe, Klare Richtlinien für Suizidhilfe sind unerlässlich. Legal Tribune Online (LTO), Beitrag vom 13.04.2024, https://www.lto.de/recht/meinung/m/paulina-krasa-sterbehilfe-turowski-justitias-wille/ (abgerufen am 14.04.2024).

Krasa, Paulina/Wohlers, Laura: Podcast „Justitias Wille – Leben in der Waagschale“, 10 Episoden, https://podcasts.apple.com/de/podcast/justitias-wille-leben-in-der-waagschale/id1730882282 (abgerufen am 14.04.2024).

Krawczyk, Lucian/Hülsenbeck, Jan/Przyrembel, Marisa: Dürfen wir Suizide verhindern? Psychologische und rechtliche Aspekte polizeilicher Maßnahmen bei Selbsttötungsabsichten, Neue Kriminalpolitik (NK) 2022, S. 96–114.

Krey, Volker/Esser, Robert: Deutsches Strafrecht, Allgemeiner Teil, 7. Auflage, Stuttgart 2022.

Krug, Björn: Urteilsanmerkung zu OLG München, Beschluss vom 18.06.2012–2 Ws 522/12, Fachdienst Strafrecht (FD-StrafR) 2012, 336923.

Krüger, Matthias: Behandlungsabbruch und § 161 VVG, Versicherungsrecht (VersR) 2012, S. 164–166.

Krüsmann, Marion/Seifert, Linde: Posttraumatische Belastung und Bewältigung im Einsatzwesen, in: Ludwig-Maximilians-Universität München (Hrsg.), Prävention im Einsatzwesen, Abschlussbericht für das Forschungsprojekt „Untersuchung des langfristigen Adaptionsprozesses nach unterschiedlichen Nachsorgemaßnahmen im Kontext von Katastrophen und extrem belastenden Einsätzen", München 2008, S. 15–55.

Kruse, Andreas: Medizinisch-Psychologischer Sachstand, in: Deutscher Ethikrat (Hrsg.), Recht auf Selbsttötung? Online Veranstaltung 2020, Transkription S. 4–10.

Kubiciel, Michael: Im legislativen Zirkel: Was Deutschland bei der Neuregulierung der Suizidhilfe von seinen Nachbarn lernen kann, Verfassungsblog (Verf-Blog), Beitrag vom 28.06.2022, https://verfassungsblog.de/im-legislativen-zirkel/ (abgerufen am 16.09.2023).

Kudlich, Hans/Klautke, Holger: Ist Selbstbestimmung wirklich zu gefährlich?, in: Beckmann, Rainer/Duttge, Gunnar/Gärditz, Klaus Ferdinand/Hillgruber, Christian/Windhöfel, Thomas (Hrsg.), Gedächtnisschrift für Herbert Tröndle, Berlin 2019, S. 431–442.

Kügel, Wilfried/Müller, Rolf-Georg/Hofmann, Hans-Peter (Hrsg.): Kommentar Arzneimittelgesetz, 3. Auflage, München 2022.

Kühl, Kristian: Beteiligung an Selbsttötung und verlangte Fremdtötung, Juristische Ausbildung (JURA) 2010, S. 81–86.

Kuhnes, Horst/In der Smitten, Tim: Angst vor Selbstmord-Welle, Westdeutsche Zeitung (WZ), Beitrag vom 30.04.2008 (00:00Uhr), https://www.wz.de/politik/landespolitik/angst-vor-selbstmord-welle_aid-31443307 (abgerufen am 16.09.2023).

Kulhanek, Tobias: Anmerkung zu BGH, Beschluss vom 20.01.2021, GSSt 2/20, JuristenZeitung (JZ) 2022, S. 49–52.

Kunze, Steven: ENTSCHEIDUNGSBESPRECHUNGEN, AUSWIRKUNG DER AUFHEBUNG DES § 217 STGB AUF DEN ZUGANG ZU NATRIUM-PENTOBARBITAL ZUM ZWECK DER SELBSTTÖTUNG, Anmerkung zum Urteil des OVG Münster, Urteil vom 2. Februar 2022–9 A 146/21, Zeitschrift für Lebensrecht (ZfL) 2022, S. 173–183.

Kurzke, Kerstin: Stellungnahme der Malteser zu den Vorschlägen einer gesetzlichen Neuregelung zum assistierten Suizid und der Notwendigkeit eines Gesetzes zur Regelung von Suizidprävention – 28.11.2022, Köln 2022, https://www.bundestag.de/resource/blob/923382/4bfecd6a0573c8d50b292b37b5f8b5f9/Kurzke_Malteser-data.pdf (abgerufen am 16.09.2023).

Kusch, Roger: Die Strafbarkeit von Vollzugsbediensteten bei fehlgeschlagenen Lockerungen, Neue Zeitschrift für Strafrecht (NStZ) 1985, S. 385–393.

Kusch, Roger: In Würde sterben – nur im Ausland?, Neue Zeitschrift für Strafrecht (NStZ) 2007, S. 436–441.

Kusch, Roger: Assistierter Suizid?, Zeitschrift für Rechtspolitik (ZRP) 2011, S. 124–125.

Kusch, Roger/Hecker, Bernd: Handbuch der Sterbehilfe, 2. Auflage, Norderstedt 2021.

Kutzer, Klaus: Strafrechtliche Grenzen der Sterbehilfe, Neue Zeitschrift für Strafrecht (NStZ) 1994, S. 110–115.

Kutzer, Klaus: Strafrechtliche Grenzen der Sterbehilfe, Neue Zeitschrift für Strafrecht (NStZ) 1994, S. 110–115

Kutzer, Klaus: Probleme der Sterbehilfe*–Entwicklung und Stand der Diskussion, Familie Partnerschaft Recht (FPR) 2004, S. 683–689.

Lackner, Karl/Kühl, Kristian/Heger, Martin (Hrsg.): Strafgesetzbuch, Kommentar, 30. Auflage, München 2023.

Landau, Herbert: Die jüngere Rechtsprechung des Bundesverfassungsgerichts zu Strafrecht und Strafverfahrensrecht, Neue Zeitschrift für Strafrecht (NStZ) 2015, S. 665–671.

Lang, Heinrich: Das BVerfG und die Strafbarkeit des assistierten Suizids, Grundrechtliche Metamorphosen: Vom Autonomiegefährder zum Autonomiewahrer, Neue Juristische Wochenschrift (NJW) 2020, S. 1562–1565.

Langner, Marie: Suizide als Herausforderung für den Justizvollzug – Rechtliche Aspekte, Empirische Erkenntnisse und Prävention, Berliner Rechtszeitschrift (BRZ) 2020, S. 62–72.

Laubenthal, Klaus: Strafvollzug an älteren Menschen, in: Kunz, Franziska/Gertz, Hermann-Josef (Hrsg.), Straffälligkeit älterer Menschen, Interdisziplinäre Beiträge aus Forschung und Praxis, Berlin/Heidelberg 2015, S. 131–142.

Laubenthal, Klaus/Baier, Helmut/Nestler, Nina: Jugendstrafrecht, Lehrbuch, 3. Auflage, Heidelberg/New York/Dordrecht/London 2015.

Laubenthal, Klaus/Nestler, Nina/Neubacher, Frank/Verrel, Torsten: Beck'sche Kurzkommentare, Strafvollzugsgesetze, 12. Auflage, München 2015.

Laubenthal, Klaus/Nestler, Nina/Neubacher, Frank/Verrel, Torsten/Baier, Helmut: Beck'sche Kurzkommentare, Strafvollzugsgesetze, 13. Auflage, München 2023.

Laubenthal, Klaus: Strafvollzug, Lehrbuch, 8. Auflage, Berlin 2019.

Laue, Christian: Zwangsbehandlung im Strafvollzug, in: Hillenkamp, Thomas/Tag, Brigitte (Hrsg.), Intramurale Medizin – Gesundheitsfürsorge zwischen Heilauftrag und Strafvollzug, Berlin u.a. 2005, S. 217–238.

Laufhütte, Heinrich Wilhelm/Rissing-van Saan, Ruth/Tiedemann, Klaus (Hrsg.), Strafgesetzbuch, Leipziger Kommentar (Großkommentar), Band 7/Teil1, 12. Auflage, Berlin 2018.

Laufs, Adolf/Katzenmeier, Christian/Lipp, Volker (Hrsg.), Arztrecht. 8. Auflage, München 2021.

Laufs, Adolf/Kern, Bernd-Rüdiger/Rehborn, Martin (Hrsg.): Handbuch des Arztrechts, 5. Auflage, München 2019.

Legal Tribune Online: Verhungerter Häftling, Vorwürfe an die NRW-Justiz, Beitrag vom 21.06.2021, https://www.lto.de/recht/nachrichten/n/nrw-haft-haeftling-verhungert-zwangsernaehrung-justizvollzug-psychologische-aerztliche-betreuung/ (abgerufen am 16.09.2023).

Legal Tribune Online: Justizministerium äußert sich zu verhungertem Häftling, Zwangsernährung war keine Option, Beitrag vom 23.06.2021, https://www.lto.de/recht/nachrichten/n/haeftling-nrw-verhungert-hungerstreik-stellungnahme-justizministerium-keine-psychische-stoerung/ (abgerufen am 16.09.2023).

Legal Tribune Online: BSG zu Rettungssanitätern, Traumatisierung kann eine Berufskrankheit sein, Beitrag vom 22.06.2023, https://www.lto.de/recht/nachrichten/n/bsg-b2u1120r-berufskrankheiten-trauma-rettungssanitaeter-ptbs/ (abgerufen am 16.09.2023).

Legal Tribune Online: Bundestag beschließt Reform des Strafprozesses, Dokumentation der Hauptverhandlung kommt, Beitrag vom 17.11.2023, https://www.lto.de/recht/nachrichten/n/reform-video-dokumentation-hauptverhandlung-strafverfahren-aufzeichnung-gesetzgebung-stpo/ (abgerufen am 22.04.2024).

Leipold, Klaus/Tsambikakis, Michael/Zöller, Mark A. (Hrsg.), AnwaltKommentar StGB, 3. Auflage, Heidelberg 2020.

Lemmert, Miriam: Drei Jahre nach dem Urteil des BVerwG – Die Erwerbserlaubnis für letal wirkende Medikamente und das Suizidhilfe-Urteil des BVerfG (Teil I, II), JuWissBlog Nr. 21 bzw. 22/2020 v. 10./11.03.2020, https://www.juwiss.de/21--2020/ bzw. https://www.juwiss.de/22--2020/ (abgerufen am 16.09.2023).

Le Monde du 25 janvier 2006, Des détenus réclament le rétablissement de la peine de mort face au désespoir des longues peines, wwwlemonde.fr/societe/article/2006/01/25/des-detenus-signent-une-petition pour-le-retablissement-de-la-peine-de-mort-en-france_734541_3224.html (abgcrufen am 16.09.2023).

Lesting, Wolfgang: Die rechtlichen Grundlagen der medizinischen Versorgung im deutschen Strafvollzug, Zeitschrift für Medizinrecht (MedR) 2018, S. 69–73.

Liebling, Alison/Arnold, Helen: Prisons and their moral performances: A study of values, quality, and prison life, Oxford 2004.

Liebling, Alison: Description at the Edge? I-It/I-Thou Relations and Action in Prisons Research, International Journal for Crime, Justice and Social Democracy (IJCJ&SD) 2015, pp. 18–32.

Liebling, Alison/Kant, Deborah: The Two Cultures: Correctional Officers and Key Differences in Institutional Climate, in: The Oxford Handbook of Prisons and Imprisonment, edited by John Wooldredge and Paula Smith, 2016, pp. 209–232..

Liebling, Alison: The Meaning of Ending Life in Prison, Journal of Correctional Health Care 2017, pp. 20–31.

Lindemann, Michael: Konsequenzen aus der Entscheidung des BVerfG zu § 217 StGB für die Ermöglichung freiverantwortlicher Suizide in Haft Zugleich eine Besprechung von OLG Hamm, Beschl. vom 24.3.2021 – III-1 Vollz

(Ws) 525/20 -; v. 12.4.2021 – III-1 Vollz (Ws) 524/20, Zeitschrift für Medizinstrafrecht (medstra) 2021, S. 344–348.

Lindemann, Michael: Anmerkung zu BVerfG, Beschluss vom 03.11.2021, 2 BvR 828/21, Zeitschrift für Medizinstrafrecht (medstra) 2022, S. 106–108.

Lindner, Josef Franz: Verfassungswidrigkeit des – kategorischen – Verbots ärztlicher Suizidassistenz, Neue Juristische Wochenschrift (NJW) 2013, S. 136–139.

Lindner, Josef Franz: Sterbehilfe für Strafgefangene, Strafverteidiger (StV) 2015, S. 522–524.

Lindner, Josef Franz: Verbot geschäftsmäßiger Suizidförderung ins Grundgesetz?, Zeitschrift für Medizinrecht (MedR) 2020, S. 527–531.

Lindner, Josef Franz: Sterbehilfe in Deutschland – mögliche Regelungsoptionen, Zeitschrift für Rechtspolitik (ZRP) 2020, S. 66–69.

Lindner, Josef Franz: SUIZIDASSISTENZ IM STRAFVOLLZUG?, Anmerkung zum Beschluss des BVerfG vom 3.11.2021–2 BvR 828/21, Zeitschrift für Lebensrecht (ZfL) 2022, S. 185–193.

Lindner, Josef Franz: Rechtsanspruch auf Zugang zu Natrium-Pentobarbital schaffen!, Zeitschrift für Medizinstrafrecht (medstra) 2023, S. 341–343.

Lindner, Josef Franz/Huber, Franziska: Widerruf der Patientenverfügung durch den einwilligungsunfähigen Patienten? Neue Juristische Wochenschrift (NJW) 2017, S. 6–10.

Lindner, Josef Franz/Huber, Franziska: Das Grundrecht auf selbstbestimmtes Sterben, Inhalt, Reichweite und dogmatische Struktur, Zeitschrift für Medizinstrafrecht (medstra) 2017, S. 236–239.

Lindner, Reinhard/Schneider, Barbara/Sperling, Uwe/Woltersdorf, Manfred/Fiedler, Georg: Zur möglichen Neuregelung der Suizidassistenz, Offener Brief an Bundesgesundheitsminister Jens Spahn für das Nationale Suizidpräventionsprogramm für Deutschland 2020.

Linkhorst, Annette: Anmerkung zu OLG München, Beschluss vom 08.03.2016, 3 Ws 140/16, Neue Zeitschrift für Strafrecht (NStZ) 2016, S. 679–680.

Lisken, Hans/Denninger, Erhard/Bäcker, Matthias/Graulich, Kurt (Hrsg.): Handbuch des Polizeirechts, Gefahrenabwehr – Strafverfolgung – Rechtsschutz, 7. Auflage, München 2021.

Listwan, Shelley J./Sullivan, Christopher J./Agnew, Robert/Cullen, Francis T./Colvin, Mark: The Pains of Imprisonment Revisited: The Impact of Strain on Inmate Recidivism, Justice Quarterly 2013, pp. 144–168.

Lob-Hüdepohl, Andreas: Altern und Sterben im Gefängnis, Ethische Probleme in hochkomplexen Wirklichkeiten, Bewährungshilfe – Soziales • Strafrecht • Kriminalpolitik (BewHi) 2019, S. 293–307.

Lüders, Sven: Die Praxis der Sterbehilfe-Organisationen in Deutschland nach der Entscheidung des Bundesverfassungsgerichts, vorgänge. Zeitschrift für Bürgerrechte und Gesellschaftspolitik, S. 107–110.

Maschi, Tina/Viola, Deborah/Harrison, Mary T./Harrison, William/Koskinen, Lindsay/Bellusa, Stephanie: Bridging community and prison for older adults: invoking human rights and elder intergenerational family justice, International Journal of Prisoner Health 2014, pp. 55–73.

Makepaece, Johannes: Tücken der Glaubhaftigkeitsbegutachtung, Gibt es einen Ausweg aus dem Aussage-gegen-Aussage-Dilemma?, Zeitschrift für das juristische Studium (ZJS) 2021, S. 489–497.

Masuch, Thorsten: Vom Maß der Freiheit – Der Beamte zwischen Meinungsfreiheit und Mäßigungsgebot, Neue Zeitschrift für Verwaltungsrecht (NVwZ) 2021, S. 520–525.

Matt, Holger/Renzikowski, Joachim (Hrsg.): Kommentar, Strafgesetzbuch, 2. Auflage, München 2020.

Maurach, Reinhart: Anmerkung zu BGH, Urteil vom 08.05.1956, 5 StR 29/56, Juristische Rundschau (JR) 1956, S. 348–350.

Mausbach, Julian: Suizid im Gefängnis, in: Tag, Brigitte/Groß, Dominik (Hrsg.), Tod im Gefängnis. Hungerstreik, Suizid, Todesstrafe und >>normaler<< Tod aus rechtlicher, historischer und ethischer Sicht, Frankfurt/New York 2012, S. 151–172.

Mechler, Achim: Psychiatrie des Strafvollzugs, Stuttgart 1981.

Meier, Bernd-Dieter: Äquivalenzprinzip, in: Keppler, Karlheinz/Stöver, Heino (Hrsg.), Gefängnismedizin, Medizinische Versorgung unter Haftbedingungen, Stuttgart 2009, S. 76–84.

Meischner-Al-Mousawi, Maja/Hartenstein, Sven/Spanaus, Katharina/Hinz, Sylvette: Suizide und Suizidprävention im Justizvollzug, Forum Strafvollzug 2020, S. 250–255.

Meischner-Al-Mousawi, Maja/Hinz, Sylvette: Besonderheiten von Gefangenen mit langen Haftstrafen, in: Endres, Johann/Suhling, Stefan (Hrsg.), Behandlung im Strafvollzug, Ein Handbuch für Praxis und Wissenschaft, Wiesbaden 2023, S. 429–450.

Melching, Heiner: Stellungnahme des Vorstands der Deutschen Gesellschaft für Palliativmedizin zu den Gesetzesentwürfen zum Themenkomplex der Suizidassistenz und der Suizidprävention bezogen auf Menschen in palliativen Erkrankungssituationen, Berlin 2022, https://www.bundestag.de/resource/blob/923402/95de0143d6c84d0123bf8676f9e259b9/Melching_DGfPM-data.pdf (abgerufen am 16.09.2023).

Merkel, Reinhard: Ärztliche Entscheidungen über Leben und Tod in der Neonatalmedizin. Ethische und strafrechtliche Probleme, JuristenZeitung (JZ) 1996, S. 1145–1155.

Merkel, Reinhard: Aktive Sterbehilfe – Anmerkungen zum Stand der Diskussion und zum Gesetzgebungsvorschlag des „Alternativentwurfs Sterbebegleitung“, in: Hoyer, Andreas/Müller, Henning Ernst/Pawlik, Michael/Wolter, Jürgen (Hrsg.), Festschrift für Friedrich-Christian Schroeder zum 70. Geburtstag, Heidelberg/München/Landsberg/Berlin 2006, S. 297–321.

Merten, Detlef/Papier, Hans-Jürgen (Hrsg.): Handbuch der Grundrechte in Deutschland und Europa, Band II, Grundrechte in Deutschland – Allgemeine Lehren I, Heidelberg 2006.

Merten, Detlef/Papier, Hans-Jürgen (Hrsg.): Handbuch der Grundrechte in Deutschland und Europa, Band IV, Grundrechte in Deutschland – Einzelgrundrechte, Heidelberg 2011.

Meuschke, Norman: Der Lebensabend im Gefängnis, in: Bernd Maelicke/Stefan Suhling (Hrsg.), Das Gefängnis auf dem Prüfstand – Zustand und Zukunft des Strafvollzuges; Wiesbaden 2018, S. 403–422.

Meyer, Liane: Eine empirische Perspektive auf die gesundheitliche Situation älterer Inhaftierter, Bewährungshilfe – Soziales • Strafrecht • Kriminalpolitik (BewHi) 2019, S. 308–319.

Miebach, Klaus: Praxishinweis zu LG Berlin, NStZ-RR 2018, S. 246 ff., NStZ-Rechtsprechungs-Report Strafrecht (NStZ-RR) 2018, S. 248.

Möllers, Martin H. W./Kastner, Martin (Hrsg.): Wörterbuch der Polizei, 3. Auflage, München 2018.

Moore, Kelly E./Siebert, Shania/Brown, Garrett/Felton, Julia/Johnson, Jennifer E.: Stressful life events among incarcerated women and men: Association with depression, loneliness, hopelessness, and suicidality. Health and Justic 2021 (9), p. 22–37.

Möstl, Markus/Kugelmann, Dieter (Hrsg.): Beck'scher Online-Kommentar (BeckOK), Polizei- und Ordnungsrecht Nordrhein-Westfalen, Polizeigesetz, 28. Edition (Stand: 01.02.2024), München 2024.

Muckel, Stefan: Effektiver Rechtsschutz für sterbewilligen Häftling, Entscheidungsbesprechung (BVerfG, Beschluss vom 3.11.2021–2 BvR 828/21), Juristische Arbeitsblätter (JA) 2022, S. 262–264.

Müller, Joachim (Hrsg.): Beck'scher Online-Kommentar (BeckOK) Strafvollzugsrecht Baden-Württemberg, 19. Edition (Stand: 01.10.2023), München.

Müller-Busch, Christof: 14.9 Im Schlaf sterben – Palliative Sedierung: Möglichkeiten und Grenzen, in: Kränzle, Susanne/Schmid, Ulrike/Seeger, Christa (Hrsg.), Palliative Care. Praxis, Weiterbildung, Studium. 6. Auflage, Berlin/Heidelberg 2018, S. 298–303.

Müller-Dietz, Heinz: Die Entwürfe zu einem Strafvollzugsgesetz und die Strafvollzugsreform, JuristenZeitung (JZ) 1974, S. 351–361.

Müller-Dietz, Heinz: Die Entwürfe zu einem Strafvollzugsgesetz und die Strafvollzugsreform, JuristenZeitung (JZ) 1974, S. 489–501.

Müller-Piepenkötter, Roswitha: „Unantastbar?“ Sterbehilfevereine: Eine Herausforderung für den Rechtsstaat*, Zeitschrift für Lebensrecht (ZfL) 2008, S. 66–74.

Nationaler Ethikrat: Selbstbestimmung und Fürsorge am Lebensende. Stellungnahme 2006, Berlin.

Nedopil, Norbert: Assistierter Suizid. Beurteilung der Fähigkeit zur freiverantwortlichen Entscheidung, in: Bobbert, Monika (Hrsg.), Assistierter Suizid und Freiverantwortlichkeit, Wissenschaftliche Erkenntnisse, ethische und rechtliche Debatten, Fragen der Umsetzung, Baden-Baden 2022, S. 53–66.

Neitzke, Gerald/Frewer, Andreas: Sedierung als Sterbehilfe? Zur medizinischen Kultur am Lebensende, Ethik Med 2004, S. 323–333.

Neubacher, Frank/Boxberg, Verena: Gewalt und Subkultur, in: Maelicke, Bernd/Suhling, Stefan (Hrsg.), Das Gefängnis auf dem Prüfstand, Zustand und Zukunft des Strafvollzugs, Wiesbaden 2018, S. 195–216.

Neubacher, Frank: Lebensende und Lebensbeendigung im Strafvollzug eine kriminologisch vollzugsrechtliche Annäherung, Vortrag mit Präsentation vom 15.6.2023 im Zentrum für interdisziplinäre Forschung (ZiF), Universität Bielefeld, ZiF-Arbeitsgemeinschaft „Lebensende und Lebensbeendigung im Strafvollzug“, vom 15.–16. Juni 2023.

Neumann, Jacqueline: Vier Gesetzentwürfe zur Neuregelung der Suizidhilfe – eine Bewertung, Neue Juristische Online-Zeitschrift (NJOZ) 2021, S. 385–390.

Neumann, Kirsten: Strafrechtliche Risiken des Anstaltsarztes, Eine praxisorientierte Untersuchung strafrechtlich relevanter Bereiche der ärztlichen Betätigung im Strafvollzug, Hamburg 2004.

Neumann, Ulfried: Wahrheit im Recht, Zu Problematik und Legitimität einer fragwürdigen Denkform, Baden-Baden 2004.

Neumann, Ulfried: Wahrheit im Recht, in: Fischer, Thomas (Hrsg.), Beweis, Baden-Baden 2019, S. 27–40.

Nobis, Frank: Strafobergrenze durch hohes Alter – Zugleich Besprechung des Urteils des 4. Strafsenats des BGH vom 27. 4. 2006 (4 StR 572/05) -, Neue Zeitschrift für Strafrecht (NStZ) 2006, S. 489–492.

Noll, Thomas/Muriset, Pascale: Hungerstreik in der Justizvollzugsanstalt: Die Sicht der Praktiker, in: Tag, Brigitte/Groß, Dominik (Hrsg.), Tod im Gefängnis. Hungerstreik, Suizid, Todesstrafe und >>normaler<< Tod aus rechtlicher, historischer und ethischer Sicht, Frankfurt/New York 2012, S. 73–81.

Oberfeld, Martin: Behinderung und Alter, in: Keppler, Karlheinz/Stöver, Heino (Hrsg.),

Gefängnismedizin, Medizinische Versorgung unter Haftbedingungen, Stuttgart 2009, S. 234–239.

Oehmichen, Frank/Sternberg-Lieben, Detlev: „Todesart natürlich“ bei Versterben infolge von freiwilligem Verzicht auf Essen und Trinken – Begründung und mögliche Folgen dieser Einschätzung für den Arzt, Zeitschrift für Medizinrecht (MedR), 2022, S. 383–389.

Office of the Correctional Investigator (2018): Annual report of the Office of the correctional investigator 2017–2018. Her Majesty the Queen in Right of Canada, https://oci-bec.gc.ca/en/content/office-correctional-investigator-annual-report-2017--2018 (abgerufen am 16.09.2023).

Oğlakcıoğlu, Mustafa Temmuz: Kriminalisierter Umgang mit Suizidpräparaten, Zeitschrift für Medizinrecht (MedR) 2019, S. 450–456.

Oğlakcıoğlu, Mustafa Temmuz/Uzun, Fatih Anıl: Happy Birthday – Rechtliche Altersgrenzen im Überblick, Zeitschrift für das Juristische Studium (ZJS) 2022, S. 348–356.

Okai, David/Owen, Gareth/McGuire, Hugh/Singh, Swaran/Churchill, Rachel/Hotopf, Matthew: Mental capacity in psychiatric patients: systematic review. British Journal of Psychiatry (BJP) 2007, pp. 291–297.

Orbach, Lea Stefanie: § 217 StGB und Palliativmedizin – Eine Gefahr für Ärztinnen und Ärzte? Eine Betrachtung in Theorie und Praxis, Münster 2020.

Ostendorf, Heribert (Hrsg.): Jugendgerichtsgesetz, 11. Auflage, Baden-Baden 2021.

Otto, Harro: Patientenautonomie und Strafrecht bei der Sterbebegleitung, Neue Juristische Wochenschrift (NJW) 2006, S. 2217–2222.

Palmer, Barton W./Harmell, Alexandre L.: Assessment of Healthcare Decision-making Capacity, Archives of Clinical Neuropsychology 2016, pp. 530–540.

Paterson, Craig: Assisted suicide and euthanasia, A natural law ethics approach, Ashgate 2008.

Patzak, Jörn/Fabricius, Jochen (Hrsg.): Betäubungsmittelgesetz, Betäubungsmittel-Verschreibungsverordnung, Konsumcannabisgesetz, Medizinalcannabisgesetz, Arzneimittelgesetz, Tierarzneimittelgesetz, Neue-psychoaktive-Stoffe-Gesetz, Anti-Doping-Gesetz, Grundstoffüberwachungsgesetz, 11. Auflage, München 2024.

Peters, Karl: Beurlaubung von zu lebenslanger Freiheitsstrafe Verurteilter, Juristische Rundschau (JR) 1978, S. 177–180.

Pflieger, Klaus: Gnade vor Recht?, Zeitschrift für Rechtspolitik (ZRP), 2008, S. 84–87.

Puppe. Ingeborg: Kleine Schule des juristischen Denkens, 4. Auflage, Göttingen 2019.

Putz, Wolfgang: Strafrechtliche Aspekte der Suizidbegleitung, Im Lichte der Entwicklung der Rechtsprechung und Lehre zur Patientenverfügung, in: Neumann, Gita (Hrsg.), Suizidhilfe als Herausforderung, Arztethos und Strafbarkeitsmythos, Aschaffenburg 2012, S. 50–69.

Radbruch, Gustav: Die Psychologie der Gefangenschaft, Zeitschrift für die gesamte Strafrechtswissenschaft (ZStW) 1911, S. 339–354.

Rath, Christian/Zimmermann, Felix W.: Die fragwürdige Konstruktion der Tatherrschaft bei Sterbehilfe für Depressive, LTO-Podcast „Die Rechtslage“, Beitrag vom 20.04.2024 (Dauer: 08:35min), https://www.lto.de/recht/meinung/m/podcast-die-rechtslage-004-sterbehilfe-vaeter-klimaurteil-thueringen/ (abgerufen am 21.04.2024).

Reiling, Ines: Suizidhilfe für Strafgefangene, Eine Bewertung anhand des rekonstruierten ›besonderen Gewaltverhältnisses‹, Zeitschrift für Politik (ZfP), S. 36–51.

Rengier, Rudolf: Assistierter Suizid für psychisch Erkrankte. Die strafrechtliche Perspektive in Deutschland, in: Böhning, André (Hrsg.), Assistierter Suizid für psychisch Erkrankte, Herausforderung für die Psychiatrie und Psychotherapie, Bern 2021, S. 207–222.

Richter, Marina/Hostettler, Ueli/Marti, Irene: Sterben und Tod intra und extra muros, in: Ghanem, Christian/Hostettler, Ueli/Wilde, Frank (Hrsg.), Alter, Delinquenz und Inhaftierung, Perspektiven aus Wissenschaft und Praxis, Wiesbaden 2023, S. 207–221.

Riemer, Martin: Der Suizident und sein(e) Helfer – Vom Verbot der geschäftsmäßigen Suizidförderung nach § 217 StGB n. F., Bonner Rechtsjournal (BRJ) 2016, S. 96–107.

Rigizahn, Ernest F.: Anmerkung zu BGH, Urteil vom 07.02.2001, 5 StR 474/00 (BGHSt 46, 279), Juristische Rundschau (JR) 2002, S. 430–432.

Ringel, Erwin: Der Selbstmord. Abschluss einer krankhaften psychischen Entwicklung. Eine Untersuchung an 745 geretteten Selbstmördern. 11. Auflage, Hohenwarsleben 2017.

Rissing-van Saan, Ruth: Strafrechtliche Aspekte der aktiven Sterbehilfe. Nach dem Urteil des 2. Strafsenats des BGH v. 25.6.2010–2 StR 454/09, Zeitschrift für Internationale Strafrechtsdogmatik (ZIS) 2011, S. 544–551.

Rissing-van Saan, Ruth/Verrel, Torsten: Der Fall Wittig und die Verweigerung von Rechtssicherheit durch den BGH, Eine kritische Besprechung der Urteile des 5. Strafsenats des BGH vom 3.7.2019 in den Verfahren 5 StR 132/18 und 5 StR 393/18 zur Teilnahme von Ärzten an freiverantwortlichen(?) Selbsttötungen, Neue Zeitschrift für Strafrecht (NStZ) 2020, S. 121–129.

Rixen, Stephan: Beginn des Sterbens aus (gesundheits)sozialrechtlicher Sicht, in: Anderheiden, Michael/Eckart, Wolfgang Uwe (Hrsg.), Handbuch Sterben und Menschenwürde, Band 1, Berlin/Boston 2012, S. 93–102.

Rixen, Stephan: Verfassungsrechtliche Perspektive, in: Deutscher Ethikrat (Hrsg.), Recht auf Selbsttötung?, Öffentlicher Teil der Plenarsitzung am 22. Oktober 2020, Transkription S. 27–31, https://www.ethikrat.org/sitzungen/2020/recht-auf-selbsttoetung/ (abgerufen am 17.09.2023).

Robinson, Paul H.: DEMOCRATIZING CRIMINAL LAW: FEASIBILITY, UTILITY, AND THE CHALLENGE OF SOCIAL CHANGE, Northwestern University Law Review 2017, pp. 1565–1595.

Rolfs, Christian/Giesen, Richard/Meßling, Miriam/Udsching, Peter (Hrsg.): Beck'scher Onlinekommentar (BeckOK) Sozialrecht, 72. Edition (Stand: 01.03.2024), München 2024.

Rosenau, Henning: Gesetzgeberisches Scheitern einer Suizidassistenz-Regelung, Zeitschrift für Medizinstrafrecht (medstra) 2023, S. 273–275.

Rosenau, Henning/Flaig, Felix: Recht auf assistierten Suizid für Strafgefangene, in: Gächter, Thomas at al. (Hrsg.), Festschrift für Brigitte Tag zum 65. Geburtstag, S. 351–366.

Rosenau, Henning/Sorge, Igor: Gewerbsmäßige Suizidförderung als strafwürdiges Unrecht?

Kritische Anmerkungen zum Regierungsentwurf über die Strafbarkeit der gewerbsmäßigen Förderung der Selbsttötung (§ 217 StGB-E), Neue Kriminalpolitik (NK) 2013, S. 108–117.

Ross, Michael W./Diamond, Pamela M./Liebling, Alison/Saylor, William G.: Measurement of prison social climate: A comparison of an inmate measure in England and the USA, Punishment & Society 2008, pp. 447–474.

Rostalski, Frauke: Rechtlicher Kommentar, Zeitschrift für medizinische Ethik (ZME) 2019, S. 331–334.

Rostalski, Frauke: Die Neuregelung der Suizidassistenz, Würdigung der aktuell vorliegenden

Gesetzentwürfe und einige allgemeine Gedanken, Goltdammer's Archiv für Strafrecht (GA) 2022, S. 209–229.

Roßbruch, Robert: Quo vadis, DGHS? Gedanken über die zukünftige programmatische und

strategische Ausrichtung der DGHS, Die Zeitschrift der Deutschen Gesellschaft für Humanes Sterben (Zeitschrift der DGHS) 2020, Heft 4, S. 6–11.

Roxin, Claus: Sinn und Grenzen staatlicher Strafe, Juristische Schulung (JuS) 1966, S. 377–387.

Roxin, Claus: Anmerkung zu BGH, Urteil vom 05.07.1983, 1 StR 168/83, Neue Zeitschrift für Strafrecht (NStZ) 1984, S. 71–73.

Roxin, Claus: Die Sterbehilfe im Spannungsfeld von Suizidteilnahme, erlaubtem Behandlungsabbruch und Tötung auf Verlangen – Zugleich eine Besprechung von BGH, NStZ 1987, 365 und LG Ravensburg NStZ 1987, 229, Neue Zeitschrift für Strafrecht (NStZ) 1987, S. 345–350.

Roxin, Claus/Schroth, Ulrich: Handbuch des Medizinstrafrechts. 4. Auflage, Köln, Stuttgart 2010.

Roxin, Claus: Die geschäftsmäßige Förderung einer Selbsttötung als Straftatbestand und der Vorschlag einer Alternative, Neue Zeitschrift für Strafrecht (NStZ) 2016, S. 185–192.

Ruddat, Marthe: Informationen über Gefängnis-Suizide, Schweigsame Behörde, Die Tageszeitung (TAZ), Beitrag vom 16.01.2019 (10:44Uhr), http s://taz.de/Informationen-ueber-Gefaengnis-Suizide/!5563242/ (abgerufen am 17.09.2023).

Ruf, Simone: Die legislative Prognose, Tübingen 2021.

Sabel, Bernhard A./Roschinski, Adelheid: Sekundäre Traumatisierung – Berufsrisiko der Helfer in: Wagner, Ringo (Hrsg.), Sekundäre Traumatisierung als Berufsrisiko? Konfrontation mit schweren Schicksalen anderer Menschen, Magdeburg 2010, S. 35–46, https://library.fes.de/pdf-files/bueros/sachsen-anhalt/1 0673.pdf (abgerufen am 17.09.2023).

Sachs, Michael (Hrsg.), Grundgesetz, Kommentar, 9. Auflage, München 2021.

Säcker, Jürgen/Rixecker, Roland/Oetker, Hartmut/Limperg, Bettina (Hrsg.): Münchener Kommentar zum Bürgerlichen Gesetzbuch, Band 10, Familienrecht II, §§ 15891921, SGB VIII, 8. Auflage, München 2020.

Saliger, Frank: Sterbehilfe ohne Strafrecht? Eine Bestimmung des Anwendungsbereichs von Sterbehilfe als Grundstein für intradisziplinäres Sterbehilferecht, Kritische Vierteljahresschrift für Gesetzgebung und Rechtswissenschaft (KritV) 2001, S. 382–439.

Sander, Günther M. (Hrsg.): Münchener Kommentar zum Strafgesetzbuch, Band 4, §§ 185262, 4. Auflage, München 2021.

Saß, Henning/Cording, Clemens: Zur Freiverantwortlichkeit der Entscheidung für einen assistierten Suizid, Der Nervenarzt 2022, S. 1150–1155.

Schatz, Holger (Hrsg.): Beck'scher Online-Kommentar, Strafvollzugsrecht Hamburg, 19. Edition (Stand: 01.03.2024), München 2024.

Schlink, Bernhard: Urteil des BVerwG zur Sterbehilfe zynisch?, Zeitschrift für Rechtspolitik (ZRP) 2024, S. 27–28.

Schmidt-Bleibtreu, Bruno/Klein, Franz/Bethge, Herbert (Hrsg.): Bundesverfassungsgerichtsgesetz, Kommentar, Stand: Januar 2022 (62. Ergänzungslieferung), München 2022.

Schneider, Barbara/Lindner, Reinhard/Giegling, Ina et al. (Hrsg.): Suizidprävention Deutschland. Aktueller Stand und Perspektiven, Kassel 2021, https: //www.naspro.de/dl/Suizidpraevention-Deutschland-2021.pdf (abgerufen am 17.09.2023).

Schneider, Hartmut: Münchener Kommentar zur Strafprozessordnung, Band 2, §§ 151332 StPO, München 2016.

Schnellenbach, Helmut/ Bodanowitz, Jan: Beamtenrecht in der Praxis, 11. Auflage, München 2024.

Schöch, Heinz: Beendigung lebenserhaltender Maßnahmen – Zugleich eine Besprechung der Sterbehilfeentscheidung des BGH vom 13.9.1994, Neue Zeitschrift für Strafrecht (NStZ) 1995, S. 153–157.

Schöch, Heinz: Die erste Entscheidung des BGH zur sog. indirekten Sterbehilfe – Zum Urteil des BGH vom 15.11.1996–3 StR 79/96 -, Neue Zeitschrift für Strafrecht (NStZ) 1997, S. 409–412.

Schöch, Heinz/Verrel, Torsten et al.: Alternativ-Entwurf Sterbebegleitung (AE-StB), Goltdammer's Archiv für Strafrecht (GA) 2005, S. 553–586.

Schöch, Heinz: Das Recht auf selbstbestimmtes Sterben, Konsequenzen aus dem Urteil des BVerfG vom 26.2.2020 zur Förderung der Selbsttötung für den Gesetzgeber, Goltdammer's Archiv für Strafrecht (GA) 2020, S. 423–438.

Schöch, Heinz: Der Beitrag des Vereins Sterbehilfe zur Realisierung des Grundrechts auf selbstbestimmtes Sterben, Zugleich Besprechung von Roger

Kusch/Bernd Hecker, Handbuch der Sterbehilfe, 2. Auflage, 2021, Goltdammer's Archiv für Strafrecht (GA) 2021, S. 690–697.

Schöpfer, Eduard Christian: Kein Zugang für Sterbewilligen zu tödlich wirkendem Medikament [deutsche Zusammenfassung von EGMR, Urteil vom 14.05.2013; 67810/10 {Gross/Schweiz}], Newsletter Menschenrechte (NLMR) 2013, S. 162–164.

Schnorr, Timm: Zur Strafbarkeit von Ärzten nach dem BtMG und AMG im Rahmen der

Sterbehilfe, Neue Zeitschrift für Strafrecht (NStZ) 2021, 76–78.

Schnoor, Timm: Die Freiverantwortlichkeit des Suizidentschlusses. Eine Analyse aktueller Rechtsprechung, Juristische Schulung (JuS) 2021, S. 732–735.

Scholz, Karsten: Augsburg-Münchner-Hallescher Entwurf eines Sterbehilfegesetzes – eine kritische Bewertung, Zeitschrift für Medizinstrafrecht (medstra) 2021, S. 157–162.

Schreiber, Hans-Ludwig: Das ungelöste Problem der Sterbehilfe – Zu den neuen Entwürfen und Vorschlägen -, Neue Zeitschrift für Strafrecht (NStZ) 2006, S. 473–479.

Schroth, Ulrich/König, Peter/Gutmann, Thomas/Oduncu, Fuat: Transplantationsgesetz, Kommentar, München 2005.

Schuler-Harms, Margarete: Maßstabs- und Koordinationsleistungen des Verfassungsrechts bei der gesetzlichen Regulierung von Patientenverfügungen, in: Albers, Marion (Hrsg.), Patientenverfügungen, Baden-Baden 2008, S. 69–90.

Schulze, Jan Peter: Die Untersuchungshaftvollzugsgesetze der Länder im Vergleich, Möchnengladbach 2017.

Schütz, Carsten/Sitte, Thomas: Anmerkung zu BVerfG, Beschluss vom 20.5.2020, 1 BvL 2 bis 7/20, Neue Juristische Wochenschrift (NJW) 2020, S. 2395.

Schwabe, Jürgen: Grundkurs Staatsrecht. Eine Einführung für Studienanfänger, 3. Auflage, Berlin/New York 1988.

Schwabe, Jürgen: Der Schutz des Menschen vor sich selbst, JuristenZeitung (JZ) 1998, S. 66–75.

Schwarzer, Susanne: Prävention – Schutz – Heilung, in: Wagner, Ringo (Hrsg.), Sekundäre Traumatisierung als Berufsrisiko? Konfrontation mit schweren Schicksalen anderer Menschen, Magdeburg 2010, S. 61–70.

Schweizerische Akademie der Medizinischen Wissenschaften: Medizinethische Richtlinien, Urteilsfähigkeit in der medizinischen Praxis, Bern 2019.

Schweizerisches Kompetenzzentrum für den Justizvollzug: Der assistierte Suizid im Straf- und Maßnahmenvollzug, Grundlagenpapier, Fribourg 2019.

Schwind, Hans-Dieter/Böhm, Alexander/Jehle, Jörg-Martin/Laubenthal, Klaus (Hrsg.): Strafvollzugsgesetze, Bund und Länder, Kommentar, 7. Auflage, Berlin 2020.

Seger, Ivana: Sterbebegleitung auf vier Pfoten, Ein Herz für Tiere, Beitrag vom 09.12.2020, https://herz-fuer-tiere.de/haustiere/hunde/sterbebegleitung-auf-vier-pfoten (abgerufen am 17.09.2023).

Shaw, Joshua D. M./Konikhoff, Daniel: When Prisoners' „Right to Die" Goes Online: A Case-Study of Legal and Penal Sensibilities, Canadian Journal of Law and Society/Revue Canadienne Droit et Société, 2022, Volume 37, no. 3, pp. 451–471.

Simon, Alfred: Einstellung der Ärzte zur Suizidbeihilfe, Ausbau der Palliativmedizin gefordert, Deutsches Ärzteblatt (DÄ) 2010, A 1383–A 1385.

Sinn, Arndt: Stellungnahme: Entwurf eines Gesetzes zur Strafbarkeit der geschäftsmäßigen Hilfe zur Selbsttötung und zur Sicherstellung der Freiverantwortlichkeit der Entscheidung zur Selbsttötung (BT-Drs. 20/904) Öffentliche Anhörung am 28.11.2022 im Rechtsausschuss des Deutschen Bundestages, Osnabrück 2022, https://www.bundestag.de/resource/blob/923420/52cb9ff99ae00089125b03fa21d38253/Sinn-data.pdf (abgerufen am 17.09.2023).

Sitte, Thomas: Die Sorge vor der Pflicht zur Selbsttötung (Interview), Beitrag vom 15.07.2023, Oberbergische Volkszeitung, S. 6.

Snacken, Sonja/van Zyl Smit, Dirk: Europäische Standards zu langen Freiheitsstrafen: Aspekte des Strafrechts, der Strafvollzugsforschung und der Menschenrechte, Neue Kriminalpolitik (NK) 2009, S. 58–68.

Sowada, Christoph: Praxiskommentar zu BGH, NStZ 2019, S. 666 ff., Neue Zeitschrift für Strafrecht (NStZ) 2019, S. 670–672.

Spann, Wolfgang: Zur Verbindlichkeit einer bei Gesundheit abgegebenen allgemein gehaltenen Willenserklärung des Patienten an einen Arzt, mögliche ärztliche Maßnahmen nach Schwinden der Willensfreiheit zu unterlassen, Medizinrecht (MedR) 1983, S. 13–16.

Spittler, Johann F.: Urteilsfähigkeit, psychische Störung und Suizid-Beihilfe-Ansinnen, Schweizerische Ärztezeitung 2016, S. 435–437.

Spittler, Johann F.: Sterbehilfe in Deutschland? Eine neurologisch-psychiatrische Sicht, Neue Juristische Online-Zeitschrift (NJOZ) 2020, S. 97–99.

Spittler, Johann F.: Rettungspflicht beim Suizid – Geschichte und aktuelle Entwicklung der Rechtsprechung aus ärztlich-psychiatrischer Sicht*, Zugleich Anmerkung zu BGH, Beschl. v. 3.7.2019–5 StR 132/18, Zeitschrift für Medizinrecht (MedR) 2020, S. 101–105.

Spittler, Johann F.: Eckpunkte zu einem Suizidhilfe-Gesetz – Eine ärztliche und speziell psychiatrische Sicht, Neue Juristische Online-Zeitschrift (NJOZ) 2020, S. 545–548.

Spittler, Johann F.: Die Freiheit der Suizidhilfe – Wie handeln?, Zeitschrift für Bürgerrechte und Gesellschaftspolitik (vorgänge) 2020, S. 93–100.

Spittler, Johann F.: Mangelfreiheit eines freiverantwortlichen Suizidhilfe-Ersuchens – eine Betrachtung des juristischen Begriffs aus ärztlicher Sicht, Zeitschrift für Medizinstrafrecht (medstra) 2021, S. 89–93.

Ständige Deputation des Deutschen Juristentages (Hrsg.): Sitzungsbericht M zum 56. Deutschen Juristentag in Berlin 1986, Band II, München 1986.

Ständige Deputation des Deutschen Juristentages (Hrsg.): Sitzungsbericht N, Band II/2, Verhandlungen des 66. Deutschen Juristentages in Stuttgart 2006, München 2006.

Statistisches Bundesamt: Strafvollzug – Demographische und kriminologische Merkmale der Strafgefangenen am 31.03.2019 – Fachserie 10 Reihe 4.1., https://www.destatis.de/DE/Themen/Staat/Justiz-Rechtspflege/Publikationen/Downloads-Strafverfolgung-Strafvollzug/strafvollzug-2100410197004.pdf;jsessionid=7E5C91F910E56B80230BEB0FE45D2461.live741?__blob=publicationFile (abgerufen am 17.09.2023).

Statistisches Bundesamt: Strafvollzug – Demographische und kriminologische Merkmale der Strafgefangenen am 31.03.2022 – Fachserie 10, Reihe 4.1., https://www.destatis.de/DE/Themen/Staat/Justiz-Rechtspflege/Publikationen/Downloads-Strafverfolgung-Strafvollzug/strafvollzug-2100410227004.pdf?__blob=publicationFile (abgerufen am 17.09.2023).

Steiner, Maria-Kristina: Assistierter Suizid im Strafvollzug?, Journal für Strafrecht (JSt) 2022, S. 526–536.

Stephan, Björn: Sein letzter Wille, Aber muss der Staat Gefangenen helfen zu sterben? Die Geschichte eines Mörders, der sich umbringen will, Süddeutsche Zeitung Magazin, Beitrag vom 19.05.2022, S. 11–20.

Sternberg-Lieben, Detlev: Die Nichtigkeit von § 217 StGB als Weg aus dem »Sandkasten« Zugleich eine Besprechung von Roger Kusch/Bernd Hecker, Handbuch der Sterbehilfe, Goltdammer's Archiv für Strafrecht (GA) 2021, S. 161–177.

Stiller, Lisa: Sterbehilfe und assistierter Suizid, Zur Bedeutung des Patientenwillens für die Rechtfertigung von Sterbehilfe und Suizidassistenz, Baden-Baden 2020.

Strätling, Meinolfus W. M.: Assistierter Suizid- grundsätzlich „keine ärztliche Aufgabe“? Eine Bestandsaufnahme und Kritik: Medizin – Ethik – Recht, in: Neumann, Gita (Hrsg.), Suizidhilfe als Herausforderung. Arztethos und Strafbarkeitsmythos, Aschaffenburg 2012, S. 82–132.

Streng, Franz: Strafzumessungsvorstellungen von Laien, Grundlagen für eine Kriminalpolitik jenseits des >>politisch-publizistischen Verstärkerkreislaufs<<, Monatszeitschrift für Kriminologie und Strafrechtsreform (MschrKrim) 2004, S. 127–145.

Streng, Franz: Die absolute Theorie als wahrer Kern der relativen Straftheorie?, in: Hilgendorf, Eric/Rengier, Rudolf (Hrsg.), Festschrift für Wolfgang Heinz zum 70. Geburtstag, Baden-Baden 2012, S. 677–694.

Streng, Franz: Studien zu Strafbedürfnissen der Bevölkerung. Methoden und aktuelle Ergebnisse in: Walter, Tonio/Kaspar, Johannes (Hrsg.), Strafen „im Namen des Volkes“?, Baden-Baden 2019, S. 131–160.

Stüfen, Frank: Assistierter Suizid: Diskussion eines Grundlagenpapiers, Seelsorge & Strafvollzug 2019, Heft 3, S. 36–54, https://www.seelsorgeundstrafvollzug.ch/_downloads/Seelsorge_Strafvollzug_Heft_Nr_3.pdf (abgerufen am 06.04.2024).

Suhling, Stefan/Dietzel, Corinna: Suizide im deutschen Justizvollzug 2000 bis 2017. Untersuchung demographischer und kriminologischer Merkmale unter Berücksichtigung der Strafvollzugsstatistik 2018, S. 1–36.

Sykes, Gresham M. mit Beiträgen von Western, Bruce: The Society of Captives. A Study of Maximum Security Prison, Princeton, neuveröffentlicht 2021 (erstveröffentlicht 1958), S. 73–78.

Tag, Brigitte: Organisierte Sterbehilfe und Suizidbeihilfe: Neue Tendenzen und Entwicklungen im Vergleich, in: Anderheiden, Wolfgang/Eckart, Uwe (Hrsg.), Handbuch Sterben und Menschenwürde, Band 3, Berlin/Boston 2012, S. 1515–1530.

Tag, Brigitte/Baur, Isabel: Suizidhilfe im Freiheitsentzug, Expertise zuhanden des Schweizerischen Kompetenzzentrums für den Justizvollzug, Zürich 2018.

Tag, Brigitte/Groß, Dominik (Hrsg.): Tod im Gefängnis, Hungerstreik, Suizid, Todesstrafe und normaler Tod aus rechtlicher, historischer und ethischer Sicht, Frankfurt am Main 2012.

tagesschau: Zahlen für das Jahr 2021: Sterbehilfevereine halfen bei fast 350 Suiziden, Stand: 21.02.2022 13:37 Uhr, https://www.tagesschau.de/inland/gesellschaft/sterbehilfe-deutschland-101.html (abgerufen am 17.09.2023).

tagesschau: BGH spricht Frau nach Insulin-Überdosis frei, Stand: 11.08.2022, 14:05Uhr, https://www.tagesschau.de/inland/bgh-urteil-105.html (abgerufen am 17.09.2023).

Taupitz, Jochen: Das Gesetz zur Strafbarkeit der geschäftsmäßigen Förderung der Selbsttötung: Die seit dem 10. Dezember 2015 geltende Rechtslage, in: Borasio, Gian Domenico/Jox, Ralf J./Taupitz, Jochen/Wiesing, Urban, Assistierter Suizid: Stand der Wissenschaft mit einem Kommentar zum neuen Sterbehilfegesetz, Berlin/Heidelberg 2017, S. 115–136

Taupitz, Jochen: Das Gesetz zur Strafbarkeit der geschäftsmäßigen Förderung des Suizids – im Widerspruch mit sich selbst, Zeitschrift für Medizinstrafrecht (medstra) 2016, S. 323–330.

Terhoeven, Petra: Der Körper als Kriegsschauplatz – Das Ermittlungsverfahren „wegen fahrlässiger Tötung zum Nachteil von Holger Meins“, in: Bohnen, Wolfgang/Haase, Lena (Hrsg.), Kontrolle, Konflikt und Kooperation, Festschrift 200 Jahre Staatsanwaltschaften Koblenz und Trier (1820–2020), München 2020, S. 379–412.

The Guardian: Belgian convicted killer with ‚incurable‘ psychiatric condition granted right to die (Stand: 14.09.2014, 12:27Uhr), https://www.theguardian.com/world/2014/sep/16/belgium-convict-granted-right-to-die (abgerufen am 29.01.2023).

Thomas-Hund, Christiane: Die Bestimmung der Urteilsfähigkeit bei psychischer Erkrankung, in: Böhning, André (Hrsg.), Assistierter Suizid für psychisch Erkrankte, Herausforderung für die Psychiatrie und Psychotherapie, Bern 2021, S. 167–183.

Tolmein, Oliver: Warum der Freiwillige Verzicht auf Nahrung und Flüssigkeit nicht als Selbsttötung im Sinne des § 217 StGB zu sehen ist – und welche rechtlichen Konsequenzen sich daraus ergeben, in: Coors, Michael/Simon, Alfred/Alt-Epping, Bernd (Hrsg.): Freiwilliger Verzicht auf Nahrung und Flüssigkeit, Medizinische und pflegerische Grundlagen – ethische und rechtliche Bewertungen, Stuttgart 2019, S. 133–147.

Ulsenheimer, Klaus/Gaede, Karsten (Hrsg.), Arztstrafrecht in der Praxis. 6. Auflage, Heidelberg 2021.

Urwyler, Thierry/Noll, Thomas: Sterbehilfe (Suizidhilfe) im Straf- und Massnahmenvollzug, in : Jusletter 10 décembre 2018, S. 1–15 (Rn. 1–33).

Urwyler, Thierry/Noll, Thomas: Assisted Suicide for Prisoners in Switzerland: Proposal for a Legal Model in the Swiss Correctional Context, Kriminologie – Das Online-Journal (KrimOJ) 2020, pp. 201–215.

Valerius, Brian: Die audiovisuelle Dokumentation ärztlicher Behandlungen, Zeitschrift für Medizinstrafrecht (medstra) 2023, S. 275–283.

Verbindung der Schweizer Ärztinnen und Ärzte • Fédération des médecins suisse: Medienmitteilung vom 19.05.2022, https://www.fmh.ch/files/pdf27/medienmitteilung-aerztekammer-verabschiedet-samw-richtlinie-zu-sterben-und-tod-v1.pdf (abgerufen am 17.09.2023).

Verrel, Torsten: Patientenautonomie und Strafrecht bei der Sterbebegleitung, Gutachten C zum 66. Deutschen Juristentag (DJT), Stuttgart 2006.

Verrel, Torsten: Ein Grundsatzurteil – Jedenfalls bitter nötig! Besprechung der Sterbehilfeentscheidung des BGH vom 25.06.2010–2 StR 454/09 (Fall Fulda), Neue Zeitschrift für Strafrecht (NStZ) 2010, 671–676.

Verrel, Torsten: Anmerkung zu BGH, Beschluss vom 10.11.2011, StR 320/10 (LG Köln), NStZ 2011, S. 274–278.

Verrel, Torsten: Anmerkung zu VG Köln, Urteil vom 13.05.2014, 7 K 254/13, Zeitschrift für Medizinstrafrecht (medstra) 2015, S. 117–119.

Verrel, Torsten: Suizidbeihilfe – geschäftsmäßig verboten, im Einzelfall erlaubt?, Gesundheit und Pflege (GuP) 2016, S. 45–49.

Verrel, Torsten: Grundrecht auf Suizid – auch im Strafvollzug?, in: Beisel, Horst/Verrel, Torsten/Laue, Christian/Meier, Bernd-Dieter/Hartmann, Arthur/Hermann, Dieter (Hrsg.), Die Kriminalwissenschaften als Teil der Humanwissenschaften, Festschrift für Dieter Dölling zum 70. Geburtstag, Baden-Baden 2023, S. 467–481.

Völlm, Birgit: Versorgungsmodelle für Longstay-Patient*innen in forensisch-psychiatrischen Settings, Erfahrungen aus den Niederlanden, Forum Strafvollzug (FS) 2024, S. 35–39.

Voltz, Raymond/Schneider, Barbara: Sterbewünsche und Suizidbegehren, in: Deutscher Ethikrat (Hrsg.), Phänomenologie der Sterbe- und Selbsttötungswünsche. Online-Veranstaltung, Transkription S. 4–21.

von Heintschel-Heinegg, Bernd (Hrsg.): Beck'scher Online-Kommentar StGB, 45. Edition (Stand: 01.02.2020), München.

von Heintschel-Heinegg, Bernd (Hrsg.): Münchener Kommentar zum Strafgesetzbuch, Band 1, §§ 137, 4. Auflage, München 2020.

von Mangoldt, Hermann/Klein, Friedrich/Starck, Christian (Begr.): herausgegeben von Huber, Peter M./Voßkuhle, Andreas, Grundgesetz, Kommentar, Band 1, Präambel, Artt. 1–19, Band 2, Artt. 70–82, 7. Auflage, München 2018.

von Mangoldt, Hermann/Klein, Friedrich/Starck, Christian (Begr.): herausgegeben von Huber, Peter M./Voßkuhle, Andreas, Grundgesetz, Kommentar, Band 2, Artt. 20–82, 8. Auflage, München 2024.*von Münch, Ingo/Kunig, Philip* (Begr.): herausgegeben von Kämmerer, Axel-Jörn/Kotzur, Markus, Grundgesetz-Kommentar, Band 1 und 2, 7. Auflage, München 2021.

von Schönfeld, Carl-Ernst/Schneider, Michael F./Schröder, Thomas/Widmann, Bernhard/Botthoff, U./Driessen, Martin: Prävalenz psychischer Störungen, Psychopathologie und Behandlungsbedarf bei weiblichen und männlichen Gefangenen, Der Nervenarzt 2006, S. 830–841.

Voulgaris, Alexander/Kielisch, Silke/ Konrad, Norbert/Opitz-Welke, Annette: Suizide im Gefängnis und im Maßregelvollzug – eine Berliner Vergleichsstudie, Recht & Psychiatrie (R & P) 2018, S. 15–20.

Walter, Tonio: Sterbehilfe: Teleologische Reduktion des § 216 StGB statt Einwilligung! Oder: Vom Nutzen der Dogmatik. Zugleich Besprechung von BGH, Urt. v. 25.6.2010–2 StR 454/09, Zeitschrift für Internationale Strafrechtsdogmatik (ZIS) 2011, S. 76–82.

Walter, Tonio: Vergeltung als Strafzweck, Prävention und Resozialisierung als Pflichten der Kriminalpolitik, Zeitschrift für Internationale Strafrechtsdogmatik (ZIS) 2011, S. 636–647.

Walter, Tonio: Grundlagen einer empirisch begründeten Vergeltungstheorie, in: Kaspar, Johannes/Walter, Tonio (Hrsg.), Strafen im „Namen des Volkes“, Zur rechtlichen und kriminalpolitischen Relevanz empirisch feststellbarer Strafbedürfnisse der Bevölkerung, Baden-Baden 2019, S. 49–59.

Walter, Tonio: Nichts als Vergeltung, Legal Tribune Online (LTO), Beitrag vom 07.09.2019, https://www.lto.de/recht/hintergruende/h/wozu-strafe-straftheorien-vergeltung-praevention-fall-luegde/ (abgerufen am 17.09.2023).

Walter, Tonio: Tötung bleibt Tötung, Zur Entscheidung im Insulin-Fall, Legal Tribune Online (LTO), Gastkommentar vom 19.08.2022, https://www.lto.de/recht/hintergruende/h/bgh-6-str-68--21-insulin-ehefrau-toetung-auf-verlangen-suizid-gisela-gashahn/ (abgerufen am 17.09.2023).

Weber, Klaus/Kernprobst, Horst/Maier, Stefan (Hrsg.): Kommentar zum Betäubungsmittelgesetz, Arzneimittelgesetz, Anti-Doping-Gesetz, Neue-psychoaktive-Stoffe-Gesetz, 6. Auflage, München 2021.

Weigend, Thomas/Hoven, Elisa: § 217 StGB – Bemerkungen zur Auslegung eines zweifelhaften Tatbestandes, Zeitschrift für Internationale Strafrechtsdogmatik (ZIS) 2016, S. 681–691.

Weilert, Katharina: Anmerkung zu BVerwG, Urt. v. 02.03.2017–3 C 19.15 – Staatliche Erlaubnispflicht zum Erwerb tödlicher Betäubungsmittel zum Suizid, Deutsches Verwaltungsblatt (DVBl.) 2017, S. 910–913.

Weltgesundheitsorganisation: Suizidprävention, Ein Leitfaden für Mitarbeiter des Justizvollzugsdienstes, http://apps.who.int/iris/bitstream/handle/10665/43678/9789241595506_ger.pdf;jsessionid=FB63614566C20A957376AC6F59873903?sequence=2 (abgerufen am 17.09.2023), Genf 2007.

Weltgesundheitsorganisation: Stiftung Deutsche Depressionshilfe, Suizidprävention: Eine globale Herausforderung (deutsche Übersetzung der englischen Originalfassung: *WHO*: Preventing Suicide: A global imperative, Geneva 2014), https://apps.who.int/iris/bitstream/handle/10665/131056/9789241564779-ger.pdf (abgerufen am 17.09.2023), Leipzig 2016.

Wessels, Johannes/Hettinger, Michael; Engländer, Armin: Strafrecht Besonderer Teil/1, Delikte gegen die Person und die Allgemeinheit, 47. Auflage, Heidelberg 2023.

Willems, Auke: Euthanasia of Detainee: Granting a Prisoner's Request, Criminal Justice Matters 99(1) (2015), p. 47–48, https://www.crimeandjustice.org.uk/sites/crimeandjustice.org.uk/files/09627251.2015.1143649.pdf (abgerufen am 17.09.2023).

Wittkowski, Joachim: Trauer – psychologisch, in: Wittwer, Héctor/Schäfer, Daniel/Frewer, Andreas (Hrsg.), Handbuch Sterben und Tod, Geschichte – Theorie – Ethik, 2. Auflage, Stuttgart 2020, S. 246–252.

Wolfersdorf, Manfred/Etzersdorfer, Elmar: Suizid und Suizidprävention, Stuttgart 2011.

Wolfslast, Gabriele/Weinrich, Christoph: Anmerkung zu BGH, Urt. v. 07.10.2010, 3 StR 168/10, Strafverteidiger (StV) 2011, S. 284–290.

Wolter, Jürgen (Hrsg.): Systematischer Kommentar zum Strafgesetzbuch, Band I, §§ 137 StGB, 9. Auflage, Köln 2017.

Wolter, Jürgen (Hrsg.): Systematischer Kommentar zum Strafgesetzbuch, Band V, §§ 242302 StGB, 9. Auflage, Köln 2019.

Wulf, Rüdiger/Grube, Andreas: Sterben im Gefängnis, Menschenrechtliche, ethische und praktische Aspekte, in: Michael Anderheiden/Wolfgang Uwe Eckart (Hrsg.), Handbuch Sterben und Menschenwürde, Band 3, Berlin/Boston 2012, S. 1571–1594.

Zeymer, Sabine/Leinhäuser, Leila: Telefon-Seelsorge – auch heute noch ein wichtiger Baustein der Suizidprävention? 10 Jahre Seelsorge am Telefon im niedersächsischen Justizvollzug, Forum Strafvollzug 2020, S. 262–266.

Zimmermann, Walter (Hrsg.): Vorsorgevollmacht, Betreuungsverfügung, Patientenverfügung für die Beratungspraxis, 3. Auflage, Berlin 2017.

Zöller, Mark: Die Bedeutung staatlicher Schutzpflichten für das Recht auf Leben nach Art. 2 EMRK, in: Esser, Robert/Günther, Hans-Ludwig/Jäger, Christian et al. (Hrsg.), Festschrift für Hans-Heiner Kühne zum 70. Geburtstag, Heidelberg 2013, S. 629–644.

Anhang

Fragebogen (Stand: 10.05.2021)

Fragenkatalog an die Landesjustizverwaltungen

1. Ist nach Ihrer Ansicht das Grundsatzurteil des BVerfG zur Sterbehilfe vom 26.02.2020 - 2 BvR 2347/15 - auf Betroffene im Justizvollzug und in der Sicherungsverwahrung übertragbar, so dass ihnen das Grundrecht auf assistierten Suizid zusteht?
2. Wenn ja, unter welchen Voraussetzungen?
3. Gibt bzw. soll es gesetzliche Vorschriften zum assistierten Suizid im Justizvollzug und in der Sicherungsverwahrung geben? Könnten Sie mir die entsprechenden Bestimmungen benennen bzw. zukommen lassen?
4. Gibt bzw. soll es untergesetzliche Vorschriften (Rechtsverordnungen, Verwaltungsvorschriften, Rundschreiben, Dienstanweisungen, Hausordnungen etc.) bzgl. Tod und Suizid(-hilfe) im Justizvollzug und in der Sicherungsverwahrung in Ihrem Bundesland geben? Könnten Sie mir die entsprechenden Bestimmungen benennen bzw. zukommen lassen?
5. Gibt es untergesetzliche Vorschriften zum Hungerstreik und zu selbstverletzendem Verhalten? Könnten Sie mir die entsprechenden Bestimmungen nennen bzw. zukommen lassen?
6. Welche Unterschiede und Parallelen sehen Sie zwischen einem Suizidhilfebegehren einerseits und dem Phänomen des Hungerstreiks (a) bzw. des selbstverletzenden Verhaltens (b) andererseits? Können Sie diese bitte konkretisieren?
7. Wurde Ihre Landesjustizverwaltung (insb. Vollzugseinrichtungen) bereits mit Fragen zum assistierten Suizid im Justizvollzug und in der Sicherungsverwahrung konfrontiert?
8. Wenn ja, inwiefern und welche Fragen/Hauptprobleme haben sich dabei gestellt?
9. Wenn nein, welche Fragen/Hauptprobleme würden sich Ihres Erachtens stellen?
10. Welche Rolle spielt bzw. würde die palliative Versorgung in diesem Kontext spielen (a) und käme ihr ggf. ein Vorrang zum assistierten Suizid zu (b) (vgl. Ziffern 7-9)?
11. Gab es auch schon andere Formen von Sterbebegehren durch Betroffene, z. B. nach passiver/indirekt aktiver Sterbehilfe?
12. Wenn ja, inwiefern und welche Fragen/Hauptprobleme haben sich dabei gestellt?
13. Was passiert mit dem Leichnam eines verstorbenen Insassen (a)? Wäre es denkbar, dass bei einer freiverantwortlich in Anspruch genommenen Suizidhilfe des Betroffenen von einer Unterrichtung der Staatsanwaltschaft durch die Vollzugseinrichtung abgesehen werden könnte (b)? Wäre es möglich, dass von einer Leichenschau Abstand genommen werden könnte, insbesondere, wenn dies der Verstorbene vorher verfügt hat (c)?
14. Gibt es in Ihrem Bundesland eine autorisierte Anlauf-/Informationsstelle für Fragen zum Ende des Lebens, insbesondere für Suizidhilfe und/oder palliative Versorgung?